中国人民银行七十年

（1948—2018）

中国人民银行　编著

中国金融出版社

责任编辑：黄海清

责任校对：潘　洁

责任印制：张也男

图书在版编目（CIP）数据

中国人民银行七十年：1948—2018 / 中国人民银行编著. —北京：中国金融出版社，2020.8

ISBN 978 – 7 – 5049 – 9810 – 1

Ⅰ. ①中… Ⅱ. ①中… Ⅲ. ①中国人民银行 — 银行史 — 1978 — 2018 Ⅳ. ①F832.31

中国版本图书馆CIP数据核字（2019）第294204号

中国人民银行七十年（1948—2018）

ZHONGGUO RENMIN YINHANG QISHI NIAN. 1948—2018

出版
发行　　中国金融出版社

社址　北京市丰台区益泽路2号

市场开发部　（010）66024766，63805472，63439533（传真）

网上书店　http://www.chinafph.com

　　　　　（010）66024766，63372837（传真）

读者服务部　（010）66070833，62568380

邮编　100071

经销　新华书店

印刷　保利达印务有限公司

尺寸　210毫米×285毫米

印张　27.75

字数　655千

版次　2020年8月第1版

印次　2020年8月第1次印刷

定价　95.00元

ISBN 978 – 7 – 5049 – 9810 – 1

如出现印装错误本社负责调换　联系电话（010）63263947

《中国人民银行七十年（1948—2018）》
编委会

主　任

易　纲　郭树清

副主任

陈雨露　潘功胜　范一飞
朱鹤新　徐加爱　刘国强

执行主编

陈雨露

编　委

周学东　魏革军

参加编写人员

（按姓氏笔画排列）

叶　蓁　闫丽娟　匡　桦　孙国良　李克歆
李旭东　张　媛　罗延枫　郑志凌　钟　平
姬厚山　黄海清　程建国　傅　勇　童祎薇

编 辑 说 明

　　1948年12月，中国人民银行正式诞生于河北省石家庄市。七十年来，在中国共产党领导下，人民银行始终坚持开拓创新，攻坚克难，持续完善中央银行体制，依法履行中央银行职责，引领推动不同时期金融发展、改革、开放，不断开创金融事业新局面，为中国经济社会发展作出重要贡献。2018年恰逢我国改革开放四十周年，2019年是新中国成立七十周年，作为新中国建国创业和改革开放发展重大成就的组成部分，金融业发生了历史性变革。为充分体现和展示中国共产党领导下的金融事业发展历程以及中国金融改革开放的辉煌成就，为了解和研究中国共产党领导下的中央银行制度的历史沿革留下丰富、完整的文献资料，中国人民银行组织编写了《中国人民银行七十年（1948—2018）》。

　　本书以中国金融出版社2008年出版的《中国人民银行六十年（1948—2007年）》为基础，补充和更新了2002年以来金融领域重要政策演进、重要机构改革、重要事件概要和有纪念意义的照片资料，详尽收录了其间我国宏观经济、金融调控政策、金融监管措施、金融市场发展、金融机构演变、金融对外开放与交流以及金融服务管理等领域的标志性事件。

目 录
CONTENTS

第三部分
中国人民银行七十年大事记

第四部分
附　录

第一部分

中国人民银行七十年珍贵图片

历任行长的照片

南汉宸
1949年10月—1954年10月任中国人民银行行长

曹菊如
1954年10月—1964年10月任中国人民银行行长

胡立教
1964年10月—1973年5月任中国人民银行代理行长

陈希愈
1973年5月—1978年1月任财政部副部长兼中国人民银行行长

李葆华
1978年1月—1982年4月任中国人民银行行长

吕培俭
1982年4月—1985年3月任中国人民银行行长

陈慕华
1985年3月—1988年4月任国务委员兼中国人民银行行长

李贵鲜
1988年4月—1993年7月任国务委员兼中国人民银行行长

朱镕基
1993年7月—1995年6月任国务院副总理兼中国人民银行行长

戴相龙
1995年6月—2002年12月任中国人民银行行长

周小川
2002年12月—2018年3月任中国人民银行行长

易　纲
2018年3月至今任中国人民银行行长、党委副书记

郭树清
2018年3月至今任中国人民银行党委书记、副行长（同时担任中国银行保险
监督管理委员会党委书记、主席）

与时俱进的中国人民银行

（一）中国人民银行创建和"大一统"国家银行体制时期

　　1948年12月1日，中国人民银行在河北省石家庄市宣布成立并发行人民币。新中国成立至1978年，在集中统一的金融体制下，中国人民银行作为国家金融管理和货币发行的机构，既是管理金融的国家机关又是全面经营银行业务的国家银行，担负着组织和调节货币流通的职能，统一经营各项信贷业务，为大规模的经济建设进行全面的金融监督和服务，为人民币币值的稳定和国民经济恢复与发展作出了重大贡献。

中国人民银行在石家庄成立时的行址

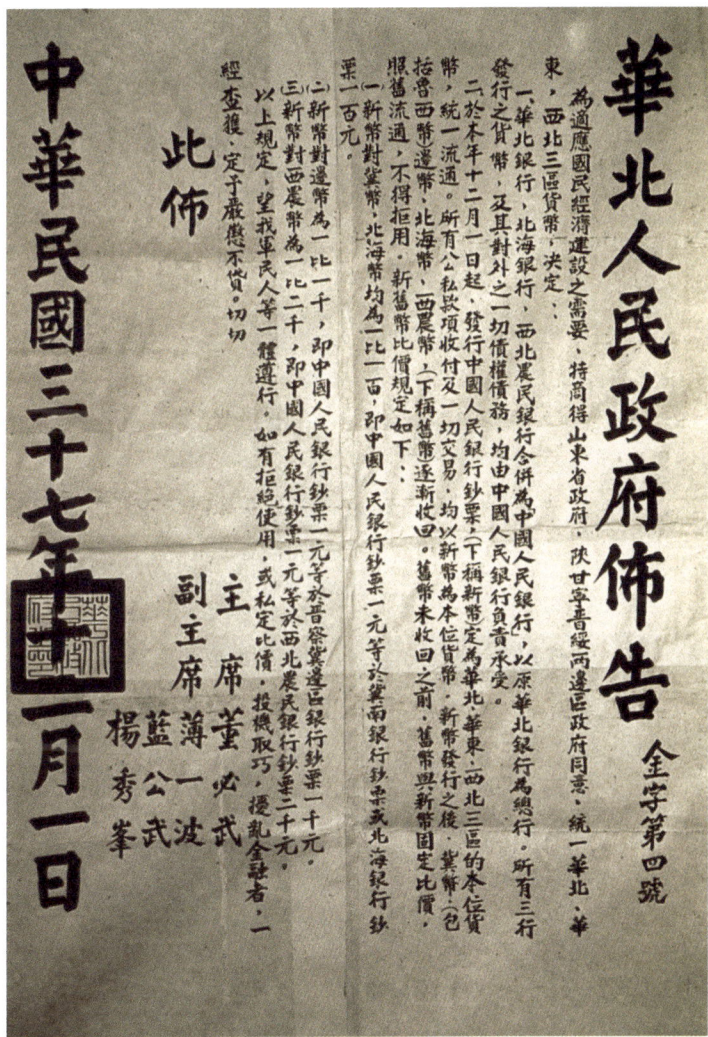

1948年12月1日，华北人民政府颁布关于建立中国人民银行和发行人民币的布告

1952年4月，南汉宸率中国代表团出席在莫斯科召开的国际经济会议

1962年6月，曹菊如在中国银行印度尼西亚分行视察

1975年，陈希愈陪同阿尔巴尼亚银行代表团在大寨参观

宣传农业政策

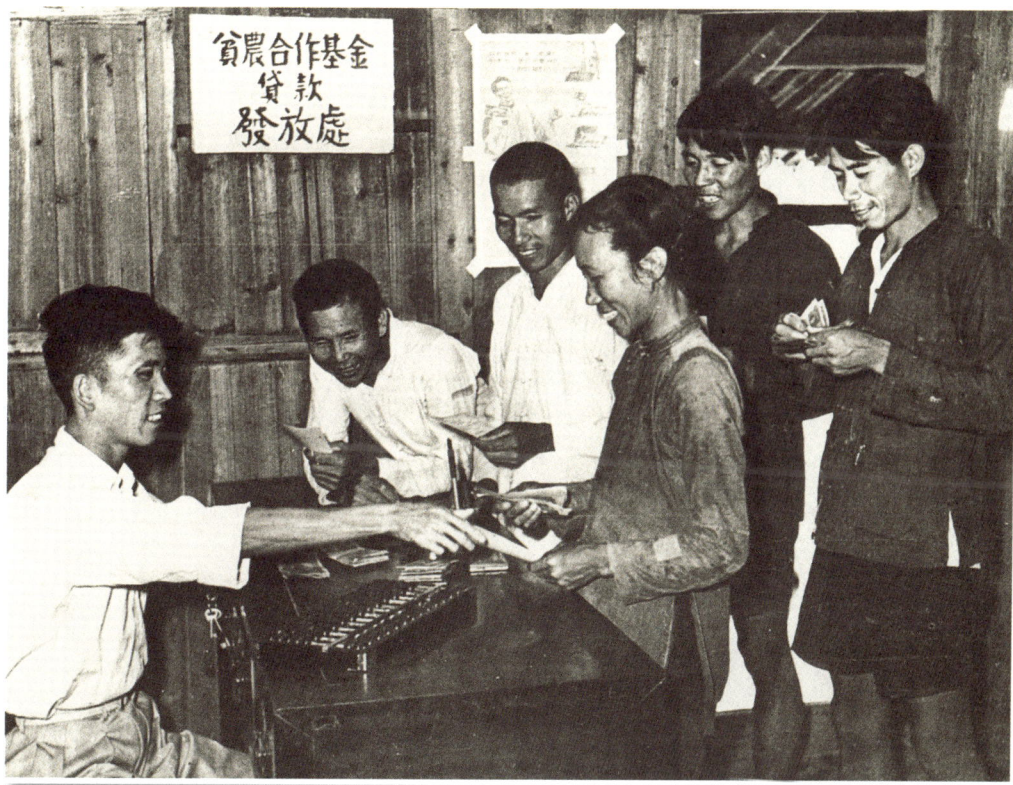

发放贫农合作基金贷款

农民还贷

业务人员深入厂矿吸收存款

（二）现代中央银行制度的建立和完善

党的十一届三中全会作出把全党工作重点转移到经济建设上来的具有划时代意义的战略决策。我国开始有计划、有步骤地进行金融体制改革。1983年9月17日，国务院作出决定，中国人民银行专门行使中央银行的职能。1993年12月，国务院《关于金融体制改革的决定》提出，把中国人民银行办成真正的中央银行是深化金融改革的首要任务。1995年3月18日，全国人民代表大会通过《中华人民共和国中国人民银行法》，首次以国家立法形式确定了中国人民银行作为中央银行的地位，标志着我国中央银行体制走向了法治化、规范化的轨道。2003年12月，全国人大常委会审议通过《中华人民共和国中国人民银行法》修订案，人民银行制定和执行货币政策、维护金融稳定和提供金融服务三个方面的职能得到强化和完善，增加了管理信贷征信业和反洗钱两项职能。2012年，增加了金融消费权益保护职能。2017年7月，第五次全国金融工作会议强化了人民银行宏观审慎管理和系统性风险防范职责，承担国务院金融稳定发展委员会办公室的工作，健全风险监测预警和早期干预机制，统筹监管系统重要性金融机构和金融控股公司、统筹监管重要金融基础设施、统筹负责金融业综合统计。党的十九大提出，要健全货币政策和宏观审慎政策双支柱调控框架。2018年以来，按照中央《深化党和国家机构改革方案》，落实拟订银行业、保险业重要法律法规草案和审慎监管基本制度的职责接转。

1983年9月29日，《人民日报》刊登国务院决定：中国人民银行专门行使中央银行职能

改革开放四十年来，尤其是党的十八大以来，在党中央、国务院的坚强领导下，中国人民银行认真履行中央银行职责，坚持做好金融调控，推动调控机制向间接调控和价格型调控为主转型取得重大进展，不断充实货币政策工具箱、疏通货币政策传导机制，在保持经济和物价水平稳定、克服外部冲击方面发挥了重要作用，为经济行稳致远保驾护航；深化金融改革开放，根据社会经济发展需要和金融业发展内在规律，推动利率、汇率等金融要素价格市场化改革迈出重要步伐，会同有关部门积极推动金融业改革开放发展，提升金融机构和金融市场服务实体经济的能力；完善金融监管体制，在不断调整自身管理体制和机构设置的同时，会同有关部门持续完善金融风险防范化解机制，加强金融监管，积极维护金融体系稳定；推动金融服务创新，充分应用现代信息技术，建成了一批重要的金融应用系统，金融基础设施建设取得重大进展，为提升全社会金融服务水平提供重要平台；参与国际金融治理，配合我国总体外交战略，全方位、多层次、灵活务实开展金融对外交流与合作，人民币国际化扬帆起航并成功加入国际货币基金组织特别提款权货币篮子，我国金融国际竞争力和影响力显著提高。

（三）加强金融宏观调控，促进经济健康发展

1981年6月，李葆华了解葛洲坝工程情况

1987年6月，陈慕华在哈尔滨亚麻厂了解生产情况

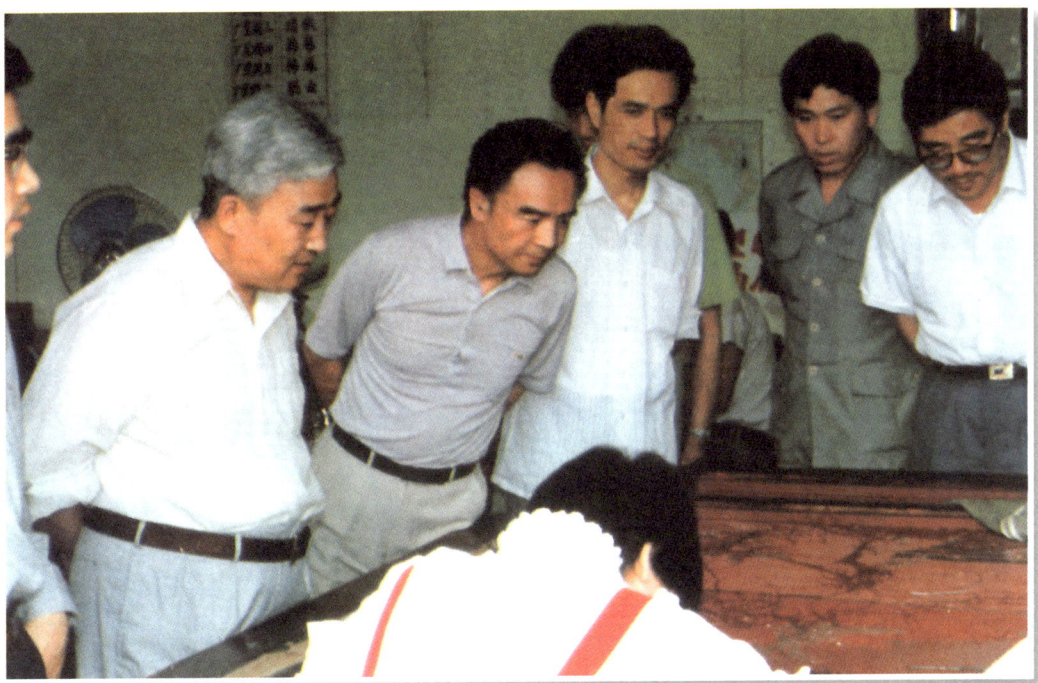

1988年，李贵鲜、刘鸿儒在宁波了解开发区总体规划

　　中国人民银行货币政策委员会自1997年成立以来，切实履行咨询议事职责，为正确制定货币政策、提高金融宏观决策水平发挥了重要作用。图为周小川主持货币政策委员会2004年第三季度例会

2008年5月，周小川在四川指导金融机构支持抗震救灾和灾后重建工作

2018年5月29日，易纲在人民银行营业管理部调研小微企业融资情况

（四）深化金融改革，保持金融体系稳健运行

　　1996年11月27日，戴相龙正式致函国际货币基金组织，宣布中国自1996年12月1日起，接受《国际货币基金组织协定》第8条第2款、第3款、第4款的义务，实现人民币经常项目下的可兑换

　　1998年11月18日，中国人民银行上海分行成立，拉开了中国人民银行跨行政区划设置分支机构的管理体制改革的序幕

中国人民银行坚持以反洗钱工作部际联席会议为基础，以技术手段为依托，加强反洗钱监管，不断推进反洗钱领域各项工作的开展。图为反洗钱工作部际联席会议第一次工作会议场景

2007年9月3日，中国银行间市场交易商协会在北京成立，标志着我国金融市场发展进入了一个新阶段

2014年8月，周小川、郭树清、易纲参加中国金融四十人"山东论坛"暨"深化经济体制改革的几个重点领域"内部研讨会

2017年6月，周小川参加"2017陆家嘴论坛"

2018年3月，易纲出席十三届全国人大一次会议"金融改革与发展"专题记者会

（五）加快金融基础设施建设，提高金融服务水平

中华人民共和国中国人民银行法
中华人民共和国商业银行法
中华人民共和国银行业监督管理法

我国金融法制建设取得重大突破，建立了比较全面、系统的金融法律体系

中国人民银行大力推进境内外银行卡联网通用，促进我国银行卡产业健康发展。图为2002年3月李贵鲜、戴相龙为中国银联股份有限公司开业揭牌

　　金融统计制度不断完善，金融统计分析体系不断创新。图为2002年4月中国正式加入国际货币基金组织（IMF）"数据公布通用系统"（GDDS）

2008年5月9日，中国人民银行征信中心揭牌仪式在上海举行

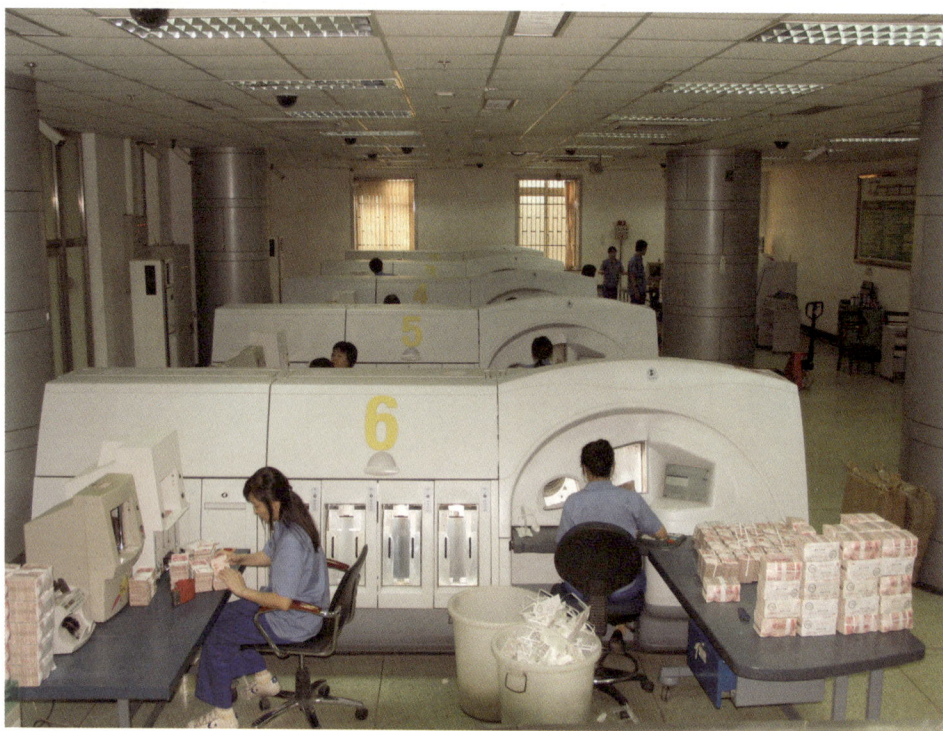

中国人民银行不断强化货币发行职能，人民币印制工艺、防伪性能和货币处理现代化水平不断提高。图为货币清分工作现场

中国人民银行积极推动国库经理改革创新，加快了国库与财政、税务、海关之间的横向联网建设步伐。图为苏宁、易纲和北京市常务副市长翟鸿祥考察北京市财税库银横向联网情况

个人信用报告查询

个人提出查询申请

询人填写《个人信用报告本人查询申请表》

出示个人身份证件

工作人员审核申请表，并复印身份证件

工作人员查询并打印个人信用报告

查询人签收

查询结束

　　中国人民银行组织商业银行建成了全国集中统一的个人和企业信用信息基础数据库。图为群众查询个人信用报告

2016年8月，上海黄金交易所国际板正式上线启动

（六）金融对外交流与合作

1980年4月，国际货币基金组织、世界银行恢复中华人民共和国政府的代表权。图为王丙乾、李葆华率中国代表团参加世界银行和国际货币基金组织年会

1983年，吕培俭率中国人民银行代表团访问日本银行。图为吕培俭会见日本大藏省大臣竹下登

1985年11月25日，中华人民共和国作为中国的唯一合法代表，加入亚洲开发银行。图为1986年3月，陈慕华率中国代表团参加亚洲开发银行年会

1999年1月，戴相龙会见美联储主席格林斯潘

2004年11月29日，中国人民银行与西非开发银行在北京签署《谅解备忘录》等文件

2006年6月25日，周小川在国际清算银行股东大会上当选为国际清算银行董事。图为周小川与国际清算银行董事会主席Jean-Pierre Roth合影

2007年3月18日，周小川与泛美开发银行行长莫雷诺在危地马拉城签署关于中国加入泛美开发银行的《谅解备忘录》

2011年3月，G20国际货币体系高级别研讨会在南京开幕

2015年7月，金砖峰会在俄罗斯举行

2017年9月，第九届中日韩
央行行长会议在韩国仁川举行

2018年3月22日，易纲会见美
国前财政部部长盖特纳

2018年3月23日，易纲会见美
国前财政部部长萨默斯

2018年4月12日，郭树清会见
国际货币基金组织总裁拉加德

2018年4月12日，易纲会见哈
萨克斯坦央行行长阿吉舍夫

2018年4月12日，易纲会见乌
拉圭央行行长马里奥·贝尔加拉

2018年4月21日，易纲会见尼日利亚央行行长艾姆菲莱

2018年8月28日，易纲会见亚洲开发银行行长中尾武彦

2018年8月28日，易纲会见意大利财政部部长特里亚

2018年9月5日，易纲会见东南非贸易与开发银行行长塔德西

2018年9月，郭树清与亚美尼亚央行行长扎瓦江签署《谅解备忘录》

2018年10月，易纲出席第38届国际货币与金融委员会（IMFC）会议

2018年10月17日，易纲会见泛美开发银行行长莫雷诺

2018年10月19日，郭树清会见新加坡财政部部长王瑞杰

2018年11月19日，郭树清会见国际清算银行总经理卡斯滕斯

2018年12月10日，郭树清会见香港银行公会代表团

第二部分

总序

七十年

中国人民银行的历史，是中国共产党领导下的金融发展史，记录了我国金融事业从无到有、由弱到强、双向开放逐步扩大、影响力不断提升的奋进历程，印证了坚持党对金融工作的全面领导、坚持走中国特色社会主义金融事业发展道路的历史必然性。

中国人民银行的渊源，伴随中国共产党的诞生而产生，来自中国新民主主义革命金融事业的萌芽和发展。1922 年 12 月，中共中央在《中国共产党对于目前实际问题之计划》中就提出了"组织农民借贷机关"和实行低息借款的建议。1925 年发表的《中国共产党告农民书》提出全国农民应有 8 项要求之一，就是"由各乡村自治机关用地方公款办理乡村农民无息借贷局"。1927 年 3 月，毛泽东等 3 人以中央农民运动委员会常务委员会名义发表《对农民宣言》，其中就农民运动的金融政策提出了各省将"农民银行列为专条，并规定以年利率 5% 的贷款与（予）农民"和在革命势力所及之地"努力设立农民银行等条件极低之贷款机关，以解决农民资本缺乏问题"的具体要求。1931 年 11 月 7 日，在江西瑞金召开的"全国苏维埃第一次代表大会"通过决议成立"中华苏维埃共和国国家银行"（以下简称苏维埃国家银行），并发行货币。1932 年 2 月，苏维埃国家银行正式营业，同年 3 月颁布《中华苏维埃共和国国家银行暂行条例》。1948 年 12 月 1 日，以华北银行为基础，在河北省石家庄市组建中国人民银行并发行人民币，成为中华人民共和国成立后的中央银行和法定本位币。

从成立到 2018 年的七十年间，人民银行始终以服务全党工作重点为中心，不断完善中央银行体制，认真履行中央银行职责，有力支持了经济社会平稳健康发展。1954 年 6 月，人民银行适应政府机构改革需要，简化管理层次，形成总行、分行、支行三级组织机构体系。1962 年 6 月，中共中央、国务院重申人民银行是国家管理金融的行政机关，重新明确了人民银行在国家组织中的地位。1978 年 1 月，人民银行与财政部正式分开办公，在业务工作上恢复了自上而下的垂直领导，长达数年的银行与财政职能混同、分支机构以地方领导为主的体制宣告结束。1986 年 1 月，国务院明确中国人民银行是中央银行，担负货币政策、金融市场监管及货币发行等 12 项职能。1997 年 1 月，中共中央、国务院要求中国人民银行充分体现发行的银行、银行的银行和国家的银行三大特征，全面履行金融宏观调控、金融监管与金融服务方面的基本职能，提高防范化解金融风险的预测和监控能力。2003 年 12 月，全国人大常委会审议通过《中华人民共和国中国人民银行法》修订案，人民银行制定和执行货币政策、维护金融稳定和提供金融服务三个方面的职能得到强化和完善。2017 年 7 月，中共中央、国务院明确人民银行牵头负责宏观审慎管理，构建货币政策与宏观审慎管理双支柱的金融调控框架，同时承担国务院金融稳定发展委员会办公室的工作。

在习近平新时代中国特色社会主义思想指导下，人民银行正满怀信心地按照党中央、国务院的统一部署，不忘初心，牢记使命，坚持稳中求进工作总基调，统筹推进"五位一体"总体布局，协调推进"四个全面"战略布局，坚持全面深化改革，坚持新发展理念，继续向建立与中国特色社会主义制度相适应的现代化中央银行体制奋进，为实现伟大梦想、进行伟大斗争、建设伟大工程、推进伟大事业作出新的贡献。值此中国改革开放四十周年的重要时点，回顾人民银行建行七十周年的发展历程，具有承前启后的意义。编写出版《中国人民银行七十年（1948—2018）》，是为记录和宣传中国金融改革开放的辉煌成就，也为今后了解和研究我国中央银行制度的创建和历史沿革留下丰富、完整、宝贵的历史资料。

一、中国人民银行的创建

（1948—1952 年）

中华人民共和国诞生之初，面临着国民党政府留下的烂摊子。在经济崩溃、物价暴涨、国力衰微、民生凋敝、百废待兴、帝国主义国家对中国包围封锁的情况下，摆在经济工作首位的任务是尽快治理长达十二年的通货膨胀，以安定民生、涵养民力、调整经济、着手建设。在国民经济恢复时期，中国人民银行在中央人民政府的统一领导下，着手建立统一的国家银行体系，承担着四项基本任务：一是建立独立、统一的货币体系，使人民币成为境内流通的本位币，与各经济部门协同治理通货膨胀；二是迅速普建分支机构，形成国家银行体系，接管官僚资本银行，整顿私营金融业；三是实行金融管理，疏导游资，打击金银外币黑市，取消在华外商银行的特权，禁止外国货币流通，统一管理外汇；四是为迅速恢复生产，开展存款、放款、汇兑和外汇业务，促进城乡物资交流，为迎接经济建设作准备。

（一）中国人民银行的建立

中国人民银行是伴随着解放战争的胜利和迎接新中国的诞生而建立的。1947 年 7 月，中国人民解放军转入战略反攻并不断取得军事胜利后，各解放区在迅速扩大中逐渐连成一片，并为各解放区政治、经济、文化等工作的统一奠定了基础。

1. 组织机构体系的建立

中共中央为建立一个和平、民主的新中国而准备一切必要的条件。1947 年下半年，中共中央决定成立华北财经办事处（以下简称华北财办），负责统一华北各解放区财经政策，协调华北 5 个解放区的货币贸易和财税收支关系。12 月 2 日，华北财办致电中央，建议组建中央银行，统一发行货币。12 月 18 日，中央复电："银行名称，可以用中国人民银行。"据此，华北财办决定成立"中国人民银行筹备处"，华北财办副主任南汉宸兼筹备处主任，开始紧张地进行货币设计和机构筹建工作。在华北人民政府与陕甘宁边区政府、晋绥边区政府和山东省政府的大力支持下，经过近一年的努力，完成了各项筹备工作。1948 年 10 月 3 日，中共中央电告华北人民政府，就中国人民银行发行人民币事宜作了指示。1948 年 12 月 1 日，华北人民政府颁布关于建立中国人民银行和发行人民币的布告。决定将解放区的华北银行、北海银行和西北农民银行合并，组建中国人民银行，以原华北银行为总行，任命南汉宸为总经理，胡景沄、关学文为副总经理，将总行所在地设在河北石家庄市，拟定了《中国人民银行组织纲要草案》。1949 年 2 月，中国人民银行由石家庄迁入北平。1949 年 10 月 1 日中华人民共和国成立后，中国人民银行纳入中央人民政府政务院（以下简称政务院）序列，直属中央人民政府，具有发行货币、管理全国金融并全面办理各项业务的职能，中央人民政府任命南汉宸为中国人民银行行长，胡景沄为副行长。

中国人民银行迁入北平以后，首要任务是根据"边接管，边建行"的方针，接管官僚资本银行，建立或充实中国人民银行的各级分支机构。在新解放区，按照中国人民银行对原有各类金融机构采取区别对待的方针，把接管工作与建立中国人民银行分支机构结合起来，在接收官僚资本银行的基础上，利用原有银行机构的营业地点和人员办理业务，或改为中国人民银行的营业部门；或根据业务发展的需要，按行政区划重新建立中国人民银行分支机构。对官僚资本经营的"四行二局一库"①，按照《中国人民政治协商会议共同纲领》中关于没收官僚资本的规定，实行全盘接收转归国家所有，原供职人员凡愿意继续服务者，一律量才录用，分配工作或安排学习。接管中国银行后，没收其官股，改组董事会，南汉宸任董事长，职工全部留用，原职原薪，机构暂不变，成为中国人民银行领导下的经营外汇业务的专门银行。对交通银行采取同样办法，使之成为中国人民银行领导下的经营工、矿、交通事业长期信用业务的专业银行。1950 年，政务院总理周恩来发布命令，通告海外原属国民党政府的金融机构和员工，要求他们"各守岗位，保护国家财产档案，听候接收"。在这些机构爱国人士积极配合下，中国人民银行迅速组织了对海外机构的接管工作。在边解放、边接管、边建行和边办银行业务的过程中，本着集中统一、城乡兼顾、减少层次、提高效率、力求精简的方针，使银行机构的设置与行政系统尽可能一致，形成了中国人民银行的组织机构体系。1950 年 11 月 21 日，政务院批准公布了

《中央人民政府中国人民银行试行组织条例》。该条例规定：中国人民银行受政务院的领导和中央人民政府财政经济委员会的指导，与财政部保持密切联系，主管全国货币、金融事宜。

中国人民银行初期的组织机构，按照当时的行政区划，实行总行、区行、分行、支行四级建制。总行设在北京。区行设在大行政区人民政府所在地，为该区的管辖行，受总行直接领导，并受大区行人民政府（或军政委员会）的指导，对下直接领导区内各分行。到 1951 年年底，总行、区行、分行、支行四级机构基本建成，一个上下贯通、遍布全国的中国人民银行组织机构体系初步形成。

中国人民银行为履行职能、适应金融业务发展的需要，按照国家银行的职能和业务类别，内设相应的管理机构。1948 年 12 月 1 日中国人民银行总行成立时，以货币发行和经理财政库款为主，内设 5 个处，总行机关职工为 126 人。1949 年 2 月迁址北平以后，为了全面开展银行业务，充实了银行业务管理机构，总行内设机构增到 17 个处室，机关职工增至 974 人。1951 年 10 月 5 日，中华全国总工会决定成立中国金融工会工作委员会，其机构和人员编制设在中国人民银行。至 1952 年 4 月，各地区行已全面运转，总行内设机构由处室改为 13 个司局。

2. 人民币的发行和币制的统一

人民币的历史渊源可以追溯到新民主主义革命年代。早在第二次国内革命战争时期，中国共产党领导创建的革命根据地，相继建立了银行并发行了根据地银行货币。抗日战争时期和解放战争时期，革命根据地的银行也发行了当地流通的本位货币。到解放战争取得决定性

---

① "四行二局一库"是指国民党政府设立和控制的中央银行、中国银行、交通银行、中国农民银行、中央信托局、邮政储金汇业局、合作金库。

胜利，中华人民共和国诞生前夕，已具有了自主独立、统一的货币制度所需要的社会条件。

1947 年秋，解放战争转入战略进攻阶段，几大解放区逐渐连成一片，各解放区之间的物资交流和商贸往来日益频繁；人民解放军的大兵团作战需要各解放区相互支援、密切合作。1947 年 3 月 10 日，召开了华北财经会议，会议决定各区货币应相互支持，便利兑换；各区的货币，在管理上相互支持，在邻近地区实现混合流通，按自然比价进行兑换，以利于商贸往来和相互间的物资交流。1947 年夏，晋察冀边区银行、北海银行和冀南银行根据华北财经会议精神，商定在区际边界建立联合兑换所和货币混合流通区。在货币混合流通区内，各区货币可以"自由兑换、自由流通、自定比价和自由携带"，为促进各解放区间的物资交流，货币统一和金融发展迈出了第一步。

1948 年 3 月 21 日，华北五大解放区（陕甘宁、晋绥、晋察冀、晋冀鲁豫边区和山东解放区）派代表参加了华北金融贸易会议，讨论了"创设中国人民银行，发行统一货币，整理地方货币"等问题。会议决定自当年 4 月 15 日起，冀南银行与晋察冀边区银行的货币固定比价，混合流通；同时停止发行并逐步收回晋察冀边币，使冀南币成为两区统一的本位币。会议还作出了《统一新中国货币问题》的决议："总的原则是先统一本区之货币（东北、华北、西北、中原、华西、华南），然后再由北而南，先是东北和华北，其次是西北和中原，然后是华西和华南，最后以中国人民银行之本位货币之发行实现全国之大统一。"随后又对晋察冀边区、晋冀鲁豫边区、山东解放区、华中解放区的货币实现固定比价，相互流通，为中国人民银行的成立和人民币的发行打下了基础。

中共中央原本决定于 1949 年 10 月成立中国人民银行和发行人民币，但是解放战争胜利形势发展很快。1948 年 11 月初，东北全境解放，平津解放在即，各解放区迅速靠近；而此时各解放区的货币不但名称各异，而且比价不一，公私款项收付、携带很不方便；由于十多年的战争消耗，生产衰退，各区货币的实际购买力逐渐降低，影响了野战军军需采购与城乡物资交流，不利于金融、物价及人民生活的稳定。成立统一的银行、发行统一的货币已刻不容缓。

1948 年 12 月 1 日，华北人民政府发布（金字）第四号布告，决定于 1948 年 12 月 1 日起，发行中国人民银行钞票（以下统称新币），定为华北、华东、西北三区的本位货币，统一流通。所有公私款项收付及一切交易，均以新币为本位货币。新币发行之后，冀南币（包括鲁西币）、晋察冀边币、北海币、西农币（以下统称旧币），逐渐收回。旧币未收回之前，旧币与新币固定比价，照旧流通，不得拒用。同时还规定了新旧币的比价；新币对冀南币、北海币均为 1∶100；新币对晋察冀边币为 1∶1 000；新币对西农币为 1∶2 000。同日，《人民日报》刊发中国人民银行发行 10 元、20 元、50 元三种钞票的布告。中国人民银行的成立和人民币的发行，标志着一个独立、统一、自主的共和国货币制度开始茁壮成长。

各解放区发行的货币都是人民自己的货币。在用人民币统一币制的过程中，为了使人民群众不受损失，人民政府对早在土地革命时期、抗日战争时期和解放战争时期各革命根据地、各解放区发行的货币，采取了"固定比价、混合流通、逐步收回、负责到底"的方针，宣布按规定比价收兑各解放区的货币，直到最后一张为止。

国民党政府 1935 年实行法币制度以后，不到两年就出现通货膨胀，法币连连贬值，民不聊生。国民党政府在其崩溃之前发行金圆券残酷掠夺，搜刮民财，人民政权对此进行了坚决抵制，实行坚决、迅速、彻底肃清的方针。每解放一地，人民政府明令禁止金圆券流通。为了照顾工人、农民、职员、学生的利益，对金圆券采取排挤为主、收兑为辅的方针；将收兑的金圆券迅速输送到敌战区换回物资；同时，为了保护广大群众财产不受损失，采取了人民币与金圆券限期兑换的方法。1949年7月，国民党政府又在广州、重庆发行所谓的银圆券。中国人民银行宣告，在新解放区一律禁止银圆券流通，并号召人民群众在解放之前就坚决拒用银圆券。这样，银圆券随着国民党政权的溃败，出笼不到三个月就垮台了。

（二）新中国成立初期对金融业的管理

中国人民银行从建行之日起，就具有国家银行的特殊地位，承担着领导和管理全国金融业的重要职责。在国民经济恢复和社会主义改造时期，中国人民银行对金融业的监督管理，除依法接管官僚资本银行、取消外商银行在华特权外，主要任务有两项：整顿和改造私营金融业；打击投机活动，维护金融秩序。

新中国成立时，财政经济面临严重困难，工农业生产萎缩，商品严重匮乏，国营经济力量十分薄弱，投机商人兴风作浪，囤积居奇，哄抬物价，扰乱金融。1949年4月、7月、11月和1950年3月，先后发生了四次物价大涨风潮，风源都在上海、北京、天津等大城市。前两次涨价风潮波及面小，很快得到了平息。第三次风潮中心移至上海，1949年5月末至6月上旬，上海的批发物价指数上涨了2.7倍；6月末到7月末又上涨了1.6倍；10月中旬到11月下旬再上涨了3.3倍；1950年3月的物价指数比1948年12月上涨了42倍。物价的飞涨和大幅波动，严重影响了人民生活，扰乱了社会经济秩序，制止通货膨胀，成为巩固新

中国政权、保持社会和经济稳定的头等大事。中国人民银行在中央政府的领导下，适应多种经济成分并存的市场形势，充分利用货币政策工具，并同时运用强有力的行政手段，严格控制现金发行，因势利导，稳定物价，恢复经济，迅速制止了通货膨胀，实现了国民经济恢复发展的目标。

1. 打击投机势力

人民政府采取了必要的行政手段和经济措施，同市场投机势力展开了针锋相对的斗争。从1949年3月开始，先后在北京、天津严厉打击、坚决取缔了银元投机。1949年11月，投机资本大量涌入上海，抢购纱布和粮食，只进不出，坐等渔利。中央人民政府财政经济委员会采取通盘调度、统一行动的方针，几个大城市采取组织国营贸易集中抛售物资，加强财政税收，增募公债，银行积极吸收存款、收回贷款等"三个部门，六路出兵"的一整套措施，给投机活动以沉重打击，掌握了市场物价主动权，历时半个月，市场银根大为紧缩，市场物价日趋平稳，上海、天津、汉口、西安等城市的物价上涨风基本被刹住。

在各大城市解放初期，利用金银进行投机活动十分猖獗。一批投机商人和一部分私营钱庄专靠投机倒把追逐暴利，不少私营工厂主也从事商业投机，市场拆息高达100%～200%。为打击投机、稳定物价，各地对金银投机活动进行了查缉，惩处首要分子，取缔投机据点，取缔银元黑市。经过打击，许多投机资本转入地下，大量游资通过地下钱庄从事金银、外币投机和高利拆放。中国人民银行会同公安部门对地下钱庄给予了严厉打击，上海、广州等地查获地下钱庄和摊档近700家。与此同时，北京、天津开放了原已被查封的证券交易所，对一部分游资进行疏导，调动私营企业生产的积极性，以减轻商品市场的压力。

2. 加强金融管理

为尽可能集中统一使用全国的财力和物力，消除通货膨胀隐患，1950 年 3 月 3 日，政务院通过并颁布了《关于统一国家财政经济工作的决定》，采取一系列强有力措施，迅速做到"三平"，即统一全国财政工作，实现全国财政收支平衡；统一全国国营贸易工作，实现全国物资调拨平衡；统一全国金融工作，实现全国现金收支平衡。为贯彻政务院的决定，中国人民银行同财政部门、贸易部门统一行动，采取了一系列重要措施，以平抑物价，稳定金融。1950 年 3 月，政务院指定中国人民银行作为国家现金调度的总机关，代理国家财政金库。

为适应全国商品购销资金统一调度的需要，中国人民银行与中央贸易部签订了《贸易金库合同》，各级国营商业单位每日收进的现金都要交库，不经中央贸易部的批准，不得动用；商品的调拨和应该支付的费用，由上一级公司拨付，以适应全国商品购销和资金统一调度的需要，中国人民银行还与铁道部、燃料工业部、重工业部、邮电部等单位签订了代理金库与调拨资金合同，统一收纳和调节这些部门的资金。

1950 年 4 月 7 日，政务院发布了《关于实行国家机关现金管理的决定》，其中规定，分散在各公营企业、机关、部队、合作社的现金集中由中国人民银行统一管理。在建金库、管现金的基础上，机关团体和国营经济单位的存款几乎全部进入了银行，成为银行信贷资金的稳定来源；银行又大力开办个人储蓄存款和私营企业存款，吸收社会游资，使停留在居民手中的现金和单位库存的现金降到了最低限度。

在将信贷、现金、结算收支集中于中国人民银行的基础上，全国资金统一调度，全面开通汇路，推进非现金结算。为保证货币发行权

集中于中央，1949 年 10 月，中央人民政府财政经济委员会发出了《关于建立发行库的决定》。发行库制度的建立，为加强全国现金管理奠定了基础，也为集中使用资金、全面畅通汇兑、灵活调拨现金提供了制度上的保证。统一财经工作，直接效果是制止了通货膨胀，实际上是确立了统一的财经管理体制，在"收存款、建金库、灵活调拨"的过程中，形成了中国人民银行"信贷、结算、现金三大中心"的职能。

按照信用集中于国家银行的原则，建立纵向型的信贷分配体制。中国人民银行从 1952 年开始统一编制"综合信贷计划"，全国银行体系吸收的存款全部由中国人民银行总行统一运用；国民经济部门需要的贷款由中国人民银行总行实行指令性的计划指标管理，形成中国人民银行总行统一掌握资金来源、统一分配资金运用的"统存统贷"管理体制。除特殊批准的商业信用以外，其他商业信用一律取缔。

利率是调节市场资金供求最重要的一个手段，中国人民银行从 1949 年到 1952 年 7 次全面调整存、贷款利率。1952 年 6 月 21 日，为了迎接大规模经济建设的到来，中国人民银行在全国降低存、贷款利率的同时，统一了关内各区行的利率，结束了当时被称为"过渡性"的多元化、多层次的比较分散的利率管理体制。

为了平抑市场物价，回笼现金，集中资金，改变人们由于旧中国长期通货膨胀而普遍存在的"重物轻币"的心理，从 1949 年 4 月起，中国人民银行开办了折实储蓄、保本保值储蓄，还有整存整取、零存整取、整存零取、存本取息四种定期储蓄。1949 年 12 月，国家还发行了"人民胜利折实公债"，这种储蓄和公债对于减少社会游资、稳定金融和物价起了很好的作用。1950 年 10 月，在采取措施吸收社会游资、收紧信用的同时，中国人民银行还开办了

有奖储蓄以吸引资金，并鼓励私营银行和钱庄将存款以保本保值方式转存，对其转存款实行加息。同时努力争取私营工商企业在国家银行开立结算户，降低汇兑手续费，争取私营企业与个人更多地到国家银行办理现金业务。

新中国成立初期，国家的外汇资源奇缺，进出口渠道和侨汇汇路阻塞，而恢复国民经济的用汇量很大，形成了外汇短缺的基本局面。在这种情况下，国家实行外汇垄断制，通过扶持出口，沟通侨汇，以收定支，积聚外汇，支持国家经济的发展。1949 年 9 月，中国人民政治协商会议通过的《中国人民政治协商会议共同纲领》第三十九条规定："禁止外币在国内流通。外汇、外币和金银的买卖，应由国家银行经理。"根据《中国人民政治协商会议共同纲领》确定的原则，中国人民银行是国家的外汇管理机关。1950 年 10 月，政务院颁布《外汇分配使用暂行办法》，将各大行政区的外汇管理暂行办法和实施细则加以统一和修正。该办法规定：全国各地所有外汇收入，一律交由中央人民政府财政经济委员会统一掌握，分配使用，任何部门非依照规定申请批准，不得自行动用。外汇分配的原则是：先中央后地方，先工业后商业，先公后私。1951 年 8 月 4 日，中国人民银行发布了《个人申请结购及支领携带外汇管理暂行办法》，规定个人使用外汇由中央人民政府财政经济委员会授权中国银行核批。由于当时国家外汇短缺，购汇标准很低。

20 世纪 50 年代初期，私营进出口商在对外贸易中占很大比重。为了加强对私营进出口贸易外汇收支的监督和管理，实行了进出口许可证制度和银行签证制度。银行通过签证掌握进出口外汇收支，监督私营进出口商及时收汇和合理用汇。为了壮大国营对外贸易，支持国营进出口的优先发展，1950 年 6 月，中国人民银行同中央贸易部签订了"代理外汇收解合同"，通过服务与监督相结合的方法代理国营对外贸易单位收付外汇。1951 年 3 月以后，中国人民银行和中央贸易部将"代理外汇收解合同"改为"进出口贸易人民币结汇合同"，经营进出口业务的国营对外贸易专业公司实行结汇制度，不再保留外汇存款。

1949 年，天津、上海、广州解放后，先后设立了外汇交易所，规定外汇指定银行为交易员，可以代理客户买卖外汇。中国银行根据市场情况，报经中国人民银行核准后公布每日外汇买卖开盘价格，交易员在外汇交易所内依照外汇供求情况，自由议价成交。以后鉴于在管理交易制度下，进出口均经事先核定，外汇买卖受计划控制，议价作用不大，议价制自 1950 年 4 月起被取消，改为中国人民银行挂牌，机动调整。采用挂牌汇率后，外汇交易所已无多大作用，于 1950 年起被取消。1950 年 7 月 8 日，全国实行统一的人民币汇率，由中国人民银行总行公布。对于华侨汇款，为使侨胞、侨眷免受外币贬值的损失，自 1950 年 11 月起开办人民币侨汇业务。

1949 年 4 月 27 日，华北人民政府颁布了《华北区私营银钱业管理暂行办法》。随后华东、华中、华南各地人民政府也相继颁布了私营银钱业管理办法。这些办法明确了中国人民银行作为银钱业管理、检查机关的地位，并对私营银钱业的业务经营以及资本金管理、风险管理、存贷款比例等方面作了具体的规定。中国人民银行有步骤地对私营行庄进行整顿和改造，引导他们走公私合营的道路，逐步将其纳入社会主义金融体系，以适应社会主义经济建设的需要。

1949 年新中国成立后，北京、上海、天津、厦门、广州等城市仍有若干家外资银行，其中上海有 15 家。中央人民政府当时对外资银行的政策是，在遵守我国法令、接受监管的原则下允许其合法经营，对其正常经营与合法权益给予保护；对有损我国主权的金融活动进行限制。

（三）促进国民经济的恢复和发展

新中国成立后，按照《中国人民政治协商会议共同纲领》的规定，国家经济建设的根本方针是以公私兼顾、劳资两利、城乡互助、内外交流，达到发展生产、繁荣经济的目的。据此，中国人民银行在建立机构，稳定金融、物价的同时，还大力支持生产，促进国民经济的恢复和发展。

1. 支持恢复生产和发展经济

银行在资金上着重支持国营经济，以增强国营经济领导和稳定市场的力量。为了支持对外贸易，带动城乡经济的恢复和发展，银行还用资金支持国营贸易公司组织进口。从1950年到1952年，银行对国营工业的贷款增长了3倍，对国营商业部门的贷款增长了5.5倍。在积极支持国营经济的同时，银行信贷资金也用于扶持有利于国计民生的私营企业。中国人民银行根据当时市场物价和私营企业的资信，分别采取折实定货贷款、折实抵押贷款和信用贷款的方式，帮助私营企业解决资金困难，有的还在贷款利率上给予优惠，使它们能迅速恢复生产。

1950年6月，中共中央召开了七届三中全会。会后，在全国范围内进行了工商业调整，确立国营经济的领导地位，统筹兼顾其他经济成分。中国人民银行灵活运用信贷和利率杠杆，积极配合、支持工商业的调整和改组。银行以数量较大、利率较低、条件较宽的贷款大力支持国营经济，其中又以国营贸易部门和供销合作社为重点，充分供应其资金需求，而对需要由国营商业取代或应予淘汰的私营批发商，银行则收回贷款，停止发放新贷款。与此同时，银行也注意公私兼顾，扶持私营工商业。此外，中国人民银行还扩大国内通汇网点，使资金流动畅通，有利于活跃物资交流；还利用国营贸易部门收购农副产品等途径发挥货币调节经济的作用。

2. 配合土地改革和支持农业生产

1950年6月，中央人民政府颁布了《中华人民共和国土地改革法》，在全国新解放区，分期分批开展了大规模的土地改革运动。为配合土地改革，中国人民银行大力组织农村资金，解决农民的困难。中国人民银行采取在农村开展储蓄的办法，运用储蓄存款发放贷款，用一部分农民的钱调剂解决另一部分农民对资金的需要。采取举办农村保险的办法，保障农民的生产收入，调动农民生产积极性。1951年5月，中国人民银行召开了第一届全国农村金融会议，提出了省、县银行工作应以主要力量开展农村金融工作，贯彻"深入农村、帮助农民、解决困难、发展生产"的方针，为恢复和发展农业生产而努力。会后，中国人民银行利用遍布农村区镇的营业所开办了多种形式的农业贷款。同时，中国人民银行在全国农村试办信用合作社，信用合作社成为银行在农村的有力助手。

二、计划经济体制下的中国人民银行

（1953—1977 年）

1950 年到 1952 年的三年中，抗美援朝的胜利、全国财经的统一、土地改革的基本完成，使国民经济得到了恢复，财政状况开始好转，为有计划地进行经济建设创造了条件。为迅速展开大规模的经济建设，中国共产党提出社会主义过渡时期的总路线和总任务，从 1953 年开始实施第一个五年计划。实行计划经济的基本任务是，集中力量保证重工业的建设，用十年到十五年时间建立社会主义工业化的初步基础；在优先发展重工业的前提下，适当地安排农业、轻工业和其他事业的发展；有步骤地促进农业、手工业的合作化和对私营工商业的社会主义改造。为了集中建设资金，继续强化了财政统收统支和银行统存统贷的体制。在统一的计划体制中，自上而下的人民银行体制成为国家吸收、动员、集中和分配信贷资金的基本手段。中国人民银行作为国家金融管理和货币发行的机构，既是管理金融的国家机关又是全面经营银行业务的国家银行。

（一）高度集中统一的国家银行体制的形成

从 1953 年开始，全国集中财力和物力进行大规模的经济建设。为了尽快奠定我国重工业的基础，壮大国营经济力量，我国吸取了苏联的计划经济经验并参照他们的经济发展模式，建立了高度集中统一的计划经济管理体制。与此相适应，也形成了高度集中统一的国家银行体制。其主要特点是：实行银行国有化政策，信用集中于国家银行，全国实际上只有一家银行，即中国人民银行。中国人民银行既是行使货币发行、金融管理职能的中央银行，又是从事信贷、储蓄、结算、外汇等银行业务活动的金融机构，具有中央银行和商业银行的双重职能。这种复合型体制，随着计划经济体制的调整和社会环境的变化，曾有过局部的改进，但基本结构一直延续到 20 世纪 80 年代初。

1. 建立国家银行体制

1954 年 6 月，中央人民政府决定撤销大区一级政府机构，合并了若干省份，中国人民银行大区行也随之撤销，简化了管理层次，总行直接领导省（自治区、直辖市）分行，形成总行、分行、支行三级组织机构体系。在建立高度集中统一的银行体制和信贷管理体制过程中，商业信用被取消，信用集中于国家银行。为了加强信用管理，方便工商企业转账结算，中国人民银行进一步健全了银行结算制度，制定了 8 种结算方式并首先在国营商业系统试行。

2. "大跃进"时期的银行体制

"三大改造"提前完成，第一个五年计划顺利实现以后，计划经济体制中的矛盾开始暴露，中央和地方的经济管理权限，以及积累和消费的矛盾尤为明显。中共中央和国务院从1954 年开始酝酿改进经济管理体制，拟议逐步下放管理权限，调整中央和地方、国家同企业之间的关系。在金融领域作了以下调整：一是下放农业贷款管理权限。农业贷款指标由地方统筹安排、"包干"使用。二是下放地方工业贷款管理权限。中国人民银行总行按照"两放、三统、一包"的方式，下放管理权限。银行所有存款，除中央财政、军队、中央企业和机关团体的存款外，其余各项存款全部划给地方作为信贷收入来源；银行所有的信贷，除中央管理的少数企业所需的贷款外，其余各项贷款全部划给地方管理，存款与放款的差额由地方包干使用。国营企业的流动资金一律改由人民银行统一管理。三是把支持工业生产和商业收购放在首位。在"大跃进"形势之下，强调各级银行必须把政治观点、生产观点和服务观点放在首位，要求银行促生产、促收购；生产多少，商业部门收购多少，银行供应资金多少。生产部门大干快上、商业部门大购大销、银行多存多贷，要充分满足企业生产的流动资金需求。

随着这种以权限下放为中心的管理体制的形成，再加上追求大计划、高指标之风盛行，中国人民银行总行的职能被削弱，业务骨干被调出。中国人民银行总行机关职工由1956 年年末的 2 088 人锐减到 1959 年年末的 820 人；内设机构只保留 9 个司局。

到 1960 年冬，国民经济几乎到了崩溃的边缘，为了克服国家财政经济面临的严峻局面，1961 年，中共中央决定对国民经济实行"调整、巩固、充实、提高"的方针。国务院采取了一系列政策措施来恢复国家银行的高度集中统一体制，加强银行的经济管理职能。采取的措施有：一是要求下放的银行干部归队。二是恢复银行工作的集中统一领导。1962 年 3 月 10日，中共中央和国务院作出了《关于切实加强

银行工作的集中统一，严格控制货币发行的决定》（当时简称为"银行六条"），把银行下放的管理权限全部上收，银行业务实行完全、彻底的垂直领导，从组织体制上保证货币发行权集中于中央。三是核销呆坏账和加强信贷管理。中国人民银行 1961 年 4 月 30 日发出《关于改变信贷管理体制的通知》，要求各地改变1958 年以来实行的差额包干管理办法，加强季度信贷计划管理。据统计，国务院批准豁免的1961 年以前的农村欠款总额为 91 亿元，其中：银行农业贷款为 45 亿元，信用合作社贷款为10 亿元，商业部门赊销、预付、预购定金为 36亿元。91 亿元的豁免欠款相当于 1958 年财政总收入的 24% 或当年银行信贷基金总额的94%。1963 年 3 月，中国人民银行召开全国农村金融工作会议，规定长期农业贷款所需资金由国家财政拨给人民银行，作为专项贷款基金周转使用。四是进一步明确中国人民银行的职责和地位。1962 年 6 月，中共中央、国务院发出了《关于改变中国人民银行在国家组织中地位的通知》，重申中国人民银行是国家管理金融的行政机关，是国家办理信用业务的经济组织，被授权在全国实行现金管理、信贷管理和信贷监督。为了更好地发挥中国人民银行在国民经济中的积极作用，重新明确了中国人民银行在国家组织中的地位：中国人民银行总行由国务院直属机构改为同国务院所属部委居于同样地位的机构；中国人民银行的分支机构与同级政府的经济部门一样，具有同样的地位和职权。中国人民银行各级行的党组也同同级行政序列取得一致的地位。实行上述措施后，中国人民银行各级机构和职工队伍得到了恢复，到1963 年进入了正常运行状态。

3. "文化大革命"时期银行体制的混乱与治理

"文化大革命"的十年，尽管中共中央和

国务院三令五申地要求维护银行业务秩序、保持银行体系的相对完整，但金融业还是全面萎缩。当时，把银行的信贷管理监督及行之有效的规章制度视为"管、卡、压"的枷锁，否定银行信用的经济功能，否定金融工作的基本成就，造成了金融工作指导思想、业务政策、资金管理和组织机构的混乱。

1966年9月，国务院、中央军委为了维持银行系统的正常工作秩序，决定向中国人民银行派驻军代表，避免银行系统受到直接冲击。但是，银行职能还是受到批判，业务指挥系统被削弱。1969年，中国人民银行总行的职能机构进行了大撤并，只保留了政工和业务两个组，大批干部被下放到"五七"干校劳动，留在中国人民银行总行的干部只剩下87人，艰难地维持中国人民银行的日常工作。在此期间，中国人民银行系统的基层机构按照"斗、批、改"的要求，以政治建行为目标，减少机构，下放劳动，撤大银行设小银行（综合服务所），许多业务规章制度相继被停止执行。1969年7月，中国人民银行、财政部合署办公，一套机构两个牌子，业务分别管理，银行保持相对的业务独立性；中国人民银行各级分支机构的设置则由各省（自治区、直辖市）自行决定。在省一级，有的把银行与财政合并，成立了财政金融局；有的把银行并入财政局，机构合一，保留部分银行业务管理机构；也有少数省（自治区）的银行机构仍然单独设置。在地区和县一级，大多数保持了银行独立的对外营业机构。银行的组织机构体系和业务管理体系从上到下，形成不了集中统一的工作系统，中国人民银行管理信贷的职能同各级财政预算的职能发生了混淆，中国人民银行控制信贷、稳定货币的职能被削弱，用贷款保财政收入、保投资缺口，给经济和金融的综合平衡设置了难以克服的体制障碍。

1976年10月，粉碎了"四人帮"反革命集团，结束了"文化大革命"这场灾难，国民经济开始恢复生机，解决银行体制问题被纳入政府决策议程。1977年8月，中国人民银行召开了全国银行工作会议，会议的主要任务是揭批"四人帮"对金融工作的干扰破坏，着手整顿金融、加强银行工作。会后，国务院下发了《关于整顿和加强银行工作的几项规定》，正式明确中国人民银行为国务院部委一级单位，与财政部分开；省（自治区、直辖市）以下的银行机构一律分设，以中国人民银行总行领导为主。1978年1月，中国人民银行与财政部正式分开办公，中国人民银行总行的内设机构恢复到14个司局。各省（自治区、直辖市）以下的银行机构也在1978年内全部完成了与财政部门的分设工作。到1978年年末，全面恢复了中国人民银行的统一体制。这样，中国人民银行在业务工作上恢复了自上而下的垂直领导，金融管理的指挥体系和银行工作的集中领导原则得到了加强；在机构分设中，还配备了一批懂政策、懂业务的领导干部，业务骨干陆续归队，长达数年的银行与财政职能混同、分支机构以地方领导为主的体制几经波折而宣告结束，金融工作秩序逐步开始好转。

（二）计划经济体制时期的金融政策

1. 人民币制度的继续完善

在建立新中国的货币制度时，中共中央考虑分两步走，即先实现货币的统一，后实现货币的稳定。

人民币是在1948年12月中国处于历史上空前的恶性通货膨胀时期发行的，人民革命战争正在进行，城乡经济恢复工作尚在筹划之中。因此，当时的人民币还留存着通货膨胀的痕迹，是战争环境和恢复时期特定条件下的产物，只实现了战时货币整理与统一的任务。在日常生产和商品流通中，经常要以亿元、十亿元乃至百亿元计价和结算，给经济管理带来许多不便，给人民币的形象也带来了不利的影响；货币的面额种类较多，版别复杂达 62 种，人民群众不易识别；旧人民币纸质不佳，有的印制质量较差，流通中的人民币磨损、残破较多，不利于人民币的防伪反假工作；除少数几种人民币上印有蒙古文、维吾尔文外，绝大部分只印有汉文一种文字，不便于人民币在少数民族地区流通。经过三年的经济恢复和"一五"计划的顺利实施，全国财经工作实现了统一，金融、物价基本稳定，财政实现了收支平衡并略有结余，国民经济出现了欣欣向荣的大好形势，钞票印制工业也从分散走向集中统一，人民币印刷技术有了提高，发行新人民币的条件基本成熟。

1955 年 2 月 21 日，国务院发布《关于发行新的人民币和收回现行的人民币的命令》，责成中国人民银行自 1955 年 3 月 1 日起发行新的人民币（以下简称新币，即第二套人民币），收回当时流通的人民币（以下简称旧币，即第一套人民币）。新币面额，主币分为 1 元、2 元、3 元、5 元、10 元五种，辅币分为 1 分、2 分、5 分、1 角、2 角、5 角六种。每种券别版面均印有汉、藏、蒙古和维吾尔四种文字。自新币发行之日起，凡机关、团体、企业和个人的一切货币收付、交易计价、契约、合同、单据、凭证、账簿记载及国际间的清算等，均以新币为计算单位；所有在新币发行前的一切债权债务，包括国家公债在内，亦自同一日起，按法定比率折合新币计算和清偿。所有旧币均由中国人民银行按法定比率全部收回。从 1955 年 5 月 1 日起，中国人民银行停止收兑旧币。在我国这样一个人口众多、幅员辽阔的国家，只用 100 天时间就顺利地完成了新币替代旧币流通的工作，是一件很了不起的事情。1957 年

11 月 19 日，国务院发布《关于发行金属分币的命令》，决定自 1957 年 12 月 1 日起，发行 1 分、2 分、5 分三种硬分币，材质为铝镁合金，与同面额纸质分币等值混合流通，形成了比较健全的人民币主辅币结构。

2. 计划经济体制下的货币信贷政策

自 1953 年起到实行改革开放之前的较长时期，高度集中的计划经济体制通过指令性计划直接配置资源，商品、货币作用受到限制。工业企业按国家计划生产，产品统一分配调拨；主要农产品由国家统购统销；国民收入绝大部分通过财政集中分配。与此相适应，社会信用集中于国家银行，实行货币信贷的统收统支、统存统贷体制，银行在经济管理中担负着保证经济计划的实现及组织调节现金流通的职能。虽然银行信贷与财政收支是国家分配资金的两个渠道，但银行只是承担国营企业超定额流动资金的供应。这种经济体制决定宏观经济调控主要依靠国民经济计划和财政预算。货币信贷政策居于从属地位，主要运用综合信贷计划、现金计划、现金管理等行政手段实现对现金总量、信贷总量的控制，达到发展经济、保障供给的目标。

计划经济体制下的宏观经济管理，以实物分配和中央集权管理为主。从 1953 年开始，国家银行实行高度集中的综合信贷计划管理。其基本内容是：各级银行吸收的存款全部集中于中国人民银行总行，由中国人民银行统一支配，贷款由中国人民银行总行统一核批指标，各级银行的存款与贷款不挂钩，各项贷款指标相互不能调剂使用。各级企业的贷款计划由企业主管部门编制并逐级上报，然后由上级主管部门会同同级中国人民银行报经国家主管部门和中国人民银行总行同意后逐级下批。综合信贷计划纳入国家经济计划是国家组织分配信贷资金的基本手段，它规定了国家银行全部信贷

收支规模和信贷资金的构成及使用方向，集中体现了国家的货币政策目标和信贷政策导向。中国人民银行通过集中的信贷计划可以控制货币发行的数量和规模，在国民经济管理中较好地发挥了国民经济的"晴雨表"的作用。

在计划经济体制中，实施现金管理制度，货币流通被严格区分为转账和现金两大部分。由于生产资料的生产、分配、交换和消费完全由国家指令性计划安排，按国家规定的价格进行交换，采取转账方式结算，所以，资金在企业之间的转移完全通过银行划拨，只体现银行存款和贷款的此增彼减，不直接影响市场物价。机关团体企事业单位发工资、零星费用开支和采购农副产品及个人提取存款可支付现金，使用现金的大多是消费品交易。流通中的现金如果超过了消费资料可供量，就导致市场消费品的短缺或物价的上涨。因此，在计划经济中，控制现金发行量，保持流通中现金与消费品流通的相适应，成为实施货币信贷政策的中心目标。1952 年 10 月，中国人民银行拟订了《现金出纳计划编制办法（草案）》（以后改称"现金收支计划"）。自从 1953 年 9 月 13 日中央人民政府财政经济委员会发布《关于加强现金出纳计划工作的指示》之后，中国人民银行各级分支机构开始编制现金出纳计划，实行全国统一的现金计划管理。从 1960 年 1 月开始，国家决定实行工资基金监督，银行配合有关部门对机关团体和国有企业的工资支出进行总额监督，以控制就业人数的增加和工资支出的过快增长。增加信用回笼和商品回笼是现金收入管理的基本内容。多年来，中国人民银行一直把加强宣传、改进服务、积极扩大城乡储蓄作为增加信用回笼、扩大信贷资金的重要手段。

财政资金与信贷资金的分口管理及财政、信贷与物资的综合平衡在整个计划经济时期一直发挥着极为重要的作用。在国民经济计划综合平衡中，财政收支平衡是核心，物资产销平衡是基础，银行信贷平衡是综合反映。三者的平衡是货币稳定的重要保证。财政与信贷是供应资金的两种渠道，也是宏观经济管理的两种手段。当时的财政是国民收入分配的主渠道，基本建设资金、国营企业自有资金和定额流动资金的供应由财政承担；企业临时性资金或超定额流动资金、集体所有制的生产流动资金和对农民的小额生活贷款则由银行信贷提供。前者是无偿的，后者是有偿的。在计划经济中，国家严格区分这两种不同性质、不同来源的资金，一直坚持分别使用、分口管理、统筹安排、统一平衡的基本原则。

实现财政、信贷与物资的综合平衡，目的是保持货币信贷总量与物资供应总量的平衡；在银行信贷的使用中，强调贷款与商品物资运动相结合，避免货币信贷的投放脱离物资运动而引发信用膨胀或通货膨胀。据此产生了当时银行办理贷款和企业使用贷款必须遵循的"三性"原则：计划性（即按计划贷放、使用）、物资保证性（有足够的物资作保证）、偿还性（按期归还）。计划性是前提，偿还性是基础，物资保证性是关键。按这三项贷款原则发放贷款，做到钱出去货回来、货出去钱回来，使投放出去的贷款能够带动生产，创造更多的商品物资，为稳定货币提供更可靠的物质基础。

3. 计划经济体制时期的通货膨胀与治理

在计划经济体制时期，生产、流通、分配和消费都由国家计划控制，在理论模式上可以使经济协调、均衡发展，但在长期的实践中，生产高指标、投资规模失控、消费支出膨胀造成多次出现经济比例失调和严重的通货膨胀。由于当时实行实物分配制度，物价多年不变，即使投入流通中的现金所形成的购买力超过消费品可供量，也往往不表现为市场价格波动，而常常表现为"隐性通货膨胀"，即有价无市、持币待购、持币争购的短缺经济状态。比较突出的信贷失控和通货膨胀有三次。

（1）1956年的信贷超计划。"一五"计划的前三年，完成了对私营经济的社会主义改造，经济发展较快。1956年的经济工作中出现了急躁、冒进的情绪，当年工农业总产值比上年增长16.5%，工业总产值比上年增长28.1%，基本建设投资比上年增长62%，国家工资支出比上年增长47.8%，均大大超过国民收入增长11.9%的幅度。当年财政赤字为18.3亿元，动用上年结余10亿元，使银行的财政存款相应减少。加之当年农业贷款比原计划多增80%，导致信贷差额扩大。现金投放的三个渠道（基本建设、工资支出、农业贷款）都失去控制，1956年年末，市场现金流通量比上年增长42%，国营商业商品库存反而比上年减少6.5%，市场商品供应出现了紧张局面。

1956年的超计划贷款发得早，纠正得快。1957年，在市场稍有不稳定时国家就适时地调整了国民经济计划，采取了"保证重点，适当压缩"的策略，压缩投资规模，削减财政支出，控制信贷规模，使国民经济很快恢复协调发展。1957年，全国工农业总产值比上年增长7.9%，基本建设投资比上年实际减少10%，财政收大于支，结余5.98亿元，国家工资总额比上年增长14%，国营商业商品库存比上年增长17.6%，银行各项存款余额比上年增长23.4%，各项贷款余额比上年增长18.6%，年末市场现金流通量比上年减少7.9%，零售物价指数比上年只上升1.5%，保证了"一五"时期的国民经济计划的圆满实现。

（2）1958年的货币信贷失控。在"大跃进"过程中，国家的计划管理、财政管理和信贷管理权力下放，基本建设规模大大超过国家财力、物力的承受能力，银行信贷基本原则和有效管理规章制度都被当做支持生产的"绊脚石"加以废除，从而导致新中国成立以来最严重的一次国民经济比例失调和货币信贷失控。从1958年至1960年，基本建设投资分别比上年增长84.6%、31.9%和13.2%，这三年的工业总产值增长了134.3%，财政收支账面结余3.97亿元，实际发生赤字169.39亿元。同期银行各项贷款增长了157.5%，三年共增发现金43.1亿元，1960年年末市场现金流通量比1957年增长了81.6%。大量增发现金和增加贷款用于搞基本建设和填补财政赤字的"窟窿"，加上当时连续两年自然灾害，农业减产，苏联援助撤销，市场物资奇缺，国民经济陷入十分困难的境地。为了克服国家财经困难，加快调整国民经济进程，1960年8月，中央领导提出了对工业进行"调整、巩固、充实、提高"的八字方针，全面调整国民经济计划，降低了不切实际的高指标，大力压缩基本建设投资，大力压缩集团购买力，从严控制城镇人口，暂停从农村招工，切实整顿和精简县社工业，积极支持恢复和发展农业生产。1961年，商品的可供量与测算的社会商品购买力有40多亿元的差额，零售物价仍上涨16.2%。经国务院批准，商业部门采取卖高价点心、糖果和高价酒的临时办法回笼现金33亿元，使当年由计划现金净投放60多亿元降到实际净投放29.8亿元。

在金融工作方面，中共中央、国务院作出了一系列加强货币信贷调控的政策决定。1960年9月，中共中央批转了中国人民银行党组《关于严格实行现金管理制度的报告》，严格现金管理；1960年12月，中共中央发出了《关于冻结、清理机关团体在银行的存款和企业专项存款的指示》；后又作出了调整管理体制的若干规定，收回了不适当下放的管理权，将经济、财政、货币发行、重要物资的管理权集中于中央，改变了银行统包企业流动资金的做法；1961年2月，又规定在国家计划以外不得以任何名义向银行借款，不得挪用贷款搞基本建设和作财政开支，对违反者以违法乱纪论处；1962 年 3 月，中共中央、国务院作出了《关于切实加强银行工作的集中统一，严格控制货币发行的决定》，强调货币发行权集中于中央，银行业务实行完全、彻底的垂直领导，非经中国人民银行总行批准，不得在计划外增加贷款。中国人民银行通过加强和改进信贷计划管理和现金计划管理，统一安排和管理支援农业的资金，积极参与和推动企业清仓核资等工作，坚持不懈地贯彻实施中共中央和国务院的各项财政措施，并取得了明显的效果。

经过三年的努力，进入 1964 年后，国家财经状况得到了根本好转，各项经济指标已经恢复，有的甚至超过"一五"时期的最好水平。反映到货币信贷上：一是货币流通恢复正常。在前几年相继大量发行现金之后，从 1962 年开始连续三年净回笼现金 45.7 亿元，1964 年年末市场现金流通量比 1961 年年末减少 36%，"大跃进"期间多发的现金全部收回，市场现金流通量与商品零售额的比例由 1961 年的 1:5.5 上升到 1964 年的 1:8.5。1964 年商品零售价格上涨幅度比上年下降 3.7 个百分点。二是信贷收大于支，信贷资金使用效益提高，连续三年做到了信贷收支当年平衡、略有回笼，坚决制止了超计划增加贷款和挪用银行贷款的情况。从 1963 年至 1965 年，工业生产分别比上年增长 8.5%、19.6% 和 26.4%，同期银行工业贷款分别比上年下降 27.9%、1.8% 和增长 24.5%；同期商业销售总额比上年分别增长 1.6%、12.3% 和 8.6%，同期商业贷款分别下降 16.3%、3.2% 和增长 8.7%。三是城乡储蓄存款由 1961 年、1962 年连续下降转为从 1963 年起逐年增长，1965 年年末城乡储蓄存款余额达 65.2 亿元，比 1962 年增长 58.6%。这些经济指标反映社会经济生活恢复了正常。

4. "文化大革命"时期的"三个突破"

1966 年 5 月开始的"文化大革命"使国民经济遭到破坏，货币信贷政策受到冲击，造成了货币信贷投放过多的严重后果。1967 年、1968 年，在工农业总产值和国民收入连续两年分别下降 9.6%、4.2% 和 7.2%、6.5% 的情况下，银行各项贷款却分别增长了 5.4%、11.8%。两年增发现金 25.6 亿元。市场现金流通量与社会商品零售额的比例由 1965 年的 1:8.9 下降为 1:6。市场商品供应日趋紧张，凭票凭证供应商品日益增多，排队争购商品的现象日益严重。1971 年，国民经济又出现了"三个突破"，即全民所有制企业职工突破 5 000 万人，职工工资总额突破 300 亿元，粮食销售突破 4 000 万吨。

1972 年、1973 年，根据国务院的决定，中国人民银行恢复和加强了被冲击掉的综合信贷计划管理、现金计划管理和工资基金管理监督，切实控制现金发行，到 1973 年，基本实现了信贷收支平衡，保持了贷款总规模、现金发行总量的适度增长，劳动工资增长势头得到了初步的控制。

然而，1974 年"四人帮"又开展所谓的"批林批孔"，1976 年开始所谓的"批邓，反击右倾翻案风"，使刚刚有转机的货币信贷控制又陷入困境。1976 年，在工农业生产总值下降 1.7%、国民收入下降 27% 的情况下，银行各项贷款反而增长了 5.4%，其中国营工业贷款比上年增长了 75%，农村社队贷款比上年增长了 246%。据当时的调查统计，国营工业企业增加的流动资金贷款中有七成是不正常的。1976 年增发现金 213 亿元，当年年末的市场现金流通量比上年年末增长 117%，成为新中国成立以来增发现金最多的一年。粉碎"四人帮"后，货币信贷政策面临拨乱反正的艰巨任务，货币信贷投放多的局面还有待治理。

三、中国人民银行体制的改革和创新

（1978—2002 年）

中国共产党在 1978 年 12 月召开了十一届三中全会，作出了把全党工作重点转移到经济建设上来的具有划时代意义的战略决策，揭开了经济体制改革的序幕。1979 年 10 月 4 日，邓小平同志在中共省、自治区、直辖市党委第一书记座谈会上提出："银行应该抓经济，现在只是算账、当会计，没有真正起到银行的作用。银行要成为发展经济、革新技术的杠杆，要把银行真正办成银行。"在这一思想的指导下，我国开始有计划、有步骤地进行金融体制改革。

（一）建立和完善中央银行制度

从 1978 年起，我国开始实行经济对外开放、对内搞活的重大改革。随着经济体制改革的展开，中国人民银行组织机构体系也经历了一系列重大改革，从在双重职能的国家银行体制下逐步强化中央银行职能，进而到专门行使中央银行职能，逐渐步入了现代中央银行体制的轨道。

1. 专门行使中央银行职能

我国实行改革开放政策以来，农村实行"家庭联产承包责任制"，城市经济单位恢复企业奖励和利润留成办法，财政推行"分级预算包干制"，经济货币化程度开始提高，国民收入分配格局出现了大调整。从此，社会资金通过信用渠道进入银行的比例快速上升，金融服务工作也迅速展开，国民经济各部门对资金的需求也急剧增长。兼有中央银行和商业银行双重职能的高度集中统一的国家银行体制已经明显适应不了经济管理权限下放、经济主体多元化、横向经济联系迅速展开的客观需要。于是，分设银行机构、突出人民银行的金融管理职能提上了议事日程。1979 年 1 月，为了加强对农村经济的扶持，恢复了中国农业银行。同年 3 月，为适应对外开放和国际金融业务发展的新形势，改革了中国银行的体制，中国银行成为国家指定的外汇专业银行；同时设立了国家外汇管理总局。以后，又恢复了国内保险业务，重新建立中国人民保险公司；各地还相继组建了信托投资公司和城市信用合作社，出现了金融机构多元化和金融业务多样化的局面。在邓小平"银行要成为发展经济、革新技术的杠杆"思想的指导下，银行突破了只发放流动资金贷款的禁区，开始发放固定资产贷款、科技贷款以及各种开发性贷款，以支持经济发展。经济的日益发展和金融机构的增加，迫切需要加强金融业的统一管理和综合协调，由中国人民银行来专门承担中央银行职责，成为完善金融体制、更好发展金融业的紧迫议题。1982 年 7 月，国务院批转中国人民银行的报告，进一步强调"中国人民银行是我国的中央银行，是国务院领导下统一管理全国金融的国家机关"，以此为起点，开始了组建专门的中央银行体制。

1983年9月17日，国务院作出决定，由中国人民银行专门行使中央银行的职能，并具体规定了人民银行的十项职责：研究和拟订金融工作的方针、政策、法令、基本制度，经批准后组织执行；掌管货币发行，调节市场货币流通；统一管理人民币存、贷款利率和汇价；编制国家信贷计划，集中管理信贷资金；管理国家外汇、金银和国家外汇储备；代理国家财政金库；审批金融机构的设置和撤并；协调和稽核各金融机构的业务工作；管理金融市场；代表政府从事有关的国际金融活动。从1984年1月1日起，中国人民银行开始专门行使中央银行职能，集中力量研究和实施金融宏观政策，加强信贷总量的控制和金融机构间的资金调节，以保持货币稳定；同时新设中国工商银行，中国人民银行过去承担的工商信贷和储蓄业务由中国工商银行专业经营。中国人民银行分支行的业务实行垂直领导；建立存款准备金制度和中央银行对专业银行的贷款制度，初步确定了中央银行制度的基本框架。1986年1月7日，国务院颁布了《中华人民共和国银行管理暂行条例》，明确中国人民银行是中央银行，并明确了货币政策、金融市场监管及货币发行等12项职能。

为了加强中国人民银行的领导和决策地位，经国务院批准，1984年1月成立了中国人民银行理事会。理事会的主要职责是：审议和讨论金融工作的重大问题；审议国家信贷计划、现金计划和外汇收支计划；讨论重大金融政策问题，包括利率、汇率的调整；确定金融机构的设置、撤并和各专业银行之间的业务分工原则等重要事项。理事会的组成人员包括：中国人民银行行长、副行长，少数顾问、专家，财政部一名副部长，原国家计委和国家经委各一名副主任，专业银行行长，保险公司总经理。1986年7月又增加原国家体改委一名副主任和中国国际信托投资公司总经理。理事长由中国人民银行行长担任。但是，在计划经济体制尚未实现根本性转换之前，中国人民银行理事会还不具备独立作出金融决策的基本条件，因权威性不足，理事会到1987年就停止了活动。

中国工商银行、中国农业银行、中国银行、中国人民建设银行、中国人民保险公司作为国务院直属局级的经济实体，在国家规定的业务范围内，依法独立经营。中国人民银行专门行使中央银行职能之后，依照国务院的决定，对其他金融机构（包括保险公司）主要采取经济手段进行管理，各专业银行和其他金融机构对中国人民银行作出的决定必须执行，否则中国人民银行有权给予其行政制裁或经济制裁。

2. 中央银行组织管理体制改革

从1984年开始，中国的经济体制改革重点由农村转移到城市，整个经济体制改革的步伐加快。中国人民银行专门行使中央银行职能后，于1984年2月15日发布了《信贷资金管理暂行办法》，建立了货币信贷总量控制体制，相应修订和调整了金融规章，转换调控方式，调整系统机构设置，开始把工作重心向宏观调控和金融监管方面转移。按照当时的现实条件，中国人民银行按经济区域设立机构的设想一时难以实现，因此仍然在各省、自治区、直辖市设立一级分行，作为总行的派出机构；地（市）设立二级分行；县一级设立支行。各分支行对所在地区的金融机构行使监督管理职能、经理国库和管理货币的发行与流通。中国人民银行总行的内设机构也进行了重组。至此，中国人民银行作为中国中央银行的体制正式形成。

在计划经济体制和市场调节机制并存的条

件下，中国人民银行专门行使中央银行职能仍处于过渡性初期阶段。信贷规模和现金发行额的控制仍然是中央银行的主要政策工具；各地方和部门由于自身经济的需要，对金融业有不同程度的干预，使宏观金融的调控力度难以到位；同时，中国人民银行还承担了部分专项贷款工作，分支机构还开办了一些融资性的经济实体。由于中国人民银行运行机制中还存在某些计划经济制度和经营部分政策性贷款等因素，中国人民银行全面履行中央银行职能受到制约。

1992 年 10 月召开的党的十四大，确立了中国要建立社会主义市场经济体制的改革目标。1993 年 7 月，中共中央和国务院决定加强宏观调控、整顿金融秩序、严肃金融纪律、深化金融改革，朝着规范化、法制化的方向完善现代中央银行制度。1993 年 11 月，党的十四届三中全会通过了《中共中央关于建立社会主义市场经济体制若干问题的决定》。为贯彻党的十四届三中全会决定，加快建立适应社会主义市场经济要求的金融体制，1993 年 12 月 25日，国务院发出《关于金融体制改革的决定》。该决定提出，把中国人民银行办成真正的中央银行是深化金融体制改革的首要任务，改革的主要目标之一就是要建立在国务院领导下，独立执行货币政策的中央银行宏观调控体系，对中国人民银行各级机构的职责、改革和完善货币政策体系、健全金融法规与强化金融监管、改革中国人民银行财务制度等重要方面也提出了系统要求。

中国人民银行按照法制化、规范化的方向，从 1993 年以来，以完善宏观调控、强化金融监管为重点，对机构组织体系和职能操作体系进行了改革和调整。一是强化宏观调控职能，以保持货币信贷的集中管理，增强货币政策的统一性。中国人民银行总行上收了原来交由分支行分散执行的某些权力，集中了货币发行权、信贷总量调控权、基础货币管理权和基准利率调节权。二是中国人民银行取消了利润留成制度，实行独立的财务预算管理制度，并与所办经济实体脱钩，加强自身的内部管理和约束。三是全面转换人民银行分支机构职能，分支行作为总行的派出机构，主要履行金融监管、调查统计分析、横向头寸调剂、经理国库、现金调拨、外汇管理和联行清算等职能。四是建立规范化金融监管组织体系，分别对银行、非银行金融机构（信托公司、证券公司、财务公司、租赁公司）、保险公司、城市信用社建立了相应的监管部门。五是理顺货币政策与财政政策的关系。到 1993 年年末为止，中央财政历年向中国人民银行透支余额 557.10 亿元，中央财政借款余额 1 688.67 亿元，两项共占当年年末中国人民银行资产总额的 13%。从1994 年开始，停止了财政部向中国人民银行透支，从 1995 年开始，停止了财政部向中国人民银行借款。中央财政预算因弥补赤字、扩大公共投资而向社会发债筹资时，中国人民银行在发债时机和发债方式上进行充分的协调配合，但不直接认购、包销国债和其他政府债券，从此完全切断了向财政供应基础货币的渠道。六是理顺货币政策与投资政策的关系。多年来，固定资产投资缺口和企业资本金的短缺，迫使专业银行超计划供应信贷资金，挤占维持企业正常生产经营所必需的流动资金贷款，倒逼中央银行增加基础货币投放。1993 年，银行固定资产贷款比上年增长 31.7%，高于当年银行各项贷款增幅 9.3 个百分点，当年银行固定资产贷款增加额占当年银行各项贷款增加额的比例高达 25.7%。为扭转这种情况，从 1993 年下半年起，中国人民银行除继续对固定资产贷款实行指令性计划管理外，对国家计划安排的投资项目和计划盘子内留下的资金缺口，不再安排固定资产贷款规模。明令所有金融机构不得向无资本金、不安排铺底流动资金的新投资项目发放各种贷款。严禁用银行或非银行金融机构的信贷资金充作项目的自有资金和自筹资金。这些措施从资金源头上有效地控制了固定资产投资的增长。1995年商业性金融与政策性金融分离后，国家投资项目政策性贷款所需的建设资金由国家开发银行按批准发行的金融债券计划向商业银行发行债券解决，割断了固定资产政策性贷款同基础货币的联系。七是中国人民银行兼办的一部分政策性业务，移交给新组建的三家政策性银行，使中国人民银行的职能更加专业化。

1995年3月18日，第八届全国人民代表大会常务委员会第三次会议通过了《中华人民共和国中国人民银行法》，从法律上确定了中国人民银行的地位和基本职权，并确定了按社会主义市场经济体制的要求，建立规范化的、现代化的中央银行组织体系和管理方式，这标志着中国的中央银行制度进入了法制化轨道。《中华人民共和国中国人民银行法》对中国人民银行的性质、地位、职责、组织机构和货币政策与金融监管等作出了规定，中国人民银行在实施货币政策中不受政府部门和地方政府的干预，享有法律赋予的履行职能的独立性。

《中华人民共和国中国人民银行法》规定，中国人民银行设立货币政策委员会，作为中央银行的咨询议事机构。1997年4月15日，国务院颁布了《中国人民银行货币政策委员会条例》。货币政策委员会的职责是，在综合分析宏观经济形势的基础上，依据国家的宏观经济调控目标，讨论货币政策的事项，并在以下方面提出建议：货币政策的制定、调整；一定时期的货币政策控制目标；货币政策工具的运用；有关货币政策的重要措施、货币政策与其他宏观经济政策的协调。

中国人民银行历来按行政区划设立分支机构的体制同计划经济中按行政系统配置资源的制度有关。社会主义市场经济体制建立以后，经济资源的配置和宏观经济调控方式开始逐渐以市场为基础，按行政区划设立机构不利于资源的市场配置，也容易受地方经济利益的掣肘。1993年，党的十四届三中全会的决议和金融体制改革方案都明确提出，中国人民银行要积极创造条件，跨行政区设置分支机构。1995年年初，《中华人民共和国中国人民银行法》也明确规定，中国人民银行要按照履行职能的需要设置分支机构。

1997年1月，中共中央、国务院召开了全国金融工作会议，确定了进一步深化金融体制改革的方针，要把中国人民银行办成真正的中央银行，充分体现发行的银行、银行的银行和国家的银行三大特征，全面履行中国人民银行在金融宏观调控、金融监管与金融服务方面的基本职能，提高防范金融风险和化解金融风险的预测和监控能力。按照国务院关于机构改革的决定，1998年，中国人民银行进行了组织机构体系的改革，改革的重点是：强化中央银行的垂直领导，跨行政区设立一级分行，撤销省级分行，强化中国人民银行实施货币政策的独立性；强化对商业银行、合作金融机构等各类金融机构的监管职能，并强调运用金融电子信息化手段，建立金融风险监测体系、预警体系；对全社会资金流量、流向和金融业务活动进行监控、分析，提高中国人民银行的管理水平，为金融系统和全社会提供更加准确、安全、快捷的支付清算等金融服务。中国人民银行撤销省级分行后，把金融宏观调控职能相对集中于总行，使货币政策决策和实施进一步统一，保证中央银行独立、公正地履行金融监管职责，改进和提高了金融服务。

（二）建立和完善货币政策框架体系

1979 年，我国开始了改革开放的伟大进程。宏观经济管理由以实物管理为主逐步转向以价值管理为主，计划、财政、税收、投资、物价等管理权限有相当部分下放到地方和企业。指令性计划范围逐步缩小直至取消，指导性计划和市场调节范围逐步扩大。社会资金的集中与分配由财政为主逐步转向银行为主，银行贷款范围扩大。据统计，在投向生产、流通和建设领域的资金中，由银行信贷渠道供应的资金占比已从 1978 年的 23.4% 上升到 1986 年的 68.4%。从这个时候开始，中国人民银行适应经济改革和金融改革的要求，货币政策调控机制逐步从以直接调控为主向间接调控为主转变，逐渐形成了以货币政策最终目标、货币政策中介目标、货币政策工具构成的货币政策框架体系。金融改革前，政策传导路径是：中国人民银行总行通过分支机构向企业（居民）传导，由于没有商业银行和金融市场，传导过程简单、直接，从政策手段直接到最终目标。金融改革后，随着中央银行制度的建立和金融机构、金融市场的发展，货币政策逐渐形成了从中央银行——金融市场——金融机构——企业（居民）的传导体系，初步建立从货币政策工具——货币政策操作目标——货币政策中介目标——货币政策最终目标的间接传导机制。

1. 货币政策最终目标的转变

我国的货币政策目标选择经历了一个认识不断深化的过程。1986 年 1 月，国务院发布的《中华人民共和国银行管理暂行条例》，首次将金融机构的金融事业活动的目标界定为"发展经济、稳定货币、提高社会经济效益"。这是对货币政策目标的一个粗略表述，其后，这一表述逐渐演变为"稳定货币、发展经济"的双重货币政策目标。选择双重目标的出发点是正

确的，但是，长期的实践显示：在资金短缺、投资需求旺盛、企业和政府相互依赖的情况下，在货币政策上实行双重目标，几乎总会牺牲货币的稳定，以过量的货币发行来支撑经济的暂时、高速增长，其结果往往是诱发较高的通货膨胀，并导致国民经济周期性的大幅震荡和强制性调整，20 世纪 80 年代以来，我国多次发生通货膨胀证实了这一点。这一教训，促使理论界和货币当局重新审视我国的货币政策目标。这种认识在金融改革中终于得到确认。1993 年 12 月国务院《关于金融体制改革的决定》提出，我国货币政策的目标是，"保持货币的稳定，并以此促进经济增长"，这是对多年来我国货币政策双重目标的重大改革。1995年 3 月颁布的《中华人民共和国中国人民银行法》明确规定：中国人民银行的货币政策目标为"保持货币币值的稳定，并以此促进经济增长"。这一规定正确地分清了保持货币稳定和经济增长之间的关系，改变了原来把两者放在同等位置的双重目标，这对货币政策的正确制定和实施都有十分重要的意义。

2. 货币政策中间目标的转变

货币政策中间目标是货币政策作用过程中一个十分重要的中间环节，也是判断货币政策力度和效果的重要指标。鉴于从货币政策工具到货币政策最终目标之间往往有一个漫长的时滞，设置货币政策中介目标也是十分必要的。

1984 年中国人民银行专门行使中央银行职能以后，在相当长的一段时期内仍将贷款规模与现金发行作为货币政策的中介目标。从 1994年开始，中国人民银行逐步缩小了信贷规模的控制范围，引入了外汇公开市场操作；同时，加快了对货币供应量的统计分析与研究，从当年第三季度起，按季向社会公布货币供应量分层次监测目标，并观察基础货币的变动。1995年，中国人民银行尝试把货币供应量纳入货币

政策中介目标体系。1996 年，中国人民银行正式将货币供应量作为货币政策中介目标，开始公布 M0（流通中的现金）、M1（狭义货币）和 M2（广义货币）三个层次的货币供应量指标。此后，现金发行量不再作为货币信贷计划中的控制指标，仅作为货币信贷形势的一个辅助监测指标。1997 年，中国人民银行试编了基础货币规划。

表 1 中国货币政策框架的演变

	改革开放前三十年 （1948—1978 年）	改革开放后二十年 （1979—1997 年）	转向间接调控 （1998—2002 年①）
货币政策工具	信贷计划和现金计划 信贷政策 利率政策 行政手段	信贷计划和现金计划 再贷款 利率政策 存款准备金 信贷政策 再贴现 公开市场操作 "窗口指导" 特种存款	公开市场操作 存款准备金 利率政策 再贷款 再贴现 信贷政策 "窗口指导" 特种存款
货币政策操作目标		从贷款规模过渡到基础货币	基础货币
货币政策中介目标	四大平衡	从贷款规模过渡到贷款规模、货币供应量	货币供应量 （监测贷款总量、利率）
货币政策最终目标	发展经济、稳定物价	从发展经济、稳定物价到保持货币币值的稳定，并以此促进经济增长	保持货币币值的稳定，并以此促进经济增长

1998 年，中国人民银行取消了对国有商业银行的贷款规模控制，开始正式编制基础货币规划，货币政策操作向间接调控迈出了重要一步。由于信贷总量和货币供应量有高度的相关性，信贷总量指标比货币供应量指标也更具有可控性。因此，中国人民银行在关注货币供应量增长的同时，也将信贷总量指标作为一个经常性的监测指标。在货币政策直接调控阶段，实际上信贷总量既是中央银行货币政策的中介目标，也是日常操作的目标。在货币政策间接调控阶段，货币政策

的日常操作中主要监测两项指标，一是商业银行的超额准备金率，二是货币市场同业拆借利率或债券回购利率。

3. 货币政策工具的改革

1993 年金融改革前，中国人民银行主要运用再贷款和对金融机构的贷款限额两大政策工具进行宏观调控。随着我国经济体制改革的深化，以及货币市场、资本市场的发展，单纯通过国有商业银行信贷规模控制来传导金融调控的要求，效果远不如从前。1993 年 12 月国务院发布的《关于金融体制改革的决定》提出，

---

① 2003 年以来货币政策框架转型见第 120 页。

"实施货币政策的工具是法定存款准备金率、中央银行贷款、再贴现率、公开市场操作、中央银行外汇操作、贷款限额、中央银行存贷款利率"。这就说明，中央银行逐步改革了货币政策工具，在继续采用贷款限额管理的同时，逐步引入再贴现、利率、公开市场业务、"窗口指导"等新的货币政策工具。

（1）信贷管理体制的改革。1978 年经济改革以前，我国实行高度集中的计划经济体制，与此相适应，银行实行"统存统贷"的信贷计划管理体制。随着金融体制改革的展开，信贷管理体制的改革提到重要议事日程上。1979 年年初，中国人民银行全国分行行长会议提出，银行工作要实现两个改变，即改变单纯行政方法办事的情况，改变全国银行在"一口大锅吃饭"的状况。经过两年的试点和扩大试点，对传统的"统收统支""统存统贷"信贷管理体制进行了重大改革。

从 1981 年开始，在全国范围内推行了"统一计划，分级管理，存贷挂钩，差额包干"的管理办法。其基本内容：一是按国家批准的综合信贷计划由中国人民银行总行统一规定包干差额，分别包给中国人民银行各省分行和各专业银行使用；二是明确包干的各种信贷资金来源和信贷资金运用的责任与权限；三是吸收存款与发放贷款挂钩，多吸收存款可多发放流动资金贷款，少存则必须少贷；四是对核定的"存差"计划必须完成，"借差"计划不许突破。这种"差额包干"的管理办法开始改变过去银行存在的重贷轻存的现象，调动了各级银行吸收存款的积极性。但是，由于这种体制多存可以多贷，而当时尚未实行存款准备金制度，因而很难把存款的派生作用控制在合理的程度之内，这样贷款总量也就缺乏有效的制约机制，从而给金融宏观调控带来较多问题。

1984 年中央银行制度建立后，要求货币信贷管理制度与操作方法进一步变革，新的信贷管理体制应运而生。从 1985 年开始，在全国银行又实行了"统一计划、划分资金、实贷实存、相互融通"的信贷资金管理体制。在信贷资金管理体制上作了如下改革：一是所有国家专业银行信贷计划统一纳入国家综合信贷计划；二是中国人民银行与专业银行划分资金，对各家专业银行划分存款和核定自有资金，要求其实行独立核算；三是所有专业银行在中国人民银行开立存款账户，中国人民银行与专业银行的资金往来由计划指标分配改为借贷关系；四是专业银行如遇头寸不足，可向其他专业银行拆借。

1988 年的信贷总量失控和严重的通货膨胀促使人民银行于 1988 年 9 月恢复了对金融机构贷款的限额管理，取消了流动资金贷款"多存多贷"的信贷管理办法。同时，收回了人民银行各分行可以用于自行安排中央银行贷款的存款资金来源，将中央银行贷款限额集中于人民银行总行管理。这是在当时的经济体制下为了控制货币、信贷总量而不得不采取的应急措施。

1993 年 3 月，中国人民银行决定取消专业银行年度性贷款，规定中央银行对金融机构贷款期限最长不超过一年。从 1994 年第四季度开始，中国人民银行在全国所有商业银行、城市信用社和金融信托投资公司中推行资产负债比例管理和资产风险管理制度。其间，先后取消了对合作金融机构、股份制商业银行和其他商业银行的贷款限额控制，至 1997 年，贷款限额管理机构只有四家国有独资商业银行和三家政策性银行。

从 1998 年起，中国人民银行取消了对国有独资商业银行的贷款限额管理，对国有商业银行不再下达指令性贷款计划，实行"计划指导、比例管理、自求平衡、间接调控"的信贷资金管理体制。这项改革是金融宏观调控的重大变革，意味着货币政策中介目标真正转向货币供应量，为实施数量型间接调控奠定了制度基础。

（2）再贷款与再贴现制度的改革。中央银行贷款（习惯上称作再贷款）是中央银行对金融机构的放款，是中央银行调控基础货币的渠道之一。

1979—1983年，中国人民银行对基础货币的调控主要通过人民银行总行核定专业银行和人民银行分行的"借差计划"或"存差计划"来实现。中国人民银行专门行使中央银行职能之后，面对的是承担国家经济建设任务的专业银行，对它们是按照信贷计划进行信用放款。1984年，在"统一计划、划分资金、实贷实存、相互融通"的信贷资金管理体制下，人民银行与专业银行的资金往来采用存贷款形式的运行机制，由此奠定了中央银行通过对金融机构贷款调控基础货币的基础。在原"借差计划"的基础上，人民银行对专业银行核定了借款基数，1985年一次性贷款给专业银行总行作为铺底资金，中央银行对专业银行贷款成为吞吐基础货币的主要渠道。

1984—1994年经济高速增长时期，再贷款在客观上起到了弥补重点资金缺口、调整产业结构、调整地区或部门间资金余缺的作用。中央银行贷款的大量投入，对推动经济的高速增长起到了至关重要的作用。但由于这一时期中央银行贷款的投向大都刚性较强，人民银行在支持经济发展的同时，被迫丧失吞吐基础货币的灵活性。1994年以后，随着外汇占款的大量增加，中央银行通过收回国有独资商业银行的部分再贷款，对冲因外汇占款增加而投放的基础货币，有效地控制了货币供应量的过快增长。为适应政策性金融与商业性金融相分离、支持政策性银行发展的需要，中央银行开始对政策性银行（主要是中国农业发展银行）发放再贷款。

从1998年起，为适应经济体制改革和金融体制改革的要求，再贷款工具的运用发生了重大变化。首先，农村信用社在与中国农业银行脱离行政隶属关系后，资金来源不足，为增加支农资金，中国人民银行开始对县联社和农村信用社发放支农再贷款，用于满足农村信用社支持农业生产的资金需求、因季节性因素出现的先支后收的短期资金需求以及支付清算中出现的临时头寸资金需求。其次，在1999年开始的整顿金融秩序过程中，根据国务院有关精神，向地方政府提供借款，并对被整顿机构陆续发放一部分化解风险的紧急再贷款。再次，国家组建了四家金融资产管理公司，以收购、管理和处置国有银行不良资产，其收购资金的一部分来源于国有商业银行存量再贷款和新增再贷款。最后，1998年之后，中央银行每年适当安排部分再贷款限额，授权各分行集中用于支持资信情况良好的城市商业银行和城市信用社增加中小企业贷款和消费信贷。

再贴现是指贴现银行持未到期的已贴现商业汇票向中央银行转让票据的行为。1981年，针对企业之间存在大量货款拖欠的情况，人民银行开始试用商业汇票进行货款结算，并逐步从同城推广到异地。在实际操作过程中，使用商业票据对于解决企业之间货款拖欠问题效果颇佳，因此，从1986年起，在全国开始办理商业票据的贴现业务。一些地区人民银行分支机构也相应开办了再贴现业务，并且把推广使用商业汇票作为改革银行结算制度和完善商品流通体制的重要措施。

1994年11月，为了促进商业票据承兑业务、商业票据贴现业务的开展，人民银行安排了100亿元专项资金用于有关行业和产品的已贴现商业票据的再贴现。1995年，人民银行又将再贴现业务扩展到部分地区的畜产品调销，并增加了一定数量的再贴现限额。

1995 年年末，人民银行规范再贴现业务操作，开始把再贴现作为货币政策工具体系的组成部分，并注重通过再贴现传递货币政策信号。人民银行初步建立了较为完整的再贴现操作体系：总行设立再贴现窗口，对各商业银行总行办理再贴现；分行设立再贴现授权窗口，并依据总行授权进行业务操作；分行认为必要时可对辖内一部分中心支行实行再贴现转授权；总行对各分行的再贴现实行总量控制，并根据金融宏观调控的需要适时调增或调减各分行的再贴现限额。中国人民银行根据金融宏观调控和结构调整的需要，不定期公布再贴现优先支持的行业、企业和产品目录。再贴现票据必须是以真实商品交易为依据开立的商业汇票。这一阶段商业汇票的使用范围进一步扩大，商业汇票的承兑、贴现与再贴现业务得到较大的发展。

为了适应取消国有商业银行贷款规模管理、加大间接调控力度的需要，1998 年，人民银行出台了一系列新的再贴现政策。一是改革再贴现利率生成机制，再贴现利率不再直接与同期再贷款利率挂钩，再贴现利率作为一种独立的利率体系存在并发挥作用，同时下调再贴现利率。二是再贴现最长期限由 4 个月延长至 6 个月，使再贴现的期限与商业票据承兑、商业票据贴现的期限保持一致。三是改革贴现利率生成机制，使其不再与贷款利率挂钩，而是通过在再贴现利率基础上加点的方式生成，加强了再贴现利率与贴现利率之间的关联度。

（3）存款准备金制度的改革。存款准备金是指金融机构为保证客户提取存款和资金清算需要而准备的资金，金融机构按规定向中央银行缴纳的存款准备金占其存款总额的比例就是法定存款准备金率。存款准备金制度被各国中央银行作为一个重要的货币政策工具广泛运用。中央银行通过调整存款准备金率，影响金融机构的信贷资金供应能力，从而间接调控货币供应量。

1984 年，中国人民银行建立了存款准备金制度，按存款种类核定存款准备金比率，即企业存款为 20%，储蓄存款为 40%，农村存款为 25%。1985 年，针对当时存款准备金率偏高的情况，为促进国有商业银行实现资金自求平衡，中国人民银行改变了按存款种类核定存款准备金率的做法，一律调整为 10%。1987 年，为适当集中资金满足国家重点产业和项目的资金需要，中国人民银行又将存款准备金率从 10% 调至 12%。1988 年，将存款准备率调整至 13%。这两次调高存款准备金率对抑制当时经济过热、物价上涨和货币供应过多的状况发挥了积极作用。

当时，我国存款准备金制度的形式与国外基本相同，但功能存在明显的差异。首先，我国中央银行集中存款准备金，不允许金融机构用于支付和清算，主要功能不在于调控货币总量，实际上发挥着集中资金、调整信贷结构的作用。其次，由于我国的存款准备金按规定不能用于支付和清算，金融机构为满足资金营运的需要，还要按规定在中央银行开设一般存款账户（备付金存款账户），用于资金收付。1989 年，针对当时国有商业银行普遍存在备付金率过低、出现支付困难的现象，人民银行对金融机构备付金率作了具体规定，要求保持在 5% ~ 7%，形成了事实上的第二法定准备金制度。

在存款准备金、备付金分别提取的制度不能适应商业银行改革的要求并严重扭曲了中央银行与商业银行之间的资金关系的情况下，1998 年 3 月，中国人民银行发布《关于改革存款准备金制度的通知》，将原各金融机构的"缴来一般存款账户"和"备付金存款账户"

合并，称为"准备金存款账户"。对各金融机构的法定存款准备金按法人统一考核，法定存款准备金率由13%下调到8%，准备金存款账户超额部分的总量及分布由各金融机构自行确定。这次存款准备金制度改革对于完善和发展我国金融制度有重要意义。一是"缴来一般存款账户"和"备付金存款账户"合并，健全了存款准备金的支付、清算功能；二是将法定存款准备金按金融机构法人统一存放、中国人民银行对其按法人统一考核，有利于金融机构加强系统内资金的调度和管理，促进金融机构按统一法人自主经营、自负盈亏、自担风险和自我发展，加快建立现代金融体系的步伐。

（4）利率管理体制的改革。改革开放初期，利率调整主要是盯住物价上涨幅度，以稳定存款和限制企业对资金的需求，控制通货膨胀为主。利率调整作为中央银行控制通货膨胀的重要手段之一，往往被用来配合直接调控工具，同时也是中央银行当时唯一的间接调控手段。在这一阶段，中央银行利率调控机制还不成熟，利率调整主要侧重于对存款人、银行、财政和企业的利益格局进行选择性调节，而不是对货币供应量的调节，利率政策存在一定的滞后性。

1987年1月，中国人民银行首次进行了贷款利率管理改革的尝试，商业银行以国家规定的流动资金贷款利率为基准上浮贷款利率，浮动幅度最高不超过20%。此后，贷款利率的浮动区间经过了多次调整。在改革初期，信托投资公司和农村信用社都曾进行过存款利率浮动的试点，在取得一些经验的同时，也出现了一些问题，如高息揽存、利率违规等，因此，存款利率浮动在1990年被全部取消。20世纪90年代中期之前，人民银行对利率管理的范围几乎覆盖了涉及所有资金价格和对计息规则的管理。1993年，党的十四届三中全会通过的《中

共中央关于建立社会主义市场经济体制若干问题的决定》和国务院发布的《关于金融体制改革的决定》提出了利率市场化改革的基本设想。1991年以来，利率市场化改革以放开银行间市场同业拆借利率为起点，通过发展金融市场、创新市场化产品、扩大利率浮动区间、简化利率档次等方式稳步推进。1996年6月，放开银行间同业拆借市场利率，实现由拆借双方根据市场资金供求自主确定拆借利率。1997年6月，银行间债券市场正式启动，同时放开了债券市场债券回购利率和现券交易利率。1998年9月，放开银行间市场政策性金融债发行利率、国债发行利率。1999年9月，成功实现国债在银行间债券市场利率招标发行。

在中央银行再贴现业务起步阶段，再贴现利率是在同期各档次银行贷款利率的基础上下浮5%~10%。从1996年5月起，改为再贴现利率在相应档次的再贷款利率基础上下浮5%~10%。1998年，规定再贴现利率作为独立的利率档次由中央银行确定，贴现利率在再贴现利率基础上加点生成，贴现利率最高限为同期银行贷款利率（含浮动）。从1999年10月开始，逐步放开长期大额协议存款利率，为存款利率市场化改革积累了经验。2000年9月，人民银行改革了外币利率管理体制，放开了境内外币贷款利率和大额外币存款利率；从2002年3月1日起，统一中外资金融机构外币存、贷款利率管理政策，实现中外资金融机构在外币利率政策上的公平待遇。

在1988—1991年和1993—1996年高通货膨胀时期，存款利率水平远低于通货膨胀率而产生严重的负利率，为了防止储蓄存款滑坡，中国人民银行采取了保值储蓄这种利率指数化政策，通过保值贴补率弥补负利率造成的储户损失。在1年期存款实际利率开始转变为正利率和通货膨胀状况好转的条件下，中国人民银

行从 1996 年 4 月 1 日开始停办新的保值储蓄存款业务。

（5）汇率形成机制的完善。改革开放以来，我国的汇率体制经历了官方汇率与贸易外汇内部结算价并存（1981—1984 年）和官方汇率与外汇调剂价格并存（1985—1993 年）两个汇率双轨制时期。其中，以外汇留成制为基础的外汇调剂市场的发展，对促进企业出口创汇、外商投资企业的外汇收支平衡和中央银行调节货币流通均起到了积极的作用。但随着我国改革开放的不断深入，官方汇率与外汇调剂价格并存的人民币汇率双轨制的弊端逐渐显现出来：一方面，多重汇率的并存，造成了外汇市场秩序混乱，助长了投机；另一方面，长期外汇黑市的存在不利于人民币汇率的稳定和人民币的信誉。外汇体制改革的迫切性日益突出。

1993 年 11 月，党的十四届三中全会通过的《中共中央关于建立社会主义市场经济体制若干问题的决定》要求："改革外汇管理体制，建立以市场供求为基础的、有管理的浮动汇率制度和统一规范的外汇市场，逐步使人民币成为可兑换货币。"1994 年 1 月 1 日，我国宣布进行外汇体制改革，人民币官方汇率与市场汇率并轨，实行以市场供求为基础的、单一的、有管理的浮动汇率制度；企业和个人按规定向银行买卖外汇，银行通过银行间外汇市场进行交易，形成市场汇率；中央银行设定一定的汇率浮动范围，并通过调控市场保持人民币汇率稳定。1997 年以前，人民币汇率稳中有升，海内外对人民币的信心不断增强。但此后由于亚洲金融危机爆发，为防止亚洲周边国家和地区货币轮番贬值使危机深化，中国作为一个负责任的大国，保持人民币汇率的稳定，进一步增强了海内外各界对我国经济和货币的信心，抵御了亚洲金融危机的冲击，发挥了国内乃至区

域经济的"金融稳定锚"的作用。随着亚洲金融危机的影响逐步减弱，我国经济持续、平稳、较快发展，经济体制改革不断深化，金融领域改革取得了新的进展，外汇管制进一步放宽，外汇市场建设的深度和广度不断拓展，为完善人民币汇率形成机制创造了条件。

（6）公开市场操作的改善。公开市场业务是中央银行在公开市场上通过买卖有价证券投放或收回基础货币的方式。与其他货币政策工具相比，公开市场业务具有主动、灵活、快捷、公平和作用范围广的特点，中央银行可以在很大程度上控制操作规模，经常、连续地进行操作。公开市场操作已成为中国人民银行货币政策日常操作的重要工具，对于调控货币供应量、调节商业银行流动性水平、引导货币市场利率走势发挥了积极的作用。

随着 1994 年外汇管理体制改革的逐步推进，中国人民银行公开市场业务也从外汇市场操作开始起步。为保持人民币汇率的基本稳定，中国人民银行每天都要在外汇市场买卖外汇。1996 年 4 月，中国人民银行正式启动以国债为主要工具的公开市场业务。1998 年 5 月 26 日，中国人民银行发布《关于恢复人民银行债券回购业务的通知》，把国债、中央银行融资券和政策性金融债纳入交易工具之列，拓宽了公开市场业务交易工具范围。在持有债券资产受到限制的情况下，针对 2002 年后外汇占款投放使基础货币大幅增长的情况，中国人民银行于 2002 年 9 月将当时公开市场操作未到期的正回购品种转换为中央银行票据。

（7）信贷政策与"窗口指导"的实施。中国的信贷政策大致包含四方面的内容：一是与货币信贷总量变化有关，其政策措施影响货币乘数和货币流动性。比如，规定汽车消费贷款和住房消费贷款的首付款比例、证券质押贷款比例等。二是配合国家产业政策。通过贷款贴

息等多种手段，引导信贷资金向国家政策需要鼓励和扶持的地区及行业流动，以扶持这些地区和行业的经济发展。三是限制性的信贷政策。通过"窗口指导"或引导商业银行通过调整授信额度、调整信贷风险评级和风险溢价等方式，限制信贷资金向某些产业、行业及地区过度投放，体现"扶优限劣"原则。四是制定信贷法律、法规，引导、规范和促进金融创新，防范信贷风险。信贷政策实质上是中央银行调节资金供求结构的一种政策意向，仅供各商业银行制订业务经营计划时参考，具有只指导、不干预的显著特点。

20世纪90年代末，在扩大内需的背景下，中国开始发放消费贷款。1998年，允许国有独资商业银行试点开办汽车消费贷款业务。1999年2月，允许所有中资商业银行开办所有消费信贷业务。1999年5月，国家颁发了《关于国家助学贷款管理的规定（试行）》，鼓励金融机构积极开办助学贷款业务。2002年12月，为了贯彻落实党中央、国务院指示精神，支持和帮扶国有企业下岗职工扩大就业和再就业，发布了《下岗失业人员小额担保贷款管理办法》，规范了小额担保贷款的政策管理。

1998年以来，为促进我国经济发展、促进产业结构调整，中国人民银行积极实施产业信贷政策指导。指导商业银行落实国债项目配套贷款投放，加大对基础设施、基础产业的信贷投入。不断改进农村金融服务，增加对农业和农村经济的投入。加大对西部地区基础设施建设和生态环境建设等方面的投入，扩大对中小企业的金融支持。同时，坚持有保有压的方针，要求商业银行把握好信贷投向、防止重复建设。

"窗口指导"源自中央银行在贴现窗口对前来要求贴现的商业银行所进行的道义劝说，是一种经济手段之外的、倚仗中央银行对商业银行的特殊地位而对商业银行提出指导的行为。"窗口指导"作为选择性政策工具，只是一种建议性、指导性措施，商业银行对是否采纳具有决定权。"窗口指导"既包括对商业银行向中央银行融资的指导，也包括对商业银行向社会提供信贷的指导或限制。1998年以来，随着我国货币政策操作由直接调控转向间接调控，"窗口指导"已成为人民银行传达货币政策的重要方式。2003年以前，针对国有独资商业银行的"惜贷"倾向、货币政策传导机制不畅问题，人民银行及时召集"窗口指导"会议，强调加强贷款营销的重要性，疏通货币政策传导机制，提高货币政策效率。

（8）提高货币政策的透明度。20世纪90年代以来，中国人民银行在提高货币政策透明度，引导市场预期方面作出了很多努力。

为了提高货币政策透明度，在每项政策出台时，人民银行均在第一时间在人民银行网站上对外发布公告，保证公众能公平地获得信息。有时还会同时发布答记者问，对政策出台背景、内容和意义作出更进一步的阐释。人民银行还收集政策出台后社会各界的反应，监测金融市场的变动，以评估市场和公众对信息的理解以及政策的效应。从2001年开始，人民银行按季度发布《中国货币政策执行报告》，对前一阶段的货币政策进行回顾和评价，分析当前宏观经济、金融形势，展望下一阶段宏观经济和金融形势，并适当披露下一步货币政策取向。人民银行每季度召开货币政策委员会例会，会后均在人民银行网站上发布新闻稿，披露货币政策委员会对当前经济金融形势的判断和未来货币政策取向的意见。中央银行权威人士也会在适当的场合披露货币政策的相关信息。召开"窗口指导"会议或座谈会，传达中央银行货币政策意图，及时把握经济金融运行中的新变化，获得有关方面对货币政策的意见和建议。

（三）体制转轨中的金融宏观调控

我国改革开放以来，经济体制由计划经济逐步转向市场经济，货币信贷政策成为宏观经济管理的重要政策之一，金融宏观调控发挥着日益重要的作用。

1.1979 年的经济调整

十年"文化大革命"使国民经济濒临崩溃。1977 年 10 月，国家在财力非常困难的条件下把冻结了十几年的职工工资作出大面积调整，1978 年，工资性现金支出增长了 14.2%。1978 年又超越承受能力上了一大批固定资产投资项目，其中相当大一批是需要引进技术设备的项目（即"洋冒进"工程）。当年工农业总产值增长 12.3%，固定资产投资增长 22%，财政支出增长 31.7%，银行各项贷款增长 11.2%，均为 1969 年以来的最高水平。当时的经济基础十分脆弱，创汇能力低，国家外汇储备不到 20 亿美元，在出口只增长 28.5% 的情况下，进口增长 51%，当年外贸赤字达到 11.4 亿美元。财政赤字猛增，现金发行增加 16.6 亿元，成为十多年来货币发行最多的一年，并由此酿成了货币信贷失控的局面。

中共中央决定从 1979 年开始进行经济体制改革，同时对国民经济进行调整，实行了"调整、改革、整顿、提高"的八字方针。中国人民银行在国务院领导下，以改革为动力，探索运用经济办法治理通货膨胀的途径。经过全国三年的努力，通过开放市场、加快农业和轻工业的发展、恢复企业奖金制度、缩小重工业投资规模等方法，使经济开始逐年回升。1981 年至 1984 年农业产值年均增长 9.2%，工业总产值中轻工业所占比重由 1978 年的 43.1% 扩大到 1981 年的 51.5%。市场商品供应逐年改善，零售物价水平由 1980 年的 6% 逐年回落到 1983 年的 1.5%。外贸进出口相抵由 1981 年的逆差转为 1982 年、1983 年的顺差。国家外汇储备自 1981 年开始回升，1983 年达到 89 亿美元。1982 年、1983 年，银行各项贷款和现金投放分别增长 10.4%、32.15% 和 10.8%、20.6%，与同期经济增长基本相适应。

2. 对 1984 年、1988 年通货膨胀的治理

1984 年，在加快城市经济体制改革和分设专业银行过程中，再次出现经济全面过热，投资、消费双膨胀，银行信贷、通货双膨胀。1984 年，国民收入增长 13.6%，全民所有制单位固定资产投资比上年增长 24.5%，工资性现金支出比上年增长 26.2%。这一年银行贷款总额比上年增长 32.8%，增长幅度比上年提高 20 多个百分点；现金投放为 262 亿元，是上年的 2.9 倍，年末现金流通量比上年年底增长了 49.5%。尽管当年零售物价指数只增长 2.8%，但滞后表现于 1985 年增长 8.8%。这两个"双膨胀"集中反映了扩大地方自主权、企业自主权与旧的计划管理、投资管理体制的矛盾，各地银行在新的信贷资金管理办法实施前为了争基数于 1984 年年底突击放款，也助长了货币信用的膨胀。

国务院于 1984 年 11 月采取措施，下发了《关于严格控制财政支出和大力组织货币回笼的紧急通知》，实行经济紧缩政策。国家除了严格固定资产投资管理、严格控制财政预算支出外，更主要的是运用货币信贷政策紧缩银根。而中央银行制度的建立和信贷管理体制的改革，为使用新的货币信贷政策工具、治理通货膨胀创造了有利条件。这次治理的特点是措施果断、动手早、见效快、效果好。经过一年多的努力，到 1986 年，固定资产投资增长 18.7%，增幅比上年回落 20 多个百分点；工资性现金支出增长 20.8%，增幅比上年回落 5.4 个百分点；零售物价指数回落到 6%；国民生产总值增长速度从上年的 12.8% 回落到 8.1%；

银行各项贷款比上年增长 28.5%，现金发行 230.6 亿元，比 1984 年减少 31.7 亿元，年末市场现金流通量从上年增长 24.7% 回落到 12.3%。

1988 年，出现了改革开放中突出的一次经济热胀。尽管从年初开始就提出了"控制总量、调整结构"的货币信贷政策，但仍抵制不了经济热浪的冲击。沿海地区提出"大进大出"国际经济大循环的主张，中西部地区提出要迎头赶上、当好"二传手"，物价改革也要全面"闯关"。1988 年，工业生产增长 20.8%，能源、原材料、运力极度紧张；固定资产投资增长 23.5%；春节之后大中城市纷纷放开粮、油和主要副食品价格，8 月从南到北刮起了抢购商品、挤兑储蓄存款的风潮，当月城乡居民储蓄存款出现负增长；银行各项贷款比上年增长 16.8%，现金发行近 680 亿元，年末现金流通量比上年增长 46.7%，仅次于 1984 年增长 49.5% 的水平，零售物价上涨 18.5%，成为改革开放以来的最高水平。

1988 年出现经济热胀的主要原因：一是计划经济体制模式下的攀比、扩张传统仍然根深蒂固；二是新旧体制交错中形成的不规范市场经济行为和经济秩序混乱导致的宏观管理失控；三是在经济结构方面，1985 年的紧缩没有实现经济结构的实际调整，农业、能源、交通及主要原材料工业严重滞后，财政实行分灶吃饭的管理体制进一步强化了地方政府干预经济的利益机制。

针对这种特定情况，中国人民银行在国务院领导下，实行直接调控与间接调控相结合的货币信贷政策。1988 年 8 月，中国人民银行下发《关于进一步控制一九八八年货币投放、信贷规模的具体规定》，加大了货币信贷总量控制力度，重新恢复对贷款规模指令性计划管理，运用法定准备金率、存贷款利率工具，开

办了特种存款等。1988 年 9 月，国务院下发了《关于进一步控制货币、稳定金融的决定》，实施了严格的货币紧缩政策。在采取了一系列货币信贷政策措施后，城乡居民储蓄存款在当年 9 月开始转降为升，11 月基本恢复正常。过高的工业生产增长速度和固定资产投资增长速度分别从 11 月、12 月开始回落。到 1989 年下半年，治理整顿取得了比较明显的阶段性效果。集中表现为过旺的社会需求得到了压缩，总量失衡的矛盾得到了缓解，过高的工业生产速度开始回落，通货膨胀得到了抑制。据 1989 年统计，工业产值比上年增长 6.8%；全社会固定资产投资下降 11%；全年银行各项贷款和现金发行控制在国务院批准的计划之内，分别增长 17.5% 和 9.1%。1989 年物价上涨 17.8%，略低于上年。

3. 1992—1996 年实现国民经济"软着陆"

1992 年下半年到 1993 年上半年，在我国国民经济继续保持高速增长的同时，也形成了新的矛盾和问题，主要表现为"四热"（房地产热、开发区热、集资热、股票热）、"四高"（高投资膨胀、高工业增长、高货币发行和信贷投放、高物价上涨）、"四紧"（交通运输紧张、能源紧张、重要原材料紧张、资金紧张）和金融秩序混乱（乱拆借、乱集资、乱批设金融机构以及擅自或变相提高利率）。我国通货膨胀的压力越来越大，物价指数上涨呈加速趋势，1992 年的物价指数涨幅为 5.4%，1993 年第一季度达到了 14%。1993 年 6 月 24 日，中共中央、国务院颁布了《关于当前经济形势和加强宏观调控的意见》，提出了加强和改善宏观调控的 16 条措施。随后，国务院召开了全国金融工作会议，要求金融系统认真执行"约法三章"，要求以清理违章拆借为突破口，认真整顿混乱的金融秩序。1993 年连续两次大幅度提高存贷款利率，并且对 3 年以上的定期存款

实行保值。1994—1996 年两次提高利率，两次降低利率；相机展开了对金融体制以及与金融相配套的财政、税收、投资体制的改革。经过 3 年的治理，到 1996 年我国实现经济的"软着陆"。1996 年，物价指数涨幅降至 6.1%，比 1994 年高涨幅的 21.7%下降了 15.6 个百分点，国内生产总值增长率仍然达到 9.7%。

4. 1998—2002 年防范通货紧缩

1997 年亚洲金融危机对东亚各国经济造成了严重影响。1997 年 11 月，党中央、国务院召开全国金融工作会议，要求整顿金融秩序，防范金融风险，深化金融改革。1998 年是很不寻常的一年。我国在改革和发展任务十分繁重的情况下，又经受了前所未有的严峻考验。1997 年我国出口增长仍然很快，到 1998 年，情况发生变化，从年初开始，我国出口增长就猛烈下滑。我国经济增长明显趋缓，并出现通货紧缩的迹象。1998 年社会商品零售物价总指数为 -2.6%。同时，我国长江、嫩江、松花江流域发生了历史罕见的洪涝灾害，直接造成的损失达 1 600 多亿元。金融宏观调控的重点由治理通货膨胀转向防范通货紧缩。中央银行出台了一系列的货币政策措施，根据需要增加基础货币投放，有效地运用再贷款手段，积极化解金融风险。1998 年取消了贷款规模的限额控制，给商业银行充分的贷款自主权。实行"缴来一般存款账户"与"备付金存款账户"合一，法定存款准备金率下调 5 个百分点。在 1996 年、1997 年三次降息的基础上，1998 年、1999 年又四次降息。利率大幅下调，降低了企业利率支出，减轻国债利息负担，对引导企业和居民预期、刺激投资和消费回升也有一定效果。1998 年以后，我国公开市场操作迅速发展，1998 年和 1999 年，通过公开市场操作增加基础货币 2 600 多亿元，占两年基础货币增加总量的 85%，增加了货币信贷投放，有力地

支持了经济增长。在许多周边国家货币大幅度贬值的情况下，经过权衡利弊，我国主动收窄了人民币汇率浮动区间，并采取其他配套措施鼓励出口和吸引外资，避免了对外贸易和利用外资出现大的波动。21 世纪初，我国金融宏观调控政策措施效果逐步显现，经济进入景气回升，但物价下降的势头仍未得到遏制，宏观经济面临总需求不足的制约。中央银行继续实行稳健的货币政策，运用多种政策手段，调控货币供给，使货币供应量适度增长。适时降低利率和下调境内外币存款利率。适时扩大公开市场操作，通过回购交易进行资金吞吐，引导货币市场利率走低。制定鼓励居民扩大消费的政策，促进个人住房贷款及消费贷款，拉动国内消费需求回升，推动经济增长。在需求转旺的带动下，各种价格跌幅减小或止跌回升。居民消费价格指数 1999 年为 -1.4，2002 年为 -0.8；固定资产投资价格指数 1999 年为 -0.4，2002 年为 0.2。我国经济增长逐步加快，1999 年国内生产总值增长了 7.1%，2002 年增长了 8.3%。

（四）推进金融体制改革

1978 年 12 月，党的十一届三中全会是中国历史上具有深远意义的伟大转折。这次会议作出了把工作重点转移到社会主义现代化建设上来的战略决策，提出了改革经济体制的任务，从此，中国进入了改革开放的新时期。为适应国民经济发展的需要，金融体制也相应进行了全面改革，逐步建立和完善适应社会主义市场经济的金融体系。

1. 推进外汇管理体制改革

1978 年以后，我国外汇管理沿着逐步缩小指令性计划、培育市场机制的方向，有序地由高度集中的体制向与市场经济相适应的体制转变，初步建立起了适应社会主义市场经济要求

的外汇管理体制。

1978年12月，党的十一届三中全会正式宣布我国开始实行经济改革和对外开放的总方针。随着改革开放的逐步展开，我国外汇体制发生了深刻变化，以双轨制为特征，实行外汇留成制度，建立和发展外汇调剂市场，建立官方汇率与调剂市场汇率并存的双重汇率制度，实行计划和市场相结合的外汇管理体制。

（1）正式设置管理外汇的专门机构。新中国成立后，我国外汇管理工作是由国家计划委员会、财政部、对外贸易部和中国人民银行分别承担，一直没有一个专门的机构来统一负责外汇管理。1979年3月，经国务院批准，中国银行从中国人民银行中分设出来，并成立国家外汇管理总局，赋予其管理全国外汇的职能。1982年8月，国家外汇管理总局改为国家外汇管理局，划归中国人民银行领导。1988年8月，国家外汇管理局成为国务院直属总局的机构，由中国人民银行代管。1989年12月，升格为副部级单位，由中国人民银行归口管理。国家外汇管理局的设立及其单位的升格，反映了外汇管理的专门化和外汇管理工作在整个国民经济管理中的重要性在不断提高，为外汇体制改革和外汇管理工作的不断深入与完善提供了坚实的组织保证和机构基础。

（2）实行外汇留成制度，赋予企业一定的外汇自主权。为配合外贸体制改革，调动出口企业创汇的积极性，确保国家将有限的外汇资源集中用于国民经济建设，从1979年开始实行外汇留成办法，在外汇由国家集中管理、统一平衡、保证重点的同时，适当留给创汇的地方和企业一定比例的外汇。外汇留成的对象和比例由国家规定。有留成外汇的单位可通过外汇调剂市场卖给需用外汇的单位使用。

（3）建立和发展外汇调剂市场，引入市场配置外汇资源的机制。实行外汇留成制度后，

企业有了一定的外汇支配权，为满足企业间调剂余缺的需要，从1980年10月起，中国银行开始开办外汇调剂业务，允许持有留成外汇的单位把多余的外汇额度转让给缺汇的单位。1985年贸易结算价的取消，为建立规范的外汇调剂市场创造了条件。首先是1985年在深圳经济特区设立了外汇调剂中心。从1988年3月起，各省、自治区、直辖市以及部分计划单列市普遍成立了外汇调剂中心，负责办理本地区企业、部门、地方以及外商投资企业之间的外汇额度和调剂业务。在北京成立全国外汇调剂中心，负责办理中央部门所属的企业、事业单位之间外汇额度和现汇的调剂业务。调剂外汇的汇率为在国家规定的官方汇率的基础上加一定的幅度，1988年3月放开汇率，由买卖双方根据外汇供求状况议定，中国人民银行适度进行市场干预，并通过制定"外汇调剂用汇指导序列"对调剂外汇的用途（或外汇市场准入）加以引导，市场调节的作用日益增强。到1993年，全国共有18个城市开办了外汇调剂公开市场。

（4）允许多种金融机构经营外汇业务，促进外汇收支活动。为适应改革开放的新形势，在外汇业务领域引入竞争机制，允许国家专业银行业务交叉，并批准设立了多家商业银行和一批非银行金融机构经营外汇业务；允许外资金融机构设立营业机构，经营外汇业务，形成了多种金融机构参与外汇业务的格局。

（5）放宽对境内居民的外汇管理，满足居民用汇需要。侨汇一直是我国外汇的一个重要来源。改革开放后，不少海外华人回国内探亲或汇款回国，个人对外交往逐步增多，也增加了国家的外汇来源。从1985年起，对境外汇给国内居民的汇款或从境外携入的外汇，准许全部保留，在银行开立存款账户。从1991年11月起，允许个人所有的外汇参与外汇调剂。个

人出国探亲、移居出境、出国留学、赡养国外亲属所需外汇，可以凭出境证件和有关证明向国家外汇管理局申请，经批准后向银行购买一定数额的外汇，但批汇标准较低。

1993年，党的十四大作出了由计划经济体制向社会主义市场经济体制转变的重大决策。同年11月，党的十四届三中全会通过的《中共中央关于建立社会主义市场经济体制若干问题的决定》中明确要求，改革外汇管理体制，建立以市场为基础的、有管理的浮动汇率制度和统一规范的外汇市场，逐步使人民币成为可兑换货币。为适应建立社会主义市场经济体制的要求，中央作出了进一步深化经济体制改革的决定，1994年，金融、财税、外贸、外汇、物价五大改革相互协调，配套进行。从1994年1月1日起，对外汇体制进行了重大改革，实行以市场供求为基础的、单一的、有管理的浮动汇率制，并轨时的人民币汇率为1美元合8.72元人民币。取消经常项目收支的指令性计划和审批制度，取消各类外汇留成、上缴和额度管理制度，实行银行结售汇制度。取消境内外币计价结算，禁止外币在境内流动，取消外汇券，停止发行外汇券。1994年4月1日，银行间外汇市场——中国外汇交易中心在上海成立，连通全国所有分中心，采用会员制，实行撮合成交、集中清算制度，遵循价格优先、时间优先原则。中国人民银行根据宏观经济政策目标，对外汇市场进行必要干预，以调节市场供求，保持人民币汇率的稳定。

在1994年外汇改革的基础上，我国进一步改进外汇管理体制，先后将外商投资企业外汇买卖纳入银行结售汇体系，大幅提高居民因私兑换外汇的标准、扩大供汇范围，取消了出入境办展、招商等非贸易、非经营性用汇的限制等。1996年12月1日，我国正式宣布接受《国际货币基金组织协定》第8条款，实现人民币经常项目完全可兑换。

自2001年年底加入世界贸易组织以来，我国加速融入经济全球化，社会主义市场经济体制进一步完善。外汇管理主动顺应加入世界贸易组织和融入经济全球化的挑战，进一步深化改革，加快建立健全调节国际收支的市场机制与管理体制。在外汇管理方面逐步推进以下转变：一是改变"宽进严出"的管理模式，实行资金流入流出均衡管理，逐步使资金双向流动的条件和环境趋于一致；二是调整"内紧外松"的管理格局，逐步减少对内资、外资的区别待遇，创造公平竞争的市场环境；三是转变"重公轻私"的管理观念，规范居民个人和非居民个人外汇收支；四是减少行政管制，外汇管理逐步从直接管理转向主要监管金融机构的间接管理，从主要进行事前审批转向主要依靠事后监督管理。

2. 推进银行机构的改革与发展

（1）商业银行的改革。在改革开放初期，先后恢复和设立了4家专业银行，开始打破单一的、"大一统"的银行体系。1993年12月，国务院发出《关于金融体制改革的决定》，提出要深化专业银行改革，要求把其办成自主经营、自担风险、自负盈亏、自我约束的真正的商业银行。实行政策性金融与商业性金融分离以后，专业银行转变为国有独资商业银行。实行一级法人体制，增强总行和一级分行的管理、控制能力，减少内部管理层次。实行资产负债比例管理，建立和完善呆账准备和核销制度，健全科学、有效的内控制度和风险控制制度。根据《巴塞尔资本协议》的要求，商业银行的资本充足率不得低于8%。1998年财政部发行2 700亿元特别国债，用于补充国有商业银行资本金。1999年四家资产管理公司（AMC）相继成立。2000年年末，4家AMC共收购不良贷款本息合计约1.4万亿元。2000年3月，国务院发布了《国有重点金融机构监事会暂行条例》，并向国有独资商业银行等16家国有重点金融机构派出了监事。到2001年年底，国有独资商业银行基本完成省级分行与所在城市分行合并、地市支行适当精简、县支行及其网点机构适当撤并和调整的任务。国有独资商业银行开始全面推行贷款质量五级分类管理，制定了《商业银行考核评价办法》，要求对不良贷款实行"双降"。[①] 2002年的全国金融工作会议明确提出，要按照建立现代金融企业制度的要求，全面推进国有独资商业银行股份制改革。

1986年9月，国务院批准重新组建交通银行，1987年4月，中国两家股份制商业银行——交通银行、招商银行先后开业，1987年12月，深圳发展银行在深圳市宣告成立，成为第一家向社会公众公开发售股票的商业银行，从而拉开了中国股份制商业银行改革与发展的序幕。1995年，国家决定在一些经济发达城市，在合并重组城市信用社的基础上，通过吸收地方财政、企业资金方式试办城市合作银行。1997年年底，全国已有70多家城市合作银行开业。1998年，城市合作银行全部改名为城市商业银行。股份制银行的建立与发展打破了计划经济体制下国家专业银行的垄断局面，逐步形成了适应社会主义市场经济要求的多层次、多类型的金融机构组织体系新格局，有利于营造多种金融机构分工合作、功能互补、平等竞争的金融服务体系。

（2）组建政策性银行。1994年4月14日、7月1日和11月18日，国家开发银行、中国农业发展银行和中国进出口银行相继挂牌营业，注册资本金分别为人民币500亿元、200亿元和50亿元。3家政策性银行在支持"两基一支"建设、促进机电产品出口、解决长期困扰各级政府和广大农民的农副产品收购不能兑付现金的问题以及保护和稳定粮棉油市场等方面

都发挥了重要作用，为促进国有专业银行向现代商业银行转变创造了有利条件。

3. 探索农村金融机构改革之路

我国农村金融改革的目标是要逐步建立一个商业金融、政策金融和合作金融并存的农村金融服务体系。自1978年农村改革以来，农村信用社的改革发展进入了一个新的时期。1979年1月中国农业银行成立后，农村信用社交由中国农业银行管理，由于国家银行按银行的管理办法管理农村信用社，实际上是走了"官办"的道路。1984年8月，国务院批转了《中国农业银行关于农村信用社管理体制改革的通知》。这次改革主要是在不改变原有管理体制的前提下，恢复农村信用社的"三性"，即社员互助合作、民主管理和服务社区。由于这次改革没有突破国家银行管理的框子，因而恢复合作制的改革没有取得实质上的进展。1996年8月22日，国务院发布了《关于农村金融体制改革的决定》。改革的重点是要把农村信用社逐步改为"农民自愿入股、社员民主管理、主要为入股社员服务"的合作金融组织。中国农业银行与农村信用社脱钩，由中国人民银行负责对农村信用社的金融监管，由农村信用社县联社负责农村信用社业务管理。中国人民银行按照合作制原则对农村信用社进行了规范，但由于改革未能有效地解决产权制度、所有者缺位和内部人控制等问题，因此，改革仍然面临较多困难。从1999年开始，在江苏等地进行了农村信用社改革试点，这次改革主要强调农村信用社要为"三农"服务，并以小额信用贷款为主，基本解决了农村信用社的服务定位问题。

（五）建立和发展金融市场

金融市场是融通资金、买卖金融商品的场

---

① "双降"要求商业银行的不良贷款率和不良贷款余额比上年都下降。

所和网络，它既是金融机构运作的基础和环境，也是贯彻实施中央银行货币政策的条件和环节。因此，加快我国金融市场的培育和发展成为金融改革的重要内容。

1. 发展货币市场

规范发展货币市场，形成良好市场秩序，是中央银行进行间接调控、及时传导货币政策的必要途径。近些年来，同业拆借市场、票据贴现市场和国债回购市场都有了一定发展，并逐渐强化规范运作。

（1）发展同业拆借市场。同业拆借市场是调剂商业银行头寸余缺，使金融体系的超额储备得到充分运用的场所。发展我国同业拆借市场，商业银行通过市场筹措短期资金，减少了商业银行对中央银行贷款的依赖，也为中央银行观测备付金率、同业拆借利率的变化，调整政策措施提供了必要途径。

同业拆借市场是我国发展最早、最快，规模也最大的一个货币市场，它于 1984 年开始起步，1986 年在武汉、广州、西安、沈阳等几个大城市率先建立同业拆借网络。经过十多年发展，已形成遍及全国各地的同业拆借市场网络。随着经济起伏，同业拆借也几起几落，走过了一段曲折发展的路程。尤其是 1992 年至 1993 年上半年一度出现的乱拆借使市场秩序混乱，省、地（市）、县各家银行在加快本地经济发展的压力和小团体利益的驱动之下层层建有拆借市场，全国同业拆借中介机构达 1 170 家之多。到 1993 年 5 月末止，违章拆借达 1 500 多亿元。为加强对同业拆借市场的宏观管理和引导，使之逐步走上有序发展的道路，1993 年 6 月，中国人民银行在全国金融系统部署整顿同业拆借秩序，开展清收违章拆借资金。经过半年多的整顿和清收，基本实现"四停"：停止新的违章拆借，停止对非金融机构和非银行金融机构的拆借，停止省以下同业拆借中介机构的拆借业务，停止对银行自办经济实体注入资金。

从 1994 年到 1995 年，中国人民银行在整顿、清理的基础上逐步规范同业拆借行为，建立了统一同业拆借运作体系和组织体系。从 1996 年 1 月开始，全国同业拆借市场主体实行计算机联网，统一在网上交易。接着，放开同业拆借利率的限制，实行市场化利率，严格控制同业拆借资金流向资本市场，各省（市）融资中介机构停办自营业务。1998 年年初，为便于商业银行加强内部资金管理，批准了商业银行可以授权其分行加入全国同业拆借市场，从事其总行授权范围内的信用拆借、债券回购和现券买卖业务；1998 年 5 月，中国人民银行批准经营人民币业务的外资银行加入全国同业拆借市场。1999 年 10 月，批准保险公司加入全国同业拆借市场，从事债券买卖业务。至此，全国统一开放、有序竞争、严格管理的同业拆借市场已初步建立。同业拆借市场的公开性、可控性、透明度增强，使同业拆借利率、备付金率作为货币信贷政策操作目标成为现实。

（2）发展票据贴现市场。商业票据承兑贴现市场，是企业与企业、企业与商业银行、商业银行与商业银行之间短期融通资金的重要渠道，也是中央银行办理再贴现的基础条件。

1984 年 12 月，中国人民银行制定了《商业汇票承兑、贴现暂行办法》，1985 年开始在全国推行商业票据承兑、贴现业务。1986 年，中国人民银行上海市分行开办再贴现业务后，商业票据承兑、贴现业务便在全国大中城市逐步推广开来。有一段时间因市场主体的行为不规范，少数企业、银行和违法犯罪分子利用商业票据承兑、贴现套取或诈骗资金的案件时有发生，因此，商业汇票承兑、贴现业务推行时间不长就被停办了。

发展票据信用，解决企业票据流通中的相

互违约和严重的货款拖欠问题，需要有有效的结算工具。经国务院批准，从 1994 年 10 月开始，对煤炭、电力、冶金、化工、铁道五个行业和棉花、食糖、茶叶、生猪四种产品的调销，按照票据信用原则，推行商业承兑汇票结算。中国人民银行专门安排一部分资金，用于对商业银行贴现票据的再贴现。商业票据经过商业银行承兑，资信度高、流通性强，很受企业的欢迎。到 1995 年，各地企业收受的商业承兑汇票累计达到 2 424 亿元。中央银行通过商业票据再贴现市场，加强了对超额储备和货币供应量的调控。1995 年 5 月，《中华人民共和国票据法》颁布，自 1996 年 1 月 1 日起实施。这部法律规定了汇票、本票、支票等的票据当事人之间的权利和义务关系，为推动票据市场业务的稳健发展提供了法律保障。1998 年，中国人民银行出台了改革再贴现利率和贴现利率生成机制、延长再贴现最高期限等一系列政策。改革后，中央银行可通过调整再贴现率来影响商业银行贴现率及市场利率水平；商业银行可根据票据风险度和企业的资信情况，合理确定票据贴现的利率水平，适当增加高流动性的票据资产。1998 年，中国人民银行 3 次调低再贴现利率共 4 个百分点，鼓励了商业银行扩展票据贴现业务，增加信贷投入。中国人民银行推动一批金融机构集中、金融发达、辐射力强的中心城市，如上海、重庆、天津、大连、南京、武汉、成都等地加快票据市场的建设和发展，促进我国区域性的票据市场逐步形成。

（3）发展国债回购市场。中国人民银行开展公开市场操作业务，主要是通过短期国债的回购交易来吞吐基础货币，这就需要有一个适当的国债市场相配合。货币市场最初以信用放款的同业拆借为主，1995 年以后，随着国债发行制度的改革和中国人民银行开始进行公开市场操作，债券回购逐渐成为货币市场的主要工具。1994 年之前，国债主要是面向居民个人和机关团体发行国库券。1995 年，国债开始面向机构投资人无纸化发行，这为金融机构和中国人民银行利用国债进行以债券回购为主要形式的资金融通创造了条件，使债券回购成为我国货币市场的主要工具。

2. 发展资本市场

（1）债券市场。我国 1981 年 7 月重新开始发行国债，从而结束了开始于 20 世纪 50 年代末的长达 20 年的"无债时代"。当时国债特点是：周期较长（10 年）、不可转让、对购券的企业支付较低的利息、对居民支付较高的利息。1988 年，财政部允许国库券在全国 61 个城市分两批试行流通和转让，奠定了国债二级市场发展的基础。1991 年，财政部组织了国债的承购包销，首次将市场机制引入国债一级市场。1993 年，国债市场推出了一级自营商制度。1996 年，我国国债市场的发展全面走向市场化，国债发行方式实现了由承购包销向公开招标过渡，初步建立了"基数承购、差额招标、竞争定价、余额分销"的市场化发行模式。国债的发行方式也从以实物券为主转向以无纸化电子记账为主，国债的二级市场交易也采取了电子化的方式，极大地降低了发行成本和交易成本，同时也为中央银行运用国债进行公开市场操作创造了条件。

1984 年，为治理严重的通货膨胀，我国实行了紧缩的货币政策。在这种宏观背景下，一些由银行贷款的在建项目出现资金不足，银行开始发行金融债券以支持这些项目的完成，利率一般高于存款利率。此后，金融债券成为银行的一种常规性融资工具。自 1996 年以来，中国人民银行进行债券公开市场操作，积极运用间接货币政策工具调节金融机构总体流动性，为银行间债券市场提供了有力的资金支持。中国人民银行组织研究了"中央银行债券招投标系统"和债券招标发行的具体办法，制定了《政策性银行市场化发行金融债券规定》等规定，批准市场化发行的政策性金融债券在银行间债券市场流通，可以进行现券交易和回购，大大丰富了市场交易工具。

从1982年开始，为满足信贷资金之外的生产资金的需求，我国的少量企业开始向社会或企业内部集资并支付利息，最初的企业债券开始出现。1984年，中国从农村到城市兴办集体企业和联合企业，不少乡镇企业、集体企业甚至一些国营企业也开始以"以资代劳""以劳代资"等方式向职工筹集资金或向内部职工有偿借款，形成了企业内部债券。1989年3月，国务院发布了《关于加强企业内部集资管理的通知》，使全国企业内部债券管理走向统一和规范化。1985年，针对通货膨胀，中国人民银行加强了信贷规模控制，同时为了不对在建项目造成过大冲击，中国人民银行也批准了一些没有获取足够贷款的企业发行企业债券，专项用于项目建设。由于当时社会的风险意识不强，对发债企业没有进行认真的信用评估，导致许多债券到期不能偿付。为减少社会动荡，许多债券以银行用贷款置换债务的方式加以偿还。1993年8月出台的《企业债券管理条例》对债券发行规定了规模控制和审批制，并强制要求银行担保，规范了企业债券发行的管理。

（2）股票市场。20世纪70年代末农村改革拉开序幕后，在家庭联产承包责任制的基础上，农村开始了股份合作制的探索。农民以资金、劳动力入股办企业。在农村改革的带动下，城市的集体企业和国营企业也开始向社会公众公开发行股票筹集资金，创办股份公司。1982年11月，深圳市宝安县联合投资公司在深圳首次公开发行股票。1984年7月，北京天桥百货股份有限公司率先成立，该公司首次向社会公开发行股票300万元，成为新中国成立以来在国家工商部门注册的第一家股份公司。1984年11月，上海飞乐音响公司诞生，并于1985年1月向社会公开发行股票50万元。自此以后，股份公司在北京、上海、深圳、广州、沈阳、成都等地迅速发展起来。

1986年以前，所有股份制企业都不是上市公司，企业的股票都不能自由交易和流通。1986年9月，上海工商银行信托投资公司静安证券业务部开办了股票柜台买卖业务，以挂牌方式，公开委托买卖股票。1986年9月26日，"上海飞乐音响公司"和"上海延中实业公司"向社会公开发行的股票，通过静安证券部上市，开创了新中国股票交易的历史，也促进了我国股份制度的发展。1990年11月26日，中国首家证券交易所——上海证券交易所正式成立并于同年12月19日开业，深圳证券交易所也于1990年12月1日正式成立，并于1991年7月3日在试营业的基础上正式开业，标志着我国股票集中交易市场的正式形成。1991年年底，推出了人民币特种股票（简称B股）试点，以人民币标明面值，以美元或港元认购和交易，投资者为境外法人或自然人。1993年5月4日，国务院颁布了《股票发行与交易管理暂行条例》。1998年12月29日，第九届全国人大常委会第六次会议审议通过了《中华人民共和国证券法》，并决定于1999年7月1日起施行。

（六）扩大金融业对外开放

改革开放以来，随着全球化的深入发展和我国经济持续快速增长、国内外市场日益融合，国际上要求与我国加强金融政策协调、增进相互合作的呼声越来越高。我国顺应经济全球化的发展趋势，扩大金融业对外开放，积极应对国际政策协调，参与了有关的国际金融合作。

1. 重返或参加国际金融组织

中国人民银行把恢复在国际货币基金组织（IMF）和世界银行（WB）的合法地位，并逐步加入其他国际金融组织，作为参与国际金融事务的重要起点，在国际金融机构中表达了我国对国际金融事务的主张，也体现了我国参与国际合作的愿望和履行国际义务的能力。

（1）恢复中华人民共和国在基金组织的席位。1980年年初，应我国驻美国使馆的邀请，基金组织派团访华，谈判恢复中华人民共和国席位问题。经过多方会谈，基金组织对恢复中华人民共和国合法席位的态度表示理解。谈判中我方坚持两点：第一，中华人民共和国合法地位的唯一性。中华人民共和国恢复席位后，应该享有与大国身份相称的份额和地位，应该有单独选区。第二，财务问题。台湾当局在基金组织的债权全部由中华人民共和国接管；台湾当局对基金组织的债务该由台湾当局负责的仍由台湾当局负责。1980年4月17日，基金组织正式通过决议，恢复了中华人民共和国的合法席位，终止了与台湾当局的关系，为中华人民共和国在基金组织董事会增加一个执行董事席位，使中国成为单独选区。1980年5月15日，世界银行董事会通过了恢复中华人民共和国在世界银行席位的决议。随后，中华人民共和国又相继加入了国际开发协会和国际金融公司。自1980年正式恢复在基金组织的合法席位以来，中国政府代表在基金组织的理事会、国际货币与金融委员会（1999年前称临时委员会）和执行董事会等场合与各国代表深入交换对世界经济与国际金融形势、国际货币体系以及各成员国的宏观经济政策问题的看法，探讨促进世界经济平稳发展、增强国际间金融合作的途径，中国所发表的立场和政策主张越来越为世人关注。

（2）加入亚洲开发银行。亚洲开发银行（以下简称亚行）是一个由亚洲地区多数发展中国家和主要发达国家共同出资组建的地区性政府间金融组织，总部设在菲律宾首都马尼拉。从1983年2月起，我国与亚行当局进行了多次交涉和谈判，焦点是我国台湾问题。亚行与基金组织不同，不是联合国的附属组织。在处理与我国台湾的关系问题上，我方把坚决反对"两个中国"或"一中一台"作为谈判的基本原则，从统一祖国大业出发，同意台湾当局以中国台北的名义继续留在亚行。1985年11月25日，中国人民银行与亚行签署了关于中华人民共和国在该行代表权问题的备忘录。1986年2月17日，亚行理事会正式通过决议，接纳中华人民共和国为亚行成员。

（3）加入非洲开发银行。非洲开发银行（以下简称非行）是非洲最大的地区性政府间开发金融机构，宗旨是促进非洲地区成员的经济发展与社会进步。非行总部设在科特迪瓦首都阿比让。2002年，因科特迪瓦政局不稳，非行总部临时搬迁至突尼斯至今。我国于1985年5月加入非行。加入以来，我国积极参与非行业务活动与决策，与非行不断加强交流与合作，体现了我国对非洲的支持，扩大了我国在非洲地区的影响，带动了对非贸易、工程承包与咨询业务的开展。

（4）加入国际清算银行（BIS）。中国人民银行于1984年与国际清算银行建立了银行业务联系，以观察员身份出席该行年会。随后，中国提出了正式的入行申请。国际清算银行董事会于1996年9月9日通过决议，邀请中国人民银行和香港金融管理局等9个国家或地区的中央银行或金融管理当局加入国际清算银行。中国人民银行于同年11月1日认缴了股本金，成为该行正式成员。2006年7月，国际清算银行增选中国人民银行行长周小川、墨西哥中央银行行长奥梯斯和欧洲中央银行行长特里谢为该行董事会董事，任期三年。这是该行第一次从发展中国家的中央银行吸收新董事，也是该行自1994年以来首次扩充董事会。

（5）参加亚太地区的金融组织。中国人民银行还参加了亚太地区几个没有常设办事机构的中央银行组织，即东南亚—新西兰—澳大利亚中央银行组织（SEANZA），东亚及太平洋地区中央银行行长会议组织（EMEAP），以及由中国、美国、日本、澳大利亚、新加坡和中国香港的中央银行或货币当局组成的"六方市场会议"。通过参加这些组织的活动，与各有关中央银行定期互通信息，共同研究亚太地区经济和金融领域的重大问题，增加了中国在亚太地区财政、金融领域的发言机会，开辟了与美国、日本等国进行高层对话的新渠道。从1991年起，中国人民银行应邀派代表以观察员身份出席泛美开发银行年会。1997年亚洲金融危机爆发后，东亚各国加强了本地区的对话与合作，由中国领导人胡锦涛、朱镕基倡导的"10+3"副手会及财长会已成为东亚各国加强金融合作的主要机制。2000年5月，在泰国清迈举行的"10+3"财长会议通过了《建立双边货币互换机制》的倡议（简称"清迈倡议"）。

（6）加入非洲次区域开发机构。2000年8月，我国加入东南非贸易与开发银行。该行是东南非共同市场（COMESA）的附属机构，成立于1985年，总部设在布隆迪首都布琼布拉。2004年11月，我国加入西非开发银行，该行是西非经济货币联盟下属的区域性政府间开发金融机构，成立于1973年，总部设在多哥首都洛美。

（7）加入美洲地区次区域开发机构。为了加强中国与加勒比地区的经贸合作，中国于1998年1月加入加勒比开发银行。该行是政府间开发金融机构，成立于1970年1月，总部设在巴巴多斯。

2. 同各国中央银行的往来

同外国中央银行的双边交往是中国人民银行国际金融活动的重要组成部分。从改革开放起，中国人民银行已与美国联邦储备体系、欧洲中央银行、英格兰银行、法国中央银行、德意志联邦银行、日本银行、意大利银行、加拿大中央银行、澳大利亚储备银行、俄罗斯中央银行、印度储备银行、新加坡金融管理局、哈萨克斯坦中央银行、朝鲜国家银行、泰国银行、南斯拉夫国家银行、罗马尼亚国家银行、匈牙利国家银行等建立了紧密的双边交往关系。继20世纪70年代末与日本银行达成隔年互访的口头协议后，1992年，中国人民银行又与韩国银行达成互访的口头协议。此外，从1982年到2008年，中国人民银行先后与委内瑞拉、墨西哥、智利、越南、格鲁吉亚、印度、乌克兰、俄罗斯、亚美尼亚、吉尔吉斯斯坦、哈萨克斯坦、新西兰、英国、蒙古国、马来西亚、菲律宾、白俄罗斯、韩国、印度尼西亚、老挝、尼泊尔、德国、挪威23个国家的中央银行签订了一系列协定，使中国人民银行与有关国家的中央银行能够稳定地发展合作关系。1992年6月，中国人民银行在英国伦敦设立了欧洲代表处，1993年9月，又分别在美国纽约和日本东京设立了美洲代表处和东京代表处。2002年12月29日，中国人民银行驻法兰克福代表处正式开业，标志着中国人民银行与欧洲中央银行及欧元区各国中央银行的交流与合作进入一个新的发展阶段。2006年年末，中国人民银行驻南太平洋代表处在悉尼设立，是进一步深化中国人民银行与南太平洋地区的良好合作关系的桥梁。2003年12月起至2007年，中国人民银行各代表处在加强同有关中央银行的联系、市场调研、干部培训、跨国监管和外汇资金操作等方面都发挥了重要作用。随着我国经济的快速发展和国际影响力的提高，外国中央银行陆续向我国提出通过在华设立代表处的途径，加深对中国经济、金融形势的了解，增进与中国的金融合作。2003—2004 年，韩国、日本和朝鲜的中央银行先后在北京设立了代表处。2007 年 3 月，挪威中央银行的代表处在上海设立。

3. 发展国际金融合作

（1）争取国际金融机构的支持，扩大国际融资渠道。恢复中华人民共和国在基金组织的合法地位以后，中国人民银行代表政府发展了国际融资关系。1981 年，为克服国内经济过热、国际收支出现逆差而产生的外汇资金紧张局面，从基金组织获得备用安排贷款 4.5 亿特别提款权和信托基金贷款 3.09 亿特别提款权，1986 年，我国再次借入备用安排贷款 5.98 亿特别提款权，用于国内经济的调整。我国经济状况好转之后，已提前还清了上述贷款。国际金融机构的融资支持了我国经济建设，引进了先进技术和管理方法，扩大了对外经济合作，也有助于优化我国外债的期限、结构。加入非行后，中国密切了同非洲国家的关系，找到了另一条有效的援非途径，同时也开辟了与非洲国家进行经济合作的新渠道。

（2）借鉴外国中央银行经验，完善我国中央银行体系的建设。在货币政策领域，通过多条渠道借鉴外国中央银行的成功经验。通过与基金组织进行的年度政策磋商，我国政府有关部门和中国人民银行官员同基金组织专家就货币政策和有关经济热点问题进行深入探讨，从中得到了有益的启示。世界银行和亚行等机构的专家也在货币政策和宏观经济政策方面向中国人民银行提出过有益的建议。中国人民银行参与国际清算银行每年举行的多次中央银行行长例会。例会的议题包括各国货币政策的制定和实施、银行业的监督和管理、国际经济和金融热点问题，以及新兴市场国家在金融改革过程中遇到的重大问题。基金组织以及许多国家中央银行的专家多次到中国举办货币政策讲座和研讨会，提供了各国货币政策操作方面的成功经验。在金融监管领域，中国人民银行与国际清算银行（巴塞尔银行监管委员会）开展了密切的合作。1996 年中国加入国际清算银行以后，积极参与了关于有效银行监管的核心原则的讨论，该原则于 1997 年 9 月正式公布，由于我国和其他发展中国家的参与，核心原则具备了同时面向发达国家和发展中国家的特点。基金组织、世界银行和亚行向中国人民银行提供了加强银行监督方面的技术援助。一些国家的中央银行也为中国人民银行举办过银行稽核监督培训班，或者接受中国人民银行工作人员到他们的银行监督部门见习。在清算支付体系和金融统计等方面，世界银行和亚行都向中国人民银行提供过技术援助。

（3）履行国际义务，促进国际金融合作。从 20 世纪 90 年代开始，我国通过参与基金组织的资金交易计划向基金组织提供资金。1989 年，中国向亚行的技术援助基金捐款 60 万美元。我国自加入非行以来，参加了非洲开发基金第 4 次至第 11 次增资，累计承诺捐资 4.86 亿美元。为进一步推动我国与非行的合作，1996 年我国与非行建立了 200 万美元的双边技术合作基金。此外，我国积极参与了非洲开发基金落实多边减债动议的捐资行动。根据非洲开发基金的减债总额及我国负担的份额，我国将在未来 50 年中向非洲开发基金捐资约合 1.95 亿美元。我国加入加勒比开发银行以来，向加勒比开发银行特别发展基金共捐款 3 320 万美元。2002 年 12 月，我国与加勒比开发银行签署双边技术合作协定，向加勒比开发银行提供 100 万美元赠款。2006 年 11 月，我国与西非开发银行建立了 100 万美元的双边技术合作基金，用于技术援助和人员培训项目。

1996—1997 年，中国人民银行参加了东亚国家和地区间的多边金融合作。东亚及太平洋地区中央银行行长会议组织（EMEAP）是该地区内多边金融合作的初始框架。在此框架内，中国人民银行先后与香港金融管理局、新加坡金融管理局以及马来西亚、菲律宾、韩国、泰国和印度尼西亚等国的中央银行签署了美国国债双边回购协议。这是中国人民银行与本地区其他中央银行和货币当局共同建立区域性货币稳定机制的一次尝试。

在东亚金融危机中，中国人民银行代表政府参与了基金组织向泰国提供的一揽子紧急援助，向泰国贷款 10 亿美元。这是中国第一次参加国际社会组织的援助活动。1997 年 11 月，印度尼西亚金融危机爆发后，戴相龙行长致函基金组织总裁康德苏，表示中国愿同其他有关国家和地区一道，参加支持印度尼西亚的应急资金援助安排，并决定出资 3 亿美元。1997 年东亚金融危机爆发以来，中国政府领导人多次郑重表示，将全力保持人民币汇率的稳定，以此作为对发生金融危机国家的实际支持。国际舆论对此作出了高度评价，赞扬"中国是一个负责任的大国"。

中国自重返或参加国际金融组织以来，先后成功地承办了多次重大的国际性年会。1989 年 5 月 4 日至 6 日，亚行第二十二届年会在北京举行。这是首次在中国召开的高层次多边国际金融会议，来自 47 个成员国和地区的高级官员、金融家、国际组织的观察员云集北京，会议获得圆满成功。1997 年 7 月，中国人民银行行长戴相龙在上海主持召开了由 11 个国家或地区中央银行行长或金融管理局总裁参加的第三届东亚及太平洋中央银行行长会议，扩大了我国在国际社会的影响，显示了中国人民银行开展金融外交的能力。1997 年 9 月，在中央政府和香港特别行政区政府的共同组织下，中国人民银行为第五十二届国际货币基金组织和世界银行联合年会在香港的召开作了充分的准备工作。李鹏总理和朱镕基副总理出席会议，并分别致辞或发表演讲。这是国际货币基金组织与世界银行首次在中国举行年会，也是香港回归祖国后举办的第一个大型国际会议。此次年会的成功举行，向世界展示了香港在"一国两制"政策下的稳定与繁荣。2007 年 5 月，我国在上海成功承办了 2007 年非洲开发银行集团理事会年会。本届年会是中非合作论坛北京峰会后的一次重要的涉非国际会议，也是非行历史上规格最高、规模最大的一次年会。

4. 加快金融业对外开放的步伐

改革开放以来，中国金融业逐步扩大对外开放。外资金融机构迅速增加，初步展现了中资金融机构、外资金融机构竞相发展的局面。

（1）有步骤地允许外资金融机构进入国内金融市场。1979—1981 年，允许 31 家外国金融机构在中国设立代表处，拉开了中国金融业对外开放的序幕。1981 年 7 月，中国人民银行开始批准外国金融机构在经济特区设立营业性分支机构。为了加强对外资金融机构的管理，1983 年 2 月，中国人民银行发布了《中国人民银行关于侨资、外资金融机构在中国设立常驻代表机构的管理办法》，1985 年 4 月，国务院发布了《中华人民共和国经济特区外资银行、中外合资银行管理条例》。这两个法规的颁布将外资金融机构的引进与管理工作纳入法制管理的轨道。

1990 年 9 月，为配合中央关于开发上海浦东的决策，经国务院批准，中国人民银行颁布了《上海外资金融机构、中外合资金融机构管理办法》，上海成为中国除经济特区以外率先获准引进外资银行营业性机构的沿海开放城市。1992 年春，邓小平同志南方谈话和中央关于进一步加快改革开放步伐的决定公布之后，经国务院批准，允许外资金融机构在大连、天津、青岛、南京、宁波、福州和广州7个城市设立营业性机构。上海引进了一家美国保险公司，开始了中国保险市场对外开放的试点工作。

1994年4月1日，《中华人民共和国外资金融机构管理条例》开始实施，标志着中国对外资金融机构的开放进入规范化管理阶段。1994年8月，为了进一步加快中国金融业的对外开放，推动国内银行体制的改革，国务院又批准开放北京、沈阳、石家庄、西安、成都、重庆、武汉、合肥、苏州、杭州、昆明11个中心城市，允许外资银行在这些城市设立营业性分支机构。在此期间，中国还批准设立了一家中外合资投资银行——中国国际金融公司。经国务院批准，中国人民银行于1996年12月宣布，允许符合条件的外资金融机构在上海浦东试点经营人民币业务。1998年4月28日，中国人民银行批准在上海浦东经营人民币业务的外资银行进入全国同业拆借市场。1998年8月又批准深圳经济特区的5家外资银行开办人民币业务。

2001年年底，中国正式成为世界贸易组织的成员国，同时公布了我国银行业对外开放的时间表。根据我国加入世界贸易组织的有关协议，我国将逐步取消对外资银行的限制。

一是逐步取消外资银行经营人民币业务的地域限制。二是逐步取消人民币业务客户对象的限制。三是允许外资银行设立同城营业网点，审批条件与中资银行相同。四是允许外资非银行金融机构提供汽车消费信贷业务，享受中资同类金融机构的同等待遇；外资银行可在加入世界贸易组织后5年内向中国居民个人提供汽车消费信贷业务。五是允许外资金融租赁公司与中国公司在相同的时间提供金融租赁服务。

（2）境外中资金融机构的发展。解放初期，根据周恩来总理的命令，中国人民银行接收了一批原属国民党政府的驻海外金融机构。后来，在香港和澳门设立的13家公营和私营中资银行组成了以中国银行香港分行为首的中银集团，成为国际和国内金融汇合的渠道，为国家经济建设和国际金融合作作出了重大贡献。1949年，中国人民保险公司接管了中国保险股份有限公司、太平洋保险股份有限公司和这两个公司在中国香港、印度尼西亚等的分支机构，在此基础上发展起海外保险业务。1949年10月，在香港成立了民安保险公司，1966年，在澳门设立了民安保险公司支公司。随着中国改革开放事业的推进，海外中资金融机构有了巨大的发展。中资金融机构遍及世界五大洲，主要集中在国际金融中心城市，如中国香港、新加坡、东京、伦敦、纽约等地。境外中资金融机构业务发展迅速，并呈现多样化经营的趋势。

（七）加强金融监管和防范化解金融风险

改革开放后，我国金融业快速发展，形成了国有独资商业银行、政策性银行、各类商业银行和其他金融机构并存的金融组织体系，并形成了在金融市场中相互竞争的局面。为了适应金融业迅速发展的形势，中国人民银行逐步改革和完善金融监管体制，加强金融监管，维护金融稳定。

1. 改革和完善金融监管体制

1978年改革开放以前，由于当时我国实行的是计划经济和"大一统"的银行体制，也就没有现代意义上的金融监管。从中国人民银行独立行使中央银行职能开始，中国人民银行一直作为金融监管机构对整个金融业实施监管。

随着我国金融业的快速发展，我国政府十

分重视加强金融监管的重要性，为维护金融稳定，决定对金融业实行分业经营、分业监管。中国人民银行刚开始专门行使中央银行职能时，由于我国的证券市场尚未形成，金融市场还只有货币市场，因此，当时由中央银行统一管理金融市场是符合当时实际情况的。十多年以后，情况发生了巨大变化，证券市场已经初具规模，继续由中国人民银行监管证券市场已经不再适宜。1992 年 10 月，国务院决定成立国务院证券委员会和中国证券监督管理委员会（以下简称中国证监会），把监管证券市场业务从中国人民银行分离出来，并移交给新成立的中国证监会。这次改革把中国人民银行监管范围从原来的无所不包缩减到仅对金融机构和货币市场进行监管，这对于中央银行加强宏观调控和完善金融监管体系是十分有益的。但是这次改革措施中仍然保留中国人民银行对证券机构的监管权，致使后来形成了这样一种局面：证券机构由中国人民银行监管，证券市场由中国证监会监管。而离开了对证券机构市场行为的监管，是不可能真正对证券机构实施有效监管的；同样，不监管证券机构，对证券市场的监管也不可能彻底。1997 年 11 月，全国金融工作会议提出，建立和健全集中统一的证券市场监管体制，决定原来由中国人民银行监管的证券机构开始由中国证监会统一监管。1998 年以前，中国人民银行专门设有对保险业进行监管的部门。1998 年 11 月，成立了中国保险监督管理委员会（以下简称中国保监会），将保险监管从中国人民银行分离出来，中国保监会的成立，加强了对保险业的统一监管。

1994 年以后，中国人民银行为了加强分业管理，按照金融机构的类别，设立了银行司、非银行金融机构司、保险司、外资金融机构管理司、稽核监督局。监管司主要负责金融机构的市场准入审批和非现场监管，稽核监督局主要负责金融机构的现场监管。这种机构设置与职责分工，提高了对金融机构监督管理的专业化水平，但不利于对法人的全过程监管。1998 年 7 月，中国人民银行对内设监管机构进行了调整，撤销了稽核监督局和外资金融机构管理司，调整为银行监管一司、银行监管二司、非银行金融机构监管司、合作金融机构监管司，改变了过去对同一法人金融机构由多个部门监管的格局，实行由同一职能部门对同一法人机构从市场准入到市场退出、从现场到非现场的全过程监管。2001 年，中国人民银行按照新的监管思路"坚持改革、合理分工，管监分离、集中监管"的原则，对内设监管机构的职责进行调整，成立了银行管理司，主要负责银行类机构的市场准入和退出、业务规范、制度建设等；成立了银行监管一司、银行监管二司，主要负责银行类机构的现场和非现场检查；成立了非银行金融机构监管司，主要负责非银行金融机构的管理和现场、非现场监管；成立了合作金融机构监管司，重点加强对农村合作金融机构的监管。同时，对分行、营业管理部、金融监管办事处、省会城市中心支行的机构和监管职责进行了调整。

2. 转变金融监管理念和方式

随着我国经济金融改革的不断深化，以及金融机构多元化和金融工具多样化，金融业的风险因素也不断增加和趋于复杂化，中央银行的监管理念和方式也在逐渐转变。中国人民银行刚开始专门行使中央银行职能时，在一定程度上把金融监管只看作是一种行业管理，以后，在实际上又以合规性的监管为主，即主要监督和检查金融机构行为是否符合法律、法规及各种政策规定。这方面的监管是必要的，但如果仅局限于此，则很不够。从根本上说，由于金融业是一个高风险的行业，对它的监管主要是控制风险、保持金融业的稳健运行。20 世纪 90 年代以来，随着经济转轨过程的深入以及金融市场的发展，金融业的风险因素增加，风险隐患不断暴露。中央银行的监管重点也经历了四个方面的转变，即从一般行政性金融监管开始向依法监管转变；从市场准入监管开始向全过程系统化监管转变；从合规性监管开始向风险监管转变；从外部监管开始向强化金融内部控制转变，并在这期间采取了一系列综合性的监管措施，保证金融机构合法、稳健运行。1994年7月，中国人民银行下达了《商业银行资产负债比例管理考核暂行办法》。1995年上半年，中国人民银行召开银行经营管理会议，要求商业银行加强内部管理，实行稳健经营。1995年7月，《中华人民共和国商业银行法》正式施行，该法对商业银行提出了审慎经营的要求，并把资产负债比例管理作为审慎管理的基本内容。1996年，中国人民银行下达了资产负债比例管理的监控、监测指标和考核办法。与1994年的相关规定有所不同，这时不再由计划资金部门管理，而是由机构监管部门负责。在1996年7月召开的全国稽核监察会议上，正式提出了金融监管要以风险监管为核心。在这一思想的指导下，1996年下达的考核指标分为监控指标和监测指标，并把外币业务、表外项目纳入考核体系，以全面反映银行的资产风险情况。

3. 加强对金融机构的管理和监督

中国人民银行通过不断的金融监管实践和不断吸收国际成熟监管经验，结合中国实际情况，树立新的监管理念，探索新的监管手段和举措，加强对金融机构的监管，保障金融体系的稳定、安全和高效。

中国人民银行逐步加强金融监管的基础建设。加强金融监管力量，加大人员培训力度。1998年年末，中国人民银行从事金融监管的人员约为2万人，到2002年年末已近3万人。建立了金融监管统计监测系统、高级管理人员信息管理系统、银行信贷登记咨询系统。实现了对商业银行本外币和表内外、境内外机构及其附属公司的并表监管。1999年，中国人民银行管理体制改革后，为进一步明确监管责任，完善金融监管机制，制定了《中国人民银行金融监管责任制（暂行）》。建立了监管部门自下而上的非现场检查责任制，建立和完善监管报表的报送、分析和信息披露制度。建立和完善现场检查工作程序。包括立项、准备、实施、报告和处理五个阶段。2001年，中国人民银行制定了《商业银行考核评价体系》，评价内容包括资产质量、盈利能力、资本比率、流动性四类十三项指标，涵盖了对国有商业银行风险监管的主要方面。2001年12月，中国人民银行下发《关于全面推行贷款质量五级分类管理的通知》，并公布《贷款风险分类指导原则》，决定自2002年1月1日起，在全国各类商业银行全面实施贷款质量五级分类管理。2002年6月，中国人民银行制定并颁布了《股份制商业银行公司治理指引》和《股份制商业银行独立董事、外部监事制度指引》，督促股份制商业银行建立良好的公司治理结构，实现稳健经营和可持续发展。

中国人民银行的金融监管方式逐步完善，金融监管力度不断加大，提高了金融监管的有效性。实现了对金融机构从市场准入、经营及风险处置的全过程监管。对市场准入的监管主要包括：对机构准入、业务准入和高级管理人员任职资格的审核。对金融机构业务运营的监管重点是：监督检查金融业务经营合规性、资本充足率、资产质量、流动性、盈利能力、管理水平和内控机制等。

1995年，中国人民银行对证券回购业务进行了清理规范，证券回购债务额由最高的700亿元下降到80多亿元。1996年，中国人民银行进行了对银行账外账、房地产业务、多头开户和非法设立金融机构的清理工作。1998 年，中国人民银行对国有独资商业银行不良贷款上升较快的 50 个县（市）支行进行了检查。2000 年，中国人民银行组织 16 万人次对商业银行的贷款质量、盈亏等进行了真实性检查。2001 年，中国人民银行又对不良贷款继续上升和不良贷款比率过高的 316 个国有独资商业银行二级分行进行了检查。2002 年，中国人民银行对国有独资商业银行进行了一系列现场检查，其中系统性检查达到 16 项。对股份制商业银行重点检查风险分类标准、分类程序以及对贷款五级分类的定期评估情况；对表外授信业务的风险分类办法及执行情况；抵债资产、长期投资、拆出资金等非信贷资产风险状况。针对农村信用社的具体特点，按照"区别对待、分类指导"的原则，围绕农村信用社经营管理中存在的突出问题，中国人民银行组织开展了一系列专项检查。中国人民银行重视高风险城乡信用社的风险处置工作，监督中央专项借款和中国人民银行专项再贷款的使用，有效地化解城乡信用社的风险。根据信托整顿工作的部署和要求，中国人民银行及时出台了各项政策措施，指导信托公司的重新登记工作。截至 2002 年年末，在 104 家信托公司中，已获准重新登记的有 44 家。中国人民银行还督促不符合有关规定的企业集团财务公司、金融租赁公司清理违规业务、调整业务范围以及增资扩股。截至 2002 年年末，已有 49 家财务公司和 10 家金融租赁公司分别完成了整顿、规范工作。

中国人民银行对金融风险较大的金融机构实行特别监管，当出现临时性流动性困难时，采取协调和组织行业救助。2001 年 12 月 2 日，国务院颁布了《金融机构撤销条例》，自 2001 年 12 月 15 日起施行。在国家有关部委和地方政府的支持与配合下，根据不同情况，分别采取了增资扩股、债权转股权、托管、收购兼并、合并、关闭、破产等多种办法，及时、坚决、稳妥地化解了一些金融机构风险。比如，由广东发展银行收购了中银信托投资公司；关闭中国农业信托投资公司，在清产核资后，由中国建设银行进行托管；关闭海南发展银行，并由中国工商银行对其实行托管；关闭中国新技术创业投资公司，由中国人民银行依法成立清算组，对其进行清算；对恩平市 18 家农村信用社和 2 家城市信用社实施行政关闭，由广东发展银行进行托管；广东国际信托投资公司因资不抵债，广东省政府经研究认为其已无力救助，宣布该公司破产。1998—2001 年，全面清理了 2.8 万家农村合作基金会，撤并 1 700 多家城市信用社；截至 2002 年年末，在全国 114 家高风险信托机构中，已有 110 家对外公告撤销；撤销重庆四联财务公司和中国华诚财务公司两家严重违规经营的财务公司；对已停业整顿的海南省 5 家高风险金融租赁机构实施了个人债务确认、兑付工作和资产清收工作。

（八）加强金融基础建设

1. 金融法制建设

党的十一届三中全会以来，我国经济方面的法制建设进入恢复和发展的重要时期。为适应经济体制、金融体制改革的不断深化，金融法制发展也进入新的历史阶段。

1978—1994 年，我国经济和金融体制改革全面启动后，我国金融法制发展开始真正起步。以《中华人民共和国银行管理暂行条例》的颁布为标志，形成了以国务院行政法规和中国人民银行规章为主体的金融法规体系。在这个时期，随着金融改革的深化及我国法制建设进程的加快，为适应有计划的商品经济的需要，我国加快了金融立法的步伐，制定了一些金融法规和规章，如《中华人民共和国银行管理暂行条例》《中华人民共和国外汇管理暂行条例》《中华人民共和国金银管理条例》。其中，1986 年 1 月 7 日国务院发布的《中华人民共和国银行管理暂行条例》，明确了中央银行、各专业银行和其他金融机构在我国金融体系中的地位，从而建立了以中国人民银行为中心、各专业银行为主体、多种金融机构并存的新型社会主义金融机构体系。此外，中国人民银行也颁布了有关金融业务规章，如《信贷资金管理试行办法》《中国人民银行金银管理条例实施细则》《银行结算办法》等。这些金融法规和业务规章的制定和施行，对于调整和理顺各种经济、金融关系，维护金融秩序，促进经济体制、金融体制的改革发挥了重要的作用。在这个时期，中国人民银行在积极抓好金融立法的同时，加强了金融执法工作，开展了对金融法规执行情况的监督检查，注意运用法律手段，依法管理，从而大大提高了金融管理水平，较好地发挥了金融宏观调控的作用，促进了经济的发展。

随着 1993 年 12 月 25 日国务院发布的《关于金融体制改革的决定》的颁布，我国开始了新一轮的金融体制改革和金融法制建设。1995 年是我国金融法制史上具有里程碑意义的一年，被公认为我国的"金融立法年"。在这一年，全国人大及其常委会先后颁布了"五法一决定"，即《中华人民共和国中国人民银行法》《中华人民共和国商业银行法》《中华人民共和国票据法》《中华人民共和国担保法》《中华人民共和国保险法》，以及《全国人大常委会关于惩治破坏金融秩序犯罪的决定》。这"五法一决定"的颁布，从根本上改变了我国金融领域欠缺基本法律规范的局面，初步形成了我国金融法律规范的基本框架。之后，我国又制定和实施了《中华人民共和国外汇管理条例》《中华人民共和国证券法》《期货交易管理暂行

条例》《中华人民共和国人民币管理条例》《中华人民共和国信托法》等法律和行政法规。

在这个时期，我国的金融执法水平也得到了加强。各金融监管部门按照《中华人民共和国行政处罚法》和《中华人民共和国行政复议法》的规定，建立了金融行政处罚和金融行政复议制度，积极做好金融行政处罚和行政复议工作，加强了金融执法检查，改革了行政审批制度，保证了金融法律、行政法规、规章和规范性文件的贯彻执行，维护了金融业的合法稳健运行。

2. 经理国库

从 1979 年开始，国家财政推行"利改税"试点，1980 年，开始实行"划分收支、分级包干"的预算管理体制，中国人民银行紧密配合财政、税务体制改革，不断健全国家金库机构，充实人员，恢复了过去行之有效的独立会计、正常账表等各项业务制度，使金库业务逐步走向规范化。由于财政新体制实行中央与地方收入按比例分成、以工商税调剂收入等做法，中国人民银行也相应地调整了金库核算制度和操作规程，保证了财政、税务管理体制改革的顺利进行。

1984 年，中国人民银行专门行使中央银行职能，国家财政税收制度也由单一税制改为复合税制。为了适应这种体制的变化，国务院于 1985 年 7 月 27 日发布了《中华人民共和国国家金库条例》，对国库的性质、任务、职责、权限作了明确表述；并相应制定了《中华人民共和国国家金库条例实施细则（试行）》，规定由中国人民银行具体经理国库，负责办理国家预算资金收支；为了保证国库的安全、有效运行，在人民银行内部专门设立国库机构，单列人员编制，业务上实行垂直领导，国库主任由同级人民银行行长兼任。1995 年 3 月颁布的《中华人民共和国中国人民银行法》以立法形式将"经

理国库"作为中国人民银行的职责之一。

1994 年，我国全面实行分税制体制。各项税收划分为中央税、地方税和中央地方共享税；属于中央和地方的固定收入分别缴入中央国库和地方金库；属于中央、地方共享收入要按规定比例划解中央国库和地方国库；此外，还要按照有关政策规定办理中央财政对地方财政的税收返还。税制的改革使国库会计核算更趋复杂。同时，各级国库还增加了向财政、税收、海关等征收机关提供报表、核对账务等项工作。面临着征收机关多、预算级次多、纳税单位多、纳税笔数多、预算收支金额不断扩大的局面，国库业务量成倍增加。在国库业务量增加、管理国库任务加重的情况下，中国人民银行加强了国库的规范化管理。

在 1989 年颁布的《中华人民共和国国家金库条例实施细则》的基础上，财政部、中国人民银行先后制定了相关的制度办法，规范了各级国库、征收机关的操作程序。1994 年，根据分税制的要求，分别调整、组建了中央国库机构和地方国库机构。各级国库向同级政府全面提供库款缴拨情况和有关预算执行信息。1985 年，中央总金库开始建立计算机网络系统。到 1998 年，全国省级国库电子网络覆盖面已达 100%，省内分库与中心支库联网达到 90%，少数地区已全部实现省、地、县三级联网。中国人民银行组织各金融机构的国债发行和兑付工作，在发行方式的改革和开办兑付与储蓄一条龙服务等方面做了大量工作。

3. 支付结算体系

1978 年以后，与经济金融改革和发展相适应，中国支付体系经历了多元化、信息化、市场化改革和发展的路径。特别是进入 21 世纪以后，中国支付体系改革取得一系列突破性进展。

1978—1992 年改革开放前期，主要举措有：支付工具改革、联行清算体制改革、电子化的支付清算系统建设运行、银行结算改革以及相关法律制度的建立等。

（1）支付工具改革。1980 年推行了异地委托收款结算方式和限额结算方式，适用于不具备托收承付结算条件的商品交易、劳务供应以及其他应收款项的结算。1985 年，推行商业汇票承兑、贴现业务和中央银行的再贴现业务；推行定额转账支票结算，适应农村家庭经营承包和农副产品收购对银行结算的需求。同年，中国银行发行了中国第一张银行卡——"长城卡"。1986 年，个体经济和个人被批准使用支票业务，结束了银行只为国有经济和集体经济提供支付结算服务的历史。1987 年 8 月，中国人民银行推行了华东三省一市汇票。

（2）联行清算体制改革。1985 年，为适应银行信贷资金管理领域实行的"统一计划、划分资金、实贷实存、相互融通"的变革措施，中国人民银行将自己主办的"大联行"改为各专业银行自成联行系统、跨行直接通汇清算。1987 年，中国人民银行将自身资金和专业银行之间的资金进行了界定，以扭转资金相互占用的状况。

（3）电子联行系统的开发运行。1989 年，经国务院批准，中国人民银行开始着手开发建设以专业卫星通信网为依托的全国电子联行系统，于 1991 年 4 月 1 日投入试运行，并取得成功，大大提高了清算效率、减少了在途资金、加速了资金流转速度。同时，各专业银行也积极加强系统内电子资金汇兑系统的建设，改变了各行"先汇划、后清算"的清算体制，促进了异地汇兑业务的开展，提高了资金汇划的效率。1995 年，为解决电子联行系统存在的"天上三秒，地上三天"问题，中国人民银行开始实施电子联行"天地对接"工程，即电子联行系统在各城市与人民银行会计核算系统、商业银行业务处理系统无须人工干预地对接。这项工程的开展大大提高了联行处理速度，使电子联行业务处理量迅速上升。电子联行系统所覆盖区域的商业银行系统内 50 万元以上的大额汇划业务和跨系统 10 万元以上汇划业务，全部纳入人民银行电子联行处理，资金在途时间由 7 ~ 10 天减少到 2 天以内。各地同城清算系统也开始建立。

（4）银行结算改革。为从根本上摆脱计划经济体制下支付结算的专用性和计划性特征，提高结算服务水平，中国人民银行于 1988 年制定了《银行结算办法》及相关会计核实手续，明确银行支付结算的性质为中介性、服务性；确立银行与客户的平等信用关系；强调结算工具的"方便、通用、迅速、安全"功能；坚持"恪守信用，履约付款；谁的钱进谁的账，由谁支配；银行不垫款"的原则。《银行结算办法》是新中国成立后首个颁布实施的比较全面和系统的结算办法，是中国支付结算制度的重大变革，它确立了票据在结算中的主导地位。

（5）金卡工程。1993 年 6 月，江泽民同志倡导实施金卡工程，在全民推广使用信用卡。10 年的金卡工程建设，加快了我国银行卡在全国范围内的联网通用，使银行卡逐渐成为广大群众方便、快捷、安全的支付工具。银行卡联网通用工作作为金卡工程的重要组成部分，大致经历了启动、推进和发展三个阶段。1993—1997 年，金卡工程确定的 12 个试点城市先后完成银行卡信息交换中心建设任务，并陆续投产运营，初步实现了这些城市内各类银行卡的跨行通用。1998—2000 年，开展了以银行卡信息交换总中心为中枢的全国银行卡联网通用建设，初步构建起全国统一的银行卡跨行交换网络框架。2002 年，实现银行卡联网通用"314"目标，即各银行和邮政储汇局实现了 300 个以上地市级城市银行卡跨地区联网运行；

在 100 个城市中，各发卡金融机构实现了当地各行、各类银行卡同城跨行通用；在 40 个城市实现"银联"标识卡跨地区、跨行通用。2003 年，银行卡联网通用推广到所有地市级以上城市。

4. 人民币发行和流通的管理

人民币属于信用货币，是一种以国家信用为基础的管理通货。国家对人民币的设计、印制、发行、流通等实行严格的管理，以保证货币的供给同经济发展水平相适应，并保持货币币值的稳定，促进经济的繁荣和社会的稳定。

（1）人民币的发行、印制及管理。中国人民银行在国务院领导下，每年根据经济发展规模和速度、市场货币流通状况和物价水平，提出年度现金投放或回笼计划，纳入国家经济和社会发展计划之内，报经国务院批准后，据以控制货币的发行。为保证人民币发行的集中统一，中国人民银行设立人民币发行库。发行库即发行基金保管库。发行基金是人民银行人民币发行库保存的未进入流通的人民币。各分支行设立分支库，专司发行基金的保管和出入库。改革开放以后，建立了商业银行制度，现钞通过商业银行进出市场。中国人民银行通过对商业银行负债（基础货币的主要组成部分）的控制，适时吞吐市场货币，借以实现中央银行控制市场货币数量的目标。

人民币由中国人民银行统一印制、发行。中国人民银行发行的第一套人民币是 1947 年 5 月委托晋察冀边区印刷局（对外称为新大公司）设计、制版和印刷生产的。当时就地印制、就近发行，从石版、凸版、凹版到胶版均有，印制质量参差不齐。1950 年，中国人民银行成立了印制管理局，在北京、沈阳、上海等地设立了专门的印钞厂，从此，中国印钞造币工业走上了集中统一的道路，为提高印钞水平奠定了物质基础和技术基础。

第二套人民币的设计、印制和流通。这套人民币的特点：一是设计主题思想明确，票面主景图案体现了新中国社会主义建设的新风貌，表现了中国革命的战斗历程和各族人民大团结的主题思想。二是钞票式样打破了原有的固定的四边框形式，采用左右花纹对称的新规格，票面尺幅按面额大小分档次递增。三是除分币外，其他面额人民币全采用胶凹印刷，10元券还采用了当时先进的接线技术。四是首次采用汉、藏、蒙古、维吾尔4种文字书写"中国人民银行"行名和各种面额字样，便于在少数民族地区流通使用。另外，这套人民币面额结构较为合理，首次实行主辅币制，并发行了金属分币，使新的货币制度更加健全。1998年5月31日，中国人民银行发布文告，宣布从1999年1月1日起第二套人民币（纸、硬分币除外）停止流通。

第三套人民币的发行。1962年4月17日，中国人民银行发布《关于发行棕色伍元券和枣红色壹角券的通告》，4月20日，发行枣红色壹角券，标志着第三套人民币的发行。这套人民币在设计和质量上有了较大改进。其特点是：票面设计图案比较集中地反映了国民经济以农业为基础、以工业为主导、农轻重并举的方针；1元、2元、5元券采用满版五角星水印纸，10元券采用天安门图景固定水印纸，增强了人民币的反假防伪功能；票面尺幅较第二套的票面尺幅小；面额结构合理，纸币、硬币品种丰富。这套人民币面额有1角、2角、5角、1元、2元、5元、10元七种，分币仍采用第二套的。1980年4月15日，中国人民银行发行了1角、2角、5角、1元四种金属人民币，发行后多为人们所收藏，所以流通中很少见。第三套人民币自20世纪60年代发行以后，一直流通至80年代末90年代初。

第四套人民币于1987年4月27日开始陆续发行。到目前为止，这套人民币共有9种，在第二套人民币、第三套人民币的基础上，增加了50元、100元两种大面额券别。在设计思想、风格和印制工艺上都有一定的创新。主题思想鲜明突出，就是在中国共产党领导下，全国各民族人民团结一致，建设有中国特色的社会主义。钞券正面主景为人物头像，从1角至10元七种券别，分别采用了14个民族有代表性的人物头像，象征我国各民族人民的大团结；50元券用工人、农民、知识分子头像，既体现我国以工农联盟为基础的政体，又表明知识分子是工人阶级的一部分；100元券采用了毛泽东、周恩来、刘少奇、朱德四位伟人头像，表明了对老一辈无产阶级革命家的怀念。背面的主景，角票用民族图案衬托国徽；元票分别采用长城、南海一柱、长江三峡、珠穆朗玛峰、黄河壶口瀑布、井冈山等名胜古迹和名山大川的图景，体现我国悠久的历史和灿烂的民族文化。主币票面正面增加了盲文符号。钞票纸张分别采用了满版古钱水印和人物头像固定水印，工艺技术很高。1992年8月20日，发行了有"无色荧光图纹"和"安全线"的1990年版50元、100元面额的人民币，使这套人民角的防伪功能得到了进一步提高。

小面额货币硬币化是目前世界上多数国家采用的货币制度。1992年5月8日，国务院发布第97号令，责成中国人民银行自1992年6月10日起发行1元、5角、1角三种金属人民币，习惯上把它们归入第四套人民币。

1999年10月1日，在中华人民共和国成立50周年之际，根据中华人民共和国国务院第268号令，中国人民银行陆续发行第五套人民币。第五套人民币采取"一次公布，分次发行"的方式。1999年10月1日，首先发行了100元纸币；2000年10月16日发行了20元纸币、1元和1角硬币；2001年9月1日，发行了50元、10元纸币；2002年11月18日，发行了5元纸币、5角硬币；2004年7月30日，发行了1元纸币。第五套人民币增加了20元面额，取消了2元面额，使面额结构更加合理。第五套人民币纸币正面图案均为毛主席头像，背面图案分别为人民大会堂、布达拉宫、桂林山水、长江三峡、泰山和西湖。第五套人民币1元、5角、1角硬币的正面图案均为行名、面额、拼音、年号，背面图案分别为菊花、荷花和兰花。为进一步改进第五套人民币纸币生产工艺和技术，提高人民币技术含量，经国务院批准，中国人民银行于2005年8月31日发行了第五套人民币2005年版100元、50元、20元、10元、5元纸币和不锈钢材质1角硬币。第五套人民币继承了我国印制技术的传统经验，借鉴了国外钞票设计的先进技术，采用了电脑辅助设计手工雕刻、电子雕刻和晒版腐蚀相结合的综合制版技术。第五套人民币主景人像、水印、面额数字均较以前放大，防伪特征由十几种增加到二十多种。

（2）对人民币流通的管理。人民币是国内的法定货币，对外还是不可兑换货币。人民币在流通中，境内外的敌对势力和不法分子采用各种方法伪造或变造货币，企图破坏人民币正常流通，牟取非法利益。为了巩固国家货币制度，稳定金融和稳定币值，保障人民财产安全，政府发布了一系列法令和法规，对一切扰乱人民币流通的行为进行法律制裁。1995年3月18日，《中华人民共和国中国人民银行法》颁布实施，明确规定：中华人民共和国的法定货币是人民币。以人民币支付中华人民共和国境内的一切公共的债务和私人的债务，任何单位和个人不得拒收。同时还规定：禁止变造、伪造人民币；禁止出售、购买伪造、变造的人民币；禁止运输、持有、使用伪造、变造的人民币；禁止故意毁损人民币；禁止在宣传品、出版物或者其他商品上非法使用人民币图样。1995年6月30日，第八届全国人大常委会第十四次会议通过了《关于惩治破坏金融秩序犯罪的决定》，对伪造货币，出售、购买或运输伪造的货币，以伪造的货币换取货币，走私伪造的货币以及明知是伪造的货币而持有、使用等金融犯罪行为，作了处罚规定。

人民币的票面设计和计价单位，是货币制度的法定组成要素，不允许任何部门、任何单位、任何人以任何方式仿造有价证券并进行流通。针对一些单位违反规定擅自印制、发售和使用代币购物券等现象，国务院多次发出通知，禁止任何单位印制、发售和使用代币购物券，指出各种形式的代币购物券实际上是一种变相货币，它在市场上流通，扰乱了金融秩序，直接影响人民币的信誉，应坚决制止，并作出了相应的处理规定。这些法制手段的实施，使人民币的法律地位和社会信誉得到了有效的维护。

人民币经过一段时间的流通，会因自然磨损或保管不善或其他原因而损坏其票面的完整性，变为不适合再流通的损伤券。残损人民币的流通有损国家法定货币的形象和人民群众的健康。中国人民银行对市场多次流通后的钞券，按照一定的标准进行挑选更新，以保持票面的完整与洁净。对挑选出来的残损人民币，按照严格的程序进行清点，并采用极安全的措施进行销毁。对于残缺人民币，1955年5月8日，中国人民银行公布了《残缺人民币兑换办法》，规定了残缺人民币的兑换标准。2003年12月24日，中国人民银行公布了《中国人民银行残缺、污损人民币兑换办法》，对残缺、污损人民币的兑换标准再次作了明确具体的规定。这些制度在维护国家和人民的利益，维护社会货币文明，保证流通中的人民币的整洁等方面，发挥了重要作用。

中国人民银行除了发展印钞新技术，加强防伪安全措施以外，还把反假货币的工作作为钞券管理的重要职责，广泛进行宣传，内部严格鉴别，依法进行打击。改革开放以来，人民币的流通领域扩大，反假斗争变得更加剧烈。1988 年 5 月 10 日，首次发行 100 元面额人民币，到 8 月 24 日，中国银行深圳市分行就发现了 100 元券的假人民币，随后广东、福建、云南、广西、北京等地也陆续出现假人民币。尤其是进入 20 世纪 90 年代以来，假人民币案逐年增加，特别是大案要案不断上升，甚至发现境内外不法分子勾结设立造假币地下工厂的事情。

各级政府对反假货币斗争都给予了高度重视，公安、海关、法院等部门高效协作，紧密配合，严厉打击。经国务院批准，1994 年 11 月，建立了由中国人民银行和各有关单位参加的"国务院反假货币工作联席会议"制度，各省、自治区、直辖市建立了相应的联席会议制度。全国形成了反假货币工作的组织机构体系，反假货币工作已纳入法治轨道。《中华人民共和国刑法》《中华人民共和国中国人民银行法》《关于惩治破坏金融秩序犯罪的决定》、最高人民法院发布的《关于办理伪造国家货币、贩运伪造的国家货币、走私伪造的货币犯罪案件具体应用法律的若干问题解释》等法律法规的颁布实施，有效地保护了人民币的安全运行。

人民币是非自由兑换货币。1951 年 3 月 6 日，政务院公布了《中华人民共和国禁止国家货币出入国境办法》，禁止人民币进出国境。1952 年 10 月 15 日，中国人民银行颁布了《中华人民共和国禁止国家货币票据及证券出入国境暂行办法》，规定国内签发人民币面额的汇票、本票、支票、存单及存折，国内发行的公债、股票、公司债券等有价证券以及其他国内付款的一切支付凭证，都禁止私自携带或寄运出境。但经中国人民银行或中国银行核准携带或寄运出入国境的人民币票据，可凭核准银行发给的证明携带或寄运入境，海关查验放行。私自夹带或偷寄人民币票据出入国境者，由海关按有关法律处理。携带、私运或邮寄人民币出入国境者一律没收，对有破坏国家货币嫌疑者或有私运伪造、变造国家货币嫌疑者，交由司法机关依法处理。1957 年 7 月 25 日，中国人民银行发布《关于小额人民币进出国境的规定》，规定限额最高不超过每人每次 5 元，票面额不超过人民币 1 元（含 1 元）；1987 年 50 元大面额人民币发行后，6 月 23 日，中国人民银行、海关总署联合发出《关于调整出入境人员携带人民币限额的通知》，明确规定携带人民币出境限额为 200 元；改革开放以来，随着对外交往活动大量增加，中外旅客出入境或边贸结算使用现钞明显上升，在边境地区，还有一定数量的人民币出入国境。

1993 年 1 月 20 日，国务院发布新的《中华人民共和国国家货币出入境管理办法》（国务院第 108 号令），授权中国人民银行确定国家货币出入境限额。1993 年 2 月 5 日，中国人民银行发布《关于国家货币出入境限额的公告》，规定：从 1993 年 3 月 1 日起，中国公民出入境、外国人入出境，每人每次携带的人民币限额为 6 000 元；在开放边民互市和小额贸易的地点，中国公民出入境和外国人入出境携带人民币的限额，由人民银行省级分行会同海关根据实际情况确定数额，报人民银行总行和海关总署批准后实施。

（3）人民币与香港特别行政区货币、澳门特别行政区货币。1997 年 7 月 1 日，香港回归祖国。按照《中华人民共和国香港特别行政区基本法》的规定，香港仍然实行独立的货币制度，其货币发行与管理自成体系。香港的联系汇率制度，把发钞准备制度融入汇率制度之中，既是一种货币制度，也逐渐成为香港的货币政策目标。香港长期以来并没有设立统一的金融管理机构。1976 年，港府成立了金融科，开始对香港金融进行统一管理。1992 年 10 月 7 日，港府正式宣布成立香港金融管理局，担负着制定执行货币政策和银行监管的双重职能。

《中华人民共和国香港特别行政区基本法》规定，香港特别行政区政府自行制定货币金融政策，保障金融企业和金融市场的经营自由，并依法进行管理和监督；港元为香港特别行政区的法定货币，继续流通；港元的发行权属于香港特别行政区政府；港元的发行须有百分之百的准备金。这些法律规定，确立了内地与香港在"一国两制"的政制关系前提下，香港原来的货币制度和金融体系不变。人民币与港元是在一个主权国家的不同社会经济制度区域内流通的两种法币，它们所隶属的货币管理当局按照各自的货币管理方法发行和管理货币。港元在内地的地位等同于外币，中国人民银行定期公布港元与人民币的汇价，内地不允许港元直接流通；人民币流入香港市场，属于民间的携币行为。

1905 年 9 月 4 日，澳门政府授权葡萄牙大西洋银行澳门分行，由其代表政府发行澳门货币，称澳门元。1906 年年初，澳门元正式流通。最初澳门元的发行是与葡萄牙货币埃斯库多（Escudo）挂钩。同时，港元在澳门广泛流通，澳门元与港元之间一直存在着一个稳定的官方汇价。澳门政府自 20 世纪 70 年代以来，多次对澳门元的发行制度进行改革。1977 年 4 月 7 日，澳门政府放弃澳门元与埃斯库多的挂钩，转而与港元挂钩。1980 年，澳门政府成立了澳门发行机构（IEM），用以监管包括银行、保险和其他信用活动在内的金融业，并赋予其发行澳门货币的专有权。此后，尽管大西洋银行继续发行钞票，但只是作为澳门发行机构的代理。根据澳门发行机构与大西洋银行的协议规定，大西洋银行只代理发行纸币，硬币的发行则由澳门发行机构自己负责。1989 年 7 月 1 日，成立澳门货币暨汇兑监理署（AMCM），同时撤销澳门发行机构（IEM）。澳门货币暨汇兑监理署负责监管本地银行业、保险业以及负责对外支付的储备和管理，还协助总督制定并推行有关的金融政策，但并未被授予货币发行权。为此，澳门政府直接与大西洋银行签订协议，授权其发行澳门元，协议期限至 1995 年 10 月 15 日为止。随着中葡两国政府关于澳门问题联合声明的签署，澳门正式进入政权移交过渡期。为保证澳门货币的发行顺利过渡到 1999 年以后，中葡联络小组于 1993 年开始讨论中国银行澳门分行发钞问题。与此同时，澳门政府与大西洋银行希望在 1995 年协议期满后，大西洋银行能继续保有澳门货币的发行权。经协商，澳门政府于 1995 年宣布，大西洋银行和中国银行澳门分行共同享有发钞权。1999 年 12 月 20 日，澳门回归祖国，澳门特别行政区成立。澳门货币暨汇兑监理署易名为澳门金融管理局（AMM）。

5. 会计财务核算体系

会计财务核算体系是人民银行记录、反映业务活动与财务状况，组织会计财务核算与管理，提供会计财务信息，为领导决策提供依据的重要组成部分。中国人民银行成立以来，会计财务工作为人民银行的改革与发展、为我国金融业的改革与壮大作出了贡献。

（1）构建会计制度体系。1979 年，人民银行修订了《中国人民银行会计基本制度（试行）》，明确人民银行会计财务工作实行"统一领导、分级管理"的原则。1987 年 2 月 26 日，人民银行重新设置和颁布了《全国银行统一会计科目及统一会计报表制度》；同年 4 月 11

日，根据《中华人民共和国会计法》和《中华人民共和国银行管理暂行条例》的精神，人民银行制定了《全国银行统一会计基本制度（试行本）》，统一了我国银行业的会计标准，同时人民银行修订了《中国人民银行会计基本制度（试行）》。1993 年 3 月 17 日，人民银行、财政部联合颁布了《金融企业会计制度》。2005 年，人民银行修订并印发了《中国人民银行会计基本制度》，明确了新形势下会计工作的任务。

（2）逐步发展的会计核算组织形式。中国人民银行成立以来，人民银行的记账方式进行过多次调整，采用过借贷记账法、收付记账法、资金收付记账法。在"两则两制"改革中，1992 年 5 月 13 日，人民银行下发了《关于改革人民银行系统记账方法的通知》，规定从 1993 年 1 月 1 日起统一使用借贷记账法，以"借""贷"为记账符号，以"有借必有贷，借贷必相等"为记账原则，同时摒弃了"资金来源总额＝资金运用总额"的会计恒等式，采用了"资产＝负债＋所有者权益"新的会计恒等式；同时采用国际通用的资产负债表模式，建立资产、负债、所有者权益、收入、费用和利润六大会计要素，适应了新形势下人民银行履职的需要。

在改革开放初期，人民银行在手工条件下进行会计核算，随着经济、金融的发展，人民银行会计核算业务量快速增加，手工核算已不能适应人民银行业务的发展。1981 年正式提出了"会计电算化"的概念，并着手研究开发电算化环境下的会计核算系统。1994 年，人民银行正式推广运行了单机版"中央银行会计核算系统"，人民银行会计核算开始进入电算化核算。2002 年 9 月 1 日，人民银行正式运行了会计核算管理"四集中"系统，建立了以地市中心支行为一个会计核算主体，实现"集中会计

核算、集中事后监督、集中查询查复、集中档案管理"的会计核算系统。为适应现代化支付系统的发展，人民银行进一步开发了"中央银行会计集中核算系统"，加快了人民银行会计集中核算。

（3）建立健全会计内控体系。货币资金的流动是银行会计核算的主要对象，因此，建立健全人民银行会计内控体系尤为重要。根据环境的发展变化，人民银行会计内控体系建设主要经历了三个阶段。

第一阶段是建立内部牵制系统的阶段。主要通过岗位分离、职责分工等控制手段，采取实物牵制、机械牵制、体制牵制和簿记牵制等方式，达到防范会计风险、维护国家资金安全的目的。

第二阶段是运用计算机来加强会计内部控制的阶段。随着计算机在会计核算中的使用，人民银行开始运用计算机来加强会计内部控制。1985 年，人民银行成立稽核监督部门，加强对金融机构业务活动的监督、稽核和对人民银行系统业务活动、财务活动的检查。

第三阶段是建立和健全内控体系阶段。1997 年 6 月，人民银行出台了《关于进一步加强人民银行会计内部控制和管理的若干规定》，明确要求人民银行营业部门设置事后监督岗，对核算业务进行全面监督，进一步加强了人民银行会计内部控制建设。2003 年增设了事后监督中心，对所在行的会计、发行、国库、外汇等会计核算业务进行事后监督。中央银行会计核算系统推广运行后，在系统中设置了相应的内部控制措施，会计内控逐步向网络化核算领域发展。2006 年实施了《中国人民银行会计基本制度》和《中国人民银行分支机构内部控制指引》，逐步建立了比较完善的会计内部控制体系。

（4）发展变化的财务管理体制。人民银行

的全部资本金属于国家所有。中国人民银行实行独立的财务管理，接受国家财政的监督，利润上缴财政，亏损由财政弥补。人民银行成立以来，由于经济管理体制的变化，人民银行的资本金和财务管理体制也经历了多次变化。

根据《中国人民银行组织条例》的规定，在中国人民银行成立时，设立自有资金作为发行货币的准备金。人民银行资本金的来源有三种方式：一是在国家预算执行中有结余的时候，从财政结余中拨付；二是在国家安排预算时，列入一笔开支拨付银行；三是银行本身利润，留一部分或全部给银行，以充实资本金。长期以来，通过这几种方式人民银行积累了较大的资本金。设立人民银行资本金（亦称自有资金或中央信贷基金）的意义，在计划经济体制下，是为了保证财政和信贷的平衡，在经济综合平衡中起到限制财政赤字和投资需求的作用，并在财政严重困难时期，为财政提供较安全的信贷支持；在市场经济体制下，则是可供支配的风险准备金。

在计划经济时期，人民银行先后三次制定了财务管理制度，强调成本核算或经济核算，但由于当时人民银行以行政管理职能为主，信贷资金形成供给制，实行统收统支，经营意识比较淡薄，未能有效地实行财务管理。1979年，人民银行分支实行企业化管理和经济核算，制定了《财务管理制度》和《经济核算试行办法》，实行"统一领导、分级管理、独立核算、各计盈亏"的财务管理体制。从1983年起实行全额利润留成，推行经济责任制，从税前利润中提取"利润留成基金"，再按62%的比例缴纳所得税和调节税，按38%的比例补充中央信贷基金。1986年，根据财政部制定的《国营金融、保险企业成本管理实施细则》，人民银行修订了《财务管理制度》，把业务费与企业管理费分开，加强了成本核算的管理，并

保留利润留成制度。1994年，根据国务院《关于金融体制改革的决定》，取消人民银行各分支机构利润留成制度，实行独立的财务预算管理制度；同年11月，人民银行制定了《中国人民银行财务制度》，规定人民银行财务管理实行"统一领导、分级核算、预算管理、统负盈亏"的体制。2006年，按照全国人大常委会预算工作委员会和财政部的要求，人民银行财务预算开始实行部门预算管理方式。

6. 调查统计体系

调查统计体系是中国人民银行获取金融经济信息的基本渠道。中国人民银行调查统计体系，在改革开放以前主要是为计划工作服务的金融统计；在专门行使中央银行职能以后，已发展为比较完整的、逐步向国际惯例靠拢的、现代化的中央银行调查统计体系，成为货币政策决策和维护金融稳定的重要信息支撑系统。

（1）金融统计。金融统计是随着金融体制改革的深化而发展起来的。在金融体制改革深化过程中，新机构、新业务不断出现。每增加一类新的金融机构，人民银行就及时研究其市场准入、业务特点，同时制定相应的统计制度，以达到全面反映社会信用总量和金融业发展状况的目的。每出现一类新的金融业务、金融工具，人民银行都要根据它的性质、账务处理等设计相应的统计指标，以便在统计报表中正确反映各种经济金融信息。1986年10月，中国人民银行出台《金融统计暂行规定》，并分别在1995年、2002年两次进行了修订，初步形成金融统计的法律框架。

1997年，在金融系统开始实行按新指标体系上报统计数据，又称"全科目上报"。其主要内容包括：一是设计出一套新的金融统计指标体系，涵盖各金融机构所有会计科目的信息，使之成为整个金融统计工作的基础。二是各金融机构都根据这一套指标体系完整汇总、

逐级上报至人民银行总行，保证统计信息源的全面、详尽。三是统一规定信息源与最终报表的归属关系，保证各机构、各部门之间数据口径的一致性。四是加强报表"归口"管理，使中国人民银行统计部门成为全行的金融统计信息中心，减少对金融机构多头收取报表的状况。五是在全国范围内统一金融统计处理软件，以提高统计工作的电子化水平和工作效率。

为了适应经济发展和对外经济交流的需要，经国务院批准，中国人民银行于1981年7月开始向社会公布自1979年起的年度性全国金融统计资料。在1994年第三季度建立了货币供应量统计并按季度对外公布有关数据。这些资料的定期公布，增强了金融统计的透明度，有利于社会金融意识的提高，有利于各经济部门、研究工作者及社会公众了解金融形势和政策趋势。

随着社会主义市场经济体制的逐步建立，国民经济核算体系也发生了根本性变化，由物质产品平衡表体系（MPS）转为国民经济核算体系（SNA）。1989年，中国人民银行多次会同国家统计局就建立资金流量核算制度问题开展理论研究、方案设计和试编试算。1993年，根据国务院有关精神，建立了资金流量核算统计制度。人民银行的金融统计扩展到了SNA体系的重要组成部分——资金流量核算（金融交易部分），将国民经济划分为居民、非金融机构、政府、金融机构、国外五个部门，共设立23个交易项目，以分解法为主、调查法为辅编制资金流量表。1998年年初正式对外公布1995年以来的数据。通过资金流量表的形式，反映全社会资金的总量、结构及在各个经济部门之间的分配及流动，全面描述各经济部门资金来源、资金运用状况，为宏观经济分析提供了较全面的资金流动信息。1997年，中国人民银行建立了涵盖我国股票市场、债券市场、外汇市场、保险市场、票据市场等的金融市场统计制度。人民银行不断扩大向社会公众披露的统计信息范围，到2008年，已公布包括金融机构各类信贷收支表、货币当局资产负债表、货币供应量以及金融市场交易期限分类统计和企业商品价格指数等共计22项统计报表。

（2）经济调查统计。为了及时、准确地反映国民经济发展态势，从1986年起，中国人民银行先后建立起了工业景气调查统计制度、居民储蓄问卷调查统计制度和物价调查统计制度。

从1986年开始，建立了国营工业生产企业流动资金及主要经济活动情况定期调查制度。从1991年起，建立了5 000户工业企业景气调查制度。从1995年起，建立了1 000户大型工业企业监测制度，2001年7月停止了该项调查的执行。

为了及时了解居民储蓄的心理预期变动，对储蓄存款的稳定性、阶层分布和变动趋势作出判断，自1993年起建立了居民储蓄问卷调查制度。自1994年起改为按季度进行调查，问卷数量也扩大到2万份，同时，对问卷信息处理的电子化水平也不断提高。居民储蓄问卷调查为研究、调整储蓄政策、利率政策提供了依据。1999年，对调查方法和问卷内容作了较大修订，更名为城镇储户问卷调查。

为了观察、反映社会总供求平衡状况和物价的变化，中国人民银行从20世纪80年代起，开展了物价调查统计工作。从1985年2月起，在全国30个大中小城市及县城，对15种集市贸易商品价格进行调查统计，调查对象主要包括粮食、肉禽蛋、水产、蔬菜、水果五个大类。在当时计划价格的条件下，为中央银行掌握市场货币流通状况起到了积极的作用。进入20世纪90年代后，由于经济中市场调节的比重日益加大，通过集市贸易作为窗口来研究市场与货币的作用日渐缩小，因而这一制度于1993年1月起被停止。

中国人民银行于1986年开始建立生产资料购进价格调查统计制度。这一指数较零售物价指数有超前性，在对通货膨胀的考察中能起到一定的"预警作用"。1999年，该项制度被停止执行。

1994年1月，中国人民银行开始实行批发物价调查统计制度。1998年调查范围扩大到100多个城市。2001年，调查范围扩大到240个城市。2001年10月12日，人民银行开始按月向社会发布企业商品交易价格指数。批发物价指数样本覆盖面广，可与经济总体指标相对应，同时，因其时效性强、滞后经济周期时间短，成为中央银行考察通货膨胀水平、分析宏观经济的核心指标之一。

（3）国际收支统计。1982年，国家外汇管理局开始进行国际收支统计，并对外公布国际收支平衡表，向社会提供了可靠的国际收支信息，对外贸、外汇等宏观分析、预测起到一定的积极作用。

第一，国际收支统计及申报制度。1982年以前，国际收支统计是与计划经济体制相适应的，数据的采集主要依赖于国家各经济行政主管部门，存在着一定的局限性。从1996年起，为了保证国际收支统计的完整性、准确性和及时性，国家外汇管理局根据经验并参照国际规范，制定并实施了新的《国际收支统计申报办法》，规定了通过金融机构逐笔申报、直接投资企业的直接统计申报、对有境外账户单位的外汇收支统计、证券投资统计等办法，依此对国际收支进行较全面的统计。1997年1月1日，又推出直接投资、证券投资、金融机构对外资产负债及损益等四项直接申报工作。通过将国际收支申报与进出口收付汇核销、外商投资企业年检以及日常的管理工作有机结合起来，提高了申报率。几年来，通过加强国际收支统计工作，为研究、掌握我国国际收支态势，分析国际收支变化，预测今后趋势，以及为国民经济宏观决策提供了重要依据。

第二，履行成员国义务，向国际货币基金组织提交国际收支平衡表。1980年，国际货币基金组织和世界银行恢复了中华人民共和国的合法地位。按照这两个组织对成员国的要求，我国自1982年开始公布国际收支平衡表。从1994年起，按照国际货币基金组织的国际收支账户结构和平衡表分类标准，进一步改进了国际收支统计体系和统计方式，并同国际货币基金组织就国际货币收支的统计和政策分析保持定期磋商。

7. 征信体系建设

（1）征信体系建设的早期探索。中国征信体系建设可追溯至20世纪80年代末，当时随着股票市场和债券市场的恢复发展，国内陆续成立了一批信用评级公司，开展信用评级服务。信用调查业也几乎在同一时期从对外贸易领域起步，当时出现了部分外商损害中国外贸企业的利益、使后者大量的逾期应收账款不能收回的情形。为防范对外贸易中的各种信用风险，国内信用调查机构开始为外贸企业提供其海外贸易伙伴的信用调查服务，随后也开始向海外客户提供中国企业的信用调查报告。

20世纪90年代初，以建立社会主义市场经济体制为目标的改革已经深入社会的各个方面。在金融领域，国内银行加快商业化经营的步伐，信贷业务打破原来按行业和地域分工的格局，大量企业开始"多头"贷款。在这种情况下，银行为控制信贷风险，防止借款企业骗贷、赖账，产生了共享企业信贷信息的急切需求。1992年，原人民银行深圳分行率先推行贷款证制度，把企业的概况和在各家银行的借款、还款情况由各贷款银行登记在一个纸质的文本贷款证上。企业向银行申请借款时，必须提供贷款证，这样贷款银行就可以查验企业在其他银行的借款信息。1995年11月，人民银行制定了《贷款证管理办法》，将贷款证作为一项制度推广至全国。贷款证算得上是国内银行间共享信贷信息的早期形式，在那个时代，它在便利银行贷前审查、防止企业过度负债等方面发挥着不可替代的作用，但它也存在一些局限，主要是纸质贷款证容量小，使用起来不方便，难以全面记录企业的信用信息，也不便于信息的及时更新。为解决上述问题，借助信息技术的发展，人民银行组织商业银行建立了银行信贷登记咨询系统，它是贷款证由文本登记方式向电子化管理升级的产物。

（2）银行信贷登记咨询系统。人民银行从1997年起开始建设银行信贷登记咨询系统，到2001年年初，该系统形成地市、省和总行三级数据库全国联网，开始全面投入运行。银行信贷登记咨询系统通过一张贷款卡将每户企业和金融机构联系起来，企业凭贷款卡向金融机构申请贷款，金融机构则凭贷款卡从该系统查询企业基本概况、借还款情况、逃废债情况等信息。这一系统实现了企业信用信息的电子化管理，可以向全国银行业金融机构提供全面、快速的企业信用信息服务。同时，该系统还能根据需要提供多种统计数据报表，为金融监管和货币政策研究提供信息支持。银行信贷登记咨询系统运行几年来，帮助金融机构审慎管理有潜在风险的贷款，有效地发挥了为企业贷款把关的作用，为后来建设全国统一的企业征信体系树立了良好的开端。

（3）全国统一的企业和个人征信体系。亚洲金融危机爆发以后，中国经济一方面面临银行不良资产率上升、金融风险增加的压力，另一方面又面临扩大内需、防范通货紧缩的挑战。为促进消费，扩大内需，人民银行从1999年起引导商业银行开办个人消费信贷业务。作为新的利润增长点，商业银行逐步加大个人消费信贷的投放力度，为控制风险而产生了共享个人信贷信息的客观需要。为此，人民银行首先推动在上海开展个人消费信用信息服务试点，为以后全国统一的个人征信体系建设积累了经验。

8. 金融电子化管理体系

金融电子化是采用现代化科学技术手段，改变金融业务传统的工作方式，实现金融业务处理自动化、金融服务电子化、金融管理信息化和金融决策科学化。金融电子化管理是对金融电子化的规划、建设与管理。中国人民银行金融电子化管理体系的建立，是在科学技术不断向金融领域渗透中发展起来的。

（1）金融电子化管理机构。中国人民银行专门行使中央银行职能以后，即开始加强了金融电子化建设。随着金融电子化不断发展，急需对人民银行乃至金融行业的科技工作进行专业化、系统化管理。1988年7月，中国人民银行成立了中国金融电子化公司，主要承担人民银行重点电子化工程项目的建设。1991年，中国人民银行总行成立金融科技司，赋予金融科技司制定金融科技政策、规划、标准、计划等行业科技管理职能。1994年，中国人民银行为了加强支付清算系统建设，又将金融科技司更名为支付与科技司。人民银行各级分行作为总行派出机构，也设有相应的科技管理部门，在当地进行金融电子化管理并组织电子化系统建设。

金融科技管理主要包括金融电子化项目及资金管理，技术规范、标准管理，设备管理，计算机安全保密管理，科技攻关与技术评审管理等。通过建立必要的规章制度和相应的管理监督机制，保证中国人民银行金融电子网络的安全、高效运行，为金融信息流的畅通无阻建立良好的运作环境。

（2）金融电子化网络体系。20 世纪 90 年代以来，中国人民银行从制定和实施货币政策、金融监管和支付清算等基本职能需要出发，确立了加快金融数据通信网络以及支付清算系统和信息系统建设的人民银行电子化建设总体思路。根据这一思路，中国人民银行的电子化建设取得了长足的进展。

金融数据通信网是金融业务发展的重要基础设施。为了改变国内异地资金汇划落后的处理方式，压缩在途资金，中国人民银行在 1989 年着手建立高效、快捷、安全的全国资金清算系统，并决定建立金融卫星通信网作为全国资金清算系统的网络支撑环境。1989 年 5 月，国务院正式批准建设人民银行卫星通信网。经过近十年的努力，建成了国内最大的卫星通信专用网，以北京怀柔地面主站和江苏无锡备份主站为轴，开通运行 646 个地面卫星小站，覆盖了全国所有地市级以上城市和部分经济比较发达的县（市）。1996 年 6 月，中国人民银行组织各家商业银行与邮电部共同投资、联合建设金融数据通信网地面骨干网，到 1997 年，实现了全国 200 个地（市）以上城市的全网联通，可支持上万个用户接入。除了金融数据通信网地面骨干网的建设，人民银行还在 1995 年至 1997 年加紧进行各地市的区域网和局域网建设，至 1997 年年底，人民银行已基本实现网络到县，192 个城市建有城市网，大部分城市分行建成分行局域网。金融数据通信网络的加快建设和发展为金融业务电子化奠定了坚实的物质基础。

（3）信息系统的开发与运用。中国人民银行在建立金融支付网络的过程中，同时进行了信息系统（包括办公自动化系统、业务处理系统、管理信息系统、决策支持系统组成的总体框架）的建设，进行了业务系统、数据指标系统及数据采集系统的开发和应用。在业务处理系统开发方面，人民银行相继组织开发了货币发行、中央银行会计核算、金融统计监测、金融机构管理、纪检监察业务管理等系统，开发了千家企业联网监测系统，该系统可直接提供国内大型企业运营监测信息。在管理信息系统方面，制定了人民银行管理信息系统指标体系，并根据指标体系设计了总行基础数据库和综合数据库，开发了总行管理信息系统，开发了银行监管和调查统计分系统。在决策支持系统方面，积极探索建立适合中国国情的金融风险监测、预警系统。在办公自动化方面进一步完善总行办公自动化系统。中国人民银行信息系统的建设为全面提高中央银行业务处理能力和管理水平、提高科学决策能力特别是提高金融监管和风险监测、预警能力提供了现代化技术支撑条件。

四、中国人民银行体制的强化和完善

（2003—2017 年）

2003 年 10 月，党的十六届三中全会作出了《中共中央关于完善社会主义市场经济体制若干问题的决定》，要求按照"五个统筹"继续推进社会主义市场经济体制建设和制度创新，人民银行事业进入了一个新的历史阶段。在党中央、国务院的坚强领导下，人民银行不断完善现代中央银行体制机制，强化制定和执行货币政策职责，从直接监管金融机构转变为金融宏观调控和防控系统性金融风险，增加征信、反洗钱、金融消费者权益保护职能，同时开展了一系列具有中国特色、符合客观规律的重大金融改革和探索，妥善应对了国际金融危机及其余震的冲击，推动我国金融事业取得了历史性成就、发生了历史性变革、迈向了新时代。

（一）强化和完善现代中央银行制度

1. 中央银行职能的调整和完善

2003 年，按照党的十六届二中全会审议通过的《关于深化行政管理体制和机构改革的意见》和第十届全国人大常委会第一次会议批准的国务院机构改革方案，将人民银行对银行业金融机构的监管职能分离出来，并和中央金融工委的相关职能进行整合，成立中国银监会。为适应人民银行职能的调整和金融监管体制的改革，2003 年 12 月 27 日，第十届全国人大常委会第六次会议通过了《中华人民共和国中国人民银行法》的修改决定。

修改后的《中国人民银行法》，将人民银行的职责调整为制定和执行货币政策、维护金融稳定和提供金融服务三个方面。概括而言，人民银行在履行职责方面最大的变化集中体现在"一个强化、一个转换和两个增加"。"一个强化"指强化了人民银行与制定和执行货币政策有关的职责，首次将对货币政策委员会职能的规定上升至法律层次，要求货币政策委员会在国家宏观调控、货币政策制定和调整中发挥重要作用，货币政策委员会咨询议事范围得以扩大；"一个转换"指由过去主要通过对银行业金融机构的设立审批、业务审批和高级管理人员任职资格审查及日常监督管理等直接监管的职能，转换为履行对金融业宏观调控和防范与化解系统性金融风险的职能，即维护金融稳定的职能；"两个增加"指增加管理信贷征信业和反洗钱两项职能。2012 年，又增加了金融消费权益保护职能。新的《中国人民银行法》实施后，人民银行更加专注于制定和执行货币政策，在金融宏观调控和防范化解金融风险中的作用得到进一步发挥，金融服务质量大幅提升。面对新的任务与挑战，人民银行统筹兼顾系统建设和职能履行，不断提升中央银行治理水平。

（1）全面加强金融法治化。推动出台或修订《商业银行法》《票据法》《反洗钱法》等金融相关法律法规，根据经济社会发展和深化改革开放需要推动出台或修订《外汇管理条例》《征信业管理条例》《存款保险条例》，结合履职需要制定了一系列部门规章，建立健全既符合国情又与国际接轨的现代金融法律体系，为金融业改革发展奠定了较为扎实的制度基础。

（2）根据新的职责健全内设机构。一是成立上海总部。2005年8月，为更好地发挥中央银行宏观调控职能，完善中央银行决策和操作体系，提高中央银行服务金融市场效率，同时扩大上海金融市场影响力，加快推进上海国际金融中心建设，人民银行在原上海分行基础上成立上海总部，作为人民银行总行有机组成部分，在总行领导和授权下开展工作。二是相继成立征信管理局、反洗钱局、金融消费权益保护局，更好地履行新增加的行政管理职能。三是健全优化驻外机构。人民银行先后在纽约、伦敦、法兰克福、东京等地设立了7个海外代表处。同时，推动外汇局下属海外交易室转制，整合人民银行海外代表处和外汇储备经营平台，提升涉外调查研究和外汇储备经营管理的工作效率。

（3）成立了一些企事业单位和机关单位。为"简政放权"，减少审批，深入推进"放管服"改革，推动成立并依托中国人民银行征信中心、中国银行间市场交易商协会、上海清算所、中国支付清算协会、中国互联网金融协会、上海票据交易所、数字货币研究所等企事业单位和行业协会，促进金融市场自律发展，提供基础性金融服务。相继成立外汇储备委托贷款办公室、丝路基金、中拉产能合作投资基金和中非产能合作基金，支持金融改革、"一带一路"、国际产能和装备制造合作、企业

"走出去"等重大战略。同时，从2005年开始启动直属企业建立现代企业制度改革，更好地发挥直属企业单位对中央银行履职的支持作用。

（4）探索建立了一系列跨部门金融工作协调机制。2004年，建立由人民银行牵头、23个部委参加的国务院反洗钱工作部际联席会议制度，以及由人民银行、银监会、证监会、保监会和外汇局参加的金融监管部门反洗钱协调制度。美国次贷危机特别是2008年国际金融危机爆发后，党中央、国务院在防范化解系统性金融风险、促进金融业健康发展方面对人民银行提出了新的要求。人民银行进一步健全宏观调控框架，加强与其他部门在金融风险监测方面的协调作用，发挥货币政策、信贷政策与其他宏观调控政策的整体效力。2008年，社会信用体系建设部际联席会议制度改由人民银行牵头；2012年调整为发展改革委和人民银行双牵头。2012年，公司信用类债券部际协调机制成立，人民银行任召集人。2013年8月，经国务院批复同意，人民银行牵头建立金融监管协调部际联席会议制度，协调推动金融监管信息共享、金融业综合统计、互联网金融规范发展、同业业务规范、统一资管业务标准规制等重大政策事项，人民银行、银监会、证监会、保监会和外汇局之间的监管政策、措施、执行更加统筹协调。

（5）大力提升政策宣传解读和引导市场预期能力。中央银行对外沟通是现代中央银行治理的重要内容，对于增强市场信心、稳定市场预期、提高政策透明度和公信力具有重要意义。2003年以来，人民银行一直致力于建立健全对外沟通机制，不断提升宏观调控和数据信息的规则性与透明度。一是按照国际标准完善我国经济金融领域的数据统计系统和数据透明度，2002年4月和2014年11月分别加入数据

公布通用系统（GDDS）和数据公布特殊标准（SDDS）。二是以举行"两会"专场记者招待会、接受记者采访、答记者问、召开新闻发布会等各种方式，通过中国人民银行官方网站及官方微博、《中国货币政策执行报告》《中国金融稳定报告》和《中国区域金融运行报告》等平台与市场进行充分沟通，阐释重大政策出台的背景或金融数据变化的原因，主动回应社会关切。三是提高货币政策操作数据发布的节奏和频率，实现公开市场操作数据实时发布，每月定期发布常备借贷便利（SLF）、中期借贷便利（MLF）、抵押补充贷款（PSL）等操作情况。

2. "货币政策＋宏观审慎政策"双支柱调控框架初步形成

随着我国金融开放、金融市场和金融创新等方面取得长足发展，金融体系动员国内外经济资源、提高资源配置效率的能力大幅提高，但同时，金融体系的杠杆性、关联性和复杂性不断提升，金融周期可能在一定程度上脱离经济周期运行，金融体系内在脆弱性、不稳定性所带来的风险也相应增大。面对这一趋势，2003 年修订《中国人民银行法》时特别明确由人民银行承担维护金融稳定的职能。与 2008 年国际金融危机后全球开始广泛关注宏观审慎政策相比，我国宏观审慎政策的探索与创新在国际上走在了前面。窗口指导以及房地产信贷政策，都带有宏观审慎政策的雏形，而数量和价格相结合的货币政策框架，也更容易让各方面理解和接受宏观审慎理念，为全球提供了有价值的经验。

2008 年国际金融危机爆发后，人民银行根据党中央、国务院决策部署，结合二十国集团（G20）、金融稳定理事会（FSB）对国际金融危机教训的总结，在宏观审慎政策框架建设方面进行了全面深入的探索。从 2009 年年中开始研究强化宏观审慎管理的政策措施，并于 2011年正式引入差别准备金动态调整机制，将信贷投放与宏观审慎要求的资本水平相联系，同时考虑了各金融机构的系统重要性、稳健状况以及经济景气状况，其核心内容是金融机构适当的信贷增速取决于自身资本水平以及经济增长的合理要求，这也是为了配合危机期间刺激政策逐步退出的重要举措。该机制实施了 5 年，与利率、公开市场操作、存款准备金率等货币政策工具相配合，有力促进了货币信贷平稳增长，提升了金融机构的稳健性。随着经济形势和金融业发展变化，人民银行不断完善政策框架，从 2016 年起将差别准备金动态调整机制升级为宏观审慎评估体系（MPA），从资本和杠杆、资产负债、流动性、定价行为、资产质量、跨境融资风险、信贷政策执行情况七大方面对金融机构行为进行多维度引导。

宏观审慎政策在应对国际资本跨境流动顺周期性和杠杆放大对汇率体系及金融稳定的冲击方面具有重要作用，既稳步推进了资本项目可兑换，又对资本流动进行了管理，提高了货币政策的自主性。一是优化跨境融资。从 2016年 5 月起，人民银行将全口径跨境融资宏观审慎管理扩大至全国范围的企业和金融机构，允许企业和金融机构在跨境融资风险加权余额上限内自主开展本外币跨境融资，同时对跨境融资进行逆周期调节，控制杠杆率和货币错配风险。2017 年 1 月，人民银行进一步完善宏观审慎规则下基于微观主体资本或净资产的跨境融资约束机制，扩大企业和金融机构跨境融资空间，便利境内机构充分利用境外低成本资金。二是抑制投机行为。2015 年 8 月底以及 9 月中旬，人民银行分别对银行远期售汇以及人民币购售业务采取了宏观审慎管理措施，要求金融机构按其远期售汇（含期权和掉期）签约额的20％交存外汇风险准备金，并提高了跨境人民币购售业务存在异常的个别银行购售平盘手续费率。从 2016 年 1 月 25 日起，人民银行对境外金融机构在境内金融机构存放执行正常存款准备金率。2017 年 9 月，考虑到市场环境已发生较大变化，人民银行调整了外汇风险准备金政策和对境外金融机构境内存放执行正常准备金率的政策。

此外，宏观审慎管理在防范化解房地产金融风险方面也发挥了重要作用。2003 年 6 月，人民银行出台《关于进一步加强房地产信贷业务管理的通知》（银发〔2003〕121 号），要求适当提高购买第二套（含）以上住房的首付款比例，构筑了差别化住房信贷政策雏形，建立了以调节首付比例和利率杠杆为主要内容的市场化调节机制，体现了强化宏观审慎管理的政策理念。在当时的时点和宏观大环境下出台上述措施，是很有前瞻性的，也是宏观审慎政策与货币政策的一次有效配合。2010 年 4 月，为贯彻实施差别化住房信贷政策，在保持个人住房贷款利率浮动下限为贷款基准利率 0.7 倍的同时，要求对贷款购买第二套住房家庭的贷款利率不得低于基准利率的 1.1 倍。2011 年 3 月，考虑到不同城市房地产市场发展情况有所差异，人民银行允许分支机构根据当地人民政府新建住房价格控制目标和政策要求，在国家统一信贷政策基础上，适时提高辖区内城市第二套住房贷款的最低首付款比例和利率下限。从 2016 年开始，人民银行进一步加大房地产市场"因城施策"调控力度，强化市场自律和商业银行自主决策，通过加强差别化住房信贷政策的实施和管理，不断健全住房金融宏观审慎管理。

总的来看，明确提出并探索建立"货币政策＋宏观审慎政策"双支柱调控框架，是反思国际金融危机教训并结合我国国情的重要举措，有助于在保持币值稳定的同时促进金融稳定，提高金融调控的有效性，防范系统性金融风险，切实维护宏观经济稳定和国家金融安全。货币政策和宏观审慎政策相互配合，较好地应对了复杂形势的挑战，为供给侧结构性改革营造了中性适度的货币金融环境，同时较好地防范了系统性金融风险，维护了金融稳定，有力地促进了我国经济健康可持续发展。

（二）做好金融调控，为经济行稳致远保驾护航

2003—2017 年的十五年，是中国经济持续较快发展的十五年，同时也是国际经济跌宕起伏、极端复杂多变的十五年。2008 年之前主要是应对流动性偏多问题，之后则主要转向应对国际金融危机冲击并引导从政策刺激向自主增长有序转变。十五年来，金融宏观调控在保持经济和物价水平稳定、克服国际金融危机冲击中发挥了重要作用，调控机制建设和转型取得重大进展，前瞻性、科学性和有效性明显提升。与其他金砖国家和新兴市场经济体相比，中国经济保持了增长速度最快、物价相对平稳的良好态势，就业稳定增长，国际收支趋于平衡。这样的调控成果来之不易，也积累了转轨过程中金融宏观调控的宝贵经验。

1. 2003 年至 2008 年第三季度：货币政策由"稳健"转为"从紧"

2002 年下半年开始，我国经济进入新一轮上升周期。针对经济运行中贸易顺差过大、投资增长过快、货币信贷投放过多等"三过"问题，以及不确定性因素增加的情况，人民银行于 2003 年 4 月及时调整货币政策操作，启动央行票据收回国际收支顺差导致银行体系偏多的流动性。截至 2007 年年末，通过发行中央银行票据净回笼基础货币达 3.5 万亿元。同时，继续运用存款准备金率、利率、"窗口指导"等多种工具加强流动性管理和货币信贷调控，创

新性地实行差别存款准备金率制度，抑制货币信贷增长偏快的势头。2007 年，经济运行中出现了由偏快转向过热的风险，通货膨胀压力明显上升。货币政策基调按照中央经济工作会议部署正式从"稳健"转为"从紧"，人民银行采取了历史上少有的调控频率和力度。2003—2007 年，人民银行先后 15 次上调人民币存款准备金率、8 次上调存款基准利率、9 次上调贷款基准利率。在调控总需求过程中，货币政策和财政政策保持了适当搭配，货币政策与金融监管的协调进一步加强，信贷政策与产业政策实现了有效配合，对控制信贷风险、遏制低水平重复建设发挥了积极作用。

2. 2008 年第四季度至 2011 年：应对 2008 年国际金融危机的"贝叶斯决策"

（1）积极配合一揽子刺激计划。2008 年，国际金融危机急剧恶化，对我国经济冲击明显加大，我国宏观调控政策进行了重大调整，实施积极的财政政策和适度宽松的货币政策，通过一揽子经济刺激计划扩大内需。人民银行及时调整货币政策的方向、重点和力度，果断采取一系列灵活、有力的措施，4 次下调存款准备金率，5 次下调存贷款基准利率，保持银行体系流动性充分供应，促进货币信贷合理平稳增长，及时释放确保经济增长和稳定市场信心的信号，有力支持一揽子刺激计划，遏制通缩与衰退相互强化的潜在风险。

（2）货币政策回归稳健。随着我国经济在 2009 年率先实现企稳回升、逐渐走出国际金融危机影响阴影，在保持政策连续性和稳定性的同时，人民银行于同年年中开始进行动态微调，引导货币信贷回归常态，当年第三、第四季度信贷增长比上半年明显放缓，节奏更趋平稳。2010 年 1 月上旬，人民银行开始提高存款准备金率，全年 6 次上调存款准备金率，2 次上调存贷款基准利率。随着货币政策取向从

2011 年起由"适度宽松"明确调整为"稳健"，人民银行在灵活开展公开市场操作基础上，先后 6 次上调存款准备金率，3 次上调存贷款基准利率。同时引入宏观审慎手段加强调控，从 2011 年 9 月起将保证金存款纳入存款准备金交存范围。相关政策措施取得积极成效，2011 年年末广义货币供应量 M2 增长 13.6%，比上年末低 6.1 个百分点，金融机构人民币贷款较年初新增 7.47 万亿元，同比少增 4 737 亿元。在经济继续保持平稳较快增长势头的同时，物价水平上涨趋势得到很好的控制。

3. 2012—2017 年：新常态下稳健的货币政策

国际金融危机之后，全球经济进入深刻的再平衡调整期，我国经济开始从增量扩能为主转向调整存量、做优增量并存的深度调整。面对主要经济体复苏波折反复、货币政策总体宽松但又逐步分化，我国经济走势时有波动、金融风险有所暴露的情况，人民银行主动适应经济发展新常态，坚持稳中求进总基调，一方面做好货币政策调控，综合运用多种货币政策工具，提高主动调节和管理流动性的能力，从量价两方面为结构调整和转型升级营造中性适度的货币金融环境；另一方面坚定推动金融市场化改革，进一步完善货币政策调控框架，疏通传导渠道，有效应对来自宏观格局变化和金融创新的挑战。

在外汇流入大幅增加，货币信贷和社会融资扩张压力较大时，创新调控方式、保持定力，有效抑制金融机构过度加杠杆和信用扩张，防止固化经济结构扭曲、推升债务和杠杆水平。2017 年我国宏观杠杆率为 248.9%，基本趋于稳定。在流动性有所收紧时，人民银行及时通过主动公开市场操作、再贷款和再贴现、普降或非对称下调存款准备金率及存贷款基准利率、中央银行票据到期不续做等方式有

效增加流动性。同时，货币政策与宏观审慎政策互为依托、协调配合，加大逆周期调控力度，兼顾稳增长、防风险、调结构、惠民生，切实防范化解系统性金融风险。这一时期，人民银行进一步丰富货币政策工具箱，创设短期流动性调节工具（SLO）和常备借贷便利（SLF），创设中期借贷便利（MLF）和抵押补充贷款工具（PSL），设立包括支农再贷款、支小再贷款和扶贫再贷款的信贷政策支持再贷款类别，向银行体系灵活提供短、中、长期流动性，为经济由高速增长阶段转向高质量发展阶段保驾护航。

4. 货币政策框架向价格型调控为主转型

货币政策框架是中央银行进行金融宏观调控的制度基础，包括货币政策目标、货币政策工具和货币政策传导机制等部分，其选择和演变很大程度上取决于经济发展阶段的要求，必须与实体经济需求相适应，才能更好地发挥作用。2003年以来，人民银行逐步形成以M2及社会融资规模等为主要中介目标、以数量型为主向价格型为主转变的调控框架体系。随着2015年利率市场化改革迈出重要步伐，汇率形成机制改革取得重要进展，加之中央银行重新获得主动供给银行体系流动性的地位，人民银行推动宏观调控向价格型调控为主转型的步伐加快。更加注重稳定短期利率，持续在7天回购利率上进行操作，释放政策信号，探索构建利率走廊机制，发挥SLF作为利率走廊上限的作用。通过MLF投放中期基础货币，发挥其引导中期市场利率的功能。2016年2月，人民银行开始建立公开市场每日操作常态化机制，还在以7天期逆回购为主开展公开市场操作基础上，先后增加14天期和28天期逆回购品种，进一步提高流动性管理精细化程度，起到稳定市场预期的作用。

（三）深化金融改革开放取得丰硕成果

21世纪初，我国正式加入世界贸易组织（WTO），各方面对提高开放水平有了更高要求，在亚洲金融危机和2008年国际金融危机冲击下，金融改革开放也面临更多新的任务和挑战。人民银行坚持发挥市场在资源配置中的决定性作用，坚持问题导向，坚持走渐进、可控改革道路，敢于闯难关、涉险滩，推进和完成了一系列关键性金融改革，我国金融体系市场化、多元化、国际化程度和竞争力显著提升。

1. 有序推进利率市场化改革

2002年以前，我国已经大体放开了银行间货币市场和债券市场利率管制。根据党中央、国务院的战略部署，结合我国实际情况，并充分借鉴国际经验，2002年以来，人民银行将进一步推进利率市场化改革的总体思路确定为：以建立健全由市场供求决定的利率形成机制为总体方向，以"放得开、形得成、调得了"为基本原则，积极、稳妥、有序地放开利率管制，着力完善市场化的利率调控机制、传导机制、监督机制和配套机制，促进形成以市场参与者为主体、各类金融市场为主线、央行有效调控、辐射整个金融市场的利率形成、传导和调控体系，充分发挥市场在资源配置中的决定性作用。

（1）2002—2011年：取得阶段性成果。这十年时间里，人民银行一方面继续推进银行间市场利率市场化，另一方面按照"先外币、后本币；先贷款、后存款；先长期、大额，后短期、小额"的顺序逐步放开金融机构存贷款利率管制，实现了"存款利率管上限、贷款利率管下限"的阶段性目标。

第一，债券市场利率完全实现市场化。在放开银行间拆借利率、债券回购和现券交易利率、国债和政策性金融债发行利率管制的基础上，通过推进公司信用类债券发行利率市场化定价等措施，进一步实现了货币市场和债券市场利率的全面市场化。2005年5月，人民银行发布《短期融资券管理办法》，允许短期融资券的发行利率或发行价格由企业和承销机构协商确定。2008年4月，人民银行发布《银行间债券市场非金融企业债务融资工具管理办法》，明确非金融企业在银行间债券市场发行债务融资工具的发行利率、发行价格和所涉费率以市场化方式确定。

第二，进一步推进境内小额外币存款利率市场化。2003年7月，放开境内英镑、瑞士法郎、加拿大元的小额存款利率管制。2003年11月，放开小额外币存款利率下限，商业银行在不超过人民银行公布利率上限前提下自主确定小额外币存款利率。2004年11月，人民银行在调整境内小额外币存款利率的同时，决定放开1年期以上小额外币存款利率。

第三，逐步放开人民币贷款利率上限。2003—2004年，人民银行在推进贷款利率市场化方面连续迈出了重要三步：第一步，2003年8月，允许农村信用社改革试点地区的农村信用社贷款利率浮动区间上限不超过贷款基准利率的2倍。第二步，2004年1月1日，决定将商业银行、城市信用社的贷款利率浮动区间上限扩大到贷款基准利率的2倍，金融机构贷款利率的浮动区间下限保持为贷款基准利率的0.9倍不变。同时明确贷款利率浮动区间不再根据企业所有制性质、规模大小分别制定。第三步，2004年10月29日，决定不再设定金融机构（不含城乡信用社）人民币贷款利率上限，城乡信用社人民币贷款利率浮动上限扩大为基准利率的2.3倍，所有金融机构的人民币贷款利率浮动下限仍为基准利率的0.9倍。同时，人民银行还初步建立了贷款利率浮动报备制度，各金融机构通过报备系统定期向人民银行反馈贷款利率的浮动情况。

第四，人民币存款利率市场化改革取得重要进展。2003—2005年，人民银行在推进存款利率市场化方面也连续迈出了重要三步：第一步，2003年11月和2005年1月，继续扩大市场化定价的长期大额协议存款业务的开办范围。第二步，2004年10月，经国务院批准，人民银行决定放开金融机构人民币存款利率下限，允许所有存款类金融机构在不超过各档次存款基准利率的范围内对其吸收的人民币存款利率进行下浮。第三步，2005年3月，人民银行将金融机构同业存款利率交由交易双方协商确定，进一步放开金融机构同业存款利率管制。

（2）2012年以来：加快放开利率管制。经过2002—2011年的不断推进，我国利率市场化改革取得了重要进展，进一步推进改革的宏微观条件不断改善。特别是，随着我国金融机构改革取得明显成效，财务硬约束进一步强化，利率定价能力不断提高；多层次金融市场得到有效培育；央行利率向金融市场各类产品传导的渠道逐步畅通；我国宏观经济运行平稳，价格形势基本稳定，国际环境正趋于好转，这均为进一步放开利率管制奠定了良好的基础。于是从2012年开始，我国寓改革于调控之中，放开利率管制的步伐有所加快。

2012年以来利率市场化改革步伐加快

时间	人民币贷款利率	人民币存款利率	外币存贷款利率
2012年6月8日	下限由基准利率的0.9倍调整为0.8倍	上限由基准利率调整为基准利率的1.1倍	
2012年7月6日	下限由基准利率的0.8倍调整为0.7倍		

时间	人民币贷款利率	人民币存款利率	外币存贷款利率
2013 年 7 月 20 日	全面放开金融机构贷款利率管制		
2014 年 3 月 1 日			在上海自贸区试点放开小额外币存款利率上限
2014 年 11 月 22 日		上限由基准利率的 1.1 倍调整为 1.2 倍	
2015 年 3 月 1 日		上限由基准利率的 1.2 倍调整为 1.3 倍	
2015 年 5 月 11 日		上限由基准利率的 1.3 倍调整为 1.5 倍	放开小额外币存款利率浮动区间上限
2015 年 8 月 26 日		放开一年以上（不含一年）定期存款利率上限	
2015 年 10 月 24 日		不再设置存款利率上限	

资料来源：中国人民银行。

贷款利率方面，人民银行结合金融机构人民币存贷款基准利率调整逐步放宽金融机构贷款利率浮动区间，直至 2013 年 7 月 20 日全面放开金融机构贷款利率管制。此外，2014 年 11 月 22 日，人民银行结合基准利率各期限档次使用情况及其重要性等因素，将贷款基准利率简并为一年以内（含一年）、一年至五年（含五年）和五年以上三个档次，进一步拓宽金融机构自主定价空间。

存款利率方面，人民银行依次扩大存款利率浮动区间上限，并取消公布五年期定期存款基准利率和金融机构一年以上（不含一年）定期存款利率浮动上限。2015 年 10 月 24 日，经国务院批准，人民银行决定对商业银行和农村合作金融机构等不再设置存款利率浮动上限，这标志着我国利率管制基本取消，利率市场化改革迈出了最为关键的一步，利率市场化改革的核心转向建立健全与市场相适应的利率形成和调控机制。

外币存贷款利率方面，人民银行积极贯彻落实中国（上海）自由贸易试验区总体方案，于 2014 年 3 月 1 日正式在上海自贸区试点放开小额外币存款利率上限。在总结试点经验基础上，2015 年 5 月 11 日，人民银行决定在全国范围内放开金融机构小额外币存款利率浮动区间上限，小额外币存款利率由金融机构根据商业原则自主确定。

在放开利率管制的同时，人民银行不断完善金融市场基准利率体系，目前，我国以上海银行间同业拆放利率（SHIBOR）、国债收益率曲线、贷款基础利率（LPR，现称贷款市场报价利率）等为代表的金融市场基准利率体系已基本形成。此外，通过创新发展同业存单、大额存单等方式，进一步拓宽金融机构负债产品市场化定价空间。

（3）建立健全由市场供求决定的利率形成机制。2013 年 9 月 24 日，市场利率定价自律机制正式成立，并召开了第一次工作会议，审议通过了《市场利率定价自律机制工作指引》。市场利率定价自律机制是由金融机构组成的市场定价自律和协调机制，这一机制的建立和完善，有利于维护市场公平竞争秩序、有效防控金融风险、促进降低社会融资成本，从而为健全市场利率形成和调控机制、巩固并进一步推进利率市场化改革奠定坚实的制度基础。

随着利率市场化改革的不断深化，我国市场化利率形成、调控和传导机制日益健全，利率的价格杠杆功能不断增强，更加有效地推动金融资源向真正有资金需求和发展前景的行业、企业配置。企业和居民的利率敏感性有所提升，金融机构自主定价能力显著提高，为推动金融机构转型发展注入了新的动力。

2. 稳步推进人民币汇率形成机制改革

1994 年汇改取得了重要成效，但受亚洲金融危机影响，人民银行主动收窄人民币汇率浮动区间，从 1998 年至 2005 年汇改前，人民币对美元汇率长期固定在 8.28∶1 的水平，人民币汇率实质上又重新盯住了美元。作为最重要的要素价格之一，汇率特别是市场化机制形成的汇率，与对外开放、减少资本管制一同成为拉动我国经济对外开放的"三驾马车"，汇率形成机制必须与市场经济体制相适应，否则失衡的汇率水平必然会求助于对资本流动进行行政性管制，最终导致对外开放水平难以实质性提升。在我国经济对外开放进入新阶段，各方面对提高开放水平提出了更高要求的背景下，人民币汇率形成机制改革迫在眉睫。

（1）2005 年的人民币汇率形成机制改革。党的十六届三中全会提出"完善人民币汇率形成机制，保持人民币汇率在合理、均衡水平上的基本稳定"，人民银行按照中央要求，持续进行完善人民币汇率形成机制的研究和准备工作。随着我国经济开始进入新一轮上升期，金融机构、金融市场、企业主体、外汇管制等多项深化改革措施落地生根，汇率市场化形成机制改革的宏微观条件逐步成熟，党中央、国务院审时度势、把握时机，决定启动人民币汇率形成机制改革，并适当调整人民币汇率水平。2005 年 7 月 21 日，人民银行宣布完善人民币汇率形成机制，主要内容包括：一是自同日起实行以市场供求为基础、参考一篮子货币进行调节、有管理的浮动汇率制度；二是由人民银行公布银行间外汇市场交易货币对人民币汇率收盘价，作为下一个交易日该货币对人民币汇率中间价；三是人民币对美元即日升值 2%，达到 1 美元兑 8.11 元人民币的合理均衡水平；四是每日银行间外汇市场交易货币对人民币交易价在中间价上下一定幅度内浮动。这是中国外汇体制里程碑式的改革，是我国根据国情和发展战略自主作出的正确决策，是深化改革和对外开放，特别是加入世界贸易组织后适应新的发展和开放格局的必然要求，也是社会主义市场经济体制的重要组成部分。

2005 年汇改显著提升了人民币汇率的弹性，对完善社会主义市场经济体制起到了重要作用。一是对国际收支平衡的自发调节作用增强，体现了我国促进全球经济平衡增长的努力与诚意，切实缓和了对外经贸关系，维护了我国的重要战略机遇期。二是为推动产业升级和提高对外开放水平提供了动力和压力，市场主体开始通过国际收支、外汇供求等因素动态"寻找"合理均衡的汇率水平，促使企业减少对低要素价格的依赖，着力提升技术水平与核心竞争力，增强了实体经济的韧性和抵御金融危机的能力。三是与其他配套措施形成的一揽子政策促进了经济全面协调可持续发展，推动我国系统梳理和规范了不适应形势发展的对外政策，"引进来"和"走出去"的步伐大大加快。

（2）汇率形成机制改革稳步推进。2005 年 7 月 21 日以后，人民银行始终按照"主动性、可控性、渐进性"原则，坚持有管理的浮动汇率制度，逐步改进人民币汇率中间价形成方式，有序扩大人民币汇率浮动区间，主要体现为三个阶段：

第一阶段：2005 年 7 月至 2007 年 5 月相继出台一系列配套措施。一是在银行间即期外汇市场上引入询价交易方式，同时保留撮合方式。二是在银行间外汇市场引入做市商制度，为市场提供流动性。三是参考国际金融市场确定基准汇率、利率的常用做法，于2006年年初改进人民币汇率中间价形成方式。四是在外汇市场建立一级交易商制度，增强央行外汇公开市场操作的市场化程度。五是多次扩大人民币汇率浮动区间，增强人民币汇率弹性。从2005年9月23日起将银行间即期外汇市场人民币对非美货币汇率的波动幅度由原来当日交易中间价的上下1.5%扩大到当日交易中间价的上下3%，从2007年5月21日起将银行间即期外汇市场人民币对美元交易价日浮动幅度由千分之三扩大至千分之五。

第二阶段：2010年6月至2014年7月扩大

人民币对美元汇率浮动区间。为满足我国稳定外需、抵御国际金融危机的需要，在2008年国际金融危机爆发后我国周边经济体货币竞相贬值的情况下，人民币对美元汇率保持了基本稳定，浮动幅度适当收窄。2010年6月19日，人民银行宣布进一步推进人民币汇率形成机制改革，增强人民币汇率弹性。2012年4月16日，将银行间即期外汇市场人民币对美元交易价浮动幅度由千分之五扩大至百分之一；将外汇指定银行为客户提供当日美元最高现汇卖出价与最低现汇买入价之差不得超过当日汇率中间价的幅度由1%扩大至2%。2014年3月17日，将银行间即期外汇市场人民币对美元交易价浮动幅度由1%扩大至2%。2014年7月，取消银行对客户美元挂牌汇率浮动区间限制。

▶2010年6月19日，进一步推进人民币汇率形成机制改革。

▶2012年4月16日，将银行间即期外汇市场人民币对美元交易价浮动幅度由千分之五扩大至百分之一；将外汇指定银行为客户提供当日美元最高现汇卖出价与最低现汇买入价之差不得超过当日汇率中间价的幅度由1%扩大至2%。

▶2014年3月17日，将银行间即期外汇市场人民币对美元交易价浮动幅度由1%扩大至2%。

▶2014年7月，取消银行对客户美元挂牌汇率浮动区间限制。

| 2005 | 2007 | 2010 | 2014 | 2015 |

▶在银行间即期外汇市场上引入询价交易方式，同时保留撮合方式。
▶在银行间外汇市场引入做市商制度。
▶改进人民币汇率中间价形成方式。
▶在外汇市场建立一级交易商制度。
▶扩大人民币汇率浮动区间：
　从2005年9月23日起将银行间即期外汇市场人民币对非美货币汇率波动幅度由上下1.5%扩大到上下3%。
　从2007年5月21日起将银行间即期外汇市场人民币对美元交易价日浮动幅度由千分之三扩大至千分之五。

▶2015年8月11日，强调人民币对美元汇率中间价报价要参考上日收盘汇率。

▶2016年2月，明确"收盘汇率+一篮子货币汇率变化"的人民币对美元汇率中间价形成机制。

▶2017年5月，在人民币对美元汇率中间价报价模型中引入"逆周期因子"。

资料来源：中国人民银行。

人民币汇率形成机制改革稳步推进

第三阶段：2015年8月以来进一步强化以市场供求为基础、参考一篮子货币进行调节的汇率形成机制。从2013年初到2015年8月10

日，人民币在原来的汇率形成机制下随美元对其他货币升值较多，导致人民币有效汇率偏离了均衡水平，累积了一定贬值压力。但同时我国货物贸易顺差持续处于高位，对人民币汇率产生不同影响，做市商预期明显分化，使得人民币汇率中间价与市场汇率出现了较长时间的偏离，影响了中间价的市场基准地位和权威性。2015 年 8 月 11 日，人民银行宣布完善人民币对美元汇率中间价报价机制，强调人民币对美元汇率中间价报价要参考上日收盘汇率以反映市场供求变化，同时一次性校正人民币对美元汇率中间价与市场价之间的偏差。2016 年 2 月，人民银行明确了"收盘汇率＋一篮子货币汇率变化"的人民币对美元汇率中间价形成机制。2017 年 5 月，引入"逆周期因子"进一步优化人民币对美元汇率中间价报价模型，以缓解外汇市场可能存在的"羊群效应"，更好地发挥汇率调节国际收支平衡的功能。

3. 持续深化金融机构改革

21 世纪初，我国仍处于"转轨经济加新兴市场"的特殊发展阶段，尽管国家对大型商业银行采取了注资、剥离不良资产等一系列举措以增强其资本实力和盈利能力，改善财务状况，但这些措施并没有从公司治理和经营机制方面解决大型商业银行建立现代企业制度的深层次问题，经营困难的局面也没有得到根本扭转。当时国内外很多学者和媒体指出，中国大型商业银行已经处于"技术性破产"状态，认为中国银行体系迟早会出大问题。

在这样极其严峻的形势下，在通盘考虑国家可用于金融改革的资源以及运用这些资源对宏观经济的影响后，明确提出了"抓两头、带中间"改革总体战略，要求集中有限的中央层面的资源重点推动政策性历史包袱较重的大型商业银行和农村信用社改革，带动政策性历史包袱较轻的股份制和城市商业银行等其他金融机构立足自身实际进行改革发展，并加快推动存款保险制度、投资者保护制度等金融稳定长效机制建设，切实维护金融稳定与安全。

（1）大型商业银行改革。2002 年 2 月，第二次全国金融工作会议指出，对国有独资商业银行进行综合改革是整个金融改革的重点，对国有独资商业银行进行股份制改革是公有制多种实现形式的重要探索，具备条件的国有独资商业银行可改组为国家控股的股份制商业银行，完善法人治理结构，条件成熟的可以上市。2003 年 5 月 19 日，时任人民银行行长周小川向党中央、国务院作了《改革试点——国有商业银行的财务重组》的汇报，在认真总结我国经济与金融体制改革经验的基础上，研究论证各种可能的注资资源选择，创造性地提出运用国家外汇储备注资大型商业银行，并详细设计了核销已实际损失掉的资本金、剥离处置不良资产、外汇储备注资、境内外发行上市的财务重组方案。2003 年 9 月，党中央、国务院原则通过了关于国有独资商业银行股份制改革的总体方案。为推进该项工作，国务院成立了国有独资商业银行股份制改革试点工作领导小组，负责国有独资商业银行股改的重大决策，包括确定股份制改革的目标、方向，决定各家银行股份制改革方案，领导小组办公室设在人民银行。

从 2003 年开始，人民银行就大型商业银行改革中的重点难点问题听取和征求了人大、政协、专家学者、国际组织等多方面意见，结合当时国内外实际情况并借鉴各方面经验进行广泛深入的研究和充分论证，确定了包括财务重组、建立现代公司治理、引进战略投资者、择机上市等改革步骤的总体方案。

第一步，处置不良资产，包括三方面内容：一是用银行原有财务资源（账面资本金、准备金及利润等）核销部分资产损失。二是按照市场化原则处置可疑类资产，由信达、华融、长城和东方四家金融资产管理公司进行公开竞标，确保待处置不良资产的价值回收最大化。三是严格进行外部审计，加大不良资产责任人追究力度，加强控制不良资产的制度建设，防范不良资产反弹。

第二步，国家注资与银行发行次级债补充资本。2003年12月，中央汇金投资有限公司（汇金公司）成立，由其代表国家对大型商业银行履行出资人职能，明确对国有资本保值增值的责任与措施。此外，中行、建行、交行、工行、农行五家大型商业银行于2004—2009年先后发行次级债补充资本金。

第三步，建立现代公司治理结构。2004年8月和9月，中国银行股份有限公司和中国建设银行股份有限公司相继成立；2005年10月，中国工商业银行股份有限公司成立；2009年1月，中国农业银行股份有限公司成立。

第四步，引进境内外战略投资者。引进战略投资者尤其是具有丰富、成熟的经营管理经验和公司治理经验的境内外战略投资者，建立一整套新的市场激励和约束机制、严格的风险控制和资本约束，进一步完善公司治理结构。2004—2007年，工行、中行、建行、交行四家大型商业银行依据公司治理架构，结合自身情况和未来发展分别引进了不同类型的战略投资者，顺利发行上市并取得良好的业绩示范效应，到农业银行改革时，无须提前引入战略投资者作为发行上市隐性担保，而是以统一的发行价格引入基石投资者作为战略合作方。

第五步，境内外公开发行上市。在资本市场环境影响下，交通银行、建设银行分别于2005年6月、10月在香港上市①，分别募资22亿美元、92亿美元。中国银行分别于2006年6月、7月在香港和上海证券交易所上市。工商银行于2006年10月以A+H股同步发行、同步上市的方式成功首次公开发行，募资191亿美元。2010年7月，农业银行在香港和上海证券交易所上市，募资221亿美元。

通过股份制改革并成功上市，五家大型商业银行初步建立了相对规范的公司治理结构，内部管理和风险控制能力、市场约束机制明显增强，资产规模和盈利水平均位居全球前列。2011年以来，中行、工行、农行、建行四家大型商业银行还先后入选了全球系统重要性银行（G-SIBs）。截至2017年年末，我国商业银行资本充足率13.65%、拨备覆盖率181.42%，均显著提高。改革的实践充分证明，党中央、国务院关于大型商业银行改革的重大决策部署是完全正确的，正是通过改革"在线修复"金融体系，大型金融机构健康性实现了质的飞跃，我国才能成功抵御2008年国际金融危机的严重冲击。

（2）农村金融体系改革。2003年以前，农业银行商业化改革并逐渐从农村撤出，邮储银行在农村所设网点没有贷款功能，农村信用社成为农村金融体系中的主力军和联系广大农民的金融纽带。但当时农村信用社不良贷款率高达50%左右，基本不具有持续为"三农"服务的能力，深化农村信用社改革刻不容缓。第二次全国金融工作会议后，国务院成立了由人民银行牵头的深化农村金融和农村信用社改革专题工作小组，对农村金融和农村信用社改革进行调研论证，发现农村信用社改革主要面临的问题集中体现在三个方面：历史包袱沉重，资产质量差，经营困难，潜在风险很大；产权不明晰，法人治理结构不完善，经营机制和内控制度不健全；管理体制不顺，管理职权和责任需要进一步明确。2003年6月，国务院下发《深化农村信用社改革试点方案》（国发〔2003〕15号印发），率先在浙江等8省（直辖市）②启动农村信用社改革试点，明确提出

---

① 交通银行和建设银行分别于2007年5月和9月回归A股市场。

② 8省（直辖市）分别为吉林、山东、江西、浙江、江苏、陕西、贵州、重庆。

"明晰产权关系、强化约束机制、增强服务功能、国家适当支持、地方政府负责"的总体要求。到 2004 年 8 月，农村信用社改革已在除海南省以外的 29 个省（自治区、直辖市）① 推开。

在此过程中，按照国务院统一部署，人民银行负责制定和组织实施农村信用社改革试点资金支持政策，建立正向激励约束机制，引导农村信用社逐步"上台阶"，主要内容包括：

第一，坚持政策扶持与正向激励相结合的原则。强调专项票据的发行与兑付和专项借款的发放进度，必须与试点省（直辖市）改革试点实施方案的实施进程相结合，与农村信用社增资扩股、提高资本充足率和降低不良贷款比例挂钩，撬动各有关方面改革的积极性。

第二，坚持因地制宜、分类指导的原则。设计专项票据和专项借款两种资金支持方式，由农村信用社根据实际情况自主选择。针对此次改革方案包括股份制、股份合作制和合作制三种产权制度模式，以及农村商业银行、农村合作银行以县（市）为单位统一法人以及县、乡两级法人四种组织形式，资金支持政策分别规定了不同的专项票据发行、兑付标准，突破了以往"一刀切"的传统模式，鼓励各地农村信用社结合自身实际，积极稳妥地安排改革进度。

第三，坚持循序渐进原则。按照先易后难、逐步深化的思路完善资金支持政策，明确农村信用社在申请兑付专项票据时，明晰产权关系、完善法人治理结构应取得明显进展。重点考核其健全内控制度、转换经营机制和运行法人治理框架的实际成效，并提出了逐步提高资产质量、有效控制成本费用、不断改善财务状况的具体要求。充分考虑了大部分农村信用社难以完全达到规定的票据兑付条件和符合监管最低标准的资本充足率等实际困难，增强了票据兑付考核的操作性，便于农村信用社准确

把握改革要点。

第四，坚持严格考核原则。确保资金支持政策公信力和透明度。一是建立联合考核工作机制，由人民银行当地分支机构和银监会当地派出机构联合审查、逐级考核农村信用社每笔专项票据发行、兑付申请。二是建立考核评审委员会制度，负责对申请票据发行、兑付的农村信用社进行评审和考核。三是建立考核申诉制度，为未通过专项票据发行、兑付申请的农村信用社提供申诉、复审的渠道。四是建立考核考评机制，对分支机构考核工作质量进行考评并纳入年度工作考核。五是建立现场抽查机制，由人民银行会同银监会按照一定比例对每期专项票据发行、兑付的农村信用社进行改革实效的现场检查。

在这一机制作用下，农村信用社资产质量、盈利能力、支农资金实力、可持续性经营能力均得到明显提高，"花钱买机制"的政策效应不断显现，农村信用社支农主力军作用进一步增强。截至 2017 年年末，全国农村信用社涉农贷款余额和农户贷款余额分别为 9 万亿元和 4.4 万亿元，资本充足率 11.7%，累计实现利润 15 924.8 亿元。此外，人民银行还积极推动农业银行"三农金融事业部"改革、邮政储蓄银行改革、发展村镇银行等新型农村金融机构，同时出台了一系列扶持政策措施，对促进农村金融改革、改善农村金融服务发挥了重要作用。

（3）开发性、政策性金融机构改革。我国对开发性、政策性金融的认识经历了周期性变化，对其理解在不断演进和深化。起初将政策性金融和商业性金融分离，政策性银行主要承担经济转轨期间的"转轨成本"。但在商业银

---

① 2007 年 8 月，海南省正式启动农村信用社改革，组建了海南省农村信用社联合社。

行逐渐走上良性发展道路的同时，开发性、政策性金融机构也逐渐摸索出一条服务国家战略、依托信用支持、注重长期可持续的发展道路。随着我国经济发展步入新常态，需要开发性、政策性金融发挥更大作用，加大对重点领域、薄弱环节和关键时期的支持力度，促进经济结构优化升级和经济增长从要素驱动、投资驱动转向创新驱动，为供给侧结构性改革营造

良好的金融环境。

2004 年以来，特别是 2006 年筹备第三次全国金融工作会议期间，根据国务院统一部署，人民银行会同有关部门对政策性银行改革发展问题进行研究。2007 年全国金融工作会议明确了分类指导、"一行一策"的政策性金融机构改革原则。此后，人民银行加快推进开发性、政策性金融机构改革。

开发性、政策性金融机构改革主要措施

时间	措施
2006 年 9 月 29 日	人民银行牵头的国有银行改革专题工作小组国务院专题报告，明确提出"国家开发银行向开发性银行转型"
2007 年 1 月	第三次全国金融工作会议明确坚持分类指导、"一行一策"改革原则，提出首先推进国家开发银行改革、中国进出口银行和中国农业发展银行也要深化内部改革，为进行全面改革创造条件
2007 年 12 月 31 日	中投公司通过汇金公司向国家开发银行注资 200 亿美元
2008 年 5 月	人民银行上报国家开发银行改革具体实施方案，明确国家开发银行独资或控股分别设立国银金融和国银证券两个子公司，分别承接股权投资和投行业务
2009 年 3 月	人民银行会同财政部、商务部、保监会等机构成立进出口银行和中信保改革工作小组
2011 年 5 月	中国出口信用保险公司改革实施总体方案获批
2011 年 6 月	中投公司向中国出口信用保险公司注资 200 亿元
2014 年 12 月	中国农业发展银行改革方案经国务院批复同意
2015 年 3 月	国家开发银行深化改革方案、中国进出口银行改革实施总体方案经国务院批复同意
2015 年 7 月	国家外汇储备向国家开发银行和中国进出口银行分别注资 480 亿美元与 450 亿美元
2016 年 11 月	国务院批复同意国家开发银行、中国进出口银行和中国农业发展银行章程
2017 年 11 月 6 日	国家开发银行新一届董事会成立
2017 年 11 月 15 日	银监会公布《国家开发银行监督管理办法》《中国进出口银行监督管理办法》《中国农业发展银行监督管理办法》

资料来源：中国人民银行。

第一阶段：2008—2012 年。2008 年之前，商业性金融不同程度地进入"两基一支"等原有政策性金融领域，国家开发银行业务与商业银行业务的界限日趋模糊。在这一背景下，人民银行确定了国家开发银行转型方向，对其资本金进行补充，构建较为规范的公司治理架构。2009—2011 年，为应对国际金融危机冲击，充分发挥政策性出口信用保险在支持外贸发展、实施"走出去"战略中的功能和作用，

对中国出口信用保险公司进行改革，进一步明确其政策性定位，由汇金公司出资补充其资本金。

第二阶段：党的十八大以来，开发性、政策性金融机构再出发。党的十八届三中全会、2014 年政府工作报告明确要求"推进政策性金融机构改革"，习近平总书记等党和国家领导人多次强调要发挥开发性、政策性金融服务国家战略的功能和作用，开发性、政策性金融机

构改革步伐明显加快。

第一，推动开发性、政策性金融机构补充资本金并建立资本充足约束机制。一是选择包括外汇储备、汇金公司等具有公共性、能够代表国家的出资人进行外部注资，将部分所有者权益转增资本、减少分红或者分红转注资增加内源性资本积累，并通过发行符合监管要求的新兴资本工具补充资本，或者通过符合监管要求的信贷资产转让和资产证券化等措施减少对资金与资本的需求量。二是协调监管部门明确资本约束机制和补充资本不足的措施。除国家明确风险补偿机制指定的特定开发性业务或政策性业务可稍微降低一点风险权重外，三家开发性、政策性银行参照巴塞尔协议和通用的银行监管规则进行资本计量，并适用非系统重要性银行 10.5% 的资本充足监管标准。中信保仍适用风险责任余额不得超过资本金 20 倍的标准。

第二，推动相关部门明确配套支持政策。一是完善风险补偿机制，区分开发银行的特定开发性业务和其他开发性业务及商业性业务、政策性金融机构的政策性业务和自营性业务，明确国家风险补偿和不予补贴的范围。二是推动财税部门在符合税制改革方向和税收公平前提下，统筹研究给予开发性、政策性金融机构相应的财税支持政策。三是推动监管部门根据国际通行制度安排，给予开发性、政策性金融机构债信支持。2015 年 6 月，银监会明确银行业金融机构投资国开行金融债券视同对政策性银行债权，风险权重为零。

第三，加强外部监管和内部管控。针对开发性、政策性金融功能和运作模式与商业性金融有所区别的情况，人民银行先后出台了三家银行的审慎性监管规定，将部分盈利性指标的差异化监管与大部分监管要求的统一监管相结合，确保监管措施执行刚性。修订和完善开发

性、政策性金融机构章程，明确功能定位、经营范围与业务、资金来源、治理结构、风险管控等相关原则，督促其加强内控和风险管理，确保稳健经营和发展。

（4）顺利实施存款保险制度。2004 年，人民银行向国务院上报《关于建立我国存款保险制度的请示》。2007 年，第三次全国金融工作会议提出了建立我国存款保险制度的总体目标和要求。2012 年，第四次全国金融工作会议进一步提出要抓紧研究完善存款保险制度实施方案，择机出台并组织实施。2013 年 11 月，党的十八届三中全会明确要求"建立存款保险制度，完善金融机构市场化退出机制"。2014 年 10 月，国务院第 67 次常务会议审议通过《存款保险制度实施方案》。2015 年 2 月，国务院公布《存款保险条例》，于同年 5 月 1 日起施行。至此，我国存款保险制度正式建立。我国存款保险制度的基本框架主要包括五个方面：

一是实行强制保险。存款保险覆盖境内依法设立的所有存款类金融机构，包括商业银行（含外资法人银行）、农村合作银行、农村信用社等所有吸收存款的银行业金融机构[1]。在存款保护范围内，存款保险覆盖人民币和外币存款，包括个人储蓄存款和企业及其他单位存款的本金和利息，金融机构同业存款、金融机构高级管理人员在本机构的存款以及其他根据存款保险基金管理机构规定不予承保的存款除外。

二是实行限额偿付。在存款类金融机构被接管、撤销或者破产时，覆盖范围内的存款在规定限额内得到偿付，超过限额的部分仍有权从该机构清算资产中得到追偿。

---

[1]　参照国际惯例，境内银行在我国境外设立的分支机构，以及外国银行在我国境内设立的分支机构原则上不纳入存款保险，我国与其他国家（地区）对存款保险制度另有安排的除外。

三是实行基准费率和风险差别费率相结合的制度。我国存款保险低费率起步，费率水平远低于绝大多数实行存款保险制度的国家（地区）。为促使投保对象稳健经营和健康发展，风险较高的存款类金融机构适用较高费率，风险较低者适用较低费率。

四是存款保险基金"取之于市场、用之于市场"。基金主要由存款类金融机构交纳的保费组成，以充分体现市场约束的原则。基金运用以安全性为首要原则，初期主要限于购买国债、存放人民银行获取利息、购买高等级债券及国务院批准的其他资金运用形式等。

五是充分发挥存款保险及时防范和化解金融风险的作用。存款保险基金除征收保费、偿付存款等基本业务外，还具有必要的信息收集与核查、风险警示、早期纠正与风险处置等职能，这有利于金融风险的早发现和少发生。

截至2017年6月30日，全国3 889家吸收存款的银行业金融机构已全部办理投保手续，存款保险机制的各项作用正在逐步显现。

4. 大力推动贸易投资自由化便利化

为更好地服务我国加入世界贸易组织、人民币汇率形成机制改革、人民币国际化等重大战略部署，人民银行持续推进外汇管理重点领域和关键环节的改革，更好地满足市场主体利用国际国内两个市场、两种资源的需要，服务实体经济的效率和水平明显提高，统筹便利化和防风险的理念深入人心，保障经济金融安全的能力不断增强。

（1）外汇管理体制改革。2003年以来，人民银行不断深化外汇管理体制改革，根据不同时期面临的环境、阶段性目标和重点，建立健全与社会主义市场经济体制相适应的外汇管理体制，统筹平衡好促进贸易投资便利化和防范跨境资本流动风险。2002年11月，党的十六大宣告社会主义市场经济体制初步建立，首次

把国际收支平衡作为宏观调控的主要目标之一。在2005年人民币汇率形成机制改革启动之前，人民银行率先从我国外汇管理体制改革发力，逐渐改变计划经济时期形成的外汇短缺管理思路和"宽进严出"管理模式，按照完善社会主义市场经济体制和履行加入世界贸易组织承诺的要求，加快推进外汇管理方式转变。从2005年开始，为服务人民币汇率形成机制改革，外汇管理体制重点领域改革进一步加快：一是进一步放宽经常项目持有和使用外汇的限制，有序推进资本项目可兑换，满足市场主体持有和使用外汇的便利。二是加强培育外汇市场的交易方式、避险产品和市场主体，夯实汇率形成机制改革微观基础。三是在服务实体经济、便利正常合理用汇需求的同时，严格执行真实性合规性管理原则，强化对经常项目和资本项目外汇流入的真实性审核，打击各类违法违规交易。

从2009年开始，按照扩大金融对内对外开放的总体思路，人民银行围绕促进贸易投资便利化，提出推进外汇管理理念和方式"五个转变"：一是管理方式上，从强调重审批转变为重监测分析。逐步从较为依赖审批和核准的管理方式转变为重点加强跨境资金流动的监测分析和预警。二是管理流程上，从强调重事前监管转变为强调事后管理。逐步从事前逐笔审核转变为事后核查和重点查处。三是管理主体上，从强调重行为管理转变为更加强调主体管理。逐步从按交易行为和业务性质监管转变为以经济主体为单位进行管理。四是管理理念上，从"有罪假设"转变为"无罪假设"。逐步从事前排查经济主体外汇收支的真实性转变为事后举证查处违法违规经济主体。五是管理原则上，从"正面清单"转变为"负面清单"。逐步从"法无明文授权不可为"转变为"法无明文禁止即可为"。

人民银行全面把握我国外汇形势格局变化的两阶段特征，坚持统筹"一个平衡、两项基本原则"，即统筹"平衡"好促进贸易投资便利化和防范跨境资本流动风险的关系。一方面，"坚持"服务实体经济、服务改革开放，金融市场双向开放程度和跨境贸易投资便利化水平大幅提升；另一方面，"坚持"把防范跨境资本流动风险放在外汇管理工作更加重要的位置，切实维护外汇市场稳定和国家经济金融安全，跨境资本无序、高强度流动对宏观经济和金融稳定带来的冲击得到有效化解。

（2）稳步有序推进资本项目可兑换。2000年左右，我国资本项目可兑换程度不高，行政管理色彩浓厚，大部分资本项目交易都需要事前审批。从2001年开始，人民银行根据我国经济发展和对外开放的客观需要，按照"先流入后流出、先长期后短期、先直接后间接、先机构后个人"的总体思路，稳步推进人民币资本项目可兑换。

第一阶段：2001—2008年，资本项目可兑换全面推进，开放重点从过去的直接投资领域逐步扩展至对外债权债务、证券投资等众多领域。在直接投资领域，大力支持境内企业"走出去"，取消境外投资购汇额度限制，允许前期费用汇出，鼓励境内母公司或银行为境外投资企业提供融资支持；加强外商投资企业外汇资本金结汇使用管理，规范跨境并购行为。在证券投资领域，先后推出了合格境外机构投资者制度（QFII）和合格境内机构投资者制度（QDII），支持社保基金、银行、证券、保险等各类机构对外证券投资。在资本转移领域，允许个人移民合法拥有和非居民合法继承的境内财产购汇汇出。在其他投资领域，建立以登记为主的外债管理制度。在推进资本项目可兑换中兼顾便利化与防风险，对资金大进大出渠道有所限制，包括跨境证券投资、个人借贷、衍

生交易、对外短期借款等方面保持较为严格的管制，在维护经济金融安全方面发挥了重要作用。

第二阶段：2009—2017年，人民币资本项目可兑换程度大幅提升，呈现"放""管"结合、"破""立"并举的特点。一方面，放松管制、简政放权，大幅度减少对跨境资本和金融交易的汇兑限制，有序拓宽资金跨境流动渠道。直接投资、外债、跨境担保等领域的行政审批大幅削减或取消，额度管理逐渐减少，以登记为核心的新的外汇管理框架基本建立；金融市场开放进一步深化，陆续实施"沪港通"、基金互认、"深港通"和"债券通"，推动资本市场对外开放实现飞跃，顺应人民币国际化需要及时推出人民币合格境外机构投资者制度（RQFII）。另一方面，积极探索新的事中事后监管手段，建立健全宏观审慎管理框架下的外债和跨境资本流动管理体系。截至2017年年末，在7大类共40项资本和金融项目交易中，我国实现可兑换、基本可兑换和部分可兑换的项目共计39项，资本项目开放度较小部分主要集中在衍生工具交易及个人资本交易两个方面。

（3）加强和完善外汇储备经营管理。外汇储备是我国重要的金融资产和战略资源，在国民经济发展中发挥着保障对外支付、维护汇率稳定和国家经济金融安全等不可替代的作用。2003年以来，我国外汇储备规模先升后降，经历了平稳增长（2003—2006年）、快速增长（2007年至2014年6月）和平稳下降（2014年6月以来）三大阶段。2006年突破1万亿美元，成为世界第一；2014年中期达到3.99万亿美元的顶峰。从2014年中期开始，外汇储备高位波动下行后趋于平稳，2017年年末为3.14万亿美元。

2001年以来，外汇储备在国务院、中国人

民银行、国家外汇管理局三级授权管理体系下经营管理，以"安全性、流动性、保值增值"为经营管理原则，逐步探索出一条有中国特色的外汇储备经营管理道路。一是坚持国家战略导向，稳妥推进外汇储备多元化运用。二是坚持多元化、分散化的投资战略，取得"东方不亮西方亮"的投资效果。三是始终将风险防范放在外汇储备经营管理的首位，始终坚持审慎的投资理念和系统严谨的风险管理制度，经受住了实践的检验。

5. 金融业开放取得突破性进展

《金融服务贸易协定》是世界贸易组织《服务贸易总协定》的附件之一，有关银行业、证券业、保险业等金融服务业的开放承诺是该协议最为核心的内容。基于对外开放整体布局和金融业自身发展需要，2001 年以来，人民银行着力推动完善金融服务业开放相关制度，不仅全面落实加入世界贸易组织时的承诺，而且在特定金融服务领域作出一系列超越世界贸易组织承诺的安排。

我国加入世界贸易组织承诺金融业开放及履行情况

金融业	开放承诺	履行情况
银行业	（1）逐步取消对外国银行的地域限制。对外国银行在中国经营外币业务不作任何地域限制，对外国银行在中国经营人民币业务将按时间表逐步取消地域限制，并在 5 年后完全取消这种限制。 （2）逐步取消客户限制。对于外币业务，允许外国银行自中国加入世界贸易组织时起在中国提供服务，无任何客户限制。对于人民币业务，自中国加入世界贸易组织第二年起，允许外国金融机构向中国企业提供服务。第五年起，允许外国金融机构向所有中国客户提供服务。只要获得在中国某一区域从事人民币业务的资格，就意味着同时被允许在其他区域内从事此类业务。 （3）逐步放宽准入限制。在中国加入世界贸易组织 5 年后废除所有现存的针对所有者、经营和外国金融机构商业存在的法律形式的限制。只要外国金融机构在提交申请前的年末资产总额超过 100 亿美元，就被允许在中国建立外国银行或者金融公司的子公司，或者在中国设立中外合资银行或者中外合资金融公司。外国金融机构在提交申请前的年末资产总额超过 200 亿美元，就被允许在中国设立分行。外国金融机构申请前在中国境内经营 3 年，且连续 2 年盈利，就被允许在中国从事人民币业务。	（1）机构设立方面。2001 年 12 月，我国颁布《中华人民共和国外资银行管理条例》，允许满足一定条件的外国金融机构申请在华设立外商独资银行、中外合资银行和外国银行分行。从 2006 年 12 月起，在外资银行自主选择商业存在形式的前提下，鼓励具备一定条件并准备发展人民币零售业务的外资银行分行转制为在中国注册的法人银行。转制后，外资法人银行在注册资本、设立分支机构、营运资金要求以及监管标准方面，完全与中资银行相同。实行法人导向政策主要是为了保护中国存款人利益和维护金融稳定。 （2）业务范围方面。外币业务，自中国加入世界贸易组织之日起，取消外资银行经营外汇业务的地域和客户限制，外资银行可在全国范围内对中资银行和中国居民办理外汇业务。人民币业务资格方面，2001 年颁布的《外资银行管理条例》允许具备一定条件且满足审慎性监管条件的外资金融机构申请开展人民币业务，并允许外资银行吸收中国境内公民每笔不少于 100 万元人民币，期限不少于 3 个月的定期存款。从 2006 年 12 月起，取消外资银行吸收人民币存款期限要求，允许外资法人银行经营全面的人民币业务。人民币业务地域和客户范围方面，2004 年年末，较加入世界贸易组织承诺提前一年向外资银行开放西安和沈阳的人民币业务；2005 年年末，较加入世界贸易组织承诺提前一年开放哈尔滨、长春、兰州、银川和南宁的人民币业务。从 2006 年 12 月起，取消外资银行经营人民币业务的地域和客户限制。 （3）持股比例方面。2003 年 12 月颁布的《境外金融机构入股中资金融机构管理办法》规定，允许单个境外机构入股中资金融机构，入股比例从 15% 提高至 20%。多个境外机构对非上市中资金融机构投资入股合计比例大于或等于 25%，对该非上市金融机构按外资金融机构实施监管；多个境外机构对上市中资金融机构投资入股合计比例大于或等于 25%，对该上市金融机构按中资金融机构实施监管。

续表

金融业	开放承诺	履行情况
证券业	（1）外国证券机构驻华代表处可以成为中国证券交易所的特别会员。 （2）持股比例方面。我国加入世界贸易组织时，允许合资证券管理基金公司的外资持股比例不超过33%。第3年后，合资基金公司的外资持股比例可放开至49%，合资证券公司的外资持股比例不超过33%。 （3）业务范围方面。允许外国证券公司不通过中介直接从事A股的承销、B股、H股、政府和公司债券的承销和交易以及发起设立基金。	（1）机构设立方面。自中国加入世界贸易组织时起，外国证券机构驻华代表处可申请成为中国证券交易所的特别会员；允许外资机构设立合资证券投资基金公司。2002年证监会颁布《外资参股证券公司设立规则》，允许外资机构参股证券公司。 （2）业务范围方面。加入世界贸易组织后，外国证券机构即可直接从事B股交易。外资参股证券公司、基金公司和期货公司开展相关业务的限制也逐步放开。从2002年起，外资参股证券公司可从事股票和债券的承销、外资股的经纪、债券的经纪和自营。2007年《外资参股证券公司设立规则》修订后，外资参股证券公司还可参与股票和债券的保荐业务。 （3）参股比例方面。2002年《外资参股证券公司设立规则》要求，境外股东持股比例或者在外资参股证券公司中拥有的权益比例，累计（包括直接持有和间接持有）不得超过1/3。2012年10月《外资参股证券公司设立规则》修订后，参股比例上限提升至49%，已高于加入世界贸易组织时的承诺。2004年10月《证券投资基金公司管理办法》要求，中外合资基金管理公司外资出资比例或者拥有的权益比例，累计（包括直接持有和间接持有）不得超过国家证券业对外开放所作的承诺（即49%）。根据《内地与香港关于建立更紧密经贸关系的安排（CEPA）》以及历次补充协议，从2005年1月1日起，允许符合条件的港澳服务提供者参股内地期货经纪公司，外资参股比例不超过49%。
保险业	（1）设立资格方面。外资保险机构在华开业不再有数量限制，只要申请设立的机构具备以下资格条件即可：投资者应为在世界贸易组织成员有超过30年经营历史的外国保险公司；必须在中国设立代表处2年以上；提出申请前一年年末总资产不低于50亿美元。 （2）地域范围方面。自中国加入世界贸易组织时起，允许外资寿险和非寿险公司及保险经纪公司在上海、广州、大连、深圳和佛山提供服务，第二年内增加开放北京、成都、重庆、福州、苏州、厦门、宁波、沈阳、武汉和天津10个城市，第三年内取消地域限制。 （3）持股比例方面。允许非寿险公司在华设立分公司或合资公司，合资公司的外资股比可以达到51%；允许设立的外国寿险合资公司的外资股比不超过50%；合资保险经纪公司的外资股比可以达到50%。第三年起，外资经纪公司在合资公司的最高股比可由50%增加到51%。第五年起，允许外资保险经纪公司设立全资子公司。 （4）业务范围方面。允许外国非寿险公司向境外企业和外商投资企业提供财产险和信用险。第二年后，允许外国非寿险公司向外国和国内客户提供除法定保险外的全部非寿险服务。第三年后，外国寿险公司可向中国公民和外国公民提供健康险、团体险和养老金/年金险服务。	（1）机构设立方面。2003年年末，取消对外资非寿险公司在华设立机构形式的限制。2004年年末，取消外资保险公司机构设立的地域限制。 （2）业务范围方面。2003年年末，向外资非寿险公司开放所有业务。从2004年年末开始，除有关法定保险业务外，向外资参股/合资寿险公司开放所有业务。2005年年末取消法定分保。2012年5月向外资保险公司开放机动车交通事故责任强制保险（交强险）业务。 （3）参股比例方面。2004年5月颁布的《外资保险公司管理条例实施细则》规定，寿险公司外资持股比例不超过50%。

资料来源：中国人民银行。

例如，在银行业方面，放宽外资金融机构经营人民币业务的限制条件，将外资银行营业性机构经营人民币业务的资格要求由入世承诺中的"在中国境内开业3年"调整为"在中国境内开业1年"。在证券业方面，将合资证券公司的外资持股比例从入世承诺的33%提高至49%。在保险业方面，2012年对外资开放交强险这一法定保险业务市场，超出了入世承诺中"外国保险机构不得从事法定保险业务"的限制，被认为是保险业开放进程中的一项重大举措。随着外资准入限制放宽，外资金融机构在华分支机构数量、资产规模和业务经营范围逐步扩大。以银行业为例，截至2017年年末，外资银行在中国营业性机构总数达1 013家，相比2002年的180家年均增长13%；总资产从2002年年末的3 000多亿元，增长到2017年年末的3.24万亿元，年均增长超过15%；2017年累计实现净利润相当于2002年的10倍。另外，在金融业开放过程中，我国结合自身实际，不断学习国外金融市场运作机制、金融工具和监管手段，金融市场的深度和广度明显改善，市场层次和产品不断丰富，以资本市场、银行间债券市场、黄金市场及外汇市场为代表的中国金融市场的吸引力不断上升，逐渐形成与全球金融市场深度融合的双向开放新格局。

6. 形成一批可复制、可推广的区域金融改革经验

为配合从顶层进行制度设计、在全国范围内统一部署和行动的全局性金融改革，加快探索全面深化改革的新模式和新途径，在党中央、国务院的统一部署下，人民银行根据金融运行客观规律和区域经济特征，联合相关部门选择我国若干具备条件的地区有针对性地开展具有"综合性"和"专项性"双重特征的区域金融改革试点。"综合性"是指，区域金融改革试验区往往是包含产业政策、财政政策、税收政策、金融政策及土地政策等一揽子综合政策的改革试验区。"专项性"是指，在一揽子综合政策框架下，区域金融改革试验区以某一专项性政策改革试验为核心，以试验区形式推进区域性改革，注重发挥地方积极性和能动性，采取"先试点、再总结、后推广"的模式。

人民银行推进的区域金融改革试点共有五类：

第一类，自贸区金融开放创新试点。包括第一批的上海自贸区，第二批的天津、广东和福建自贸区，以及第三批的辽宁、浙江、河南、湖北、重庆、四川、陕西等自贸区，在跨境人民币业务、资本项目可兑换、外汇管理、国际交易平台、金融简政放权等方面对金融开放创新进行先行先试，有力地促进了实体经济发展和贸易投资便利化。

第二类，农村金融改革与普惠金融、金融扶贫。包括黑龙江"两大平原"、吉林、四川成都、浙江丽水的农村金融改革，以及陕西宜君县和青海的农村普惠金融改革等，激发农村金融市场活力，丰富农村金融服务，推动金融精准扶贫和普惠化发展，基本实现城乡金融服务均等化。

第三类，民间金融与小微金融改革。包括浙江温州的民间金融、台州的小微企业金融服务以及福建泉州的金融服务实体经济改革，规范引导民间金融，打通金融资本进入实体经济渠道，积极探索化解小微企业融资难、融资贵问题。

第四类，绿色金融改革创新试验。涉及浙江、广东、新疆、贵州、江西五省（自治区）的绿色金融改革创新试验，以金融创新推动绿色产业发展为主线，在制度、组织、市场、产品、服务、政策保障等方面进行试点，更好地发挥绿色金融助推中国经济绿色转型的积极作用。

第五类，区域特色金融改革与创新。包括珠三角粤港澳金融合作、浙江义乌贸易金融、湖南"长株潭"城市群金融支持"两型"社会建设、广州南沙新区金融改革、云南和广西沿边金融综合改革、山东青岛财富管理和湖北武汉城市圈科技金融创新，立足当地实际、契合产业特征，以服务实体经济为导向，有针对性地开展专项金融改革。

这些区域金融改革共涉及 20 个省（自治区、直辖市）的 27 项专题改革，布局范围涵盖东部沿海发达地区、中部工业化转型地区、西部欠发达地区、民族和边疆地区，内容涉及自贸区金融开放创新、绿色金融、科技金融、小微金融、农村金融和普惠金融等多个主题。总体来看，区域金融改革促进了我国多元化组织体系和多层次市场体系不断完善，创新能力不断增强，金融生态环境不断优化，风险防范能力不断增强，金融服务实体经济能力显著提升。

（四）人民币走向国际化

人民币国际化最早可追溯到改革开放以来我国与周边的边境贸易、边民互市等的人民币自发使用。自 20 世纪 90 年代以来，港澳地区的人民币使用迅速扩大，为便利港澳居民，经国务院批准，人民银行于 2003 年和 2004 年分别与香港和澳门金融管理部门建立了人民币清算和回流机制。2008 年国际金融危机期间西方国家金融市场一度非常疲弱，加之由于金融危机导致的货币不稳定，市场上缺乏美元，且对美元信心不足，欧元、日元也比较不稳定，国际社会要求改革现有国际货币体系的呼声越来越大，对人民币的欢迎程度超过预期。最早是韩国主动要求和我国开展人民币互换，随后陆续有 20 多个发展中国家提出货币互换，甚至一些发达国家也加入进来，人民币国际使用迎来了新的市场环境。

在国际社会需要，同时于我有利的情况下，人民银行按照党中央、国务院部署，遵循尊重市场需求、服务实体经济、确保风险可控的原则，顺势而为，沿着"逐步使人民币成为可兑换的货币"的长期目标，进一步减少不必要的行政管制和政策限制，逐步建立并完善人民币国际化的制度框架和基础设施，稳步推进人民币国际化发展。

第一，经常项目方面。2009 年 7 月，上海市和广东省广州、深圳、珠海、东莞四市率先启动跨境贸易人民币结算试点，境外地域范围暂定为我国港澳地区和东盟国家。同时，明确银行办理跨境贸易人民币结算业务的操作细则。2011 年 8 月，跨境人民币结算试点扩大至全国，业务范围涵盖货物贸易、服务贸易和其他经常项目结算，境外地域没有限制。参与主体从企业扩展到个人，2011 年年初，国务院批准在浙江省义乌市设立国际贸易综合改革区，允许义乌开展个人跨境贸易人民币结算业务试点。从 2014 年 6 月开始，个人货物贸易、服务贸易跨境人民币结算业务扩展到全国。

第二，直接投资和跨境融资方面。2010 年人民银行在新疆试点开展境内企业人民币对外直接投资业务。2011 年 8 月，人民币对外直接投资业务扩大至全国范围。2012 年 6 月，人民银行进一步明确相关管理制度，包括开立账户、前期费用、资本金、并购、股权转让和"投注差"内从境外借款等。2013 年，人民银行进一步简化跨境人民币业务流程，鼓励境内银行开展跨境人民币贸易融资及资产跨境转让业务。

第三，双边货币合作方面。2008 年 12 月，中韩两国中央银行签署框架协议决定开展货币互换合作，这不仅是我国与他国（地区）第一次决定开展双边本币合作，也是人民币首次以官方姿态迈出国门。此后，我国签署双边货币互换协议的国家（地区）和金额逐步扩大，在促进经贸合作、维护区域金融稳定方面发挥了重要作用。双边本币结算协定方面，2009年之前，我国和其他国家（地区）签署的本币结算协定均是边境贸易结算协定。2010年之后，随着双边经贸往来进一步深化以及本币结算工作开展，我国顺应市场主体需要，开始和其他国家（地区）签署一般贸易（和投资）本币结算协定。截至2017年年底，我国先后与36家境外央行（货币当局）签署了总额超过3.3万亿元人民币的双边本币互换协议。

第四，基础设施建设方面。人民银行不断完善清算渠道、账户体系和系统建设等基础设施，保障跨境人民币结算试点工作的顺利进行。2009年，人民银行分别与中银香港和中国银行澳门分行先后修订了《关于人民币业务清算协议》，2017年年底，人民银行已经在24个国家和地区建立了人民币清算安排，清算行、代理行和非居民账户清算渠道日益顺畅。2010年9月，人民银行发布了《境外机构人民币结算账户管理办法》，逐步完善了账户管理体系。2009年7月，人民银行设计开发了人民币跨境信息收付管理信息系统（RCPMIS），对人民币跨境收付情况进行统计、分析和监测，之后于2012年启动建设人民币跨境支付系统（CIPS），并于2015年10月8日成功上线运行CIPS（一期）。为跨境结算提供了良好的基础设施保障，提高跨境清算效率。

随着中国经济和人民币国际地位的不断提升，国际上建议将人民币纳入国际货币基金组织（IMF）特别提款权（SDR）的声音日益增强。2009年，时任人民银行行长周小川发表《关于改革国际货币体系的思考》，激发了国际社会对增强SDR作用的关注。2010年，IMF对SDR货币篮子进行例行审查，人民币满足了SDR篮子货币的出口门槛标准，但尚未达到"可自由使用"标准，未能成功"入篮"。2015年正值新一轮SDR审查期，由于人民币是当时SDR篮子货币外唯一符合出口标准的货币，审查重点仍是评估人民币是否符合"可自由使用"标准，人民币加入SDR面临难得的历史性机遇。党中央、国务院高瞻远瞩、审时度势，及时作出了推动人民币加入SDR的重要战略部署。再加上2010年SDR审查以来，人民币跨境支付占比不断上升，离岸人民币市场进一步拓展，人民币国际合作不断深化，"广泛使用"和"广泛交易"程度大幅提高。2015年11月30日，IMF执董会讨论并全票通过SDR审查报告，认定人民币已经满足了出口和"可自由使用"标准，决定将人民币纳入SDR货币篮子，SDR货币篮子相应扩大至美元、欧元、人民币、日元、英镑五种货币，人民币在SDR货币篮子中的权重为10.92%，新的SDR篮子于2016年10月1日正式生效。这是人民币国际化的重要里程碑，代表了国际社会对我国改革开放成就的高度认可，对中国和世界是双赢的结果。

人民币走向国际化以及随之推进的金融业对外开放、资本项目可兑换、汇率形成机制改革等举措，使世界范围内的贸易商熟悉人民币、使用人民币，使全球投资者投资人民币计价的金融产品，对中国经济的认识更加清楚，提升了对中国经济的信心。人民币走向国际化，有利于建立经济调整成本分担机制、争取国际经济金融治理中更多的话语权，有利于推动金融业及其他产业增强竞争力、实现升级发展，有利于提高金融稳定性、强化预防经济金融危机的能力，还有利于在"一带一路"建设中发挥本币投融资的优势。

（五）妥善应对和防范化解金融风险

2003—2017 年，金融体系总体稳定，但随着我国经济增速换挡，特别是在 2008 年国际金融危机冲击影响下，经济金融运行中长期积累的一些突出问题和深层次矛盾逐步暴露。面对复杂多变的金融稳定形势，人民银行在党中央、国务院的坚强领导下，牵头妥善应对和处置了局部地区和个别机构的金融风险事件，特别是妥善应对了金融市场异常波动，守住了不发生系统性和区域性金融风险的底线，进一步坚定了社会对全面深化金融改革的信心。

1. 牵头或配合处置高风险金融机构

2003 年，银监会从人民银行分设时，为了保持工作的连续性，防止国有资产流失，国务院批准由人民银行牵头继续处置海南赛格国际信托投资公司等 16 家尚未完成停业整顿和撤销清算工作的高风险金融机构的市场退出后续工作。为此，人民银行成立相应的停业整顿工作组和撤销清算组，专门负责对这 16 家金融机构的停业整顿和撤销清算工作。经过十余年的不懈努力，16 家市场退出机构中，10 家以破产方式退市的金融机构，经国务院批准已进入法院的破产清算程序，部分已破产清算终结；3 家以行政清算方式退市的金融机构，行政清算工作已基本完成；3 家以其他方式处置（托管经营或重组）的金融机构，债务清偿和工商注销已完成。

2004 年，人民银行会同有关部门研究决定以华融公司为平台托管德隆系企业，探索了以市场化、法治化、专业化方式处置高风险金融机构的路径，同时，以德隆系风险处置为契机，推动了投资者保护制度的完善，在建立金融风险处置长效机制方面迈出了重要的一步。

从 2005 年开始，人民银行、证监会等多部门贯彻落实国务院指示，利用 2～3 年的时间，对证券公司实施综合治理。积极推动南方证券、银河证券等 9 家证券公司重组改革，对闽发证券等 31 家高风险证券公司实施了关闭或破产等风险处置措施，并积极推动证券市场基础性制度建设。2007 年 8 月，综合治理工作基本结束，有效化解了证券公司风险，维护了证券市场稳定，同时，促进了证券行业资源整合，为提高我国证券业的竞争力打下了良好的基础。

2006 年年末，针对中国再保险（集团）公司经营中的问题，人民银行会同有关部门制订了改革方案，积极推动中国再保险（集团）公司改革重组工作，2007 年 4 月，汇金公司注资 40 亿美元，2007 年 10 月，中国再保险（集团）股份有限公司挂牌成立，对分散保险业风险、扩大承保能力、引领保险市场创新具有重要意义。同时，人民银行配合保监会，探索运用保险保障基金收购问题股权，积极推动中华联合、新华人寿等高风险保险机构重组工作，维护了金融和社会稳定。通过改革和重组，保险公司资本实力得到增强，公司治理不断完善，竞争能力和抗风险能力稳步增强。

2004—2008 年，人民银行积极配合监管部门和有关地方政府，从有利于中小银行业发展、节约救助成本以及维护金融稳定等方面综合考虑，结合各地实际，积极探索各种有效的市场化处置模式，完善市场退出机制，重点做好个人债权甄别、确认和收购工作，依法采取撤销和停业整顿的方式，妥善处置了另外 28 家高风险银行业金融机构。在整顿金融秩序、对不合格金融机构实现彻底的市场退出后，我国金融业风险得到有效化解，金融机构经营过程中风险意识明显提升，行业抗风险能力进一步提高，广大投资者风险意识进一步增强，为金融体系的稳健运行打下了良好基础。

人民银行牵头处置高风险金融机构

序号	人民银行牵头处置16家历史遗留高风险金融机构	序号	人民银行参与处置28家高风险银行业金融机构
1	海南赛格国际信托投资公司	1	金新信托投资股份有限公司
2	海南汇通国际信托投资公司	2	伊斯兰国际信托投资有限公司
3	海南华银国际信托投资公司	3~10	青海省格尔木市8家农村信用社
4	海南国际租赁有限公司	11	庆泰信托投资有限公司
5	三亚中亚信托投资公司	12	吉林省四平市金信城市信用社
6	北京中兴信托投资有限公司	13	江苏省南京市国际信托投资公司
7	中国华阳金融租赁有限公司	14	金信信托投资有限公司
8	山西华康信托投资有限公司	15	吉林省泛亚信托投资有限公司
9	佳木斯证券公司	16~19	江西省抚州市4家城市信用社
10	广东国民信托投资有限公司	20	甘肃省临夏州解放路农村信用社
11	中国新技术创业投资公司	21~24	黑龙江省4家城市信用社
12	海南港澳国际信托投资公司	25~28	新疆维吾尔自治区哈密市4家农村信用社
13	鞍山证券公司		
14	辽宁证券公司		
15	秦皇岛证券营业部		
16	珠海证券公司		

2. 稳妥应对金融市场异常波动

2008年国际金融危机爆发，对全球经济金融运行带来重大冲击，2010年以后，世界经济进入深度调整期。受外部环境和经济发展阶段变化影响，我国经济也出现了很多趋势性变化，出现了不少结构性矛盾和体制弊端问题，各类隐性风险逐步显性化。人民银行及时采取市场化调控举措，稳妥应对货币市场、股票市场、债券市场、外汇市场异常波动等风险挑战，有力维护了金融体系健康平稳发展。

（1）妥善处置货币市场波动风险。2013年前几个月，经济存在一定下行压力，不少市场机构"赌"中央会出台刺激措施稳定经济，通过加快贷款投放、同业扩张等方式提前布局，加上受美联储释放退出量化宽松政策信号等多重因素影响，2013年6月，我国货币市场出现较大波动，市场利率明显上升，一些媒体称为"钱荒"。

面对市场要求放松"银根"的压力，人民银行始终保持定力，冷静分析客观实际，判断这次波动是市场因误判宏观政策而诱发过快扩张的融资需求和稳健货币政策取向、银行体系流动性合理适度增长之间的冲突在某一具体时点的表现，必须坚持稳健和审慎的货币政策不放松，绝不能"一放了之"。为妥善应对这次波动，人民银行坚持"总量稳定、结构优化"的取向，在引导市场预期和开展公开市场操作过程中尽可能兼顾各方面因素。一方面，坚持适度而非完全满足市场需求，适时适度向贷款符合国家产业政策和宏观审慎要求、有利于支持实体经济、总量和进度比较稳健的金融机构提供流动性支持，维护货币市场稳定运行；另一方面，提示商业银行反思自身经营管理模式，调整资产负债扩张的节奏和结构。同时，积极传递政策信号，稳定市场预期。这些举措促进市场走向平稳，有效抑制了金融机构的过度加杠杆和信用扩张趋势，控制住了货币信贷和社会融资总量增长偏快的势头，对抑制全社会债务和杠杆水平的过快上升发挥了积极作用。2013 年前五个月，我国整体债务率上升了近 8 个百分点，但从 2013 年 6 月至当年末，债务率仅微升了约 1 个百分点。

（2）防范跨境资金流动风险。从 2015 年下半年开始，我国外汇形势出现了深刻变化，国际收支由延续十多年的双顺差格局转变为"经常项目顺差、资本和金融项目（不含储备资产）逆差"的格局，跨境资金从净流入转为基本平衡再到净流出。外汇市场出现了较严重的"跨境资本流出→外汇储备持续下降→人民币贬值压力增大→跨境资本流出"的负向螺旋，市场形势一度异常严峻。

面对外汇市场的高强度冲击，在党中央、国务院的统一部署下，人民银行持续提高汇率形成机制的规则性、透明度和市场化水平，密切关注市场变化，当机立断发出明确信号，积极主动就市场关心问题对外发声，合理引导预期，有效维护了人民币汇率稳定。同时，人民银行、外汇局还通过强化真实性合规性监管、加大检查力度，严厉打击地下钱庄等外汇领域违法违规行为，建立外汇市场自律机制，完善宏观审慎跨境资本流动管理框架等一系列措施，有效打破了外汇市场负向螺旋，切实防范跨境资本无序流动风险。

在整个过程中，人民银行、外汇局坚持改革开放的理念不动摇，坚决不走资本管制的老路，按照既有利于当前又有利于长远的原则推动金融市场开放和资本项目可兑换等重点领域改革开放，侧重推进流入端改革，增加了外汇市场有效供给，释放了改革红利，起到了用改革红利对冲风险、促进外汇市场平衡的作用。

（3）积极稳妥做好债券市场违约风险化解和处置工作。随着我国经济逐步进入"三期叠加"阶段，部分前期过度扩张的企业难以适应经济新常态，在去杠杆和供给侧结构性改革背景下，企业融资渠道收窄，流动性风险开始在债券市场有所显现。2015 年以来，一些城投、房地产企业和低评级民营企业债券违约风险有所上升，债务违约事件增多。

为维护债券市场平稳运行，提振投资者信心，人民银行及时加大中长期流动性投放力度，确保流动性合理充裕；扩大中期借贷便利担保品范围，稳定市场信心；会同相关部门对利用债务重组等恶意规避偿债责任的行为予以严厉打击，对债务违约负面舆论进行引导，稳定市场预期。同时，不断加强市场监测、信息共享和分析研判，强化宏观统筹协调；坚持以改革的方式化解风险，完善债券持有人会议制度和受托管理人机制，积极推动公司类信用债基本制度统一。

人民银行在防范和化解债券违约风险，促进稳定债券市场平稳运行的同时，不断加快推动债券市场监管协调机制的规范化和常态化。2012 年，经国务院批准，成立了由人民银行牵头，发展改革委、证监会为成员的公司信用类债券部际协调机制，致力于在现行法律框架下，促进相关部门依法加强监管协调和信息共享，发挥合力，共同推动债券市场健康快速发展。部际协调机制成立后，人民银行积极协调有关部门，加强沟通交流与合作，在银行间市场和交易所市场互联互通、证监会跨市场统一执法、公司信用类债券数据信息共享、信用建设和联合惩戒等方面取得了积极进展。

债券市场违约是企业信用风险爆发的渠道之一，从根本上说是全社会债务积累后的宏观现象，防范债券违约风险也需从全局予以通盘考虑，客观看待，并区别应对。单体的债券违约有利于打破刚性兑付预期，促进形成风险自担的投资文化，也有利于完善市场定价，提高资源配置效率，加快经济结构转型升级。

金融风险易在不同市场间传播，传染性很强，很容易形成共振，造成更大破坏。为此，人民银行在积极防范和化解货币市场、外汇市场、债券市场风险的同时，积极发挥中央银行宏观调控和最后贷款人职能，积极配合相关部门做好股票市场、房地产市场以及地方政府债务等风险防范和化解工作，取得了显著成效，坚决捍卫了国家金融安全。

3. 引导规范互联网金融发展

2012 年以来，在大数据、云计算、移动互联网等新一轮全球信息技术浪潮助推下，我国互联网金融迅速兴起，覆盖了支付、借贷、证券、保险、理财等多个金融服务领域。互联网金融的发展有利于提高金融服务效率、降低交易成本、满足多元化投融资需求，但同时其跨行业、跨区域、跨机构特征明显，增强了金融风险的突发性、传染性、外溢性和广泛性，加之金融监管存在一定缝隙，互联网金融风险快速累积。

2015 年 7 月，人民银行等十部委联合出台《关于促进互联网金融健康发展的指导意见》，提出了互联网金融的监管原则，意在趋利避害，促进行业健康发展。自 2015 年 8 月起，泛亚、e 租宝等互联网金融风险案件集中爆发，造成较大社会影响，迫切需要强化监管，进行整治。2015 年年底，中央经济工作会议决定对互联网金融风险开展治理，突出问题导向，边治理、边建章立制，切实发挥互联网金融支持实体经济的积极作用。根据党中央、国务院决策部署，从 2016 年 4 月开始，人民银行等 17 个部门共同指导各地方人民政府开展互联网金融风险专项整治，按照"严控增量、化解存量"的思路，聚焦网络借贷、互联网资产管理、股权众筹、互联网保险、第三方支付、比特币等虚拟货币交易场所、代币发行融资（ICO）、现金贷、非法外汇交易平台、互联网金融广告等风险较大的业态，明确各类互联网金融业务的合法合规性标准，清理整顿违法违规机构，分类施策、分批有序平稳化解存量风险，引导互联网金融健康规范发展。

随着中央金融管理部门和地方政府"双负责"的工作机制的逐步建立，金融管理部门的专业优势和地方政府的属地优势充分发挥，互联网金融风险专项整治工作取得初步成效，违法违规机构数量和业务规模均有较大幅度下降，新出现的互联网业态风险得到及时有效管控，监管短板得以弥补，互联网金融无序发展乱象进一步蔓延的态势得到遏制，促进互联网金融规范发展的监管制度和长效机制正在逐步建立。

（六）深度参与国际经济金融治理

2003 年以来，人民银行配合我国总体外交战略，全方位、多层次、灵活务实地开展金融对外交流与合作，积极利用二十国集团（G20）、国际货币基金组织（IMF）、国际清算银行（BIS）、金融稳定理事会（FSB）、金砖国家合作机制、多边开发机构、区域性合作机制等各类平台，全方位、多层次地参与全球经济治理与政策协调，推进与各国间的相互理解和交流，深度参与国际经济金融治理，全面展现大国央行风范，贡献中国智慧和中国方案。

1. 积极利用 G20 平台参与全球经济金融治理

2008 年国际金融危机使二十国集团（G20）取代七国集团（G7），成为全球经济治理与政策协调的主要平台。在参与 G20 过程中，我国逐渐从被动跟随转变为主动引领。危机爆发初期，G20 华盛顿、伦敦峰会上，部分发达经济体试图把危机爆发的原因归咎于中国等东亚国家过高的储蓄。人民银行连续发表数篇文章，回应了"高储蓄国责任论"等说法，将危机原因的讨论引向了国际货币体系的内在缺陷以及金融监管缺失等问题，并很快得到俄罗斯、印度、巴西等广大发展中国家的大力呼应，引起国际社会热议，激发了国际社会对改革国际货币体系、增强 SDR 作用的热烈讨论。

2016 年我国担任 G20 主席国期间，人民银行牵头负责国际金融架构和金融监管改革议题，举办了 4 次部长级会议、4 次副手会、2 次副手磋商，以及 20 多场国际会议、工作组会和研讨会，推动国际金融架构工作组（IFA）获得重启，在扩大 SDR 使用、加强全球金融安全网、IMF 份额和治理改革、完善主权债重组机制、改善资本流动监测和风险防范方面取得积极进展，最终 G20 杭州峰会将增长框架、国际金融架构、金融部门改革、普惠金融和绿色金融等议题作为此次峰会的部分成果对外公布。

2. 积极参与和推动国际货币基金组织（IMF）改革

国际金融危机后，人民银行积极参与和推动 IMF 的份额、治理及监督改革，给全球经济和治理带来了广泛而深远的影响，中国在 IMF 中的话语权和影响力也大幅上升。

进入 21 世纪以来，新兴市场经济体在世界经济中的地位继续快速上升，而在 IMF 中的份额和发言权却没有得到相应体现，国际社会要求 IMF 改革份额和治理结构的呼声日益高涨。鉴于 IMF 改革影响各方利益，难度较大，经过多轮激烈讨论，最终 2008 年 4 月 IMF 理事会通过了第二阶段改革决议，对包括中国在内的 54 个份额严重低估或对全球经济增长贡献较大的国家进行增资，增资规模为现有份额规模的 9.55%。根据该增资方案，我国份额增至 95.3 亿 SDR，占比上升至 3.997%，排名不变，仍居第六位。

为有效应对 2008 年国际金融危机，G20 领导人在伦敦峰会上达成共识，要求提高 IMF 治理能力，确保其能全面反映世界经济的变化，新兴市场和发展中经济体应拥有更大发言权和更多代表席位。2010 年 11 月，IMF 理事会通过了份额与治理改革方案，我国总份额将达 304.8 亿 SDR，份额占比提升至 6.394%，获得约 2.4 个百分点的份额转移，排名上升至第三位，仅次于美国、日本，与日本投票权仅差 0.067 个百分点。2016 年 1 月 26 日改革方案正式生效，我国 IMF 份额排名正式跃升至第三位。

与此同时，人民银行抓住各国应对 2008 年国际金融危机契机，明确指出 IMF 2007 年出台的《对成员政策双边监督的决定》及相关指引片面强调对汇率的监督，以至于未能及时发现发达国家"次贷"风险并督促其采取纠正措施，导致危机爆发和蔓延。IMF 应吸取危机教训，调整监督重点。经过不懈推动，2009 年 6 月 23 日，IMF 决定对 2007 年出台的文件进行修订，修订稿搁置了在执行上述文件时对成员国"贴标签"的要求，撤回管理层针对汇率政策启动临时磋商的建议。2011 年 3 月 9 日，人民银行在 IMF 执董会非正式讨论时，提出了对监督法律框架改革具有建设性的意见，强调货币、财政、金融部门及结构性改革政策对全球经济增长、就业、贸易及国际货币体系的冲击可以远大于汇率政策，对这些政策的监督应成为 IMF 监督的重要内容。中方的发言得到了大多数国家的呼应。

经过大量艰苦的工作，2012 年 7 月 18 日 IMF 召开执董会，全票通过了新监督决定，决定在强调汇率监督的同时，更加关注对货币、财政和金融部门等政策的监督，明确了应在多边监督中关注全球经济和金融稳定。新监督决定的出台和 2007 年《对成员政策双边监督的决定》的废除，标志着 IMF 监督法律框架改革实现了对包括中国在内的广大新兴市场经济体和发展中国家有利的积极进展，真正将发达国家和发展中国家置于相同的监督规则下，也将增强 IMF 在维护全球经济和金融稳定方面的有效性。

3. 积极参与国际金融机构组织及全球多边开发体系的建设和发展

2006 年，我国被增选为国际清算银行（BIS）董事会成员，这是其有史以来第一次从发展中国家中选举董事。2010 年 1 月，BIS 经济顾问委员会（ECC）进行了目前仅有的一次扩员，吸纳我国加入，这标志着中国真正进入全球金融标准制定的核心层，在国际金融治理中的话语权得到极大提高。国际金融危机还加快了国际金融监管规则的调整和完善，2009 年 3 月，我国加入巴塞尔银行监管委员会（BCBS），同年 4 月，我国加入更名后的金融稳定理事会（FSB）。我国正逐步走向国际金融规则制定的前列，使全球标准融入中国元素。2007 年 6 月 28 日，我国正式成为金融行动特别工作组（FATF）成员，在国际上树立起了金融体系安全稳健和严格防范洗钱、恐怖融资和扩散融资风险的负责任大国形象。

自 2008 年首次金砖国家财长和央行行长会议以来，金砖国家务实财金合作已走过十年。在这十年中，金砖国家财金合作内容逐步深化，机制不断完善，成果日趋丰富，成为金砖国家总体合作的重要基石。人民银行与其他部门一道，积极推动金砖国家务实财金合作，从国际金融危机后共同推进国际金融机构改革、完善国际经济金融治理，到近年来推动合作进一步深化，建立金砖国家应急储备安排（CRA）、新开发银行（NDB），并同意建立金砖国家本币债券基金（BBF），取得了一系列重

要成绩。与此同时，我国先后加入了西非开发银行、泛美开发银行和欧洲复兴开发银行等多家区域和次区域多边开发银行，成为全球减贫与发展事业的积极参与者、建设者和贡献者。在"东盟和中日韩（10＋3）"清迈倡议、东亚及太平洋中央银行行长会议组织（EMEAP）等金融合作框架下，清迈倡议多边化（CMIM）、亚洲债券市场倡议（ABMI）、亚洲债券基金等相继登上历史舞台，对维护亚洲地区金融稳定、推动区域经济发展起到了重要作用。

（七）不断提高金融管理和服务水平

为顺应我国经济社会发展和应对国际金融竞争要求，人民银行大力推动我国金融业充分应用现代信息技术，健全完善金融基础设施，积极扩大金融服务范围，持续提升金融服务效率，更好地满足社会各界对金融服务不断增长的多样性、个性化需求。

1. 支付体系建设实现现代化

2003 年以来，我国银行账户管理水平逐步提升，支付工具不断丰富完善，支付清算系统建设取得重大进展。

（1）银行账户管理方面。2003 年，人民银行以适应市场经济发展需要为基本点，推动银行结算账户管理由行政管理向市场管理转化。2007 年 6 月，人民银行会同公安部建成运行联网核查公民身份信息系统，为银行机构核实客户身份提供重要信息支撑，标志着我国银行结算账户实名制落实进入一个崭新的发展阶段。2015 年年底，开始实行个人银行账户分类管理，第一次明确单位和个人在支付机构开立的"支付账户"在我国支付体系中的地位，将个人支付账户划分为 I 类户、II 类户和 III 类户。

（2）支付工具方面。中国银联成立以后，银行卡进入全国联网通用的全新发展阶段，银

行卡交易量和交易金额逐年大幅增长。2010年，人民银行正式发布银行卡PBOC2.0金融IC卡国家标准，次年全面拉开我国金融IC卡应用推广工作序幕，银行卡步入"芯"时代。此外，随着信息技术和计算机终端的普及，网上支付等电子支付方式开始崭露头角。2005年10月，人民银行发布《电子支付指引（第一号）》，为电子支付规范发展提供了制度保障。得益于银行卡的广泛应用和移动通信技术的快速发展，以移动支付、网络支付为代表的新兴电子支付应用迎来"井喷式"爆发，日益融入社会公众生活方方面面，场景化支付应用不断丰富。同期，人民银行对传统票据的电子化改造取得突破。从2007年开始，陆续在全国推广支票影像交换系统和电子商业汇票系统，组织推广小额批量支付系统银行本票业务和华东三省一市银行汇票业务处理流程再造，优化了银行汇票和本票的安全机制和资金清算机制。

（3）支付清算系统建设方面。人民银行按照"调整定位、借鉴吸收、以我为主、自主开发"原则，坚持自主研发建设现代化支付系统。2005年6月，大额实时支付系统在全国完成上线推广，一年后小额批量支付系统在全国范围内完成推广，以大、小额支付系统为核心的中国支付清算系统基本形成，大大提升了中央银行金融服务水平。2007年5月，支付管理信息系统投入使用，充分利用、深度挖掘支付系统交易数据，为制定和实施货币政策、维护金融稳定提供决策依据。2008年4月，境内外币支付系统建成运行，为境内金融机构间的外币支付提供了安全、高效和低成本的清算平台。2010年8月，网上支付跨行清算系统成功投产上线，大大提高了网上支付等新型电子支付业务跨行清算的处理效率，更好地满足了社会公众居家式、不间断的支付需求，支持和促进了电子商务的快速发展。为更好地满足跨行

清算服务需要，提高资金清算效率，2013年10月，第二代支付系统成功上线，并于2015年4月底完成全国推广。

（4）支付服务市场主体方面。支付服务市场主体是支付服务的提供者，传统意义上一般包括面向公众提供支付服务的银行机构和面向银行提供清算服务的中央银行。2003年以来，面对支付需求不断增加的新形势，人民银行按照党中央、国务院的部署，立足国情，因需而变，充分发挥市场力量，着力扫除发展障碍，支持鼓励业务创新，在银行间清算服务市场引入银行卡等特定领域清算服务主体，在零售支付服务市场引入提供银行卡收单、网络支付等专业化服务的支付机构，逐步构建符合我国市场经济发展和支付活动需要的多层次支付服务市场主体新格局，满足各类群体多样化的支付需求。经过十多年努力，我国的银行间清算服务市场和零售支付服务市场取得了长足发展，无论是资金清算的效率和质量，还是支付服务的安全性、便捷性和丰富性，均居世界领先地位。在这个过程中，不断加强支付领域的监督管理。2009年，人民银行和公安部成立联合整治银行卡违法犯罪办公室，加强银行卡安全管理。2011年，中国支付清算协会成立，全行业自律规范水平显著提升。围绕业务许可证和业务范围，人民银行建立健全支付机构分类分级监管机制，持续优化支付牌照资源，实现减量增质。面对银行卡收单、支付机构客户备付金和同业银行结算账户等领域存在的问题，组织开展专项整治取得明显成效。针对电信网络新型违法犯罪，会同公安等部门建立涉案账户紧急止付和快速冻结机制，提高处置效率。

2017年，全国共办理非现金支付业务1 608.78亿笔，金额3 759.94万亿元，同比分别增长28.59%和1.97%。全国银行卡在用发卡数量66.93亿张，全年共发生银行卡交易

1 494.31亿笔，日均交易金额达2.09万亿元。银行业金融机构共处理电子支付业务1 525.80亿笔，金额2 419.20万亿元。非银行支付机构发生网络支付业务2 867.47亿笔，金额143.26万亿元。可以说，我国目前的支付清算体系已经处于国际领先水平。

2. 社会信用体系建设取得长足进展

建设覆盖全社会的征信系统，全面掌握债务人的总体负债水平，有助于防范金融风险、维护金融稳定、保障金融安全和国家安全。2003年以来，人民银行贯彻落实党中央、国务院有关社会信用体系建设的各项部署，充分利用人民银行和银行业金融机构的网络资源，将征信信息共享平台延伸至银行业金融机构各级信贷营业网点，建立起了全覆盖的征信体系。

2004年2月，时任国务院总理温家宝指出，金融系统在信用服务体系建设方面要着力"加快全国集中统一的企业和个人信用信息基础数据库建设，形成覆盖全国的基础信用信息服务网络"。要规范市场化征信机构业务经营和征信市场管理，积极发展专业化的市场化征信机构。有步骤、有重点地开放征信服务市场，加强征信市场监督管理，逐步建立失信惩戒制度。抓紧推进信用服务行业标准化。2004年12月，全国集中统一的个人征信系统即个人信用信息基础数据库在部分城市联网试运行，并于2006年1月正式全国联网运行。2006年7月，原有分布式数据库构成的企业征信系统即银行信贷登记咨询系统，一次性切换到全国联网查询的企业信用信息基础数据库。全国集中统一的个人和企业征信系统成功建成并顺利投入运行，填补了我国征信行业的空白，中国由此正式进入征信国家行列。2013年3月15日，国务院发布《征信业管理条例》，标志着中国征信业进入法治化、规范化发展轨道，为我国征信业的持续、规范、健康发展打下了坚实的基础。

从征信全覆盖的要求看，征信服务仅仅止于金融信用信息基础数据库的基础性服务是远远不够的，还需要其他市场组织提供互补性的其他征信服务。按照《征信业管理条例》对市场化征信机构确立的"个人从严、企业从宽"原则，人民银行分别对个人征信机构和企业征信机构实行了审批制和备案制的监管模式。2015年年初，人民银行有序组织了8家具有一定基础的市场组织进行个人征信业务准备，尝试提供市场化个人征信服务。企业征信服务方面，除人民银行征信中心之外，市场化征信机构在向人民银行省（自治区、直辖市）级派出机构申请备案后可提供企业征信服务。作为企业征信业高级形式的信用评级业，在人民银行的引导和监管下逐渐成长起来，产品种类不断丰富、市场结构趋于稳定、指标体系逐步健全，小额贷款公司和融资性担保公司评级取得积极进展，风险揭示作用持续发挥，有效促进了社会资源的有效配置，成为资本市场和金融体系健康高效运行的重要组成部分。特别是随着我国进一步深化金融业对外开放，信用评级行业"引进来"和"走出去"稳步开展，与国外信用评级行业的融合不断加深。

3. 金融统计创新发展取得重大突破

2003年以来，人民银行积极适应中央银行职能转变，密切关注经济金融形势发展变化，主动把握国际金融统计发展新趋势，切实服务好金融改革发展决策和宏观调控。

一是创立社会融资规模统计制度。一段时期以来，我国金融总量快速扩张，金融创新不断增多，人民币贷款已经难以全面反映金融与经济运行。2011年年初，在多方支持下，人民银行正式建立社会融资规模增量统计制度。通过持续丰富完善，社会融资规模已经形成一个包含增量和存量、绝对额和增速、年度和月度数据、全国和地方数据的相对完整的指标体系。

二是完善修订货币金融统计。人民银行分别于 2002 年、2006 年和 2011 年对货币供应量进行了三次技术性完善。目前，货币供应量和社会融资规模都是我国货币政策的调控目标，对促进我国经济发展和完善金融宏观调控均具有重要的意义。

三是建立完善金融调控专项统计与信贷政策统计。为夯实宏观调控基础，人民银行相继建立了债券统计、理财统计、信托统计、利率统计等宏观调控专项统计，增强服务金融改革和防范化解金融风险的能力；依次建立了大中小微企业贷款、"三农"贷款、精准扶贫贷款等服务信贷政策的统计体系，提升信贷政策的精准性和科学性。

4. 反洗钱和反恐怖融资工作扎实推进

面对国际国内复杂的反洗钱与反恐怖融资形势，人民银行作为反洗钱工作部际联席会议牵头单位，加强顶层设计，不断完善反洗钱监管制度，牵头起草《关于完善反洗钱、反恐怖融资、反逃税监管体制机制的意见》，并经中央全面深化改革领导小组第三十四次会议审议通过。着力强化监管，督促义务机构将反洗钱法规制度落到实处，累计对 7 000 余家金融机构和支付机构开展现场检查。建立国家洗钱类型分析和洗钱风险评估机制及反恐怖融资交易监测机制，为国家反腐败、反恐怖和打击洗钱

及其上游犯罪等提供重要情报支持。随着监管制度不断完善，监管力度不断加大，监管方式不断丰富，金融领域洗钱与恐怖融资风险得到有效遏制。

5. 金融消费权益保护工作机制建立健全

金融消费权益保护局成立后，我国金融消费权益保护制度不断完善，先后出台了《关于加强金融消费者权益保护工作的指导意见》《金融消费者权益保护实施办法》等一系列制度规范。扎实开展"金融消费者权益日""金融知识普及月"等多种形式的金融消费者教育和金融知识普及活动，着力营造健康、和谐、可持续的金融生态环境。积极探索将金融知识纳入国民教育体系工作，出版发行统一规范、全国适用的小学生金融知识普及读本。大力发展普惠金融，编制并推动落实《推进普惠金融发展规划（2016—2020 年）》，建立完善中国普惠金融指标体系。担任二十国集团（G20）框架下普惠金融全球合作伙伴（GPFI）主席，深入推进普惠金融领域国际合作交往。

此外，人民银行加快推进人民币发行库、钞票处理现代化建设及纪念钞（币）发行制度改革，率先开展中央银行数字货币研发，稳步提升国库治理体系现代化水平，不断推动国债规范化管理。这些工作，为实施宏观调控、维护金融稳定、提高金融资源配置效率提供了坚实的保障。

五、走进新时代的中国人民银行事业

（2018—）

党的十九大宣告中国特色社会主义进入新时代，我国金融发展改革开放和人民银行事业发展也进入了新的历史阶段。2018 年以来，面对错综复杂的国内外经济金融形势，特别是经济下行压力加大、金融风险"水落石出"、中美经贸摩擦、新型冠状病毒肺炎疫情冲击等严峻挑战，人民银行坚持稳中求进工作总基调，坚决做好宏观调控、服务实体经济、防范化解金融风险、深化金融改革开放等各项工作，促进经济金融高质量发展。

（一）充实和加强中央银行职能

新时代，党中央、国务院对金融工作作出了新的战略部署，人民银行承担了更多的金融改革发展稳定任务，职能和履职手段得到进一步充实和完善。党的十九大明确提出，要深化金融体制改革，健全货币政策和宏观审慎政策双支柱调控框架，深化利率和汇率市场化改革；健全金融监管体系，守住不发生系统性金融风险的底线。2017 年全国金融工作会议就金融服务实体经济、防控金融风险、深化金融改革三项重点任务作出重要部署，明确人民银行牵头负责宏观审慎管理和系统性金融风险防范和处置，拟定金融业重大法律法规草案，牵头负责金融控股公司、系统重要性金融机构、重要金融基础设施统筹监管，统筹金融业综合统计，同时承担国务院金融稳定发展委员会办公室职责。这是党中央、国务院针对我国金融监管缝隙较大、系统性金融风险隐患积聚的突出问题，在吸收借鉴国际金融改革经验基础上作出的重大决策。2018 年 2 月党的十九届三中全会审议通过的《深化党和国家机构改革方案》以及 2019 年 2 月中央批定的人民银行"三定"规定，从职能配置、机构改革、人员编制层面落实了关于 2017 年全国金融工作会议关于充实和加强人民银行职能的部署。其中，《深化党和国家机构改革方案》将原中国银行业监督管理委员会和原中国保险监督管理委员会拟订银行业、保险业重要法律法规草案和审慎监管基本制度的职责划入人民银行。人民银行新"三定"明确，新设置国务院金融委办公室秘书局，负责金融委办公室日常工作；设立宏观审慎管理局，牵头负责系统重要性金融机构和金融控股公司监管。条法司增加了"拟定银行业、保险业重要法律法规草案和审慎监管基本制度"职责，明确支付结算司对非银行支付机构和各类清算机构、支付服务组织具有监管职能，消费权益保护局牵头建立金融消费者保护协调机制等。2019 年 5 月，中央编办批复人民银行设立金融基础数据中心。

（二）切实加强宏观调控

2018 年以来，经济下行压力持续加大。货币政策突出逆周期调节，采取一系列措施，保持货币信贷和社会融资规模合理增长，千方百计降低企业融资成本，为国民经济平稳增长提供了强有力的支撑。总量方面，多次下调金融机构存款准备金率，释放长期资金，灵活运用中期借贷便利（MLF）、常备借贷便利（SLF）和公开市场操作等多种货币政策工具，保持银行体系流动性合理充裕。创设央行票据互换工具（CBS），支持银行发行永续债，有效补充商业银行资本金，提高银行信贷投放能力。价格方面，注重运用改革疏通货币政策传导机制。2019 年 8 月 17 日宣布改革完善贷款市场报价利率（LPR）形成机制，打破贷款利率隐性下限，促进金融机构适当让利实体经济，减轻企业融资负担。汇率形成机制方面，进一步增强人民币汇率弹性，使汇率发挥"自动稳定器"作用。在人民币对美元汇率受到外部事件冲击"破 7"等关键时点，多渠道权威发声，并通过建立央票在港常态化发行机制，引导和稳定市场预期，保持了人民币汇率在合理均衡水平上的基本稳定。外汇储备规模稳定在 3 万亿美元以上。

特别是 2020 年初新型冠状病毒肺炎疫情爆发以来，人民银行根据疫情防控和复工复产阶段性需要灵活应对，加大逆周期调节力度，超预期投放短期流动性，3 次降准释放 1.75 万亿元长期流动性，保持金融体系流动性合理充裕。联合财政部等部门出台 30 条金融支持措施，及时开通支付、征信、国库、现金、外汇管理、债券发行等金融服务"绿色通道"，提高金融服务便捷性，为疫情防控、复工复产和实体经济发展提供精准金融支持。设立 3000 亿元专项再贷款和 1.5 万亿元再贷款再贴现额度，增加 3500 亿元政策性银行专项信贷额度，安排国有大行优惠利率普惠小微贷款 4000 亿元，支持金融机构发行 3000 亿元小微金融债券，引导

公司信用类债券净融资比上年多增 1 万亿元，促进小微企业全年应收账款融资 8000 亿元，支持企业特别是中小微企业分级分区复产。创新实施小微企业信用贷款支持政策，可带动银行发放普惠小微信用贷款 1 万亿元。实施中小微企业贷款阶段性延期还本付息政策，按照普惠小微贷款应延尽延要求和相应激励措施，扣除正常续贷后，预计增加贷款约 1.4 万亿元。

（三）积极做好金融支持经济高质量发展工作

在支持经济发展重点领域和关键环节方面，进一步加强窗口指导，推动金融机构支持重点领域、重大项目和重要在建工程，促进制造业高质量发展。支持发行创新创业金融债券和专项债务融资工具，引导商业银行创新知识产权质押融资业务，拓宽高新技术企业市场化融资渠道。

在支持扶贫方面，持续加大对"三区三州"深度贫困地区支持力度，优化扶贫再贷款质押品管理，健全正向激励机制，提高金融扶贫的精准性、有效性。加强和改善乡村振兴金融服务，做好"两权"抵押贷款试点衔接，鼓励具备条件的地区探索以集体资产股权进行抵押融资。

在缓解小微企业民营企业融资难融资贵方面，2018 年 6 月牵头出台《关于进一步深化小微企业金融服务的意见》，提出增加支小支农再贷款和再贴现额度、下调支小再贷款利率等 8 个方面 23 条措施，推动发挥发改、财政、工信、金融监管等部门"几家抬"的政策合力，有效满足小微企业民营企业合理的融资需求。一是创新发挥多种货币政策工具作用，构建"三档两优"存款准备金率政策框架，运用定向降准、再贷款再贴现、利率等数量和价格手段，引导金融机构扩大小微企业民营企业贷款

投放，降低企业融资成本。二是创新推出民营企业债券融资支持工具，按照市场化原则，运用再贷款资金为民营企业债券发行提供担保，稳定和促进民营企业发债融资，提振市场信心。鼓励商业银行发行小微企业专项金融债券，提高服务小微企业民营企业贷款能力。三是加大小微企业应收账款融资支持，推出标准化票据融资机制，指导金融机构扩大商业汇票的承兑贴现。四是创新改进小微企业征信服务，有效解决小微企业融资中的信息不对称问题。经过各方面共同努力，小微企业融资呈"量增、面扩、价降"良好趋势，超额完成2019年国有大型商业银行小微企业贷款增长30%以上、小微企业信贷综合成本下降1个百分点的政策目标。

（四）坚决打好防范化解重大金融风险攻坚战

2018年以来，人民银行认真履行金融委办公室职能，牵头实施防范化解重大金融风险攻坚战行动方案，协调落实金融委决策部署，推动地方协调机制和问责机制建设。两年来，在各部门、各地方共同努力下，攻坚战取得关键进展。

一是宏观杠杆率保持基本稳定，过快上升势头得到有效遏制。2018年至2019年的宏观杠杆率（非金融部门全部债务与国内生产总值的比率）保持在250%左右，远低于2008年至2016年年均10.6个百分点的涨幅，为2020年应对新型冠状病毒肺炎疫情中加大逆周期调节赢得了操作空间。有序实施资管新规，影子银行得到有效治理，脱实向虚、以钱炒钱、层层嵌套等情况明显改观。二是重点金融机构风险处置取得突破性进展。依法果断接管包商银行，在最大程度保护存款人和客户合法权益的同时，坚决打破了刚性兑付，严肃了市场纪律。保障政策对520万个人储蓄存款、5000万元及以下的2.5万户对公和同业机构本息全额保障，合计占包商银行客户数的99.98%，各类债权平均保障程度约90%。目前，新设立的蒙商银行已经承接包商银行在内蒙古区内的资产负债和业务，并于2020年5月1日正式对外开门营业，运行平稳。积极推进锦州银行、恒丰银行等改革重组，取得积极成效。推动"明天系"等重点金融集团风险得到有序缓解。三是外部冲击风险得到有效应对。受外部因素影响，外汇市场一度出现波动。按照"六稳"要求，妥善应对，外汇市场经受住了考验。四是债券违约处置工作有序开展。牵头发挥公司信用类债券部际协调机制作用，加快市场化法治化债券违约处置机制建设，妥善应对债券市场个体违约风险。五是互联网金融风险得到全面治理。股权众筹、互联网保险、虚拟货币交易、非银行支付、互联网外汇交易等领域整治基本完成，网络借贷存量风险大幅减少。六是房地产金融风险化解稳妥推进。建立完善了房地产金融全口径统计、监测分析和宏观审慎管理框架，各类资金过度流向房地产趋势得到初步遏制。七是防范化解重大金融风险长效机制不断健全，制度短板不断补齐。目前，金融风险从发散向收敛转变，防范化解重大金融风险攻坚战取得重要阶段性成果和关键进展。

（五）进一步深化金融改革开放

2018年4月，人民银行坚定落实习近平总书记在2018年博鳌亚洲论坛宣布的金融业改革开放重大举措，代表金融系统立即宣布11条对外开放举措，银保监会、证监会随后陆续推出40多条具体开放措施。2019年7月，国务院金融稳定发展委员会办公室再次公布新的11条措施，对银行理财子公司、资产管理、保险、证券、基金、期货、评级等领域大幅放宽准入条件或业务范围。目前，我国金融业对内外资已按照同等条件批设金融牌照，并大幅扩大各类外资金融机构业务范围；在企业征信、信用评级、银行卡清算和非银行支付等领域给予外资国民待遇，批准标普中国、贝宝（PayPal）进入中国市场，环球银行金融电信协会（SWIFT）设立全资中国法人机构。市场开放方面，境内外金融市场互联互通取得实质性突破，沪港通、深港通、沪伦通、债券通相继推出，推动中国债券纳入彭博巴克莱全球综合指数、摩根大通旗舰指数，吸引更多机构投资者配置资金。全面取消合格境外投资者投资额度限制，整合境外投资者入市渠道和政策。贸易投资便利化方面，出台了扩大贸易外汇收支便利试点、扩大资本项目收入支付便利化试点等12项进一步促进跨境贸易投资便利化措施。简化保险公司外汇资本金管理。调整优化储备资产配置框架，实现风险和收益的平衡。人民币跨境使用方面，进一步优化跨境人民币使用政策框架，积极推动支持自贸区、粤港澳大湾区跨境人民币业务创新试点。人民币跨境支付系统（二期）全面投产，积极推动人民币在周边国家和"一带一路"沿线国家的使用。2020年5月27日，国务院金融稳定发展委员会办公室宣布将有序出台《中小银行深化改革和补充资本工作方案》等11条改革措施，按照"成熟一项、推出一项"原则，陆续推出。

（六）持续优化金融管理和服务

深化"放管服"改革，促进营商环境优化，扎实做好《人民银行法》《商业银行法》《地方金融监督管理条例》《外汇管理条例》等重点立法修法前期工作；金融业综合统计工作取得突破性进展，制定金融控股公司和系统重要性金融机构统计制度并开展首批试点统计；全面取消企业开立银行账户的行政许可，移动支付便民工程实现城市全覆盖并向县域及以下地区纵深发展，网联清算平台建设持续推进；印发《金融科技（FinTech）发展规划（2019—2021年）》，在北京、上海等10省市开展金融科技应用试点；成功发行2019年版人民币和中华人民共和国成立70周年纪念币，拒收现金整治和法定数字货币研发工作扎实推进；二代国库信息处理系统（TIPS）上线运行，及时准确办理国库收支业务，始终确保国库资金安全高效运行；市场化个人征信机构与征信中心错位发展、功能互补，在北京、上海开展动产担保统一登记和查询，助推我国营商环境世界排名大幅提升；中国互评估报告通过金融行动特别工作组（FATF）全会审议，充分展示我国反洗钱工作成效；金融消费权益保护和普惠金融工作稳步推进，金融广告治理成效初步显现。

中国人民银行成立七十多年来取得的显著成绩，根本在于党中央、国务院高瞻远瞩，果断决策，择机推出了一系列重大金融改革开放举措；金融系统广大干部职工坚决执行党中央、国务院关于金融工作的方针政策和各项部署，为金融业持续、健康、安全发展作出了重要贡献。这些成绩来之不易，我们要加倍珍惜，更加紧密地团结在以习近平同志为核心的党中央周围，全面贯彻党的十九大精神，以习近平新时代中国特色社会主义思想为指导，牢固树立"四个意识"，不断增强"四个自信"，自觉践行"两个维护"，持续加强党对金融工作的领导，真抓实干，积极作为，认真贯彻落实党中央、国务院的决策部署，创造性地做好中央银行各项工作，促进经济金融高质量发展，为在中国特色社会主义道路上实现中华民族伟大复兴的中国梦而不懈奋斗。

第三部分

中国人民银行七十年大事记

一九四八年

3 月 21 日　华北金融贸易会议召开，会议讨论了"创设中国人民银行，发行统一货币，整理地方货币"等问题。会议决定，自当年 4 月 15 日起，冀南银行与晋察冀边区银行的货币固定比价，混合流通；同时停止发行并逐步收回晋察冀边币，使冀南币成为两区统一的本位币。会议还作出了《统一新中国货币问题》的决议，"总的原则是先统一本区之货币（东北、华北、西北、中原、华西、华南），然后再由北而南，先是东北和华北，其次是西北和中原，然后是华西和华南，最后以中国人民银行之本位货币之发行实现全国之大统一"。

11 月 18 日　华北人民政府第三次政务会议作出关于"发行统一货币，现已刻不容缓，应即成立中国人民银行，并任命南汉宸为中国人民银行总经理，一面电告各区，一面加速准备"的决议。华北人民政府并就此事于 11 月 22 日向所属各级政府发出训令。

11 月 25 日　华北银行总行发出《关于发行中国人民银行钞票的指示》。其中指出，中国人民银行钞票的发行，不但统一华北、华东、西北三区的货币，且将逐步地统一所有各解放区的货币；同时也加强了对敌斗争的力量。

12 月 1 日　华北人民政府就成立中国人民银行、统一发行货币问题颁布金字第四号布告。决定：华北银行、北海银行、西北农民银行合并为中国人民银行，以原华北银行为总行。所有三行发行的货币及其对外的一切债权债务，均由中国人民银行负责承受。自 1948 年 12 月 1 日起，发行中国人民银行钞票（下称新币），定为华北、华东、西北三区的本位货币，统一流通。公私款项收付及一切交易，均以新币为本位货币。新币发行之后，冀南币（包括鲁西币）、晋察冀边币、北海币、西农币（以下统称旧币）逐渐收回；旧币未收回之前，旧币与新币固定比价，照常流通，不得拒用。新旧币比价是：新币对冀南币、北海币为 1 元比 100 元；新币对晋察冀边币为 1 元比 1 000 元；新币对西农币为 1 元比 2 000 元。

12 月 1 日　中国人民银行发出《统一发行中国人民银行钞票的通告》，决定于 1948 年 12 月 1 日发行 10 元、20 元、50 元三种钞券（简称人民币）。

12 月 18 日　华北人民政府向所属各级政府发布《明年一月一日起以中国人民银行钞票为财政税收本位币的训令》，规定各区的一切税收、借贷、公私款项收支及一切交易往来，均以人民币为本位币计算。

一九四九年

1 月 15 日　华北人民政府再次公布人民币对各解放区货币的收兑比价：人民币对中州币为 1 元比 3 元，人民币对冀南币、北海币、华中币均为 1 元比 100 元，人民币对长城银行券为 1 元比 200 元，人民币对晋察冀边币、热河省银行券为 1 元比 1 000 元，人民币对西农币、陕甘宁贸易公司商业流通券为 1 元比 2 000 元，人民币对冀热辽边币为 1 元比 5 000 元。

1 月 16 日　天津市军管会发布金字第一号、第二号、第三号布告。第一号布告宣布，中国人民银行所发行的人民币是本市统一流通的本位币，自即日起为本市一切公私会计、交易计价单位。第二号布告宣布，国民党政府发行的一切货币自即日起一律为非法货币。但为照顾商民困难，伪金圆券在规定限期（2 月 4 日前）内暂准流通；或经海关及人民银行登记后携运出境，换回物资；也可向人民银行兑换所按人民币 1 元兑换伪金圆券 6 元的比价兑换人民币。凡职工、农民、教职员、贫苦市民持有伪金圆券 500 元以下的，经军管会证明，可按 1 元比 3 元的优惠比价兑换。第三号布告宣布，严禁一切外国货币计价流通或私相买卖。凡持有外币者限定于 1 月 21 日前向人民银行按牌价兑换人民币。一切金银、银元允许人民持有，不准计价流通、私相买卖，愿出售者可到人民银行兑换。军管期内，暂停证券交易，严禁投机倒把。凡参与伪造我解放区各种货币者，限10天内向军管会自首，否则依法严惩。

1月18日 人民币汇率开始在天津公布，上海、广州在中央统一政策和管理下，以天津汇率为标准，根据当地的物价状况，公布各自的汇率。由于当时各地物价水平不一致，地区之间的汇率存在差异。随着全国经济的恢复和财经的统一，各地区的物价趋于一致，于1950年7月8日全国实行统一的人民币汇率，由中国人民银行总行公布。新中国成立初期，人民币汇率政策是"奖出限入，照顾侨汇"。1950年以后，国内财经情况基本好转，金融日趋稳定，国内物价由上升转为下降；而当时的国际市场上物价波动很大，为了保障出口收汇的安全，避免遭受外币贬值的损失及外国政府对我国封锁禁运的风险，实行了"鼓励出口、兼顾进口、照顾侨汇"的人民币汇率政策。以出口商品国内外价格的比价为主，同时兼顾进口商品国内外价格的比价和侨汇购买力平价，逐步调升人民币汇率。从1950年3月13日至1950年5月23日，人民币对美元的汇率共调整过11次，由1美元合42 000元旧人民币调至1美元合22 380元旧人民币。1950年12月16日，美国冻结我国资金，我国对外贸易改用英镑计价结算，不再使用美元，自1952年起，停挂人民币对美元的外汇牌价。为了解决出口亏损，1950年12月6日，人民币对英镑的汇率由62 660元下调至68 930元旧人民币。在人民币汇率上升时，为了照顾出口商的利益，减少出口商由于汇率变动成本无法预计的顾虑，及时举办出口预结外汇办法。

1月21日 中国人民银行通令华北区各分行，对存款和放款业务作了部署。关于存款业务，要求运用开展汇兑、代收代付等方式大量吸收社会游资和公营企业、团体、机关存款，紧缩市场通货以协助平抑物价，稳定金融。关于放款业务，规定除国营企业在不贷款即行停产的情况下，可考虑酌贷一部分外，其他一切公私营放款一律停止。各行处吸收的存款除自用部分外，均作为代总行吸收的存款，由总行付息并随时调用。

2月2日 中国人民银行由石家庄迁入北平。根据"边接管，边建行"的方针，接管官僚资本银行，迅速建立中国人民银行的各级分支机构，开展各项业务工作。

2月10日 北平市军管会发出布告指出，中国人民银行发行的人民币为唯一合法货币，一切伪币（伪银行券及地方发行的货币）及外国货币均禁止在市场流通。所有完粮纳税及一切公私款项的收付、物价计算、债券账务、票据、契约等，均以人民币为计算及清算本位；税收贸易机关、交通邮政事业等各种公用事业收入款项，一律使用人民币。

2月28日 根据华北人民政府关于公款一律禁存私营行庄的政策，中国人民银行颁发《关于执行公款一律禁存私营银号的通令》，规定所有公款一律禁止存入私营银号，各私营银号不得收受机关、团体及国营企业、学校等单位的存款。

3月12日 中国人民银行向华北区各分行发出《关于查禁银元与组织收兑问题的通函》，强调对银元采取管理与掌握的方针，即依照法令规定准许人民储存银元，但严禁私相买卖、计价行使，并有计划、有步骤地按一般市价收兑，用于支援前线和充作外汇使用。同时，对组织收兑银元的任务和做法提出了具体要求。

3月14日 华北人民政府批准中国人民银行关于开展区外汇兑的报告，颁布《华北区区外汇兑暂行办法》。其中规定：凡华北地区与解放区以外的国内其他地区的汇兑称为区外汇兑。决定中国人民银行北平、天津分行与宁、沪、汉及其他未解放城市的银行通汇，区外汇兑的汇价、汇水、汇款用途范围及手续费均由中国人民银行规定。

3月15日　为大力开展汇兑业务和便于集中管理，中国人民银行颁发指示，决定北平、天津、张家口、石家庄、保定、唐山6个分行立即开始联汇，由总行集中清算汇差，调度资金。

4月1日　为稳定市场物价，打击金融投机，吸收社会游资，保障群众生活，中国人民银行发出《试办折实储蓄的通知》，决定首先在北平、天津（已在3月1日举办）、石家庄、阳泉、邯郸、长治6个城市银行试办折实储蓄。规定每1个折实单位包括若干种一定数量的实物，根据前五天市场平均批发价用人民币计算出1个折实单位牌价。储蓄时，根据存入的折实单位数按当日牌价折成人民币存入；支取时，则根据支取的折实单位数按支取日牌价折人民币付给。

4月1日　华北人民政府总金库发出通知，规定平津地区均设分金库、支金库两级，由中国人民银行分行及所属机构经办。分行设分金库，所属营业部、办事处设支金库。

4月7日　华北人民政府颁布《华北区外汇管理暂行办法》及《外汇管理暂行办法施行细则》，其中规定：本办法所谓外汇是指在国内外支付的一切外币款项及以外币支付的票据、汇票、支票、期票等。外汇管理由中国人民银行指定中国银行办理，并指定经营外汇信誉显著的银行代理中国银行买卖外汇（以下简称指定银行）。中国银行为法定的外汇交易场所，各指定银行皆为交易员。每日外汇牌价由中国银行根据市场情况报经中国人民银行核准后挂牌公布，按牌价在交易所进行买卖，不准场外成交；交易员负责介绍或代客商买卖收取手续费。中国银行及指定银行以外的任何单位，不得自行经营、保存或私相转让外汇。

4月13日　为贯彻执行华北财政经济委员会关于银行放款可逐步解冻的通知，中国人民银行颁发《解除放款冻结及修正定期保本存款办法的通令》。其中要求：（1）必须根据物价情况，采取逐步开放方针，物价上涨地区可暂缓开放，并

应注意扶持工业生产（首先满足公营企业），以解决一向缺乏工业品的广大城乡市场的需要，但应根据各地生产条件确定重点；对私营商业，应限于以城乡必需品、农产品的交流为主，放款总额以不超过私营企业存款额为限。（2）定期实物保本存款，只限于个人性质的存款及机关生产存款，按折实存款办法办理；公营企业实物保本存款不再办理。

4月27日　华北人民政府颁布《华北区金银管理暂行办法》及《华北区私营银钱业管理暂行办法》。《华北区金银管理暂行办法》规定：严禁一切金银带出解放区，在解放区允许人民储存金银和向中国人民银行按牌价兑换人民币，但不得用于计价、行使、流通与私相买卖；在华北解放区内因迁移必须携带者，应事先向区级以上政府提出申请，持有经批准开给的携带证方可带出。医学、工业或其他正当用途需要购用金银原料者，得向当地中国人民银行申请，由银行酌情售给；金银饰品业除出售制成品外，不得私相买卖金银，不得收兑金银饰品，所有金银材料、成品及每日成交情况应呈报当地中国人民银行。《华北区私营银钱业管理暂行办法》规定：各地中国人民银行为银钱业的管理、检查机关，协助各级政府执行管理事宜。私营银钱业经营的业务范围是：吸收存款；办理各种放款和票据贴现；解放区境内汇兑及押汇；经中国人民银行特许的区外及国外汇兑；票据承兑；代理收付款项（凡经营以上六项业务而不是银钱业者，均视同银钱业）；工矿业投资；保管贵重物品。但不得有下列行为：为公私商号或其他银钱业的股东；收买或承押本行庄的股票；购买非营业所必需的不动产；兼营商业囤积货物或代客买卖；设立副账，签发本票；收受一切军政团体机关及公营企业的存款；买卖金银、外币及抵押放款；代人出面保存财物等。银钱业资本的最低额（人民币）按营业地点不同规定为：银行2 000万元至5 000万元，银号、钱庄为300万元至600万元，其资本中现

金和经中国人民银行认可的财产应占七成。其资金运用应限于有利于国计民生的生产事业及主要日用品的运销事业，且系合法正当经营并加入当地同业公会。其信用放款数额不得超过存款总数的一半；所收存款应按比率（活期10%，定期5%）向当地中国人民银行缴存保证准备金，由人民银行按照同业活期存款利率计息。银钱业还应有存款提存付现的准备金，其最低比例为活期10%、定期5%。银钱业存放款利率由银钱业公会视当地市场情况拟定，报中国人民银行核定。银钱业应按期造送营业报告表，呈送当地中国人民银行查核，必要时，中国人民银行得随时检查其营业情形、财产状况及账簿，并指定编造有关报表。外商银行及储蓄银行、信托银行的管理办法另定，但在该办法未公布前，均暂依本办法施行。

4月27日　中国人民银行向华北各分行颁发《为正确执行华北区私营银钱业管理暂行办法的批示》，其中强调指出：管理私营银行、号的目的，首先是取缔其投机违法活动及限制其投机的可能性，其次是使用其集中的资金投向有益于国计民生的工商业。管理应从两方面入手：第一，控制其资金来源，严格执行一切公款存入国家银行，国家银行对其在资金上不能给予支持，并尽一切力量争夺可能的私营存款；第二，管理其资金运用，使其投放的资金符合我们的意图，至少应限制其破坏作用。

4月27日　中国人民银行颁发《中国人民银行活期储蓄存款暂行章程》《中国人民银行定期储蓄存款暂行章程》及实施办法。其中要求：凡设有储蓄部及指定办理储蓄业务的银行，统于5月按新章程办理，各地现行章程停止使用；各地对本章程在保持其基本精神的原则下，可在文字、具体手续及某些具体规定方面作适用于当地情况的修改。活期储蓄分为一个月、两个月和三个月3种，其利率（均为月息）：一个月50‰，两个月55‰，三个月60‰。定期储蓄分为货币储蓄和折实储蓄，其种类有整存整取、零存整取、整存零取和存本取息4种。整存整取有三至五个月、六至八个月和九个月至一年3种；零存整取、整存零取和存本取息有六至八个月和九个月至一年两种。其利率计算分货币与折实两种：整存整取货币利率，三至五个月的月息100‰～120‰，六至八个月的月息140‰～160‰，九个月至一年的月息180‰～210‰；整存整取折实利率按上述期限分别为月息3‰～4‰、5‰～6‰和7‰～8‰。零存整取、整存零取和存本取息，无论是货币或折实储蓄，其利率标准均比照整存整取相同期限低一个档次。

5月5日　为准备全面推行保险业务，中国人民银行向北平、天津分行发出指示，决定在平、津两地以中国物产保险公司为基础，先办理物产保险，逐渐试办农业保险与劳动保险等。

5月12日　中国人民银行发出《关于工商业放款政策及调整利率的指示》，强调放款的总方针是要有利于国民经济的发展，在具体执行中要注意掌握：扶植工业、农业等生产事业；根据银行力量和不刺激物价的原则，照顾必要与可能，先工农业后商业；分清轻重缓急；注意季节，照顾市场货币容纳量与农民购买力。重申应继续贯彻1948年华北银行规定的利率政策，即根据不同生产事业划分利差和根据市场、对象、资金情况灵活掌握利率，并对利率范围的调整作了具体规定。

5月15日　中国人民银行对北平、天津分行发出《关于专业银行业务划分及领导关系的指示》，其中确定：（1）除合作银行的北平营业部及其下属的石家庄办事处受合作银行领导外，其他两地的各专业行、部，均暂不建立其单独领导系统，两地已成立的各专业行、部、处，均为当地中国人民银行分行直接领导下的组成部分，在分行统一领导下进行工作。（2）在业务范围上，各专业行、部仍应保持其一定的专业性。

5月16日　经华北人民政府财经委员会批

准，中国人民银行向所属行处发出《试行薪金制的指示》，并附发《中国人民银行薪金制试行办法》，决定自 5 月起，首先在华北区的天津、北平、张家口、保定、太原、唐山、石家庄等地银行试行。上述各地银行薪金制实行后，所有原定的薪金制及供给制的规定均应停止。《试行薪金制的指示》对评定薪级的标准和方式作了具体规定。

5 月 28 日　上海市军管会接管了中国银行总管理处。6 月 3 日，中国人民银行华东区行指定中国银行为执行管理外汇任务及经营外汇业务的机构。1950 年 3 月，中国人民银行决定，中国银行是中国人民银行领导下经营外汇业务的专业银行，并相应制定了外汇指定银行经营买卖外汇和供汇、结汇制度。

6 月 1 日　为引导游资，发展生产，奖励投资，繁荣经济，中国人民银行天津市分行奉市军管会的命令，筹备开办证券交易所，制定了《证券交易所暂行营业简则》。证券交易所同日正式开业，核准经纪人 39 家。批准上市证券为启新等 11 家公司的股票；并暂定启新、开滦、东亚、仁立、耀华 5 种股票先上市交易。

6 月 6 日　中国人民银行就东北币、长城币在华北区停止流通问题向平、津、张、唐各分行颁发指示。其中指出：已在华北区停止流通的东北币、长城币，不禁止持有和携带；对票贩投机倒卖者应予以法办，但对非倒卖行为的携带、持有者不得检查、没收或强行贬值兑换；凡自动向银行兑换者可按 1∶300 的比价给予兑换；天津、秦皇岛如有东北币进口，由中国银行按山海关联合办事处牌价兑换。

6 月 21 日　为便利南北物资畅通，促进生产发展，中国人民银行公布《私营行庄通汇办法》，其中指出，除通令北平、天津两分行自今日起办理平、津与沪、宁的汇兑业务外，平、津私营行庄也可与沪、宁、汉、西安通汇。文件对通兑办法作了具体规定；并且对管理和运送现金作出规定。

6 月 25 日　中国人民银行发出《关于停止小本放款改为手工业放款的指示》，规定手工业放款以支持供应农村需要物品的生产为主，供应城市消费品的生产为辅。

8 月 1 日　为适应省制恢复行政区划的重订，更便于推动生产的发展，加强节约，提高效率，中国人民银行华北区分行经理会议作出关于调整机构的决定。调整的原则是：（1）便利城乡互助；（2）与行政区划一致；（3）各管辖行（总行、分行、办事处、支行）均直接领导、掌握一个与其工作相适应的营业单位，从广泛的业务联系中实现其领导。

9 月 17 日　为全面开展内汇，以利生产运销，促进城乡物资交流，中国人民银行颁发《全面开展内汇决定的通令》，于 11 月 1 日起执行。其要点：为贯彻畅通汇兑、廉价多汇原则，实行集中清算制度。该决定还对汇兑账务处理、各区间通汇点汇兑限额以及汇兑往来计息办法等作了规定。

9 月 26 日　中国人民银行和东北银行协商，决定在山海关建立联合办事处，专门办理关内外过境货币兑换及关内外汇兑结算转账业务。

9 月 26 日　中国人民银行发出《关于关内外解放区通汇办法的指示》，自 10 月 1 日起实行。中国人民银行和东北银行两总行商定的通汇办法，对两总行的汇差清算，以及两总行和山海关联合办事处汇兑往来的计息问题作了具体规定。

9 月 29 日　中国人民政治协商会议第一届全体会议通过《中国人民政治协商会议共同纲领》，确定中国人民银行是国家的外汇管理机关。其中关于金融政策的规定为：鼓励储蓄，便利侨汇，引导游资投入生产；金融事业应受国家严格管理；货币发行权属于国家；禁止外币在国内流通；外汇、外币和金银买卖，应由国家银行经理；依法营业的私人金融事业，应受国家的监督和指导；凡进行金融投机、破坏国家金融事业者，应受严厉制裁。

9月30日 中央人民政府财政经济委员会向中国人民银行发出《中国人民保险公司组织条例草案暂准试行的指示》，其中指出，试行过程中有何问题应研究改进，试行一个时期后再呈报批准。

10月19日 中央人民政府委员会召开第三次会议，任命南汉宸为中国人民银行行长，胡景沄为副行长。

10月20日 中国人民保险公司在北京正式成立，受中国人民银行总行直接领导。中国人民银行副行长胡景沄兼任中国人民保险公司总经理。此后，中国人民保险公司相继成立了华东、华中、西北三个区公司和天津分公司；又协助原东北保险公司改组为东北区公司以及在华北、华东、华中建立了22个分公司、支公司或办事处。

10月28日 为统一人民币的发行与调度，中央人民政府财政经济委员会（以下简称中财委）发出《关于建立发行库的决定》。该决定共4章114条，其中指出：（1）发行库为中国人民银行机构组成部分，在总行设总库，各区行及主要分行根据需要设分库。在各地行长领导之下，设立专门机构，派员专人管理。（2）总库对分库要建立垂直系统的独立的会计制度，发行库款与银行业务库款和财政金库款完全分开。（3）各地印刷厂印制的完成券必须如数交发行库，印制完成券及指定解缴发行库的款项，入库之前任何机关不得动用。（4）发行库款的支配权属于中财委，中国人民银行总行未得中财委的批准，不得动用库款或命令各分库付款给任何机关。（5）分库支付款项，统一由总行指挥；各区分行未得总行的命令，不得动用库款或擅自从发行库付款给任何机关。（6）各地区请领财政赤字及企业资本，应先由该区财委会分别呈报中财委批准后，经由中国人民银行总行转令各区分行从发行库拨付之，未得总行命令前不得先向发行库支款。（7）在各地财政预算尚不固定前，为临时急需，

各区财委会得在规定的先付后报数目内先向发行库支付，再按规定程序补办手续。该决定还对已建立发行库的总行、区行、分行可动用发行库款的范围等作了具体规定。（8）各区财委会应以本决定为重要的财经纪律，指导当地中国人民银行严格执行。

11月15日 中国人民银行发出《开始发行"三拖拉机"图景仟圆券和"运输"图景佰圆券的通告》。

11月25日 中国人民银行颁发《合作社信用部推进办法》，其中指出：合作社信用部是在政府的领导与国营经济的扶植下劳动人民的金融组织。其任务是组织社会闲散资金，调剂供销生产资金，帮助发展生产，繁荣社会经济，积累公共财富。合作社信用部的组织形式，一般采取兼营，资金不独立，与供销部混合经营，互相支援。但在客观条件需要与可能时，也可单独成立信用社。该办法还就合作社信用部的性质、任务、组织形式和参加合作社信用部社员、股金、服务对象、业务范围、存贷款利率及办理委托代理业务等作了具体规定。

11月25日 华北供销合作社、中国人民银行联合发出《关于典型试办合作社信用部的指示》。其中决定：由河北省供销总社与中国人民银行河北省分行共同选择交通便利、有经济作物、手工业副业发达以及对出口贸易与办理合作有基础的一两个县进行典型试点。

12月1日 中国人民银行决定：自12月1日起北京交通银行划归中国人民银行总行领导，过去交通银行对市级企业的经营仍交北京分行继续办理。

12月12日 为贯彻中央人民政府财政经济委员会关于物价已大体稳定、可酌情逐步解冻资金的指示，中国人民银行发出《为逐步开放贷款的通知》。其中规定：在解冻资金中应注意有步骤有计划地逐渐进行，并须由分行统一掌握，当前可先开放出口贷款和公营企业贷款，凡在5万

元以上的短期贷款须经总行批准；对私营工商业，一般暂不予支持，原则上不贷款，必要时可以收购或按订货办理；对金银仍不强调吸收；各分行每月应拟订贷款计划报总行，解冻后贷款情况按旬向总行报告。

12月17日　中国人民银行发出通告：为适应业务发展的需要，总行决定直接办理中央人民政府一级各企业、机关、团体的各项业务。自12月19日起，北京交通银行将所经办的各项业务，都移交中国人民银行继续承办，其对外的债权、债务也由中国人民银行承受，唯其解放前的一切债权、债务，则移交该行总管理处负责清理。

12月24日　为方便国外侨胞认购胜利折实公债，中国人民银行公布《中国人民银行为国外华侨认购胜利折实公债服务办法》，指定上海、天津、广州、汕头、厦门、福州等地的中国银行代为办理认购手续，国外侨胞可经由所在国的指定银行将款转汇上述各该地的中国银行。

12月25日　中国人民银行颁发《中国人民银行代理财政部发行公债办法》，对债券的登记调拨、划转、会计账务、统计报表和报告制度、抽签还本，用黄金、外币、外汇搭缴债款的处理手续，向财政部治领备付公债本息基金及工作结束后汇总编制报告等均作了规定。

12月27日　为加强扶植合作事业的力量，中国人民银行向各分行发出命令，决定调整各大中城市合作金融机构：（1）北京、天津分行下设合作部，分行以下办事处设合作股，分理处设合作员。合作部除统辖全行合作业务外，工作重点应置于较大合作业务。（2）其他各省分行设合作科，所辖大中城市营业部或办事处设合作股。

一九五〇年

1月7日　为消除储户对物价的顾虑，中国人民银行颁发《关于定额储蓄不分在城市和农村推行应一律保本保值的指示》，其中规定：存入时注明当日折实单位牌价，存满15天后支取者，由储户选择按原存货币或按折实计算；不满15天支取者，按原存货币付给，不折实以折实支付时，按支取日折实单位牌价计算。该文件对计息办法等作了具体规定。

1月30日　中国人民银行参加政务院组织的对港九原属国民党政府的机构接管工作团，负责接收有关金融机构，制订了《接管港九伪行局机构、财产、人员方案》，对接管的任务、接管的单位以及接管的原则、方式、财产处理、人员安排等都作了具体部署。

2月21日　中国人民银行召开第一届全国金融工作会议。会议回顾了1949年银行工作，提出1950年全行的主要任务。会议结束时，南汉宸行长在总结报告中强调：银行工作的中心任务是用一切方法去争取存款，积累尽可能多的资金，支持工农业生产的恢复和发展；根据政务院统一财经工作，实行"三平"（财政收支平衡，物资调拨平衡，现金收支平衡）的决定，必须实行现金管理。中央人民政府财政经济委员会陈云主任到会讲话时提出，1950年银行的中心工作是"收存款，建金库，灵活调拨"。

3月3日　政务院第二十二次政务会议通过并发布《关于统一国家财政经济工作的决定》，其中指定中国人民银行为国家现金调度的总机构。国家银行增设分支机构，代理国库。外汇牌价与外汇调度由人民银行统一管理。国家的主要收入，如公粮、税收及仓库物资的全部，公营及公私合营企业的利润和折旧的一部分，除有特殊规定者外，全部限期缴纳同级金库，通过各地金库汇缴中央金库，作为中央政府统一支配的财力。金库的支配权统属中央人民政府财政部，一切支出通过中央金库逐级下拨，执行严格的预算制度，没有中央人民政府财政部的支付命令，不得动支。一切军政机关和公营企业的现金，除留若干近期使用者外，一律存入国家银行；不得对私放贷，不得存入私人行庄，违者应受处罚。

3月3日 政务院第二十二次政务会议通过并发布《中央金库条例》，其中规定：（1）设立中央金库：中央设总金库，各省（市）设分金库，各县（市）设支金库，必要时在适当地点设经收处。各级金库均由中国人民银行代理，金库主任由各级中国人民银行行长兼任。（2）一切国家财政收入，均须由经收机关照规定期限全部缴纳同级金库；除有特别规定者外，不得坐支抵解及自行保管。金库款的支配权统属于财政部。中央总金库除依照财政部支付命令付款外，无权动用库款；分、支金库无总金库的命令不得付款给任何机关。（3）各级金库间存款的运解调度权属于中央总金库。各级政府对同级金库应负监督检查之责，但无权支配库款。（4）各级金库对同级经收机关所收之款，是否照章缴纳金库，应进行监督检查；如违法不缴时，可报告上级金库及财政部查究。（5）各级金库须将收支实况按规定的种类、期限、格式报告各该上级金库，总金库须按期将各级金库收支实况报告财政部。3月25日，财政部公布了《中央金库条例实施细则（草案）》，对收解、支拨款项手续、会计科目、账簿、报告制度、往来账项的处理均作了详细规定。

3月15日 中国人民银行发出《关于执行"统一资金运用与调拨制度"的指示》，决定此项制度于4月1日起执行。该制度对各行存款资金的分配、联行利息、汇差调拨和代收公债款项等作了具体规定。

3月18日 中国人民银行发出《为颁发折实存款统一章程的通知》，决定于4月举办折实存款。折实单位及单位牌价由各地人民银行依照当地情况，选择适当的物品合成折实单位，以前一天物价逐日计算牌价，在当地报纸公布。《为颁发折实存款统一章程的通知》对各种折实存款的起存数额、期限和利率等作了具体规定，并规定可以提前支取或过期提取。

3月20日 政务院发布命令，责成中国人民银行限期以人民币收回东北银行和内蒙古人民银行发行的地方流通券；自1951年4月1日起，东北地区和内蒙古地区一切计价、记账、契约等均统一改用人民币。

3月25日 中国人民银行发出《关于调整机构的决定》，其中强调，金融机构的建设应本着集中统一、城乡兼顾、减少层次、提高效率、力求精简的方针。要建立与健全人民银行，有计划地建立与调整专业银行，逐步实现各专业银行与国家银行分掌长期信用与短期信用；城乡业务要紧密结合，重点在城市，兼顾农村，使银行的设置与行政系统求得尽可能一致；大力普建国家银行的基层组织（县、市支行）。人民银行要逐步实现总区分支四级制；边远县份暂设办事处；中心县份、专区级机构撤销后，为便于工作指导，可设必要的业务督导员，或指定专署所在地的支行为中心支行兼负该区内业务指导之责；新区一般仍保留专区机构。中国人民银行领导下经营外汇业务的专业银行，采用总分支三级制，其下属分支机构受中国银行总管理处及当地人民银行的双重领导。

3月28日 中国人民银行发出《关于物价趋势及调整并掌握四月份利率的指示》，其中指出，银行利率应迅速下降，并严格管制和降低行庄利率。今后物价平衡、利率的掌握应以经济政策和各行业的利润为主要标准。

4月6日 中国人民银行决定，总行国外业务管理处与中国银行总管理处联合办公。

4月7日 政务院第二十七次政务会议通过并发布《关于实行国家机关现金管理的决定》，明确规定：指定中国人民银行为现金管理的执行机关，负责办理及检查有关现金管理事宜。一切公营企业、机关、部队及合作社等单位，除准予保留规定的库存限额外，所有现金及票据必须当日全部存入银行或委托机构；实行现金管理单位间的相互往来，须使用转账支票，经中国人民银行转账；埠际之间的往来，须经过中国人民银行汇拨；除发放工资，向农村采购及在城市零星开支等必须使用现金的部分外，其余支出均应使用中国人民银行支票，不得以现金支付。

4 月 20 日　中国人民银行颁发《保本保值定期储蓄统一章程》，对举办保本保值定期储蓄的宗旨、对象、种类、存取办法、利率和期限等作了具体规定。

5 月 12 日　中国人民银行发出《关于继续降低利率的电报》，限在 5 月 15 日前达到下列标准：一月期存款最高月息 1.5‰，放款最高月息 3‰，其余比照增减。为解决存款者顾虑，可扩展保本保值存款，使不受金额对象限制，如提存增多，总行给予支持。对行庄利率，在物价正常情况下，投机性可能已小，管理可予适当放宽。

5 月 17 日　中国人民银行电示各区分行，决定自 5 月 20 日起开办机关、企业、合作社保本保值存款。这种存款不属储蓄范围，只办整存整取定期 1 种，期限由半个月到 1 年，以货币计息时按当时公存利率 8 折计算。

6 月 8 日　中国人民银行决定，由项克方、闵一民等同志组成金融工作团于 6 月 27 日前往香港工作。

6 月 10 日　中国人民银行颁发《各种地方币与人民币比价的通知》，其中确定：人民币 1 元合各种地方币的元数，比价永远固定不变。大连的关东币由天津分行随时挂牌，东北币、长城币、内蒙人民币由中国人民银行、东北银行山海关联合办事处挂牌，新疆的银元票、伊犁票尚无比价。

6 月 20 日　中国人民银行发出《关于重要城市郊区农村金融工作的意见》，针对城市郊区农村经济的特点，明确郊区农村的金融工作的总方针和应当掌握的工作重点。

6 月 23 日　中国人民银行颁发《定活两便储蓄存款简则》，规定除机关、团体、公营企业和合作社外，均可存储定活两便存款，存单不得抵押或转让。文件还对存储金额起点和计息等作了

规定。

7 月 13 日　中央人民政府财政经济委员会决定，由中国人民银行收兑第二次国内革命战争时期民主政府发行的各种货币。

8 月 1 日　中国人民银行召开全国金融业联席会议。会议明确了国家银行与私营行庄业务范围和分工，规定了对行庄的原则要求和具体意见。会议决定拟定全国统一的银钱业管理办法，同时发起组织全国金融学会，作为对全体金融业从业人员学习政策与业务的机构。8 月 24 日，《人民日报》就这次会议的召开发表了题为"银钱业的新方向"的社论。

8 月 15 日　中国人民银行、邮电部邮政总局联合颁发《关于银行、邮局商订储汇业务协议书的指示》，对银行和邮局的关系、具体业务和做法、现金管理等作了规定。

8 月 25 日　中国人民银行区行行长会议作出《关于调整机构问题的决定》，确定调整的原则是：撤销专区级会计单位，专区办事处改称中心支行；各级行内部编制采用平列摊开形式，多设副职，分工负责，减少层次，提高工作效率；设行地点尽可能与行政区划配合一致；设立总行、区行、分行三级检查系统；根据当地人口、业务规模及一般经济条件，划分分行、支行的等级，针对实际情况，统一内部编制。该决定还对各级机构的命名办法以及区行以下各级机构的内部组织、人员编制、任务职责等分别作了规定。

9 月 1 日　中国人民银行颁发《中国人民银行储蓄存款章程》，其中规定的存款种类有活期存款、定期存款和保本保值定期存款。

9 月 9 日　中国人民银行发出《私营银钱业代理中国人民银行汇出汇款统一办法的指示》。其主要内容是：（1）公私合营及私营银钱业，向中国人民银行申请代理汇出汇款，须觅具行庄担保，经中国人民银行核准后办理。行庄代理汇款，以一般商汇及私人汇款为限，汇款种类暂以信汇、电汇两种为限，汇款限额由本行视各地头

寸情况，随时通知办理。文件还对代理行庄代收汇款及所收汇费的解缴办法作了规定，凡有企图套用款项或延不解缴的应即取消其代理资格。

9月11日 中国人民银行发出《关于逐渐划一各大城市行庄放款利率及利率委员会组织与工作的指示》，要求各大城市实现全国金融业联席会议关于利率问题的有关决议。

10月7日 中国金融学会在北京正式成立，推选南汉宸为理事长，胡景沄、资耀华为副理事长，曾凌为秘书长，并筹备在北京、天津、上海、汉口、重庆、西安、沈阳等地设立分会。该会的学术性刊物《中国金融》创刊号于10月1日出版。

10月15日 中国人民银行颁发《新会计制度于一九五一年一月一日起切实执行的指示》，强调各级银行要严格执行新制度的各项规定，未经总行批准不得作任何变更，必须按时编送各种统计报表。该文件同时规定：各级行现有会计人员不得调做其他工作，会计主管人员调动时必须先征得上级行会计主管人员同意，并经行长批准。

10月21日 政务院颁布《外汇分配使用暂行办法》，将各大行政区的外汇管理暂行办法和实施细则加以统一和修正。中央人民政府财政经济委员会要求中国人民银行按旬向中央人民政府财政经济委员会报告全国各地所有外汇收入数额；中国人民银行按照中央人民政府财政经济委员会批准数决定外汇使用；出口收入的外汇、航运业、保险业及其各业基于交易行为所得的外汇、华侨汇款及其他国外汇入的款项以及国内居民持有的外币等，均须存入中国银行换取外汇存单或直接售与中国银行换取人民币；进口和非贸易用途所需外汇可按规定向有关机关申请，经批准后通过外汇交易所购买外汇存单或将外汇卖给中国银行。

11月10日 为贯彻中央人民政府财政经济委员会《冻结现金、稳定物价措施的指示》，中国人民银行发出《关于巩固金融的指示》，指出当前银行工作的中心环节，应即由以大量资金扶助城乡内外物资交流转为巩固金融物价的稳定，其主要武器是紧缩信用与管理现金，严格控制货币资财的使用。

11月10日 中国人民银行发出《中国人民银行出纳制度的通令》。《中国人民银行出纳制度》共13章73条，对出纳工作的任务、现金收付、出纳外勤工作要求、票据整理、金银外币收兑、库房管理、有价证券与贵重物品保管以及借款处理、奖惩等都作了具体规定，并定于1951年1月1日起施行。

11月18日 中国人民银行颁发《关于公款保本保值及行庄转存款利率的规定》，确定公款保本保值利率，折实定期1个月以内者不计息，1个月以上一律为月息3‰；货币存款一律照原定货币利率的规定办理。私营行庄转存款，定期半个月以上的，无论货币或保本保值，均照中国人民银行所定利率最高加至20%。

11月21日 中国人民银行发出经政务院批准试行的《中央人民政府中国人民银行试行组织条例的通令》。其中规定：中国人民银行受政务院的领导和中央人民政府财政经济委员会的指导，与财政部保持密切联系，主管全国货币金融事业。其主要任务是：（1）掌管币券的印制与发行，调剂货币流通；（2）动员与集中货币资财，办理长短期放款及投资；（3）通过现金管理、划拨清算，对国家机构、国营企业、合作社的财务经营进行统计与监督；（4）管理与经营外汇及贵金属，办理国际收支与清算；（5）掌握金融行政，监督私营、公私合营及外商金融业，管理金融市场；（6）经理国库，执行国家预算的出纳事宜；（7）办理国家债券的发行事宜；（8）领导专业银行及国营保险公司；（9）掌握其他有关金融事业。该条例还规定：中国人民银行在大行政区设区行、省设分行、县设支行、镇设营业所，并在中央及大行政区直辖市设分行或支行，下设办事处、分理处，执行各地具体业务。区行、省（直辖市）分行的设置、撤销，应报请政务院核准；分行以下各级行、处、所的设置、撤销，由总行决定。视国民经济发展情况，逐渐建立各种专业银行及保险公司。同时确定：中国人民银行总行设办公厅、计划处、会计处、检查处、货币管理处、放款管理处、金融行政管理处、国外业务处、发行处、营业处、人事处、总务处、印制管理局等工作机构。

12月1日　政务院第六十一次会议通过《关于决算制度、预算审核、投资的施工计划和货币管理的决定》。其中关于实行进一步加强货币管理的决定：部队、机关、国营企业、团体、合作社的现金使用，必须坚持编造收支计划，并经适当机关的批准；在国内外的一切交易，全部通过中国人民银行划拨清算，上述各单位间不得发生赊欠和信贷，信用集中于国家银行。

12月8日　中国人民银行颁发《中国人民银行放款总则》，其中规定：

一、各种放款均应根据发展生产、繁荣经济、公私兼顾、内外交流的方针，配合政府财政经济政策，根据生产商品流通计划办理。放款的对象为：有益于国计民生并符合国家经济建设计划的国营、合作、公私合营、私营及其他个体经济事业。放款的用途以调剂生产及商品流通过程中各种短期周转资金为限。

二、放款的种类：工业放款有重工业、燃料工业、纺织工业、轻工业贷款等；农业放款有农业、水利、林垦、畜牧、渔业、农副业及农业特产贷款；贸易放款有各种国内外贸易事业贷款；合作事业放款有供销、消费、生产、信用及其他合作事业贷款等；交通运输事业放款有铁路、公路、航运、航空、邮电贷款等；公用事业放款有电灯、电话、自来水、煤气、电车、公共汽车、建筑贷款等；其他放款。

三、放款必须按计划办理。放款计划分年度和季度两种，各级行均须于年度及季度前编制放款计划草案逐级上报，由总行汇编成全国放款总计划草案，呈中央人民政府财政经济委员会核准

后逐级下达执行；计划外的放款，由经办行按级报核，非经核准，不得办理。中央一级企业单位借款由总行办理，中央各主管部门系统借款原则上应由各地银行办理，目前暂由总行统一办理；其他放款则由各区行、分行、支行办理。

四、放款分为质押放款、押汇、贴现、转质押、重贴现等方式，并均以质押为主，质押品以流动资产为原则；须按信用方式办理时，应逐笔经分行批准。

五、放款应由借款人觅具妥实保证人，负保证偿还全部债务之责。在未清偿债务前，须按月或按期编制财务及业务状况表，送放款行备查。放款行随时派员稽核借款人的借款用途，借款人不得拒绝。如发现用途不当，放款行将予以纠正，或提前收回，或在一定时期内停止放款。申请借款的单位，应填送借款申请书、生产计划或经营计划、财务计划、质押品说明书和其他指定的材料，接受借款银行或银行委托机关的调查。

六、放款期限以生产运销过程所需的时间为标准，但最长不得超过12个月。放款利率以有利于发展生产为原则，由总行根据工商业利润及市场情况规定利率范围，各行可参照当地金融情况酌定，凡超出规定范围者应先报总行核示。放款到期不还，作逾期论，除加收逾期息外，根据契约催收；催收无效，银行以处理抵押品变价抵偿借款，如尚不足，仍应由借款人及承还保证人补偿，必要时得依法提起诉讼。

12月25日　中央人民政府财政经济委员会批准试行中国人民银行制定的《货币管理实施办法》及《货币收支计划编制办法》。《货币管理实施办法》共6章55条，对加强现金管理、实行划拨清算、集中短期信用和监督基本建设投资等，分章作了详尽规定，自1950年12月起执行。《货币收支计划编制办法》共6章36条，是根据《货币管理实施办法》中"现金管理"的有关规定，对各单位业务经营，经费预算的编制方法、编制系统，送审程序及批复时间，计划项目等作

了具体规定。

12 月 30 日 中国人民银行颁发《关于独立手工业生产小组放款利率的指示》，其中决定：乡村独立手工业生产小组贷款利率，以按照农副业最高贷款利率（月息 18‰）提高一成计算；城市（各大城市市郊在内）的手工业生产小组贷款利率，应比照私营工业贷款利率月息 90‰ ～ 150‰减低以不超过一成为宜。

一九五一年

1 月 1 日 中国人民银行制定的《中国人民银行业务收支计划编制方法》和《中国人民银行统计报告制度》开始施行。《中国人民银行业务收支计划编制方法》规定：业务收支计划内容包括资金来源及运用、损益匡计两大项，按年度及季度编制。业务收支计划及总结，以总行、区行、分行、支行为编制单位，逐级汇总上报。《中国人民银行统计报告制度》规定：各级行对于报告的项目内容、编制方法、报告程序以及编报期限都必须严格遵守，不得自行增减改变；未得总行允许，不得向下级行布置经常的、定期的统计报表。

1 月 3 日 中国人民银行、邮电部邮政总局联合发出《银行委托邮局代理汇兑合约的指示》，自 3 月 1 日起执行。其中规定：邮局国内汇兑业务应成为银行汇兑业务的一部分，改为银行委托、代理性质。在汇兑业务政策上和做法上，银行为领导关系；邮局办理汇兑所需成本由银行补助，并为便于汇兑资金调拨成立邮汇调拨金库，使过去银行、邮局分别经营变为整体业务。其分工的原则是：银行以工商业汇兑为发展方向，邮局以个人汇兑为发展方向，各地银行、邮局以此为确定双方业务范围的依据。

1 月 23 日 中国人民银行颁发《中国人民银行工业放款章程》《中国人民银行交通、运输、公用事业放款章程》《中国人民银行贸易放款章程》《中国人民银行合作事业放款章程》《中国人民银行质押放款办法》《中国人民银行小额放款章程》。

1 月 27 日 中国人民银行向中央人民政府财政经济委员会报送《关于新疆统一货币、统一发行的意见》，建议在新疆统一发行统一货币，由中央掌握发行权，并规定人民币对新疆币的固定的合理比价，逐渐以人民币收回新疆币。

2 月 9 日 中国人民银行发出《关于一九五一年利息政策和掌握的原则及利率表的指示》，其中强调利息政策总的要求是：组织资金，调剂信用，限制投机，利于生产。1951 年国家银行对公、私存放款利率范围表，对公存款利率、联行往来利率，对私放款及行庄放款利率最高限额，私存及行庄存款利率标准，以及储蓄、农贷、准备金、转存款、转质押、重贴现等利率，均按不同利率档次作了详细规定。

2 月 26 日 中国人民银行颁发《各地人民银行对公私合营银行买汇业务暂行办法》，对合营银行分支行处经营汇兑、接受联行或其兄弟行委托收解业务等作了具体规定。

3 月 1 日 为便利侨汇，保障侨汇业合法经营，中国人民银行颁发《侨汇业管理暂行办法》，自 3 月 1 日起施行。其中规定：凡专营或兼营侨汇的行业（包括水客），除指定银行外，均称侨汇业。该文件还对业务范围、建立报告制度及奖惩等作了规定。

3 月 6 日 为巩固国家货币币值，稳定金融，保障人民财产，政务院公布《中华人民共和国禁止国家货币出入国境办法》。其中规定：凡携带或私运国家货币（指中国人民银行发行的货币及中央人民政府特许发行的地方货币）出入国境者，一律没收。同年 4 月 19 日，政务院公布了《妨害国家货币治罪暂行条例》，指明国家货币是指中国人民银行发行的货币，对伪造国家货币的犯罪行为作出了处罚规定。1952 年 11 月，中央人民政府财政经济委员会提出了反假钞斗争办法，要求各地政府、公安、银行、贸易、海关、司法、税务等部门密切合作，认真负责地开展反假钞斗争。尤其是实行开放政策以来，国家的边防武警和海关为严厉打击境内外制造、偷运假币的犯罪分子作出了重大贡献。

3月22日 中央人民政府财政经济委员会发布《关于收回东北币及其有关问题的决定》和《关于收回内蒙古人民银行地方流通券及有关问题的决定》。其中规定，自1951年4月1日起，中国人民银行以人民币收回东北银行发行的东北币（以下简称东北币）和内蒙古人民银行发行的地方流通券（以下简称地方流通券），实行币制统一。收兑比价为人民币1元兑换东北币或地方流通券9.5元。《人民日报》为此于4月1日发表了题为"统一币制，进一步沟通关内外物资交流"的社论。5月17日，中国人民银行发出《关于关内各行代兑之东北币处理办法的指示》，决定东北币截至5月底一律停止收兑。

4月12日 中国人民银行发出《关于开展小型工商业放款的指示》。其中指出：开展私人业务为目前国家银行主要工作之一，各行可掌握手续便利、简便保证、数额小、期限短的原则，划出一笔专款，作为一种特殊放款。

4月19日 为保护国家货币（指中国人民银行发行的货币），巩固国家金融，政务院发布《妨害国家货币治罪暂行条例》。

4月25日 中国人民银行、贸易部发出《关于取消商业信用的联合指示》，规定贸易部所属各单位所有一切内外调拨款项，必须通过人民银行办理，不得再与任何单位发生赊欠借贷关系；要求各单位认真推行划拨清算，使信贷集中通过银行。

4月25日 中国人民银行发出关于《中国人民银行人事工作暂行制度》即日执行的指示。《中国人民银行人事工作暂行制度》共有总则、服务规则、请假、签到、值班、加班、奖惩、考绩、任免、招考和甄选、试用、调动、离职、保证、人事报告制度及附则等共15章135条。

5月15日 中国人民银行召开第一届农村金融会议。会议确立了农村金融工作在整个金融工作中的地位，会议探讨了农村经济发展中的新情况和新问题，提出国家银行在农村金融工作上要贯彻"深入农村、帮助农民、解决困难、发展生产"的方针。

5月31日 财政部颁发《修订中央金库条例施行细则的命令》，规定：中国人民银行总行代理"中央总金库"，各区行代理中央区金库，省（市）分行代理中央分金库，分行以下各级行处代理中央支金库；基层金库的设立以一县一库为原则。金库设独立会计，以人民币为记账本位。金库库款经汇解总金库后存入银行，银行对库款汇解概不收费，库款存入银行也不计息，但在存款额内，金库应保证财政开支。金库经费列入各级银行开支。为及时集中库款，各支库应将所辖经收处及本身收入的库款于当日信汇上级分库，各分库必须于当日汇总汇解总金库。

6月5日 根据财政部关于交通银行办理基本建设投资拨款并监督其使用的临时试行办法，中国人民银行发出《关于交通银行自一九五一年六月一日起办理中央基本建设拨款工作的指示》，其中规定：交通银行办理中央基建拨款，人民银行各区行、华北各分行应依照人民银行代理交通银行业务的决定，切实指示各地有关人民银行，接受交通银行的委托，指定专人负责按交通银行规定的章则、制度、办法、手续办理拨款。

6月12日 邮电部、中国人民银行发出《关于取消商业信用原则的联合指示》，规定邮电部所属各单位的所有一切内外调拨款项，必须通过人民银行办理。

6月13日 为节省现金并简化铁路运费缴付手续，中国人民银行与铁道部共同拟定并经中央人民政府财政经济委员会核准，中国人民银行发出《铁路运费定额支票发行使用办法及业务处理手续的通知》，决定自8月1日起，指定中国人民银行总行营业处和京、津、沪等19个分支行处（铁道金库建库处）同时发行铁路运费定额支票。

6月20日 为执行政务院的规定，有步骤地取消国家机关、国营企业的商业信用，使信贷集中通过银行，中国人民银行发出《关于"专户存放款账务处理试行办法"的指示》。该办法规定的处理原则是：（1）往来户与企业部门或企业部门之间发生业务关系，因合同规定款项必须分期或定期结算，经双方同意，得在中国人民银行开立同一期限的"定期存款专户"（收款单位）和"定期放款专户"（付款单位），向中国人民银行移转债权、债务，使信贷集中银行及实行经济核算。（2）为便利企业部门灵活掌握起见，经存贷双方同意专户存贷款项得依照合同所订期限提前或延期清结。（3）专户存贷的存欠利息于企业部门来行开户时，得由银行随时议定经双方同意后订入合同，存欠利差即作为银行应收的手续费。关于开户手续及到期转账处理办法，也在该文件中作了具体规定。

6月22日 中国人民银行向中央人民政府财政经济委员会报送《关于农业合作银行筹备经过的报告》。中央人民政府财政经济委员会于6月27日就人民银行上述文件向政务院写了报告，政务院于7月10日批复同意正式建立农业合作银行。

6月22日 中国人民银行发出《规定中国人民银行各地分支行与公私合营银行各地分支行联系事项及办法的指示》，规定合营银行各地分支机构原则上应受该行联合总处及中国人民银行各地分支行双重领导。

7月2日 中国人民银行发出《关于调整现行利率的步骤与要求的指示》，要求金融业对生产与运输资金缺乏的公私企业予以大力援助。同时决定对现行利率采取逐步降低方针，要求抓紧时机在秋季以前达到或接近抗日战争前水平（最高存息20‰，最高放息30‰）。

7月6日 中国人民银行发出《关于开展农

村信用合作工作的补充指示》。该文件附发了《农村信用合作社章程准则（草案）》和《农村信用互助小组公约（草案）》。

8月4日 中国人民银行就印发《中国人民银行与农村信用合作社业务联系合同范本》《农村信用合作社试行甲、乙种记账办法（草案）》和《农村信用合作社业务规则范本（草案）》发出指示，确定这三个文件作为各级银行组织领导与推动农村信用合作社的依据，要求各级银行在具备条件的信用合作社试行。

8月4日 根据政务院颁发的《外汇分配使用暂行办法》中非进口所需外汇规定的原则及各地反映实际情况，中国人民银行制定了《个人申请结购及支领携带外汇管理暂行办法》。办法规定：凡个人使用外汇由各行政区、省、市财政经济委员会授权中国银行核办。

8月8日 中国人民银行颁发《中国人民银行农业生产放款章程》《中国人民银行农田水利放款章程》和《中国人民银行手工业放款章程（草案）》。其中《中国人民银行农业生产放款章程》规定：农业生产放款的用途，应以国家的生产任务所需者为限，有计划、有重点地掌握专款专用，其原则是扶助需要资金数额较大、期限较长，且具有季节性、技术性的生产业务。

8月10日 农业合作银行发出通告：农业合作银行已奉命正式成立，它是中国人民银行总行领导下的专业银行之一，具体任务为：（1）依照国家预算，执行农业、水利、林垦及合作社的企业机关的投资拨款工作，并监督其使用；（2）依照信贷计划办理农牧水利林垦及合作社等长期贷款；（3）编制农业合作短期信贷计划，并进行信贷工作；（4）组织领导农村金融工作，领导信用合作社工作。

8月17日 中国人民银行、中华全国合作总社联合发出《关于农村信用合作社工作注意各点的联合指示》，决定今后信用合作社工作由银行负领导及组织推动责任，信用合作社收存的实物可通过合同关系与供销社业务结合办理。

8月22日 中国人民银行发出《关于全国各区、分行筹设银行学校的指示》，决定成立正规的银行中等学校，要求各级银行抓紧时机，有计划、有步骤地进行筹设，并在1951年年底全部成立起来。

9月12日 为统一印制，并照顾新疆人民习惯，中国人民银行根据政务院的决定，发出《在新疆发行带维吾尔文之人民币并收兑新疆银元票的通知》，决定印制带维吾尔文500元、1000元、5000元、1万元四种面额的人民币，在新疆省境内发行，并收回现在该省流通的银元票。收兑比价为新疆银元票1元兑换人民币350元；收兑地区范围限在新疆省境以内。

9月30日 政务院发布命令：自1951年10月1日起，在新疆发行维吾尔文的人民币，并在全国流通。

10月5日 中华全国总工会决定成立中国金融工会工作委员会，其机构、人员编制设在中国人民银行。

10月11日 中国人民银行颁发《华侨储蓄存款章程》，指出：华侨储蓄存款业务，中国人民银行与中国银行可同时举办，中国银行仍为代理中国人民银行性质，但对外可由中国银行出面。指定银行如欲办理此项业务，可与当地中国银行接洽取得代理关系办理。华侨储蓄存款以侨汇储存为限，可以货币或保本保值方式储存，其种类有整存零付、存本付息、整存整付三种，利率根据中国人民银行拟订挂牌公告，改按年息计算。期限分1年、2年、3年期三种，到期提取时，人民币储蓄按一般手续办理；保本保值储蓄，牌价上涨时保值付给，牌价下落时保本付给。

10月11日 中国人民银行发出《关于对合营银行领导问题的指示》，指出：国家银行对金融业的管理，由原来的行政管理和业务竞争相结合的方针，转变为加强业务领导为主的方针。在业务工作上，国家银行在统筹兼顾的原则下，对私营工商业的业务，可考虑与合营银行划分户头，使其有所发展。

11月17日 中国人民银行、邮电部邮政总局发出《关于邮局委托银行代理开发邮政国内汇票合约的联合指示》，规定银行代理开发邮政汇票，暂以邮政定额汇票为限。

一九五二年

2月4日 政务院公布《中华人民共和国金银管理暂行条例》，其内容要点是：本条例依据《中国人民政治协商会议共同纲领》中关于金融政策的原则制定；中国人民银行为管理金银的主管机关；金银买卖由中国人民银行及其委托代理机构（以下简称银行）经理；严禁金银走私、贩卖、私相买卖、计价、行使、借贷抵押、私自熔炼等非法行为；严禁携带一切白金或含白金的物品出国；政府机关、企业或部队所有金银的兑换，应向银行办理；人民可储有金银，依法携带、邮运或向银行按牌价兑换；经核准经营金银生产的国营、私营企业，应向所在地中国人民银行省、市分行登记，并将生产计划、生产成本及实产数量，按期报告，所开采的金银依照牌价售予中国人民银行；经特许的饰品业、银艺术品业，得向中国人民银行申请配售原料，经营指定业务；国营、私营企业、团体、机关或个人，因工业、医药、文化、学术等正常用途需要的金银，由中国人民银行核准配售；外侨及归国华侨由国外携入的金银，应向海关申报。该条例还对国内旅行、迁徙、出国旅客携带的金银数量、邮寄金银的办法，以及违反本条例的处罚或送法院追究等都作了具体规定。该条例自公布之日起实施，以前各地区所颁布的金银管理暂行办法即行废止。

2月5日 中国人民银行发出《关于修正发行库制度及联行会计的指示》，其要点是：（1）发行库改为总、区、分、支库四级，即总行设总库、区行设区库、分行设分库、支行设支库。采取逐级领导、逐级负责的方针，逐级掌握库款调拨及库务管理。支行所属的办事处得酌设保管点。（2）支行所属办事处会计独立，定期与上级支行并表。（3）总、区、分、支行的联行调拨款，仍按级立户，逐级掌握。唯上缴与下拨不再通过汇划往来科目，改用行库合并通知办法，直接通过发行库调拨。除机动款外，取消一切主动划付的规定。（4）各区行上缴总行的联行调拨款，分为短期户与定期户两种。区行以下由区行掌握，华北各分行由总行掌握。

3月31日 财政部、中国人民银行发出《关于"扣收国营企业应缴国库款项暂行办法"的联合通知》。该通知规定：国营企业（包括主管企业部门、主管企业机构及基层企业）应缴国库（各级财政金库）的利润、折旧基金、多余流动资金、固定资产变价收入以及其他核定应缴款项，应在政府规定限期内，自动向国库解缴；逾期不清缴者，各级财政机关即通知中国人民银行代办扣收缴库手续。

4月24日 财政部、中国人民银行就交通银行、中国人民保险公司划归财政部领导问题致电各大区、省、市财委、财政厅（局）、人民银行分行及交通银行、中国人民保险公司。交通银行和中国人民保险公司自1952年5月1日起划归财政部领导。

4月26日 中央人民政府财政经济委员会发布《对私人金融业方针的指示》。中国人民银行根据中央人民政府财政经济委员会整顿私人金融业的指示，于下半年开始对全国金融业进行了全面的改造。

4月30日 政务院批准施行《中华人民共和国对各国外交官员携带外币及外币票据进出国境管理暂行办法》。该办法除对"外交官"的含义作了具体说明外，并规定：（1）各国外交官员携入中国的外国货币及外币票据，应由携带人于进入中华人民共和国国境时向海关申报；并于入境

后三日内向中国银行（或人民银行）填具"各国外交官携带外币及外币票据申报单"，详细写明携带外币或外币票据的种类、张数、金额，送请银行核对。外币或外币票据由申请人自行保管。（2）各国外交官携带入境的外币及外币票据，除请银行兑换或委托银行代收，或自行携带出境外，不得在中国境内自由出卖、转让或赠送给任何个人及团体。（3）外交官在华期间，可将其携入的外币或外币票据连同申报单随时向银行申请兑换人民币、按银行规定办理储蓄；如无兑换牌价，可委托银行代收，或汇出国外。（4）如有未用余额，得凭申报单交海关验明后携出中国国境，并在出境地点将申报单交由海关转送银行注销。

5月1日 中国人民保险公司、交通银行总管理处及其所属机构，经政务院决定划归财政部领导。

6月3日 中国人民银行发出《关于签订放款契约应列入缴纳罚金的规定的指示》，指出：在调整利率的同时，规定各种贷款凡逾期不还者，即应缴纳万分之一至万分之三的罚金。今后各行在签订的贷款契约中须列入："贷款逾期不能归还，愿按照乙方（银行）规定缴纳罚金"的条款。

6月30日 为减少转汇业务，中国人民银行就修正《统一转汇办法》发出指示，提出：凡银行不通汇地点，尽可能利用邮局机构开发邮政汇票代替转汇。修正的《统一转汇办法》自8月1日起实行，其中主要规定：转汇种类以信汇、电汇两种为限。办理转汇，应以汇至与付汇行同在一省的通汇行转汇为原则，未设银行机构地点，不承办转汇业务。文件还对办理电汇和信汇、收取汇费和邮电费以及申请退汇等作了具体规定。

6月30日 中国人民银行发出《关于统一全国收兑黄金牌价的指示》，决定从7月15日起，全国收兑黄金牌价为每两95万元。

7月16日 中国人民银行颁发修订的《储蓄

存款章程（草案）》，并指出试行中应当注意：（1）停办保本保值及农村单一折实存款，凡已存入者，原则上等其到期后按到期日牌价折成货币续存或提取，如储户自愿提前转存货币，储蓄者可予照办。各地折实牌价继续公布。（2）新订储蓄存款利率：活期支票利率月息 4.5‰，存折利率可略为提高。定期整存整付储蓄最长为 1 年，如储户愿存 1 年以上期限者可收储，但仍照 1 年期利率计息，不计复利；零存整付、整存零付和存本付息的利率标准，约相当于同期的整存整付利率的 9 折；定额储蓄的利率，其存储天数在 1 个月以下者照活期存折利率，满 1 个月及以上者按同期整存整付利率 7 折或 8 折计息。（3）适当收缩定额储蓄存单业务，其计息延长为 10 天，开户次日方可提取，利率压低。（4）有奖储蓄受奖面应宽并结合实际存储能力，宁可少发，避免盲目。今后在大城市及有条件的地区，有奖储蓄存款均应采取零存整付方式。（5）做好宣传工作，把储蓄意义与增产节约运动、工作竞赛运动、爱国丰产运动联系起来。在工作中必须切实掌握发动群众自愿存储的原则，避免鼓动群众发起储蓄竞赛，形成变相的强迫摊派。同时，必须纠正过去限期层层布置任务的办法，计划数字只作为分行以上管理部门掌握的指标。（6）根据储户需要，分行可办理定期储蓄存单抵押贷款。（7）华侨储蓄业务完全依照本章程办理，过去制定的单行章程应予废止。《储蓄存款章程（草案）》对储蓄种类、存款起点、存期、计息期以及有奖储蓄存储、开奖等均作了规定。

8 月 25 日　中国人民银行发出《关于统一我行出售金、银价格的指示》，规定：银行配售金、银价格，不论其是否以盈利为目的，黄金每两为 125 万元，白银每两为 1.95 万元。收售金、银，一律以千分之千纯金银为计算标准。

10 月 11 日　为便于干部的管理，中国人民银行发出《关于统一全行行员级制的指示》，决定全行一等行员、二等行员一律改称科员；三等行员、练习生一律改称办事员。

10 月 15 日　为贯彻执行政务院公布的《中华人民共和国禁止国家货币出入国境办法》，中国人民银行、海关总署制定《中华人民共和国禁止国家货币票据及证券出入国境暂行办法》，并为此发出联合通知。该文件规定：（1）本办法所称国家货币票据及证券是指：国内支付本币的汇票、本票、支票、存单及存折；国内所发行的公债、股票、公司债券等有价证券；其他国内付款的一切支付凭证。（2）经中国人民银行或其委托的中国银行核准携带或寄运出入国境的本币票据，可以凭银行发给的证件，向海关申请查验放行；经银行核准的人民币侨汇等携带或寄运入境时，得经海关查验后放行。文件对私自夹带或偷寄本币票据及证券出入国境，旅客携带本币票据及证券出境，以及检举违反本办法的行为的奖励等作了规定。该文件指出，在具体贯彻本办法中，对国内所发行的公债、股票、公司债券等有价证券，要掌握出口从严、进口从宽的原则。

12 月 11 日　中国人民银行修订并颁发《结算组织办法（草案）》《中国人民银行办理货币管理结算单位代扣款项办法（草案）》《国营企业、合作事业短期放款暂行条例（草案）》《国营工业系统短期放款暂行办法（草案）》。随后，又颁发了《货币流通计划编制、审核与执行办法（草案）》。《结算组织办法（草案）》对结算范围、结算单位、结算原则、结算方式、结算监督、结算纪律等作了具体规定。

12 月 19 日　中国人民银行发出《对于现行利率的补充和修订的通知》。其中规定：（1）公营存款统为活期存款，一律取消定期存款及利率。（2）一般定期存款利率按总行规定办理，不要按月分别利差。（3）活期储蓄与一般活期存款利率原只规定月息 4.5‰一种，现规定活期存折存款利率月息为 4.5‰，支票存款利率月息为 4.2‰。（4）对国营企业与合作社的结算放款利率定为月息 6.9‰，私营押汇利率可照私商放款最低利率月息 13.5‰计息。（5）农村储蓄存款利率一般与城市储蓄相同，如需单独规定，其最高利率一般以月息 13.5‰为宜，最高不得超过 15‰。（6）农贷利率按农贷种类分为三种。（7）对农民的放款不实行过期罚息，对农村基层合作社与农村私营工商业放款可酌情实行过期罚息。（8）对县级以上各级供销合作社的肥料、药械等放款，改按国营贸易放款利率优待 10%。（9）对农村基层合作社的放款利率，按农村周转性放款利率月息 15‰优待 10%。（10）农村信用合作社的存放款利率由各社自行决定，逐步与国家银行存放款利率接近，但不得勉强；国家银行收存信用社的转存款和对信用社的放款，均按月息 12‰计息，以鼓励其自存自放。（11）中国银行的管汇资金与交通银行的基建基金存款概不计息。但其专户往来存款（原公私合营银行的资本积累）一律按月息 2.4‰计息，透支按月息 8‰计息。以上各项规定，农贷自即日起实行，其他一律自 1953 年 1 月 1 日开始实行。对已存、已放的存、放款则按原利率执行。

12 月 31 日 经政务院批准，中国人民银行颁发《中国人民银行任免工作人员暂行办法》。该办法对总行提请政务院批准任免的人员、总行任免或批准任免人员、分行任免或批准任免人员，授权印制管理局以总行行长、副行长名义任免或批准任免人员等，也作了具体规定。政务院在批准该办法时指出，总行与区行、分行在任免其下属机构工作人员之先，应征得当地人民政府同意。

一九五三年

1 月 9 日 政务院第一百六十六次政务会议通过《关于解放前银钱业未清偿存款给付办法》，同年 2 月 20 日由政务院总理周恩来签署命令，公布施行。该文件对解放前银钱业包括的范围，解放前三个阶段存款的偿还、折算标准及给付办法，以及解放前未解侨汇和国内未解汇款的清偿办法等，均作了具体规定。

1 月 10 日 为大力开展与巩固储蓄业务，鼓励长期储蓄，中国人民银行发出《关于"定期储蓄移转异地处理办法"的指示》。该文件规定，定期储蓄存款（包括整存整付、零存整付、整存零付、存本付息 4 种）在未到期以前，储户如因向外埠迁移或工作调动，须移存到达地人民银行的，可向原存款行或移入行办理转移异地手续，并仍按原订存期、利率、起息日期及存取办法继续存储。1955 年 12 月 31 日，中国人民银行发出《关于废除定期储蓄存款异地转移处理办法的通知》，决定于 1956 年第一季度末废除该项办法。

1 月 23 日 中国人民银行发出《关于合营银行催收放款和免交存款准备金的指示》，要求各级人民银行对合营银行催收放款给予大力帮助，协助拟订催收计划，按期执行。另外，由于合营银行合并后性质上已经改变，过去为保障存户利益所规定的交存存款准备金制度已失其意义，今后可免交存款准备金。

1 月 23 日 为使汇兑业务更进一步的发展，中国人民银行、邮电部发出联合指示，决定解除双方在 1951 年 3 月签订的《银行委托邮局代理国内汇兑业务合约》和 1951 年 12 月签订的《邮局委托银行代理开发邮政国内汇票合约》，自 1953 年 2 月起，银行与邮局的国内汇兑业务各自独立办理。

2 月 11 日 中国人民银行发出《关于"志愿军赡家汇款特种信汇暂行办法"的指示》，决定此项汇款业务改由志愿军随军银行协同国内各行共同办理。

2 月 22 日 中国人民银行、商业部颁发《〈中国人民银行办理国营商业短期放款暂行办法〉及各项有关规定的联合指示》，规定：凡商业部所属核定资金、实行经济核算制的单位，均按照本办法规定，向其开户的人民银行办理短期放款。商业部所属单位，在核定资金、实行经济核算之日起，取消贸易金库制度。

3 月 3 日　中国人民银行发出《关于自一九五三年三月十日起试行八种结算方式的通知》，决定在中央人民政府财政经济委员会未正式公布结算组织办法前，由分行布置所属银行内部试行。试行期内各种方式涉及法令性问题，可暂放宽处理。八种结算方式是：（1）支票结算；（2）保付结算；（3）托收无承付结算；（4）计划结算；（5）托收承付结算；（6）电汇、信汇结算；（7）特种账户结算；（8）信用证结算。

4 月 9 日　中国人民银行发出《关于人民币未统一前各革命根据地发行之地方币仍按原定比价收兑的通知》。该通知列出了人民币与各种地方币比价对照表。

5 月 30 日　中国人民银行、对外贸易部和海关总署发出《为禁止国家货币出入国境办法具体执行的规定第三条及第七条分别修改及补充规定的联合指示》，并定于 6 月 1 日起实施：（1）取消原第三条"出境旅客每人准带人民币两万元"的规定，今后所有经深圳等地出境的旅客及往来外国船舶的船员和旅客，一概不得携带人民币出境。离境时如有用剩的人民币，应全部向银行申请处理。（2）对国际航行或兼营船舶自国外进入我国第一口岸经过海关检查后旅客、船员以外币兑换人民币，该船舶在我国各口岸停泊期间船员上下船时携带在船上以外币兑换的人民币，该船舶主管人员携带在我国各口岸间航行途中有正当收入的人民币登岸，以及对该船舶的船员及旅客违反规定携带人民币的处理等，作了补充规定。

6 月 8 日　根据《中国人民政治协商会议共同纲领》第三十七条及第三十九条的规定，为发展对外贸易，便利国际汇兑，促进经济建设，中国人民银行制定《中华人民共和国外汇管理暂行条例（草案）》。该条例共有十九条。

7 月 9 日　政务院第一百八十五次政务会议通过了《关于发放农业贷款的议案》，并于 8 月 30 日由周恩来总理签署颁布《关于发放农业贷款

的指示》，其中强调：人民银行在农村的主要任务，就是通过农业贷款及组织信用合作等农村金融活动，扶助困难农民，发展农业生产，并和高利贷者作经济斗争。

7 月 27 日　邮电部、中国人民银行发出《为停止银行委托邮局代理储蓄业务自一九五三年九月一日正式解除合约的联合指示》，该文件规定，各地已建立代理关系的银行、邮局双方自行协商处理结束后储户移转等事项。

9 月 13 日　根据中央人民政府财政经济委员会关于加强现金出纳计划工作的指示精神，中国人民银行颁发《现金出纳计划编制办法（草案）》，对计划的编制、计划的批复与执行等提出了具体要求。

10 月 13 日　为适应国营经济发展的需要，中央人民政府财政经济委员会颁布《关于调整人民银行存放款利率的决定》，对各类放款、存款利率作了调整。关于新利率实行日期，国营和地方国营商业、粮食、对外贸易、国营保险公司及供销合作社存、放款利率，自 1953 年 8 月 1 日起实行；其他各项利率调整，一律于 1954 年 1 月 1 日起实行。为贯彻中央人民政府财政经济委员会的决定，中国人民银行于 10 月 28 日发出《关于调整现行存、放款利率的指示》，并附发《关于现行利率调整表》。

10 月 27 日　政务院公布《中国银行条例》，该条例明确指出：中国银行经中华人民共和国中央人民政府政务院的特许，为外汇专业银行。中国银行受中央人民政府及中国人民银行的委托办理下列各项业务：执行一切有关外汇管理的具体事务；管理外汇指定银行及侨汇业，并审查其业务和账务；办理有关发展及扶植对外贸易及其他有关银行业务的委托事项等。中国银行总管理处设在北京，可在国内外贸易及侨汇重要地点设分支机构或与其他银行订立代理合同。该文件还对中国银行的董事、监察人员数和公私股人员比例，董事会的组成，常务董事、董事长和总经

理、副总经理的产生、任期等作了原则规定，并指出中国银行应依照本条例主旨详定章程，报请中国人民银行核准备案施行。

11月2日 中国人民银行发出《关于自一九五三年十二月一日起全国一律停止发行铁路运费定额支票的指示》。

11月3日 中国人民银行发出《为第三届全国金融会议关于组织机构几个问题的通知》，强调各级行的组织建设，今后应以整顿、巩固为主。要紧缩管理部门，充实营业部门，改善劳动组织，以提高工作效率，并应贯彻中央及总行关于增产节约的号召进行精简。

11月12日 中国人民银行发出《关于农村呆账清理办法的指示》，决定在1953年秋冬催收到期贷款时，将历年农贷中的呆滞放款，依照相关原则清理。

11月17日 中国人民银行发出《关于对中财委调整利率的决定的说明》，对利率实行的日期、利率执行范围等作了具体说明。

12月7日 财政部公布《中央金库条例施行细则（第三次修订）》。

12月10日 中国人民银行发出《关于停办代收外埠货款、代收外埠票据及私营工商业电话汇款业务的通报》，决定：（1）对私营工商业相互之间的代收货款、代收外埠票据（包括银行支票及商业票据）一律停做。私对公之间除符合对公业务8种结算方式内托收承付规定的，可按托收承付方式办理外，也停做以上两种业务。其他如定期存单、储蓄单证、公债、股息及结清存款账户等代收业务，仍可办理。（2）私营工商业的电话汇款停做。

12月12日 中国人民银行、财政部发出《关于贯彻中财委"关于加强现金出纳计划工作的指示"的联合指示》，要求各级财政、税务部门和银行密切配合，认真贯彻执行《现金出纳计划编制办法（草案）》中的有关规定，编好单位的现金出纳计划与银行的综合现金出纳计划，并

分别掌握计划的执行。

12月30日 中国人民银行拟定《关于建立农业银行的意见》，主要内容包括：农业银行的性质及任务；农业银行的资金、资金来源组成；农业银行的业务；农业银行的组织领导原则；农业银行建立的步骤。

一九五四年

1月9日 根据中央人民政府财政经济委员会的指示，中国人民银行发出通知，指出今后农村信用合作社的名称，应按《中国人民政治协商会议共同纲领》的规定，称为"信用合作社"。

1月9日 中国人民银行印发《教育工作座谈会总结》及《中国人民银行干部学校暂行实施办法》，要求有关分行结合具体情况和主客观条件，本着"积极准备，稳步前进"的精神逐步实施。

1月30日 中国人民银行、邮电部发出《关于试行"邮政汇兑资金调拨办法（草案）"的联合通知》，决定自1954年7月1日起，将过去各级邮电局邮政汇兑资金通过邮汇金库统一调拨的办法改为：由各地邮电局每日根据实际汇兑收支的差额，向当地银行开立"邮政汇兑资金专户"办理存取。

3月3日 中国人民银行发出《关于遗失重要空白凭证问题的通知》规定，重要空白凭证由出纳部门负责保管实物，会计部门采取账外核算办法予以登记。会计与出纳部门应定出制度，经常进行核对与检查，会计部门应负监督、检查之责。发生遗失情况后，应即分析其原因，对遗失的时间、名称、数量、号码、经过情况及处理意见报告上级行。

3月12日 中国人民银行发出《关于利率几个问题的指示》，其要点是：（1）1954年1月1日以前，国营工业及国营商业的附属单位放款利率，若是按性质计算，因而少收或多收的利息，均不再向企业补收或退还。（2）放款结息期限，

除定额放款一律按季结息外，其余均应遵照中央人民政府财政经济委员会电示的规定办理：放款期限在半年以上者半年结算一次，半年以下者到期结息。（3）合营商业放款利率可在私营放款利率范围内从低掌握，由分行拟定报请当地财委批准执行。文件还对计息方法作了具体规定。

3月30日 中共中央批准华侨事务委员会、中国人民银行党组《关于国外与香港中国、交通两银行工作方针的若干意见的报告》，规定国外和香港中国银行、交通银行两行的基本方针是：争取长期存在，为祖国建设服务，为华侨服务。

4月28日 中国人民银行颁发《发行—现金调剂办法》，规定：（1）各级行应根据核定的现金出纳计划编制分期收支匡计表。作为各级行发行库与业务库、发行库与后备库、发行库与发行库之间进行调拨的主要依据。（2）各行从发行库将发行基金拨入业务库，应凭上级行的出库命令办理。所有各级行处按照现金出纳计划发行或回笼货币均应逐级划转总行，集中反映在总行发行局的资金平衡表内。（3）省、市分行特准设立后备库以调剂辖内现金。下级行上缴的回笼款项，分行得在限额内按实际需要拨入后备库，无须经上级行批给出库命令。（4）为便于上级行及时掌握情况进行调拨，各行应严格执行本办法规定的报告制度，各项报告数字必须准确及时。（5）发行—现金调剂工作由各级行现金出纳计划主管部门负主要责任，会计部门、计划部门、发行库及出纳部门紧密结合，做到明确分工，步调一致。

6月14日 中国人民银行发出《关于对私押汇业务问题的指示》，指出：银行为配合对外贸易，扶持小土产出口，对经营此类土产出口的国际贸易商尚有办理押汇的必要。其中规定：（1）押汇物资应以口岸财委和外贸部门同意，以公私联购以及委托私商代购等国家资本形式的口岸进出口商向内地采购的出口物资为限。（2）押汇方式仅办进口押汇一种；押汇点也仅保留出口口岸与内地行之间的必要关系；三角押汇在确能减低出口成本的条件下可酌做，但手续上应严密，防止私商投机。（3）为防止抢购冲击市场，付款行有权根据当地当时情况，不付款或少付款、缓付款，但在执行时须与有关部门取得确实联系。

6月22日 中国人民银行发出《关于颁发修订的"城市储蓄存款章程"并对有关问题的指示》，其中指出：新章程所定办法，由各分行参照所列各点，在规定范围内因地制宜拟订单行办法报区行核定后施行。新章程实施日期，由各分行根据具体情况，于本年第三季度内自行规定。关于各种储蓄的期限、起存金额、利率、利息计算以及有奖储蓄的具体做法等，章程都作了具体规定。

7月5日 中国人民银行发出《关于改变部分银行学校领导关系、加强对银校领导的指示》，决定：（1）长春、天津、河北、华东区行银行学校及重庆第一财经学校自1954年9月1日起转归总行直接领导，经费由总行直接核拨。（2）湖南、安徽、上海银行学校及西安、宁夏、旅大初级银行学校在现有学生毕业后予以停办或并入有关行的干部学校，其领导关系维持现状不变。

7月13日 中国人民银行发出《关于农村定额储蓄问题的指示》，指出：城市定额储蓄已决定逐步萎缩停办，农村中的定额储蓄，除优待售粮储蓄可沿用定额方式外，也应采取逐步收缩直至停办的方针。部分地区如确有困难，可延至1955年停办。应注意防止定额存单流通。

7月24日 中国人民银行颁发《中国人民银行监察工作条例》，对监察室工作任务、组织领导、各级监察室职责划分、检查工作程序、监察室与本单位同级各部门的关系、监察人员的权限及遵守事项等作了具体规定。

8月7日 中央人民政府财政经济委员会发布《关于统一规定人民银行办理各单位结算业务计息收费办法的指示》。其中主要规定：（1）各单位在人民银行开立的结算户、往来户的存款，银行一律付给利息。但财政金库及预算拨款单位、大修理基金等账户的存款，一律不付给利息。（2）人民银行办理各单位的结算，一律不收手续费、汇费，所需邮费由人民银行负担，不向各单位收取。目前尚存在金库制度的企业，其存款账户可暂维持现状，存不计息，汇不收费。文件还对办理结算所需用的各种支票、结算凭证的印制及收费，办理私营企业和未参加现金管理的公私合营企业结算业务的计息、收费问题等作了具体规定。中国人民银行于8月20日颁发《中国人民银行办理国营企业、合作社、机关、部队、公立医院、学校、团体等单位结算业务的收费具体规定》。

8月13日 中国人民银行发出《关于建立农村机构问题的通知》，强调必须适应新的形势，大力建立营业所，以领导农村金融工作。

8月16日 中国人民银行召开全国分行行长会议，主要讨论下半年工作部署，并对发行新币、撤销区行机构做了研究。

8月19日 中国人民银行发出《关于加强出纳工作的指示》，指出今后出纳工作的方针任务是：在保证现金供应的基础上，努力提高出纳工作质量，减少并争取消灭收付款差错，保障库款安全。

9月9日 政务院第二百二十四次会议通过《关于设立中国人民建设银行的决定》，决定在财政部系统内单独设立办理基建拨款监督的专业银行——中国人民建设银行。其主要任务是：（1）监督拨付国家用于基本建设的预算拨款以及企业、机关等用于基建的自筹资金；（2）根据国家批准的信贷计划，对国营及地方国营包工企业办理短期放款；（3）负责办理基本建设拨款的结算业务；（4）监督基本建设资金专款专用，并对建设单位和包工企业的资金运用、财务管理、成本核算以及投资计划完成情况进行检查监督。中国人民建设银行根据业务需要，可在全国各地设立分支机构；未设立机构地区的业务，可委托人民银行代理，或派员驻人民银行办事。中国人民

建设银行总行于同年10月1日正式成立，马南风为行长。

9月13日 根据中央人民政府财政经济委员会关于"各地投资公司均由当地财委领导"的指示，中国人民银行发出《关于转达各地投资公司由当地财委领导的函》。各地投资公司今后均由当地财委统一领导，银行在财委领导下负责进行具体工作。

9月27日 中国人民银行发出《关于说明新订储蓄存款章程一些问题的通知》，对各地反映出的带有普遍性的主要问题，从政策界限上作了具体说明。

9月30日 中国人民银行发出《关于规定私营工商业、公私合营企业结算业务计息、收费办法的指示》，规定：（1）公私合营企业不论已否参加现金管理，所有存款一律按规定计付利息，汇款不收汇费和邮费，电报费照收。（2）私营工商业、个体手工业和私人文教卫生事业，其存款按规定计付利息，汇款按规定收汇费。藏区使用银元地方，对内地汇出的不适用本办法。电汇款电费参照对公业务办法办理。

9月30日 中国人民银行发出通知，决定对地方币按原定比价作最后一次清理收兑，于1954年12月底停止收兑。

10月4日 中央人民政府财政经济委员会原则同意中国人民银行《关于为储户保密问题的请示》，并在批示中指出，银行有代储户保守秘密的责任，不得向外告诉储户存款情况，唯因案件审理必须有所了解时，经司法或公安机关证明者例外，请有关部门遵照执行。中国人民银行于10月20日发出《关于新订储蓄存款章程中规定代储户保密条文的执行问题的通知》。

10月14日 中国人民银行发出《关于办理各单位结算业务计息收费有关问题的补充规定的指示》，对带有普遍性的机关、团体非预算拨款与预算拨款的如何划分以及计息收费问题等作了具体规定。

10 月 31 日　国务院全体会议第二次会议通过任命曹菊如为中国人民银行行长的决定。

11 月 27 日　中国人民银行发出《关于规定加强限制私营工商业甲种活期存款开户和支票管理办法的批示》，对审查私营工商业开立甲种活期存款条件、缩短支票有效期、签发支票的金额起点、支票不得流通转让及取缔空头支票等作了严格规定。

11 月 30 日　中国人民银行向国务院报送《关于建立中国农业银行的请示报告》，建议建立管理农业信贷工作的专业银行，名称为"中国农业银行"，有自己的独立资金。其总行受人民银行总行的领导，其省分行受农业银行总行的领导，同时受当地人民银行省分行的指导。该报告提出农业银行的任务是：指导农村信用合作组织，广泛动员农村余资并合理运用国家农贷，以扶助农业生产的发展和促进小农经济的社会主义改造。

11 月 30 日　中国人民银行发出《关于保护具有历史艺术价值的古金银器物的通知》，规定凡群众携带出土古金银器物来银行兑换时，可以收兑。

12 月 3 日　中国人民银行发出《关于银行配合管理私商休闲资金问题的通知》，对批发商资金的管理办法和零售商缴存代销保证金办法，对代销店缴存保证金及其代销营业资金收入缴库问题等，提出了原则要求。

12 月 8 日　邮电部、中国人民银行制定《中国人民银行代理邮电企业拨款办法（草案）》，决定自 1955 年 2 月 1 日起，先由辽宁（沈阳除外）、山西、湖南、浙江四省局、行在省全辖区内进行试点，以后再在全国各地推行。该办法对拨款限额的下达及掌握、营收户与营支户的结算手续、信贷计划的编制等作了具体的规定。

12 月 15 日　中国人民银行颁发《"付款委托书"结算方式试行办法》，决定先在北京、上海、武汉、石家庄、济南、沈阳、旅大七个城市

试行。

12 月 31 日　中国人民银行发出《关于取消电话汇款做法的指示》。

一九五五年

1 月 11 日　中国人民银行发出《为颁发"发行—现金调拨办法"及其会计核算手续（修订本）的指示》。该文件规定：各级银行应根据批准的现金出纳计划编制分期收支匡计表，作为各级行发行基金保管库与业务库、发行基金保管库与发行基金保管库之间进行调剂的主要依据。各级行发行基金调拨入业务库，应凭上级行的出库命令办理；发行基金的调拨，采取逐级掌握的原则，凭上级行的调拨命令办理。无出库命令或调拨命令不得擅自动支发行基金。本办法自 1955 年 3 月起执行。

1 月 14 日　中国人民银行颁发《农村信用合作社章程（草案）》，对信用社的性质和任务作了明确规定：信用合作社是劳动群众根据自愿原则组织起来的资金互助组织。其任务是在中国农业银行的指导与监督下，举办储蓄、存款、发放低利贷款、为农村生产服务；扶持农业（渔、牧）手工业生产互助合作的发展，与高利贷作经济斗争。

1 月 17 日　中国人民银行发出《关于各级行应负责监督禁止变相货币的发行与使用的指示》，指出：变相货币的流通使用，不仅违背人民币统一发行政策，且影响人民币的信誉和市场的稳定，破坏国家按计划组织调剂货币流通工作，并破坏发行单位经济核算制度。强调各级行今后除进行必要的宣传教育并在组织信贷结算现金业务工作上提高计划性，保证收购计划内的现金供应外，要严格检查检举发生类似变相货币发行与使用的情况，督促停止使用并限期收回，甚至转请当地司法机关酌情处理。

2 月 21 日　国务院发布《关于发行新的人民币和收回现行的人民币的命令》，决定责成中国

人民银行自 1955 年 3 月 1 日起发行新的人民币（以下简称新币），以收回现行的人民币（以下简称旧币）。新币面额，主币分为一元、二元、三元、五元、十元 5 种，辅币分为一分、二分、五分、一角、二角、五角 6 种。每种券别版面均印有汉文、藏文、蒙文、维吾尔文 4 种文字。新旧币的折合比率定为新币 1 元等于旧币 1 万元。所有旧币均由中国人民银行按法定比率全部收回。票面 1 万元、5 万元的两种旧币截至 1955 年 4 月 1 日停止在市场上流通使用，但在 4 月 30 日前仍可到中国人民银行或其代理兑换机构，按法定比率兑换新币，从 1955 年 5 月 1 日起，中国人民银行停止收兑。票面 5 000 元及 5 000 元以下各种旧币停止流通使用的时间，由中国人民银行视收兑情形另行适当规定。

2 月 21 日 中国人民银行为便利市场交易、整点和识别新人民币起见，对主币一元券、二元券、三元券、五元券和辅币一角券、二角券、五角券的正反面所具有的不同颜色、图景和规格作了具体介绍。各种券别的背面均书有汉文、蒙文、维吾尔文、藏文四种文字及中华人民共和国国徽。

2 月 22 日 财政部发出《关于发行新币前后有关财务会计处理的几项规定》，强调新币发行后，各机关、团体、部队、学校、公私企业和合作社现有的固定资产、库存材料、货币资金、债权债务、存款放款、预算收支、会计账簿、票证单据、契约合同、工资福利、供给标准、劳动服务报酬、国际清算等，均应按照新、旧币的比价折合换算。

2 月 23 日 中国人民银行发出《关于供销合作社供应新式畜力农具、零件及其贷款利率的通知》，规定供销合作社供应新式畜力农具的贷款利率为月息 4.2‰，期限为半年，此项贷款利率与供销贷款利率不同。

3 月 1 日 国务院同意并批复中国人民银行 1954 年 11 月 30 日《关于建立中国农业银行的请示报告》，决定中国农业银行归中国人民银行领导，作为中国人民银行总行的一个直辖行，但中国人民银行总行所管农村业务，同时受国务院第七办公室的指导。

3 月 21 日 中国人民银行发出《关于同意各地公私合营银行的催收款项由当地人民银行直接领导的通知》。

3 月 25 日 中国农业银行总行召开大会，宣布中国农业银行正式成立。

4 月 16 日 中国人民银行发出《关于各项投资款项移交交通银行统一管理的指示》，人民银行对投资当地投资公司的股权转作公股移交交通银行统一管理。对其投资应收的股息、红利，1954 年度的收入归人民银行，1955 年的收入归交通银行代收缴库。人民银行历年以业务资金投资在私营企业或合营企业的一切股权，应清理上报，以便一并处理。今后，人民银行对私营企业的投资，应商得同级财政部门同意，并转请财经委员会核准后，再由财政部门通过交通银行办理投资拨款，其公股股权仍由交通银行代管；今后人民银行对任何公私合营企业不再进行投资。

5 月 6 日 国务院批转中国人民银行《关于取消国营工业间以及国营工业和其他国营企业间的商业信用代以银行结算的报告》。国务院批转通知强调，人民银行必须健全结算制度，协助各部门做好贷款结算工作，并监督取消商业信用措施的贯彻执行。

5 月 9 日 中国人民银行发出《关于人民银行机构设置等问题的通知》。该通知指出，人民银行机构的设置应以配合行政区划为原则。人民银行各级机构包括：（1）省、自治区、直辖市分别设省分行、自治区分行、市分行。（2）省辖市、自治区辖市，根据情况设市分行或市支行。（3）行政区可根据辖区大小及其行政机关的性质，设行政区分行、行政区办事处或行政区中心支行。（4）自治州可根据辖区大小，设自治州分行或自治州中心支行。（5）专区可根据工作需要，设专区中心支行或专区专业督导处。（6）盟设中心支行。（7）县、自治县、旗分别设县支行、自治县支行、旗支行。（8）行政区辖市（镇）、自治州辖市（镇）及专区辖市（镇）设市（镇）支行。（9）相当于县级行政区划的矿区、林区、特区设矿区、林区、特区支行；县辖的矿区、林区、特区设办事处。（10）直辖市及省辖市的市辖区设区办事处。（11）各支行视业务需要，于各街道、集镇、林区、矿区，分别设办事处、分理处、储蓄所；市支行于郊区设营业所；县、自治县、旗，按区设营业所。（12）区办事处可于辖区内设分理处、储蓄所。该文件还对人民银行附属业务机构、教育训练机构、福利保健机构的设立作了具体规定。

5月19日　根据国务院第五办公室对中国人民银行《关于布置各省市分行精简编制的报告》的批复精神，中国人民银行发出《关于进行整顿编制工作的指示》。

5月28日　中国人民银行、商业部发出《关于取消商业信用等问题的联合指示》。该指示规定，社会主义企业间的商业信用，原则上必须一律予以取消，个别目前尚不具备条件的，则限期取消；私营企业与个人的商业信用，除规定允许保留者外，一律取消。

6月6日　中国人民银行颁发《中国人民银行结算放款暂行办法》，自7月1日起实行。该办法规定，结算放款是国家银行对企业单位在交易结算过程中发放的放款，目的在于解决各企业单位在进行结算中的正常资金需要，使企业对货款等支付不致因而间断，并促使货款及时清偿，加速企业资金周转。结算放款仅对国营企业及供销合作社发放，该文件对四种结算放款的放款金额、期限、手续及收回方法等作了具体规定。

6月20日　根据中共中央农村工作部的有关指示，中国人民银行发出《关于办理贫农合作基金放款的通知》，决定今后国家对农业生产合作社的放款，除了基本建设和临时生产费用放款

外，增设贫农合作基金放款一项，以帮助贫农解决初参加农业社时筹措入社费用的困难。该文件就执行中的具体问题作出规定。

6月23日　国务院第五办公室批准并转发《中国人民银行关于编制季度信贷计划的暂行规定》。该规定提出：凡与人民银行有借款关系的中央级各部门，均规定于季度开始前15天，向人民银行报送季度借款计划，并抄送国务院（五办）和国家计委。财政部于每季度开始前10天，将季度财政收支预算报送国务院（五办），同时抄送国家计委、中国人民银行。中国人民银行审核平衡，汇编季度信贷计划，于季度开始前8天报送国务院（五办），抄送国家计委、财政部。国家计委和财政部提出审核意见，报国务院（五办），同时抄送中国人民银行。最后由国务院批准中国人民银行分配下达给各分行执行。

6月24日　中国人民银行发出《关于全面开展结算工作的指示》，并附发《国营企业、供销合作社、国家机关、部队、团体间非现金结算暂行办法》。这个新的结算办法是在试行的8种结算方式的基础上修订的，分为异地结算与同城结算两大类。各种异地结算办法自9月1日开始实行，其中托收承付金额起点及提货托收、承付期等则自7月1日起实行。

8月10日　中国人民银行向国务院第五办公室报送《关于调整现行利率的请示报告》，调整的主要意见是：一、降低储蓄利率。二、国营企业及供销合作社放款利率逐步实行新的信贷结算制度，放款开始按用途分类，其利率也要相应按用途划分。三、根据低利扶助贫困农民，支持农业、手工业合作化运动发展的原则，并照顾信用合作社利率，对农业、手工业放款利率进行调整。四、公私合营企业、私营企业放款利率。五、过期放款利率，自过期日起，一律按原定利率加息10%计收。国务院于1955年9月6日发出通知，批准中国人民银行的请示报告，并同意利率的调整自1955年10月1日起实行，但对国

营企业的利率调整可从 1956 年 1 月 1 日起实行。

8 月 13 日 中国人民银行发出《关于同意合营银行总管理处所请将各地合行对私业务、账务以及对私业务干部全部划归人民银行的通函》，要求各地人民银行应与当地合营银行具体研究执行；同时指出：对一般贷款，接交时应逐步审查，如认为有问题可能形成呆账的，该笔贷款不划转人民银行账内，但仍视同催收放款一样负责代为催收；没有问题的贷款，一律划转人民银行账内。

8 月 15 日 中国人民银行、中华全国供销合作总社、商业部联合发出《关于清理和取消供销合作社系统内部以及国合之间所存在的商业信用的联合指示》，强调商业信用是计划外资金的再分配，是与计划经济不能并存的。对旧有商业信用的清理，以及防止发生新的商业信用，该文件提出了具体要求。

8 月 16 日 中国人民银行发出《为颁发农业银行建行建账有关账务划分、代理业务核算手续及建账中应注意事项的指示》，其中对中国人民银行和中国农业银行业务分工原则、资金划分、财产交接、会计工作的领导关系，以及互相代理业务会计核算手续和账务划分等，作了具体规定。

9 月 6 日 中国人民银行、对外贸易部发出《关于外贸企业实行新结算办法及结算放款办法的联合指示》，确定外贸企业也实行《中国人民银行国营企业、供销合作社、国家机关、团体间非现金结算暂行办法》和《结算放款暂行办法》。

9 月 8 日 中国人民银行颁发《中国人民银行监察工作制度》，规定：人民银行总行设立监察局，内蒙古自治区分行、省分行、直辖市分行和人口在 50 万人以上城市的省辖市行、行署行、处，农业银行及其所属省分行，国外业务局，人民银行总行印制局及其所属工厂，均设立监察室。明确了监察局、监察室的工作任务。

9 月 17 日 中国人民银行发出《关于转发国务院批准银行调整利率的请示及其补充说明的通知》，对调整利率时利率计算的规定、国营企业供销合作社的逾期放款利率、个体手工业和农民存款利率、信用社利率等问题作了补充说明。

9 月 23 日 中国人民银行发出《关于调整储蓄存款分类利率的补充指示》，对整存整取、存本取息、零存整取、零存整取有奖储蓄以及活期储蓄利率标准、有关计息方法和储蓄存款章程部分的变更等作了补充规定。

9 月 25 日 中国人民银行发出《为颁发〈储蓄徽志新图案〉统一复制、应用、宣传的通知》，对储蓄徽志图案的意义作了说明，还对储蓄徽志的应用范围及使用颜色作了规定。

10 月 10 日 国务院批准施行《关于中央和地方财经部门国家监察机关组织设置及对现有监察室（局、司）进行调整的方案》，规定：在国务院所属主要各部委设立国家监察局，包括在财政部设立财政国家监察局。财政国家监察局由财政部财政监察司和中国人民银行监察室抽调干部组成，负责对财政部直属单位、中国人民银行直属单位及国家物资储备局的重大问题进行检查，并有重点地对省（市）财政和银行部门的工作进行检查。中国人民银行的监察室改为该行的内部监察机构。财政国家监察局等受监察部直接领导，在工作上受财政部的指导。

11 月 1 日 中国人民银行发出《关于私营企业以固定资产抵偿贷款处理手续的通知》，规定：凡经法院判决，私营企业以固定资产（房屋、机器、设备、工具等）抵偿贷款的，该项固定资产的所有权即属银行。如私营企业经法院判决以股票（私营或公私合营企业的股票）抵偿贷款的，必须经由交通银行作价，交交通银行作为公股按企业级别代同级财政机关管理；人民银行凭交通银行所出收据以减少法定资金处理。

11 月 5 日 国务院批转中国人民银行《关于进一步发展人民储蓄事业的请示报告》。国务院在批示中强调指出，人民参加储蓄不仅对国家有利，同时也有利于人民有计划地安排自己的收入和生活的改善。目前大力开展储蓄是有着各种有利条件的。国务院在批示中强调做好储蓄工作须注意的事项。国务院于 11 月 16 日发布《各省市人民委员会要加强对储蓄工作的协助与领导的指示》。中国人民银行于 11 月 25 日发出《关于贯彻国务院"关于进一步发展人民储蓄事业的指示"的指示》。

11 月 24 日 中国人民银行发出《关于手工业合作系统基本建设长期放款利率问题的通知》，该通知规定，手工业合作系统基本建设长期放款利率，不分基层生产合作社、联合社，一律按月息 4.8‰计算。

12 月 15 日 中国人民银行发出《关于选择北京、太原、广州、杭州四市试办活期有奖储蓄的指示》，并附发《活期有奖储蓄存款章程（草案）》《活期有奖储蓄核算手续》《试办"活期有奖储蓄"宣传要点》。

12 月 31 日 中国人民银行发出《关于军烈属手工业生产小组和合营商店放款利率问题的指示》，决定对军烈属手工业生产小组放款利率由原来月息 7.5‰改为月息 6‰。合营商店中如系由供销社参加一部分资金与私商（或小商贩）合营的商店，其放款利率为月息 9‰。

一九五六年

2 月 10 日 中国人民银行发出《关于调整现行农村利率和训练信用社干部的指示》，规定：农业贷款利率，除贫农合作基金贷款为月息 4‰、农业生产合作贷款及移民垦荒贷款为月息 4.8‰不变外，对农业生产互助组、个体农民和农业生产社社员个人（包括个体手工业者）的各种贷款，一律改按月息 7.2‰计息。该文件还对银行应帮助信用社解决的问题提出了具体要求。该文件强调，必须迅速而有计划地训练信用社干部，要求各行在 1956 年内用开会或短期训练的方式，对信用社主任和会计至少训练两次，每次 10 天左右，训练经费由银行报销。

2 月 29 日 中国人民银行发出《关于扩大使用营业所异辖汇兑办法和改进城市办事处、分理处汇兑工作的通知》，规定：营业所因业务确有需要而可能改组为办事处时，可由分行转报总行审查同意后，改组为会计独立、单独编制资金平衡表的办事处，发给行号直接办理联行业务；一般营业所如需要办理异地结算业务时，可相互建立特约通汇关系，不再受时间、地点和业务范围的限制；城市机构仍应按一区一个办事处的原则发给行号，直接办理联行业务。

3 月 1 日 财政部、中国人民银行向国务院报送《关于废除现行金库制度，实行中国人民银行办理国家预算出纳业务制度的报告》，提出：现行金库制度已经日益不能适应当前新的要求。根据我国当前的具体情况，拟实行由银行办理国家预算出纳业务的制度。国务院于 4 月 6 日作出《关于实行由中国人民银行办理国家预算出纳业务制度的决议》。其中决定：自 1956 年 7 月 1 日起，实行中国人民银行办理国家预算出纳业务制度（国防费预算自 1957 年 1 月 1 日起实行），1950 年 3 月 3 日中央人民政府政务院公布施行的《中央金库条例》同时废止。一切国家财政预算的收入都应按照财政机关规定的程序、期限，直接向中国人民银行缴纳，就地记入预算收入账户。中央预算所属的机关、部队、企业、团体的一切预算支出由中国人民银行在财政核准的经费范围内办理支付。地方预算所属的机关、企业、团体的一切预算支出由中国人民银行在各机关、企业、团体预算存款金额范围内办理支付。中国人民银行办理国家预算出纳业务制度的实施办法由中国人民银行拟订并征得财政部同意后施行。

3 月 24 日 为奖励储蓄，经征得税务总局同意，中国人民银行发出《关于活期有奖储蓄中奖奖金免纳利息所得税的通知》。

4 月 5 日 中国人民银行在北京召开全国储蓄先进工作者代表会议。毛泽东、朱德、刘少奇等中央领导同志于 4 月 11 日在怀仁堂亲切接见了全体代表。

5 月 16 日 中国金融出版社在北京正式成立。中国金融出版社是中国人民银行总行所属的事业单位。

6 月 8 日 中国人民银行颁发《农村信用合作社示范章程（草案）》，对信用合作组织的性质和任务、入社对象和条件、社员权利和义务、信用社的财务处理、信用社与银行的关系等均作了规定。

7 月 3 日 中国人民银行发出《关于农村非现金结算问题的指示》，指出：农村非现金结算办法只限于农业社、信用社、采购单位、银行之间自愿使用，转账的手续必须简便。凡是对农民个人的支付，必须用现金支付。

7 月 7 日 国务院发布《关于纠正若干地区银行、信用合作社在吸收存款、扩大股金工作中强迫命令现象的指示》。其中规定，银行和信用合作社吸收存款、信用合作社扩大股金，都应当坚决地贯彻执行自愿原则，不许以任何方式强迫命令，更不许强行把农民的存款转为信用社的股金或者农业社的投资。

7 月 28 日 根据《中华人民共和国宪法》关于"国家保护公民的合法收入、储蓄、房屋和各种生活资料的所有权"的规定和国务院关于储蓄"必须贯彻自愿原则，禁止任何强迫命令的行为。应注意简化手续，提高工作效率，便利群众存取，并为存款人保密"的批示精神，中国人民银行制定了"存款自愿、取款自由、为储户保密"的储蓄原则。

9 月 29 日 经国务院核准，中国人民银行发出《关于解放前存款清偿问题的通告》，决定再将国外华侨存户的登记期限延长 1 年，即自 1956 年 11 月 1 日起到 1957 年 10 月 31 日止，逾期不再受理。该文件还对国内登记地点及香港、国外各地申请办理办法作了规定。

10 月 5 日 中国人民银行颁发《关于合营商业放款利率的规定》：对未实行定股定息的公私合营商业放款利率仍按月息 8.1‰计息，但对其中某些其业主成分属于独立小商贩的合营商店，也可比照小商贩放款利率月息 7.2‰执行。

10 月 15 日 中国人民银行和中国银行决定在北京、天津、上海、广州、福州、厦门、汕头等地同时开办外币存款业务。中国人民银行于同日颁发《外币存款章程》，规定外币存款业务由中国人民银行总行指定的分支机构和中国银行办理。《外币存款章程》对外币存款的分类，开立外币存款户的条件，甲、乙种存款的互相转账，存款货币种类和利息等作了具体规定。

10 月 26 日 国务院发布《关于农村金融工作中若干问题的指示》，指出：为了配合集中的农副产品收购，避免市场的货币流通量过多，在农业收获的季节，应当按期收回已经到期的农业贷款，积极地吸收农村存款，增加银行和信用社的信贷力量。中国农业银行于 11 月 3 日发出《关于贯彻执行国务院"关于农村金融工作中若干问题的指示"的指示》。

一九五七年

2 月 21 日 中国人民银行发出《关于精简机构及人员编制的通知》，提出：（1）农业银行与人民银行合并问题，中央已同意，合并步骤另行下达；（2）取消设立储蓄银行的计划；（3）市、专、县同在一个城市的争取合并为一个或两个行；（4）中心支行的性质及工作范围，应大体上与专署党政机关一致；（5）营业所应遵照撤区、撤所原则，依据各省不同情况而定；（6）贯彻勤俭办行精神，减少层次，分工不宜过细，不强调对口；（7）在精简机构及改进工作的基础上精简编制，对人员多、缺的问题，按精简管理机构、充实业务机构的精神统筹调剂。

2 月 23 日 中国人民银行向国务院报送《关于将农业银行重新和人民银行合并的请示报告》。该文件在总括对农业银行机构问题的两种意见的理由后提出：从目前情况看，由一个金融机构统一组织和安排农村金融工作是较为有利的，因此，人民银行、农业银行两行重新合并是适宜的。

2月27日　国务院发布《关于要求各机关团体对国外签订协定、议定书，涉及外汇收支清算条款者须经中国人民银行审查的通知》。

4月12日　国务院发出《关于撤销中国农业银行的通知》，决定将中国农业银行的各级机构同中国人民银行各级相当的机构合并，中国农业银行的名义即予撤销，今后农村信贷工作即由人民银行统一负责办理，各级人民银行内部应该相应地增设管理农村信贷工作的部门，中国人民银行在有关农村信贷工作的方针、政策方面仍然接受国务院第七办公室的指导。

4月30日　中国人民银行、供销合作总社联合发出《为颁发"中国人民银行办理供销合作社短期放款办法"的若干问题的补充规定》，确定供销社从1957年第三季度起全面实行新的短期放款办法，同时废止过去各种放款办法及有关规定。

5月7日　中国人民银行转发国务院《关于撤销中国农业银行的通知》，提出各级农业银行并入人民银行后，人民银行应该即日设立专管农村金融业务的相应机构。农贷计划及报告制度，划交人民银行后仍按既定计划编制与报送，账务处理应随两行的合并正式办理移交手续。两行合并移交时间一般不应超过本年第二季度。该文件还对两行合并后各级农业银行干部的安排，文件、档案、资料、账务以及房屋、器具等移交工作，作了具体规定。

6月20日　中国人民银行发出《关于异省间联行往来账务集中总行监督的通知》，决定对异省间联行往来账务逐步集中总行使用机器核算监督。11月10日，中国人民银行又发出《关于异省间联行往来分批集中总行监督的通知》，决定自1958年7月1日起，全国联行往来账务全部集

中在总行进行机器核算监督。

6月24日　中国人民银行向国务院报送《关于信用社存、放款利率调整意见的报告》，指出存、放款利率存在两个问题：一是存款利息太低，二是存放款利差缩小，给信用社的经营和组织巩固造成困难，且不利于发展生产。根据各地提出的调整存放款利率的意见，除个别省外，其他各省调整幅度均未超过月息10‰，存款、放款利差一般保持月息4‰～5‰，我们认为各地提出的这个幅度在中央对信用合作会议的报告未批准以前，可以根据各地省委的意见执行。在掌握的原则上，应根据存贷两利和有利于发展生产的精神，在省规定的幅度内，根据具体情况，因地因社制宜，灵活掌握，不必再作具体限制。这样做只能使利息的调整更适合于各社的具体情况，便于加强对资金调剂，且不至于发生大的偏差。

6月27日　经国务院第五办公室同意并与供销总社商定，中国人民银行发出《关于取消供销合作社新式农具放款优待利率的通知》，决定自7月1日起，取消对新式农具放款优待利率办法，统一按对供销社一般放款的利率计息。

6月28日　毛泽东、周恩来、陈云、邓小平等党和国家领导人，分别接见了中央对外贸易学校和银行、合作社、财政、粮食等干部学校的毕业生。

9月4日　国务院常务会议讨论了冶金部、中国人民银行《关于目前黄金生产情况及今后发展黄金生产的意见的报告》，决定今后要大力恢复黄金生产，并颁布《关于大力组织群众生产黄金的指示》。

10月19日　国务院同意并批转中国人民银行《关于清理农业贷款问题的报告》。国务院在批语中指出：如何有效地运用现有农贷资金，使之保持正常的周转，继续为发展农副业生产和巩固农业合作社服务，是农村工作中一个重要问题。各地在做好1953年收回农业贷款工作的同

时，对于过去的农业贷款进行一次认真的清理，查对账据，核对债权、债务关系，并且将历年拖欠的贷款进行必要的排队整理，以利这些贷款的逐步收回，这是完全必要的。这个工作做得好，不仅不会影响农业社的巩固，而且有利于农业社的巩固。当然，个别区乡农业社问题很多，在这些地方可以暂时不去进行这项工作。

10月30日 中国人民银行向国务院报送《关于调整现行贷款利率的报告》，提出：（1）把工业贷款利率提高到商业贷款利率水平。除调整利率外，将企业需要的定额流动资金从现在全部由财政拨给不收利息的办法，改为30%由银行贷给，照章收取利息。（2）农业贷款利率仍然继续贯彻执行低利扶持的方针，现行利率不作改变。（3）手工业生产合作社的贷款利率，一律由月息4.8‰调整为月息6‰；手工业生产联社、供销生产社和生产小组的贷款利率，仍照月息6‰不变。调整利率的时间，建议从1958年1月1日起执行。国务院11月13日批转同意中国人民银行的报告。

11月19日 国务院发布《关于发行金属分币的命令》，规定：自1957年12月1日起，发行一分、二分、五分3种硬分币。这种硬分币与现在流通的同面额纸质分币的币值相等，纸分币和硬分币在市场上混合流通。中国人民银行于本月26日发出《关于发行十元券和硬分币的指示》，决定自1957年12月1日起同时发行十元券与硬分币。

11月22日 为解决便利群众和保持信用社独立形式的问题，中国人民银行发出《关于大力推行信用社服务站组织形式的通报》，其中归纳介绍了各地区试办的三类服务形式，明确提出应当大力推行和大量建立办理存放款业务的服务站（还有代办站、业务站、理事分会、信用工作组等）。

11月26日 经国务院批准，中国人民银行发出《关于调整现行放款利率的通知》，其中对

废除过去各项特殊利率规定，对合营银行、建设银行往来利率，对侨眷生活贷款、侨生小额贷款、市民房屋修缮贷款及中西医联合诊所放款利率，对外交机构存款利率，国外保险公司调回国内的人寿险准备金利率和其他保险公司存款利率，逾期放款利息，以及存、放款结息期等有关规定，均作了具体说明。新的利率方案自1958年1月1日起开始实行。

12月10日 中国人民银行召开全国分行行长会议，着重讨论1958年银行的工作任务和各项工作的安排。会议期间，听取了朱德副主席和李先念副总理在全国财政厅（局）长会议上的讲话。

一九五八年

3月3日 根据1957年12月10日国务院常务会议关于中央各工业部门的定额流动资金改为70%由财政拨款、30%由银行贷款的决议，中国人民银行、财政部公布《关于国营企业和中央公私合营企业实行定额信贷的三项具体规定》。对定额信贷的范围，流动资金的核定办法和贷款内容，定额放款、特准储备放款和新厂开工备料放款的原则，以及经财政部核定的企业多余流动资金转给人民银行等的具体手续，都作了详细规定。

3月14日 中国人民银行、国家档案局发出《关于整理公私合营银行所属原各行庄档案材料问题的通知》。

6月25日 国务院发出《关于改进基本建设财务管理制度的几项规定》，提出：基本建设财务拨款工作改归各级人民委员会财政部门管理，取消系统垂直领导的方法，中国人民建设银行总行改为财政部的基本建设财务司（对外名义继续保留）。

7月22日 经国务院批准，将交通银行总管理处划归中国人民银行领导。

8月下旬 为适应企业、事业单位下放的情

况，国务院作出《关于进一步改进财政管理体制和改进银行信贷管理体制的规定》，关于信贷体制，该规定要求：（1）银行所有存款，除中央财政、国防、中央企业和机关团体的存款外，其他各项存款全部划给地方作为信贷收入来源。（2）银行所有的信贷，除中央管理的少数企业所需的贷款外，其他各项贷款全部划给地方管理，存款放款的差额由地方包干使用。

12月15日 国务院批准财政部《关于建设银行、交通银行的机构性质和管理分工问题的报告》。该报告主要提出：（1）根据这两个单位的情况，虽有一定的业务收入，但就其性质和任务来看应明确为行政性质的业务机构。（2）在业务政策方面，应在中央集中统一领导下，注意因地制宜地发挥地方的积极性，凡属全国性的业务方针政策和重要法令制度，均仍由各该总行、总管理处负责拟定，并报中央有关部门批准执行。属地区性的问题，由地方自行掌握，重要问题抄送各该上级行政管理处。（3）各地建设银行、交通银行系统的人员编制，纳入地方行政人员总编制内，有关机构设立、裁撤、改组等，也由地方考虑决定。（4）自1958年起，建设银行和交通银行系统的经费，统一列入行政管理人员经费支出款项下开支。

12月20日 国务院发布《关于人民公社信用部工作中的几个问题和国营企业流动资金问题的规定》。关于人民公社信用部工作，该文件规定：（1）国家在农村的信用机构必须下放到人民公社。人民公社的信用部既是人民公社的组成部分，又是人民银行在当地的营业所。信用部可以同时挂两块牌子。（2）人民公社内部各单位向信用部存贷款一律按存贷款关系办理。（3）上级人民银行对人民公社信用部信贷资金的管理采用存贷相抵、差额包干的办法。关于国营企业流动资金问题，该文件规定：国营企业的流动资金，一律改由人民银行统一管理。过去国家财政拨给企业的自有流动资金，全部转作银行贷款，统一计

算利息，国家下放给人民公社的各企业单位的流动资金也照此办理，由公社信用部统一贷款。

一九五九年

2月3日 国务院批转中国人民银行、财政部《关于国营企业流动资金改由人民银行统一管理的补充规定》。该文件规定，国营企业、地方国营企业和已经实行定息的公私合营企业所需要的流动资金，自1959年起，一律改由中国人民银行按信贷方式统一供应，并实行统一管理。

2月17日 中国人民银行、财政部发出《关于国营企业流动资金改由人民银行统一管理的一些具体问题的联合通知》，其中明确规定：军委系统、第二机械工业部所属企业和手工业生产合作社，国家机关、事业单位附设的附属工厂，华侨投资公司，农业部系统的种子基金，不实行由银行统一管理流动资金。该文件还对企业自有流动资金划转人民银行的一些具体问题作了规定。

2月27日 毛泽东在中共中央政治局扩大会议上批评在农村搞"一平二调三收款"的错误。

3月25日 中共中国人民银行党组向李先念报送并转中共中央《关于收回农业贷款中发生的问题的检查报告》，为了纠正收回农贷工作中的错误和缺点，该检查报告提出四条解决办法。毛泽东主席于3月29日批示说："此件写得很好，有恰当的分析，几乎每一个问题都有交待，使人看得懂，不会头痛。"李先念副总理向毛泽东主席汇报说明，以后不再提"三收款"了，只提"一平二调"。

4月1日 中共中央作出《加强农村人民公社信贷管理的决定》，主要内容是：（1）人民公社信用部（即银行营业所）仍然受上级人民银行和公社管理委员会的双重领导，但是以受上级人民银行领导为主。（2）人民公社信用部和上级人民银行间的资金往来，一律按银行内部往来关系处理，不再作为存贷关系。（3）工业贷款、商业贷款和农业贷款要"专款专用"，贷款指标由上

级人民银行核定。（4）在人民公社的各个生产队，可以设立信用分部，并受生产队的领导，同时在业务上受信用部的领导。信用分部同信用部间的往来，按存贷关系办理。本月25日，中国人民银行就执行中共中央《关于加强农村人民公社信贷管理工作的决定》中第三条的有关事项对各地银行发出通知。

5月6日 为了适应社会主义建设高速度的发展，促进企业改善管理和加强经济核算，国务院颁发《关于管理企业流动资金的暂行办法（草案）》，强调：国家对流动资金的管理，应贯彻执行财政、信贷、物资统一平衡，基本建设投资和流动资金严格划分，流动资金只能用于生产和商品流转等原则，做到合理分配和节约使用资金。

5月13日 中共中央发出《关于妥善安排当前农村资金问题的指示》，指出：根据当前市场物资紧张、农村资金又必须解决的情况，中央确定的原则是：农贷不加，欠款不收，现有资金合理使用。

6月17日 中国人民银行发出《关于调整储蓄利率问题的通知》，决定自1959年7月1日起，按下列利率（月息）执行：活期储蓄，1.8‰。定期储蓄，整存整取，三个月2.4‰，六个月3.9‰，一年5.1‰，二年5.25‰，三年5.42‰。存本取息，一年4.5‰。零存整取，三个月2.1‰，六个月2.7‰，一年3.9‰，二年4.8‰，三年5.1‰。

6月17日 财政部、中国人民银行发出《关于认真核定流动资金定额，加强流动资金管理的联合通知》，要求：（1）各地财政部门应协同人民银行，把国营企业的定额流动资金迅速在7月底以前核定完毕，并将核定的数字通知有关银行，没有核定通知，银行不发放定额资金贷款。（2）各级人民银行应当对企业的定额资金贷款和超定额资金贷款分别管理。（3）核定流动资金定额，应当实事求是，力求避免过宽过紧的现象。（4）要改变在银行开户"存贷合一"办法，怎样

改变，由中国人民银行总行另行规定下达。

7月31日 中共中央作出《关于当前财政金融工作方面的几项规定》，其中强调指出：凡是1958年以来动用银行贷款和流动资金进行基本建设，或者用于其他财政性开支的，都应当用财政款项归还银行和企业。

8月10日 西藏自治区筹备委员会发布"藏币作废"的通告，决定以人民币限期收兑"藏币"，宣布自即日起，"藏币"为非法货币，禁止使用，还规定：（1）自1959年8月10日起，由各级地方政府和军事管制委员会以人民币限期收兑"藏币"，具体时间由各区自定。（2）禁止任何人采取任何方式携带和私运"藏币"出入我国国境。（3）有关收兑比价及手续等由人民银行西藏分行公布。违反以上规定者依法论处。

8月20日 国务院转发中国人民银行《关于加强采购资金管理问题的报告》。该报告对采购资金的管理提出如下措施：（1）企业所需要的采购资金应编入信贷计划，并且只能在当地贷款，到外地采购时不得将信贷指标转移，要求外地银行贷款。（2）计划内的商品交易和物资调拨，统一通过银行办理"托收承付"等结算，计划外的临时采购或零星采购，除按现金管理规定携带小额现金外，其余必须通过银行汇兑，汇款时注明"采购"字样。（3）采购款汇到对方后应专户存入当地银行，并按市场管理要求由银行监督付款，非经市场管理部门或银行同意不得提现。（4）机关团体、人民公社赴外地采购时也要遵守这个规定。

11月30日 财政部、中国人民银行颁发《各机关、团体和地方各级财政机关在人民银行存款开户的几项规定》，对中央和地方机关、团体在人民银行存款的开户分别规定了具体办法。

12月22日 国务院批转中国人民银行《关于进一步加强现金出纳计划工作的报告》，要求各级人民委员会一年抓几次现金出纳计划，督促人民银行和有关部门加强这方面的工作。

一九六〇年

1 月 4 日　国务院财贸办公室转发中国人民银行《关于信贷管理体制问题的报告》。

9 月 22 日　中共中央批转中国人民银行党组《关于严格实行现金管理制度的报告》。中央批示指出，现金管理制度是社会主义经济的一种好制度。中央认为，各地应立即执行人民银行党组在报告中所提出的措施，违反者要受到纪律处分。

11 月 11 日　中国人民银行发出《关于停办有奖储蓄的通知》，指出：有奖储蓄含有物质刺激作用，容易助长人们侥幸心理，与政治挂帅精神不符，决定在 1960 年年内坚决停办。

12 月 20 日　为严格财经纪律，合理使用资金，缓和市场的紧张情况，中共中央发出《关于冻结、清理机关团体在银行的存款和企业专项存款的指示》。

一九六一年

1 月 4 日　中国人民银行发出《关于控制货币投放的通知》。该通知强调，一定要贯彻落实李先念副总理的指示，对目前货币投放严格控制；各分行要尽量压缩 1 月的投放，于压缩后提出必不可少的投放数字，先报当地党委审核，然后再请党委转报中央核批。

3 月 15 日　中国人民银行发出《关于发行蓝黑版一元券的通告》，决定从 1961 年 3 月 25 日起发行蓝黑版一元券，与现行的红版一元券同时流通。

4 月 21 日　中国人民银行发出《关于降低农贷利率的通知》，决定：（1）农贷利率由现行的月息 6‰降低为月息 4.8‰，自 1961 年 5 月 1 日起开始实行。（2）银行和信用分部往来的利率仍是存放一致，月息 4.2‰。信用分部的各项贷款可按原定利率不变，如认为有必要和可能变更时，可参照国家规定的利率报经省（市、区）党委批准执行。（3）降低利率的范围，包括人民公社的农业贷款、国营农场的贷款和公社社员的贷款、公社工业的贷款，仍按现行月息 6‰不变。

4 月 30 日　中国人民银行发出《关于免收贫农合作基金贷款的通知》。该通知指出，鉴于这项放款实际上是合作社集体使用的，现在又遇到 1959 年和 1960 年连续两年灾荒，贫农和下中农的困难更多一些，为了减轻他们的债务负担，进一步发挥农村基本群众的生产积极性，密切党与群众的关系，经报请中央同意，免收此项贷款。各地对此项贷款是否宣布免收，也可以由中央局或省（市、区）党委决定。过去已经归还了的，一律不再退回。社队代还、现在社队尚未从社员手中收回的，由银行退还给社队。对过去已经归还贫农合作基金贷款的社员，要在适当场合予以口头鼓励。要注意防止有人产生国家贷款可以不还的错觉，进一步鼓舞广大农民群众的生产热情，争取 1961 年农业大丰收。

4 月 30 日　中国人民银行发出《关于改变信贷管理体制的通知》。该通知指出，原实行的"存贷下放、计划包干、差额管理、统一调度"办法和"两个差额包干"办法，决定不再实行。新管理体制的主要做法是：总行按季核批分行的信贷计划，分行按照总行批准的季度计划放款，超过计划时，要事先经过总行批准，各项放款指标不得相互流用。总行给大区财贸办公室和各省、市、区分行划定一定数量的后备放款，用于解决工业和商业放款的临时需要。

9 月 26 日　中国人民银行发出《关于讨论和试行〈农村信用合作社若干政策问题的规定（草案）〉的通知》。《农村信用合作社若干政策问题的规定（草案）》内容共 5 部分 20 条，对信用社的性质、任务、民主管理、业务政策等问题，都作了明确规定。

一九六二年

1 月 3 日　国务院同意并批转中国人民银行《关于加强金银配售管理，制止企业不合理使用、出售金银问题的报告》。国务院强调：对金银的消耗要注意节约，合理使用；所有金银买卖调拨，一律由中国人民银行办理。

1月6日 中国人民银行、财政部颁发《关于取消国营工业、交通企业银行定额信贷的通知》，规定自1962年1月1日起，银行对国营工业、交通企业的定额流动资金，不再参与20%的定额贷款。

2月28日 中共中央、国务院发出《关于迅速充实银行、财政和企业事业部门的计划、统计、财务、会计、信贷、税务人员的紧急通知》，规定：近几年来，从银行、财政和商业部门调走的领导干部和计划、统计、财务、会计、信贷、税务干部人员，凡是这些部门需要的，除少数特殊情况以外，应一律立即归队。人民银行的基层办事处和营业所、储蓄所，商业部门的各级专业公司，要建立精干的机构，由行政编制改为企业编制。凡是把这两个机构与财政机构合并的，要重新分开。该通知还规定，财政部和中国人民银行总行对中央直属企业派驻厂员。

3月3日 中国人民银行颁发《中国人民银行会计出纳工作条例（草案）》，明确会计出纳工作的基本任务，要求具体规定每一个出纳会计干部的工作范围、内容、责任和权利，做到定事、定人、定责任。各级行的会计出纳部门，必须贯彻"钱账分管"的原则，实行"管钱的不管账"等。该文件还对会计核算、现金出纳、财务管理等方面作了详细规定。

3月10日 中共中央、国务院作出《关于切实加强银行工作的集中统一、严格控制货币发行的决定》（以下简称"银行六条"），强调指出：货币发行过多，部分物价上涨，商品严重不足，这是当前国民经济生活中十分突出的问题，必须采取断然措施，实行银行工作的高度集中统一，把货币发行权真正集中于中央，把国家的票子管紧，而且在一个时期内，要比1950年统一财经时管得更严、更紧。"银行六条"的主要内容包括：一、再次重申，收回几年来银行工作下放的一切权力，银行业务实行完全的、彻底的垂直领导。二、严格信贷管理，加强信贷的计划性。三、严格划清银行信贷资金和财政资金的界限，不许用银行贷款作财政性支出。四、加强现金管理，严格结算纪律。五、各级人民银行必须定期向当地党委和人民委员会报告货币投放、回笼和流通的情况；报告工商贷款的增减和到期归还的情况；报告工资基金支付的情况；报告企业亏损的财政弥补情况；报告违反制度把银行贷款挪作财政性开支的情况和其他有关的重要情况。六、在加强银行工作的同时，必须严格财政管理。

4月20日 李先念在中国人民银行全国分行行长会议上，主要就各地在贯彻"银行六条"过程中提出的一些问题作了讲话。

6月13日 中共中央、国务院发出《关于改变中国人民银行在国家组织中地位的通知》。该通知指出：中国人民银行是国家管理金融的行政机关，是国家办理信用业务的经济组织，它授权在全国实行现金管理、信贷管理和信贷监督。为了使中国人民银行能更好地发挥银行在国民经济中的积极作用，对其在国家组织中有的地位作如下改变：（1）中国人民银行总行，由现在的国务院直属机构改为同国务院所属部委居于同样的地位。人民银行分行、专区中心支行、县支行分别同省、自治区、直辖市所属各厅和专、县所属各局，属于同样的地位。（2）中国人民银行各级行的党组的地位，也应当同上述行政地位相应看待。

9月24日 国务院批转中国人民银行《关于严格禁止各单位模仿人民币式样印制内部票券的报告》。国务院指出，模仿人民币式样印制内部票券，是国家法律不能允许的。这种做法不仅会造成国家金融的混乱，影响人民币的威信，而且会助长营私舞弊，给坏分子以可乘之机，必须坚决制止。

11月9日 中共中央、国务院批转中国人民银行《关于〈农村信用合作社若干问题的规定（试行草案）〉的报告》。为了加强党对农村信用合作社工作的领导，中共中央和国务院同意中国人民银行的建议，各级农林办公室、农委、农村工作部和财贸办公室都要加强对农村信用合作社的领导，并以农口为主。中央的批示还同意，有关信用社整顿工作可先选择若干县、社进行试点。《关于农村信用合作社若干问题的规定（试行草案）》对农村信用合作社的性质、主要任务、组织领导、业务范围、民主管理制度、干部配备和待遇、存贷款利率等作了具体规定。

11 月 18 日　中共中央、国务院发出《关于试行〈银行工作条例（草案）〉的指示》。《银行工作条例（草案）》共分 12 章 53 条，包括总则、计划管理、存款和储蓄、工商贷款、农业贷款、现金管理、转账结算、货币发行、金银和外汇、信贷监督和信贷制裁、会计出纳、机构干部和政治工作。

11 月 19 日　中共中央、国务院发出《关于当前财政金融方面若干问题的通知》。针对 1962 年进入第四季度以来货币投放量增长较快的情况，中共中央和国务院对财政银行工作提出几点要求：（1）请各地认真检查一下 1962 年下半年来追加投资和贷款的使用情况；（2）由于国家规定对生产队不实行现金管理和转账结算，收购农副产品付给现金，各级农业部门要切实把公社财务工作抓起来，防止铺张浪费；（3）做好到期农贷的收回工作；（4）加强税收工作和国营企业利润监督工作，抓紧组织财务收入。

11 月 25 日　国务院财贸办公室、农林办公室批转中国人民银行《关于清理历年农业贷款的办法》。该办法对清理的范围、清理的原则和如何归还贷款等作了具体的规定。

一九六三年

3 月 11 日　中国人民银行在北京召开全国农村金融工作会议。会议提出 1963 年农村金融工作的任务是：按照中央的方针政策，积极组织调剂农村资金，正确运用国家支援农业的资金，支援农业生产，巩固集体经济。毛泽东、刘少奇、周恩来、邓小平、李先念等党和国家领导人于 3 月 17 日接见了参加会议的全体代表。会议期间，国务院副总理李先念、谭震林分别到会并作了重要讲话。

3 月 28 日　中国人民银行、财政部、农业部发出《关于长期农业贷款暂行办法的通知》，规定：（1）长期农业贷款由国家财政委托人民银行发放。所需资金由财政拨给，作为专项贷款基金，周转使用。每年增拨数额由财政在预算中安排。（2）长期农业贷款的发放对象是：农村人民公社生产资金确有困难的生产队，对公社、生产大队举办的独立核算的种畜场、排灌站的基建性投资，确有困难的也可适当贷款。期限一般分二年、三年、四年、五年，不计利息。贷款必须有重点地贷给商品粮、棉主要产区，用于耕畜、大中型农具、农业机械；一般地区的生产性设备和排灌设备；以适当比例用于油桐、油茶、桑园等的垦复、抚育及渔牧区的设备购置等。

10 月 8 日　中共中央、国务院作出《关于建立中国农业银行，统一管理国家支援农业资金的决定》，并任命胡景沄为中国农业银行行长。该文件指出，必须从上而下地建立中国农业银行的各级机构，把过去由财政部直接拨付的各项支援农业的资金和由人民银行办理的各项农业贷款统管起来，并统一领导农村的信用合作工作。中国农业银行是国家设立的专业银行，作为国务院的一个直属机构，办理国家支农资金的拨付和贷放。中国农业银行实行企业管理和经济核算。办理拨款收取手续费，发放贷款收取利息。中国农业银行的各级机构在业务上实行垂直领导。中国农业银行于 11 月 12 日在北京举行成立大会。

11 月 25 日　中国人民银行发出《关于有关部门要求银行从存款单位账户中代为扣款问题的通知》，规定银行根据中央的有关规定执行扣款的情况。

11 月 30 日 中国人民银行、中国农业银行发出《关于建立各级农业银行若干问题的联合指示》，要求抓紧建立农业银行省、自治区、直辖市分行和中心支行、县支行、基层营业所等机构。

一九六四年

4 月 15 日 经国务院批准，对一九五三年版三元券、五元券、十元券人民币，由中国人民银行限期收回，停止流通。

8 月 4 日 财政部、中国人民银行、中国农业银行发出《关于中国农业银行接办农业、企业、事业拨款监督工作的联合通知》，确定接办范围包括各级农业、水利、水产、侨委、气象、劳改部门所属企业、事业单位的财政拨款和内务部系统劳改农场的财政拨款监督工作，包括事业费、定额流动资金、四项费用、亏损弥补、中间试验费以及城市青年插队安置费等拨款。

10 月 29 日 中共中央、国务院决定胡立教代理中国人民银行行长。

11 月 4 日 国务院发出《关于调整中国人民银行和中国农业银行农村基层机构的通知》。该通知规定，除个别大集镇可分设两个银行机构外，在区或相当于区的人民公社所在地，人民银行、农业银行合设一个机构，受中国人民银行和中国农业银行的县支行双重领导，以农业银行领导为主；在 3 000 人以上的集镇，工商信贷和结算业务比较多的，人民银行、农业银行两行可以各自分设机构，也可以合设一个机构，由省、自治区、直辖市人民政府决定。如合设一个机构，仍实行双重领导，但以人民银行领导为主。

一九六五年

3 月 25 日 中国人民银行、财政部发出《关于停止对企业主管部门存款计付利息的联合通知》。该通知规定，从 1965 年第一季度开始，凡

是以中央各部和各省、市、专、县厅局名义在银行开立的所有存款账户，一律停止计付利息，凡是经费开支由财政拨款的企业管理机构（如总公司、管理局等）的存款，也一律停止计付利息，但对其中经费虽由财政拨款而直接经营业务，并向银行贷款付息的单位，其存款应计付利息。

6 月 16 日 中国人民银行、财政部发出《关于各部门各企业在银行的专户存款停止计付利息的联合通知》，规定：从 1965 年第三季度起，各部门、各企业在银行的存款，除结算存款户的存款外，其余所有专户存款（包括财政部门和企业主管部门指定的以及自行要求开立的专户）一律停止计付利息。

11 月 3 日 中共中央同意中国人民银行党组、中国农业银行党组的请示报告，决定全国各级中国农业银行同各级中国人民银行合并为中国人民银行一个机构，中国农业银行的任务由中国人民银行继续执行。

12 月 1 日 中国人民银行发出《十六年来人民银行工作的基本经验总结》。该文件提出的基本经验是：（1）正确处理政治同业务的关系，坚持以毛泽东思想挂帅，坚持社会主义同资本主义两条道路的斗争，为实现党的方针政策服务。（2）正确处理信贷和生产的关系、资金同物资的关系，坚持"发展经济，保障供给"的方针，从生产出发，为生产服务，促进国民经济有计划、按比例地持续发展。（3）正确处理银行同企业的关系，领导同群众的关系，与企业充分合作，发动群众，依靠用钱的人管钱，共同管好、用好流动资金。（4）正确处理银行工作中集权同分权的关系，坚持"大权独揽，小权分散"的原则，保证货币发行权集中于中央，充分调动各地区、各部门管理资金的积极性。（5）正确处理货币发行同生产建设的关系，坚决按照货币流通量必须与商品流通的需要相适应的客观规律办事，不断巩固货币的稳定，更好地为生产建设服务。（6）正确处理财政和信贷的关系，坚持"分口管理，综

合平衡"的原则，不能用增发票子的办法来满足财政的需要。（7）正确处理国家支援同社队自力更生的关系，在解决农业生产建设资金问题上，必须坚持"社队自力更生为主，国家支援为辅"的方针，依靠五亿农民，发扬大寨精神，全面发展农副业生产，巩固集体经济。

12 月 30 日　中国人民银行、中国农业银行召开全国分行行长会议。会议期间，周恩来、朱德、邓小平等党和国家领导人接见了到会的全体同志。

一九六六年

1 月 6 日　中国人民银行颁发通告，确定自 1966 年 1 月 1 日起，发行黑色拾元券和深棕色壹角券。

1 月 29 日　中国人民银行发出《关于〈货币发行金库制度〉和货币发行业务会计核算手续的通知》。《货币发行金库制度》中规定的货币发行任务是：（1）根据国务院核定的货币发行最高额度，统一调度现金；（2）制订人民币的印制计划，办理损伤人民币的销毁工作；（3）保管、调运货币发行基金，调节市场各种货币券别的流通比例；（4）办理全国货币发行业务的会计核算，正确、全面地反映市场货币投放与回笼的变化。

3 月 1 日　国务院财贸办公室批转《中国人民银行改革城乡贷款结算的报告》。该报告提出了今后改革的意见，主要内容是：（1）各跨县、跨专区、跨省的毗邻地区城乡之间，凡是商品直接调拨的，两地的银行也要直接办理结算，切实改变资金拐转结算的现象。（2）实行城乡两地贷款，用贷款办法来解决结算问题，在哪里贷款就在哪里归还。这样，可以做到双方钱货两清，及时结算，公平合理，又可减少利息负担和节省人力、物力。（3）基层供销社进城出售农副产品后所得的货款可以用于采购工业品，或者用于归还在城里银行的贷款。（4）基层供销社向国营公司送交农副产品，如果实行汇兑结算，根据新的经

验应该实行"送货验收，限期付款，银行监督"的"汇兑"结算，以利于加速物资和基层供销社的资金周转。（5）为了加快汇款速度，银行在有条件的地方，开办城乡之间的电报汇款。

一九六七年

5 月 9 日　国务院发出《关于取消非贸易外汇分成办法的通知》，规定自 1967 年起，取消现行各种非贸易外汇地方分成办法（包括黄金生产分成办法），各省、自治区、直辖市之间也不再进行非贸易外汇的清算。

6 月 22 日　中共中央、国务院、中央军委、中央文革发出《关于进一步抓革命、促生产、增加收入、节约支出的通知》，要求银行要通过贷款工作，积极支持工业生产的发展，帮助生产单位做好资金的合理使用。企业和生产队要把贷款用于生产和流通，做到合理使用，按期归还。

8 月 20 日　中共中央发出《关于进一步实行节约闹革命，控制社会集团购买力，加强资金、物资和物价管理的若干规定》，规定：坚持执行国家财政制度、信贷结算制度和现金管理制度。

10 月 4 日　国务院、中央军委发出《关于任命冶金工业部等单位军事代表的通知》，其中任命樊九思为中国人民银行军事代表，张桂馥为副军事代表。

一九六八年

3 月 21 日　为了认真贯彻执行中共中央《关于进一步实行节约闹革命，坚决节约开支的紧急通知》，做好各单位 1967 年年底的各项存款工作，财政部、中国人民银行发出《关于冻结各单位存款的几个具体问题的通知》，规定：（1）各单位在银行（包括人民银行和建设银行）的 1967 年年底的存款，由于不是按现金性质开立账户而分不开冻结款和非冻结款的，一律先由银行暂时按存款总额予以冻结，然后由各单位认真进行清理，并按照本文件的规定范围开列存款项目存

单，按规定的审批手续报经批准后，送开户银行把其中应当冻结的存款予以冻结。（2）各单位在银行应当冻结的 1967 年年底的存款，在本文件到达以前已经动用的，除去应当上交财政的款项、上年预拨 1968 年的资金补还外，予以冻结。如果应冻结的款项因没有存入银行或者已存入储蓄户，以及 1967 年决算后收回或增加的应冻结资金而未冻结的，应主动转入冻结存款项目，向银行办理补冻手续。

9 月 11 日 中国人民银行向国务院报送《关于取消中央企业驻厂（站）信贷员制度的请示报告》。

一九六九年

4 月 20 日 为改变编押范围广、编押起点低的问题，中国人民银行发出《关于改革全国联行密押工作的通知》，决定自 1969 年 7 月 1 日起，改变密押组成，缩小编押范围，提高编押起点。

6 月 9 日 经国务院批准，外贸部军代表、财政部军管会、中国人民银行军代表联合发出《关于取消"出口工业品增产措施专案贷款"的通知》，决定从 1969 年起不再安排该项新贷款，因为这种贷款措施不利于贯彻"统筹兼顾"和"自力更生"的方针。

6 月 19 日 中国人民银行发出《关于将总行直属库移交五四一厂管理的函》，规定：总行直属库改由五四一厂管理后，作为总行在北京货币发行基金重点库，其主要任务是负责接收和保管五四一厂印制的钞票，并向有关的行处运送钞票。五四一厂完成的产品入库后，即作为增加发行库的库存，出库则根据总行签发的货币发行基金调拨命令办理。

7 月 19 日 财政部军管会和中国人民银行军代表经请示国务院批准，决定财政部、中国人民银行于 7 月底合署办公。

8 月 14 日 周恩来总理对发行 1960 年版五元券和一元券作出批示。9 月 17 日，中国人民银行发出《关于发行一九六〇年版五元券、一元券和收回一九五三年版一元券的通知》，决定自 1969 年 10 月 20 日起发行 1960 年版五元券、一元券。

10 月 18 日 外贸部军代表、中国人民银行军代表向国务院报送《关于秋交会进一步开展对外试用人民币计价结算问题的请示》，同年 11 月 9 日，国务院领导同志批示"同意"。

一九七〇年

6 月 11 日 国务院批转财政部军管会、中国人民银行军代表《关于加强基建投资工作，改革建设银行机构的报告》，决定将建设银行并入人民银行。建设银行并入人民银行后，基建投资由财政部确定计划指标，其他业务由人民银行办理。人民银行根据当地基建拨款任务配备一定数量的人员，管好这项工作。财政资金、信贷资金、流动资金和基建资金都要分别管理，不准相互挪用。

7 月 25 日 财政部召开全国财政银行工作座谈会，着重讨论财政银行工作的改革问题。周恩来总理在会议结束时接见与会代表。会后，全国大部分省、市和县的人民银行，在军代表主持下先后并入当地财政局，对外仍挂中国人民银行牌子，办理原来的业务。

11 月 5 日 财政部发出《关于改革人民银行统一会计科目的通知》，决定于 1971 年 1 月 1 日起试行。同年 12 月 4 日，财政部发出《关于人民银行统一会计科目的补充通知》。

12 月 21 日 财政部发出《关于简化几项发行、出纳制度的通知》。简化按月申请发行基金出库命令的手续，简化销毁票券的分版工作，出纳错款的季报改为年报。

一九七一年

2 月 12 日 财政部发出《关于下达〈农村信贷包干试行方案〉的通知》。《农村信贷包干试行方案》的内容主要包括：（1）实行农村信贷包干，适当扩大地方对农村信贷的管理权限。除各省、自治区、直辖市现有的农贷指标继续周转使用外，1971年农村存款新增加的部分，由省、自治区、直辖市在保证存户提取的前提下，统一安排使用。（2）1971年农村存款增加的计划，由各省、自治区、直辖市编制，报财政部备案后，年初即可发放贷款。（3）农贷资金只能用于对农、牧、渔区人民公社、生产大队、生产队发放生产费用和生产设备贷款。任何部门和单位都不准抽调、挪用银行和信用社的资金。

8月11日 国务院同意并批转财政部《关于调整银行利率的请示报告》。该请示报告建议，对银行现行利率进行一次全面的调整，主要要求是：适当降低利率水平。生产贷款利率，农业略低于工业；储蓄存款利率，活期略低于定期；减少利率种类；取消某些不合理的优待利率。按照财政部提出的银行存贷款调整方案，存贷款利率分类大大减少。贷款利率一般降低30%左右，存款利率一般降低20%左右。同年9月15日，财政部发出《关于调整银行利率中一些具体问题的规定》。

一九七二年

1月31日 根据国务院1971年8月11日批转的财政部《关于调整银行利率的请示报告》，财政部颁发修订的《华侨定期储蓄存款章程》《外币存款章程》《驻华外交机关、领事机关及其人员人民币特种存款章程》。

2月1日 财政部发出《关于旧人民币、地方币兑换问题综合答复》，其中附有"旧人民币、地方币名称及收兑比价表"。

4月18日 国务院决定恢复中国人民建设银行。国务院指出，从1970年5月中国人民建设银行并入中国人民银行以后，对基建财务和拨款的监督工作放松了，有时甚至连一些基本情况和拨款数字也反映不上来。因此，决定恢复中国人民

建设银行总行，省、自治区、直辖市恢复建设银行分行，省以下建设任务比较集中的地点、大中型建设工程所在地，以及国防军工和跨省、跨地区施工的大型建设工地，也设立分行、支行或办事处。各地建设银行实行上级业务部门和地方双重领导，以地方领导为主。

5月8日 国家决定取消私营侨汇业，由银行接办其业务。私营侨汇业全部由银行接办后，从业人员由地方安排，其财产除由省、自治区提存部分资金，留作发付退职金、退休金、人员安置费、国外股东的股金以及应发的红利以外，其余动产和不动产全部交给地方使用。

5月12日 中国人民银行发出《关于银行系统清仓核资损益处理的通知》，对1962年3月底以前发生的清仓损益中有关发生的贷款呆账、错账损失，出纳与储蓄短款损失和银行内部各项垫付款项的处理，作了具体规定。

9月8日 财政部召开全国银行工作会议，会议期间，国务院领导指示：银行要有独立性，倾向于保持原来的银行系统，要有省分行、县支行。银行业务要独立，资金要独立。信用社的集体所有制不变，待遇问题要解决。会议决定，要健全银行机构，加强干部队伍，保持原来的系统，要有分行、支行，密切上下联系。

9月30日 国家计委、财政部公布《非贸易外汇管理办法》。该办法规定，凡是不通过对外贸易途径所发生的外汇收支，都应按非贸易外汇进行管理。

10月27日 中国人民银行发出《关于下达"信贷、现金计划管理办法（试行草案）"的通知》，从1973年开始试行。《信贷、现金计划管理办法（试行草案）》的主要内容是：（1）实行中央统一计划，中央和省、自治区、直辖市分级管理的信贷和现金计划管理体制。（2）必须坚持财政资金和信贷资金，基本建设资金和流动资金分口管理、分别使用的原则。信贷资金只能用于工业生产的超定额储备和商品流通的库存储备。

坚持财政、信贷综合平衡，货币发行统一计划。（3）中央对各省、自治区、直辖市管年度信贷计划，省、自治区分行在中央批准的年度计划范围内实行季度计划。工业、商业、国营农场、社队农业和农副产品预购定金五个项目的贷款分别掌握，不得互相流用。农村信贷实行包干办法。中央直接管理的物资、供销企业的信贷计划，实行中央同地方共管等。

11月6日 中国人民银行颁发《中国人民银行会计基本制度》，规定会计工作的主要任务是：（1）根据党和国家的方针、政策、法令以及银行的有关规定，准确、及时、真实、完整地记载和反映业务、财务活动，为贯彻政策、考核计划提供正确数据。（2）监督资金的合理收支，维护国家资金的安全，同贪污盗窃、投机倒把和一切违反财经纪律的行为进行坚决的斗争。（3）努力节约资金使用，加速资金周转。

11月11日 中国人民银行颁发《中国人民银行储蓄存款试行章程》，对储蓄存款的总则、储蓄种类和管理以及内部掌握的一些问题作了具体规定。

11月20日 中国人民银行颁发《中国人民银行结算办法》，对结算的总则、结算方式的种类、管理和要求都作了具体规定。

11月24日 中国人民银行颁发《中国人民银行出纳制度》，对出纳部门的任务，现金收付手续，库房管理与押运，损伤票券兑换、挑剔标准，票样管理，反假票斗争，借款处理，金银收购、配售与调拨等都作了具体规定。

一九七三年

1月16日 中国人民银行、外贸部发出《关于外贸信贷管理若干规定》，自1973年起实行。文件对外贸企业的贷款对象、范围、种类和计划管理作了具体规定。

1月25日 中国人民银行发出《关于中央物资、供销企业贷款计划管理办法的通知》，其中

决定，中央各部所属物资、供销企业的贷款计划，从1973年起试行由主管部门和银行共同管理。主管部门和总行管年度贷款计划，各省、自治区、直辖市分行和当地银行管季度贷款计划和临时调剂。

3月9日 财政部发出通知，对"文化大革命"中出现的冻结储蓄存款应予解冻；今后冻结储蓄存款要严格控制，如司法、公安部门审理个别案件确实需要冻结时，由县以上的司法、公安部门批准，通知当地开户银行执行。

5月13日 中共中央、国务院任命陈希愈为财政部副部长兼中国人民银行行长。

5月26日 中国人民银行颁发《农村人民公社贷款办法（试行草案）》，对贷款的原则、对象、种类、期限、利息和管理等作了规定。

6月15日 商业部、中国人民银行发出《关于印发〈中国人民银行商业贷款办法〉的通知》。《中国人民银行商业贷款办法》对商业贷款的任务、种类、贷款掌握、账户和管理等作了具体规定。

8月13日 中国人民银行发出《关于收回一九五六年版黑色一元券的通知》，规定收回的方式仍采用在银行门市收款时只收进不付出的办法。

8月27日 中国人民银行发出《关于认真做好收回到期农业贷款工作的通知》，强调：各地银行要认真帮助社队做好收益分配，不能把国家的农业贷款（包括信用社贷款）和预购定金作为可分配的收入，分配给社员，做到既增加社员收入，又增加公共积累，归还到期贷款。文件还提出：收贷要从实际出发，区别对待，注意政策；加强调查研究，做到还款时间、金额、资金来源三落实。

8月30日 中国人民银行发出《关于工业结算贷款问题的通知》，规定：国营工业企业的发出商品，凡是采用托收承付结算方式，在发货后三天（特殊情况最长七天）之内办理托收的，都

可以向银行申请结算贷款。从 1973 年第四季度起，各地发放的结算贷款，不再包括在各省、自治区、直辖市的工业贷款指标之内。

12 月 8 日　中国人民银行发出《关于发行一九七二年版五角券的通知》，规定自 1974 年 1 月 5 日起发行。伍角券的正面图景为纺织厂生产图，颜色为青色；背面图景为棉花、梅花。

一九七四年

2 月 16 日　中国人民银行发出《关于试行中国人民银行统一会计科目、会计档案管理办法、联行往来制度、异地结算会计核算手续的通知》。统一会计科目、会计档案管理办法自 4 月 1 日试行；异地结算会计核算手续、联行往来制度，于 7 月 1 日试行。

2 月 20 日　中国人民银行发出《关于结束对一九六一年以前农业贷款豁免工作的通知》，决定截至 1973 年年底，结束对旧农贷的豁免工作。

2 月 22 日　中国人民银行、中国人民建设银行发出《关于人民银行与建设银行之间有关基建资金供应、清算办法和结算业务往来手续的通知》。

10 月 12 日　中国人民银行发出《印发〈中国人民银行国营农业贷款试行办法〉的通知》。《中国人民银行国营农业贷款试行办法》对国营农业贷款的原则、对象、种类和管理作了具体规定。

一九七五年

1 月 30 日　中国人民银行发出《关于从金银、银元中挑选出有出口价值的历史币的通知》。

3 月 6 日　中国人民银行发出《关于对〈社、队贷款办法（试行草案）〉中的社、队办企业贷款修改的通知》，将 1973 年印发的《中国人民银行农村人民公社贷款办法（试行草案）》中关于社队企业贷款"用于解决社、队办工业企业在生产过程中流动资金不足的需要"的规定，改为"用于解决社、队工业企业的流动资金和设备资金不足的需要"。

10 月 10 日　中共中央、国务院召开全国财贸工作座谈会。会上印发了财政部起草的《关于整顿财政金融的几个问题（草案）》，其中关于改进信贷管理体制，文件提出：从 1976 年起，人民银行的业务继续执行集中统一的方针，实行总行和地方双重领导，以总行领导为主。

一九七六年

3 月 30 日　中国人民银行发出《关于试行银行营业所和信用社合署办公的复函》，原则上同意广东省分行关于试行银行营业所和信用社合署办公的初步方案：公社所在地银行营业所和信用社合署办公，统一使用干部力量，两种所有制不变，挂两块牌子，两套账分别核算。生产大队信用分社（站）原则上应设不脱产亦工亦农的信用员。

10 月 28 日　中共中央发出《关于冻结各单位存款的紧急通知》。该通知指出：由于"四人帮"的干扰破坏，加上唐山地震的影响，全年财政出现了较大亏空。要搞好 1976 年财政收支的平衡，保持市场物价稳定，除了增加生产、增加收入外，必须立即在节约支出方面采取有力的措施。为此，各机关、团体、学校、企业、事业单位，1976 年 10 月底各项经费和资金的结余存款，除去计划内未完成工程基本建设拨款、企业流动资金，1976 年提取的大修理基金和更新改造资金，1976 年安排的技术措施费、农田水利、优抚救济、知识青年上山下乡经费以及 11 月、12 月两个月的人员经费外，一律按银行存款的账面数字，实行冻结。个别必须解冻的资金，须报国务院批准。停产一个月以上的企业，不得再提取更新改造资金和大修理基金。该文件还要求：把已经确定减下来的基本建设拨款如数减下来；大力节约行政事业经费，压缩社会集团购买力；严格控制劳动工资，国家核定的工资总额不得突破；

适当紧缩信贷，加强信贷管理，控制货币投放；对违犯财经纪律的现象必须严肃处理。

11月4日　中国人民银行发出《关于加强残缺人民币销毁工作和收回一九五三年版二元券的通知》，规定：自1976年第四季度起，对1953年版的二元券（蓝色宝塔山图案）在银行门市收款时，采取只收进不付出的措施。

一九七七年

4月25日　为了发挥国营农业企业的示范作用，中国人民银行发出《关于试行发放国营农业企业更新改造基金贷款的通知》。

5月14日　中国人民银行发出《关于城乡储蓄分工有关问题的通知》，要求各地纠正不按规定自行改变城乡储蓄分工的做法，并且规定：营业所与信用社联合办公的，仍应是两套账，谁的资金归谁的账户；县以下城镇储蓄余额一律不准划转信用社，已划转的应重新划回；县以下城乡储蓄分工仍按过去的规定执行，各地不要自行改变。

5月14日　中国人民银行发出《关于信用合作社发放设备贷款给予利差补贴的通知》，规定：信用社发放生产设备贷款，按月息1.8‰计算，比转存银行款月息2.7‰所差0.9‰，由银行给予利差补贴，每年年终决算前清算一次。

7月10日　为了健全规章制度，加强信贷管理，中国人民银行就印发经修改的《国营工业贷款办法》发出通知。修改后的《国营工业贷款办法》，对国营工业贷款的目的、任务、贷款对象、贷款种类、贷款政策界限、贷款管理原则和贷款的审查和检查都作了具体规定。

10月10日　中国人民银行、邮电部发出《关于银行与邮电局办理汇兑业务的分工等问题的通知》。

10月22日　根据国务院的决定，中国人民银行发出《关于坚决取消实物收据的通知》，从1978年1月1日起在全国范围内统一实行。

10月24日　中国人民银行发出《中国人民银行金银管理办法（试行）》。对金银管理作出具体规定，主要内容包括：金银由中国人民银行统一管理和经营；国家对金银的进出口实行管理；国家允许人民群众持有金银，但不得计价行使，私相买卖。出售金银时必须交售给中国人民银行；单位持有的金银，除生产所需外全部交售中国人民银行；厂矿企业和生产队生产的金银和副产金银，不得自行销售、交换和留用，应全部交售中国人民银行；出土的金银应归国家所有；银行对金银配售工作必须严加管理。

10月24日　中国人民银行颁发《中国人民银行财务管理制度》，自1978年1月1日起试行。其中规定：中国人民银行财务管理制度实行统一领导、分级管理、收支相抵、损益集中的体制。各项费用的管理，企业编制的由总行统一核批预算，分级管理；各项费用分为个人费用、公用费用、三项费用、社队会计人员训练费用四个部分，相互间不得流用。公用部分实行定额管理、包干使用、超支不补、节约留用的管理办法。文件还对银行内部损益管理、内部资金管理、财产和资金多缺的处理权限等作了具体规定。

10月24日　中国人民银行发出《关于开展清资金、清账务、清财务工作的意见》，决定在整顿银行工作中对银行的资金、账务、财务普遍进行一次清查。

10月28日　中国人民银行颁发《中国人民银行结算办法》，自1978年1月1日起施行。这个办法与1972年11月20日下达的《中国人民银行结算办法》，在结算原则、结算种类与办法等方面基本是一致的，其不同点主要是：（1）强调单位在办理结算时，必须使用银行统一规定的结算凭证。（2）强调除国务院关于扣款顺序的规定和县以上公安、工商行政管理部门对单位的罚没款，可凭其通知扣款外，银行不代任何单位扣款。（3）集体所有制企业，由县（城市区）以上主管部门统负盈亏的，视同国营企业，可以办理托收承付结算，其他集体所有制企业办理托收承付结算，必须具备三个条件：原材料和产品纳入县（城市区）主管部门计划；确需外地采购材料和销售产品，交易正当；在银行开立结算账户，经营管理较好，有支付能力，经开户银行同意，报县主管部门审查同意和同级银行批准的。（4）取消凭"提货收据"办理少量贵重商品托收的规定。（5）收款单位开户银行对托收凭证的审查时间，最长不得超过两天。

10 月 28 日　中国人民银行发出《关于下达〈中国人民银行账户管理办法〉的通知》，规定各企业、事业、机关、团体、部队、学校必须贯彻关于财政资金与信贷资金、基本建设资金与流动资金分口管理，预算内资金与预算外资金分别核算的原则，分别在银行开设有关账户。《中国人民银行账户管理办法》对银行账户的类别和开设账户的要求等作了具体规定，并且强调在银行开立账户要遵守有关政策法令，遵守银行信贷、结算、现金管理的规定，不准出租、出借账户，不准签发空头凭证，等等。

11 月 28 日　为了确保货币发行权的集中统一，保障中国人民银行在货币发行、信贷管理、结算管理、现金管理、工资基金管理、金银外汇管理、金库条例、会计制度等一整套基本制度的贯彻执行，打击贪污盗窃、投机倒把，纠正资本主义的不正之风，同违反财经纪律的行为作斗争，以加快国民经济建设的发展速度，进一步巩固社会主义金融阵地，国务院发出《关于整顿和加强银行工作的几项规定》。其中规定：人民银行是全国信贷、结算和现金活动的中心。要坚持银行业务工作的集中统一，建立指挥如意的、政策和制度能够贯彻到底的银行工作系统。人民银行的工作实行总行和省、自治区、直辖市革命委员会双重领导，在业务上以总行领导为主，做到统一政策、统一计划、统一制度、统一资金调度、统一货币发行。在党的工作和政治工作方面，以地方的领导为主。地方对当地银行主要领导干部的任免和调动，要与上一级银行商量一致。人民银行总行作为国务院部委一级的单位，与财政部分设。省、自治区、直辖市以下的银行机构也应比照办理。

11 月 28 日　中国人民银行发出《关于国家储备粮所需资金银行不贷款的通知》，规定：1977 年粮食年度进口增补国家战备粮所需资金，已由银行垫付，有关分行要迅即核实，从财政部、商业部下拨资金中全部扣收，归还贷款。今后到货，不论是分配数量以内或超过分配数量部分，凡属国家规定的战略储备粮，其货款和运杂费均应由财政部和商业部所拨专款解决，银行不贷款。

11 月 28 日　国务院颁发《关于实行现金管理的决定》，主要内容是：一、决定对一切国营企业、事业、机关、团体、部队、学校和集体经济单位实行现金管理，并指定中国人民银行为现金管理的执行机关，负责办理及检查有关现金管理事宜。二、凡一切国营企业、事业、机关、团体、部队、学校、集体经济单位的所有现金，除核定的现金库存限额外，其余必须存入当地人民银行（无银行机构的地方，授权信用社办理，下同），不得自行保留。单位库存现金限额一般不得超过三天的日常开支，离银行较远的单位，最高不超过十五天的日常开支。三、上述各单位间的经济往来，必须通过人民银行办理转账。除发工资、差旅费、向个人采购农副产品、对个人其他支出以及结算起点以下的零星开支等必须使用的现金部分外，其他均不得支付现金。四、对人民公社、生产大队、生产队和他们办的企业也应实行现金管理。人民银行要保证谁的钱进谁的账，由谁支配，不得自动扣收货款，也不代任何单位扣款。五、现金管理是国家的重要财经制度，必须严格执行。六、人民银行要力求健全机构，改进制度，简化手续，方便各部门各单位。

12 月 15 日　财政部发出《第八次修订中央金库条例施行细则》。这次修订的主要变动点是：

（1）金库的机构设置，由原来的"总金库、分金库、支金库"三级改为"总金库、分金库、中心支金库、支金库"四级。（2）各级中央金库，由"管理地方金库业务"改为"各省、自治区、直辖市分库及其所属的各级金库，既是中央的分支机构，也是地方金库"。（3）明确了按照"统一领导，分级管理"的财政体制原则，中央金库款的支配权属于财政部，地方金库款的支配权属于同级财政机关。国家预算收入的退库权属于财政部，除财政部明文规定允许退库的以外，任何人、任何单位都无权冲退。

12月31日 为贯彻执行国务院关于中国人民银行总行作为国务院部委一级单位，与财政部分设的决定，财政部、中国人民银行发出《关于中国人民银行总行与财政部分设的通知》，决定于1978年1月1日起开始分开办公。同时要求省、自治区、直辖市以下的银行机构，也在1978年以内全部完成与财政部门的分设工作。

一九七八年

1月1日 财政部、中国人民银行正式分开办公。

1月10日 中国人民银行决定在港、澳地区发行人民币旅行支票。

1月15日 中共中央任命李葆华为中国人民银行党组书记、行长，陈希愈为中国人民银行党组副书记、副行长。

2月25日 国务院同意并批转外交部、中国人民银行《关于积极争取侨汇的意见》，要求各级党委坚决贯彻执行侨汇政策，其中规定：（1）除省、自治区、直辖市革命委员会经中央批准，决定并书面通知银行没收或冻结侨汇外，任何部门都无权作出这样的决定，也不得擅自向银行查阅侨汇凭证或要求银行提供侨汇户名单。人民法院和公安部门因公需要查阅侨汇凭证时，应有经地（市）以上人民法院或公安机关党委批准的证件，才能到银行查阅。严禁向归侨、侨眷强行摊款、借款和冒领、克扣、侵吞侨汇，违者应予严肃处理。（2）"文化大革命"前曾实行侨汇分成，60%归地方和每百元人民币由中央拨给65元侨汇物资供应的方法，因有副作用，在总结经验的基础上可重新制定切实可行的办法报国务院审批执行。（3）积极做好国内私人存款在国外资产的调回工作，争取早日调回。（4）举办外币、人民币特种定期存款。凡居住在海外的华侨、中国血统的外籍人、港澳同胞、外国人持有可自由兑换的外汇，均可在境内中国银行办理存款，本息可以自由调出。具体办法由银行制定。

3月20日 对外贸易部、中国人民银行发出《关于"以出顶进"若干问题的通知》，规定：各用货单位经主管部门批准提出从国外进口的商品，凡是有外汇的，我外贸公司出口又有货源的，为了节约费用，改善经营管理，避免把我出口商品从国外市场买回来，对外造成不良政治影响，有关外贸公司应当采用"以出顶进"办法，用出口商品顶替这部分进口商品。

4月5日 国务院发出《关于处理1976年冻结存款的通知》。主要内容是：（1）冻结存款总额96.11亿元，其中1977年内经批准已经解冻和处理了14亿元，现实有82.11亿元，具体处理方案：国家集中60.11亿元，留给省、自治区、直辖市10亿元，留给军队系统10亿元，留给中央和国务院各部门2亿元。（2）对各省、自治区、直辖市和军队系统，采取差额部分上交国库的办法。（3）留给各地区、各部门的资金，除集体所有制单位的留用外，其余部分统筹安排，不得用于搞基本建设。

4月27日 中国人民银行发出《关于加强金库工作的意见》，要求各省、自治区、直辖市分行加强对金库工作的领导，经常查库工作，检查金库工作中存在的问题，应保持金库工作人员的相对稳定；加强金库业务学习，提高金库业务管理水平。

5月12日 中国人民银行印发《关于农村金

融机构的几点意见》，规定：农村金融机构的设置，原则上按人民公社设信用合作社（以下简称信用社）或营业所、信用社合一的机构。在一个公社已有银行营业所又有信用社的，营业所、信用社合为一个机构，实行统一领导，挂两块牌子，使用两个印章，办理银行和信用社的业务。只有信用社没有营业所的，只挂信用社牌子，使用信用社印章，由信用社承办银行和信用社的各项业务。以上两种机构形式同样都是国家银行在农村的基层机构，实行人民银行县支行和公社党委双重领导，业务工作以人民银行县支行领导为主，执行统一的金融政策、统一的计划管理、统一的规章制度。信用社实行独立核算，信用社无论盈余、亏损，社员的股金一律从1978年开始按规定期限的存款利率付给股息。

7月3日 中国人民银行发出《关于对过去未计息储户处理问题的复函》，决定今后不再办理无利息的存款；过去的无息存款储户提出付利息的，可按规定付给利息，已经清户的不再补付利息，如果储户要求补付利息，经查实后可以补付利息；过去已开给利息清单，当时储户未领取利息，现在储户又持利息清单来取息的，可凭条付息。

7月3日 中国人民银行发出《关于发放侨汇物资供应票办法的通知》，规定：侨汇物资供应票的面额分为5元、10元、50元、100元四种；每笔大额侨汇，在人民币3 000元以下的按实计发供应票，超过3 000元部分可采取分期分批办法，每年发给3 000元供应票，逐年发完为止；对调回私人存放在国外资产的外汇，也按侨汇的办法发放供应票；凡有国外和港澳地区赡家侨汇收入的侨眷、归侨、有外籍亲属的中国公民、港澳同胞家属、回国华侨学生等，均可在其领取侨汇时领到供应票。上述规定自1978年4月1日起执行。

7月4日 经国务院批准，中国人民银行发出《关于减收粮食商业企业贷款利息的通知》，决定从1978年7月1日起，对粮食企业（不包括粮食工业企业）的贷款利息减半计收，即把现行月息4.2‰降为2.1‰。

7月17日 中国人民银行向国务院提交《关于增设和恢复司局机构的报告》，提出增设科学技术教育局、恢复金融研究所和《中国金融》杂志社三个司局级的单位，增设和恢复的三个局级单位编制为180人（科学技术教育局50人、金融研究所100人、《中国金融》杂志社30人）。同日，中国人民银行发出《关于总行金融研究所恢复工作的通知》，明确金融研究所即日起正式恢复工作，并要求人民银行各省、自治区、直辖市分行相应地配备研究人员，制定研究规划，逐步开展研究工作。同年12月27日，中国人民银行发出《关于各省、市、自治区分行相应设立金融研究机构的通知》，要求人民银行各省、自治区、直辖市分行要设立金融研究机构，明确金融研究机构为事业单位，其经费分别向总行或分行的会计部门编报预决算。总行原设有金融研究所，"文化大革命"中，由于机构精简、人员下放而撤销。

7月23日 中国人民银行发出《关于下达"外汇贷款进口设备人民币资金专户贷款办法（试行草案）"的通知》。该文件对外汇贷款进口设备人民币资金专项贷款的对象、用途、利息、期限、指标和管理作了具体规定。

8月18日 中国人民银行发布《现金管理实施办法（试行草案）》，规定：人民银行是现金管理执行机关，对执行本办法的单位有权进行检查监督。各单位的库存现金限额，一般每年调整一次。各单位必须建立现金账目，逐笔记载现金收付。不准用"白条"顶替库存现金；不准私人借支公款；不准单位之间相互借用现金；不准用转账凭证套换现金；不准利用银行账户代其他单位或个人存入或支取现金；不准将单位收入的现金以个人名义存入储蓄；不准保留账外公款；禁止发行变相货币，不准以任何票券代替人民币在市场流通。

9月23日 中国人民银行印发《农村人民公社农业机构专项无息贷款办法（试行草案）》。该办法规定：贷款的对象只限于农村人民公社所属的购买农业机械资金有困难的基本核算单位和独立核算单位，在使用上应优先照顾贫困社队。无息贷款的使用只限于购买国家计划供应的机械和半机械化农具。农机专项无息贷款资金，自1978年至1980年，按年分配，不准突破指标。贷款期限为1年至15年，实行专款专用，专户管理。

9月25日 为了落实党的农村经济政策，中国人民银行发出《关于信用社股金分红的意见》，规定：信用社社员股金应分红而未分红的，原则上应予补分，具体解决办法，可由各省、自治区、直辖市分行提出意见，报请省、自治区、直辖市革命委员会批准执行。

10月27日 中国人民银行发出《关于〈中国金融〉复刊的通知》，规定《中国金融》杂志是全国性的金融刊物，是总行的机关报。

12月1日 中国人民银行、商业部发出《关于扩大人民币旅行支票的使用范围和增设外汇兑换点的通知》。该通知规定：自1978年12月1日起，凡旅游者、外宾、各国驻华机构及在华外籍人员（不包括外国使者），在指定的友谊商店、广州出口商品交易会小卖部、外轮供应公司、工艺美术公司服务部、文物商店、专供外宾购买商品的门市部或专柜，以及旅馆、饭店、国际机场、国际车站等处购买商品、客票、支付食宿费等，都可以用人民币旅行支票直接付款，用人民币找零。各地人民银行要同有关部门共同研究，根据当地旅游事业发展规划，增加外汇兑换点和外汇收兑人员。

一九七九年

1月17日 根据党的十一届三中全会原则通过的试行《中共中央关于加快农业发展的若干问题的决定（草案）》中关于恢复中国农业银行、大力发展农村信贷事业的规定，中国人民银行向国务院报送《关于恢复中国农业银行，统一管理国家支农资金的报告》，就恢复中国农业银行的必要性、中国农业银行的工作任务、中国农业银行的资金来源和资金运用、中国农业银行的管理体制、中国农业银行实行企业管理、中国农业银行的机构设置和人员编制以及加强对农村信用合作社的领导等提出了具体意见。

1月17日 中国人民银行首次铸造金质纪念章（北京风光）1 500套，在香港发行。

1月19日 中国人民银行发出《关于规定发还巨额查抄存款利息计付办法的通知》。该通知规定，发还被查抄存款的利息均从存款日计算到发还日为止，过去如已发还部分查抄存款或退还生活费的，未付的利息应补付到发还日止；查抄存款已上交国库，现在退库发还的，由财政部门按银行规定的利率计付利息，财政部门计付的利息款，原交哪一级财政由哪一级财政支付；凡查抄的金银折价及现金在银行专户保管的不计利息，少数机关企业单位对查抄存款专户存储的，由银行支付这期间的利息；凡查抄的外地存款均由原开户行核实存单、存折，将其存款本金划给发还地银行，由发还地银行补发利息。

2月12日 中国人民银行就死亡绝户的储蓄存款处理问题复函四川省分行，其中指出：存款人死亡后，无法定继承人又无遗嘱，死亡者原来是党政机关、群众团体、全民所有制企业、事业单位干部和工人的，其遗留的储蓄存款，应根据所在单位的证明一律上交财政部门入库，收归国有；原来是集体所有制企业和事业单位职工的，其遗留的储蓄存款可归集体所有。不论上交国库或转归集体所有，都不计利息。

2月22日 中国人民银行向人民银行天津市分行发出《关于发还查抄白银、银元、外币变价收兑差价问题的函》。其中提出，"文化大革命"中查抄的金、银、外币，已由银行变价收兑，根据中央批复上海市关于发还民族资产阶级分子被查抄的巨额存款及其他财物的文件精神，对尚未退还被查抄人，在银行专户存储的金、银，外币价款，应按现行牌价发还，其差额部分相应地在有关科目列支。

2月23日　国务院发出《关于恢复中国农业银行的通知》，主要内容是：一、中国农业银行作为国务院的一个直属机构，由中国人民银行代管。其主要任务是：统一管理支农资金，集中办理农村信贷，领导农村信用社，发展农村金融事业。二、中国农业银行的资金来源主要是：国家财政拨给的农贷基金；人民银行拨给的自有资金；农业银行的各项存款；农业银行的盈余和积累；经国家批准用于发展农业的外汇贷款。三、中国农业银行自上而下建立各级机构，实行总行和省、自治区、直辖市革委会双重领导。在业务上以总行领导为主：在党的工作和思想政治工作方面，以地方领导为主。四、中国农业银行的各级机构，要创造条件实行经济核算。

为贯彻国务院该文件的要求，中国农业银行总行于3月10日正式恢复，开始办公。

2月24日　国务院批准中国人民银行、冶金部《关于使用银行专项贷款支持发展黄金、白银生产建设的报告》。主要意见是：国营或集体金矿，凡需使用黄金生产设备贷款的，可向当地银行提出申请，经批准后，银行在上级下达的贷款指标额度内核实贷放。黄金生产设备贷款是一次性的专项贷款，不能周转使用，已归还的贷款指标定期逐级上交；未用过的指标，可结转下年度使用。黄金生产设备贷款月利率为1.8‰。

3月10日　国务院同意并批转中国人民银行《关于调整银行储蓄存款利率的请示报告》。该请示报告建议对现行储蓄存款利率进行调整：（1）提高储蓄存款利率，恢复到"文化大革命"前的利率水平。（2）增加半年定期、5年长期的储蓄种类和利率的档次。（3）由于利率的调整，信用社多付的利息由人民银行弥补。具体调整方案为：半年、1年、3年、5年期定期储蓄存款利率，分别为月息3.0‰、3.3‰、3.75‰、4.2‰；华侨人民币存款半年、1年、3年、5年期定期储蓄存款利率，分别为月息3.0‰、3.9‰、4.2‰、4.5‰。银行储蓄存款利率的调整方案从1979年4月1日起执行。

3月13日　国务院同意并批转中国人民银行《关于改革中国银行体制的请示报告》。该请示报告指出，随着我国对外贸易和国际交往的不断发展，银行的国际结算任务日益繁重。为了更好地发挥中国银行在新时期的职能作用，完成党和国家交给的任务，有必要适当扩大中国银行的权限，并在体制上进行改革：一、为了统一管理外汇，做好外汇收支的计划平衡和检查监督，建议成立国家外汇管理总局，并将中国银行从中国人民银行分设出来，仍称中国银行。中国银行、国家外汇管理总局直属国务院领导，由中国人民银行代管，对外两块牌子，内部一个机构，成立党组。二、中国银行总管理处改为中国银行总行。工作量大的国内重要省、自治区、直辖市口岸设外汇管理分局、中国银行分行。三、国家外汇管理分局、中国银行分支行的工作，实行总局、总行和省、自治区、直辖市革委会双重领导。业务工作，以总局、总行领导为主；党的工作和政治工作，以地方领导为主。国家外汇管理总局、分局（中国银行总行、分支行）干部的任免、调动，按照中国人民银行的办法办理。四、中国银行总行保留董事会和监察会机构，人数可适当增加，聘请一些国内外有影响的人士担任，并由政府指定董事长和副董事长若干人。五、国家外汇管理总局、分局（中国银行总行、分行）受权管理国家外汇，在这一点上，具有国家机关性质。但它的绝大部分业务都属于企业性质。因此，各级机构一律按企业管理，实行独立核算。所有驻海外银行每年盈利，建议留存总行作为营运资金。

4月9日　国务院同意并批转《中国人民银行二月全国分行行长会议纪要》，并在批语中强调指出：在进行社会主义现代化建设的过程中，银行具有十分重大的作用。国务院要求各级革命委员会加强对银行工作的领导，检查和支持银行的工作，切实解决银行工作中存在的问题，使银行的作用得到充分发挥。

4月20日 中国人民银行、中华全国总工会发出《关于恢复和建立全国各级银行工会的联合通知》确定：建立全国银行工会领导小组，负责领导全国银行系统（包括中国银行、中国农业银行）的工会工作，受中国人民银行党组和中华全国总工会的双重领导，以银行党组领导为主。省、自治区、直辖市、专区、县银行也要相应恢复和建立工会组织，在同级银行党委领导下进行工作，同时接受地方总工会和上级银行工会的领导。全国银行工会领导小组设在中国人民银行总行，李飞任组长。

4月23日 中国人民银行发出《关于贯彻执行国务院批转中国人民银行关于改革中国银行体制的请示报告的通知》。该通知指出，中国银行是国家指定的外汇专业银行。中国银行（国家外汇管理局）的基本任务是：统一经营和集中管理全国的外汇业务，为国家管理好外汇，组织好外汇资金，提供外汇，发展对外贸易，加快国家建设，实现四个现代化服务。其各级机构的设置，应根据经济区划、业务需要和力求精简的原则。中国银行是企业性质，从今年开始，实行总行、分行、支行三级核算，经营业务所需要的人民币资金和外汇资金，由中国银行总行统一掌管，各地中国银行办理外贸信贷所需要的资金将由中国银行总行核定拨给。各级银行干部的任免、调动、提拔、奖励等，均按中国人民银行的办法办理。同年5月22日，中国人民银行发出《关于改革中国银行体制的补充通知》，要求北京、上海、天津、广州、青岛、大连、福州、南宁、南京、杭州、汉口、石家庄12个中国银行分行尚未分设的，6月底以前从人民银行分设出来，成为省、自治区、直辖市厅局级机构，正式挂出外

汇管理分局、中国银行分行两块牌子。

4月25日 中国人民银行发出《关于恢复国内保险业务和加强保险机构的通知》确定：恢复国内保险以地方经营为主，即由省、自治区、直辖市为单位统一经营，独立核算，每年经营有利润留存保险公司，作为准备基金。目前可先办理国营企业和集体企业的财产保险、货物运输保险、运输工具保险以及个人财产保险和人身保险。该通知规定，保险公司是人民银行领导下的、实行经济核算的企业单位，各分公司受保险总公司和当地人民银行双重领导，业务上以总公司领导为主。各省、自治区、直辖市省会所在地和重要口岸（上海、天津、广州、青岛、大连等）的保险公司，相当于人民银行省、自治区、直辖市分行处一级的企业单位。省、自治区、直辖市分行所在地的分公司（即省、自治区、直辖市分公司），领导省、自治区、直辖市内各地的分、支公司。

4月29日 中国人民银行发出《关于银行内部实行经济核算的通知》，规定人民银行省、自治区、直辖市分行以下各级行（不包括省、自治区、直辖市分行）实行企业管理，进行经济核算，从1979年开始试行。其主要内容是：一、核定信贷基金。二、考核经营成果（五项经济指标）。三、提取企业基金。

5月4日 中国人民银行发出《关于在工业调整整顿中做好关、停企业贷款清理工作的通知》。该通知规定：凡是决定关、停、并、转的企业，银行停止发放新贷款，并协助企业积极处理资财，收回贷款。对停产整顿和合并、转产的企业，在调整整顿期间仍应计算存贷款利息。合并企业由接受企业负责归还贷款，并更换贷款借据。关闭的国营和集体企业清理资产，首先用于清偿拖欠货款；其次用于归还银行贷款；如果发生资不抵债，所欠的贷款由申请贷款的企业上级主管部门负责归还，贷款不能报损。对关闭的国营和集体企业，从文件批准之日起，银行停止计

算存贷款利息。

5月12日 中国人民银行、全国妇联、外交部、财政部就我国拟参加联合国儿童年铸币活动问题向国务院请示报告。国务院批准以后，中国人民银行在1980年3月发行国际儿童年金银纪念币，由美商派拉蒙国际硬币公司经销。其中，金币每枚面值人民币450元（特厚币面值人民币900元）。

6月16日 中国人民银行发出《关于收集、整理历史货币的通知》。其中指出，各级银行应指定专人负责办理这一工作，不委托任何单位或个人代理。收集整理历史货币的范围、品类是：各种古币、古钱；各种机制金属硬币及制造硬币的模具等；各种近代纸币；各种革命运动组织发行的货币。属于国民党反动政府和日本侵华期间伪政府银行发行的各种纸币和硬币，除具有一定特殊重要意义和历史价值的稀有罕见者外，一般不予收集、整理。

6月18日 国务院批复同意中国人民银行《关于重建各级银行监察机构的报告》。该报告明确了各级银行监察机构的任务，明确各级银行监察机构的设置：总行设立监察局，各省、自治区、直辖市分行设监察处，中心支行、县支行设监察员。各级银行监察机构是同级银行机构的一个职能部门，受同级银行和上级银行监察机构双重领导，以同级银行领导为主。

7月1日 第五届全国人大常委会第二次会议通过的《中华人民共和国刑法》分则第三章"破坏社会主义经济秩序罪"中规定：违反金融、外汇、金银、工商管理法规，投机倒把，情节严重的，处三年以下有期徒刑或者拘役，可以并处、单处罚金或者没收财产；伪造国家货币或者贩运伪造国家货币的，处三年以上、七年以下有期徒刑，可以并处罚金或者没收财产。首要分子或者情节特别严重的，处七年以上有期徒刑或者无期徒刑，可以并处没收财产。伪造支票、股票或者其他有价证券的，处七年以下有期徒刑，可

以并处罚金。1982年3月8日第五届全国人大常委会第二十二次会议通过《关于严惩严重破坏经济的罪犯的决定》，对《中华人民共和国刑法》的有关条款进行补充和修改，其中规定：走私、套汇、投机倒把牟取暴利罪，情节特别严重的，处十年以上有期徒刑、无期徒刑或者死刑，可以并处没收财产。

7月11日 中国人民银行下达《信贷差额控制试行办法》。该办法将现行的"统收统支"信贷计划管理体制改为，在坚持银行业务集中统一的前提下，对部分贷款实行"统一计划、分级管理、存贷挂钩、差额控制"的体制。此办法自1979年7月1日起，在上海市、江苏省、福建省、湖北省、天津市、陕西省分行试行。

7月20日 中国人民银行对现行的会计基本制度重新作了修订，并发出试行通知。修订的会计基本制度，对银行会计工作的任务、会计人员的职责、基本规定、会计核算、会计报表和年度决算、财务管理、会计辅导、会计档案的保管和销毁、会计人员的职权、技术职称和任免奖惩等作出了具体规定。

7月22日 国务院发出《关于提高侨汇留成和改变侨汇物资供应体制的通知》。该通知规定：自1979年7月1日起，对赡家侨汇留成由原定的6%提高为30%；建筑侨汇留成由原定的15%提高为40%。侨汇留成的使用原则是：谁供应物资，谁就使用留成外汇。取消原由中央有关部门专门调拨物资的办法，改为一切侨汇物资均由地方自行组织货源、安排供应。

7月25日 中国人民银行通知各省、自治区、直辖市分行，从1979年第二季度开始，对信用社的利息补贴作如下规定：（1）信用社吸收定期储蓄存款半年、一年、三年、五年的，由银行补贴高于转存款利率月息2.7‰的部分利息。（2）信用社发放的设备贷款由银行补贴利差到月息3.3‰。（3）属于今年应补的部分由中国人民银行补贴，明年以后的由中国农业银行补贴。

7 月 26 日 中国人民银行颁发修订后的《中国人民银行出纳制度（试行）》。修订后的出纳制度，对银行出纳工作的主要任务、必须坚持的原则、出纳工作的领导、现金收付与整点、库房管理与现金运送、损伤票币的兑换与销毁、票样管理与反假票斗争、错款处理、金银的收购配售和管理、出纳机具设备的管理以及现金、白银、外币、有价单证的转移和出入库等，都作了具体规定。

7 月 31 日 中国人民银行发出《关于对城镇储蓄任务超额完成部分实行利差补贴的通知》。该通知规定，凡是已经完成总行下达的年度储蓄存款考核计划，以每月月底数为准，其超额完成的部分按一厘二的利差计算补贴。

8 月 13 日 国务院发布《关于大力发展对外贸易，增加外汇收入若干问题的规定》。国务院同时下发了《出口商品外汇留成试行办法》，对出口商品外汇留成的范围和留成比例、留成外汇的计算与分配、留成外汇的结算和拨汇以及留成外汇的使用作出了具体规定。

8 月 15 日 国务院同意中国人民银行《关于向国外发售现行流通的人民币纸币的请示报告》。中国人民银行就向国外发售现行流通的人民币纸币问题向国务院请示：按我国规定，现行人民币不准出境，为了适应世界钱币收藏者的需要，为我国积累外汇资金，中国人民银行拟采取精工包装（每套包括 1 角、2 角、5 角、1 元、2 元、5 元、10 元纸币七种），按照国际惯例出售。

9 月 3 日 中国人民银行发行中华人民共和国成立三十周年纪念金币，共计 4 枚，每枚面值人民币 400 元。这是新中国发行的第一套纪念金币。

10 月 4 日 邓小平在中共省、自治区、直辖市党委第一书记座谈会上谈经济工作，提出：银行应该抓经济，现在只是算账、当会计，没有真正起到银行的作用。银行要成为发展经济、革新技术的杠杆，要把银行真正办成银行。

10 月 11 日 中国人民银行转发经国务院批准的《"在外售券、国内取货"管理办法》。该办法变通了侨汇券的使用方法，规定对海外侨胞和港澳同胞需带入国内的缝纫机、自行车、探亲礼品箱等大件物品可采取在国外购券、国内取货的办法。

10 月 22 日 国务院同意并批转中国人民银行《关于加强我国对外发售金、银币（章）管理的请示报告》。金、银质纪念币统一由中国人民银行负责设计、制造、发行，其他部门和单位一律不得铸造和发行（包括其他材质的货币在内）；向国外销售纪念金、银币（章），统一由中国银行（及其在国外的分支机构）负责经销，金、银质纪念章应由中国人民银行所属中国造币公司统一制造。

11 月 27 日 中国人民银行发出《关于增加储蓄种类的通知》，决定自 1980 年 1 月 1 日起，增办 3 年期、5 年期零存整取、积零成整定期储蓄，恢复存本取息、整存零取定期储蓄。3 年期、5 年期零存整取定期利率分别为月息 3.3‰，3.75‰，其他几项储蓄的利率和档次与零存整取相同。

11 月 30 日 中国人民银行、中国农业银行发出《关于人民银行、农业银行业务范围划分的通知》，规定自 1980 年 1 月 1 日起，将各种农业贷款，国营农牧、渔场、企事业存贷款，国营农场办的工业、商业、供销企业存贷款，农工商联合企业存贷款，信用社存贷款，各种农业专项贷款，全部农产品预购金贷款，供销合作社系统的存贷款；农机化服务公司、社办企业供销经理部、水产养殖公司及种子、饲料公司（属粮食系统除外）等系统的存贷款，营业所办理的机关、团体、部队存款，集体所有制工、商业存贷款（不包括手工业管理局系统所属企业），以及国家对全民所有制农业企、事业单位和人民公社集体经济的各项财政拨款的监督支付（不包括农、林、水、气的基建投资拨款），划为农业银行业务；县城的城关信用社的储蓄存款，县（市）以下集镇的职工、居民和国营农、林、渔场职工的个人存款，一律划归农业银行办理。县城的储蓄存款，县（市）以下大型工矿企业、林区和部队驻地，由人民银行机构收储，作为城镇储蓄。

12月1日　中国农业银行、中国人民银行下达《关于做好供销社等单位信贷业务交接工作的联合通知》，决定将供销合作社、农机化服务公司、社队企业供销经理部和种子、饲料公司（农业系统的）等单位的信贷款业务，农副产品预购定金（商业、粮食、外贸、轻工、供销社系统等），以及新建中国水产养殖公司的信贷业务，由农业银行办理。社队办的金矿，从1980年起，由农业银行按社队企业贷款办法办理，原由人民银行经办的黄金设备专项贷款仍由人民银行办理。

12月12日　国务院批转中国人民银行《关于改变银行系统人员编制、劳动工资计划管理体制的报告》，同意从1980年起，人民银行系统的人员编制、劳动工资计划管理体制和业务工作以总行领导为主的体制一致起来。

12月17日　中国金融学会第一次全国代表会议在北京召开。会议选举了中国金融学会第二届理事会和常务理事会；推选李葆华为名誉会长，陈希愈为会长；修订了学会章程，制订了1980年至1985年的金融科学研究规划。

12月21日　国务院同意并批转国家计委、国家建委、进出口管理委员会、外贸部、财政部、中国人民银行、中国银行《关于使用国外贷款引进技术和进口设备的基本建设项目在外汇、财政、基建计划上的处理办法》。此办法从1980年1月1日开始执行。

一九八〇年

1月5日　国务院同意并批转中国人民银行《关于维护人民币统一市场，禁止外币在国内市场流通的报告》。国务院强调指出：维护人民币的统一市场，禁止一切外币在国内市场计价流通，维护社会主义的金融秩序，这是关系到国家主权和实现四个现代化的重大问题，在筹集资金、引进外资工作中必须引起足够注意。绝不能为了多得一些外汇而本末倒置，因小失大，破坏统一的人民币市场。各省、自治区、直辖市如有流通外币的，要进行一次清理和整顿。极少数单位有必要直接收取外币的，应由各省、自治区、直辖市人民政府进行审查，并提出意见报国务院批准。要把收取外汇的单位压缩到最小限度。本年内中国银行发行外汇兑换券后，应即停止直接收取外币。中国人民银行在该报告中提出，未经批准擅自用外币标价和在交易中直接收取外币的，应以扰乱金融论处。

1月14日　为了贯彻落实"调整、改革、整顿、提高"的方针，采取特殊措施，把轻工、纺织工业生产搞上去，以适应国内外市场的需要，由中国人民银行、中国银行办理轻工、纺织工业中短期专项贷款和买方外汇贷款。国务院同意并批转国家经委、中国人民银行等单位《关于请批准轻工、纺织工业中短期专项贷款试行办法的报告》，中国人民银行制定了《中国人民银行发放轻工、纺织工业中短期专项贷款试行办法》。

2月12日　经国务院批准，中国人民银行发布《关于调整门市金、银收购价格的通知》，规定自1980年3月1日起，黄金门市收购价由原来的每克人民币3.04元调整为13.00元；白银门市收购价由原来的每克人民币0.10元调整为0.20元；银元门市收购价由原来的2.50元调整为5.00元；白金门市收购价由原来的9.12元调整为25.00元。

2月28日　中国人民银行发出《关于下达信贷差额控制办法（试行草案）的通知》，规定今后在各省、自治区、直辖市分行试行信贷差额控制办法，将现行"统收统支"信贷计划管理体制，改为在坚持银行业务集中统一的前提下，实行"统一计划、分级管理、存贷挂钩、差额控制"的体制。

3月18日　中国人民银行转发国务院批准的《关于调整储蓄存款利率和逾期贷款加收利息的报告》，规定调整储蓄存款利率和逾期贷款加收利息，均从1980年4月1日起实行（活期储蓄存款利率调整从7月1日起实行）。同年4月7日，中国人民银行又发出《关于几种贷款加收利息的补充规定》，明确规定逾期贷款加息范围。《关于几种贷款加收利息的补充规定》对超过核定的流动资金总额贷款、积压物资和有问题商品占用贷款、挤占挪用银行贷款、城镇集体工商业贷款的加息问题，以及加收利息的计算、审批权限问题等，作了明确规定。

3月19日　国家外汇管理总局发出《关于中国银行发行"外汇兑换券"的通知》。该通知明确，为加强外汇管理，禁止外币在国内市场计价流通，维护社会主义的金融秩序，国务院授权中国银行从4月1日起发行"外汇兑换券"。该通知所附《中国银行外汇兑换券暂行管理办法》规定：凡持有可自由兑换的外币现钞，能立即付款的外币票据、外币支付凭证和汇入款等，均可向当地中国银行或其指定的外币代兑点，兑换成外汇兑换券（以下简称外汇券）。外汇券与人民币等值，只限于短期来华的外国人，短期回来的华侨、港澳同胞，驻华外交、民间机构及其常驻人员等，在中国境内指定的范围内使用，不准挂失。外汇券兑换，凭本人的"兑换证明"，在六个月内可以将持有的外汇券向中国银行办理转存人民币特种存款、外币存款，或兑回外币，或携出、汇出境外。外汇券不得私自买卖，严禁投机倒把和伪造，违者按《中华人民共和国刑法》第三章关于破坏社会主义经济秩序罪论处。

4月1日　中国人民银行发出《关于发行四种金属人民币的通告》。经国务院批准，中国人民银行自1984年4月15日起陆续发行面额为一角、二角、五角、一元四种金属人民币。四种金属人民币与现在市场上流通的同面额纸币等价，同时在市场上混合流通。

4月2日　中国人民银行、中国银行发出《关于外贸信贷业务由人民银行划归中国银行的通知》，决定今后凡有中国银行的地区，外贸信贷划归中国银行办理，没有中国银行的地区由人民银行代办。

4月17日　国际货币基金组织恢复我国政府在国际货币基金组织的代表权。同月23日，国际货币基金组织总裁雅克·德拉罗西埃写信给我国外交部部长黄华，正式通知国际货币基金组织执行董事会4月17日就恢复中华人民共和国政府在国际货币基金组织的代表权所通过的决议。

5月9日　中国人民银行发出《关于人民银行企业单位实行企业待遇若干问题的通知》。

5月15日　世界银行执行董事会决定恢复中华人民共和国在世界银行、国际开发协会和国际金融公司的代表权。

5月19日　中国人民银行发出《中国人民银行职工守则（试行）》，共八条。中国人民银行于1981年9月25日正式颁发了《中国人民银行职工守则》。

5月27日　外交部部长黄华致电国际货币基金组织：中国政府派李葆华为国际货币基金组织理事。

5月28日　中国人民银行颁发修改后的《中国人民银行储蓄存款章程》，于1980年第三季度开始执行，文件规定，除储蓄政策、原则、储蓄利率、储蓄种类等应由总行遵照国务院规定统一制定外，各省、自治区、直辖市分行可以结合当地情况作一些具体补充规定，对外公布。修改后的《中国人民银行储蓄存款章程》主要强调：国家宪法规定保护公民储蓄的所有权，个人在银行的储蓄存款永远归个人所有，不得侵犯。银行实行"存款自愿、取款自由、存款有息和为储户保密"的原则。对银行开办的储蓄存款种类及如何计算利息和有关手续等，修改后的《中国人民银行储蓄存款章程》，作了具体规定。

6月30日　经国务院批准，中国人民银行发出《关于调整矿产黄金、白银收购价格的通知》，从 1980 年 7 月 15 日起实行新的收购价格。调整后的收购价格为：矿山生产、冶炼副产、群众采集、三废回收的黄金，含量不足 99.9% 的，由原来每克人民币 12.50 元调整为 16.00 元；含量 99.9% 及 99.9% 以上的，由原来每克人民币 12.80 元调整为 16.10 元。矿山生产、冶炼副产、三废回收的白银，含量不足 99.9% 的，由原来的每克人民币 0.13 元，调整为 0.39 元；含量 99.9% 及 99.9% 以上的，由原来每克人民币 0.14 元调整为 0.40 元。

8 月 23 日 中国人民银行发出《异地委托收款结算方式试行规定》，决定自 1980 年 10 月 1 日起在全国范围内试行。异地委托收款是指由收款单位向银行提供依据，委托银行向异地付款单位收取款项的结算方式。国营和集体所有制的企、事业单位，以及机关、团体、部队、学校等单位之间的商品交易、劳务供应和其他应收款项，均可使用这种结算方式。办理委托收款结算，银行不承担审查拒付理由和代收款单位分次扣收款项的责任，不办理结算贷款。付款单位在付款期限三天内未向银行提出异议，银行即可在其账户内将款按收款单位指定的划款方法，划给收款单位，如账户上没有足够的资金支付，可以允许延期五天。延期期满，付款单位账户上仍无足够资金支付，银行立即通知付款单位将有关单证退回银行，由银行退回开户银行转交收款单位。由于银行在办理委托收款过程中发生差错，造成结算延误而使单位在资金运用上受到影响，由银行按照存款利率或贷款利率计算赔偿。

8 月 30 日 中国人民银行发出《关于扩大存款计息范围及个体贷款利率的通知》。该通知规定：对企业的专户存款、企业主管部门存款恢复计息，按月息 1.5‰ 计付利息。对持有营业执照、经营正当、有还款能力的个体经济户，银行给予适量贷款，其利率按月息 4.2‰ 计收。

9 月 9 日 根据国务院"关于银行要试办各种信托业务"的指示，中国人民银行发出《关于积极开办信托业务的通知》。该通知指出，要利用银行机构普遍、联系面广的有利条件，积极开办信托业务，进一步把银行工作搞活，把国民经济搞活。信托业务要先在大、中城市试办。信托机构都应实行经济核算，逐步做到独立经营、自负盈亏。

9 月 15 日 中国人民银行发出《关于放宽农村现金管理的通知》，规定：农村社队向国家交售农副产品时，采取转账结算还是支付现金可由交售单位自愿。

9 月 19 日 中国人民银行发出《关于积极支持个体工商业适当发展的通知》，规定：银行对持有工商管理部门发给的营业执照，经营活动正当、符合政策的个体工商业者，在自筹资金购置简单设备、工具或生产经营用的原料、小商品有困难时，可给予适量贷款支持。

11 月 14 日 中国人民银行、中国人民建设银行发出《关于改革人民银行与建设银行之间基建资金供应和清算办法的联合通知》。该通知规定：中国人民银行与中国人民建设银行之间的基建资金供应和清算不再实行"上存下支"，改由建设银行根据基建资金用款需要，逐级调拨资金。本办法自 1981 年 1 月 1 日起施行。

11 月 21 日 为适应银行业务发展和体制改革的需要，中国人民银行、中国农业银行、中国银行发出联合通知，决定从 1981 年起，人民银行和专业银行的业务，在目前基本分工的基础上，可以有点交叉，谁办的业务就归谁，即各行应把各自办理的"代理业务"纳入本身的业务之内。1981 年 2 月 9 日，三行又联合发出通知，确定停止执行上述规定，各行办理的"代理业务"仍按过去的规定执行。

11 月 22 日 中国人民银行、最高人民法院、最高人民检察院、公安部、司法部发出《关于查询、停止支付和没收个人在银行的存款以及存款人死亡后的存款过户或支付手续的联合通知》。

12月18日 国务院颁发《中华人民共和国外汇管理暂行条例》，自1981年3月1日起施行。该条例在"总则"中明确规定：中华人民共和国对外汇实行"由国家集中管理、统一经营"的方针，管理外汇的机构为国家外汇管理总局及其分局，经营外汇业务的专业银行为中国银行。非经国家外汇管理总局批准，其他任何金融机构都不得经营外汇业务。在中华人民共和国境内，禁止外币流通使用、质押，禁止私自买卖外汇，禁止以任何形式进行套汇、逃汇。该条例对国营单位和集体经济组织的外汇管理，对个人的外汇管理，对外国驻华机构及其人员的外汇管理，对侨资企业、外资企业、中外合资经营企业及其人员的外汇管理，对外汇、贵金属和外汇票证等进出国境的管理等都作了规定。

一九八一年

1月24日 中国人民银行发出《关于严格制止单位发行"购货券"的通知》，指出：某些地方的企业单位用"购货券"代替人民币到商店购买商品，是违反国家货币管理规定的。各级银行要加强这方面的管理，如发现有类似事件，应查明情况和原因报当地政府，及时予以制止；如属违反规定变相滥发奖金的，还应建议有关部门给予纪律处分。

1月28日 国务院公布《中华人民共和国国库券条例》，确定从1981年开始，发行中华人民共和国国库券。该条例规定，国库券主要向国营企业、集体所有制企业、企业主管部门和地方政府分配发行，个人也可自愿认购。国库券的发行和还本付息事宜，由中国人民银行及其所属机构办理。

1月29日 国务院作出《关于切实加强信贷管理，严格控制货币发行的决定》，指出：当前全国经济形势很好，但是潜伏着危险。财政连续发生赤字，银行增发大量货币，市场票子过多，物价上涨，对发展国民经济和安定人民生活极为

不利。国务院决定：一、严格信贷管理，坚持信贷收支平衡，切实保证货币发行权集中于中央。二、重申财政资金和信贷资金分口管理的原则，严格禁止把银行信贷资金移作财政性支出。三、管好用好贷款，促进企业调整。四、压缩物资库存和商品库存，减少流动资金占用。五、重申信用集中于银行的原则。六、实行利率统一管理、区别对待的政策。七、加强现金管理，严格结算纪律。八、努力增加生产，搞活流通，切实抓好货币回笼。

2月4日 中国人民银行就贯彻《国务院关于切实加强信贷管理，严格控制货币发行的决定》发出文件，对加强信贷计划管理、严格控制货币投放，加强现金管理、监督工资基金和奖金的支付，加强利率统一管理、实行区别对待的利率政策，加强流动资金管理、降低流动资金的占用水平，从严掌握中短期设备贷款、严禁盲目建设和重复建设，大力组织货币回笼，加强结算监督、严格结算纪律，开展调查研究和经济情报工作等作了若干规定。

2月9日 国家外汇管理总局转发国务院《关于限期调回未经批准存放在境外外汇的通知》。国务院在该文件中要求，各地区、各部门、各单位、各企业必须于1981年3月1日《中华人民共和国外汇管理暂行条例》施行前，将未经外汇管理部门批准存放在国外和港澳地区的外汇调回国内，并根据不同情况结售或存入中国银行。

2月20日 中国人民银行制定《信贷差额包干办法》，该办法对分行信贷资金制定了"统一分配、分级管理、存款挂钩、差额包干"的办法。目的是为了更好地贯彻国民经济"调整、改革、整顿、提高"的方针，保证货币发行权集中于中央，扩大银行的自主权，调动各级银行在国家计划指导下，管好、用好信贷资金的积极性，把银行工作做活，促进国民经济的调整，更好地发展生产。

4月2日 国家外汇管理总局发出《关于对

获准出境探亲的个人加批零用外汇的通知》。该通知规定：对批准去境外探亲的，除批给前往目的地所需旅杂费外汇外，对去港澳地区的，可批给不超过人民币 30 元的零用外汇；去港澳地区以外的，批给不超过人民币 50 元的零用外汇。

4 月 10 日　国务院同意并批转中国人民银行《关于增设网点，进一步发展储蓄事业的报告》。国务院在批语中指出，办好人民储蓄事业，鼓励人民节约储蓄历来是国家的一项重要经济政策。各地人民政府应加强对储蓄工作的领导，积极协助人民银行解决在增设网点和增加人员中的问题。为贯彻落实国务院的要求，中国人民银行于 5 月 6 日发出通知，要求各省、自治区、直辖市分行在近两三年解决好储蓄网点不足的问题，要结合实际情况，抓紧制订规划，提出切实可行的措施意见，向省、自治区、直辖市人民政府汇报。同时提出，增设储蓄网点以大、中城市为重点，适当兼顾县城。

4 月 13 日　中国人民银行发出《关于保险公司管理体制的通知》，规定：（1）保险公司是在各级人民银行领导下办理保险业务的专业公司，应视同各级商业、外贸系统的专业公司，目前属于银行内部的行政建制应予改变。（2）各级保险公司受同级人民银行和总公司的双重领导，业务上由总公司领导为主，并实行独立核算，按规定比例留存各级保险基金。（3）省以下各级保险公司的经理，可以配备相当于同级人民银行副行长级的干部担任，也可以由银行副行长兼任或主管。（4）今后保险公司增加人员指标，由银行逐级戴帽下达，自行招考或招聘，择优录用，报当地银行备案。对保险干部的任免，各地银行要多征求保险公司的意见。

4 月 28 日　国家出版事业管理局同意恢复中国金融出版社。中国金融出版社在中国人民银行领导下，负责金融书籍、教材、史料等和《中国金融》杂志社的编辑出版工作，定于 1981 年 7 月 1 日开始办理业务。

6 月 12 日　国务院同意并批转国家计委、国家进出口委、中国人民银行、国家外汇管理总局等部门《关于加强外汇兑换券管理工作的报告》。该报告认为，从外汇兑换券发行一年来的情况看，有利有弊。要加强管理，堵塞漏洞，克服那些显然是由于工作跟不上而产生的问题，尽可能把外汇兑换券流通中的一些不利因素限制在最小范围。该报告提出：（1）建议各省、自治区、直辖市人民政府对发行外汇兑换券工作进行一次认真的检查，建立定期的检查制度。（2）从价格上保证外汇兑换券与人民币等值，不得为了多得外汇擅自降价销售。（3）各地人民银行、农业银行应协助中国银行办理好外汇兑换券回笼业务。一切有外汇券收入的单位，应同人民币现金一样，一律在当天送交银行回笼或存储，不许自行留用、坐支。（4）供货部门向对外供应部门供应商品，除经营外贸的部门专供出口商品可以收取外汇兑换券外，其他内销商品一律不得用外汇券计价、结算。各单位、各部门之间也不得互相用外汇券买卖、交换或支付货款。（5）外汇券只许入境的外宾、华侨、港澳台同胞和持有银行证明的国内居民（包括远洋船员）使用。对某些紧缺商品，要规定限购数量。（6）建议各级工商行政管理部门，会同公安、物价、海关和外汇管理分局等有关单位，通力合作，定期检查商店的供应价格，检查外汇券的使用情况，坚决取缔外汇券黑市倒卖，打击投机倒把。上述措施建议从 1981 年 7 月 15 日起实行。

7 月 3 日　中国人民银行发布公告，根据社会主义现代化建设和对外经济交流的需要，经国务院批准，中国人民银行决定，自 1981 年开始定期发布全国金融统计数字。当日，中国人民银行通过《中国金融》（1981 年第 7 期）发布了 1980 年全国金融统计数字。

7 月 11 日　国家外汇管理总局、外国投资管理委员会制发《中华人民共和国境内机构接受侨资、外资贷款和发行外币债券暂行管理办法》。

该办法规定：境内机构在国内发行具有外汇价值的有价证券，必须报经国家外汇管理总局和外国投资管理委员会核报国务院批准；境内各单位接受侨资、外资的贷款，必须分别由国务院主管部门或省、自治区、直辖市人民政府汇总编制年度计划，于年度前两个月报经国家外汇管理总局和外国投资管理委员会核报，国务院批准。境内各单位，只能在批准的计划内对外进行贷款谈判。凡借用现汇搞新建或扩建工程项目的，在对外谈判前必须逐项报批，未经批准不得对外谈判。凡接受侨、外资银行或企业贷款的单位，必须在中国银行或指定的银行开立外币账户，办理收付，并接受监督检查和按期还款。

8月4日 经国家进出口委审查同意，国家外汇管理总局、中国银行发布《关于外汇额度调剂工作暂行办法》。该办法主要规定：留成外汇额度的调剂均通过中国银行办理，任何其他单位不得私自转让、买卖外汇。参加外汇调剂，以国营及集体企、事业单位为限，其他单位需要经外汇管理总（分）局批准方可参加外汇调剂。各单位持有的合法外汇需要兑取人民币的，可以根据其外汇额度所有权，向中国银行登记出售；经主管部门批准，确有正当用途，必须使用外汇进口，而本单位又没有留成外汇或留成外汇不足时，可持批准证件向中国银行购买外汇。外汇调剂的价格，目前应以美元对人民币的贸易内部价格为基础，并在国家规定的浮动幅度内，由买卖双方议定，经中国银行认可。外汇调剂成交后，一般双方应予当天交割，最长不得超过三个工作日。逾期不办理交割的交易应予作废，并应由责任方负责赔偿经济损失。中国银行按外汇成交额以一定的比例向买卖双方收取人民币手续费。额度贷款调剂，由中国银行承担外汇风险或经济责任，收费可在1%～2%以内掌握。各省市的外汇调剂，原则上应在本省（市）内进行，非经批准，不得跨省（市）进行外汇调剂。

8月10日 国家外汇管理总局公布《对外国驻华机构及其人员的外汇管理施行细则》《对外汇、贵金属和外汇票证等进出国境的管理施行细则》。

9月14日 中国人民银行发出《代理保管国库券业务办法》。该办法规定，为了解决单位和个人购买国库券的保管困难，防止丢失、偷盗事故的发生，凡需要委托银行代理保管国库券的，单位持介绍信，个人凭身份证明，向已开办代理保管国库券业务的人民银行申请。代理保管国库券业务分租用保管箱和封袋保管两种，由委托保管单位和个人选择。

10月6日 中国人民银行、中国农业银行、中国银行、全国银行工会发出联合通知，决定恢复中国银鹰体育协会全国理事会，陈希愈为理事会名誉主席，李飞为理事会主席。

12月23日 国务院同意并批转中国人民银行《关于调整银行存款、贷款利率的报告》。中国人民银行在向国务院的报告中，提出存款、贷款利率应当大体上恢复到"文化大革命"前的水平，并提出了具体的调整意见。

一九八二年

1月8日 国务院发出《关于坚决稳定市场物价的通知》，规定：一切全民的、集体的销售单位以及经销国家商品的个体户，对国家规定零售牌价的工农业商品一律执行国家的规定价格，不得擅自提高。议价商品的零售价格只能降低，不许提高。各级人民银行要加强信贷管理，控制货币投放，对购销活动要进行监督，发现违反规定的，要在信贷、结算支付上加以限制。

1月30日 海关总署、中国人民银行、中国农业银行、中国银行联合发出《关于由银行协助海关追缴或冻结有关参与走私的单位存款的通知》。其中规定：凡海关发现有关单位在银行的存款是走私资金，或非法所得的暴利，以及有重大走私嫌疑的单位，可由县级以上（包括县级）海关出具正式公函通知银行，银行可暂予冻结，冻结存款的期限最长不超过六个月，逾期自动撤销。海关依法追缴走私物品价款、罚款或应交纳的税款，在县以上海关出具公函后，银行可从该单位账户存款内如数扣缴并转入海关账户。

3月16日　国务院颁发《关于全国性专业公司管理体制的暂行规定》，规定：金融性专业银行和公司，由中国人民银行审核后，报国务院批准。

4月10日　国务院发出《关于整顿国内信托投资业务和加强更新改造资金管理的通知》，决定除国务院批准和国务院授权单位批准的信托公司以外，各地区、各部门都不得办理信托投资业务；已经办理的，由各省、自治区、直辖市人民政府限期清理。所吸收的资金，从哪里转来的，仍转回哪里。今后，信托投资业务（除财政拨付的少量技措贷款基金外），一律由人民银行或人民银行指定的专业银行办理。该文件还对有关企业更新改造资金管理问题作了一些补充规定。为了贯彻国务院上述通知的要求，中国人民银行于5月2日发出了《关于加强更新改造资金管理设立存款专户的通知》。

4月13日　中国人民银行发出《关于试行卖方信贷的若干规定》，指出：这种信贷方式实质上是用流动资金贷款支持制造先进设备的卖方，并用赊销方式支持使用设备的买方，用技术先进的产品更新老、旧设备，因此，必须根据国家对设备更新和技术改造的政策，结合中短期设备贷款通盘考虑安排，有计划、有重点、有条件地逐步推行。当前只对某些技术先进的机电产品，在购货方用于设备更新、技术改造而缺少资金的条件下试行。

4月15日　中共中央决定：吕培俭任中国人民银行行长。

5月6日　国务院发出《关于抓紧做好货币回笼工作和严格控制货币投放的通知》，要求各级人民政府和国务院有关部门共同努力，认真抓好货币回笼工作，严格控制不合理的货币投放。

根据国务院通知的精神，当天中国人民银行、中国农业银行发出《关于切实抓好今年农村货币流通工作的通知》。

6月11日　国务院发出《关于健全各部委责任制一些问题的通知》。该通知强调，国务院各部门必须严格遵守请示报告制度，对于超出本部门职权范围的问题，应当区别情况，按照本文件规定的程序办理。其中有关金融方面的问题规定：有关信贷资金、存贷款利率、外汇和金银管理、金融规章制度，以及建立金融机构等方面的问题，要同中国人民银行研究办理。

7月14日　国务院同意并批转中国人民银行《关于人民银行的中央银行职能及其与专业银行的关系问题的请示》。中国人民银行在该请示中提出，中国人民银行是我国的中央银行，是国务院领导下统一管理全国金融的国家机关，主要任务和职责范围是：（1）负责拟定金融工作的方针、政策、法规，制定全国统一的金融规章制度，制定银行的人民币存、贷款利率，报经国务院批准后执行。（2）按照国务院批准的计划，印制和发行人民币，调节市场货币流通。（3）综合平衡信贷计划并组织执行，统一调度信贷资金。（4）审核金融机构的设置和撤并，确定各金融机构的业务分工，协调和稽核各金融机构的业务工作，管理金融市场；审查批准外国金融机构在我国内设立和撤销机构，并依照法律对其进行管理和监督。（5）统一管理外汇、金银，管理国家外汇储备和黄金储备，制定人民币对外国货币的汇率，代表我国政府从事有关的国际金融活动。另外，中国人民银行继续担负办理工商信贷业务和城镇储蓄业务的任务。关于中国人民银行与各专业银行的关系，该请示提出：中国农业银行、中国银行和中国人民建设银行都是总局级经济单位。各专业银行在上述五个方面受中国人民银行总行的领导。中国人民建设银行在管理基建拨款（包括拨款改贷款）和基本建设、地质勘探、施工企业的预决算等财政业务方面，受财政部领导。各专业银行在国家规定的业务活动范围内进行独立经营和独立核算，充分发挥各自的作用。

7 月 17 日 中共中央、国务院作出《关于严格制止外汇方面违法乱纪行为的决定》。中共中央、国务院决定：（1）在我国境内，严禁外币流通、使用，严禁以任何方式私自买卖和高价倒卖外汇。有的单位留成外汇有余，需要调剂给其他单位时，一律通过中国银行按有关规定办理。（2）任何地方和部门，都不能以任何方式逃汇、套汇，或截留国家的外汇；不得违反规定将外汇存放在国外或港澳地区，已经私自存放的要立即上报和调回，交售给中国银行。（3）在国内买卖商品，除个别特殊情况由国家另作规定者外，一律用人民币计价结算。（4）近两年来买卖外汇超过国家规定作价的非法收入，一律没收上交国库；对从事违法活动的直接责任者，情节严重的应通报批评，情节恶劣的应给予纪律处分；对贪污受贿者必须追究法律责任。凡在本决定以后仍从事违法活动的，一律加重处分。

8 月 9 日 经国务院批准，中国人民银行发出《关于在国内恢复销售黄金制品的通知》，对出售黄金制品的具体品种作了暂时规定，并规定先在北京、上海、天津、武汉、广州、成都、苏州等城市组织定点生产和销售，其他省会所在城市具备条件的也可以定点销售，试行一段时间取得经验后再逐步推广。

8 月 21 日 中国人民银行发出通知：经全国人大常委会法制委员会同意，对变造国家货币构成刑事犯罪的，应依照《中华人民共和国刑法》第一百二十二条伪造国家货币罪处理。

8 月 27 日 为了进一步贯彻执行中共中央、国务院《关于打击经济领域中严重犯罪活动的决定》，经国务院批准，中国人民银行发出《关于加强金融管理，打击走私贩私等经济犯罪活动的几项规定》，对严格贷款管理、严格账户管理、严格结算纪律、严格现金管理、严格金银管理、严格外汇管理、加强反假币斗争、各级银行要加强思想政治工作等，作了具体规定。

8 月 30 日 中国人民银行发出《关于中国人民银行总行司局级机构设置情况的通知》。经国务院批准，中国人民银行总行下设办公厅、综合计划司、货币发行司、会计稽核司、金融行政管理司、对外业务管理司、外汇管理局、劳动人事司、科学技术教育司、基本建设司、监察司、老干部管理局、参事室 13 个司局级行政机构，设工商信贷部、储蓄部、金融研究所、中国金融出版社、金融干部进修学院 5 个司局级事业单位。中国人民保险总公司、中国人民银行印制总公司仍作为企业单位，实行企业管理。

9 月 15 日 中国人民银行陆续在国外和香港等地区发行中国熊猫纪念金币，其正面图案为北京著名古建筑天坛祈年殿，背面图案为中国珍稀动物与青竹，成色为 99.9%。

12 月 27 日 国务院原则同意中国人民银行《关于成立中国人民保险公司董事会的报告》，并批准《中国人民保险公司章程》。《中国人民保险公司章程》共 5 章 13 条，其中包括中国人民保险公司的性质，机构设置，业务范围，资本，董事会、监事会的组织、职权、财务审理等。

一九八三年

1 月 2 日 国家外汇管理总局正式改称国家外汇管理局，归属中国人民银行领导。

1 月 4 日 中国人民银行发出《关于降低结算贷款利率的通知》，决定从 1983 年第一季度开始，结算贷款利率由现行的月息 6‰恢复到 3‰。

1 月 7 日 中国人民银行印发《中国人民银行关于侨资、外资金融机构在中国设立常驻代表机构的管理办法》，对侨资、外资金融机构在中国设立常驻代表机构的申请和审批手续，有效期限，应该遵守的法律、法令和有关条例，工作范围，以及监督、检查和管理等，作了具体规定。

1 月 14 日 国务院办公厅发出《关于中国人民建设银行、中国农业银行组织机构的通知》。

经国务院研究同意，中国人民建设银行、中国农业银行是相当于国务院直属局级的金融经济组织。中国人民建设银行受财政部和中国人民银行的双重领导，以财政部领导为主；在办理金融业务方面受中国人民银行领导，在办理财政业务方面受财政部领导。中国农业银行在金融政策、货币流通、信贷计划、机构设置、外汇管理五个方面受中国人民银行领导。

4月27日　经国务院原则同意，国务院办公厅转发中国人民银行《关于中国人民保险公司组织机构问题的请示》，其中确定：省、自治区、直辖市的保险分公司升半格，高于处级单位，归总公司和人民银行省、自治区、直辖市分行双重领导，以总公司领导为主。省、自治区、直辖市分公司经理由副厅局长级干部担任。省以下的市、县保险公司的级别，与同级人民银行一样。

4月29日　财政部发出《关于银行实行利润留成的函》，决定自1983年起，对中国人民银行（包括中国银行、中国农业银行）实行全额利润留成办法，利润留成比例核定为7%。提取的利润留成，年终由中国人民银行按照核定的比例向财政部统一结算。核定的留成比例三年不变。

6月15日　国务院发布《中华人民共和国金银管理条例》。《中华人民共和国金银管理条例》共7章35条，对金银的收购、配售和对经营单位、个体银匠及金银进出国境的统一管理都作了具体规定。其中强调：（1）国家对金银实行统一管理、统购统配的政策，国家管理金银的主管机关为中国人民银行。（2）境内机构所持的金银，除经中国人民银行许可留用的原材料、设备、器皿、纪念品外，必须全部交售给中国人民银行，不得自行处理、占有。（3）国家保护个人合法所得的金银，个人出售金银必须卖给中国人民银行。（4）在中华人民共和国境内，一切单位和个人不得计价使用金银，禁止私相买卖和借贷抵押金银。（5）一切出土无主金银，均为国家所有，任何单位和个人不得熔化、销毁或占用，其中除

有历史文物价值的按照《中华人民共和国文物法》的规定办理外，必须交给中国人民银行收兑，价款上缴国库。（6）公安、司法、海关、工商行政管理、税务等国家机关依法没收的金银，一律交售给中国人民银行，不得自行处理或者以其他实物顶替。（7）金、银质地纪念币的铸造、发行由中国人民银行办理，其他任何单位不得铸造、仿造和发行等。根据这个条例，中国人民银行于同年12月28日颁发《中华人民共和国金银管理条例施行细则》。

6月25日　国务院同意并批转中国人民银行《关于国营企业流动资金改由人民银行统一管理的报告》。国务院强调指出，流动资金由人民银行统一管理，是资金管理体制的一项重大改革。人民银行有权制定流动资金管理制度，管理企业的国拨流动资金，核定企业的流动资金定额和计划，考核企业使用流动资金的效益。

8月26日　中国人民银行、国家经委、财政部联合发出《关于国营企业流动资金改由人民银行统一管理的有关问题的通知》，规定：从1983年7月1日起，国营企业（包括预算内外，下同）流动资金改由人民银行统一管理，所需流动资金由银行按照信贷政策供应，国家财政不再增拨流动资金。过去各地财政部门已经拨给企业主管部门的企业流动资金，仍然留给企业，不得收回。财政拨给企业主管部门的流动资金，尚未下拨的，必须在下半年拨给企业，不得挪作他用。

8月27日　国务院发出《关于严格控制货币投放，积极组织货币回笼的通知》，要求各级人民政府和国务院各有关部门在努力发展生产的基础上，采取有力措施，紧缩银根，严格控制货币投放，力争今年末的货币发行量控制在计划以内。

9月3日　为了使国际上正确了解我国的外汇储备实际情况，中国人民银行决定从1983年第三季度起，除公布我国外汇储备的总金额（包括国家外汇库存、中国银行的外汇结存和国家对外

借款的未用部分）外，拟将其中国家外汇库存和中国银行外汇结存分别列明，同时单独公布国家借款数字。

9月17日 国务院作出《关于中国人民银行专门行使中央银行职能的决定》。国务院指出，为了充分发挥银行的经济杠杆作用，集中社会资金，支持经济建设，改变目前资金管理多头、使用分散的状况，必须强化中央银行的职能。国务院决定的主要内容是：

一、中国人民银行是国务院领导和管理全国金融事业的国家机关，不对企业和个人办理信贷业务，集中力量研究和做好全国金融的宏观决策，加强信贷资金管理，保持货币稳定。其主要职责是：研究和拟定金融工作的方针、政策、法令、基本制度，经批准后组织执行；掌管货币发行，调节市场货币流通；统一管理人民币存贷利率和汇价；编制国家信贷计划，集中管理信贷资金；管理国家外汇、金银和国家外汇储备、黄金储备；代理国家财政金库；审批金融机构的设置和撤并；协调和稽核各金融机构的业务工作；管理金融市场；代表我国政府从事有关的国际金融活动。

二、中国人民银行成立有权威的理事会，作为决策机构。中国人民银行的分支机构原则上按经济区划设置，其主要任务是：在人民银行总行的领导下，根据国家的金融方针政策和国家信贷计划，在本辖区调节信贷资金和货币流通，协调、指导、监督、检查专业银行和其他金融机构的业务活动，承办上级人民银行交办的其他事项。人民银行对其分支机构，在银行业务和干部管理上实行垂直领导、统一管理。国家外汇管理局及其分局，在人民银行的领导下统一管理国家外汇，中国银行统一经营国家外汇的职责不变。成立中国工商银行，承担原来人民银行办理的工商信贷和储蓄业务。

三、人民银行对专业银行和其他金融机构（包括保险公司）主要采取经济办法进行管理。

各专业银行和其他金融机构，对人民银行或人民银行理事会作出的决定必须执行，否则人民银行有权给予行政制裁或经济制裁。国际信托投资公司的业务活动也要接受人民银行的管理和监督。建设银行在财政业务方面仍受财政部领导，有关信贷方针、政策、计划，要服从人民银行或人民银行理事会的决定。中国工商银行、中国农业银行、中国银行、中国人民建设银行、中国人民保险公司作为国务院直属局级的经济实体，在国家规定的业务范围内，依照国家法律、法令、政策、计划，独立行使职权，充分发挥各自的作用。

四、为了加强信贷资金的集中管理，人民银行必须掌握40%～50%的信贷资金，用于调节平衡国家信贷收支。财政金库存款和机关、团体等财政性存款划为人民银行的信贷资金。专业银行吸收的存款也要按一定比例存入人民银行，归人民银行支配使用。专业银行的信贷收支必须全部纳入国家信贷计划，按照人民银行总行核定的信贷计划执行。

12月2日 中国人民银行发出通知，决定自1984年1月1日起，取消国营工交企业定额内低息贷款的规定，一律改按月息6‰计收利息。

12月27日 中国人民银行发布《异地托收承付结算办法》，在全国推行异地托收承付结算方式。对异地托收承付结算办法，主要作了以下改进：（1）对适用范围和金额起点作了修订。托收承付结算，主要适用于计划性比较强、遵守合同、信用好的单位之间的商品交易。（2）根据加强法制和维护《中华人民共和国经济合同法》的严肃性的要求，该办法进一步强调了使用条件，并且明确了银行代为扣款的最长期限。（3）从维护社会经济秩序出发，严格结算纪律，强调单位必须恪守信用，认真履行合同，遵守结算办法。强调银行增强全局观点，维护收汇双方的合法权益，严格执行制度。

12月28日 中国人民银行印发《关于实行

票汇结算办法的通知》，开办票汇结算，以适应多种经济发展和多种渠道商品流通的需要。

12 月 28 日　最高人民法院、中国人民银行发出《关于查询、冻结和扣划企业事业单位、机关、团体的银行存款的联合通知》。

一九八四年

1 月 1 日　中国工商银行成立，国务院任命朱田顺为董事长，陈立为行长。

1 月 16 日　财政部发出《关于中央银行成立后各专业银行、保险公司单独立户问题的通知》。中国工商银行、中国农业银行、中国银行、中国人民保险公司从 1984 年起在财政部单独立户。各专业银行缴纳所得税后的利润，由中国人民银行在财政部核定的总比例范围内，分别核定各专业银行上交财政的比例和利润留成比例。

1 月 18 日　中国人民银行理事会在北京举行第一次会议。国务院副总理姚依林、田纪云出席会议并作了重要讲话。

2 月 1 日　中国人民银行、海关总署发布《对金银进出国境的管理办法》，自 1984 年 2 月 15 日起实施。其中规定，入境旅客带进金银及其制品，数量不受限制，但必须向入境海关申报。对中华人民共和国境内的外贸公司、工贸公司、侨资企业、外资企业、中外合资经营企业加工销售的产品，出厂前应由所在地中国人民银行检查产品所含金银重量，并核对合同，逐次登记，制发"金银产品出口许可证"。未取得中国人民银行制发的证明或者超过核准数量的，不准出口。

2 月 6 日　中国人民银行颁发《关于中国人民银行专门行使中央银行职能的若干问题的暂行规定》，对计划管理，统计，集中管理信贷资金，专业银行的存、贷款利率，联行制度，发行库管理，财务，人民银行与工商银行的账务划分等问题，作了明确规定。该文件还规定：信贷计划管理、缴存存款办法、联行汇差资金控制，从 1984 年 1 月 1 日起先在工商银行试行，农业银行、中

国银行从 1984 年 4 月 1 日起实行。建设银行何时实行，办法另定，在未实行本规定前仍维持现行办法不变。

2 月 18 日　根据国务院关于"国家外汇管理局及其分局，在人民银行的领导下，统一管理国家外汇"的精神，国家外汇管理局和中国银行发出《关于中国银行分行与外汇管理分局外汇职责分工的意见》，其中确定：凡属外汇管理工作，划归外汇管理分局；凡属外汇经营工作，划归中国银行分行。

2 月 27 日　中国人民银行印发《关于加强现金管理的几项暂行规定》，规定：实行现金管理的单位，由银行核定其合理的库存限额，各单位业务（销货）收入的现金要及时送存银行，不经银行批准不得任意坐支，各单位支取职工的工资、奖金、津贴以及其他费用所需的现金，应事先向开户银行报送经劳动部门或上级主管部门批准的计划，开户银行才能支付现金。该文件还对违反现金管理规定问题制定了具体措施，并规定各基层行，可参照制定具体制裁措施，在报当地人民政府批准后实施。

5 月 7 日　国务院批准广东省人民政府转报的深圳市人民政府《关于改革深圳市银行体制的试点意见》。该意见提出，为了支持深圳特区经济的发展，深圳市银行信贷资金实行：第一，各银行现有信贷资金，上级行不调走；第二，今后各家银行吸收的存款，全部留给深圳市银行使用；第三，中国人民保险公司深圳市分公司的收入，除赔款、对外分保费、提留赔款准备金、代办费和其他费用开支外，全部留给中国人民保险公司深圳市分公司作保险基金；第四，各家银行的上级行，根据深圳经济特区发展的需要，适当给深圳市各级银行增加一些借差额度；第五，允许深圳市银行向国内外银行拆借资金。该文件还规定：凡适合深圳特区发展需要的业务种类、经营方式，由人民银行深圳市分行提出改革方案，报中国人民银行总行备案，都可以试行。人民银

行深圳市分行可以实行与内地不同的利率。

5月17日 国务院批准国家计委等单位《关于进一步开放沿海港口城市外汇使用额度的请示报告》。该报告指出，为了充分发挥这些城市的优势，开创利用外资、引进先进技术的新局面，拟在3年内，从国家拨出一笔外汇，增强这些城市对外经济贸易活动的活力。除上海（每年3亿元）、天津（每年2亿元）、大连（每年1亿元）已有规定外，对其他11个城市的外汇使用额度，拟根据各城市不同的经济基础、对外活动和消化能力，划为两个档次：第一档，每个城市每年5 000万美元，有广州、福州、秦皇岛、青岛4个城市；第二档，每个城市每年3 000万美元，有烟台、连云港、南通、宁波、温州、湛江、北海7个城市。外汇额度由国家直接拨给各城市，从1984年开始，连续3年，可结转使用。购买外汇时相应的人民币资金，由地方自筹，实在解决不了或不足的，可向中国人民银行贷款。贷款利率按月息2.1‰计息。

5月30日 国务院同意并批转中国人民银行《关于各专业银行发放固定资产贷款分工问题的报告》。国务院指出，基本建设贷款、技术改造贷款是两种性质不同、用途有别的资金，前者要适当集权，后者要适当放权。为了管好、用好技术改造资金，促进企业实行改革、改组、改造，使三者密切结合，要充分发挥银行这个巧妙机器的重要作用。各专业银行特别是工商银行，要认真做好这项工作。

中国人民银行在该文件中提出了各专业银行发放固定资产贷款的具体分工：国家预算、信贷计划安排的基本建设项目贷款，由建设银行负责办理。技术改造项目贷款，不论限上、限下，工业、交通、商业、粮食企业的，由工商银行办理；农业企业、农机公司、种子公司、供销社的，由农业银行办理；外贸企业的由中国银行办理；建筑施工企业的，由建设银行办理。各种工贸、农工、农商等经济联合体的技术改造贷款，

原则上按企业归口主管部门划分，即主管部门的存款、贷款归哪个专业银行的，就由哪个专业银行办理。固定资产投资使用外汇贷款的和中外合资企业的固定资产贷款，由中国银行办理。过去由财政拨付资金交由建设银行办理的小型技措贷款、出口工业品专项贷款、地方建筑材料贷款和为中国投资银行利用外资的配套贷款等，暂由建设银行继续办理。各单位的基本建设资金存入建设银行，由建设银行进行监督、管理。各单位的更新改造资金，按以上各条分工原则分别存入各专业银行，由吸收存款的专业银行进行监督、管理。

6月2日 国家经委、中国人民银行、国家物价局发出《关于调整黄金价格和扩大金饰品销售的通知》。该通知决定：自1984年7月1日起，降低金饰品销售价格，将每小两由目前的2 000元降至最高不超过1 500元，最低不低于1 400元。门市收兑价和配售价各提高100元，即把银行门市收兑由460元提高到560元；工业用金及出口产品辅料用金的配售价由431.25元相应提高到531.25元。同时规定：为扩大销售渠道，可以进一步采取多家生产、多家经营的办法。除轻工、银行外，经营单位应当更多一些，各生产单位可以搞前店后厂，也可以搞批发。今后，黄金饰品的销售，凡有条件经营的单位，只要遵守有关法令和规定，都可以经营，也可以在侨乡多设一些点，还应组织专门力量研究一些国外生产黄金饰品新工艺，发展新款式、新品种，增加部分纪念性金币等，以满足群众多方面的需要。

7月25日 根据银行改革座谈会的决定，中国人民银行、中国工商银行发出《关于中国人民银行、中国工商银行省以下机构分设和财产、财务划分的意见》。其中关于财务问题，确定从1985年起，人民银行和工商银行的财务要分开，工商银行向财政部单独立户，单独编制财务收支计划。人民银行省分行及以下机构与工商银行分设后，继续实行企业管理，职工仍享受企业

待遇。

7月29日　上海市人民政府批准中国人民银行上海市分行《关于发行股票的暂行管理办法》。该办法对股息与红利、股票的转让和过户、发行期限、股票持有者的经济责任等作了具体规定。这是新中国有关证券方面的第一个地方政府规章。

8月6日　国务院批转《中国农业银行关于农村信用社管理体制改革的报告》。该报告提出了六个方面的改革：（1）恢复信用社合作金融的性质。（2）加强信用社经营上的灵活性。（3）信用社实行浮动利率。（4）信用社实行独立经营、独立核算、自负盈亏。（5）建立信用合作社的县联社。（6）农业银行要加强对信用社的领导。

8月14日　经国务院批准，中国人民银行发出通知，确定自1984年10月1日起，陆续发行建国三十五周年金属纪念币三枚，三枚的面值均为一元。这三枚金属纪念币与现在市场上流通的同面额的纸币、硬币价值相等，同时在市场上混合流通。

8月27日　经国务院授权，国家外汇管理局、中国银行发出《关于侨资、外资银行清偿在华未了负债的公告》。该公告规定，在华侨资、外资银行解放前或解放初期自营业务的各项外币负债的清偿事宜，一律按照国务院1982年12月"关于责成中国银行清偿收回的美国解冻的美元资产"的有关规定办理，由中国银行上海分行代理对客户的审核和清偿，登记清偿期自1984年9月1日起至1985年8月31日止。逾期未向中国银行上海分行提供有关债权凭证办妥登记手续或领取款项的，一律不再予以清偿。如有关银行尚未将应偿付的债款拨存中国银行上海分行的，待该分行收妥后，再通知办妥登记手续的客户领取，自通知日起逾期6个月未办理领取款项的，其款项统一由中国银行上海分行上缴中央金库。

10月8日　中国人民银行制发《关于信贷资金管理试行办法》，自1985年1月1日起执行。

人民银行、各专业银行（包括中国国际信托投资公司）的人民币信贷资金，实行"统一计划、划分资金、实贷实存、相互融通"的原则。

10月8日　中国人民银行制发《关于改革全国银行联行制度的实施办法》，规定自1985年4月1日起，全国银行联行制度改为"自成联行系统、跨行直接通汇、相互发报移卡、及时清算资金"的办法。

10月8日　中国人民银行、中国工商银行、中国农业银行、中国银行在河北省石家庄联合召开全国信贷资金管理体制改革会议。会后，中国人民银行于11月6日印发了全国银行信贷资金管理体制改革会议文件：《信贷资金管理试行办法》《关于改革全国银行联行制度的实施办法》《关于信贷资金管理的账务处理办法》《关于改革发行库业务的若干规定》《关于委托专业银行代办金银收售业务的管理办法》，以及《一九八五年信贷现金项目电报统计办法的规定》等。

10月16日　中国人民银行转发国家外汇管理局《进一步放宽十四个沿海港口城市外汇管理政策的若干意见》。

10月17日　经中国人民银行理事会第三次会议讨论通过，中国人民银行颁发《关于金融机构设置或撤并管理的暂行规定》。该规定强调：中国人民银行是我国金融机构管理的主管机关。任何部门、任何单位开办金融业务（包括货币信贷、信用委托、各种保险，以及国内外汇兑往来等业务），其机构的设置或撤并都必须经中国人民银行或其授权单位批准；非经批准，中国人民银行或其授权单位有权采取必要的经济措施和行政措施，责令其停办金融业务。该文件还对金融机构的设置条件、分支机构设置或撤并的审批权限等作了具体规定。

10月22日　国务院办公厅转发中国人民银行、公安部《关于禁止用复印机复印人民币的报告》。严禁复印货币、外汇兑换券和有价证券、有价票证。对用复印机复印人民币的行为应分别情况严肃处理。对有意伪造人民币的不法分子，应按《中华人民共和国刑法》第一百二十二条以伪造国家货币罪惩处。

11月13日 国务院发出《关于严格控制财政支出和大力组织货币回笼的紧急通知》，决定：（1）要努力增加适销对路产品，增加市场供应，扩大货币回笼。（2）要积极组织财政收入，把该收的钱收上来。（3）要加强信贷管理，控制信贷投放，大力组织信用回笼。（4）严格控制财政支出，防止年终突击花钱。建设银行要严格按照国家计划、国家预算控制基建拨款，监督合理使用建设基金，不得突破预算。要继续控制社会集团购买力，各级财政、银行和控制社会集团购买力办公室，要密切配合，严格把关。（5）要进一步严肃财经纪律，坚决制止以各种名义用公款游山玩水、大吃大喝等耗费国家资财和机关团体巧立名目滥发实物、私分产品的行为。

12月4日 为了加强对商业信用的疏导和管理，更好地发挥商业信用的积极作用，以适应有计划商品经济发展的需要，中国人民银行制定了《商业汇票承兑、贴现暂行办法》。根据承兑人不同，商业汇票分为商业承兑汇票和银行承兑汇票。（1）商业承兑汇票是指由收款人开出，经付款人承兑，或由付款人开出并承兑的汇票。（2）银行承兑汇票是指由收款人或承兑申请人开出，并由其向开户银行申请，经银行审查同意承兑的汇票。这两种承兑汇票在同城和异地均可使用。（3）汇票承兑期限，由交易双方商定，一般在三至六个月。

12月10日 中国人民银行发出《关于对赊销纯棉布、絮棉无息贷款给予利差补贴的通知》，决定人民银行对各专业银行为贫困地区严重困难户发放的赊销棉布（絮棉）无息贷款，均按月息6‰进行补贴。

12月10日 经侨汇小组研究并报国务院批准，中国人民银行、国家计委、国家经委、财政部、经贸部、国家物价局、中国银行、国家外汇管理局发出《关于停止试行贸易外汇内部结算价格的通知》，决定自1985年1月1日起停止试行贸易外汇内部结算价，同时废止《关于贸易外汇内部结算价格的结算办法》中有关贸易外汇内部结算价的规定。对各类外汇买卖，从1985年1月1日起，一律按公布的人民币外汇买卖价结汇。对调剂外汇价格，从1985年1月1日起，按公布的人民币对美元的中间价计算，可在上下10%的幅度内浮动。

一九八五年

2月12日 根据国务院领导的有关指示，中国人民银行发出《关于对外发行债券由中国人民银行归口管理的通知》，规定：（1）对外发行外币债券要根据我国的需要和国际债券市场的条件，有领导、有计划地进行。目前中国银行、中国国际信托投资公司是主要的发行渠道。其他单位需要向外发行债券投资，一般可委托这两个金融机构办理，如要直接对外发行债券，应由这两个金融机构或其他国外承认的金融机构担保，但需事先征得担保机构同意，不得先对外谈判后找金融机构担保。（2）凡申请对外发行债券的单位，应向中国人民银行总行报送申请书并抄送担保金融机构。申请书的内容包括：可行性研究报告；用款计划和偿还计划；用于基建部分纳入国家计划的证明文件；国内人民币配套资金和物资落实情况，发行债券单位的基本状况和财务状况。中国人民银行在征求担保金融机构和其他有关部门的意见后，提出审查意见，金额在五千万美元以上的，报请国务院审批。

2月28日 为加强信贷资金管理，提高资金使用效益，根据《中华人民共和国经济合同法》的有关规定，国务院发布《借款合同条例》，自1985年4月1日起施行。

2月28日 中华全国总工会和中国人民银行决定，全国银行工会委员会改名为中国金融工会工作委员会，李飞任主任。

3月5日 中华人民共和国政府和南斯拉夫

社会主义联邦共和国联邦执行委员会金融银行合作协议在北京签字。

3月13日　国务院发布《关于加强外汇管理的决定》，主要内容包括：（1）各地区、各部门留成外汇的使用，由国家下达用汇控制指标，严格执行，不得突破。（2）国家外汇必须坚持实行额度管理。各种外汇额度未经国家外汇管理部门批准，不得调拨，不得买成现汇。（3）加强贸易外汇管理。不允许把应调回的外汇存放在境外，对国家控制进口的商品，凡未经国务院主管部门批准发给许可证的，外汇管理部门和银行不得拨给外汇和办理结算。（4）拨给的外汇额度购买外汇需要人民币资金，原则上要用自己的资金，确有困难的，可申请一定比例的贷款。凡不符合规定用途的，银行拒绝贷款。（5）严禁非法倒卖外汇活动。违反者，外汇管理部门要没收其全部非法收入，上缴国库，并课以罚款，使用银行贷款的要停止贷款，并收回已发放的贷款。金融机构参与这种非法活动的，要从严惩处。（6）严禁外币在市场流通，经国家批准的需要收取外币的地区和宾馆、商店除外。对于社会上从事倒卖外币的单位和团伙，工商行政管理部门、公安部门要按破坏金融秩序论处，坚决给予打击。（7）国务院责成中国人民银行及其所属国家外汇管理局认真行使管理外汇的职权，严格查处违反外汇管理的行为。对违法的外汇资金和拒不交纳罚款的单位，外汇管理部门有权通知开户银行冻结其外汇资金和强制扣款。

3月14日　国务院同意并批转中国人民银行《关于调整部分存款、贷款利率的报告》。该报告提出：（1）适当提高定期储蓄利率，活期储蓄利率不动。（2）提高企事业单位定期存款利率。（3）流动资金贷款利率由年息7.2%调为7.92%，个体工商户贷款由年息8.64%调为9.36%～11.52%。农村各项贷款利率由中国农业银行根据调整后的流动资金贷款利率、个体户贷款利率为基准进行拟订，报中国人民银行批准

执行。（4）提高基本建设贷款利率。（5）加强低息优惠利率的管理。（6）为了灵活运用利率杠杆进行宏观调节，今后中国人民银行可根据国民经济发展的需要和社会银根松紧情况，随时调整对各专业银行的存款、贷款利率，各专业银行必须执行中国人民银行制定的统一利率政策和利率标准。

3月21日　国家主席李先念根据第六届全国人大常委会第十次会议的决定，任命国务委员陈慕华兼任中国人民银行行长。

4月2日　国务院发布《中华人民共和国经济特区外资银行、中外合资银行管理条例》，规定：在经济特区设立外资银行、中外合资银行必须向中国人民银行提出申请，中国人民银行根据经济特区发展的需要和平等互利的原则审查批准其经营业务项目。中国人民银行经济特区分行对外资银行、中外合资银行进行管理和监督；国家外汇管理局对外资银行、中外合资银行颁发经营外汇业务许可证。外资银行、中外合资银行终止业务活动，必须在终止前三十天以书面形式向中国人民银行提出报告，由中国人民银行批准。

4月5日　为贯彻执行《中华人民共和国外汇管理暂行条例》，经国务院批准，国家外汇管理局公布《违反外汇管理处罚施行细则》，对属于套汇、逃汇和扰乱金融的行为分别作了规定。

5月8日　非洲开发银行和非洲开发基金理事会通过决议，接纳中华人民共和国为非洲开发银行和非洲开发基金成员。

5月28日　为了贯彻国务院关于控制固定资产投资规模的要求，中国人民银行、中国工商银行、中国银行、中国农业银行、中国人民建设银行发出《关于控制计划外固定资产投资贷款的若干规定的通知》，强调要实行行长负责制，按月进行检查。

6月6日　农牧渔业部、财政部、中国人民银行、中国农业银行下达《关于扶持粮棉集中产区搞好转化转产贴息贷款管理办法》，决定：自

1985 年起到 1990 年止，每年用 1 亿元贴息贷款，扶持粮棉集中产区搞好转化、转产工作，贷款实行优惠利率，人民银行负责安排贷款，农业银行负责经营，中央财政负担利息。

6 月 25 日 中国人民银行、中国工商银行、中国农业银行、中国人民保险公司、中国银行发出《关于贯彻部分省（市）长会议精神，进一步管好银行信贷资金的通知》。该通知强调根据既要控制、又要搞活，要区别对待、不搞"一刀切"的原则，加强固定资产贷款的控制和管理，加强外汇贷款的控制和管理，积极支持收购农副产品资金的需要。

6 月 27 日 为了加强金融信贷管理，保证经济体制改革的顺利进行，国务院办公厅根据国务院常务会议议定的事项，发出《关于加强银行金融信贷管理工作的通知》。其内容包括：（1）各级人民银行要加强对专业银行和其他金融机构的业务领导。各专业银行的信贷规模要统一纳入人民银行的国家信贷计划；各专业银行的固定资产投资贷款要按项目严格控制，不得突破国家下达的计划。（2）在信贷工作中，要坚决执行国家的政策法令和金融信贷制度，凡是从银行贷款的，必须有一定的自有资金；发放固定资产投资贷款和高息贷款，贷款单位必须要有盈利的企业单位担保。（3）各级银行和从事经济信贷工作的同志，要模范地遵守有关的法规制度，自觉地抵制各种不正之风。（4）各级政府要加强领导，监督、检查和支持银行的工作。对坚持原则、奉公守法、努力工作的，要予以表扬；对严重渎职、违法乱纪、营私舞弊的，要及时查处。（5）一切违背中共中央和国务院有关金融信贷规定的错误做法，银行有权拒绝执行；银行部门由于坚持国家金融信贷制度而被当地领导刁难、"穿小鞋"以致受到错误处理的，必须追究有关领导人的责任。

7 月 5 日 为加强对外借款的统一管理，根据国务院领导的指示精神，中国人民银行发出《关于对外借款由中国人民银行归口管理的通知》，明确境内机构向外国或港澳地区银行、企业贷款（包括透支），统一由中国人民银行归口管理。可接受外国或港澳地区银行、企业贷款的机构仅限于中国银行、中国国际信托投资公司和经国家外汇管理局批准经营境外外币借款业务的金融机构，以及经中国人民银行批准的公司、企业。

7 月 5 日 中国人民银行印发《稽核工作暂行规定》，规定：各级人民银行对各级工商银行、农业银行、中国银行、建设银行、保险公司、国际信托投资公司和其他金融机构的业务活动，定期或不定期地进行全面稽核或专项稽核。该文件对稽核的内容、稽核人员的职权以及稽核工作的程序和要求等作了具体规定。

7 月 22 日 国务院同意并批转中国人民银行《关于调整储蓄存款利率和固定资产贷款利率的报告》。

7 月 22 日 中国人民银行、中国工商银行、中国农业银行联合发出《1985 年发行金融债券、开办特种贷款办法》。

7 月 27 日 国务院发布《中华人民共和国国家金库条例》，同时废止 1950 年 3 月 3 日中央人民政府政务院公布的《中央金库条例》。《中华人民共和国国家金库条例》规定：国家金库（简称国库）负责办理国家预算资金的收入和支出，中国人民银行具体经理国库。各级国库库款的支配权，按照国家财政体制的规定，分别属于同级财政机关。国库业务工作实行垂直领导，各级国库的主任由各该级人民银行行长兼任。《中华人民共和国国家金库条例》对国库的组织机构、国库的职责权限、库款的收纳与退付、库款的支拨等作了具体的规定。

9 月 1 日 中国人民银行发行"西藏自治区成立二十周年"银和铜镍合金纪念币。

9 月 4 日 中国人民银行金融管理干部学院在北京成立。

9月23日 中国共产党全国代表会议通过中共中央《关于制定国民经济和社会发展第七个五年计划的建议》，指出：改革金融体制，充分发挥银行系统筹集融通资金、引导资金流向、提高资金运用效率和调节社会总需求的作用。中国人民银行作为中央银行是最重要的宏观调节机构之一，要加强它的地位和独立性。

9月24日 国务院发布新的《工资基金暂行管理办法》。《工资基金暂行管理办法》要求各专业银行应履行国家赋予的职责，监督检查各单位工资基金的使用情况。劳动人事、计划、财政、银行、统计、审计等有关部门在各级人民政府的统一领导下，密切协作，及时研究处理执行中存在的问题。1983年劳动人事部、国家计委、财政部、中国人民银行联合发布的《工资基金管理试行办法》同时停止执行。

10月1日 中国人民银行发行"新疆维吾尔自治区成立三十周年"银和铜镍合金纪念币。

10月7日 中国人民银行、国务院科技领导小组办公室发出《关于积极开展科技信贷的联合通知》。该通知要求各专业银行和其他金融机构在核定的信贷计划总量范围内调剂一部分贷款，积极支持科技事业的发展。该文件还规定，对有偿还能力的科研单位和科研、生产联合体，也可以贷款。

11月21日 经国务院批准，中国人民建设银行的信贷计划纳入中国人民银行的信贷体系，按照规定向中国人民银行按期缴存存款准备金，并接受中国人民银行的贷款和委托贷款。

11月25日 中国人民银行与亚洲开发银行在马尼拉签署《谅解备忘录》。《谅解备忘录》认定：中华人民共和国作为中国的唯一合法代表，加入亚洲开发银行；台湾可以改称"中国台北"，继续留在亚洲开发银行。

11月27日 为保证国家金融政策的贯彻落实，有利于加强金融管理，经国务院领导同志同意，中国人民银行要保留县级机构。中国人民银

行、中国工商银行为此发出《关于保留中国人民银行县支行机构有关问题的通知》，规定：保留多少县级机构，由人民银行省、自治区、直辖市分行根据加强人民银行工作的需要，报经省、自治区、直辖市人民政府确定。这次人民银行和工商银行的县支行机构分设后，如有的县需要设人民银行机构时，另行组建。人民银行县支行的职工，和人民银行一级、二级分行职工一样，享受企业待遇。该文件还就人民银行、工商银行县支行分设后的办公用房使用、发行库及枪支管理、职工宿舍和办公用具等问题作了明确规定。该文件要求两行县支行机构分设工作，争取在1986年3月底以前基本完成，最迟在1986年6月底以前完成。

12月23日 为了加强和改善金融宏观控制，中国人民银行发出《关于加强金融机构的资金管理的通知》，决定从1986年起，凡经国务院和中国人民银行批准成立的信托投资公司和保险公司设立的投资公司，其资金来源、资金运用必须全额纳入国家综合信贷计划，按原批准的业务范围自主经营，人民银行不借给资金。未经中国人民银行重新批准的专业银行设立的信托投资公司或信托部（处、科）经营信托业务的资金来源与运用，要纳入专业银行的信贷计划，其固定资产投资贷款部分要纳入人民银行批准的固定资产贷款规模内。

一九八六年

1月7日 为了加强对银行和其他金融机构的管理，保证金融事业的健康发展，促进社会主义现代化建设，国务院发布《中华人民共和国银行管理暂行条例》。《中华人民共和国银行管理暂行条例》共10章63条，其中强调：中央银行、专业银行和其他金融机构都应当认真贯彻执行国家的金融方针政策，其金融业务活动都应当以发展经济、稳定货币、提高社会经济效益为目标。《中华人民共和国银行管理暂行条例》明确规定，

中国人民银行是国务院领导和管理全国金融事业的国家机关，是国家的中央银行，应当全面履行下列职责：（1）研究拟订全国金融工作的方针、政策，报经批准后组织实施；（2）研究拟订金融法规草案；（3）制定金融业务基本规章；（4）掌管货币发行，调节货币流通，保持货币稳定；（5）管理存款利率、贷款利率，制定人民币对外国货币的比价；（6）编制国家信贷计划，集中管理信贷资金，统一管理国营企业流动资金；（7）管理外汇、金银和国家外汇储备、黄金储备；（8）审批专业银行和其他金融机构的设置或撤并；（9）领导、管理、协调、监督、稽核专业银行和其他金融机构的业务工作；（10）经理国库，代理发行政府债券；（11）管理企业股票、债券等有价证券，管理金融市场；（12）代表政府从事有关的国际金融活动。同时，中国人民银行按照国家法律、行政法规的规定，管理全国的保险企业。中国人民银行的分支机构，在各自辖区内履行中央银行的有关职责，具体领导和管理本辖区的金融事业。中国人民银行设理事会，为总行决策机构，其主要任务是：审议金融方针、政策问题；审议年度国家信贷计划、现金计划和外汇计划的有关重大问题；确定专业银行和其他金融机构的设置、撤并、业务分工的原则；研究涉及金融全局的其他重要事项。《中华人民共和国银行管理暂行条例》规定：专业银行都是独立核算的经济实体，按照国家法律、行政法规的规定，独立行使职权，进行业务活动。专业银行总行对其分支机构实行垂直领导。同时，规定了专业银行的基本职责、设立专业银行机构的报批程序和设立分支机构应具备的条件等。《中华人民共和国银行管理暂行条例》对专业银行的规定，除国家另有规定者外，适用于其他金融机构（包括信托投资公司、农村信用合作社、城市信用合作社，以及经中国人民银行批准设立的其他金融组织）。《中华人民共和国银行管理暂行条例》对货币发行管理、信贷资金管理、利率管理和存款、贷款、结算管理分别作了规定，其中强调：货币发行必须集中统一管理，中国人民银行总行根据国民经济发展的需要提出货币发行计划，报经国务院批准后组织实施，财政部门不得向中国人民银行透支，中国人民银行不得直接购买政府债券；专业银行的信贷收支必须按照规定纳入国家信贷计划；各种存款的最高利率和各种贷款的最低利率，由中国人民银行总行拟订，报经国务院批准后，由中国人民银行总行根据国家经济政策，分别制定差别利率，并根据情况变化进行调整，各专业银行总行具有一定的利率浮动权；专业银行享有贷款自主权，任何单位、任何个人都不得强令发放贷款和阻挠收回贷款，未经国务院批准，任何单位无权豁免贷款。

1月14日　为了便于专业银行更好地试办定活两便储蓄业务，积聚资金，中国人民银行发出《关于统一定活两便储蓄利率的通知》，规定：（1）存期不满一个月的不计息；存期一个月以上不满半年的按活期计息；存期半年（含半年）以上不满一年的按储蓄存款半年利率打九折计息；存期在一年（含一年）以上的按储蓄存款定期一年利率打九折计息。（2）计算方法：对年、对月、对日计算。（3）所定利率从1986年3月1日起执行，在此之前的按当地银行原规定利率分段计息。

1月15日　国务院颁布《关于中外合资经营企业外汇收支平衡问题的规定》，自1986年2月1日起施行。

1月27日　中国人民银行、中国工商银行、中国农业银行联合印发《关于推行个体经济户和试行个人使用支票结算的通知》。该通知指出，为便利商品流通，减少现金使用，调节现金流通，简化清点和收付手续，并有利于聚集社会资金，扩大信贷资金来源，决定对个体经济户和个人的结算工作进行改革：（1）对符合条件的个体经济户开办支票结算。（2）对未在银行开立支票存款户的个体经济户或个人开办保付支票结算；

为适应收款人使用票汇结算、在汇入地银行分次支付款项的需要，对汇票收款人也可以使用保付支票办理结算。（3）指定有条件的储蓄所试办个人活期储蓄支票结算。《关于个体经济户和个人使用支票结算基本规定》《同城保付支票结算试行办法》等文件作为该文件的附件下发。

1月27日　根据国务院关于尽快开办邮政储蓄的指示，邮电部、中国人民银行印发《关于开办邮政储蓄业务的联合通知》，决定春节前在北京、上海、天津、河南、辽宁、河北、四川、陕西、江苏、广东、福建、湖南等省市的十二个城市开办一批邮政储蓄点，办理个人邮政活期储蓄、定期储蓄业务，交存的邮政储蓄款由中国人民银行统一支配。邮政储蓄的利息，按国家统一规定的利率，由邮政局支付给储户，支付的实际额度及人民银行应付给邮局的手续费，均由开户邮局与银行结算。

1月31日　中国人民银行颁发《关于专业银行办理国库经收业务的管理办法》。该办法指出，经理国库业务是国家赋予中国人民银行的职责之一。由于银行体制改革，人民银行专门行使中央银行职能，国库的经收业务需要专业银行办理。国库业务按国库系统实行垂直领导。专业银行经收的待报解国库款，不能作为自己的资金来源使用，应按规定的起点和报解时间向当地人民银行办理划缴，保证库款及时入库。

2月6日　国务院批转中国人民银行《关于办理留成外汇调剂的几项规定》。该规定指出：外汇调剂限在机关、部队、团体、学校、国营和集体企事业之间办理。凡按规定核拨给创汇单位的贸易和非贸易留成外汇额度（或现汇）均可参加调剂。外汇额度调剂价格定为1美元额度合1元人民币。美元现汇的调剂最高限价为4.2元人民币。外汇调剂业务由中国银行办理移交给国家外汇管理局审批和办理。额度调剂的交割和过户，通过外汇管理部门办理。现汇调剂的交割和过户，通过中国银行或其他金融机构办理。同年

3月26日，国家外汇管理局转发了该文件并制定、发布了《关于外汇调剂实施办法》。

3月10日　邮电部、中国人民银行联合印发《开办邮政储蓄协议》，决定自1986年4月1日起，在全国各省、自治区、直辖市开办邮政储蓄业务，城乡邮政机构均可办理。

3月10日　中华人民共和国正式成为亚洲开发银行成员。任命国务委员兼中国人民银行行长陈慕华为亚洲开发银行中国理事，中国人民银行理事会理事兼外事局局长车培钦为副理事，指定中国人民银行为中华人民共和国与亚洲开发银行联系的官方机构和负责保管亚洲开发银行持有的人民币及其他亚洲开发银行在中华人民共和国资产的保管银行。

3月20日　中国人民银行发出《关于上海市银行继续实行信贷资金差额包干办法的通知》。

3月29日　根据国务院《关于进一步推动横向经济联合若干问题的规定》，中国人民银行制定《关于搞好资金融通，支持横向经济联合的暂行办法》，对横向经济联合的资金筹措、经济联合组织在银行开户和逐步建立资金市场问题提出了具体要求。

4月16日　为加强对商业信用的疏导和管理，更好地发挥商业信用的积极作用，中国人民银行、中国工商银行发出《关于实行商业汇票承兑、贴现办法清理拖欠货款的通知》，决定在北京、上海、天津、广州、重庆、武汉、沈阳、哈尔滨、南京、常州10个城市实行商业汇票承兑、贴现办法清理拖欠货款，待取得经验后，逐步推广。随该文件下发的还有《商业汇票承兑贴现暂行办法》《再贴现试行办法》。

4月26日　根据《中华人民共和国银行管理暂行条例》，中国人民银行发布《金融信托投资机构管理暂行规定》，对信托投资机构的管理、经营范围、业务管理等提出了要求，其中规定：（1）金融信托机构的设置或撤并必须按规定程序提出申请；未经批准，任何部门、单位不准经营

信托投资业务，禁止个人经营信托投资业务。
（2）金融信托投资机构只在大中城市设立，并应具备一定的条件，县及县以下地区不得设立。
（3）金融信托投资机构的人民币资金来源与资金运用计划，应按规定报经中国人民银行批准；经营外汇业务的，其外汇资金收支计划应报国家外汇管理局批准。

4月28日 中宣部批准创办《金融时报》。1986年12月中旬，邓小平同志亲笔为《金融时报》题写报名。1987年5月1日，《金融时报》正式出版，对开四版套红周二刊，向国内外公开发行。

6月30日 国家外汇管理局发布《关于金融机构经营外汇业务审批权限和程序的规定》。该规定指出，各省、市专业银行分行和信托投资公司、财务公司及其分支机构（含经济特区金融机构），需办理或增加办理外汇业务的，向当地外汇管理分局申请，当地外汇管理分局审查同意并签署意见后，报总局批准，由总局通过分局颁发或换发"经营外汇业务许可证"。经中国人民银行省、自治区、直辖市分行批准办理国内金融业务的地、市级信托投资公司，原则上不能办理外汇业务。确有需要办理外汇业务的，按上述规定办理报批。

7月5日 中国人民银行调整人民币对各国货币的汇价。即日起，人民币对各国货币汇价下调15.8%，人民币对美元汇价从1美元折合3.20元人民币调整到1美元折合3.7036元人民币。这次汇价调整是为适应物价改革和平衡外汇收支而采取的一项措施。

7月14日 国家计委、财政部、中国人民银行、中国人民建设银行发出《关于对部分行业基本建设银行贷款实行差别利率的规定》。其中规定：对能源、交通、通信和一部分原材料工业的基本建设银行贷款项目实行差别利率；差别利率分为三档；超过现行基本建设"拨改贷"项目的利率部分，给予贴息；对于实行差别利率的基本

建设银行贷款项目支付利息给予宽限期。

7月15日 根据《中华人民共和国银行管理暂行条例》，中国人民银行制定《城市信用合作社管理暂行规定》，其中主要规定：（1）城市集体金融组织，统一定名为城市信用合作社，它是自主经营、独立核算、自负盈亏、实行民主管理的经济实体，是中国人民银行领导下的群众性合作金融组织，不得办成银行或其他任何部门的附属机构。（2）城市信用合作社在大中城市建立，县和县以下不得设立。（3）城市信用合作社面向城市集体企业、个体工商户和城市居民（党、政机关干部和公职人员除外）招收股金，作为自有资金。靠股金和吸收的存款开展业务，在中国人民银行批准的信贷规模内，以存定贷，多存多贷，资金自求平衡。（4）城市信用合作社的存款利率，按国家统一规定的利率执行，贷款利率可参照由中国人民银行的贷款利率上下浮动，浮动幅度由当地中国人民银行审核，报中国人民银行省、自治区、直辖市分行批准。该文件对申请建立城市信用合作社必须具备的条件、审批手续、经营业务范围、向人民银行缴存存款准备金和盈余分配等都作了具体规定。在该文件公布前建立的城市信用合作社等集体金融组织，仍由原组织的银行或部门按有关规定负责进行整顿，当地人民银行验收，符合规定的发给"经营金融业务许可证"，不符合规定的撤销其机构。

7月24日 为了适应经济发展和体制改革的需要，加强金融服务，充分发挥银行在国民经济中的作用，国务院决定重新组建交通银行。国务院《关于重新组建交通银行的通知》，规定：交通银行是国务院直属局级经济实体，是和其他专业银行平行的全国性综合银行，在中国人民银行领导下，执行国家统一的金融方针、政策、法规和中国人民银行制定的基本规章制度。交通银行的任务是，按照国家的金融方针、政策，筹集和融通国内外资金，经营人民币和外币的各项金融业务。其业务范围不受专业分工限制。交通银行

根据经济发展和业务开拓的需要，在国内外设立分支机构或代表处。交通银行总管理处设在上海，实行总经理负责制，分支机构在总管理处领导下，自主经营，独立核算，自负盈亏。

7月30日 中国人民银行发出通知，印发《上海市信贷资金差额包干管理实施办法》《深圳经济特区信贷资金管理实施办法》及《关于实行信贷资金块块管理的账务处理办法》。

8月7日 中国人民银行发出《关于"文革"期间查抄金银及其制品清退问题的通知》，规定：查抄的金银及其制品，银行已经收兑入账，不再清退原物，应按清退时的牌价作价，折合人民币付给价款。过去已经清退要求补差的，可按清退时的牌价补差；折价款仍在银行设专户存储的，银行按现行牌价退还。过去已按退还时牌价将折价款退给被查抄人、被查抄单位、落实政策办公室或上缴财政部门的，银行不再按现行价格补差。银行代保管的查抄金银及其制品，没有计价结算的，经原主提供原始查抄清单及真实可靠的证据，银行应退还原物。该文件对清退"稀有古币"问题也作了具体规定。

8月9日 中国人民银行发布《关于调整中国人民银行对专业银行存、贷款利率的通知》，规定：专业银行存入人民银行存款的利率由现行的月息3.6‰调整为月息4.8‰，略高于专业银行的吸收存款的利率；人民银行对专业银行的贷款利率略高于专业银行吸收存款的成本，同时同专业银行的贷款利率利差不能过大，计划内贷款利率从现行的月息3.9‰调整为月息5.4‰，计划外临时贷款利率由4.2‰改为按不同贷款期限实行差别利率，再贴现利率按同档次贷款利率降低月息0.3‰执行。调整后的专业银行存入人民银行的存款利率和中国人民银行对专业银行的临时贷款利率，自1986年8月1日起执行；计划内贷款的新利率自1987年1月1日起执行。同年10月11日，人民银行又将借给专业银行铺底资金的利率由月息3.6‰调整为月息4.8‰。

8月25日 为了发挥中央银行调节宏观经济的作用，中国人民银行制定《国营工业生产企业流动资金及主要经济活动情况定期调查实施办法》。

10月4日 中国人民银行发出《关于推进金融机构同业拆借有关问题的通知》，规定：（1）各金融机构都有资金头寸拆出、拆入的权力。一个城市、一个地区的资金既可拆出，也可拆入；既可同城间拆借，也可进行异地间拆借；既可在系统内拆借，也可以跨系统拆借，上级行或地方政府不得以任何方式干涉。（2）资金拆借要贯彻自愿互利的原则。拆借的期限和利率由双方协商议定，各金融机构要信守协议，坚持按期归还。（3）人民银行要积极支持金融机构之间的同业拆借，协助解决金融机构在拆借中出现的问题。

10月23日 中国人民银行制定并公布《金融统计暂行规定》和《其他金融机构统计管理暂行办法》。其中规定：金融统计包括中央银行、专业银行、保险公司和其他金融机构经办的金融业务统计。中国人民银行总行依照国家规定，定期公布金融系统全国性统计资料；专业银行总行对外公布本系统全面的金融统计资料，须报经中国人民银行总行审批；保险公司和其他金融机构公布金融业务统计资料，由其自主决定，报同级中国人民银行备案。《金融统计暂行规定》于1995年12月作了修改。

11月9日 国务院机电产品出口办公室、财政部、中国人民银行发出《关于机电产品出口卖方信贷执行优惠贷款利率的通知》，具体规定：五年以下（包括五年）月息为4.5‰；五年以上至十年（包括十年）月息为5.1‰；十年以上至十五年月息为5.7‰。

11月10日 中美金融市场研讨会在北京召开，邓小平会见了出席会议的美国纽约证券交易所代表团，陈慕华出席会议。

11月26日 中国人民银行决定：从1987年计划年度起，对人民银行海南分行实行计划单列，授予人民银行海南分行以省分行一级信贷计划管理权限、资金管理权限、金融机构管理权限和财务管理权限。资金管理采取条块结合办法，负责全岛计划综合平衡。专业银行海南各分行信贷计划除执行本系统上级下达计划外，还要接受人民银行海南分行指导、监督、检查。至于外汇管理权限，应与国家计委规定的口径一致，采取逐步下放。

11月 为了全面及时地掌握生产资料价格总水平和变动趋势，以便为确定信贷规模和资金投向提供信息，为制定货币政策和确定适度的货币供应量提供依据，中国人民银行发出《建立生产资料价格调查制度》的文件，决定从1986年12月开始实行。

12月24日 为加快金融体制改革，进一步完善信贷资金管理体制，中国人民银行颁发《关于完善信贷资金管理办法的规定》，其中主要规定：一、1987年国家综合信贷计划实行划分三个层次管理的体制。第一层次是国家综合信贷计划，以此确定金融宏观控制目标；第二层次是人民银行信贷计划，以此确定货币发行量和对专业银行的贷款规模；第三层次是专业银行包括其他全民所有制金融机构信贷计划，以此确定专业银行资金营运的目标和信贷规模。二、完善信贷计划编制程序。编制国家综合信贷计划，要坚持按经济管理增长率、物价计划上升率和货币流通速度变化，确定货币供应量的增长幅度，并以此确定贷款规模，以货币供给制约资金的需求。三、金融宏观控制实行双向目标的控制办法。目前仍以控制贷款总规模为主，同时着手研究如何控制货币供应量。四、加强银行贷款的管理。从1987年起，人民银行总行通过编制人民银行信贷计划，确定对专业银行的贷款计划，并根据历史的当年的主要经济、金融数据，核定各地人民银行对专业银行的贷款额度；根据经济发展和银根松紧情况，人民银行各省、自治区、直辖市分行在总行核批的贷款额度内，对专业银行按月、按

季灵活掌握发放贷款；实行"合理供给，确定期限，有借有还，周转使用"的信贷原则和"条块结合"的分配方法；坚持年度性和短期两类贷款结构平衡，年度性贷款资金来源有余，可用于短期贷款，短期贷款资金来源有余，不能用于年度性贷款。五、实行计划与资金分开的原则。人民银行核定各专业银行的年度信贷计划，只是确定一个"笼子"和目标，对专业银行不再包资金供应；专业银行实现贷款规模所需的资金，主要面向资金市场筹措。六、改进贷款利率管理办法。对企业的贷款利率，一是实行分档次管理；二是实行期限差别利率和行业差别利率；三是严格罚息制度。文件还对改进联行结算办法、开放和发展短期资金拆借市场、搞好预测和监测、推动专业银行完善和改革信贷资金管理体制等提出了要求。

以中国人民银行《关于完善信贷资金管理办法的规定》为主体，中国人民银行还分别制定了《对专业银行贷款管理暂行办法》《金融信托投资机构资金管理暂行办法》《专项贷款管理暂行办法》《外汇抵押人民币贷款暂行办法》，以及相配套的会计科目、会计报表及账务处理的规定。

一九八七年

1月5日 中国人民银行上海市分行印发《证券柜台交易暂行规定》。《证券柜台交易暂行规定》自1987年1月15日起试行，是新中国有关柜台交易业务方面的第一个业务规章。

1月9日 中国人民银行、国家计委、财政部、国务院特区办公室联合印发《关于经济技术开发区开发性贷款实行差别利率和贴息的规定》。其中规定：（1）实行差别利率的范围，包括征用土地、平整场地、通路、通水、排污、通电、通信、通气等公用设施的开发性贷款，不包括用于标准厂房建设、商品房建设和项目建设等可以通过经营盈利偿还本息的贷款。（2）贴息标准按贷款期限分为两个档次。中央财政按年息3%的利

率补贴。（3）实行差别利率开发贷款，其还款期限允许适当延长至十五年，到期必须归还，逾期不还时停止补贴利息，并加收罚息。

2月5日　为了促进对外经济技术合作、加强对外汇担保的管理，中国人民银行颁发《关于境内机构提供外汇担保的暂行管理办法》。其中明确规定：所称外汇担保，是指担保人以自有的外汇资金向债权人承诺，当债务人未按合同规定偿付债务时，由担保人履行偿付义务的保证。只有法定经营外汇担保业务的金融机构和有外汇收入来源的非金融性质的企业法人，才可以作为外汇担保的机构。外汇担保的管理机关为国家外汇管理局及其分局。

2月5日　中国人民银行颁发《关于审批金融机构若干问题的通知》。该通知规定：设立分支机构的全国性银行，其最低实收货币资本金为20亿元；不设立分支机构的全国性银行，其最低实收货币资本金为10亿元；区域性银行的最低实收货币资本金为8亿元；合作银行的最低实收货币资本金为5亿元；上述银行设立独立核算的分支机构，其最低实收货币资本金为各该分支机构上级行的30%或50%；经营外汇业务最低实收货币资本金中30%应由等值的外汇现汇构成。

对于设立信托投资公司，该文件修改了1986年的规定：（1）全国性信托投资公司的最低实收货币资本金由5 000万元改为1亿元；（2）省级信托投资公司的最低实收货币资本金由1 000万元改为5 000万元；（3）地、市（包括县）级信托投资公司的资本金由500万元改为2 000万元；（4）上述公司如经营外汇业务，同时拥有的最低外汇现汇资本金分别由500万美元、200万美元和100万美元改为1 000万美元、500万美元和200万美元；（5）保险投资公司和风险投资公司的最低实收货币资本金限额按信托投资公司标准执行；（6）融资租赁公司的最低实收货币资本金为3 000万元，经营外汇业务的，同时应有500万美元现汇的最低外汇资本金；（7）部门以大企

业集团设立的财务公司，最低实收货币资本金为5 000万元，经营外汇业务的，同时应有500万美元现汇的最低外汇资本金。机构审批权限归人民银行。

2月17日　中国人民银行发布《关于人民银行统一管理金银专项贷款的通知》。该通知规定，从1987年1月1日起，金银专项贷款归口由人民银行管理。贷款指标由人民银行总行下达到人民银行各省、自治区、直辖市、计划单列城市分行。贷款指标的分配、使用、管理，总行由货币发行司负责，分行由货币发行处负责。当年指标未用完可以结转下年使用。金银专项贷款主要用于发展黄金、白银生产的基本建设和技术改造项目；贷款的对象是中央直属国营矿山和地方国营矿山、集体矿山；贷款期限1～3年，最长不超过5年，利率分别为4.2‰、4.8‰和5.4‰。

2月26日　中国人民银行重新设置和颁发了《全国银行统一会计科目及统一会计报表制度》，为会计信息的分类加工奠定了基础。

2月28日　国务院办公厅批准成立中信实业银行。中信实业银行在业务方面受中国人民银行领导和管理。

3月17日　根据中共中央、国务院对海南岛的优惠政策，中国人民银行决定适当下调海南岛专项开发贷款利率。

4月1日　经国务院同意，中国人民银行、国家计委、财政部、中国人民建设银行制定《关于发行国家重点建设债券的规定》，其主要内容是：（1）为压缩预算外固定资产投资规模，调整投资结构，更好地集中资金保证国家重点建设的需要，国务院决定1987年对单位发行国家重点建设债券50亿元，对个人发行5亿元。（2）债券由银行代理国家财政发行，到期由财政部还本付息。对单位发行的债券，可以抵押，不准转让；对个人发行的债券，可以转让、继承；不能作为货币进入流通。（3）对单位发行采取分配任务的办法，各单位只能用预算外资金购买债券，不得挪

用上缴财政税利和银行贷款购买。（4）债券发行和还本付息事宜由中国人民银行统一组织，由中国人民建设银行、中国工商银行、中国农业银行、中国银行及其所属机构办理；对个人发行和还本付息事宜由中国人民建设银行办理。（5）发行债券筹集的资金，作为"拨改贷"专项资金，全部用于国家计划内重点建设项目。

4月7日 为贯彻执行国务院办公厅《关于成立中信实业银行批复》文件，中国人民银行就有关事项发出通知。该通知指出，中信实业银行是中国国际信托投资公司所属的国营综合性银行，是自主经营、独立核算、自负盈亏的企业法人，实行董事会领导下的行长负责制，董事会是最高决策机构，总行设在北京，在业务上受中国人民银行领导、管理和稽核。经中国人民银行批准，中信实业银行可在国内外设立分支机构；国内各分行均为企业法人，独立承担民事和经济责任。该通知明确规定中信实业银行的业务经营范围，同时强调中信实业银行业务经营必须执行人民银行的有关规定。

4月11日 中国人民银行颁发《全国银行统一会计基本制度（试行本）》，规定：中国人民银行总行管理全国银行会计工作；银行的会计规章制度，实行"统一领导、分级管理"的原则；全国银行统一会计基本制度的管理权集中在中国人民银行总行和省、自治区、直辖市分行（简称分行）两级，属于全国银行的会计基本制度、办法，由中国人民银行总行统一制定，中国人民银行分行对总行统一制定的制度、办法，可作必要的补充规定但不得与总行的规定相抵触，并报总行核备；属于系统内的制度、办法，由各总行根据本制度制定，专业银行总行制定的制度、办法，要报中国人民银行总行核备；中国人民银行和专业银行分行对各自总行制定的制度、办法，可作必要的补充规定，专业银行分行在报送各自总行核备的同时，抄报同级人民银行；下级行对上级行制定的各项制度、办法，必须严肃认真地

贯彻执行，不得任意修改或废除。同年6月3日，中国人民银行据此制定了《中国人民银行会计制度（试行本）》。

4月25日 为纠正储蓄工作中争存款、随意提高储蓄存款利率或滥发实物的现象，中国人民银行发出《关于储蓄存款利率规定的通知》，重申1986年中国人民银行《关于加强储蓄存款利率的管理的通知》的精神，并进一步明确规定：（1）各金融机构和邮政部门，必须按照《中华人民共和国银行管理暂行条例》规定的"各种存款的最高利率和各种贷款的最低利率，由人民银行总行拟订"的原则，执行统一利率政策，各专业银行和金融机构均不得擅自提高存款利率。（2）设在农村的信用社的储蓄存款利率，可在低于市场利率、高于国家规定的基准利率的幅度内浮动，浮动幅度在20%以内的报当地农业银行批准，20%以上的报人民银行省分行批准。设在城市、城镇、城关及大工矿区的农村信用社，不得提高储蓄存款利率。凡违反上述规定引起纠纷的，由当地人民银行协调处理，凡不听劝阻者，按扰乱金融市场给予处罚，并取消人民银行对其转存款的利差补贴。（3）各金融部门开办有奖储蓄、邮政部门开办储蓄，不得在现有储蓄利息额度之外再增加奖息和实物。各地人民银行要严格监督，对以发纪念品为名变相提高储蓄存款利率的各金融部门、邮政部门，要立即制止，并根据情况扣减其手续费。

4月25日 国务院发布《关于发行新版人民币的命令》，要点：一、责成中国人民银行自1987年4月27日起陆续发行一套新版人民币。新版人民币面额，主币有1元、2元、5元、10元、50元和100元六种；辅币有1角、2角、5角三种，现行1分、2分、5分三种纸币、硬辅币继续流通。二、新版人民币发行后，与现行人民币混合流通，具有同等的价值尺度和流通手段、支付手段、贮藏手段的职能。任何单位或个人，均不得以任何理由拒收其中任何一种人民

币。三、新版人民币各种券别的发行时间，责成中国人民银行陆续通告周知。四、凡破坏新版人民币发行或者借发行新版人民币之机从中渔利、扰乱金融市场者，均依法惩处。

4 月 25 日　根据中华人民共和国国务院的命令，中国人民银行发出《关于发行新版五十元券和五角券人民币的通告》和新版人民币九种票样与票面说明，由新华社发稿并在《人民日报》和《经济日报》上刊登，决定自 1987 年 4 月 27 日起在全国陆续发行五十元券和五角券人民币。

4 月 28 日　中国人民银行发出《关于人民银行不再对粮食种子贷款实行贴息的通知》，其中规定，凡是将粮食种子贷款放在平价粮贷款账户内核算的行，要立即将该项贷款单设账户核算，人民银行停止贴息。

5 月 14 日　中国人民银行制定《关于外汇存、贷款利率管理的规定》，指出：（1）在经营外汇业务金融机构集中的地区，应由当地人民银行牵头，成立经营外汇业务金融机构的同业公会。同业公会根据国家外汇管理规定和金融政策制定并协调该地区各金融机构的外汇存、贷款利率。（2）同业公会主席由当地人民银行行长担任，副主席可由会员轮流担任。（3）同业公会在制定外汇存、贷款利率时应遵循的原则是：金融机构之间的资金拆借利率可由双方协商制定；对企事业单位和个人的外汇存贷款利率，同业公会可根据国际资金市场利率的水平和金融机构筹措外汇资金的成本及费用，制定出外汇存款利率的最高限和贷款利率的最低限，各金融机构可在规定的范围内自行制定外汇存、贷款利率。同业公会应制定出具体处罚办法，违反者按有关规定进行处理。（4）对经营外汇业务金融机构不集中的地区，其外汇存、贷款利率仍参照中国银行的现行利率执行。

5 月 14 日　中国人民银行发出《关于调整企业单位定期存款利率的通知》，规定：现行一年期、两年期、三年期的企业单位定期存款利率，

分别由月息 3.6‰、4.2‰和 4.8‰调整为 4.2‰、4.8‰和 5.4‰；同时增设半年期档次，利率为月息 3.6‰，自 1987 年 6 月 21 日起执行。

5 月 14 日　中国人民银行发出《关于调整对农业银行扶持贫困地区专项贴息贷款利率的通知》，决定从 1987 年 6 月 21 日起，对 1986 年起五年内每年安排 10 亿元信贷资金给中国农业银行发放扶贫专项贴息贷款的利率，由原定的月息 5.4‰调整为月息 3.9‰。

6 月 17 日　根据《中华人民共和国经济特区外资银行、中外合资银行管理条例》，中国人民银行发出《关于经济特区外资银行、中外合资银行业务管理的若干暂行规定》，对营运资金和注册资本，办理本、外币存款业务和贷款业务范围，存款准备金、投资、担保、流动资产比率、汇款、贸易结算、手续费、移存、财务报表、检查、处罚等，都提出了具体的要求。

6 月 20 日　中国人民银行、中国工商银行、中国银行、中国人民建设银行联合印发《关于实行〈华东三省一市票汇结算试行办法〉的通知》，决定自 1987 年 8 月 1 日起在江苏、浙江、安徽、上海地区试行改进的票汇结算办法，同时废止 1980 年在该地区试行的限额结算办法。

6 月 23 日　经国务院批准，中国人民银行、海关总署联合发出《关于调整出入境人员携带人民币限额的通知》。该通知规定：在继续执行《中华人民共和国禁止国家货币出入国境办法》的前提下，准许出入境人员携带人民币的限额调整为每人每次不超过 200 元（约合一套现行流通人民币加一套新版人民币的金额），由海关内部掌握予以放行。因特殊情况超出上述限额，须经关长批准或者报经海关总署核定。邮寄入境的人民币限额，可比照上述原则执行。

7 月 2 日　中国人民银行发出《关于再次重申追回银行被抢、被盗、被骗、贪污、丢失库款和金银处理的规定的通知》，其中强调追回属于银行被抢、被盗、被骗、贪污、丢失等的赃款，

应全部归还银行，不作财政收入。

8月8日 中国人民银行发出《关于成立中国金币总公司的通知》。该通知规定：该公司是中国人民银行直属的独立经营、独立核算、自负盈亏的副局级企业单位，履行中国人民银行贵金属货币发行和国家贵金属储备同时实现国家贵金属储备保值、增值的职能。

8月14日 为加强外汇管理，中国人民银行发出《关于开办外汇抵押人民币贷款几个问题的通知》，规定：外汇抵押人民币贷款业务，目前由中国人民银行开办，委托中国银行和其他金融机构办理。除经济特区外，专业银行和其他金融机构不得自行开办此项业务。经济特区人民银行开办此项贷款的人民币资金，由人民银行总行提供，抵押的外汇由国家外汇管理局统一管理。除经国家外汇管理局总局批准者外，不许将抵押外汇及利息收入转存境外银行。经济特区的专业银行和其他金融机构，经批准开办外汇抵押贷款业务所需的人民币资金，必须自己解决。抵押的外汇，当地外汇管理部门要加强管理。

8月20日 中国人民银行、中国农业银行制定《关于农村信用社信贷资金管理的暂行规定》。该规定对信用社编制信贷收支计划、建立健全资金管理责任制以及信用社之间、社行之间资金调剂的办法等都提出了明确的要求。

9月5日 为了支持少数民族地区经济发展，体现党对少数民族地区的照顾政策，经国务院批准，中国人民银行、国家民委、财政部、中国工商银行、中国农业银行联合发出《关于对少数民族贸易和民族用品生产贷款继续实行优惠利率的通知》。

9月20日 中国金融学院举行首届开学典礼。邓小平为学院题写了院名，陈云为学院的成立写了贺词："办好中国金融学院，培养新一代银行家"。中国金融学院于1986年8月2日经国家教育委员会批准，由中国人民银行、中国工商银行、中国农业银行、中国银行、中国人民建设

银行、中国人民保险公司、交通银行、中信实业银行、光大金融公司等9家金融机构联合组建。学院实行董事会领导下的院长负责制，院长由中国人民银行副行长刘鸿儒兼任。

9月28日 中国人民银行制定《关于中国境内机构在境外发行债券的管理规定》，其中明确规定：（1）中国人民银行总行为境内机构在境外发行债券的审批机关。国家外汇管理局及其分局为境内机构在境外发行债券的管理机关，负责审查、协调和监督债券的发行及所筹资金的使用和偿还的管理。（2）境内机构需在境外发行债券，应向当地管汇部门申请，提交有关文件和资料，经当地管汇部门审查提出意见后，报国家外汇管理局核报中国人民银行总行批准。（3）对发行机构本身业务经营需要发行债券的，所筹资金必须按批准的用途使用，债券本息的偿还自行负责。（4）对受地方政府委托发行债券的，所筹资金应用于地方政府安排的项目，债券本息的偿还纳入地方外汇支出计划，由地方政府负责偿还。（5）对受国家委托发行债券的，所筹资金由国家安排使用，债券本息的偿还纳入国家外汇支出计划，由国家负责偿还。（6）债券发行单位，在债券发行后，必须根据管汇部门的要求，按季报送资金的使用情况、投资和贷款项目的经营情况以及资金的偿还情况。如果需要改变资金用途，必须事先取得管汇部门的同意。（7）凡违反本规定的，管汇部门将视其情节轻重，给予警告、罚款和取消其发行债券资格的处罚。

9月28日 根据《中华人民共和国外汇管理暂行条例》，中国人民银行公布施行《非银行金融机构外汇管理办法》。对非银行金融机构外汇业务的审批和终止、业务管理和财务会计制度等都作了具体规定。

10月26日 中国人民银行颁发《关于提高存款准备金比例和中央银行贷款利率的通知》。该通知规定：从1987年第四季度起，对各专业银行和各金融机构的存款准备金比例，一律在现有

的基础上上调2%；农村信用社对新增加的存款余额上调2%。从9月21日起，人民银行对各专业银行、各金融机构的年度性贷款和短期贷款利率一律由现行的月息3.9‰、5.4‰和5.7‰提高到6‰，再贴现利率按上调6‰后的贷款利率降低5%~10%计收利息。

10月30日　中国人民银行发布《企业股票、债券以及其他金融市场业务管理问题的通知》。该通知规定：股票不能还本，债券不能参加分红，股票、债券持有人应根据两种证券的不同性质享有不同的权益，承担各自的风险；企业的所有有偿社会集资，均应采取股票、债券形式，企业发行股票、债券，票面格式要经人民银行批准并提供样张备案；国营企业原则上不能发行股票，集体企业不能发行债券；人民银行对企业发行股票、债券实行统一管理，分级审批；经营企业股票、债券等有价证券转让业务的机构仅限于独立核算的信托投资公司和其他非银行金融机构；同业拆借市场仅限于各家银行和非银行金融机构参加，每月日平均拆进余额不得超过其自有资本金总额的一倍，拆进资金只能用于解决短期资金不足的问题，拆借期限最长不得超过4个月。

10月30日　中国人民银行正式加入"东南亚新澳"中央银行组织。"东南亚新澳"中央银行组织是由东南亚地区国家和新西兰、澳大利亚的中央银行组织的地区性国际金融机构，全称为"东南亚新澳"中央银行理事会。

11月12日　经国务院同意，国家计委、中国人民银行、财政部、中国工商银行联合发出《关于降低公路专业运输企业更新汽车贷款利率及实行贴息的通知》，决定对国营公路专业运输企业的更新汽车贷款，实行三项优惠扶持政策。

11月13日　中国人民银行发出《关于加强有奖储蓄管理工作的通知》。该通知规定：有奖储蓄必须坚持存款自愿，严禁强行摊派；有奖储蓄须实行奖息结合，不得以奖代息，不得以任何

借口变相提高利率；有奖储蓄中奖面一般掌握在30%左右，最低不得少于20%，头奖金额以一般不超过5 000元为宜。

11月30日　中国人民银行上海市分行发布《企业短期融资券管理暂行办法》。

12月13日　国务院批准《金融机构代客办理即期和远期外汇买卖管理规定》，由国家外汇管理局发布施行。主要规定：本办法所称外汇买卖是指各种可兑换货币之间的买卖。中国银行可以接受中国境内的客户委托，代理买卖即期和远期外汇，其他金融机构经营此项业务，须经国家外汇管理局批准。外汇买卖业务限于进口项下的即期和远期外汇买卖，客户应当按照规定向当地外汇管理部门提交申请书和贸易合同或经济协议的副本。国务院批复指出：目前外汇买卖业务限于进口项下的即期和远期外汇买卖，暂时只由中国银行办理。

一九八八年

1月21日　为了更好地发挥金融债券的作用，缓解资金供求矛盾，支持经济发展，活跃金融市场，中国人民银行制定《关于1988年发行金融债券、发放特种贷款的规定》，强调全国发行金融债券的总额，由中国人民银行总行根据国家综合信贷计划统一确定。

1月26日　国家外汇管理局印发《免税外汇兑换券优待证管理办法》，对优待证的发放对象和不核发优待证人员、优待证的使用范围和不受理优待证场所、优待证的申领手续和管理等作了具体规定。

2月1日　中国人民银行发出《关于调整中国人民银行对专业银行存、贷款利率的通知》，自1987年12月21日起执行。其中规定：(1)适当调高专业银行和其他金融机构的存款准备金利率，由月息3.6‰提高到月息4.2‰。(2)人民银行对专业银行的贷款按期限实行差别利率。(3)利率调整后，人民银行和各专业银行及

其他金融机构一律按新调整的存、贷款利率档次计息。（4）1988年，人民银行对农业银行发放的扶贫贴息贷款，按原月息3.9‰计息；对中国银行机电产品出口卖方信贷，1984年以前发放未收回的余额按月息3.9‰计息；1985年1月1日以后发放的按月息4.8‰计息。

3月9日　根据国务院《关于加快和深化对外贸易体制改革若干问题的规定》，国家外汇管理局制定《关于外汇调剂的规定》。其中主要规定：在国家外汇管理局的统一领导和管理下，各省、自治区、直辖市逐步设立外汇调剂中心，办理本地区外汇额度和现汇的调剂业务；在北京设立全国外汇调剂中心，办理中央部门之间和各地之间外汇额度和现汇的调剂业务。外汇调剂中心为法定的外汇交易机构，其本身不得进行外汇交易。除外汇调剂中心外，其他任何单位和金融机构不得办理外汇调剂业务。文件对外汇调剂中心的职责、申请买入外汇、调剂外汇的价格、买入外汇的使用期限等作了具体规定。

3月25日　中国人民银行印发《一九八八年深化信贷资金管理体制改革的意见》。其主要内容是：（1）1988年金融宏观控制的目标仍以控制信贷规模为主。（2）完善信贷计划管理体制。从1988年起，全国的信贷计划由国家综合信贷计划、人民银行信贷计划、专业银行信贷计划、非银行金融机构的信贷计划四大计划组成。（3）建立专业银行自我发展和自我约束机制，提高资金的自给率，努力实现信贷收支的平衡。（4）管紧、用活人民银行贷款和再贴现，强化间接调控手段。（5）改进和加强全民所有制非银行金融机构的资金管理。（6）完善和发展资金拆借。（7）建立地区监控指标体系。

3月26日　中国人民银行发布《关于依法加强人民银行行使国家保险管理机关职责的通知》，重申：国家保险管理机关是中国人民银行。中国人民银行总行负责全国性基本保险条款和保险费率的审定；中国人民银行各级分行负责在本地区实行的地方性基本保险条款和保险费率的审定。各保险企业不经人民银行审定，不得擅自颁布基本保险条款和制定、更改保险费率。对未经人民银行审定，就擅自颁布基本保险条款和更改保险费率的保险企业，人民银行各级分行应根据不同情况给予警告、限期改正、罚款，直至令其停业的处罚。

3月30日　中国人民银行、中国工商银行、中国农业银行、中国银行、中国人民建设银行、交通银行、中信实业银行联合发出《关于统一信贷计划执行情况监测口径的规定》，对统一银行存贷款统计数字的归并口径，资金切块地区统计、检查计划执行情况表的归属和交通银行信贷计划单独考核等方面的问题，作了具体规定。

3月30日　中国人民银行重新制定了《中国人民银行货币发行管理制度（试行）》和《全国银行出纳基本制度（试行）》。《中国人民银行货币发行管理制度（试行）》，重申中国人民银行是我国唯一的货币发行机关，人民币是我国唯一合法货币，严禁任何其他部门发行任何货币、变相货币；强调货币发行管理是为调节货币流通、稳定货币，为国民经济发展服务的。该文件对货币发行管理的基本任务、发行基金的管理、货币发行与回笼的管理、发行库的管理、账务处理原则等作了具体规定。《全国银行出纳基本制度（试行）》，强调这个制度适用于所有办理人民币现金、金银出纳业务的银行和其他金融机构，该文件对出纳工作的主要任务和基本原则，现金的收付与整点，库房管理与现金运送，人民币的兑换与挑剔，反假人民币和票样管理，错款处理，金银的收售、封装与损益，出纳机具的管理和奖励与惩罚等，作了具体规定。

3月31日　中国人民银行发出《关于恢复团费存款计息问题的通知》，决定自1988年6月21日起，对各级团费存款恢复计息，其利率按现行企业存款利率执行。

4月12日　国家主席杨尚昆根据第七届全国

人大常委会第一次会议的决定，任命国务委员李贵鲜兼任中国人民银行行长。

4月28日　国家外汇管理局发出《关于制止外商投资企业在境外的保险公司投保的通知》。该通知规定，外商投资企业只能向中国境内的保险公司投保；并通知外商投资企业的外汇开户银行要履行监督职能，严格把关，对外商投资企业在境外保险公司投保的不予汇出保险费。

5月13日　中国人民银行颁发《中国人民银行财务管理制度》，规定：财务管理工作实行"统一领导，分级管理，成本核算，利润留成"的管理体制，其基本任务是：管理国家信贷资金，监督信贷资金的合理使用，正确进行成本核算，合理分配各项财务资金，增收节支，提高经济效益。该文件对财务管理工作的范围、企业管理人员和业务人员的划分、财务计划、资金管理、财务收入管理、成本管理与经济指标的考核、营业外支出及税利解缴管理、专用基金管理、固定资产管理、资金与财产多缺处理等作了具体规定。

6月11日　中国人民银行发出《关于进一步落实"控制总量、调整结构"金融工作方针的几项规定》，主要内容：（1）搞好信贷规模的监控。（2）流动资金贷款，除建设银行外，进一步落实"多存多贷、少存少贷"的政策。固定资产贷款仍按指令性计划管理；为鼓励各地多收回贷款，技术改造贷款超计划多收回的部分，允许多贷。（3）管好中央银行基础货币，切实管住中央银行的贷款。（4）努力完成上半年收回中央银行贷款的任务。（5）进一步实行谁挖潜谁使用的政策。（6）进一步发挥金融市场的调剂作用。（7）改革银行结算，加快结算速度。（8）进一步加强分析预测工作，特别要注意分析各地经济增长、物价上涨与货币、信贷增长以及金融市场的变化关系，增强工作的预见性。

6月21日　中国人民银行印发《中国人民银行部分岗位规范的通知》，这些岗位规范是：《中国人民银行地、市分行行长岗位职务规范（试行）》《中国人民银行县支行行长岗位职务规范（试行）》《中国人民银行国家金库干部岗位职务规范（试行）》《中国人民银行会计专业干部岗位职务规范（试行）》《中国人民银行计划专业岗位职务规范（试行）》《中国人民银行金融管理专业岗位职务规范（试行）》。这些岗位规范主要是对各专业的各级干部岗位的职责、职务规范、任职资历与条件、专业知识、专业技能等作了具体规定。

7月15日　根据《中华人民共和国银行管理暂行条例》的有关规定，中国人民银行发出《关于设立证券公司或类似金融机构须经中国人民银行审批的通知》，规定：（1）凡设立证券公司或类似的金融机构，必须由当地人民银行分行审核，报经中国人民银行总行批准，并发给"经营金融业务许可证"。此类公司要与组建单位脱钩，行政上挂靠当地人民银行，银行对其实行归口领导和管理。（2）中国人民银行是领导和管理全国金融事业的国家机关，依法管理全国的金融机构和金融市场。地方政府及其他部门无权批准成立证券公司或类似金融机构。地方政府及其他部门有关批准成立证券公司或类似金融机构的公文一律无效。（3）凡未经中国人民银行审批，已由地方政府批准设立的证券公司或类似金融机构，从本通知下达之日起，一律停止办理业务。停业期限授权人民银行各省、自治区、直辖市、计划单列城市分行规定并监督执行。（4）停业的证券公司或类似金融机构如确有必要设立，可以向当地人民银行提出申请，报中国人民银行总行审核批准，未经人民银行批准的，停业期满的一律予以撤销。

7月21日　中国人民银行在北戴河召开会议，研究金融形势。会议制定下发了《关于进一步加强宏观调控，严格信贷资金管理的通知》。该通知决定：（1）从9月1日起，各专业银行和其他金融机构缴存准备金的比例，由12%提高到

13%。（2）进一步落实清仓挖潜任务，实行先扣后调的办法。（3）坚决完成国家债券认购任务。（4）从8月1日起，人民银行决定对各级信托投资机构开办两种1年期的特种存款：一种由所有金融信托投资机构按6月末在人民银行存款余额的30%缴存，利率为月息7.5‰；另一种按超过人民银行下达的信托贷款计划多放贷款部分的50%缴存，利率为月息4.2‰。（5）在9月底以前，各地人民银行全部收回上半年对非银行金融机构的短期贷款。

8月9日 经国务院批准，中国人民银行决定从9月1日起调整银行存、贷款利率。主要规定是：一、提高银行存款利率。城乡居民个人一年期定期储蓄存款利率，由现行年息7.2%调整为年息8.64%。二、提高银行贷款利率。一年期流动资金贷款利率和固定资产贷款利率由现行年息7.2%调整为9%。三、调整现行贷款优惠利率。四、各银行以及其他金融机构（包括邮政储蓄），都要执行全国统一的利率政策和利率标准。农村信用社存、贷款利率浮动，要按原来规定上报审批。五、提高人民银行对专业银行的存、贷款利率。同年8月30日，人民银行又发布了《关于调整银行存贷款利率的具体规定的通知》。具体明确了各项优惠贷款利率、原优惠贷款利差补贴、信托投资机构存贷款利率、各种存款利率、债券利率、农村信用社存贷款利率、同业拆借利率以及住房贷款利率等问题。

8月11日 国务院批转中国人民银行《关于控制货币、稳定金融几项措施的报告》。国务院在批转通知中指出：要进一步加强货币、信贷的集中管理，调整信贷结构。国务院重申，任何单位、个人都不得强迫银行发放贷款或阻挠银行收回到期、逾期贷款；未经中国人民银行总行批准，任何部门都不得以任何名义成立或变相成立金融机构，办理存款、贷款等业务。对各地已经成立的各种信托投资机构，责成中国人民银行会同有关部门进行清理整顿。今年的信贷计划和货币发行计划，各省、自治区、直辖市要严格掌握，不准突破，并实行行政首长负责制，省长、自治区主席、市长要组织当地银行和有关部门共同研究落实。

中国人民银行在该报告提出的控制货币、稳定金融的措施包括：（1）进一步调整信贷结构；（2）进一步加强信贷管理，控制货币、信贷总规模；（3）增加货币回笼，扩大资金来源；（4）努力挖掘资金潜力；（5）督促企业补充自有流动资金；（6）各地银行对自筹固定资产投资项目一律不准发放贷款，已经贷款的要坚决清理，逐步收回。同时，严禁变相用银行贷款搞自筹计划外项目；（7）今年国家确定发行的基本建设债券、财政债券和国家建设债券，各地区、各金融机构必须按照规定的期限如数完成；（8）正确引导资金市场，搞活短期资金融通。同时，要引导企业发行股票、债券，进一步开辟和扩大股票、债券流通市场，搞好有价证券的转让。

8月22日 经国务院同意，国务院办公厅转发《中国人民银行关于改革银行结算的报告》。该报告提出：为适应经济和金融体制的深化改革，促进社会主义商品经济的发展，必须加快银行结算的改革。银行结算改革的指导思想是：按照方便、通用、迅速、安全的要求，简化手续，减少限制条件；简化、合并结算种类；发展信用支付工具，逐步实现票据化；运用经济手段，使结算与银行信用、融通资金相结合；采取有效手段，保证结算资金的安全可靠。银行结算改革的目的是使信用支付工具和结算方式增强灵活性、通用性、兑现性、安全性和票据的流通性，同时采用先进手段，加快结算速度，加强结算管理，以达到活、通、快，更好地为社会主义商品经济发展服务。银行结算要根据以上指导思想作通盘改革：（1）放宽开户条件。（2）发展信用支付工具，大力推行使用票据。（3）对保留的结算方式进行改进。（4）废止不适应的结算方式，拟取消托收承付结算方式和现行的国内信用证、付款委托书、托收无承付、保付支票和省内限额结算六种结算方式。（5）建立清算中心，加速结算手段电子化进程。（6）完善银行结算管理体制，实行集中统一和分级管理相结合。（7）充实结算人员，加强结算工作，提高结算质量和效率。（8）加强结算管理，严格结算纪律。凡银行违反结算制度规定和延压、挪用、截留客户的结算资金，要按照每天万分之三赔偿利息，情节严重的要追究当事人、有关领导的经济和行政责任。（9）制定票据法规，加强法制管理，减少行政性监督，改进现金管理，调整结算收费标准。

8月31日 为贯彻落实国务院批转中国人民银行《关于控制货币、稳定金融几项措施的报告》的通知精神，中国人民银行发出《关于进一步控制一九八八年货币投放、信贷规模的具体规定》。其主要内容是：一、加强信贷管理，严格控制贷款规模。二、加强现金管理，严格控制货币投放。三、调整信贷结构，扶优限劣，保重点，压一般。四、积极吸收存款，增加资金供应能力。五、努力完成挖潜任务。六、加强对准备金缴存的管理。七、加强信托投资机构、信托贷款规模的控制。八、严格控制人民银行资金。

9月3日 中国人民银行发布《关于开办人民币长期保值储蓄存款的公告》，决定从1988年9月10日起开办人民币长期保值储蓄存款。凡城乡居民存入的3年、5年、8年期定期存款，在期满后除按银行规定的利率计付利息外，还要按存款期间物价上涨率与利率之差计算补贴率，贴补给储户，以保证储户利益不因物价上升受到损失。长期储蓄存款的保值贴补率跟随物价浮动，如果物价指数低于银行3年、5年、8年期定期存款利率时，仍按原规定储蓄利率计息。1996年，根据国内经济形势的变化情况，国家正式取消了人民币长期保值储蓄存款。

9月8日 国务院颁发《现金管理暂行条例》，自1988年10月1日起施行，1977年11月28日发布的《国务院关于实行现金管理的决定》

同时废止。《现金管理暂行条例》主要规定：（1）凡在银行和其他金融机构开立账户的机关、团体、部队、企业、事业等单位，必须依照本条例的规定收支和使用现金，接受开户银行的监督。国家鼓励单位和个人在经济活动中，采取转账方式进行结算，减少使用现金。（2）各级人民银行应当严格履行金融主管机关的职责，负责对开户银行的现金管理进行监督和稽核。（3）在银行开户单位使用现金的范围是：职工工资、津贴；个人劳务报酬；根据国家规定颁发给个人的科学技术、文化艺术、体育等各种奖金；各种劳保、福利费用以及国家规定的对个人的其他支出；向个人收购农副产品和其他物资的价款；出差人员必须随身携带的差旅费；结算起点以下的零星支出等。（4）超过使用现金限额的部分，应当以支票或者银行本票支付。开户单位在销售活动中，不得对现金结算给予比转账结算优惠待遇，不得拒收支票、银行汇票和银行本票。（5）开户银行根据实际需要，核定开户单位三天至五天（特殊情况不得超过十五天）的日常零星开支所需的库存现金限额。（6）单位从开户银行提取现金，应当写明用途，由本单位财会部门负责人签字盖章，经银行审核后予以支付现金。未在银行开户的个体工商户、农林承包经营户异地采购所需货款，可以通过银行汇兑方式支付。凡加盖"现金"字样的结算凭证，汇入银行必须保证支付现金。（7）具备条件的银行应当接受开户单位的委托，开展代发工资、转存储蓄业务。开户银行按规定做好现金收款工作，不得随意缩短收款时间。大中城市和商业比较集中的地区，应当建立非常营业时间收款制度。（8）开户银行应当加强柜台审查，定期或不定期地对开户单位现金收支情况进行检查，并按规定向当地人民银行报告现金管理情况。（9）一个单位在几家银行开户的，由一家开户银行负责现金管理工作，核定单位库存现金限额。各金融机构的现金管理分工由中国人民银行确定，有关现金管理分工的争议由当地人民银行协调、裁决。文件还对开户单位的现金收支、建立健全现金账目以及开户单位和银行工作人员违反现金管理规定的法律责任等作了具体的规定。

9月27日 为治理通货膨胀，稳定金融，稳定经济，国务院颁发《关于进一步控制货币、稳定金融的决定》，主要内容是：一、银行货币、信贷必须控制在核定的指标之内。重点支持；职工工资和国家规定的奖金、补贴的现金支出；群众提取储蓄存款的现金支出；农副产品收购包括外贸出口的农副产品收购合理的贷款；人民生活必需品生产的流动资金贷款。除此之外，银行均严格控制。二、从今年10月1日开始，凡受现金管理的单位提取工资、奖金、补贴等消费基金，一律维持在8月的水平上，超过部分银行不支付现金，特殊情况需要超过基数的，必须报省、自治区、直辖市人民政府或其指定的省级主管部门批准。三、各地区今年的贷款规模，要由各省、自治区、直辖市人民政府负责，组织银行和有关部门加以落实。各家银行系统的贷款规模由各家银行总行负责落实。未经批准，均不得突破。四、各地银行和其他金融机构，必须立即停止对国家计划外项目、非生产性建设项目和自筹固定资产投资项目的贷款，对各类小型工厂企业也一律停止贷款，已经贷款的必须限期清理收回。要切实加强对拆借资金的管理，专业银行之间拆借资金，最长不得超过三个月，严禁用拆借资金搞固定资产投资。五、严格控制流动资金贷款。对经营性亏损企业、产品滞销积压的企业和倒买倒卖、抢购、囤积物资的企业、公司等，必须立即停止贷款，已经贷款的要限期收回。除国家指定的商业、供销部门和种子公司外，对其他部门、单位一律不准发放粮食、棉花的收购贷款。对抬价收购和跨地区抢购农副产品的，银行不予贷款，不支付现金，不办理转账结算。严禁以任何形式挪用银行流动资金贷款搞固定资产投资。对企业通过预付货款搞固定资产投资的，银行不予

贷款。六、稳定和增加储蓄存款。各地政府要组织有关部门进一步办好保值储蓄业务。要拿出一批高档耐用消费品同银行储蓄挂钩，办理奖售储蓄。七、从今年10月1日开始，全国各级各类信托投资机构一律停止发放信托贷款或投资，一律停止拆出资金。八、抓紧清理整顿信托投资机构，所有信托投资机构要按照有关规定进行自查，并要接受人民银行的检查。在检查的基础上，区别不同情况进行处理，该撤的撤，该并的并，该罚的罚。对符合条件需要保留的，必须在报经人民银行总行重新审查批准后，方可继续开展业务。九、从今年10月开始，在全国组织开展信贷、现金大检查，着重检查"暂行条例"和本决定的执行情况，违反国家规定的要立即纠正，情节严重的要作出严肃处理。各省、自治区、直辖市人民政府要指定一位负责同志亲自抓，组织各方面力量，扎扎实实地做好这项工作。

10月5日 中国人民银行印发《关于加强利率管理工作的暂行规定》，自1988年10月10日起执行。该规定强调：（1）中国人民银行是国家管理利率的唯一机关，其他单位均不得制定与国家利率政策和有关规定相抵触的利率政策或具体办法，不得以任何借口和方式强迫金融机构提高或降低存款、贷款及债券利率。（2）各级人民银行、专业银行及其他金融机构都必须遵守和执行国家利率政策和有关规定，不得超过人民银行总行给予的权限随意上下浮动利率，也不得以任何形式变相越权浮动利率。（3）各级人民银行要发挥中央银行的职能作用，指定人员具体负责调查、了解利率政策的执行情况，做好监督、检查、协调管理工作，并对违反利率政策规定的行为提出处理意见。其他金融机构要接受监督和协调，配合人民银行做好利率管理工作。（4）对违反国家利率政策和有关规定的金融机构，当地人民银行应视情节轻重给予相应的处罚。对拒不改正或不接受处分的金融机构，应从其账户中强制

扣款，也可通过新闻媒介向社会公告其违法行为。

10月11日　中国人民银行发布《关于加强调剂外汇管理工作的紧急通知》。针对国内市场上用外汇调剂抢购紧俏商品，加剧外汇供求矛盾的现象，该文件规定：各分局应严格控制调剂外汇的投向，严禁使用调剂外汇在国内市场上套购家电、金银首饰等紧俏商品，进口整装家电等在国内销售赚取人民币；贯彻"谁用汇，谁申请调剂外汇"的原则，加强对购买调剂外汇单位的资格审查；各专业银行不得发放用于购买调剂外汇的人民币贷款，各经营外汇业务的专业银行不得发放以换取人民币资金为目的的外汇贷款；外汇管理局各分局不得批准国内企业用外汇贷款进行外汇调剂。

10月14日　中国人民银行发出《关于贯彻国务院进一步控制货币、稳定金融决定的通知》。其主要内容是：一、严格控制信贷规模。二、严格控制货币投放，已经下达各地的全年现金投放回笼计划，不再调整。三、进一步明确信贷政策总的要求是：控制总量，调整结构，压缩一般，保证重点。四、进一步稳定和增加储蓄。五、坚决清理信托投资机构。六、管住用好人民银行短期贷款。七、认真抓好清仓挖潜、收回银行贷款的工作。八、认真开展信贷、现金大检查。九、加强调查研究和信息反馈工作。

10月20日　国家外汇管理局发布《关于严禁推迟收汇和提前付汇的紧急通知》。为制止某些部门出口拖延结汇和应上缴外汇不上缴的做法，该通知规定：不准赶签进口合同；不准任意扩大进口项下预付货款的比例；进口项下付汇须凭国外银行索汇通知、货运单据办理；严格控制当地外贸公司向驻外机构出口；对拖延上缴中央外汇的，各地分局坚决从留成中扣缴。

11月11日　国家机构编制委员会原则批准《中国人民银行"三定"方案》。《中国人民银行"三定"方案》明确了中国人民银行的职责，明确中国人民银行人员编制为1 250人，共设21个司局，除保留原有司局以外，还增设政策研究室、金融体制改革司、国际金融组织司、金银管理司、保险企业管理司、金融市场管理司，原基建办公室改名为基本建设司。此外，按国务院统一规定设置机关党委、机关纪委、参事室、老干部局、监察机构等。

11月17日　国家外汇管理局发布《关于各地设立外汇管理支局仍由总局审批的通知》。针对各地掌握标准不一、机构设置很不平衡的问题，该通知规定：今后各支局的成立仍应报总局统一审批。凡1988年11月底以前各分局自行批准的支局，要补报总局备案。

12月1日　国家外汇管理局发布《关于对防范汇率风险方面几个问题的处理意见的通知》。该通知指出：目前我国出口收汇率只占整个出口额的60%～70%，不能履约的比重大，经批准办理即期和远期外汇买卖业务的金融机构需垫付资金。因此，决定先在中国银行上海、北京、天津、广州四家分行选择一些有充裕留成外汇、货源充足、装船期稳定、成交金额大、又一向安全收汇的大公司试做出口项下的远期外汇买卖业务。除获准经营外汇业务的专业银行、金融机构和外商投资企业外，对其他客户，凡使用其现汇营运资金委托中国银行或指定的金融机构买卖即期远期外汇，今后不需再报当地外管部门审批，由中国银行或指定的金融机构自行审批；但对其使用外汇额度委托中国银行或指定的金融机构买卖即期和远期外汇，仍需经国家外汇管理局或其分局审批，中国银行或指定的金融机构凭批准件办理。该文件还对审批代客买卖即期和远期外汇的原则、对外汇损益的处理和结算等问题提出了意见。

12月19日　中国人民银行发布《银行结算办法》和《银行结算会计核算手续》，这是新中国成立以来最全面和系统的结算办法，其制定、实施启动了中国支付结算制度的重大变革，标志着中国支付结算体系建设开始步入新的发展时期。

一九八九年

1月1日 中国人民银行、国家物价局联合发出《关于调整黄金收售价格的通知》，对黄金收售价格进行调整：矿产黄金、门市收兑、三废回收及罚没交售黄金每小两 1 200 元（每克 38.40 元）调整为每小两 1 500 元（每克 48 元）。黄金的配售价格、工业用金每小两 1 712.50 元（每克 54.80 元）调整为每小两 1 975 元（每克 63.20 元）。同年 2 月 23 日，中国人民银行又发布了《关于调整黄金收售价格的补充通知》，规定黄金收购价格为：含金量不足 99.9% 的，按每克 80.50 元收购；含金量达 99.9% 以上的，按每克 81.20 元收购。黄金配售价格：含金量不足 99.9% 的，按每克 82.10 元配售；含金量达 99.9% 以上的，按每克 82.80 元配售。现行黄金联行调拨价不变。新的黄金收售价格从 1989 年 2 月 20 日起执行。

1月5日 国家外汇管理局、公安局、国家工商行政管理局联合发布《关于严厉打击倒汇套汇不法活动的通知》。该通知指出：这种违法犯罪活动严重扰乱了国内金融市场秩序和社会治安秩序，甚至诱发犯罪，损坏了国家声誉，造成极坏的政治影响。为此，要对社会上从事倒买倒卖外币的单位和个人，特别是重大倒汇团伙，认真调查处理，对已构成犯罪的，应根据犯罪情节和危害，依法惩办。请各地在当地人民政府统一领导下，组织有关部门抽调一定的力量，在 1989 年 1 月底以前进行一次取缔和打击倒汇违法犯罪活动的专项斗争和专项治理。大城市和倒汇活动猖獗的沿海城市，要把取缔外汇黑市和打击这类违法犯罪活动作为一项经常性的工作，及时发现，从严惩治。

1月12日 中国人民银行全国分行行长会议决定，对主要农副产品收购资金实行专项管理。从 1989 年第一季度开始，各省、自治区、直辖市根据国家下达的主要农副产品购、销、存计划，在当地政府主持下，由粮食、商业、计划、财政、银行等部门，按照年末主要农副产品库存增加总值和旺季收购高峰的需要，从各种渠道筹措资金，分别落实责任，按时聚集到位，定期检查考核，并按企业自筹、财政拨补、专业银行贷款和人民银行专项支持的顺序提供使用。凡收购资金没有按时到位，造成不良后果的，要追查有关部门的责任。

1月12日 国务院发出《关于加强借用国际商业贷款管理的通知》，规定：凡未列入国家利用外资计划，未经中国人民银行总行批准，任何部门和单位不得自行对外借用各种形式的国际商业贷款，不得向我国在境外的机构和银行借款。对借用短期国际商业贷款实行余额管理，未经国家批准，不得超过核准的余额。

2月1日 经国务院批准，中国人民银行调整银行存、贷款利率。中国人民银行于同年 1 月 18 日发布《关于调整银行存、贷款利率的通知》。其中规定：（1）提高城乡居民和企事业单位定期存款利率。半年、1 年、2 年、3 年、5 年、8 年期定期存款利率由现行年利率 6.48%、8.64%、9.18%、9.72%、10.8%、12.42% 分别调到 9%、11.34%、12.24%、13.14%、14.94%、17.64%。对城乡个人 3 年期以上的储蓄存款继续实行保值。（2）1 年期流动资金贷款利率由现行 9% 调到 11.34%。1 年以下、1 年以上至 3 年、3 年以上至 5 年、5 年以上至 10 年的固定资产贷款利率由现行年率 9%、9.9%、10.8%、13.32% 分别调到 11.34%、12.78%、14.4%、19.26%；10 年以上固定资产贷款利率根据 1 年期的贷款利率的复利确定。城乡信用社贷款利率可在上述规定的基础上上浮 50%。各级行和其他金融机构（不包括城乡信用社）贷款利率仍可上浮 30%。（3）各金融机构上交人民银行的存款准备金率由现行的 5.04% 调到 7.2%；备付金利率由现行的

6.48% 调到 8.64% 。（4）对部分行业的基本建设银行贷款项目继续实行差别利率。

2月1日　中国人民银行调整联行利率。中国人民银行于3月9日发出《关于调整人民银行联行利率等问题的通知》，规定：人民银行系统联行往来资金中的上存、借用资金利率调整为月利率 7.41‰；人民银行上海市、深圳特区分行向总行的存款利率调整为月利率 7.35‰，向总行的贷款利率调整为月利率 7.65‰，向总行缴存的存款准备金利率为月利率 6‰；对办理扶贫贴息贷款的分行的利差补贴率调整为月利率 3.3‰。

2月22日　中国人民银行发出《关于调整银行存款、贷款利率的具体规定的通知》，就存款利率、贷款利率、优惠贷款利率及补贴、债券利率、贷款加息、保值贴补率等分别作出了具体规定。

3月6日　经国务院批准，国家外汇管理局发布《境外投资外汇管理办法》，就境外投资公司的对象、境外投资公司办理登记和投资外汇资金汇出手续、境外投资企业的年度会计报表、变更资本、停业或解散后的外汇资产处理，以及违反本规定的罚款等，分别作了明确规定。

3月6日　中国人民银行下发《关于撤销融资公司的通知》，决定撤销人民银行系统的融资公司，并于1989年3月底之前将债权、债务全部清理完毕。融资公司撤销后，各省、市分行可根据需要建立资金拆借的管理部门，切实搞好资金拆借和资金融通。

3月8日　国务院发出《关于调整省、自治区、直辖市金融、税务部门和部分海关领导干部管理体制问题的通知》，规定：中国人民银行省、自治区、直辖市分行正副行长由国务院直接管理，中国人民银行负责考察、提出任免名单，送人事部审核并提出任免建议，报国务院审批。地方各级专业银行正副行长的任免要征得当地同级人民银行的同意，再报上一级专业银行批准。这次对中国人民银行省、自治区、直辖市分行正副行长干部管理体制的调整不改变机构及其领导的原级别。

3月9日　中国人民银行发布《关于落实1989年货币信贷方针的几项规定》。主要内容有：（1）从1989年开始试编全社会信用规划，分三个层次对全社会的信用活动进行管理。（2）对贷款实行"限额管理、以存定贷"的办法。（3）对各家银行和非银行金融机构的贷款最高限额实行"全年亮底、按季监控、按月考核、适时调节"的办法。（4）1989年对现金计划实行"以块为主、条块结合"的管理办法。（5）积极组织存款，扩大信贷资金来源。（6）强化信贷结构的调节，保证重点，压缩一般。（7）对主要农副产品收购资金实行专项管理。（8）管好中央银行资金，强化中央银行的宏观调控职能。（9）继续深入开展清仓挖潜。（10）整顿信托投资业务。（11）改进联行清算制度。

3月15日　为了调动农村信用社组织资金的积极性，支持农业生产的发展，中国人民银行发出《关于农村信用社存、贷款利率等问题的通知》。该通知规定：（1）1989年人民银行对农村信用社超比例（13%）缴存的准备金，仍按100亿元限额予以补贴，年补贴利差为 1.8% 。此项补贴由人民银行总行给农业银行总行，再由其通过开立补贴信用社利差专户拨给各农村信用社。（2）县以下各金融机构（不含县城、城关）吸收的农村存款（包括企业和个人定期、活期存款），其利率经人民银行省级分行或二级分行批准，可在现行存款利率基础上向上浮动 10%～30% 。

4月4日　中国人民银行发出《关于发行企业短期融资券问题的补充通知》，规定总行《关于发行企业短期融资券问题的通知》下发后发行的3个月期、6个月期、9个月期的企业短期融资券，其利率可分别在年利率 7.59%、9%、10.16% 的基础上上浮 40%，具体利率由各地人民银行分行掌握；以前发行的利率仍按各地确定的原利率计算，不得分段计息。

5月3日 中国人民银行发布《关于上海试行外汇移存与提取的暂行规定》，该规定就外汇移存与提取的范围、方式、费用、人民币资金来源、时间、账户的开立与使用、外汇移存与提取的统计等作出规定。中国人民银行授权国家外汇管理局统一管理外汇移存与提取工作，并负责本规定的实施。

5月4日 亚洲开发银行理事会第二十二届年会在北京人民大会堂隆重开幕。来自47个成员国和地区的高级官员、金融家以及国际组织的观察员3 000余人出席了开幕式。中华人民共和国主席杨尚昆致开幕词。本届年会主席、中国人民银行行长李贵鲜和亚洲开发银行行长藤冈真佐夫分别代表亚洲开发银行讲了话。5月5日，中国人民银行理事会理事兼外事局局长车培钦在会上当选为中华人民共和国驻亚洲开发银行执行董事。会议经过讨论，通过一系列决议，于5月6日胜利闭幕。

5月10日 中国人民银行发出《关于3个月存款档次利率问题的通知》。根据1989年4月10日国务院总理办公会议的决定，从1989年1月1日起，增设3个月档次的居民储蓄存款，利率最高限为月息6.3‰。

5月11日 中国人民银行发布《关于开展清理企业拖欠货款工作的通知》。该通知指出，该项工作总的原则是：把清理企业拖欠货款同调整产业、产品结构紧密结合起来。清理的方法要先易后难，先系统内后系统外，先本地区内后本地区外，有组织、有领导、有步骤地进行。充分利用这次清理拖欠的机会，配合结算改革，大力推行商业票据，逐步把企业之间的商业信用关系票据化。

5月15日 中国人民银行就贯彻《国务院关于当前产业政策若干要点决定》发出通知。该通知强调：（1）各级银行在贯彻落实国家产业政策中，运用计划、资金、利率等手段，调整贷款结构，采取"先收后调、优化增量"的方法，限劣扶优。（2）根据国家产业政策，对企业分类排队、区别对待，促进社会资金良性循环。（3）固定资产贷款要严格按照调整投资结构的精神，认真审查，从严掌握。（4）各专业银行和其他经批准可以发放流动资金贷款的金融机构，要按照国家产业政策要求，调整流动资金贷款结构，在注意优化新增贷款投向的同时，努力搞活老贷款。（5）加强外汇贷款投向管理。（6）加强稽核、检查工作。

5月19日 国务院办公厅印发《关于建设中国人民银行卫星通信专用网的通知》。为了强化和发挥中国人民银行作为中央银行的职能，增强对国民经济的宏观调控能力，国务院决定批准建设中国人民银行卫星通信专用网。建设人民银行专用网实现全国异地结算资金自动清算转划，对资金运动实行监测，是宏观控制货币政策的重要工具，是我国金融建设与改革的一项重大措施，这对建立正常的金融秩序，提高银行效率，分清汇兑资金和信贷资金，减少在途资金，清除利用汇差资金扩大信贷规模的弊端，将起到重要作用。

5月22日 中国人民银行发出《大额可转让定期存单管理办法》。该办法规定：大额可转让定期存单的发行单位限于各类银行。非银行金融机构不得发行大额可转让定期存单。大额可转让定期存单的发行对象为城乡个人和企业、事业单位。大额可转让定期存单对个人发行部分，其面额不得低于500元；对单位发行部分，其面额不得低于50 000元，期限为1个月、3个月、6个月、9个月和12个月，各月利率最高限分别为月利率5.85‰、6.93‰、8.25‰、9.33‰和10.5‰；在此范围内，利率可以下浮，下浮的幅度由各发行单位自行确定。各类银行发行大额可转让定期存单，要事先制定发行办法或章则，报经中国人民银行省级分行审查批准。人民银行及其分支机构有权对违反规定的金融机构、非金融机构给予处罚。

5月31日 中国人民银行发布《关于加强储

蓄管理的通知》。人民银行决定停止各种形式的"摸奖储蓄"；取消现行各种贴水储蓄存款形式；禁止举办3年期以上的保值有奖储蓄；禁止举办银行给息、企业给奖的联办有奖储蓄。同年6月10日，中国人民银行又发出通知，停办"存期累进储蓄存款"，并且指出，这项业务混淆了定期与活期存款之间的界限，实际上是擅自提高利率水平。

6月20日　中国人民银行发布《关于城乡个体工商户贷款利率问题的通知》。该通知规定：人民银行规定的流动资金贷款利率和固定资产贷款利率是城乡个体工商户贷款基准利率，在此基础上可按1988年8月人民银行规定的幅度进行浮动，但在同一个省、自治区、直辖市范围内，人民银行分行应予以协调，统一浮动幅度。

7月17日　中国人民银行、中国人民建设银行发出《固定资产外汇贷款暂行办法》，于1989年8月1日起执行。该文件具体规定了贷款对象与使用范围，贷款条件与申请，贷款期限与利率，贷款的支用与偿还、检查、监督等。

8月15日　中国人民银行发出《关于缓解大中型骨干企业流动资金困难的通知》。人民银行总行决定安排一部分启动资金，专门用于支持大中型骨干企业的生产。同年9月12日，人民银行又发出《关于进一步缓解大中型骨干企业流动资金困难的通知》，其中要求，对于大中型企业的资金不足，首先要求企业挖潜，压缩不合理资金占用；专业银行资金确有困难时，再使用人民银行资金；专业银行须安排一部分资金与人民银行启动资金结合在一起使用。

8月25日　根据国务院《关于调整省、自治区、直辖市金融、税务部门和部分海关领导干部管理体制问题的通知》精神，中国人民银行制定了具体贯彻的《中国人民银行关于贯彻国务院国发〔1989〕26号文件的实施办法的通知》。

9月14日　为加强对外商投资企业外汇调剂的管理，促进外贸投资企业外汇平衡，国家外汇管理局发出《关于对外商投资企业外汇调剂管理的通知》。

9月19日　中国人民银行下发《关于撤销人民银行设立的证券公司、信誉评级公司的通知》。该通知要求人民银行设立的证券公司和信誉评级公司一律撤销，信誉评级业务交由信誉评级委员会办理。

9月25日　为庆祝中华人民共和国成立四十周年，中国人民银行决定于1989年9月28日发行建国四十年金银纪念币一套，共4枚。同时，中国人民银行还决定发行铜镍质纪念币一枚，自1989年9月28日起向全国限量发行。铜镍质纪念币呈银灰色，直径30毫米，面值1元，与现行人民币等值流通。

10月18日　国家外汇管理局发布《境内机构的贸易和非贸易等外汇收支结汇的规定》。该规定明确，严禁任何单位提前买汇，推迟卖汇和未经省、自治区、直辖市、计划单列城市、经济特区的外汇管理部门批准擅自将外汇额度买成现汇存放国内外银行。本规定不适用于外商投资企业。

10月30日　为了加强外汇管理，防止套汇，国家外汇管理局发出《关于外币兑换若干问题的规定》，自1990年10月30日起实行。

11月6日　中国人民银行发布《中央级基本建设储备贷款管理暂行办法》，自1990年1月1日起实行。1980年财政部、中国人民建设银行联合颁发的《中央级基本建设国内设备储备贷款试行办法》和其他有关储备贷款的规定同时作废。原已签订的借款合同仍按原合同执行。《中央级基本建设储备贷款暂行办法》对贷款对象、贷款条件、贷款的申请与审批、贷款指标管理、贷款期限、贷款利率、借款合同、贷款支用及管理、贷款回收计划的制订与实施、贷款偿还等作出了具体规定。

11月6日　党的十三届五中全会在北京举行。全会审议并通过《中共中央关于进一步治理整顿和深化改革的决定》。该决定提出：中央银行必须管住票子，控制住信贷总规模。明年的新增贷款总额和货币发行量，大体维持今年的水平。新发放的银行贷款，要严格按照国家的产业政策，优先保证重点产业、重点产品、重点项目和骨干企业资金的需要。进一步清仓利库，减少不合理的资金占用。企业要按规定比例增补自有流动资金。加强现金管理，积极清理各种拖欠款项，扭转资金"体外循环"现象。金融体制的改革必须有利于加强集中统一管理。进一步强化中央银行宏观调控职能，严格控制货币发行和信贷总规模。中央银行要对专业银行实行归口领导和管理。进一步整顿金融秩序，纠正各金融机构间不合理的业务交叉。坚决按照国家产业政策和信贷计划的要求发放贷款，不能片面强调企业化经营。坚决整顿和裁并非银行的金融机构以及银行的信托投资公司，取缔私人银行和钱庄。金融体制的改革要同调整信贷结构和清理已经发放的贷款结合起来。

11 月 10 日 国家外汇管理局公布《外汇（转）贷款登记管理办法》。该办法规定：国家对外汇（转）贷款实行全面的登记管理制度。外管部门负责外汇（转）贷款的登记、管理和还本付息的审批工作。使用外汇（转）贷款的单位应到所在地外汇管理部门办理外汇（转）贷款登记，领取贷款登记证。该办法自 1989 年 11 月 15 日起实施。

11 月 18 日 为了使公布的保值贴补率进一步接近实际，更为合理，经国务院批准，中国人民银行从 1990 年 1 月开始，保值储蓄贴补率由原来的按季公布改为按月公布。按月公布的贴补率仍由人民银行根据国家统计局按月提供的"全国社会商品零售及服务项目价格总指数"计算，现行计算方法不变。

12 月 4 日 中国人民银行发布《关于进一步清理整顿城市信用社的通知》。该通知要求：在清理整顿期间一律停止审批新的机构。对资本金严重不足、资不抵债、违法乱纪、银行及政府或个人出资开办、在年底不能与专业银行等部门脱钩以及城市信用社设立的分支机构限期予以撤并。对超范围吸收存款和超规模贷款、违规拆借等活动必须限期清退和收回。变相擅自提高利率的要予以处罚。

12 月 14 日 国家外汇管理局、国家旅游局印发《旅游外汇管理暂行办法》。该办法自 1990 年 1 月 1 日起开始执行。

12 月 15 日 中国人民银行授权国家外汇管理局公布：人民币汇率从 12 月 16 日起下调 21.2%，各种外国货币相对升值 26.9%。调汇后人民币对美元的汇率，买入价由 1 美元合 3.7128 元人民币调整到 4.7103 元人民币，卖出价由 1 美元合 3.7314 元人民币调整到 4.7389 元人民币。

12 月 16 日 根据《中共中央、国务院关于进一步清理整顿和深化改革的决定》和《中共中央、国务院关于进一步清理整顿公司的决定》精神，中国人民银行发出《关于进一步清理整顿基金会的通知》，强调：基金会是对国内外社会团体和其他组织以个人自愿捐赠资金进行管理的民间非营利性组织，是独立的社团法人，不得将基金会办成任何部门或单位的附属机构。文件规定：（1）《基金会管理办法》下达后，未经中国人民银行审批擅自成立的基金会，以经营存款、拆借等金融业务为主的基金会，经营管理混乱、利用基金会名义搞倒买倒卖等违法活动的基金会，成立时间已满一年但未开展任何资助、奖励等活动的基金会，注册基金没有达到规定要求、资金来源不合理的基金会，基金主要来源于财政拨款、银行贷款和会员会费的基金会以及基金会的分支机构，应予撤销。同一地区或同一部门宗旨、任务相同的基金会，应予合并。（2）清理整顿期间，原则上暂停审批新的基金会。（3）严禁基金会向企事业单位平调、摊派基金。（4）基金会不得直接开办公司、企业，已开办的要限期转让出去，转让不出去的应予撤销。（5）基金会不得办理存款、贷款、拆借资金等金融业务。（6）基金会领导成员不得兼职，已兼职的应按照中共中央办公厅、国务院办公厅《关于清理党和国家机关干部在公司（企业）兼职有关问题的通知》精神进行清理和限期纠正。（7）基金会应挂靠在其归口管理部门，凡不合规定的应及时纠正。

12月18日　中国人民银行发布《关于做好撤并金融性公司债权债务清理工作的意见》。该意见指出：凡撤并公司停业前所签订的合同，包括涉外合同继续有效；原所吸收的各种存款、发行各种债券以及其他负债，一律按原定期限归还；撤并公司所发放的各种贷款、投资和其他债权归出资单位或接受债权的单位，并由这些单位负责催收，或委托其他金融机构代为催收；撤销公司不得以任何方式抽回资本金；凡属确定撤销的公司，须经中国人民银行批准，按有关规定办理公司注销手续。

一九九〇年

1月5日　中国人民银行发出《关于保险公司保险金存款问题的通知》，就保险公司（包括中国人民保险公司和其他在中国境内的各保险公司）保险金转存款问题作出规定。

1月8日　国务院决定国家外汇管理局升格为副部级国家局，由中国人民银行归口管理，是实施国家外汇管理的职能机构。

1月15日　经国务院批准，中国人民银行、国际货币基金组织和联合国开发计划署在北京联合举办国际中央银行研讨会，共同探讨中央银行工作与国民经济发展的关系。会议的主要目的是：交流经验，促进我国经济和金融体制改革，加速我国金融宏观管理体系的建设和发展，完善宏观控制和货币政策手段。会议期间，江泽民总书记会见了全体外宾并向客人介绍了当前中国的经济形势，阐明了我国坚持改革开放的立场与战略构想。李鹏总理单独会见了前美国联邦储备体系理事会主席保罗·沃尔克，双方就中国的经济

问题，特别是中央银行在宏观经济调控中的作用，进行了友好而坦率的交谈。

2月6日　中国人民银行发出《关于恢复异地托收承付结算方式的通知》，自1990年4月1日起恢复1989年8月1日取消的异地办理托收承付结算方式。人民银行1989年开办的甲类委托收款，从1990年4月1日起停止执行。

2月12日　中国人民银行发出《关于强化利率管理的通知》，自1990年12月1日起执行。其中规定：（1）各银行、城乡信用社和其他非银行金融机构，必须严格按照人民银行规定的存款利率执行，一律不准上浮。对个人发行的大额定期存单的利率是否上浮，由人民银行省、自治区、直辖市分行决定，但上浮幅度最高不得超过10%。（2）为进一步调动农村信用社吸收储蓄的积极性，人民银行对农村信用社开办的特种存款，其利率适当调高，半年期存款年利率由9.72%调为10.08%，一年期存款年利率由12.6%调为13.05%。（3）固定资产贷款利率一律不准向上浮动，流动资金贷款利率上浮幅度由现行30%下降到20%。贷款利率浮动权仍由各银行总行掌握，浮动幅度的权限只能下放到地（市）级分（支）行。（4）专业银行发放的粮棉油贷款利率、外贸出口产品收购贷款利率，仍按人民银行规定执行，一律不准上浮。（5）城乡信用社贷款利率的上浮幅度以人民银行规定的贷款利率为基准，最高不能超过50%；需上浮利率的贷款项目，必须经县（包括县）以上人民银行批准执行。（6）逾期贷款加息幅度从30%下调为20%；超储积压和有问题的商品贷款加息幅度从50%下调为30%；挤占挪用贷款加息幅度由100%下调为50%。（7）人民银行分行对专业银行和其他非银行金融机构贷款利率的浮动权，收归总行掌握。

2月12日　中国人民银行发布《关于完善1990年信贷资金管理的规定》。主要内容是：（1）从1990年起，正式编制全社会信用规划，

并分为4个层次进行管理和监控。第1层次是对银行、城乡信用社、各类信托投资机构和各种债券、股票、集资等信用活动总量进行规划；第2层次是包括人民银行、专业银行、交通银行和中信实业银行在内的国家银行信贷计划；第3层次是包括信托投资公司、城乡信用社等在内的其他金融机构的信贷计划；第4层次是各种形式的债券、股票和集资活动。（2）继续实行贷款限额管理，严格控制信贷总量。（3）继续对贷款限额实行按委监控。（4）严格控制固定资产贷款、适当搞活流动资金贷款。（5）为了增加对农业的投入，适时发放农业贷款。（6）进一步完善农副产品收购资金专项管理办法。（7）继续开展清仓挖潜，清理企业拖欠。（8）加强国营大中型骨干企业贷款管理。（9）非银行金融机构要按照人民银行批准的经营范围和有关规定办理业务，发放的贷款要控制在人民银行批准的贷款限额之内，要按时、足额缴纳准备金，按规定的范围吸收存款。（10）进一步加强中央银行贷款的管理，调控信贷总量和贷款结构。

3月8日 中国人民银行印发《同业拆借管理试行办法》，规定：（1）凡经中国人民银行批准并在工商行政管理机关登记的银行和非银行金融机构，均可参加同业拆借活动。（2）中国人民银行及其分支机构是同业拆借的管理机关，负责管理、组织监督和稽核同业拆借活动。（3）各银行和非银行金融机构拆出的资金限于交足存款准备金和留足必要的备付金之后的存款，严禁占用联行资金和中央银行贷款进行拆借。（4）拆入资金只能用于弥补票据清算、联行汇差头寸的不足和解决临时性周转资金的需要，严禁用拆借资金发放固定资产贷款。（5）各银行和非银行金融机构每月日平均拆入资金余额，不得超过其上月末各项存款余额的5%；城市信用社每月日平均拆入资金余额和其自有资金余额，不得超过其自有资本金。（6）同业拆借资金的期限和利率，由中国人民银行总行确定，拆借双方可在规定的限度

内协商确定拆借资金的具体日期和利率。（7）同业拆借利息及服务费收入一律转账结算，不得收取现金，不得以任何形式收取"回扣"和"好处费"。（8）参加同业拆借的双方必须签订拆借合同。违反合同的，要严格按照《中华人民共和国经济合同法》的有关规定处理。（9）在经济比较发达、融资量比较大的城市，可以在原有资金市场的基础上重新组建金融市场，原则上一个城市设立一家，由人民银行各省、自治区、直辖市和计划单列城市分行批准。

3月10日 经国务院批准，中国人民银行决定对现行的存、贷款利率进行适当调整。城乡居民和企事业单位定期存款利率一律在现行年利率基础上下调1.26个百分点。流动资金贷款和固定资产贷款利率一律在现行利率基础上下调1.26个百分点。

3月26日 国务院发出《关于在全国范围内开展清理"三角债"工作的通知》。国务院要求各地区、各部门的领导同志要高度重视这项工作，把它作为治理整顿、深化改革的一项重要任务抓紧进行。该文件强调，清欠工作要与启动、促进当前工交生产相结合，与贯彻国家产业政策、调整产业和产业结构相结合，与推动搞活市场相结合，采取"条块结合、自上而下"的方法进行。

3月27日 根据中共十三届五中全会精神和中共中央、国务院《关于进一步清理整顿公司的决定》以及国务院《关于进一步清理整顿金融公司的通知》的要求，中国人民银行发出《关于金融公司撤并留的政策意见的通知》。其中指出，清理整顿金融公司必须从稳定金融、稳定经济出发，采取积极稳妥的方针，分清缓急，逐步进行。文件对金融公司（包括信托投资公司、投资公司、融资公司、证券公司、租赁公司、财务公司）和非金融公司以及咨询公司、评信公司的撤并留政策界限提出了意见。

4月1日 中国人民银行改革联行清算制度。

中国人民银行于 1989 年 12 月 6 日发布《关于改革联行清算制度的通知》指出，改革联行清算制度的核心是使汇划款项与资金清算同步，汇差资金由人民银行控制，目标是建立人民银行清算中心，以运用卫星通信网的电子联行替代手工联行；专业银行跨系统内汇划款项全部通过清算中心汇划并清算资金。近期任务是改进现行的联行清算办法，实行专业银行跨系统大额汇划款项和系统内大额汇划款项均通过人民银行联行转汇并清算资金。该文件还规定了 10 项具体实施办法。

4 月 7 日 中国人民银行发出《整顿开户和加强结算纪律的意见》和《违反银行结算制度处罚规定》。在《整顿开户和加强结算纪律的意见》中，主要要求各级人民银行要组织各家银行和其他金融机构，对目前企业单位的多头开户进行一次全面的清理整顿。通过清理整顿，专业银行应按照"一业为主、适当交叉"的原则，交通银行、中信实业银行等综合性银行可不受业务分工的限制，确定企业单位在一家金融机构开立一个账户，办理转账资金的收付和按照国家现金管理的规定办理现金的收付。在《违反银行结算制度处罚规定》中规定，对违反银行结算制度的单位和个人、银行和其他金融机构，除责令其限期纠正外，可根据其行为性质及情节轻重，分别给予通报批评、计扣赔偿金或赔款、罚款、罚息、没收非法所得、停止使用有关的结算办法等处罚。以上处罚可以并处。

4 月 18 日 根据国务院批准的《关于调整存、贷款利率的通知》的规定，中国人民银行发出《关于对部分优惠贷款利率补贴问题的通知》。

4 月 23 日 中国人民银行发出《关于调整人民银行联行利率等问题的通知》。

4 月 25 日 中国人民银行发布《关于加强储蓄管理工作的暂行规定》。该规定的内容包括储蓄种类的管理、储蓄存款范围的管理、储蓄机构及业务的管理和储蓄利率的管理。该规定自 1990 年 6 月 1 日起执行。

4 月 27 日 中国人民银行发布《境外金融机构管理办法》，自发布之日起施行。该文件明确规定了境外金融机构的含义，境外金融机构审批管理权限，以及境内金融机构、境内非金融机构、境外中资金融机构和非银行金融机构申请设立或者收购境外金融机构应具备的条件、申报的内容和审批程序等。同时，对境外金融机构每年应报送的工作报告、报表等作了具体规定。

5 月 29 日 中国人民银行深圳经济特区分行发布《关于深圳目前股票柜台交易的若干暂行规定》。该规定明确：股票买卖及过户实行有效证件制度。委托一经确认当天不许撤销。委托成交后，委托方可于当天领取交割单，托售方于第二营业日起方可领取款项。委托买卖的价格不得高于或低于上一个营业日收市价的 10%。受托方接受委托方的委托价格优先第一，时间优先第二；受托方接受的委托价格：卖方为最低价，以卖方出价为准；当买方出价高于卖方出价时，以买方出价为准。

6 月 16 日 中国人民银行发出《关于清理整顿企业集团财务公司的通知》，规定：（1）财务公司实收货币资本金应为 500 万元人民币，经营外汇业务的必须同时有 500 万美元外汇现汇，未达到上述资本要求的，必须限期补足。财务公司的资本金必须由集团和集团成员单位出资构成。擅自吸收集团成员以外的股金，必须清退。（2）财务公司的业务范围主要限于为企业集团和其成员单位办理存、贷款，投资及代理业务。擅自超范围吸收存款、发放贷款和办理其他金融业务的，也必须限期清退。（3）财务公司应根据企业集团内部融通资金编制年度信贷计划，经所在地人民银行审核，报经中国人民银行总行批准，纳入整个社会信用规划进行综合平衡后，下达执行。未经批准，不得突破。（4）财务公司应重点支持国家产业政策优先发展的项目，促进产业结构的调整。不得支持楼堂馆所和计划外固定资产投资项目。（5）财务公司必须严格执行人民银行有关的利率规定，不得擅自浮动利率，不得收取"好处费""回扣"等。财务公司的财务管理必须严格执行财政部颁发的《国营金融、保险企业成本管理实施细则》的有关规定，对违反规定的要予以纠正。文件还决定，凡是未经人民银行总行批准设立的企业集团财务公司、非企业集团设立的财务公司或其他内部金融机构，以及经营管理不善，严重超范围经营，资本金严重不足的，一律撤销。

6月26日　为贯彻国务院批准的《境外投资外汇管理办法》，国家外汇管理局公布《境外投资外汇管理实施细则》，自公布之日起实行。《境外投资外汇管理实施细则》指出，国家外汇管理局及其各省、自治区、直辖市、计划单列市和经济特区分局是境外投资有关外汇事宜的管理机关，负责境外投资的外汇风险审查和外汇资金来源审查，以及对投资资金的汇出和回收、投资利润和其他外汇收益汇出的监督和管理。该文件还就拟以外汇资金在境外投资的境内投资者和拟以设备、原材料、工业产权等形式在境外进行投资的境内投资者以及外汇管理部门对境外投资项目的投资外汇风险审查和外汇资金来源等提出了具体要求；还规定了对境内投资者以外汇资金进行境外投资所分得的利润或者其他外汇收益，以及不按境外投资外汇管理办法和施行细则的罚则等。

6月29日　中国人民银行同意并转发人民银行湖南省分行答复湖南省国库券推销委员会办公室的《关于财政部门不得办理证券转让业务的函》。同年8月7日，为了贯彻执行国务院《关于研究清理整顿国库券中介机构问题的会议纪要》精神，中国人民银行又发出通知，对财政部门设立国库券中介机构的有关问题作出规定。

7月17日　为贯彻中共中央、国务院关于治理整顿、深化改革的方针，中国人民银行发出《关于加强对新建银行管理的通知》，其中规定：新建银行的章程将根据当前治理整顿的要求作适当修改；在章程修改以前，其业务限在经人民银行或国家外汇管理局批准已开办的范围内；章程中规定可办而尚未开办的业务，如需开办，须报中国人民银行总行或国家外汇管理局批准。新建银行要求设立分支行，一律由所在地人民银行省、自治区、直辖市分行审查，报人民银行总行批准。新建银行分支行设立营业部、办事处等营业机构，限在所在地城市区内，一律由人民银行一级分行批准，报人民银行总行备案。该文件还对进一步健全各新建银行的人民币与外汇资金信贷计划的管理制度，新建银行应该遵守的存、贷款利率和浮动幅度、开户和结算纪律、外汇业务管理，以及新建银行的计划、统计、会计管理制度，向人民银行缴存存款准备金以及归口管理等，作了明确规定。

7月19日　国务院办公厅发出《关于严禁各单位动用外汇购买商品房的通知》，要求外汇管理部门和经营外汇业务的专业银行要严格把关。对于行政、企业、事业单位动用外汇购买商品房而使用留成外汇额度的，外汇管理部门不得予以办理额度调拨手续；使用外汇现汇时，未经外汇管理部门批准，银行不得为其办理收付手续。如发现行政、企业、事业单位私自动用外汇购买商品房的，外汇管理部门应对买卖双方予以罚款。对卖房者，将其外汇收入强制结汇上缴国家；对买房者，处以等价以下的人民币罚款。

7月23日　为加强外汇管理，经中国人民银行批准，国家外汇管理局发出《关于对专业银行短期对外借款管理的通知》。

8月7日　经国务院批准，中国人民银行发出《关于调整存贷款利率的通知》，从8月21日开始执行。该通知规定：（1）降低存款利率。城乡居民和企事业单位的活期存款年利率在现行基础上下调0.72个百分点，调整后的年利率为2.16%；城乡居民和企事业单位定期存款（3个月、半年、1年、2年、3年、5年、8年期整存整取存款）年利率在现行基础上平均下调1.74

个百分点。（2）降低贷款利率。1 年期流动资金贷款年利率由现行 10.08% 下调到 9.36%；6 个月期贷款年利率由现行的 9% 下调到 8.64%；3 个月的不变。（3）优惠贷款利率适当下调。（4）人民银行对专业银行存贷款利率相应下调。人民银行对专业银行的存款准备金存款和备付金存款年利率均下调为 6.84%。

8 月 8 日　中国人民银行发出《关于实行中央银行贷款全额管理的通知》，决定自 1990 年起，人民银行总行对人民银行分行实行中央银行贷款全额管理的考核办法。

8 月 11 日　中国人民银行致函各专业银行，根据国家现行政策，证券业与银行业实行分业管理，专业银行不宜直接从事证券交易业务。专业银行已经批准设立的证券交易柜台，可以继续办理证券交易业务。

8 月 24 日　中国人民银行发布《关于加强国家非贸易外汇支出管理有关问题的通知》。该通知规定：国家外汇必须坚持实行额度管理，外汇额度实行集中调拨制度，各种外汇额度未经国家外汇管理部门批准，不得调拨，不得买成现汇。中国银行不得向下属分行调拨外汇额度。除财政部非贸易外汇额度账户仍由中国银行管理外，其他外汇额度账户由国家外汇管理局管理。未经国家外汇管理局批准，中国银行及其所属分行不得开设额度账户。

9 月 7 日　中国人民银行发出《关于调整人民银行联行利率等问题的通知》。

9 月 8 日　经国务院批准，中国人民银行发布中国人民银行第 2 号令，颁布《上海市外资金融机构、中外合资金融机构管理办法》，自公布之日起施行。

9 月 12 日　国家民族事务委员会、中国人民银行发布《"少数民族贫困地区温饱基金"人民银行专项贷款项目管理暂行办法》。

9 月 19 日　中国人民银行发布《关于取消人民银行对专业银行基数贷款利息补贴的通知》，

决定自 1989 年 12 月 21 日起，取消人民银行对专业银行基数贷款利息补贴。

10 月 8 日　中国人民银行成立行政复议委员会，中国人民银行副行长童赠银兼任主任。委员会下设行政复议处，负责办理日常工作。行政复议处为处级单位，由总行条法司代管。

10 月 9 日　国家外汇管理局发布《关于对利用外汇额度进行外汇违法活动的处理规定》。该规定明确：外汇额度是国家分配给地方政府或单位、企业使用的外汇指标，只能通过国家外汇管理局或其分局批准的外汇调剂中心调剂后，才能实现其价值。凡未经过外汇管理部门批准，私自买卖、借贷、抵押、转让和使用外汇额度等行为，均属外汇违法行为。凡未通过外汇调剂中心私自买卖外汇额度的行为，属于私自买卖外汇行为，卖出方所得人民币全部属于非法收入。该文件还明确其他违法行为及其处罚标准。

10 月 12 日　为加强对证券公司的管理，根据《中华人民共和国银行管理暂行条例》，中国人民银行制定《证券公司管理暂行办法》并为此发出通知。该通知规定：（1）设立证券公司，须经人民银行当地省、自治区、直辖市、计划单列城市分行审核，报中国人民银行总行批准，目前只限在省、自治区、直辖市、计划单列城市和第一批、第二批国库券转让试点城市设立。（2）证券公司可在公司所在地的城市内设立营业点和代办点，也可在所在地城市之外设立代办点。（3）证券公司原则上不跨地区设立分支机构：个别的确需要设立的，由人民银行省、自治区、直辖市分行审核后，报人民银行总行批准。（4）各地人民银行出资开办的证券公司可以保留，但需由人民银行省、自治区、直辖市、计划单列城市分行审核后，报总行办理重新登记和换发"经营金融业务许可证"手续。未经人民银行批准擅自设立的证券公司要进行清理，除个别的、确属社会需要、办得好的，由人民银行省、自治区、直辖市、计划单列城市分行审查后报总行审批外，其余一律撤销。《证券公司管理暂行办法》强调，证券公司是专门经营证券业务、具有独立企业法人地位的金融公司。中国人民银行是国家证券管理机关，证券公司必须接受中国人民银行的领导、管理、稽核、监督和协调。设立证券公司必须报经中国人民银行批准。该文件还对证券公司的机构管理、业务范围和管理监督等作了具体规定。

10月12日 为了依法管理农村信用社，中国人民银行就印发《农村信用合作社管理暂行规定》发出通知，其中强调：农村信用合作社信贷资金管理的基本原则是：以存定贷，自主运用，比例管理。当国家实行宏观紧缩措施时，人民银行对农村信用合作社实行计划管理。今后农村信用合作社的机构设置要实行计划管理，各分行在年初应向总行报送本年度的机构设置计划，经总行批准后执行。目前已批准进行改革试点的农村信用合作社，仍按原有关规定继续进行试点。该文件对农村信用合作社的性质、任务、机构管理、业务管理、资金管理、利率管理、劳动管理、财务管理、民主管理、行政管理等作了明确规定。其中强调：农村信用合作社是集体所有制性质的合作金融组织，是我国金融体系的重要组成部分，是实行自主经营、独立核算、自负盈亏、自担风险的企业法人，其合法权益和正当经营受法律保护，任何单位和个人都不得平调和挪用其财产和资金。农村信用合作社的基本任务是：认真贯彻执行国家的金融方针、政策、法规，积极筹集、融通资金，帮助农民和农村合作经济组织解决资金困难，支持农业生产和农村商品经济稳定发展；引导农村民间借贷，稳定农村金融，为农村社会主义现代化建设服务。农村信用合作社实行民主管理，坚持勤俭办社，贯彻按劳分配的原则。国家对农村信用合作社实行优惠政策。农村信用合作社由中国人民银行委托中国农业银行领导和管理。

10月19日 根据《中华人民共和国银行管理暂行条例》，中国人民银行印发《跨地区证券交易管理暂行办法》，对跨地区证券交易的含义作了明确规定，其中指出：跨地区证券交易应以证券公司为中心，在中国人民银行的领导和监督下开展业务。跨地区证券交易的证券交易机构应根据市场供求情况，确定其跨地区证券交易价格。证券公司之间、证券公司与证券交易营业部之间可以直接进行跨地区的证券交易。证券交易营业部之间的跨地区交易原则上应委托证券公司办理，未经批准，任何证券交易机构不得在异地直接与非证券交易机构和个人进行证券交易。证券公司接受委托进行跨地区交易，必须与委托人签订书面委托交易合同，合同一经签订，任何一方未经另一方的同意，不得单方面修改或取消合同。接受委托的证券公司应依照时间优先、价格优先的原则，按合同要求及时为委托人办理跨地区证券交易。

11月6日 为帮助解决农村信用社经营亏损问题，支持旺季农副产品收购，中国人民银行下发《关于农村信用社特种存款限额的通知》，决定对农村信用社开办特种存款，总额度为50亿元，期限为1年，利率为11.70%。

11月14日 经国务院授权，中国人民银行批准建立上海证券交易所。

11月16日 中国人民银行授权国家外汇管理局公布，从1990年11月17日起，人民币汇率下调9.57%。

12月4日 中国人民银行发布《关于严格控制股票发行和转让的通知》。该通知规定：股票的公开发行和上市交易只限深圳、上海两地试点。未经总行同意，其他地区一律不准再批准发行新的股票，一律不得批准股票上市交易。非股份制企业一律不得发行股票。内部发行的股票一律不得上市交易。

12月5日 国家外汇管理局发布《外汇指定银行外汇业务管理规定》。该文件对中资外汇业务的范围、申请、审批、管理的内容，业务及财务报表作了具体规定。该文件自 1991 年 1 月 1 日起施行。

12 月 11 日 根据《中华人民共和国银行管理暂行条例》，中国人民银行制发《利率管理暂行规定》，强调：中国人民银行是利率管理的主管机关，代表国家统一行使利率管理权，任何单位和个人不得干预中国人民银行的利率管理工作。国务院批准和国务院授权中国人民银行制定的各种利率为法定利率，其他任何单位和个人均无权变动。金融机构的存贷款利率，金融机构之间的同业拆借利率，以及合法发行的各种债券利率的确定、调整、执行管理和监督，都应当遵守本规定。文件对利率的制定、利率管理职责、结息规则、罚则等作出了明确规定。该文件自 1991 年 1 月 1 日起实行，中国人民银行 1988 年 10 月 5 日印发的《关于加强利率管理工作的暂行规定》以及与这个规定相抵触的其他规定，同时废止。

12 月 24 日 国家外汇管理局发布《关于进一步做好外汇调剂工作有关问题的通知》。该通知明确：今后各级外汇管理部门和外汇调剂中心都不得进入市场参与调剂外汇的买卖；开办公开市场的外汇调剂中心，若中国人民银行分行进入市场吞吐外汇，以平抑市场价格，应以中国人民银行名义参与交易和吞吐外汇；居民外汇参与调剂的试点地区，可由各地外汇调剂中心组织收购。

12 月 30 日 国务院决定，任命殷介炎同志为国家外汇管理局局长。

一九九一年

1 月 12 日 中国人民银行下发《关于严格境外证券投资审批管理的通知》。该通知规定：任何在境外以中国或中国特定地区名义创设的投资基金要进入国内证券市场从事证券投资业务，必须经中国人民银行总行审查批准，任何地方政府和部门不得自行审批；国内证券公司和可经营证券业务的金融机构，如参与和办理投资基金业务

（包括代理境外投资者在国内证券市场进行证券买卖和股权投资或作为发起人直接参与境外创设投资基金），都应向所在地人民银行省级分行提出申请，经审核后报中国人民银行总行批准；各地制定的有关以证券方式利用外资的办法，都应报经中国人民银行总行审查批准。

1 月 14 日 全国银行分行行长、保险分公司总经理会议在北京召开。国务委员兼中国人民银行行长李贵鲜作了题为"认真贯彻党的十三届七中全会精神，努力做好 1991 年金融工作"的报告。报告指出，1991 年要继续坚持实行"控制总量，调整结构，强化管理，提高效益"的货币信贷方针，保持货币稳定，支持国民经济适度增长。并要把重点切实放到优化贷款结构，盘活资金存量，加强内部管理上来。金融工作的主要措施是：积极组织存款、强化信贷管理，努力优化新增贷款结构；集中精力盘活贷款存量，挖掘资金潜力；整顿结算秩序，严肃结算纪律；不断深化金融体制改革；进一步扩大金融对外开放；切实加强和改进金融机构的内部管理；抓紧搞好金融干部队伍建设。国务院总理李鹏参加了该会 18 日的座谈会，并在会上作重要讲话，他强调指出，随着我国有计划的商品经济的发展，要进一步加强和搞好金融工作，更好地发挥金融在国民经济宏观调控中的作用，促进国民经济持续、稳定、协调的发展。

1 月 15 日 经国家外汇管理局批准，中国有色金属工业总公司深圳联合公司向社会公开发行外汇商业票据。此次发行外汇商业票据总额为 800 万美元，是国内企业第一次通过发行外汇商业票据筹集外汇资金。

2 月 6 日 中国人民银行发出《关于第三套人民币贰元、五角券只收不付的通知》。为尽快实现第四套人民币单一流通，中国人民银行决定，自 1991 年 3 月 1 日起，人民银行发行库对第三套人民币中的贰元券、五角券实行只收不付。该文件规定，只收不付仅限于人民银行发行库对

专业银行收付现金时实行，各行不得随意扩大范围。

2月8日 中国人民银行发布《关于整顿结算秩序，严肃结算纪律的通知》。该通知指出：为更好地发挥结算的作用，促进社会主义有计划商品经济的健康发展，必须进一步整顿结算秩序，严肃结算纪律，通过整顿要基本达到五项目标：（1）结算管理和结算基础工作都得到加强，结算制度的各项规定落到实处。（2）压票、随意退票和受理无理拒付得到有效纠正。（3）加快结算速度，同城最长不得超过次日，尽量提高票据当日抵用率；异地全国或省内通汇行之间，电汇最长不得超过3天，邮汇一般最长不得超过10天，对现有的在途资金量争取压缩20%，提高资金使用效益。（4）结算机构和人员已设立和配备。（5）企业单位多头开立的账户得到撤并。为达到上述目标，实现结算秩序的基本好转，该文件要求：（1）加强人民银行对结算工作的统一领导和管理。中国人民银行总行制定统一的结算制度，各家银行和非银行金融机构必须认真贯彻，严格执行。（2）实行结算管理工作责任制。（3）加强结算基础工作。（4）增强制度观念，严肃结算纪律。（5）清理多头账户，严格开户管理。（6）严格执行对违反银行结算制度的处罚。对银行和非银行金融机构的罚款，在利润留成的三项基金中支付，不得列入成本。（7）健全结算管理机构，充实结算人员。

2月19日 中国人民银行发布《关于发放小额技术措施贷款有关问题的通知》。为支持企业适应市场需求变化，加速产品结构调整，提高产品质量，中国人民银行决定，1991年，由有关专业银行发放50亿元小额技术措施贷款。

3月7日 李鹏总理主持召开国务院总理办公会议。会议决定，由李贵鲜同志牵头抓股票市场工作。4月11日，中国人民银行上报国务院《关于建立股票市场办公会议制度的请示》，李鹏总理圈阅同意。股票市场办公会议制度建立。该办公会议由国务委员兼中国人民银行行长李贵鲜负责召集，人民银行、国家体改委、国家国有资产管理局、国家计委、财政部、国家税务总局、国家外汇管理局共七个部委各派一名副部长或相关司局的司局长作为办公会议的成员。股票市场管理日常事务由中国人民银行具体负责，股票市场办公会议直接对国务院负责。其主要任务是：确定全国股票市场发展的重大方针、政策；审定全国股票发行规模；审定股票市场的管理办法；协调各部门的关系。

3月22日 中国人民银行发出《关于建立工业景气调查制度的通知》，决定在中国人民银行系统建立5 000户工业企业景气调查制度，调查内容包括工业企业主要财务指标和问卷两部分。通过这一调查，对不同所有制、不同行业、不同规模的企业的状况在总体上进行把握，为中央银行判断景气水平和经济运行态势提供有力支持。在此之前，1986年中国人民银行建立了国营工业生产企业流动资金主要经济活动情况定期调查制度，调查内容包括企业主要经济指标和企业经济情况分析。

3月23日 中国人民银行发布《关于调整存、贷款利率的通知》。经国务院批准，中国人民银行决定对存、贷款利率进行调整。其中，各项存款年利率平均下调1个百分点；各项贷款年利率平均下调0.7个百分点；人民银行对金融机构存、贷款利率相应下调。

3月26日 中国人民银行、公安部、国家工商行政管理局、新闻出版署电影电视部发出《关于禁止在宣传品出版物及有关商品上使用人民币、外币和国家债券图样的通知》。该通知重申，人民币是中华人民共和国的法定货币，国家授权中国人民银行统一印制发行。任何单位和个人不得以任何形式模仿人民币式样印制内部票券，禁止用复印机复印人民币，禁止采用完整的人民币、外币和国家债券图样（不论是原大或缩印样）印制广告宣传品、出版物及其他商品。

4月1日 深圳市开始对贷款企业实行"贷款证"管理制度。该管理制度的主要内容是:"贷款证"是贷款企业向深圳各国内金融机构申请办理贷款的证明书,凡申请办理贷款的全民企业、集体企业、"三资"企业和个人承包企业、私人企业,从4月1日起均需持有"贷款证"方可申请贷款;未领取"贷款证"者,各金融机构一律不受理贷款事宜;深圳市内各国内金融机构从4月1日起所批准的贷款,均要按要求在"贷款证"上进行登记,如有意漏登或与企业串通作假者,以违反金融纪律论处,企业须在规定日期内(3月25日至6月25日)向市人民银行申请"贷款证",申请时须按规定提交有关证明文件。

4月3日 深圳全部股票进入交易所集中交易。同日,深圳证券交易所开始发布深证综合指数,该指数以1991年4月3日为基日,基日指数为100。

4月5日 中国人民银行下发《关于实施〈利率管理暂行规定〉有关问题的通知》。该通知明确,浮动利率在中国人民银行总行规定的浮动幅度内仍由各专业银行掌握,当前治理整顿期间,流动资金贷款利率的上下浮动及浮动范围的确定,须经地、市级(含地、市)人民银行分行审查批准或者备案;对逾期贷款和被挤占挪用贷款,在借款合同规定的利率基础上加收利息,加息幅度分别是20%和50%;各专业银行以发行债券筹集的资金,用于固定资产贷款和特种贷款的,均按国家规定的利率执行,不得上浮,不准高来高去;各专业银行及其他金融机构根据《利率管理暂行规定》,协助和配合人民银行进行利率管理工作,宣传贯彻和执行国家利率政策。深圳经济特区人民银行和浙江省温州市人民银行利率管理改革试点仍按原定改革方案进行,两市人民银行可分别参照《利率管理暂行规定》的精神具体制定本地区的利率管理办法,报总行备案。

4月5日 中国人民银行下发《关于调整13个行业差别利率的通知》,决定对实行差别利率的能源、交通等13个行业及农业、盐业的基本建设银行贷款利率进行相应下调。

4月10日 上海证券交易所试行单位股票上市交易。首批试行上市的单位股票限于"电真空""申华电工"两家,其中电真空199万元,100元一股;申华电工150万元,10元一股。

4月13日 中国人民银行发出《关于对保险业务和机构进一步清理整顿和加强管理的通知》,要求各级人民银行继续清理整顿保险机构,加强保险条款、保险费率和保险资金运用的管理与监督;对再保险和保险代理机构要加强管理,完善保险机构业务报表报送制度。

4月22日 国家外汇管理局下发《关于重申跨省或跨地区外汇调剂手续费问题的通知》,重申各外汇调剂中心今后在办理跨省或跨地区外汇调剂业务时,手续费的收取标准必须严格按照国家外汇管理局有关规定办理。即对于跨省调剂的手续费的计收,调出的中心只能向调出企业收1.5‰的手续费;调入的中心只能向调入的企业收1.5‰的手续费。

4月27日 中国人民银行发出《关于统一丙种外币存款计息方法的通知》。该通知规定,丙种外汇存款活期存款按年计付利息,每年计息一次,12月20日为结息日,遇利率调整,分段计息。存款清户时,本利一次结清;定期存款以存入日相应档次利率为计息标准,存期中如遇利率调整,不分段计息。提前支取的存款,按支取当日的活期存款利率计付利息,存款逾期,从到期日起,按支取当日的活期存款利率计付利息。

4月28日 中国人民银行发出《关于调整对农业银行扶贫贴息专项贷款利率的通知》,决定自1991年4月21日起,人民银行对农业银行扶贫贴息专项贷款利率由年利率5.76%降为4.68%。农业银行发放的扶贫贴息专项贷款利率仍按年利率2.88%执行。

5月1日 国务院办公厅印发《关于禁止发放使用各种代币购物券的通知》,规定任何单位不得发放、使用各种代币购物券，已经发放尚未使用的购物券一律停止使用，由发放单位立即收回，销毁，凡与商业单位签订的购物券合同、协议一律无效。该文件要求各级人民政府要组织有关部门，对本地区发放、使用购物券的情况进行一次全面检查。对发放、使用购物券的单位要按财务、税收和金融管理的有关规定进行处理；对情节严重的，要依法追究有关人员责任。

5月6日 中国人民银行发出《关于调整人民银行联行利率的通知》，人民银行内部往来资金中的上存、借用资金利率，由原来的月利率6.15‰调整为5.55‰；人民银行上海市分行、深圳市分行在总行的存款准备金和备付金月利率由5.76‰调整为5.16‰；向总行的贷款利率，原月利率由6‰调整为5.4‰。调整后的利率自1991年4月1日起执行。

5月9日 国家体改委、中国人民银行、国家国有资产管理局下发《关于对向社会公开发行股票的股份制试点企业重新审批的通知》。此前，1990年12月26日，国务院办公厅发出了《关于向社会公开发行股票的股份制试点问题的通知》，要求除已批准上海、深圳两市向社会公开发行股票的试点外，凡由地方政府批准实施，但未经中央有关部门审批的，要在近期内报国家体改委、国家国有资产管理局、中国人民银行重新履行审批手续。

5月15日 经中国人民银行会同国家体改委和国家国有资产管理局审查同意，深圳市人民政府颁布《深圳市股票发行与交易管理暂行办法》。该暂行办法的内容包括股票的界定、发行、交易、证券商、交易所、登记公司、主管机关、罚则等共8章97条。其中规定：中国人民银行是深圳市证券市场的主管机关，授权中国人民银行深圳经济特区分行对股票发行和交易行使日常管理职能。

5月21日 中国人民银行发出《关于保险企业资金收支计划与资金运用计划管理有关问题的通知》，明确保险企业的资金收支计划由人民银行审批；对保险企业的资金运用计划实行分类管理；人民银行各级分行要加强对保险企业资金的管理，促进保险业务健康发展。

5月27日 中国人民银行发出《关于清理外汇抵押人民币贷款有关问题的通知》，决定从当年起，新发放的外汇抵押人民币贷款，要逐笔报总行审批，同时分行要建立抵押外汇登记簿。总行历年下批给分行的指标，不再周转使用，对已经到期的按有关规定办理。

6月4日 中国人民银行颁布《关于外资金融机构在中国设立常驻代表机构的管理办法》。该办法规定：外资金融机构是指外国资本的银行、证券公司、投资公司、保险公司、财务公司、信用卡公司、金融性租赁公司，外资金融机构常驻代表机构是其总管理机构的派出机构，称为"×××代表处"，代表处的主要负责人称首席代表，其他人员称代表、顾问、助理、秘书。常驻代表机构的工作范围是：咨询、联络、市场调查等非营利性工作。常驻代表机构在工作中不得为其总部或分支机构（包括设在中国境内的分支机构）办理经营性业务。中国人民银行是外资金融机构常驻代表机构的审批、管理机关，中国人民银行总行负责对设在北京的常驻代表机构进行监督、检查和管理，对设在北京以外城市的常驻代表机构，中国人民银行总行授权当地中国人民银行分行对其进行监督、检查和管理。该办法自公布之日起施行。1983年2月1日颁布的《中国人民银行关于侨资金融机构在中国设立常驻代表机构的管理办法》同时废止。

6月10日 中国人民银行、国家外汇管理局、对外经济贸易部、海关总署、中国银行印发《关于出口收汇核销管理有关问题的补充规定》。该规定在坚持国务院关于跟踪结汇制度的原则下，尽量简化了出口收汇核销手续。

6月11日 中国人民银行发出《关于统一开展对台金融业务的通知》，决定由中国银行直接或间接地与台民间银行建立代理行关系，以解决通汇问题。待条件成熟后，其他金融机构报经批准，方可与台民间银行建立代理行关系。

6月15日 中国人民银行深圳经济特区分行颁布《深圳市证券经营机构管理暂行规定》。该规定对证券经营机构的设置、业务范围、证券交易、管理监督作出了明确规定。

7月3日 经国务院授权，中国人民银行批准，深圳证券交易所正式开业。同日，《深圳证券交易所业务规则》正式颁布实施。该所主办的全国第一家证券专业刊物《证券市场导报》创刊号出刊。

7月5日 中国人民银行、中国工商银行、中国农业银行、中国银行、中国人民建设银行、交通银行、中国人民保险公司联合发出《关于整顿、建设金融队伍的意见》，要求各行（司）结合本地区、本部门的实际情况，认真组织学习，贯彻落实。

7月5日 经中国人民银行批准，国家外汇管理局公布《保税区外汇管理暂行办法》。国务院决定在上海、天津等地设立保税区，国家外汇管理局对保税区内的企业、机关、个人的外汇收支作了规定。

7月8日 经中国人民银行批准，全国金融市场报价、交易、信息系统中心在北京成立。该中心注册资金为500万元人民币，为会员制的事业法人。其主要业务是：利用计算机联网系统，为会员进行跨地区的证券交易和资金拆借提供信息交换、交易和交割清算的技术手段和服务。

7月11日 中国人民银行、国务院生产委员会发出《关于进一步加强流动资金贷款管理的通知》。为搞好企业流动资金综合治理，促进企业强化经营管理，进一步扭转产品积压和企业亏损，防止"三角债"前清后欠，中国人民银行决定，实行"五优先""五从严""八不贷"的信贷政策。该通知要求，各专业银行和其他金融机构要坚决控制货币、信贷总量，认真贯彻执行

"区别对待，扶优限劣"的信贷政策，优化贷款结构，压缩不合理贷款。

7月23日 全国金融标准化技术委员会（以下简称金标委）在北京成立。金标委是国家标准化管理委员会授权、在金融领域内从事全国性标准化工作的技术组织，负责金融系统标准化技术归口工作和国际标准化组织中银行与相关金融业务标准化技术委员会（ISO/TC68）的归口工作。国家标准化管理委员会委托中国人民银行对金标委进行领导与管理。

7月25日 中国人民银行下发《关于加强银行结算监督，严格执行结算纪律的通知》。该通知要求，各地银行和信用社不准受理无理拒付或擅自拒付退票；各地银行和信用社对资金不足需延期付款的，只要单位账上有款，必须根据《国务院关于国营企业销货收入扣款顺序的暂行规定》和按照收到凭证的时间顺序及时办理扣款，各行不得自立土政策，搞"先本行后他行、先本地后异地"。要严格按照规定扣收滞纳金，划给收款单位，不得以任何借口少扣或不扣滞纳金。该文件要求，各级人民银行和专业银行要加强监督检查，严格结算纪律。

8月17日 中国人民银行发出《关于改变托收承付结算办法中扣付滞纳金的规定的通知》。该通知规定，滞纳金单独计算，定期扣付。办理托收承付结算发生延期付款以后，应按照延期付款的总金额和规定的比例（每日万分之三）扣付滞纳金，每月计算一次，于次月三日内单独划交给收款单位。该通知从1991年9月1日起，在全国范围内统一执行。

8月28日 经中国人民银行批准，中华人民共和国民政部核准登记，中国证券业协会在北京成立。中国证券业协会是全国证券行业自律性组织，具有社团法人资格。

9月5日 中国人民银行下发《关于改进和加强人民银行专项贷款管理的通知》，要求各级人民银行严格把握和控制专项贷款投向；认真做

好贷款项目的评估论证工作；加强专项贷款的清理检查工作；加强到期、逾期贷款的清收工作；逐步完善委托发放管理方式；加强内部管理，做好考核评比工作；进一步明确专项贷款管理分级负责制；进一步重视和加强专项贷款管理的干部队伍建设。

9月7日 国务院生产办公室和中国人民银行发出《关于下发清理"三角债"有关实施办法的通知》，并下发《关于在全国范围内清理固定资产投资项目拖欠款的实施办法》《关于清理固定资产投资项目拖欠款会计处理程序》《关于压缩产成品资金占用增加技术改造贷款的实施办法》。

9月9日 中国人民银行下发《关于调整外币利率管理有关问题的通知》。该通知要求，今后凡中国银行总行对外币存、贷款利率进行调整（包括丙种存款利率调整），都应将"调整表"通过其各辖属分行转送当地人民银行分行，由人民银行分行通知办理外币存、贷款业务的金融机构并组织执行；外币利率调整频繁，涉及面广，政策性强，各级人民银行要切实加强管理，以保障外币存、贷款利率调整渠道的畅通，各经办外币存、贷款业务的金融机构必须密切配合，严格执行有关规定。此前，人民银行仅管丙种外币存款利率而没有对整个外币存款利率和贷款利率进行管理。

9月26日 经中国人民银行批准，国家外汇管理局公布《境内机构借用国际商业贷款管理办法》和《境内机构对外提供外汇担保管理办法》。《境内机构借用国际商业贷款管理办法》共4章26条，其中规定，金融机构对外债务余额加外汇担保金额不得超过自有外汇资金的20倍，对一个企业的外汇放款加外汇担保金额之和不得超过其自有外汇资金的30%。《境内机构对外提供外汇担保管理办法》修订了1987年公布的《境内机构提供外汇担保的暂行办法》，明确规定允许提供外汇担保的机构和单位限于：经批准有权经营外汇担保业务的金融机构；有外汇收入来源的非金融性质的企业法人；政府部门和事业单位不得对外提供外汇担保。金融机构提供的外汇担保余额和对外债务余额之和不得超过自有外汇资金的20倍；非金融机构提供的外汇担保余额不得超过其自有的外汇资金；担保人不得为外商投资企业中的外方注册资本提供担保。

10月28日 中国人民银行发布《关于统一执行抵押贷款利率有关事宜的通知》。该通知规定，抵押（含质押）贷款利率按国际惯例应低于一般信用贷款利率，其利率水平按低于同期同档次流动资金贷款利率1个百分点以内，由专业银行根据不同情况自行确定，报当地人民银行备案；企业定期存款不能提前支取，如企业临时需要资金，可将存款作为抵押品办理抵押贷款，抵押贷款的期限如果超过了该定期存款的到期日，那么存款作为抵押品，不得支取，直到该抵押贷款到期归还为止。此通知自1991年9月21日起执行。

10月29日 国务院印发《关于调整人民银行省、自治区、直辖市分行和部分海关领导干部管理体制的通知》，决定对各省、自治区、直辖市的人民银行分行实行总行垂直领导，中国人民银行省、自治区、直辖市分行正副行长由中国人民银行管理。

11月22日 中国人民银行、上海市人民政府联合颁布《上海市人民币特种股票管理办法》。该办法明确了人民币特种股票的性质、发行管理、交易管理以及机构管理的原则。

11月26日 中国人民银行发出《关于保值储蓄存款计息问题的通知》，再次重申：从1988年9月10日开办保值储蓄业务起，对于3年期、5年期、8年期的保值储蓄存款，在其存期已满的当月，如保值贴补率低于零，分别按年利率13.14%、14.94%、17.64%计付利息。不分段计息。

11月27日 中国人民银行发布《关于停止

办理新的保值业务的紧急通知》。经国务院批准，中国人民银行决定从 1991 年 12 月 1 日开始，不再办理保值储蓄业务。在此之前已存入的三年期以上定期储蓄存款，仍给予保值，但保值贴补率为零时不再按月公布贴补率。

11 月 29 日　上海真空电子器件股份有限公司人民币特种股票（B 种股票）在上海发行。1992 年 2 月 21 日，该股票在上海证券交易所挂牌上市。

12 月 1 日　经国务院批准，国家外汇管理局发布《关于境内居民外汇和境内居民因私出境用汇参加调剂的暂行办法》。该办法规定，自 1991 年 12 月 1 日起，我国境内的中国公民及定居在我国境内的外国人（包括无国籍人），均可将收到的境外汇入汇款、存放在境内银行的外币存款或持有的外币现钞，按国家外汇管理局当地分局通知的调剂外汇的买入价格出售给国家外汇管理局当地分局指定的银行（以下简称银行）；境内居民因私出境探亲、移居出境、出境留学和其他用汇可按调剂外汇的当天卖出价和购买调剂外汇标准到银行购买外汇；银行严格按照规定的用汇项目和标准出售调剂外汇。

12 月 2 日　中国人民银行发出《关于调整邮政储蓄转存款利率和进一步加强对邮政储蓄管理的通知》，决定将现行的定期转存款年利率 9.9% 调整为 9.0%，下调 0.9 个百分点。调整后的利率自 1991 年 12 月 21 日起执行。转存款的活期存款利率保持不变。

12 月 5 日　中国人民银行、深圳市人民政府公布《深圳市人民币特种股票管理暂行办法》。

12 月 9 日　国务院发布《关于加强彩票市场管理的通知》。该通知规定：发行彩票的批准权集中在国务院。需发行彩票的省、自治区、直辖市、计划单列市人民政府和国务院有关部门，应提前半年向中国人民银行报送发行计划及发行办法，经人民银行审查后，报国务院批准。

一九九二年

1 月 1 日　国家外汇管理局颁布《旅游外汇管理办法》。该办法规定，经营涉外旅游业务的旅行社、宾馆、饭店、车船公司、餐馆、旅游商品商店、娱乐游览场所等企业在经营涉外旅游业务时，必须持有"核准收取外汇兑换券许可证"，向国外旅行社和旅游者收取外汇，不得收取人民币。

1 月 11 日　全国银行分行行长、保险分公司总经理会议在北京召开。会议总结 1991 年的金融工作，提出 1992 年的货币信贷政策及主要措施，对进一步深化金融体制改革、扩大金融对外开放、切实加强和改善中央银行对金融机构的领导和管理进行部署。会议要求，要全面贯彻执行中央经济工作会议精神，紧紧围绕调整结构、提高效益的要求，支持国民经济继续稳定发展。要巩固和发展治理整顿成果，控制货币、信贷总量，防止出现新的经济过热和通货膨胀。会议明确，1992 年货币信贷的三大目标：把信贷和货币发行规模控制在国家计划之内；力争把国营工业企业各种亏损占用的贷款清理收回 1/3，把产成品积压占用的贷款压缩 1/3；继续帮助企业清理"三角债"，特别要在防止前清后欠上下工夫，力争再清理全国企业"三角债"的 1/3。

2 月 19 日　中国人民银行发布《关于完善对国家银行贷款规模管理的通知》。该通知明确：（1）对国家银行信贷规模继续实行"双线"控制，即人民银行总行负责对各专业银行、交通银行、中信实业银行和人民银行上海市、深圳市分行贷款规模的管理；各专业银行总行、交通银行总管理处、中信实业银行和人民银行上海市、深圳市分行分别负责本系统（地区）内贷款规模的管理；人民银行各级分支机构负责监控辖区内专业银行的贷款规模。（2）统一贷款规模核批方式。从 1992 年起，人民银行总行核批和调整各专业银行、交通银行、中信实业银行及人民银行上海市、深圳市分行贷款规模，各专业银行、交通银行、中信实业银行核批和调整其分支机构的贷款规模。（3）严格贷款规模的考核和监控。专业银行总行、交通银行总管理处、中信实业银行核批省、自治区、直辖市分行贷款规模时，必须将"贷款规模通知书"同时抄送人民银行省、自治区、直辖市分行计划处。各地人民银行分行根据各家银行总行寄发的"贷款规模通知书"监控各家银行贷款规模执行情况，并将有关数字用"银行贷款旬报"报送人民银行总行。

3月1日 国务院住房制度改革小组、财政部、建设部印发《关于住房资金的筹集、使用和管理的暂行规定》。

3月18日 国务院发布《中华人民共和国国库券条例》，规定：国库券的发行对象是居民个人、个体工商户、企业单位、事业单位、机关、社会团体和其他组织。每年国库券的发行数额、利率、偿还期等，经国务院确定后，由财政部予以公告。国库券发行采取承购包销、认购等方式，按期一次性偿还本金。国库券的发行和还本付息事宜，在各级人民政府统一领导下，由财政部门和中国人民银行组织有关部门多渠道办理。国库券可以用于抵押，但是不得作为货币流通；可以在国家批准的交易场所转让。国库券的利息收入享受免税待遇。

4月11日 中国人民银行发布《关于统一管理有价证券印制的通知》。为了防止有价证券印制出现混乱，该文件决定对有价证券（不含彩票）的印制实行统一管理。全国发行的有价证券的印制必须经中国人民银行审批，然后由中国印钞造币总公司根据中国人民银行批准的有价证券数量及有关印制的要求具体负责印制。地方发行的有价证券的印制分别由人民银行省、自治区、直辖市分行、计划单列市分行统一管理。并由其指定具有印制有价证券条件的印制企业承印。有价证券的票面内容、格式、尺寸、纸张等须经中国人民银行或省级分行审查。

5月8日 国务院发布第97号令，责成中国人民银行自1992年6月1日起发行1元、5角、1角三种金属人民币，与市场上流通的同面额纸币等值混合流通。

5月13日 中国人民银行发布《关于改革人民银行系统记账方法的通知》。该通知决定：统一银行记账方法，人民银行系统从1993年1月1日起，中国工商银行、中国农业银行、中国人民建设银行以及非银行金融机构从1994年1月1日起，采用国际通用的借贷记账法。同时印发了《中国人民银行关于改用借贷记账法的实施方案》和《关于改用借贷记账法的说明》。

6月28日 国务院办公厅印发《关于建立国务院证券管理办公会议的通知》。根据国务院的决定，在原股票上市办公会议的基础上，建立国务院证券管理办公会议，国务院证券管理办公会议代表国务院行使对证券工作的日常管理职权。国务院证券管理办公会议的办事机构设在人民银行，负责日常工作。证券工作中的立法起草工作由国家体改委牵头，证券管理由人民银行牵头。

7月13日 中国人民银行发出《关于农村信用社实行资产负债比例管理试点的通知》。该通知明确，为落实农村信用社信贷资金管理"以存定贷，自主运用，比例管理"的原则，经人民银行、农业银行研究，决定在浙江、山西、四川、江苏四省的农村信用社和河北、河南、吉林已脱钩的农村信用社实行资产负债比例管理试点。

7月15日 中国人民银行发出《关于特种贷款利率的通知》。该通知就各专业银行运用发行金融债券筹集的资金发放特种贷款的利率作出明确规定：各专业银行发行5年期金融债券所筹集的资金发放的特种贷款利率与5年期金融债券利率的年利差不得超过1.16%；发行3年期金融债券筹集资金发放的特种贷款的利率仍按原规定执行。

8月8日 全国外汇调剂中心公开市场在北京开业。这是中国第一个中央级公开的外汇调剂市场。该中心实行会员制，以电子化的方式进行交易。

9月1日　中国人民银行发出《关于与住房改革配套的存、贷款利率问题的通知》。该通知规定，人民银行各省、自治区、直辖市分行可根据总行确定的房改存、贷款利率原则，结合本地的实际情况，制定有利于促进住房改革的存、贷款利率具体办法。该通知要求，对与住房制度改革配套的存、贷款利率均按"低来低去"的原则确定。

9月11日　中国人民银行发布《上海外资保险机构暂行管理办法》。同月25日，经中国人民银行批准，美国友邦保险有限公司上海分公司在上海成立。这是第一家获准在中国大陆设立的外资保险分公司。

10月9日　中国人民银行发布《银行外汇信贷资金管理办法（试行）》。《银行外汇信贷资金管理办法（试行）》包括总则、资金计划、资产负债比例、检查和实施共4章27条。主要规定：中国人民银行对银行的外汇信贷业务实行双向目标管理，在下达和考核年度银行外汇信贷计划的同时，制定和下达银行外汇信贷资产负债管理比例，逐步强化银行内部自我约束、自我调节的营运机制。该办法自1993年1月1日起实行。

10月26日　国务院证券委员会、中国证券监督管理委员会成立。同年10月12日，国务院办公厅发布《关于成立国务院证券委员会的通知》。国务院决定成立国务院证券委员会（以下简称证券委），撤销原国务院证券管理办公会议。证券委下设办公室，负责日常工作，由国务院办公厅代管。证券委主任由朱镕基副总理兼任，中国人民银行、国家体改委、国家计委、财政部、经贸办、监察部、最高人民法院、最高人民检察院、经贸部、国家工商局、国家税务局、国家国有资产局、国家外汇管理局13个部委的负责人担任委员。其主要职责：组织拟定证券市场的有关法律、法规草案。研究制定证券市场的方针政策和规章；监督检查证券法规和方针政策的执行，查处重大违法违纪案件；制定证券市场发展规划和提出计划建议；指导、协调、监督和检查各地区、各有关部门、证券市场有关的各项工作；归口管理中国证券监督管理委员会；代表政府统一组织与国外有关的交往与合作事项；审批国内企业到海外公开发行股票和上市；审核新的证券交易所的设立；承办国务院交办的其他工作。

为了建立健全证券监管工作制度，国务院决定成立中国证券监督管理委员会（以下简称证监会），受国务院证券委员会指导、监督检查和归口管理。刘鸿儒任证监会主席。证监会是证券委监管执行机构，由有证券专业知识和实践经验的专家组成，按事业单位管理，主要职责是：根据证券委的授权，拟订有关证券市场管理的规则；对证券经营机构从事证券业务，特别是股票自营业务进行监管；依法对有价证券的发行和交易以及对向社会公开发行股票的公司实施监管；对境内企业向境外发行股票实施监管；会同有关部门进行证券统计，研究分析证券市场形势并及时向证券委报告工作，提出建议。

11月2日　中国人民银行发布《保险代理机构管理暂行办法》。《保险代理机构管理暂行办法》包括总则、机构管理、经营管理、罚则、附则共5章32条。主要规定：保险代理机构是指受保险企业委托，按照委托双方签订的保险代理合同（或协议）代为从事保险经营活动的机构。其主要职责是：依照签订的保险代理合同（或协议）规定的保险险种，代签保险单，收取保险费或保险储金；指导保户做好防灾防损工作；协助保险企业做好出险案件的查勘定损工作，但不得办理赔案、批改保险单、退保等业务。保险企业不得直接委托个人代办保险业务。中国人民银行是国家保险事业的主管机关，保险企业设立保险代理机构须经人民银行批准，其他任何部门、任何单位均无权审批；未经人民银行批准，任何保险企业不得擅自设立保险代理机构。

11月12日 中国人民银行、国家计委、国家体改委、国务院经贸办联合颁发《国家试点企业集团建立财务公司的实施办法》，明确：财务公司是办理企业集团内部成员单位金融业务的非银行机构，为独立的企业法人，实行独立核算，自负盈亏，自主经营，照章纳税。该文件对财务公司设立的条件及申报程序、业务范围、中国人民银行对财务公司的管理作了具体规定，自1993年1月1日起施行。

11月12日 中国人民银行印发《关于调整外币存款利率政策的通知》。统一个人与单位外币定期存款利率水平，并增设7天通知存款和1个月定期存款的利率档次。

11月19日 最高人民法院发出《关于伪造货币、有价证券犯罪案件立案标准（试行）》。

12月9日 中国人民银行发布《金银专项贷款管理暂行规定》。《金银专项贷款管理暂行规定》包括总则、贷款的种类及用途、贷款的对象和条件、贷款的期限和利率、贷款计划的编报与审批、贷款的审定发放和检查、贷款的归还、贷款管理和经济责任、会计核算和统计报表、附则共10章31条。

12月10日 中国人民银行发布《关于企业、个人不得办理金融业务的通知》。该通知重申：中国人民银行是国务院领导和管理全国金融事业的主管机关，未经中国人民银行批准，任何地方政府、部门、私人均无权批准和设立金融机构。非金融机构不得经营金融业务。对违法设立、擅自经营的，必须立即撤销、停办。

12月11日 国务院发布《储蓄管理条例》。《储蓄管理条例》包括总则，储蓄机构，储蓄业务，储蓄存款利率和计息，提前支取、挂失、查询和过户，法律责任和附则共7章40条。主要规定：储蓄机构办理储蓄业务，遵循"存款自愿、取款自由、存款有息、为储户保密"的原则。中国人民银行负责全国储蓄管理工作。除储蓄机构

外，任何单位和个人不得办理储蓄业务。储蓄机构的设置应当遵循"统一规划、方便群众、注重实效、确保安全"的原则。储蓄机构应当保证储蓄存款本金和利息的支付，不得违反规定拒绝支付储蓄存款本金和利息，不得使用不正当手段吸收储蓄存款。储蓄机构可以办理活期储蓄存款、整存整取定期储蓄存款、零存整取定期储蓄存款、存本取息定期储蓄存款等人民币储蓄业务。经外汇管理部门批准，可办理活期储蓄存款、整存整取定期储蓄存款等外币储蓄业务。办理外币储蓄业务，存款本金和利息应当用外币支付。经中国人民银行或其分支机构批准，储蓄机构可以办理下列金融业务：发售和兑付以居民个人为发行对象的国库券、金融债券、企业债券等有价证券；个人定期储蓄存款存单小额抵押贷款业务；其他金融业务。此外，还可以办理代发工资和代收房租、水电费等服务性业务。储蓄存款利率由中国人民银行拟订，经国务院批准后公布，或者由国务院授权中国人民银行制定、公布。储蓄机构必须挂牌公告储蓄存款利率，不得擅自变动。《储蓄管理条例》自1993年3月1日起实行，1980年5月28日中国人民银行发布的《储蓄存款章程》同时废止。

12月29日 中国人民银行颁布《信用卡业务管理暂行办法》，规定：凡要求开办信用卡业务的银行，除具备基本的人员与管理、基础设施之外，还必须向中国人民银行提出申请，经批准后，方可开办；其所属分支行申请发行人民币信用卡，由该银行总行审核并报当地人民银行备案。境内银行与境外银行签订信用卡代理业务协议，应将其协议副本和有关资料报送中国人民银行备案。人民币信用卡备用金存款利率按照中国人民银行制定的活期存款利率计息。该文件自1993年1月1日起施行。

一九九三年

1月1日 国家外汇管理局公布《银行外汇

业务管理规定》和《非银行金融机构外汇业务管理规定》。这两个文件明确规定，国家外汇管理局为银行和非银行金融机构外汇业务的监管机关，银行和非银行金融机构经营、停办外汇业务由国家外汇管理局审查和批准。这两个文件分别就外汇资本金、营运资金、资本准备金、呆账准备金、外汇业务范围、银行和非银行金融机构内部对外汇业务的管理、外汇业务的财务和统计报表、外汇业务的检查和考评等作了具体规定，均于1993年7月1日起施行。1990年12月30日公布的《外汇指定银行外汇业务管理规定》和1987年10月1日公布的《非银金融机构外汇管理办法》同时废止。

1月12日　中国人民银行发布《关于执行〈储蓄管理条例〉的若干规定》。该规定强调，中国人民银行是我国储蓄事业的主管机关，负责全国储蓄管理工作。规定要求人民银行认真做好各项准备工作和宣传工作。

1月12日　全国银行分行行长、保险分公司总经理会议在北京召开。会议的主要任务是，深入学习和贯彻党的十四大精神，研究金融改革，部署1993年的金融工作。国务院总理李鹏在闭幕会上强调，要充分发挥银行对国民经济进行宏观调控的主要作用。朱镕基副总理在讲话中指出，要严格进行总量控制，从严进行宏观调控。李贵鲜行长在会上提出了1993年的金融改革任务。

1月20日　国务院颁布《中华人民共和国国家货币出入境管理办法》。该办法规定：国家对货币出入境实行限额管理，中国公民和外国人出入中国国境每人每次携带的人民币不得超出限额，具体限额由中国人民银行规定；不得擅自运输国家货币出入境，不得在邮件中夹带国家货币出入境，违者将追究有关人员的责任。该办法自1993年3月1日起施行，1951年3月6日中央人民政府政务院公布的《中华人民共和国禁止国家货币出入国境办法》同时废止。同年2月5日，

中国人民银行发布《关于国家货币出入境限额的公告》：自1993年3月1日起，中国公民、外国人出境每人每次携带的人民币限额为6 000元，在开放边民互市和小额贸易的地点，中国公民出入境和外国人入境携带人民币的限额可根据实际情况由人民银行省级分行会同海关确定、报人民银行总行和海关总署批准后实施。

2月1日　国家外汇管理局发布《关于适当放开金融机构代客户办理外汇买卖业务的通知》。同年4月25日，国家外汇管理局决定，凡是有权经营自营或代客买卖外汇业务的金融机构，均可接受个人的委托，办理即期外汇买卖业务。

3月3日　中国人民银行发布《对金融机构贷款管理暂行办法》。《对金融机构贷款管理暂行办法》包括总则、贷款对象及条件、贷款种类和期限、贷款的计划管理、贷款限额的管理、贷款的发放与收回、贷款的利率和贷款的检查与考核、附则共9章30条。该文件适用于除有特殊规定以外的一切中央银行贷款，自1993年4月1日起执行。

3月8日　中国人民银行发布《金融信托投资公司委托贷款业务规定》。该规定明确：委托贷款是信托公司作为委托人、按照委托人的意愿、以信托公司的名义发放的贷款；委托贷款的风险由委托人承担；委托资金的来源和用途必须符合国家政策的规定，期限在3个月以上；信托公司不得接受银行等金融机构的委托办理委托贷款业务；人民银行要加强对信托公司委托贷款业务的管理，对信托公司进行定期或不定期的检查或抽查。该规定自1993年4月1日起执行。

3月17日　中国人民银行、财政部联合颁发《金融企业会计制度》。

3月28日　中国人民银行发布《金融机构缴存外币存款准备金暂行规定》。该规定明确：缴存外币存款准备金的金融机构包括经国家外汇管理局批准经营外汇业务的银行、其他金融机构及设在我国境内经营外汇业务的外资金融机构、合

资金融机构。缴存外币存款准备金的存款范围包括：个人外币储蓄存款；机关、团体、企业、事业单位及外国驻华机构的外币存款；发行外币信用卡的备用金存款；中国人民银行确定应缴纳外币存款准备金的其他外币存款。外币存款统一折算成美元计缴。外币存款准备金的缴存比例按缴存存款范围规定的各项外币存款平均余额的5%计缴。各金融机构不按照规定缴存外币存款准备金的，除如数补缴外，中国人民银行按日处以未缴金额万分之二的外汇罚款。该规定从1993年3月1日起施行。

4月1日 国家外汇管理局公布《外汇调剂市场管理规定》。该规定明确，外汇调剂中心是国家外汇管理局领导和管理下的经营外汇调剂业务的法定外汇交易机构，其职责是组织市场交易、监督买卖双方的交割与结算、提供交易信息和为交易服务等。各项留成外汇、外商投资企业的外汇、捐赠外汇等可在外汇调剂市场卖出；符合调剂市场用汇投向的用汇，可通过外汇调剂市场买入。调剂外汇的价格根据市场供求关系浮动。外汇调剂业务可以跨地区进行。严禁各地区、各单位在外汇调剂中心外私自买卖外汇。

4月3日 中国人民银行下发《关于贯彻落实国发〔1992〕68号文件精神的通知》。根据《国务院关于进一步加强证券市场宏观管理的通知》的精神，明确人民银行在证券市场管理方面的职责。

4月11日 国务院下发《关于坚决制止乱集资和加强债券发行管理的通知》。针对许多地区、部门以及企事业单位违反国家有关规定，擅自利用发行债券等各种方式进行集资并进一步蔓延的状况，该文件规定：（1）任何地区、部门、企事业单位和个人，一律不得在国务院有关规定之外，以各种名义乱集资；对已搞的高利集资，要分别不同情况，予以妥善处理。（2）严格控制各项债券的年度发行规模，未经国家计委和国务院证券委员会同意，不得擅自突破规模，计划内的

各项指标不得随意调整。（3）尽快明确地区债券发行审批的管理部门，地方政府不得发行和变相发行地方政府债券；企业发行债券要公布相关信息，用于固定资产投资的要纳入固定资产投资规模；要加强债券的评级工作。（4）严格执行国家规定的有关利率政策，公司、企业债券及其他任何形式集资的利率都不得高于同期国库券的利率。（5）优先保证国库券和用于国家重点建设债券的发行。（6）各有关部门要积极配合，加强对债券发行和集资活动的宏观调控，审计部门要协助做好债券发行和集资活动的审计。（7）对违反国家有关规定，擅自突破国家下达的债券发行计划、擅自设立或批准发行计划外券种、发行或变相发行地方政府债券的和以高于国库券利率进行各种形式集资的，主管部门要予以通报批评；对情节严重者，要追究主要领导和直接责任者的责任，同时，核减该地方或部门当年或下一年度的证券发行规模。

4月15日 国家外汇管理局发布《关于金融机构办理自营外汇买卖业务的管理规定》。

4月21日 国家外汇管理局发布《关于加强外汇（期货）交易管理的通知》。该通知重申：外汇（期货）交易属外汇金融业务。外汇（期货）交易机构只能由中国人民银行设立，经营外汇（期货）业务必须经国家外汇管理局批准，并据批件到工商管理部门注册登记，其他任何部门均无权批准设立。企业和个人的外汇（期货）交易必须是现汇交易，严禁以人民币资金为抵押办理外汇（期货）交易，严禁买空卖空的投机行为。

4月22日 国务院发布《股票发行与交易管理暂行条例》。《股票发行与交易管理暂行条例》包括总则、股票的发行、股票的交易、上市公司的收购、保管清算和过户、上市公司的信息披露、调查和处罚、争议的仲裁和附则共9章84条。主要规定：国务院证券委员会（证券委）是全国证券市场的主管机构，依法对证券市场进行

统一管理；中国证券监督管理委员会（证监会）是证券委的监督管理执行机构，依法对证券发行与交易进行管理和监督。

4月24日　中国人民银行、中国工商银行、中国农业银行、中国银行、中国人民建设银行联合发布《关于停产整顿、被兼并、解散和破产企业贷款停减缓利息处理问题的通知》。该通知要求，各地有关银行应积极配合有关部门，做好停产整顿、被兼并、解散和破产企业的财产、物资、贷款和债权债务的清理、交接和处理工作；对停产整顿的企业在经银行批准后可以缓交流动资金贷款利息；对被兼并企业的贷款利息的可视不同情况采取由兼并企业负担、挂账、停息、减息等办法处理；对被解散的企业必须落实银行相关的债务。

5月7日　中国人民银行下发《关于发行中国人民银行融资券的通知》。该通知指出：发行融资券是中国人民银行加强金融宏观调控，探索中央银行由直接调控向间接调控转变的一种尝试，融资券的发行总量由中国人民银行总行根据宏观金融调控的需要和各地货币供应量的增长情况决定，各地不得自行发行地方融资券；融资券采取浮动利率，委托资金市场发行的第一期融资券的手续费，暂按3个月期0.03%、5个月期0.04%、9个月期0.05%计付。随该通知同时下发的还有《中国人民银行融资券管理暂行办法》。同时，中国人民银行还下发了《中国人民银行融资券管理暂行办法实施细则》。

5月15日　中国人民银行决定：从即日起，调整存、贷款利率。人民银行在同日发布的《关于调整存、贷款利率的通知》规定：各项存款利率平均上调1.19个百分点；各项贷款利率平均上调0.82个百分点。

6月1日　中国人民银行决定：从即日起，调整联行利率。人民银行在《关于调整人民银行联行利率的通知》中规定：人民银行内部联行往来资金中的头寸、借用资金利率由原来年利率6.66%调整为8.1%；人民银行上海市、深圳市分行在总行的存款准备金和备付金利率由原来年利率6.192%调整为7.92%，向总行的贷款利率由原年利率6.48%调整为8.01%。

6月9日　国家外汇管理局发布《外汇期货业务管理试行办法》。该办法包括总则、外汇期货交易业务的审批、外汇期货业务管理和附则共4章28条。

6月24日　中共中央、国务院颁发了《关于当前经济情况和加强宏观调控的意见》，提出了加强和改善宏观调控的16条措施：（1）严格控制货币发行，稳定金融形势。（2）坚决纠正违章拆借资金。（3）灵活运用利率杠杆，大力增加储蓄存款。（4）坚决制止各种乱集资。（5）严格控制信贷总规模。（6）专业银行要保证对储蓄存款的支付。（7）加快金融改革步伐，强化中央银行的金融宏观调控能力。（8）投资体制改革要与金融体制改革相结合。（9）限期完成国库券发行任务。（10）进一步完善有价证券的发行和规范市场管理。（11）改进外汇管理办法。稳定外汇市场价格。（12）加强房地产市场的宏观管理，促进房地产业的健康发展。（13）强化税收征管，堵住减免税漏洞。（14）对在建项目进行审核排队，严格控制新开工项目。（15）积极、稳妥地推进物价改革，抑制物价总水平过快上涨。（16）严格控制社会集团购买力的过快增长。

6月24日　中共中央决定，周正庆同志任中国人民银行党组书记。

6月29日　国务院办公厅发出《关于进一步加强和完善外汇管理的通知》。该通知的主要内容为：（1）调整有偿上缴中央外汇额度管理办法。（2）进一步完善现汇留成试点。现汇留成试点企业的出口收汇，必须坚持"先上缴、后分成"的原则，要保证完成20%无偿上缴和30%有偿上缴中央外汇额度的任务。（3）对留成外汇实行限期使用办法，使用期限为6个月。超过使用期限的留成外汇，由人民银行收购。各级人民政府和各有关部门要确保完成一般商品出口的20%无偿上缴和30%有偿上缴中央外汇额度的任务。同年7月17日，中国人民银行、国家计划委员会、国家经济贸易委员会、对外贸易经济合作部、国家外汇管理局联合制定了《收购有偿上缴中央外汇额度管理暂行规定》，其中明确：凡承担上缴中央外汇任务的各地方和中央各承包单位，必须以有偿上缴中央外汇30%的比例按月上缴中央外汇额度。该文件还就收购有偿上缴中央外汇额度的原则和办理的程序、兑现补偿人民币资金的程序、有偿上缴外汇使用问题以及报表与统计等相关问题作出了规定。

7月2日 中华人民共和国主席发布第8号令：根据第八届全国人大常委会第二次会议的决定，免去李贵鲜兼任的中国人民银行行长职务，任命国务院副总理朱镕基兼任中国人民银行行长。

7月5日 全国金融工作会议在北京召开。会议的宗旨是：肯定成绩，检讨缺点，整顿秩序，推进改革，扭转当前资金紧张的局面。国务院副总理兼中国人民银行行长朱镕基在会议的总结讲话中指出，加强宏观调控不是实行全面紧缩，而是进行结构调整，优化产业结构，解决"瓶颈"制约。必须根据国家的产业政策，迅速调整资金的投向，确保工农业生产和基础设施建设的需要，促进国民经济持续、稳定的发展，整顿金融秩序，严肃金融纪律，把金融混乱的局面扭转过来，并提出了对银行工作的"约法三章"：立即停止和认真清理一切违章拆借，已违章拆出的资金要限期收回；任何金融机构不得擅自或变相提高存、贷款利率，不准用提高利率的办法搞"储蓄大战"，不得向贷款对象收取回扣，或者将资金通过"关系户"放高利贷；立即停止向银行自己开办的各种经济实体注入信贷资金，银行要与自己开办的各种经济实体彻底脱钩，已违反规定将信贷资金充当资本金注入企业的要限期收回。朱镕基还就推进金融改革提出了要求：加强

中央银行职能和基础建设；建立中央银行领导下的国家政策性银行和以国有商业银行为主体、多种金融机构并存的金融组织体系；建立统一、开放、高效、有序的金融市场体系。

7月9日 中国人民银行下发《关于严格审批金融机构的通知》。该通知要求：各类金融机构的设立均由人民银行省、自治区、直辖市、计划单列市分行审核报总行审批；人民银行总行对城市信用社以及专业银行省以下分支机构实行宏观管理，年新增机构指标不得突破；金融机构的增资扩股、经营范围等的变更事项必须严格按照程序报人民银行核准。

7月11日 中国人民银行决定，从即日起，提高人民币存、贷款利率，并对3年以上定期储蓄存款实行保值。活期存款利率由2.16%提高到3.15%，定期存款利率平均上调1.72个百分点，贷款利率平均上调1.38个百分点。

8月1日 国家外汇管理局全国分局局长会议召开。国务院副总理兼中国人民银行行长朱镕基在会上作了重要讲话，朱镕基指出，继续采取调控措施，促使汇价稳定在目前的合理水平，是下半年经济工作的一项重要任务。

8月12日 中国人民银行下发《关于加强信贷资金管理，保障银行资金安全的通知》，决定1993年在金融系统开展"两防一保"（防诈骗、防盗窃、保障银行资金安全）工作。

8月19日 中国人民银行下发《关于加强典当行管理的通知》。该通知明确：典当行是以实物质押形式为个体工商户和城乡居民提供临时性贷款的非银行金融机构，中国人民银行是其主管机关，任何地方政府或部门不得擅自批设典当行。各地人民银行应对辖区内典当行的数量、审批机关、质押的利率、当期、当品、业务规模等进行一次全面清查。1993年年底前，各地暂停对新典当行的批设。

8月21日 中国人民银行下发《关于不准擅自提高和变相提高存、贷款利率的十项规定》。

主要内容：（1）中国人民银行是利率管理的主管机关，代表国家统一行使利率的管理权；（2）国务院授权中国人民银行制定和颁布的利率是法定利率，具有法律效力，其他任何单位和个人无权制定和改变法定利率；（3）各金融机构必须严格执行法定的存款利率，不准上浮，对个人发行的大额可转让定期存单可由省人民银行决定是否不超过5%的上浮幅度；（4）贷款的浮动利率要经人民银行批准；（5）企业债券和集资的利率按《企业债券管理条例》有关规定执行；（6）同业拆借利率必须控制在人民银行总行确定的最高限度内；（7）任何非金融机构不得办理存、贷款业务；（8）各金融机构立即对存、贷款利率执行情况进行一次清理并纠正违规行为；（9）对违反利率管理规定的予以经济和行政处罚；（10）中国人民银行分支机构要承担起相应的管理职责，加强监督管理。

8月25日　中国人民银行、中国工商银行、中国农业银行、中国银行、中国人民建设银行、交通银行联合下发《关于整顿结算秩序，扩大转账结算的通知》。

8月30日　中国人民银行发布《关于进一步加强对外汇调剂市场人民币调控的通知》。该通知规定：各地外汇管理分局要加强对持有超过100万美元外汇额度的企业、超过正常需要持有外汇额度的企业的审查，有关专业银行要加强对现汇存款大户的审查，切实掌握企业结汇和完成上缴国家外汇任务状况，并将有关企业的情况于每旬向当地人民银行报告一次。各地人民银行要将上述情况于每旬报告总行计划资金司和国家外汇管理局。各地外汇管理局分局要劝说有关企业出售手中超过正常合理需要的外汇或外汇额度，并密切注意外汇调剂市场上的动向。凡在调剂市场上调入的外汇，3个月内不用的，一律由中央银行收购。

9月1日　中国人民银行决定：从即日起，调整人民银行联行利率。人民银行于8月28日发布的《关于调整人民银行联行利率的通知》中规定：人民银行内部联行往来资金中的上存、借用资金利率由原来年利率8.1%调整为9.27%；人民银行上海市、深圳市分行在总行的存款准备金和备付金利率由原来年利率7.92%调整为9.72%，向总行的贷款利率由原年利率8.01%调整为9.63%。

9月4日　中国人民银行、财政部联合下发《关于各级人民银行与所办经济实体脱钩的办法》。该办法包括指导原则、具体规定和实施办法三部分，对脱钩工作提出了稳妥、具体的实施步骤。中国人民银行、财政部在发布该办法的通知中要求，人民银行系统所办经济实体与人民银行脱钩于10月31日前完成。按照该办法的要求，人民银行不再开办经济实体，已办实体要在行政、财务等隶属关系上脱钩。人民银行的干部也不得再在经济实体中兼职。

9月14日　中国人民银行下发《关于调整黄金经济政策问题的通知》。该通知决定：收购、配售黄金的定价方式由固定定价方式改为浮动定价方式。

10月1日　国务院发布《关于进一步改革外汇管理体制的通知》。国务院决定从1994年1月1日起，进一步改革我国的外汇管理体制。现阶段外汇管理体制改革的总体要求是：实现汇率并轨，实行以市场供求为基础的、单一的、有管理的浮动汇率制；实行银行结汇和售汇制，取消外汇留成和上缴；建立银行间外汇交易市场，改进汇率形成机制；禁止外币在境内计价、结算和流通；改革和完善收、付汇核销管理；实现经常项目下人民币可兑换；取消外汇收支指令性计划，国家主要运用经济、法律手段实现对外汇和国际收支的宏观调控。作为过渡性措施，先实行经常项目下人民币有条件可兑换。实行新体制后，外汇指定银行办理结汇所需人民币资金，原则上应由各银行用自有资金解决。新体制运转初期，对个别外汇结算业务量大而自有人民币资金有一定困难的银行，中国人民银行可提供一定数额的人民币再贷款，但这些银行应逐步用自有人民币资金顶替。国家对外汇指定银行的结算周转外汇余额实行比例幅度管理。对境外资金的借用和偿还继续实行计划管理、金融条件审批和外债登记制度。外商投资企业的外汇管理仍先维持现行办法。

11月3日 为了强化中央银行宏观定量分析手段，提高中央银行监测经济及货币政策的水平，完善中央银行货币政策预警系统，中国人民银行印发《关于实施中央银行批发物价指数调查统计制度的通知》，在 36 个大中城市 1 100 户企业按旬对 791 个商品进行布点调查。这项统计制度经国家统计局正式批准编号，从 1993 年 1 月 1 日起正式实施。批发物价指数统计成为我国中央银行的一项重要的信息源之一。

12月1日 中国人民银行发布《关于加强假币实物管理的通知》。该通知规定：凡是企事业单位（如商店、邮局等直接办理现金收付业务的单位）发现假币后应首先扣留假币，向用户开具由当地人民银行认可或提供的假币没收收据，然后持假币前往附近银行或储蓄所鉴别，如确认为假币，由鉴定单位加盖"假币"戳记，并交当地人民银行统一管理。假人民币由人民银行统一管理、销毁。

12月25日 国务院公布《关于金融体制改革的决定》，提出：金融体制改革目标是，建立一个在国务院领导下，独立执行货币政策的中央银行宏观调控体系；建立一个在中央银行领导下的，政策性金融与商业性金融相分离，以国有商业银行为主体，多种金融机构并存的金融体系；建立统一开放，有序竞争，严格管理的金融市场体系。把中国人民银行办成真正的中央银行，人民银行今后将成为在国务院领导下独立执行货币政策的中央银行，不再直接承担大量政策性信贷任务和其他财政性融资职能。中央财政收支差额通过发行国债解决，不再向银行透支。新成立国家开发银行、中国进出口银行和中国农业发展银行三大政策性银行，负责政策性信贷业务。政策性银行业务上接受人民银行监督，不能从事商业性业务，不能与商业银行及其他金融机构竞争业务；但是政策性银行也不是第二财政，不能无限制地扩大政策性贷款数量。政策性银行组建后，原来的国家专业银行将逐步转变为责、权、利、险相结合，相互制约，自主经营，自担风险，自负盈亏，自我发展的商业银行，并鼓励和保护各商业银行在中央银行规定的基准利率上下限内浮动，开展合理竞争，允许业务交叉，面向市场，在竞争中求生存和发展。

12月29日 中国人民银行发布《关于进一步改革外汇管理体制的公告》。为促进社会主义市场经济体制的建立和进一步对外开放，推动我国国民经济的持续、快速、健康发展，根据国务院的决定，对我国外汇管理体制进行重大改革。从 1994 年 1 月 1 日起，实现汇率并轨，实行以市场供求为基础的、单一的、有管理的浮动汇率制；取消外汇指令性计划和外汇留成，国家主要运用经济、法律手段实现对外汇的国际收支的宏观调控；实行外汇指定银行的结售汇制度；建立银行的外汇交易市场，改进汇率形成机制；主要运用经济、法律手段实现对外汇和国际收支的宏观控制；实现人民币在经常项目下的有条件的可兑换；外汇券停止发行；禁止外币在境内计价结算和流通，严格外债管理，建立偿债基金，确保国家对外信誉。

12月31日 中国人民银行新闻发言人就《关于进一步改革外汇管理体制的公告》中关于停止发行外汇兑换券后的有关事宜时强调：外汇兑换券仍照常使用，收券机构不得擅自涨价。1994 年 1 月 1 日以后，这些机构所有的外汇券和外汇券存款仍按 1993 年 12 月 31 日的官方汇率，即 1 美元兑 5.80 元人民币，到银行兑成外汇或办理结算。办理兑换和结算不受时间限制。

一九九四年

1月1日　我国实施新的外汇管理体制。人民币官方汇率与外汇调剂市场汇率并轨，实行以市场供求为基础的、单一的、有管理的浮动汇率制；取消外汇留成和上缴，中资企业开始向银行结汇；外汇券停止发行；禁止外币在境内计价、结算和流通。当日人民币兑美元汇价由5.8元人民币/美元下调到8.7元人民币/美元。

1月12日　全国金融工作会议在北京召开。会议确定1994年金融工作的方针是：继续整顿金融秩序，稳步推进金融改革。严格控制信用总量，切实加强金融监管。国务院副总理兼中国人民银行行长朱镕基在会上强调：（1）要严格控制今年的信贷规模总量。主要是控制各级银行的固定资产投资贷款。各级银行对于超过贷款规模总量的项目、未经批准开工的项目、化整为零的项目一律不予贷款，一个项目也不许贷、一元钱也不能超过。谁用不正当的手段突破信用总量，就要追查谁的责任。（2）在政策性业务分离出去以后，各专业银行要向商业银行过渡。各专业银行先实行贷款限额控制下的资产负债比例管理，逐步建立自我约束和风险责任机制，做到自主经营、自负盈亏。要配合《中华人民共和国破产法》的实施，用好今年增加提取的呆账准备金。（3）各级人民银行分行要切实转变职能，真正把主要精力放在稳定货币和金融监管上。当前特别要防止乱集资活动的抬头，发现一个要制止一个。（4）要切实贯彻邓小平同志指示："把银行真正办成银行"，而不要办成"货币发行公司"和"金库"。更不能成为不上锁的"金库"。

1月13日　中国证监会、国家外汇管理局发布《关于境外上市企业外汇管理有关问题的通知》。该通知规定：境内企业到境外发行股票，其发行股票所筹资金属于资本项目收入，经国家外汇管理局批准，可在境内开立外汇账户，保留现汇。境内企业在境外发行股票应当在外汇资金到位后10天内，将所筹外汇资金全部调入中国境内，存入经批准开立的外汇账户。

1月14日　中国政府发行第一笔全球债券。财政部代表中国政府正式向美国证券交易委员会注册登记发行10亿美元全球债券，用于交通、能源、通信等基础设施建设。债券发行的牵头机构为美国的美林证券公司，债券将由包括全球各主要证券公司和银行在内的包销团承销，并同时在美国、欧洲、亚洲分销。

1月16日　国务院决定：中国人民银行副行长朱小华兼任国家外汇管理局局长。

1月18日　中国人民银行印发《人民银行分支行转换职能的意见》，提出了划分人民银行总行和各级分支行之间职责、权限的基本思路：总行集中资金权（包括货币发行权、基础货币吞吐权、信贷规模调剂权和利率调节权），省以下机构主要职能是金融监督管理、调查统计分析、横向头寸调剂、经理国库、现金调拨、外汇管理、联行清算和金银管理等。

2月15日　为了适应新的金融管理体制、增强商业银行自我约束和自我发展能力、改进人民银行宏观调控方式、保证银行业的稳定发展，中国人民银行发布《关于对商业银行实行资产负债比例管理的通知》，决定从1994年开始，对商业银行的资金使用实行资产负债比例管理。

3月1日　中国人民银行决定，在上海成立中国外汇交易中心。

3月26日　为规范结汇、售汇及付汇行为，实现经常项目下人民币有条件可兑换，国务院副总理兼中国人民银行行长朱镕基签发中国人民银行第3号令，公布《结汇、售汇及付汇管理暂行规定》，共五章三十条，自1994年4月1日起施行。

4月14日　国家开发银行挂牌营业。1994年3月17日，国务院发布《关于组建国家开发银行的通知》，批准了《国家开发银行组建和运行方案》和《国家开发银行章程》。国家开发银行是直属国务院领导的政策性金融机构，注册资本为500亿元人民币，分四年从国家财政逐步划拨的经营性建设基金和经营基金回收资金中安排。国家开发银行设立监事会，由国家计划委员会、国家经济贸易委员会、财政部、中国人民银行、审计署、对外贸易经济合作部等部门各出1位负责人以及国务院指定的其他人员组成，报国务院批准。监事会主席由监事会成员单位定期轮换担任，任期为3年。姚振炎被任命为国家开发银行行长。

5月7日 中国人民银行、中国农业银行、中国工商银行和中国人民建设银行联合发出《关于向中国农业发展银行划转信贷资产与负债的规定》。该规定明确了信贷资产的划转范围。确定以1994年6月30日作为正式划转日，并以划转日的余额划转。该规定对业务划转和资金清算的基本单位、资产的清理及划转、存款与信贷资金的划转、划转账务的平衡、划转后资金的清算等内容作了具体规定。

5月7日 中国人民银行印发《关于继续整顿结算秩序，深化结算改革的通知》。该通知强调，通过结算秩序的整顿和深化改革，1994年要达到以下目标：有效制止随意压票、退票现象；清算纪律得到加强，减少未按规定通过人民银行的大额转汇和拖延移存汇票款的行为；全部取消自行制定的"土政策"；减少结算纠纷和案件；推广票据使用，加大转账结算比重。

5月25日 国务院在北京召开"防诈骗、防盗窃、防抢劫、保银行资金安全"电话会议。国务院副总理兼中国人民银行行长朱镕基出席会议并讲话。朱镕基指出，金融诈骗等犯罪活动，已成为当前金融系统的一个突出问题，各级金融部门的干部、职工一定要切实增强保护国家资产、维护国家利益的责任心，严格执行国家有关金融方面的法律、法规和制度，努力提高政治素质和业务素质，为保证正常的金融秩序作出应有的努力。

5月31日 中共中央办公厅、国务院办公厅发出《关于严格彩票市场管理，禁止擅自批准发行彩票的通知》。该通知重申：发行彩票的审批权集中在国务院，任何地方或部门均无权批准发行彩票；已批准发行的彩票必须按国务院批准的方案执行，不得擅自超规模或改变发行办法。同年7月27日，中国人民银行印发《关于贯彻执行〈中共中央办公厅、国务院办公厅关于严格彩票市场管理，禁止擅自批准发行彩票的通知〉的通知》。该通知强调：中国人民银行是国务院主管彩票的机关，各地民政部门、体育部门的发行机构必须严格按国务院或中国人民银行批准的奖券、彩票发行管理办法执行，并向当地人民银行分行及时报告福利奖券及体育彩票的发行情况。企业承印彩票的资格一律由中国人民银行总行核准。未经核准，任何企业不得印制彩票。

6月1日 国务院办公厅发出《关于取缔自发黄金市场，加强黄金产品管理的通知》。该通知指出：未经人民银行批准，任何地区、部门、单位和个人不得擅自收购黄金，不得从事黄金的生产、批发、加工和零售业务。黄金生产企业必须把生产的黄金全部交售给人民银行，不得私下交易，不得自行留用，更不得化整为零，由个人出售，逃避纳税义务与贷款清偿责任。黄金产品必须全部交售给人民银行。凡金饰品生产、经营单位需跨省携带批量黄金，必须经所在地人民银行省（自治区、直辖市）分行的批准，航空、铁道和交通等运输部门凭人民银行批件查验放行。生产所用黄金原料按系统申请，切块下达，由企业向人民银行购买，不得私自采购。罚没黄金一律交售给当地人民银行。严禁从事黄金期货交易，严禁设立各类形式的黄金期货市场。

6月8日 中国人民银行发布《金融信托投资机构资产负债比例管理暂行办法》。该办法包括总则、资产负债比例管理指标、监督管理、罚则和附则共5章32条。

6月15日 中国人民银行印发《城市信用合

作社资产负债比例管理暂行办法》。该办法包括总则、比例管理指标、监督管理、罚则和附则共5章21条。中国人民银行在下发该文件的通知中决定：从1994年开始，对城市信用社的资金管理试行资产负债比例管理办法。

6月27日　中国人民银行在北京首次召开全国科技工作会议。会议总结了金融科技工作经验，研究了金融科技发展长远规划，部署了金融科技工作任务。

7月1日　中国进出口银行挂牌营业。1994年3月19日，国务院发布《关于组建中国进出口银行的通知》，批准了《中国进出口银行组建方案》和《中国进出口银行章程》。中国进出口银行是直属国务院领导的政策性金融机构，在业务上接受财政部、对外贸易经济合作部、中国人民银行的指导和监督。中国进出口银行设董事会，实行董事会领导下的行长负责制。行长为法定代表人。佟志广被任命为中国进出口银行董事长，雷祖华被任命为中国进出口银行行长。

7月7日　中国人民银行印发《关于在煤炭、电力、冶金、化工和铁道行业推行商业汇票结算的通知》，在五大行业的货款结算推行商业汇票结算办法。该通知明确：（1）商业汇票使用的范围和原则。五个行业的企业单位货款结算使用商业汇票，必须根据《中华人民共和国经济合同法》与购货的企业单位签订经济合同，并在合同中订明使用商业承兑汇票或银行承兑汇票方式。（2）商业汇票的使用方法。五个行业的企业单位进行商品交易的款项结算，可以根据对方的资信状况与其商定使用商业承兑汇票或银行承兑汇票。（3）积极办好商业汇票的承兑。购货单位承兑商业汇票应具有购销合同和内容完整的汇票。（4）安排好贴现和再贴现资金。各银行要根据五个行业的国营企业单位供货的情况，单独安排一定数量的资金规模，下达到基层行用于贴现，对国营企业单位持未到期的承兑汇票申请贴现，应积极办理，不得对跨系统银行承兑的汇票拒绝办

理贴现。（5）严格票据结算纪律。为保证五个行业的企业单位使用汇票能够及时交付货物和按期收到货款，要严格票据结算纪律。（6）做好宣传和组织工作。商业汇票是经付款人承诺付款的票据，具有较高的信用，有利于销货单位按期收回货款；凭商业汇票可以向银行申请贴现，有利于企业单位及时取得资金。（7）五个行业的企业单位和各银行自文到之日起，要做好各项准备工作，积极组织推行。

7月13日　中国人民银行发布《再贴现办法》，规定：再贴现是贴现银行持未到期的已贴现汇票向人民银行贴现，通过转让汇票取得人民银行再贷款的行为。在当地人民银行开立存款账户的银行对商业汇票贴现后需要资金时，可以向人民银行申请再贴现。再贴现的金额按贴现汇票票面金额扣除贴现日至汇票到期日前一日的利息计算，其期限从其再贴现之日起至汇票到期日止，其利率按现有同档次信用贷款利率下浮5%执行。再贴现到期日，人民银行从申请再贴现银行的存款账户内收取票款。再贴现申请人账户余额不足时，应按照逾期贷款的规定处理。

7月17日　中国人民银行印发《关于金融系统工作人员限期辞去在各类经济实体兼职及有关问题的通知》。该通知规定：当年7月底前，金融系统的现职工作人员，凡在各类经济实体兼职的，必须坚决脱钩。各家银行、保险公司注入各类经济实体的资金，可分别不同情况采取收回、转让、划转给银行和保险公司投资的信托投资公司等办法，逐步清理。

7月22日　中国人民银行下发《关于中国投资银行管理体制改革的批复》，原则同意中国投资银行并入中国人民建设银行，作为建设银行全资附属的商业银行，其独立法人地位不变，实行独立核算、自主经营、自负盈亏。

7月28日　中国人民银行印发《关于向金融机构投资入股的暂行规定》。该文件规定：（1）各党政机关、部队、团体以及国家事业单

位，除国务院批准或法规及中国人民银行规章规定外，一律不得向金融机构投资。（2）各级地方财政部门经当地政府同意，由中国人民银行核实，可以用财政结余资金向金融机构投资。（3）国家开发银行、中国农业发展银行、中国进出口银行等政策性银行一律不得向金融机构投资。（4）中国工商银行、中国农业银行、中国人民建设银行、中国银行未经中国人民银行批准，一律不得向金融机构投资。（5）其他商业银行、信托投资公司、企业集团财务公司、融资租赁公司在规定的前提下，可向金融机构投资。（6）保险公司向金融机构投资累计金额不得超过该公司资本金的25%。（7）城市信用合作社、农村信用合作社除按中国人民银行规定的比例可向信用合作社联社、合作银行投资外，不得向其他金融机构投资。（8）证券公司可用资本金向金融机构投资，其投资累计金额不得超过资本金的20%。（9）各金融机构分支机构一律不得向金融机构投资。（10）各金融机构向金融机构的投资入股数额，在计算资本充足率时必须等额核减自身的资本金。（11）工商企业向金融机构投资必须符合相关规定。（12）外资、中外合资金融机构和企业均不得向中资金融机构投资。（13）严禁工商企业与金融机构之间、金融机构之间以换股形式相互投资。（14）未经中国人民银行总行批准，金融机构（城市信用合作社、农村信用合作社除外）不得向个人募集股本。（15）单个股东投资金额超过金融机构资本金10%以上的，必须报经中国人民银行批准。

8月5日　中国人民银行发布《金融机构管理规定》。《金融机构管理规定》包括总则、金融机构设立的原则和条件、金融机构审批的权限和程序、许可证管理、资本金或营运资金管理、法定代表人及主要负责人任职资格审查、金融机构的变更、金融机构的终止、年检与日常检查、罚则和附则共11章64条。主要内容如下：中国人民银行及其分支机构是金融机构的主管机关，依

法独立履行对各类金融机构设立、变更和终止的审批职责，并负责对金融机构的监督和管理。任何地方政府、任何单位、任何部门不得擅自审批或干预审批。对未经中国人民银行批准设立金融机构或经营金融业务的，各金融机构一律不得为其提供开户、信贷、结算及现金等服务。申请设立金融机构应具有符合中国人民银行规定的最低限额以上的人民币货币资本或营运资金。经营外汇业务的，另应具有符合规定的外币资本或营运资金。名称中未冠"中国""中华"字样的全国性金融机构，由中国人民银行总行审批。非全国性的具有法人资格的各类银行、金融性公司以及城市信用合作社联合社，银行的分行，保险公司及其他金融性公司的分公司，试办性金融机构及区域性金融机构跨省区设立的分支机构经当地中国人民银行省级分行审核同意后，报中国人民银行总行批准。在行政区内设立银行的支行和办事处、保险公司设立支公司及其他金融性公司设立办事处由当地中国人民银行省级分行审批，向中国人民银行总行备案。设立城市信用合作社由当地中国人民银行省级分行在总行下达的指标内审核、批准，同时抄报总行备案。金融机构的资本金或营运资金来源应是投资者有权支配的自有资金，不得以借入资金、债权作为资本金。金融机构设立的分支机构一律不得具有法人地位，分支机构应具有规定数额的营运资金，其营运资金由总行（总公司）从资本金或公积金中拨付，累计拨付总额不得超过总行（总公司）资本金的60%。

8月24日　中国人民银行发布《关于调整白银经济政策问题的通知》，对白银的收购价格、配售价格、联行调拨价格作了具体规定，自1994年8月1日起执行。

9月8日　最高人民法院发布《关于办理伪造国家货币、贩运伪造的国家货币、走私伪造的货币犯罪案件具体应用法律的若干问题的解释》。

9月26日　中国人民银行颁布《关于加强银

行结算工作的决定》。该决定明确：（1）严格结算纪律，切实纠正违规违纪行为。（2）加强人民银行对结算工作的领导和监管。（3）强化银行内部结算管理，准确及时办理结算。（4）加强账户管理，规范账户的开立和使用。（5）完善托收承付和委托收款办法。（6）发展信用支付工具，大力推行使用票据。（7）改革联行清算制度，畅通汇路。（8）严肃法纪，惩处违章、违纪行为。（9）健全结算管理机构，加强结算队伍建设。同年10月9日，中国人民银行颁发了《违反银行结算制度处罚规定》，对各种违反银行结算制度的单位和个人规定了具体的惩罚办法，自1994年11月1日施行。

9月29日　国务院批转中国人民银行《关于加强金融机构监管工作的意见》。该意见指出：（1）中国人民银行是国务院授权金融主管部门，依法履行对各类金融主管机构的设立、变更和终止的审批职责。未经人民银行批准擅自经营金融业务的，一律为非法经营，要依法予以处理。（2）对中国人民银行各级分行越权批准设立的金融机构要进行清理。（3）财政部门办的证券机构必须尽快与财政部门脱钩。（4）邮政网点办理居民储蓄业务必须符合储蓄机构设置的条件，并领取经营金融业务许可证。（5）对农村合作基金会违规办理存、贷款业务的行为进行处理。（6）中国人民银行作为典当业务的主管部门，负责典当机构设立的审批和业务管理，对现有典当机构要进行清理和规范，对超业务范围办理银行业务的限期予以纠正。（7）中国人民银行会同同级计划部门要加强对企业债券和彩票的管理，未经中国人民银行批准，一律不得向社会集资和擅自发行彩票。（8）除国家授权机关批准外，任何党政机关、部队、团体以及其他国家预算内事业单位、国家政策性金融机构，都不得向金融机构投资入股。地方财政部门、工商企业和法人金融机构向金融机构投资入股，要符合中国人民银行规定的条件和投资比例。

10月1日　中国人民银行正式运行单机版"中央银行会计核算系统"。这是人民银行第一套统一的会计核算系统，它的推广应用对人民银行会计管理及核算的规范化、科学化，以及人民银行会计体系改革起着十分重要的作用。

10月7日　中国人民银行发布《关于清理越权批设的信用卡公司有关问题的通知》，要求将各分行越权批设的信用卡公司一律改为信用卡业务部，除按规定吸收备用金存款和保证金存款外，不得吸收其他存款。

10月9日　中国人民银行发布《异地托收承付结算办法》，规定：使用异地托收承付结算方式的单位，必须是国有企业、供销合作社以及经营管理较好并经开户银行审查同意的城乡集体所有制工业企业。办理异地托收承付结算的款项必须是商品交易以及因商品交易而产生的劳务供应的款项。异地托收承付结算每笔的金额起点为10万元。付款人在承付期满日银行营业终了时，如无足够资金支付，其不足部分，即为逾期未付款项，按逾期付款处理。本办法自1995年1月1日起施行。

10月25日　中国人民银行发布《关于印发中国证券交易系统有限公司〈政策性金融债券（非实物）登记、托管、清算、交割实施细则〉（暂行）的通知》。决定：今后政策性银行发行政策性金融债券（非实物）、人民银行办理有价证券抵押贷款以及金融机构之间办理政策性金融债券的抵押、贴现和回购业务时，有关政策性金融债券（非实物）的登记、托管和过户事项，委托中国证券交易系统有限公司办理。

10月27日　中国人民银行发布《货币供应量统计和公布暂行办法》。该办法规定：根据国际通用原则并结合我国实际情况，拟将我国货币供应量划分为M0、M1、M2、M3。M0为流通中现金（货币供应量统计的机构范围之外的现金发行）；M1为M0＋企业存款（企业存款扣除单位定期存款和自筹基建存款）＋机关团体部队存款＋农村存款＋信用卡类存款（个人持有）；M2为 M1 ＋城乡居民储蓄存款＋企业存款中具有定期性质的存款（单位定期存款和自筹基建存款）＋外币存款＋信托类存款；M3 为 M2 ＋金融债券＋商业票据＋大额可转让定期存单等。M1 即狭义货币；M2 即广义货币；M2 – M1 即准货币。货币供应量按季度公布，公布时间为公布数据季后第一个月下旬。

10 月 28 日 中国证监会、国家外汇管理局、国家工商行政管理局、公安部联合发布《关于严厉查处非法外汇期货和外汇按金交易活动的通知》。

11 月 3 日 中国人民银行印发《中国人民银行财务制度》，规定：人民银行实行独立的财务预算管理制度。财务管理工作的范围是：资本金和负债管理、资产管理、财务收支计划管理、财务支出管理、财务收入及盈亏解缴管理。《中国人民银行财务制度》对上述各项管理以及财务报告、财务分析和财务检查等内容作了具体规定，自 1994 年 1 月 1 日起施行。

11 月 7 日 国务院首次反假货币工作联席会议在北京召开。会议决定：反假货币联席会成员由中国人民银行、中共中央宣传部、国家计委、公安部、财政部、海关总署、国家工商行政管理局、国家安全部、最高人民法院、最高人民检察院、中国工商银行、中国农业银行、中国银行、中国人民建设银行等单位的主管领导及有关人员组成。中国人民银行主要负责同志为会议召集人。反假货币联席会下设国务院反假货币工作联席会议办公室，设在中国人民银行，编制 3 人。全国各地由地方政府牵头，设立相应的反假货币组织机构。

11 月 8 日 农业部、中国人民银行联合发布《关于加强农村合作基金会管理的通知》。该通知规定：农业部负责指导农村合作基金会的管理与发展，并制定有关的政策法规；中国人民银行依法对农村合作基金会的业务活动进行监督。农村

合作基金会是社区内的资金互助组织，不以盈利为目的。农村合作基金不得用于非农业的基本建设投资，不得用于房地产开发、购买股票和企业债券。农村合作基金会开展资金互助的资金占用费不准高于国家金融部门规定的利率标准。农村合作基金会不是金融机构，不能办理存、贷款业务，已经办理的要限期纠正。要办存、贷款业务的，经整顿验收合格后，可转变为农村信用合作社。

11 月 9 日 国务院发布《关于严格控制消费基金过快增长和加强现金管理的通知》。

11 月 14 日 中国人民银行正式开办再贴现业务。再贴现业务仅限于人民银行分行对商业银行分行。

11 月 18 日 中国农业发展银行挂牌营业。1994 年 4 月 19 日，国务院发布《关于组建中国农业发展银行的通知》，并批准了《中国农业发展银行组建方案》和《中国农业发展银行章程》。中国农业发展银行是直属国务院领导的政策性金融机构，注册资本金为 200 亿元人民币。主要任务是：按照国家的法律、法规和方针、政策，以国家信用为基础，筹集农业政策性信贷资金，承担国家规定的农业政策性金融业务，代理财政性支农资金的拨付，为农业和农村经济发展服务。中国农业发展银行实行行长负责制，朱元樑为中国农业发展银行行长。

11 月 21 日 中国人民银行发布《关于外汇兑换券停止流通和限期兑换的公告》。对社会上流通的少部分外汇兑换券自 1994 年 12 月 31 日前仍可流通或兑换成外汇或人民币，从 1995 年 1 月 1 日起，外汇兑换券停止在市场上流通。持有的外汇兑换券可到中国银行兑换，1995 年 6 月 30 日停止兑换。

11 月 23 日 财政部、国务院住房制度改革领导小组、中国人民银行联合公布《建立住房公积金制度的暂行规定》，对住房公积金的缴存、支付、使用、管理作了具体规定。

11月24日　中国人民银行下发《关于严禁私自装帧、经销人民币的通知》，强调：未经人民银行总行批准，任何单位和个人不准从事人民币的装帧及经销业务。

12月1日　中国人民银行、国务院房改领导小组、财政部联合下发《政策性住房信贷业务管理暂行规定》。

12月12日　中国人民银行印发《个人定期储蓄存款存单小额抵押贷款办法》。本办法自1995年1月1日起执行。

12月15日　中国人民银行发布《关于剩余留成外汇额度限期使用的几项原则的公告》，决定：从1995年1月1日起，关闭所有留成外汇额度账户，留成外汇额度账户停止使用。1994年12月31日前，留成外汇额度可以继续对外支付或到中国银行配成现汇专户保存，按原用途使用。从1995年1月1日起，各外汇指定银行均不得将留成外汇额度按1993年12月31日国家公布的汇率配成现汇。

一九九五年

1月1日　中国人民银行调整再贷款利率和固定资产贷款利率。对金融机构的贷款年利率在原基础上平均提高0.24个百分点。固定资产贷款年利率在现行基础上平均提高0.72个百分点。从过去侧重于存贷款利率变为首先调整再贷款利率，这是中央银行运用利率手段调节货币供求关系的一项改革。同时，贷款计息方法也由以前的分段计息改为按签订贷款合同日银行的利率计息，与国际惯例渐趋一致。

1月10日　全国金融工作会议在北京召开。会议提出1995年金融工作的指导思想是：实行适度从紧的货币政策，进一步强化金融监管，改善金融服务，坚决抑制通货膨胀。具体措施：一是坚决把抑制通货膨胀放在金融工作的首位。二是自觉维护中央的权威，在思想上、行动上和中央保持高度一致；国有商业银行要在依法守规经营的思想指导下，自觉服从金融宏观调控要求，自觉接受金融监督管理，切实建立起自我约束和自我监督检查机制。三是控制通货膨胀要协调运用各项经济政策。四是必须坚持金融分业经营和管理的原则。

1月16日　国务院办公厅发出《关于进一步加强现金管理，控制现金投放的紧急通知》，要求严禁行政企事业单位乱发奖金和补贴；一切现金支出只能在一家开户银行的基本账户支取；各银行不得挤占挪用农副产品收购现金；禁止印制、发售、使用各种代币购物券；活跃农村市场，搞好商品货币回笼；对当地各银行和城乡信用社执行国家现金管理规定的情况进行一次认真检查。

3月3日　为解决电子联行系统存在的"天上三秒，地上三天"问题，中国人民银行开始实施电子联行"天地对接"工程，即电子联行系统在各城市与人民银行会计核算系统、商业银行业务处理系统无须人工干预地对接。这项工程的开展大大提高了联行处理速度，使电子联行业务处理量迅速上升。电子联行系统所覆盖区域的商业银行系统内50万元以上的大额汇划业务和跨系统10万元以上汇划业务全部纳入人民银行电子联行处理，资金在途时间由7～8天减少到2天以内。

3月15日　中国人民银行转发《朱镕基副总理在国务院会议上关于金融工作的讲话》。朱镕基在1995年2月23日的国务院会议上指出，经济工作中的主要矛盾是通货膨胀比较严重。1995年金融工作要着重抓好六个方面：一是严格控制货币发行，加强对信贷资金的管理。二是加快金融体制改革步伐。各专业银行要继续做好加快向国有商业银行转变的工作。在35个大中城市基本完成城市合作银行的组建工作。三是搞好对国家外汇储备的管理和经营。四是彻底实行金融分业经营与管理。五是加快银行的电子化建设。六是继续抓紧做好"三防一保"工作，坚决打击危害银行资金的犯罪活动。

3月18日 《中华人民共和国中国人民银行法》由第八届全国人大常委会第三次会议通过，国家主席江泽民签发第46号主席令颁布。该法共8章51条，包括：总则、组织机构、人民币、业务、金融监督管理、财务会计、法律责任、附则。《中华人民共和国中国人民银行法》明确规定，中国人民银行是中华人民共和国的中央银行。中国人民银行在国务院领导下，制定和实施货币政策，对金融业实施监督管理。中国人民银行履行下列职能：依法制定和执行货币政策；发行人民币，管理人民币流通；按照规定审批、监督管理金融机构；按照规定监督管理金融市场；发布有关金融监督管理和业务的命令和规章；持有、管理、经营国家外汇储备、黄金储备；经理国库；维护支付、清算系统的正常运行；负责金融业的统计、调查、分析和预测；作为国家的中央银行，从事有关的国际金融活动；国务院规定的其他职责。2003年12月27日，第十届全国人民代表大会常务委员会第六次会议通过《全国人民代表大会常务委员会关于修改〈中华人民共和国中国人民银行法〉的决定》。

3月21日 中国人民银行调整同业拆借利率。中国人民银行于同年3月7日发布《关于调整同业拆借利率的通知》，规定同业拆借各档次利率水平调整为：拆借期20天以内利率为13.14%，20天至3个月利率为13.32%，3~4个月利率为13.59%。今后同业拆借利率与再贷款利率联系起来，并实行期限管理。

3月29日 中国人民银行发布《关于禁止金融机构随意开展境外衍生工具交易业务的通知》。该通知指出：国内金融机构一律不得开展投机性境外衍生工具交易业务。国内金融机构在符合外汇管理部门有关规定并经国家外汇管理局核准的前提下，可根据实际需要适当进行避险性境外衍生工具交易、国内金融机构进行避险性境外衍生工具交易，必须完善和健全内部风险管理制度，

配备合格的交易人员，并按规定报送统计报表。对违反规定进行境外衍生工具交易、造成重大资金损失的有关金融机构和交易人员，要进行严肃处理，并追究有关管理人员的责任。

3月31日 中国人民银行发布《关于进一步加强城市信用合作社管理的通知》，决定从1995年起，开始在城市信用合作社基础上组建城市合作银行。

4月1日 中国人民银行决定：从即日起每日公布人民币对美元、港元及日元的外汇市场交易的中间价（基准汇价）。银行之间买卖外汇的汇价可在基准汇价上下0.3%的幅度内浮动。银行与客户之间买卖美元、港元、日元的汇价可在基准汇价上下0.25%的幅度内浮动。各外汇指定银行可以人民币对美元的基准汇价为依据，根据国际外汇市场行情自行套算出人民币对三种货币以外的其他可自由兑换货币的中间价，按人民银行规定，买入价和卖出价的价差不得超过0.5%的要求自行制定其他货币的买入价和卖出价，与客户进行外汇买卖。每笔金额超过100万美元的大额交易，银行可与客户在规定的幅度内面议汇价。中国人民银行于同年3月23日发布《关于人民币外汇价管理问题的通知》。

4月4日 为加快西藏金融体制改革，促进西藏经济发展，中国人民银行决定：中国人民银行西藏自治区分行专门行使中央银行派出机构的职能；分设中国农业银行西藏自治区分行，并对其相关的财务处理、利率补贴作了具体安排。1995年7月1日，中国农业银行西藏自治区分行挂牌成立。

4月4日 中国人民银行、中国工商银行、中国农业银行、中国银行、中国人民建设银行、中国农业发展银行联合发布《关于划转人民银行专项贷款的通知》。该通知决定将人民银行原来发放的扶贫专项贷款全部划转给中国农业发展银行；金银专项贷款全部划转给中国工商银行；除此之外，按委托对象或企业基本账户划转。划转

时间为 1995 年 3 月 31 日。贷款划转后，人民银行对企业的债权债务关系转换为各家金融机构对企业的债权债务关系，人民银行对企业的债权同时变为人民银行对金融机构的债权。

4 月 13 日　中国人民银行下发《关于收回人民银行再贷款的通知》。该通知决定，人民银行分支行原来对工商银行、农业银行、中国银行、建设银行以外的其他银行发放的期限在 7 天以上的贷款，以及对非银行机构发放的全部贷款要逐步收回。今后人民银行各分行只能对国有商业银行发放 20 天以内的头寸放款，对其他银行发放 7 天以内的头寸放款。除经国务院批准，人民银行各分行不得对非银行金融机构发放贷款。同年 6 月 12 日，中国人民银行发布《关于收回全国性金融公司人民银行再贷款的通知》，决定自《中华人民共和国中国人民银行法》公布之日起，中国人民银行总行不再对全国性金融公司提供贷款，在此之前发放的贷款，1995 年 12 月 31 日以前要全部收回。

5 月 2 日　中国人民银行召开全国非银行金融机构监管会议。会议明确提出了"分业经营，分业管理"的原则，对信托投资公司的经营管理范围，与银行及证券业的关系提出了明确意见。

5 月 4 日　中国人民银行印发《反假人民币奖励办法（试行）》。

5 月 10 日　第八届全国人大常委会第十三次会议通过《中华人民共和国票据法》，本法共七章一百一十一条，自 1996 年 1 月 1 日起施行。

5 月 10 日　第八届全国人大常委会第十三次会议通过《中华人民共和国商业银行法》，本法共九章九十一条，自 1995 年 7 月 1 日起施行。

5 月 18 日　中国人民银行、财政部、国内贸易部、中国农业银行、中国农业发展银行、国家粮食储备局联合发布《关于加强粮棉油政策性收购资金管理的意见》。同月 9～12 日，中国人民

银行、财政部、国内贸易部、中国农业银行、中国农业发展银行在北京联合召开全国农副产品收购资金管理工作座谈会。国务院副总理李岚清在会上要求银行要根据收购部门粮棉油库存数量和收购进度安排收购贷款，库存增加，贷款增加；库存减少，贷款收回。

5 月 19 日　中国人民银行下发《千户大型企业调查统计制度实施意见》。该意见明确：于 6 月底实现人民银行各调查城市分行与全国 62 个城市千户调查企业计算机直接联网，人民银行调查行上报调查企业资产负债及主要生产经营表。原工业景气调查重点联系行自 6 月起停止执行原调查制度。

5 月 20 日　经国务院批准，中国人民银行印发《中外合资投资银行类机构管理暂行办法》。该办法规定，投资银行类机构的最低注册资本为 5 亿元人民币等值的可自由兑换货币。其名称应按国家有关规定制定，中外文名称中均不得使用"银行"字样。设立投资银行类机构，应当由合资各方共同向中国人民银行提出书面申请，经人民银行批准后 30 日内，筹足其注册资本并存入经中国人民银行批准的中国境内的银行。主要业务有：人民币特种股票、境外发行股票、境内外政府债券等有价证券的承销、自营买卖、代理买卖等。投资银行类机构持有的任何一家公司的股份总额不得超过该公司已发行股份总额的 10%；持有任何一家公司股份总额不得超过该投资银行类机构资本金的 10%。该文件包括总则、设立与登记、业务范围与监督管理、解散与清算、罚则和附则共 6 章 37 条，自 1995 年 6 月 1 日起施行。

5 月 25 日　国务院批转中国人民银行《关于中国工商银行等四家银行与所属信托投资公司脱钩的意见》。该意见要求：中国工商银行、中国农业银行、中国银行和中国人民建设银行均应在机构、资金、财务、业务、人事、行政等方面与所属信托投资公司彻底脱钩，不再保持隶属或挂靠关系。

6月20日　国家外汇管理局发布《金融机构经营外汇买卖业务特别监管制度》。国家外汇管理局决定对境内金融机构经营外汇买卖业务实行特别监管制度。该制度包括现场核准制度、交易员监管、报告制度、检查和披露制度。

6月28日　中国人民银行下发《关于加强粮棉油收购资金监管的通知》。该通知规定，为实现粮棉油收购资金的封闭运行，粮棉油收购企业只能在中国农业发展银行一家开立账户。人民银行各级分支行，定期对开户情况和账户的使用情况进行检查。

6月30日　《关于惩治破坏金融秩序犯罪的决定》由第八届全国人大常委会第十四次会议通过，国家主席江泽民签署第52号主席令予以公布，自公布之日起施行。

6月30日　国家主席江泽民根据第八届全国人大常委会第十四次会议的决定，签署第53号主席令，任命戴相龙为中国人民银行行长。免去朱镕基兼任的中国人民银行行长职务。

7月1日　经国务院批准，中国人民银行调整贷款利率。人民银行再贷款利率平均提高0.24个百分点。再贴现利率在调整后的各档次贷款利率的基础上，下浮5%～10%。流动资金贷款年利率平均提高1.08个百分点。技术改造贷款和基本建设贷款的利率合并为固定资产贷款利率，执行统一的期限利率档次，固定资产贷款利率在现行基础上平均提高0.54个百分点。城乡居民、单位存款利率不作调整。贷款计息办法在按合同利率计息的基础上又作了部分修改，在签订新的1年期以上贷款合同时，贷款利率按照国家规定的期限档次，采取一年一定的办法。固定资产贷款的结息规则由原来的按年结息改为按季结息。同年8月18日，人民银行又对计息办法作出规定：从1995年7月1日起，所有逾期贷款在逾期期间按日利率万分之四至万分之六计收利息，挤占挪用贷款在挤占挪用期间按日利率万分之六至万分之八计收利息。

7月31日　中国人民银行发布《关于进一步加强金银饰品零售市场管理的通知》。该通知指出，经营金银饰品零售业务必须经人民银行省级分行批准，领取"经营金银饰品业务许可证"方可经营。

8月7日　中国人民银行、财政部、中国证监会联合发出《关于重申对进一步规范证券回购业务有关问题的通知》。该通知规定：凡未经批准的证券交易场所和融资中心，一律不得开办证券回购业务，所有金融机构也不得参与这些场所和中心开设的证券回购市场。非金融机构、个人以及不具有法人资格的金融机构一律不得直接参与证券回购业务。禁止在国家批准的证券交易场所之外私下从事证券回购业务。

8月14日　中国人民银行下发《关于加强境外中资金融机构管理的通知》。该通知规定：境内金融机构及非金融机构、境外中资金融机构及非金融机构设立或收购、参股境外金融机构，必须报经中国人民银行审批。

8月15日　中国人民银行调整外汇储备币种结构。中国人民银行新闻发言人就国家外汇储备经营问题发表谈话。指出：中国人民银行在经营国家外汇储备时，始终坚持"安全、流动、保值"的原则，遵循国际惯例，采取了许多有效措施。针对国际外汇市场上汇率剧烈变动的情况，适时调整了外汇储备的币种结构，加强了对风险的监管。中国人民银行在经营外汇储备时，不做高风险期货交易，国家外汇储备收益稳定增加，收益率可观，这证明中国人民银行有能力也有经验管理和经营好国家外汇储备。

9月1日　中国人民银行印发《关于非银行金融机构重新登记的通知》。为巩固近几年整顿金融秩序的成果，加强和完善对非银行金融机构的监管，结合深入贯彻《中华人民共和国中国人民银行法》和《金融机构管理规定》，中国人民银行决定在清理越权批设金融机构和对金融机构年检的基础上，对全国的非银行金融机构进行一次检查验收，对验收合格的进行重新登记，换发许可证，并予以公告。

9月4日　国务院决定，任命周小川同志为中国人民银行副行长兼国家外汇管理局局长。

9月7日　国务院发出《关于组建城市合作商业银行的通知》。国务院决定：自1995年起在大中城市分期分批组建城市合作银行。

9月15日　中国人民银行印发《关于对金融机构重大经济犯罪案件负有领导责任人员行政处分的暂行规定》。

9月27日　国务院发布《关于进一步加强借用国际商业贷款宏观管理的通知》。该通知对加强债务偿还的监督管理、完善外债统计监测、加强国际金融市场的动态分析作了具体规定。

10月6日　中国人民银行依法接管中银信托投资公司。鉴于中银信托投资公司存在违法经营、经营管理混乱、资产质量差等问题，严重影响存款人的利益，根据《中华人民共和国中国人民银行法》《金融机构管理规定》等有关法律、法规的规定，中国人民银行决定，对中银信托投资公司实行接管。接管期为1995年10月6日至1996年10月5日。同年6月9日，中国人民银行已责令中银信托投资公司停业整顿。

11月28日　中国人民银行试办融资券回购业务。中国人民银行与公开市场业务一级交易商签署《中国人民银行融资券回购主协议》，并发行了118.9亿元记账式中央银行融资券。该期票据期限为3年，年利率为9.9%。

11月30日　中国人民银行印发《贷款证管理办法》。中国人民银行总行决定自1996年4月1日起，在部分大中城市国内金融机构中实行贷款证制度。《贷款证管理办法》规定：贷款证是中国人民银行发给企业向国内各金融机构申请借款的资格证明书。在实行贷款证管理制度的城市内的企业，拟申请借款或已与金融机构有借还款关系者，必须申领贷款证。贷款证的内容包括发证记录和年审记录、企业概况、银行存款户开户记录（分人民币账户和外币账户）、贷款余额情况统计表、贷款发生情况和异地贷款情况登记表、企业提供经济保证情况登记表、企业资信等级记录等。中国人民银行总行及其分支机构是贷款证的发证机关和管理机关。

11月30日　中国人民银行发布《关于撤销商业银行同业拆借中介机构的通知》。该通知规定：各商业银行的融资中心或资金市场等同业拆借中介机构立即停办新的跨年度拆出拆入资金业务。从1996年1月1日起，停办所有拆借业务。所有金融机构办理拆借业务都必须进入全国统一同业拆借网络，不能直接进入全国网络的，必须通过经中国人民银行当地分行改造的融资中心办理。从1996年4月1日起，所有商业银行的同业拆借中介机构必须撤销，归并到原组建银行。各商业银行要用3个月时间清理其融资中心或资金市场等同业拆借中介机构的债权债务，其债权债务由原组建银行承接，并按照有效合同确定的期限收回和归还拆借资金。

12月3日　中国人民银行发布《金融统计管理规定》，明确：金融统计是指金融机构统计部门对各项金融业务活动的情况和资料进行收集、整理和分析的活动。金融统计工作的基本任务是：根据党和国家的方针政策和国家管理经济的要求，及时、准确、全面地完成各项金融业务统计报表；收集、整理、积累金融和有关国民经济的统计资料；开展统计调查和统计分析，为金融部门和国家进行宏观经济决策，检查和监督经济、金融运行情况，加强金融监管和经营管理提供依据。金融统计工作遵循客观性、科学性、统一性、及时性和保密性的原则。金融统计实行统一领导、分级负责的管理体制。人民银行总行是组织、领导和协调全国金融统计工作的主管机关。该规定于2002年11月作了修改。

12月20日　中国人民银行发布《关于加强彩票市场管理的紧急通知》。该通知强调，中国人民银行是国务院授权主管彩票的国家行政机关，具体负责制定全国彩票市场管理政策和规章制度、负责商有关部门拟定全国彩票发行的年度规模和规模内各项指标、负责审批彩票新种类的开设及彩票游戏规则、审批印制厂商的彩票印制资格、审批彩票对外合作业务以及国务院授予的其他职责。该文件要求，自 1996 年起，中国福利彩票发行中心和中国体育彩票发行中心必须于上年年末向中国人民银行申报彩票年度发行计划，由中国人民银行综合平衡，报经国务院批准后，下达彩票发行机构执行。

一九九六年

1 月 1 日　国际收支统计申报制度正式实施。中国人民银行发布的《国际收支统计申报办法》开始生效。《国际收支统计申报办法》共包括五个部分：（1）通过金融机构进行的国际收支统计间接逐笔申报；（2）金融机构对境外资产负债及损益统计申报；（3）直接投资统计申报；（4）证券投资统计申报；（5）汇兑业务统计申报。此次实施的是居民与非居民通过金融机构进行的间接申报统计，是国际收支统计体系的一部分。另外四项申报将于 1997 年推出。

1 月 3 日　全国统一的"银行间同业拆借交易系统"在上海联网试运行。

1 月 3 日　中国人民银行发出《关于公布全国银行间拆借市场利率的公告》，决定自 1 月 3 日起，对外公布每交易日的"全国银行间拆借市场利率"（英文为 China Inter-bank Offered Rate，简称 CHIBOR）。

1 月 4 日　中国人民银行印发《在华外资银行设立分支机构暂行管理规定》，决定允许上海、大连、天津和广州四个城市符合条件的外国银行分行设立支行，允许符合标准的在华外资独资银行和合资银行设立分行。

1 月 14 日　全国金融工作会议在北京召开。会议确定 1996 年金融工作的总体要求是：认真贯彻党的十四届五中全会和中央经济工作会议精神，把抑制通货膨胀作为金融宏观调控的首要任务，继续执行适度从紧的货币政策，积极推进金融体制和信贷资金经营方式的转变，改进金融调控手段，加强金融风险监管，提高金融服务水平，为"九五"期间我国金融业改革和发展创造良好开端，更好地促进国民经济持续、快速、健康的发展。根据这一总体要求，会议确定 1996 年金融工作的五项主要任务：（1）坚持适度从紧货币政策，促进物价涨幅明显回落，支持国民经济健康发展；（2）加大金融监管力度，切实防范金融风险，维护金融业合法稳健运行；（3）继续深化金融改革，为"九五"时期的金融发展打好基础；（4）改进金融服务，支持国有企业改革；（5）加强银行内部管理，努力提高信贷资金使用的流动性、安全性和盈利性。18 日，江泽民、李鹏、朱镕基等党和国家领导人在人民大会堂接见了全体会议代表。

1 月 18 日　中共中央政治局常委、国务院副总理朱镕基在广东省东莞市考察加工贸易情况，听取东莞、苏州和宁波三市实行加工贸易进口料件银行保证金台账试点情况汇报，到当地海关、银行和企业了解对加工贸易进口料件建立银行保证金台账的意见。朱镕基指出，建立银行保证金台账制度有利于加工贸易的健康发展。

1 月 21 日　国务院发布《关于坚决打击骗取出口退税，严厉惩治金融和财税领域违法乱纪行为的决定》。主要内容有：（1）部署专项斗争，开展全面检查，重点查处一批大案要案。（2）依照政纪和法纪从严查处、从严惩治违法乱纪活动。（3）加强管理，强化监督机制，堵塞犯罪漏洞。

1 月 26 日　中国人民银行印发《信用卡业务管理办法》，规定，各商业银行的信用卡部为内部业务部门，不得办成实行独立核算、自成体系的法人机构；信用卡透支限额为金卡 10 000 元、普通卡 5 000 元，发卡银行的透支业务必须纳入其贷款规模进行管理；各商业银行向特约单位收取信用卡交易手续费，人民币信用卡不得低于交易金额的 2%，在境外机构发行、在中国境内使用的信用卡手续费不得低于交易金额的 4%；境内银行与境外机构签订信用卡代理收单协议，其利润分配比例按境内银行与境外机构分别占特约单位所交手续费的 37.5% 和 62.5% 执行。该办法自 1996 年 4 月 1 日起实行。

1 月 29 日　国务院发布《中华人民共和国外汇管理条例》。《中华人民共和国外汇管理条例》共 7 章 54 条，体例结构是根据外汇管理的内容设计的，包括总则、经常项目外汇、资本项目外汇、金融机构外汇业务、人民币汇率和外汇市场、法律责任、附则；《中华人民共和国外汇管理条例》的立法基点是经常项目有条件可兑换，对于资本项目管理规定了严格的审批制度。其中规定：境内机构的资本项目外汇收入，除国务院另有规定外，应当调回境内。境内机构的资本项目外汇收入应当按照国家有关规定在外汇指定银行开立外汇账户；卖给外汇指定银行的，须经外汇管理机关批准。境内机构向境外投资，在向审批主管部门申请前，由外汇管理机关审查其外汇资金来源；经批准后，按照国务院关于境外投资外汇管理的规定办理有关资金汇出手续。国家对外债实行登记制度。境内机构应当按照国务院关于外债统计监测的规定办理外债登记。人民币汇率实行以市场供求为基础的、单一的、有管理的浮动汇率制度。中国人民银行根据银行间外汇市场形成的价格公布人民币对主要外币的汇率。中国人民银行根据货币政策的要求和外汇市场的变化依法对外汇市场进行调控。《中华人民共和国外汇管理条例》自 1996 年 4 月 1 日起施行。

2 月 1 日　"全国银行卡办公室成立暨第一次工作会议"在沈阳召开。

2 月 8 日　中国人民银行发布《关于严肃金融纪律，严禁非法提高利率的公告》。

2 月 9 日　中国人民银行与香港金融管理局签署双边回购协议以及关于美国政府债券回购的

谅解备忘录。根据协议，中国人民银行将向香港金融管理局提供美元现汇流动性支持，以帮助港元汇率乃至整个金融体系的正常运作。

3 月 5 日　第八届全国人大常委会第四次会议在北京举行。会议通过了《中华人民共和国国民经济和社会发展"九五"计划和 2010 年远景目标纲要》。该文件就金融改革和发展提出如下指导性意见：发展完善以银行融资为主的金融市场；强化中央银行的地位和作用，完善政策性银行的经营机制，加快国家专业银行向商业银行转变的步伐，规范商业银行行为，稳步发展城乡合作银行；进一步深化利率改革，初步建立以市场利率为基础的、可调控的利率体系；完善结售汇体制，在 2000 年以前有步骤地实现人民币在经常项目下可兑换；积极、稳妥地发展债券和股票融资，进一步完善和发展证券市场；形成有序、适度竞争的保险市场。

3 月 31 日　中国人民银行发布《关于停止办理新的保值储蓄业务的紧急通知》。经国务院批准，中国人民银行决定从 1996 年 4 月 1 日起，不再办理新的保值储蓄业务，此公告公布前已存入的 3 年期以上人民币定期储蓄存款，继续给予保值，但保值贴补率为零时的月份不再公布贴补率。

4 月 9 日　中国人民银行正式启动以国债为主要工具的公开市场业务。首批交易对象为工商银行、农业银行、中国银行、建设银行、交通银行等 14 家商业银行，当日共回购商业银行短期国债 2.9 亿元。

4 月 29 日　中国人民银行公布《外国金融机构驻华代表机构管理办法》。该办法规定：外国金融机构驻华代表机构（以下简称代表处），是指外国金融机构在中国境内获准设立并从事咨询、联络、市场调查等非经营性活动的派出机构。中国人民银行是代表处的审批和业务监督机关；中国人民银行分行对本辖区的代表处进行日常监督。申请设立代表处，应当具备下列条件：

申请者所在国家或地区有完善的金融监督管理制度；申请者是由其所在国或地区金融监管当局批准设立的金融机构，或者是金融性行业协会成员；申请者合法经营、享有良好信誉并在过去3年内连续盈利。经批准设立的代表处由中国人民银行颁发批准证书，有效驻在期限为6年。代表处及其工作人员，不得与任何法人或自然人签订可能给代表处或所代表的机构带来收入的协议或契约，也不得从事其他经营性活动。撤销代表处，应提前向中国人民银行提交由其外国金融机构董事长或总经理签署的申请，经批准后，向国家工商行政管理局申请注销登记，并到有关部门办理相关手续。本办法自发布之日起施行。中国人民银行1991年6月1日发布的《中国人民银行关于外资金融机构在中国设立常驻代表机构的管理办法》同时废止。

4月29日 中国人民银行颁布《外资金融机构存款准备金缴存管理办法》。该办法规定：外资金融机构的各项存款除中国境内外同业存款外都要缴纳存款准备金；存款准备金按美元和港元缴存；3个月以下存款缴存比率为5%，3个月以上（含3个月）存款缴存比率为3%，中国人民银行视情况需要随时调整存款准备金率。

5月1日 中国人民银行调整金融机构存、贷款利率。经国务院批准，中国人民银行决定从1996年5月1日起，适当降低金融机构存、贷款利率。其中，存款利率平均降低0.98个百分点，贷款利率平均降低0.75个百分点。人民银行与金融机构的存、贷款利率也作相应调整，这次降息是1993年以来的第一次降息。

5月3日 中国人民银行发布公告，延期收兑外汇兑换券，收兑日期延长至1996年6月30日。

5月13日 国家外汇管理局颁布《境内居民因私兑换外汇办法》和《境内居民外汇存款汇出境外的规定》。这两个文件提高了境内居民因私兑换外汇的标准，扩大了因私用汇的兑换范围。

这两个文件自1996年7月1日起施行。1994年3月30日国家外汇管理局发布的《境内居民因私出境兑换外汇的有关规定》和1985年3月9日国家外汇管理局发布的《关于外币存款汇出境外的审批规定》同时废止。

5月30日 中国人民银行印发《〈财产保险基本险〉和〈财产保险综合险〉条款、费率及条款解释的通知》。《〈财产保险基本险〉和〈财产保险综合险〉条款、费率及条款解释的通知》自1996年7月1日起执行，中国人民银行1993年制定的企业财产保险条款和费率同时废止。

6月1日 我国银行间同业拆借市场实行市场化利率。中国人民银行决定，从6月1日起取消原按同档次再贷款利率加2.88个百分点确定的同业拆借利率最高限，由拆借双方根据市场资金供求状况自主确定拆借利率水平，中央银行只间接调控市场利率。

6月20日 中国人民银行印发《城市信用合作社联合社管理规定》。该规定指出：城市信用合作社联合社（以下简称联社）是由市区内城市信用合作社出资组成的金融机构，是城市信用社的联合组织，为独立的企业法人；申请设立联社应具备以下条件：当地市区城市信用社机构数量达到8家以上；最低实收资本为80万元人民币，每家城市信用社出资金额不得超过10万元人民币。所有城市信用社必须与原行政挂靠单位实行人、财、物完全脱钩。经中国人民银行授权，联社具有管理职能，是以管理为主的管理经营型金融机构。其具体职责如下：拟定行业自律制度；协调社员之间的关系；向中国人民银行反映城市信用社的要求；负责行业性的职工技术培训、年度评比工作；统一组织城市信用社职工的录用、教育；组织有关城市信用社信息和经验交流；统一负责印制城市信用社账表、凭证；对城市信用社主任任职资格及变更事项进行初审；综合汇总城市信用社的会计、统计报表和财务报表，定期上报人民银行；督促城市信用社加强安全保卫工作；对城市信用社大额贷款、重大财务支出进行监督管理；中国人民银行授权的其他管理工作。联社营业部可经营下列业务：办理城市集体企业、私营企业和个体工商户的存款、贷款和结算业务；组织管理城市信用社的联合贷款；组织城市信用社之间的资金调剂；办理城市信用社的结算业务；办理经中国人民银行批准的其他金融业务。联社在城市合作银行成立之后自动终止。

6月20日 中国人民银行发布《关于对外商投资企业实行银行结售汇的公告》，宣布自1996年7月1日起，在保留外汇调剂中心的同时，在全国范围内对外商投资企业实行银行结售汇，外商投资企业可以在外汇指定银行办理结汇和售汇，也可以继续通过外汇调剂中心买卖外汇。国家外汇管理局同时发布《外商投资企业境内外汇账户管理办法》。

6月20日 为规范结汇、售汇及付汇行为，实现人民币在经常项目下可兑换，中国人民银行发布《结汇、售汇及付汇管理规定》。该文件共5章43条，自1996年7月1日起施行。1994年3月26日发布的《结汇、售汇及付汇管理暂行规定》同时废止。

6月21日 中国人民银行印发《关于进一步改进对国有大中型企业金融服务的通知》，决定采取十条措施，进一步改进对国有大中型企业的服务，加强信贷资金的管理，更好地促进国有大中型企业改革和发展。十条措施的具体内容是：（1）适当集中资金，支持重点企业的合理资金需要；（2）疏通商品流通渠道，支持企业扩大出口；（3）运用信贷杠杆，支持国有大中型企业提高技术水平；（4）支持企业优化资本结构，逐步降低负债水平；（5）逐步推行主办银行制度，密切银行和企业的关系；（6）做好结算工作，加快资金清算速度；（7）运用利率杠杆，促进企业改善经营管理；（8）帮助企业拓宽融资渠道，适当发展直接融资；（9）开拓新的服务项目，适应现代企业的多种需要；（10）加强信贷资金管理，

提高信贷资产质量。

6月21日 中国人民银行与邮电部正式签署联合建设"中国国家金融数据通信网"的协议，并决定为此组建中元金融数据网络有限责任公司。

6月25日 国务院批转《中国人民银行关于进一步做好证券回购债务清偿工作的请示》。国务院指出：清理证券回购业务，做好债务清偿工作，是整顿金融秩序的一项重要内容。目前证券回购债务拖欠问题比较严重，清偿难度较大，各级人民政府和国务院有关部门必须予以高度重视。要采取有效的措施，加快清偿进度，以维护社会稳定。对债务清偿工作中出现的重大问题，各级人民政府的主要领导人要亲自过问，妥善处理。

6月28日 中国人民银行发布《贷款通则》。《贷款通则》共12章80条，规定：贷款的发放和使用应当符合国家的法律、行政法规和中国人民银行发布的行政规章。应当遵循效益性、安全性和流动性的原则。借款人与贷款人的借贷活动应当遵循平等、自愿、公平和诚实信用的原则。贷款人开展贷款业务，应当遵循公平竞争、密切协作的原则，不得从事不正当竞争。中国人民银行及其分支机构是实施《贷款通则》的监管机关。《贷款通则》自1996年8月1日起施行。《贷款通则》是新中国成立以来中国第一部系统、全面的信贷管理的行政规章，是境内一切商业性借贷活动必须遵循的基本准则，在这次公布之前，《贷款通则》已在全国金融系统试行了一年。

6月29日 中国人民银行印发《主办银行管理暂行办法》。该办法规定，主办银行是指为企业提供信贷、结算、现金收付、信息咨询等金融服务，并与其建立较为稳定的合作关系，签有《银企合作协议》的中资商业银行；建立主办银行关系应遵循自愿、平等、互利、守信的原则；在建立主办银行关系的同时，大力提倡银团贷款；为了发挥各家银行的优势，解决企业合理资

金需要，同时分散贷款风险，主办银行应会同企业牵头组织有关银行联合贷款，协调各家银行在办理银团贷款中的有关事宜，并按贷款比例偿还其他银行贷款。该办法自 7 月 1 日起，在国家经贸委提出的 300 户重点国有大中型企业和北京、天津、上海、武汉、沈阳、济南和德阳 7 个城市的国有大中型企业中试行。

6 月 30 日 1997 年 7 月 1 日，中国政府将恢复对香港行使主权，为了纪念这一重大历史事件，中国人民银行定于 1997 年 7 月 1 日发行"庆祝中华人民共和国香港特别行政区成立流通纪念币"一套（2 枚）。

7 月 1 日 中国人民银行发行第二组香港回归祖国金银纪念币。其中金币 2 枚，面值分别为 50 元和 500 元，成色分别为 99.9% 和 99.99%；银币 1 枚，面值为 10 元，成色为 99.9%。为纪念香港回归祖国这一重要历史事件，中国人民银行发行的有关香港特别行政区纪念币共三组，第一组香港回归祖国金银纪念币于 1995 年 12 月 1 日发行，第三组于 1997 年 7 月 1 日发行。

7 月 4 日 《中国人民银行行员管理暂行办法》颁布实施。该办法共 15 章 92 条，对人民银行行员的义务和权利、职位分类以及录用、考核、奖惩、交流、回避、培训、职务任免等管理环节都作了具体、明确的规定。

7 月 13 日 全国农村金融体制改革工作会议在北京召开。会议的主要议题是深化农村信用社改革，促进农村经济全面发展。国务院副总理朱镕基、姜春云到会讲话。朱镕基指出，深化农村金融体制改革的目标是：建立和完善以合作金融为基础，商业性金融、政策性金融等各种金融机构分工协作的服务体系。会议决定，中国农业银行不再领导管理农村信用社，农村信用社的业务管理改由县联社负责，对农村信用社的金融监管由中国人民银行直接承担。

7 月 13 日 中国人民银行发出《关于禁止金融机构进入期货市场的通知》。该通知要求：各类金融机构不得从事商品期货的自营和代理业务；不得出具期货交易资金保函，不得以任何方式为期货交易担保；所有金融机构不得投资入股期货交易机构、期货经纪机构。已投资入股的金融机构必须在 1996 年 12 月 31 日之前将股份转让出去。

8 月 5 日 国务院办公厅发出《关于立即停止利用发行会员证进行非法集资等活动的通知》。该通知要求：在国务院有关部门公布会员证管理办法之前，一律暂停各种形式的会员证的发行和交易活动；禁止设立会员证交易所，已设立的会员证交易所必须立即停止业务活动；中国人民银行会同有关部门组成调查组，全面了解会员证的发行和交易情况，制定统一的管理办法。

8 月 21 日 为创造条件，使商业银行的资产风险管理由事后监督逐渐转向事先防范，根据业务发展需要，中国人民银行领导指示，贷款证制度要向贷款登记中心发展，要成立由各商业银行参加的办公室，着手研究新系统的建设。中央信贷登记和信息咨询系统的建立将实现金融系统信贷和企业经济信息的共享，为商业银行提供信贷咨询服务，为中央银行的监管服务。它是增强金融业整体防范风险能力的一项基础性建设。

8 月 22 日 国务院发布《关于农村金融体制改革的决定》，提出进一步深化农村金融体制改革五个方面的内容：（1）改革农村信用社管理体制；（2）办好国有商业银行，建立农村合作银行；（3）增设中国农业发展银行的分支机构，加强农产品收购资金管理；（4）逐步建立各类农业保险机构；（5）清理整顿农村合作基金会。关于农村金融体制改革的组织领导，该文件指出，在国务院、省、地、县四级设立农村金融改革协调机构，并相应设立办公室。国务院成立农村金融体制改革部际协调小组，由中国人民银行牵头，中国人民银行行长任组长，中共中央和国务院有关部门以及中国农业银行、中国农业发展银行的主要领导参加，办公室设在中国人民银行。省、地、县三级设立农村金融体制改革领导小组，由地方人民政府牵头，省、地、县人民政府主管金融的负责同志任组长，中国人民银行分支行行长任副组长，省、地、县农口主管部门、中国农业银行分支行、中国农业发展银行分支行等单位各选派一位主管领导参加，办公室可参照国务院农村金融体制改革部际协调小组的办法设置。10月18日，根据国务院《关于农村金融体制改革的决定》，中国农业银行总行发文，撤销总行信用合作管理部及农业银行各级行的信用合作管理机构。

8月23日　中国人民银行降低金融机构各项存、贷款利率，其中，存款利率水平平均下调1.5个百分点，贷款利率水平平均下调1.2个百分点；人民银行与金融机构的存、贷款利率也作适当调整。

8月28日　国务院农村金融体制改革部际协调小组下发《农村信用社与中国农业银行脱离行政隶属关系实施方案》，对农村信用社与中国农业银行脱离行政隶属关系工作应遵循的原则、脱钩的条件、组织和领导与时间安排、处理农村信用社与中国农业银行的人员关系、财务关系和资金关系、统计数据及会计报表报送以及"脱钩"中其他业务问题作出了具体规定。

8月29日　国务院农村金融体制改革部际协调小组发出《关于做好当前农村信用社改革和管理工作的通知》。该通知要求：（1）农村信用社与中国农业银行脱离行政隶属关系工作，要按国务院《关于农村金融体制改革的决定》及《农村信用社与中国农业银行脱离行政隶属关系实施方案》执行。（2）加强对改革过渡时期农村信用社的领导和管理。（3）稳定农村信用社合作管理干部队伍。（4）改革过渡时期，对农村信用社、县联社人员实行暂时冻结政策。（5）确保农村信用社财产和资产负债的完整。（6）对各地在筹建城市合作银行过程中涉及农村信用社的问题，要严格按照中国人民银行1996年第261号文件精神执

行。（7）各地必须按照国务院《关于农村金融体制改革的决定》和《农村合作银行管理规定》进行农村合作银行的试点。（8）确保农村信用合作社工作的连续性。

9月5日　中国人民银行发出《关于撤销或转让商业银行、城市合作银行、信用社、保险公司、企业集团财务公司、租赁公司、典当行等金融机构及融资中心（金融市场）下设证券交易营业部有关问题的通知》。该通知要求，除证券公司、信托投资公司外，其他金融机构一律不得设立证券交易营业部，已设立的证券交易营业部及其在证券交易所和证券交易中心的交易会员席位一律在1996年12月31日前撤销或转让；中国人民银行分支行今后不得批准除证券公司和信托投资公司之外的任何金融机构设立证券交易营业部。

9月9日　国际清算银行董事会通过决议，接纳中国、巴西、印度、韩国、墨西哥、俄罗斯、沙特阿拉伯、新加坡以及中国香港地区的中央银行和货币当局为该行的新成员。同年11月1日，中国人民银行完成了加入国际清算银行的所有手续，实际认缴股本金为3879万美元。

9月13日　中国人民银行发布《金融机构高级管理人员任职资格管理暂行规定》，自发布之日起实行。该文件对金融机构高级管理人员任职资格、资格审查与管理、资格取消作出了明确规定。

9月21日　中国人民银行发出《关于按新的指标体系报送金融统计数据的通知》。《按新指标体系报送金融统计数据的说明》、新的《中国人民银行统计指标体系》《金融机构统计指标体系》和《资产负债比例管理指标与归属》随该文件下发。

9月27日　中国人民银行印发《企业集团财务公司管理暂行办法》。该办法规定：财务公司是独立的企业法人，应自主经营、自担风险、自负盈亏、自我约束。财务公司依法接受中国人民

银行的监督管理。设立财务公司须经中国人民银行批准。财务公司的注册资本应为实收货币资本，须从企业集团的成员单位中募集。

10月25日 《中国人民银行金银收购管理暂行办法》公布实施。该办法主要规定：中国人民银行收购金银实行"统一管理、逐级考核"的原则；金银收购实行计划管理，黄金收购计划为指令性计划；中国人民银行各级分支机构及委托收购金银的单位应按照中国人民银行总行公布的收购牌价收购金银；收兑的金银应全部封包、装箱、入库保管；中国人民银行各级分支机构应建立金银对牌实物账，按规定纳入固定资产管理。

11月11日 中国人民银行印发《商业银行授权、授信管理暂行办法》。该办法规定：商业银行实行一级法人体制，必须建立法人授权管理制度。商业银行应在法定经营范围内对有关业务职能部门、分支机构及关键业务岗位进行授权。商业银行业务职能部门和分支机构以及关键业务岗位应在授予的权限范围内开展业务活动，严禁越权从事业务活动。商业银行应根据国家货币信贷政策、各地区金额风险及客户信用状况规定对各地区及客户的最高授信额度。商业银行各级业务职能部门及分支机构必须在规定的授信额度内对各地区及客户进行授信。

11月11日 中国人民银行印发《大额可转让定期存单管理办法》。该办法规定：大额可转让定期存单是一种固定面额、固定期限、可以转让的大额存款凭证。中国人民银行负责大额可转让定期存单业务的审批和监督管理工作。大额可转让定期存单的发行单位为各商业银行。其他金融机构不得发行大额可转让定期存单。中国人民银行1989年5月22日发布的《大额可转让定期存单管理办法》和1989年11月24日颁发的《关于大额可转让定期存单转让问题的通知》同时废止。

11月16日 中国人民银行发出《关于清理整顿商业银行联办、代办储蓄机构的通知》。该通知要求，对联办储蓄所和储蓄代办所（点）的清理整顿工作要于1997年3月底前完成。

11月18日 国务院发出《国务院批转中国人民银行关于进一步整顿金融秩序，严格控制货币投放报告的紧急通知》。该通知规定：（1）坚决整顿和制止用银行资金买卖股票的行为。严禁银行买卖或参与买卖股票，银行也不得给企业和证券经营机构贷款买卖股票，如有发现，对经办银行负责人和有关人员将予以严肃处理。加强对同业拆借市场的管理。银行拆入的资金只能用于弥补票据结算、联行汇差头寸的不足和解决临时性周转资金的需要，不得用于固定资产贷款和其他投资，更不得以拆借方式给证券经营机构融资炒股票。（2）严格禁止各种乱集资和非法设立金融机构。（3）严禁金融机构擅自提高利率吸收存款。（4）控制货币投放，增加现金回笼，力争全年货币投放不超过1 000亿元。（5）严格执行国家信贷计划，切实加强信贷管理。（6）加强粮棉油收购资金管理，保证收购不打"白条"，切实防止挤占挪用。（7）加强监督检查。各金融机构要立即部署一次检查，重点检查本系统基层机构有无买卖股票、擅自提高利率吸收存款、账外经营以及突破货币发行（回笼）计划和信贷规模等情况。

11月29日 中国人民银行印发《银行间外汇市场管理暂行规定》。该规定明确：银行间外汇市场是经国家外汇管理局批准可以经营外汇业务的境内金融机构之间通过中国外汇交易中心进行人民币与外币之间的交易市场，任何境内机构之间不得在交易中心之外进行人民币与外币之间的交易；交易中心实行会员制，会员之间的外汇交易必须通过外汇交易中心进行，非会员的外汇交易必须通过有代理资格的会员进行；中国人民银行授权国家外汇管理局规定和调整每日外汇市场交易价格的最大浮动幅度；中国人民银行根据外汇市场形成的价格公布当日人民币市场汇率，外汇交易应当根据当日市场汇率并在规定的每日最大价格浮动幅度内进行；中国人民银行根据货币政策的要求，在外汇市场内买卖外汇，调节供求，平抑价格。

12月1日 我国实现人民币在经常项目下的可兑换。同年11月27日，中国人民银行行长戴相龙正式致函国际货币基金组织，宣布中国不再适用《国际货币基金组织协定》第14条第2款的过渡性安排，自1996年12月1日起，接受《国际货币基金组织协定》第8条第2款、第3款、第4款的义务，实现人民币经常项目下的可兑换。

12月1日 中国人民银行印发《外汇存款准备金管理规定》。该规定明确：经国家外汇管理局批准，经营外汇业务的国内中资商业银行必须向中国人民银行缴存外汇存款准备金。外汇存款准备金的缴存比例按缴存存款范围的各项外汇存款当季月平均余额的2%计缴，中国人民银行可根据需要调整缴存比例。

12月12日 中国人民银行印发《商业银行资产负债比例管理监控、监测指标和考核办法》。该办法规定：资产负债比例管理监控、监测暂行指标执行情况以法人为单位进行考核。自1997年7月1日起执行。1994年制定的商业银行资产负债比例管理指标及有关规定同时废止。

12月17日 《中国人民银行"九五"时期金融工作规划》出台。全文包括形势评价、货币政策、组织机构、金融市场、立法监管、对外开放、支付清算、基础工作八个部分，突出中央银行货币政策和金融监管，将中央银行的工作与整个金融行业结合起来，对中国人民银行和整个金融业的改革和发展具有指导作用。

一九九七年

1月1日 我国全面推行国际收支统计申报制度。即日起，国际收支申报制度的后续四项内容开始实施，即金融机构自身资产负债和损益统计申报、汇兑业务统计申报、直接投资统计申报及证券投资统计申报。国际收支统计申报制度是1996年1月1日正式实施的，包括五个方面的内容，其中第一个方面的内容"通过金融机构进行的国际收支交易统计申报"于1996年年初在全国范围实行，后续四个内容是国际收支统计申报制度的重要组成部分，于1997年推出。这标志着我国国际收支统计申报制度建设的设计工作基本完成，也标志着我国国际收支统计申报体系的全面推行。

1月3日 经中国人民银行批准，美国花旗银行、香港汇丰银行、日本东京三菱银行和日本兴业银行开始经营人民币业务。同月24日，经中国人民银行批准，标准渣打银行上海分行、上海巴黎国际银行、日本第一劝业银行上海分行、日本三和银行上海分行从上海浦西迁址上海浦东，开始经营人民币业务。

1月4日 中国人民银行依法关闭中国农村发展信托投资公司。由于中国农村发展信托投资公司严重违法违规经营，造成巨额亏损，中国人民银行发出《关于关闭中国农村发展信托投资公司的通知》和《关于中国建设银行托管中国农村发展信托投资公司的决定》，决定将其关闭，吊销其总公司及所属金融性分支机构的"金融机构法人许可证""经营金融业务许可证"和"经营外汇业务许可证"。指定中国建设银行承接、管理中国农村发展信托投资公司的债权债务，对境内个人债务的本金和合法利息优先支付，其余债务待组织清算后偿付。同月6日，中国建设银行发布公告，接受原中国农村发展信托投资公司（以下简称中农信公司）下属证券经营机构，其正常的证券业务照常进行。同年5月14日，中国人民银行发布《关于做好原中农信公司外债资产清理处置工作的通知》，其中规定：原中农信公司外债资产统一由中国建设银行进行清理和处置，中国银行应积极配合；中国银行香港分行已经控制的原中农信公司在港公司的存款，经中国银行和中国建设银行双方确认后，作为原中农信公司的有效外汇资产划转给中国银行；原中农信公司的其余资产由中国建设银行清理、处置后，其有效资产经中国银行确认后划转给中国银行。

1月12日 中国人民银行发布《对农村信用合作社贷款管理暂行规定》。中国人民银行对农村信用社贷款管理实行总量控制、限额管理、划分权限、余额监控的办法。中国人民银行对农村信用社贷款利率执行中国人民银行对金融机构贷款利率。贷款由县联社统借统还的，县联社对农村信用社执行中国人民银行对金融机构贷款利率，不得赚取利差。

1月13日 全国金融工作会议在北京召开。会议指出，经过三年多的努力，以抑制通货膨胀为首要任务的宏观调控基本上达到预期目标，经济保持快速增长，物价涨幅明显回落。1997年金融工作将继续实行适度从紧的货币政策，促使物价涨幅低于1996年，切实防范和化解金融风险，深化金融体制改革，提高金融企业管理水平，巩固和发展经济金融运行的良好形势。

1月14日 国务院发布实施《关于修改〈中华人民共和国外汇管理条例〉的决定》，同时公布修订后的《中华人民共和国外汇管理条例》。新的条例共7章55条，修改的主要内容为：增加"国家对经常性国际支付和转移不予限制"和"个人移居境外后，其境内资产产生的效益，可以持规定的证明材料和有效凭证向外汇指定银行购汇，汇出或者携带出境"。将原条例的第十三条第5款的内容修订为："超过规定限额的个人因私用汇，应当向外汇管理机关提出申请，外汇管理机关认为其申请属实的可以购汇。"将原条例的第十五条、第十六条合并为："驻华机构和来华人员的合法人民币收入，需要汇出境外的，可以持有关证明材料和凭证到外汇指定银行兑付。"

1月16日 中国人民银行发出《关于归并地县级信托投资公司的通知》，决定对地（市）、县（市）所设信托投资公司（不包括经济特区）进行归并。

1月18日 中国人民银行制定《中国人民银行远期结售汇业务暂行管理办法》，同时批准中国银行总行及12家分行试办远期结售汇业务。

1月21日 国家外汇管理局发出《边境贸易外汇管理暂行办法》。该办法规定：边境贸易包括边民互市贸易、边境小额贸易和边境地区对外经济技术合作。边贸企业经常项目下外汇收入可在国家外汇管理局核定的最高金额内保留外汇，经国家外汇管理局批准在当地外汇指定银行开立外汇账户，超额部分必须卖给外汇指定银行。边境贸易经常项目下对外支付用汇应当按照规定从其外汇账户中支付或者到银行购汇；外汇指定银行可以为毗邻国家中与我国边贸企业之间进行边境贸易的企业或者其他贸易机构开立可兑换货币结算账户或者人民币结算账户，办理边境贸易结算。

2月20日 中国人民银行发布《关于严禁将公款转为储蓄存款的通知》。该通知要求：（1）各金融机构督促企业将销货款通过转账结算及时存入企业存款账户。拒绝办理以个人名义向储蓄账户转入公款；将大额公款私存的，各金融机构要认真清查，并转为对公存款；将公款私存的，应予以处罚。（2）各金融机构要坚决废止存款单项考核指标和奖励办法，不得对非存款部门下达存款考核指标，不得把存款考核指标分解下达到职工个人。（3）严格对私营企业的生产经营性资金单列账户统计。各经办存款业务的金融机构要在现行会计、统计报表中单独反映"私营企业生产经营性资金存款"。（4）中国人民银行各级行要加强对储蓄存款真实性的经常性监管。

2月26日 全国农村信用社管理体制改革会议召开。国务院副总理姜春云在会议上作了重要讲话。

3月1日 中国人民银行对中国工商银行、中国农业银行、中国银行和中国建设银行的总行试办再贴现业务，并同时印发《中国人民银行对国有独资商业银行总行开办再贴现业务暂行办法》。

3 月 29 日　中国人民银行发布《公开市场业务暨一级交易商管理暂行规定》。该文件规定：公开市场业务是指中国人民银行为实现货币政策目标而公开买卖债券的活动，债券交易的券种指政策性金融债、中央银行融资券、国债以及中国人民银行指定的其他债券；债券交易种类包括买卖和回购；回购期限的档次分为 7 种；债券交易一般采用招标方式进行，包括数量招标和利率招标（或价格招标）；债券登记、托管和交割统一在中央国债登记结算有限责任公司进行，按照其制定的有关办法办理。公开市场业务一级交易商必须是经中国人民银行批准设立、具有独立法人资格的商业银行、证券公司和信托投资公司。该文件对一级交易商的权利和义务，以及变更和终止作了详细的说明。

3 月 30 日　中国人民银行发布《关于加强现金管理工作有关问题的通知》。该通知指出：要提高对现金管理工作重要意义的认识；改进和完善现金管理办法，发挥商业银行总行和人民银行分行的作用；尽快配备专职人员，落实现金管理职责；严禁公款私存，控制不合理现金支出；规范信用卡管理，减少信用卡提现；认真执行账户管理规定，建立大额现金支付登记备案制度；合理核定开户单位库存现金限额，加强对开户单位库存现金管理；进一步改进金融服务，积极组织货币回笼；大力推广便捷的结算工具，引导企业减少现金使用；进一步规范人民银行现金发行库和业务库的管理，把好现金出库关；改进现金统计制度，加快数据上报速度；交流推广现金管理经验，加大对违规支取现金案件的查处力度。

4 月 2 日　中国人民银行发出《关于暂停存单质押贷款业务和进一步加强定期存款管理的通知》。

4 月 4 日　中国人民银行发布《大额现金支付登记备案规定》。该规定要求：凡办理现金收付业务的商业银行、城市合作银行、城乡信用社都必须建立大额现金支付登记备案制度。开户银行对大额提现情况要经常进行分析和检查，对重大涉嫌案件要报经中国人民银行处理。该文件于1997 年 7 月 1 日起施行。

4 月 10 日　中国人民银行发出《关于进一步加快证券回购债务清欠工作的通知》。该通知要求人民银行各省、自治区、直辖市、深圳经济特区分行，要力争在1997 年上半年基本结束证券回购清欠工作。同年 4 月 21 日，财政部发出《关于进一步加快财政系统国债中介机构证券回购债务清欠工作的通知》。

4 月 15 日　《中国人民银行货币政策委员会条例》颁布实施。该条例规定：货币政策委员会是中国人民银行制定货币政策的咨询议事机构，其职责是在综合分析宏观经济形势的基础上，依据国家的宏观经济调控目标，讨论货币政策的制定和调整、在一定时期内的货币政策控制目标、货币政策工具的运用、有关货币政策的重要措施、货币政策与其他宏观经济政策的协调事项，并提出建议。货币政策委员会通过全体会议履行职责。该文件同时规定，货币政策委员会由中国人民银行、国家计划委员会、国家经济贸易委员会、财政部、中国证券监督管理委员会等部门的有关负责人组成，其中，中国人民银行行长、国家外汇管理局局长、中国证券监督管理委员会主席是委员会的当然委员。

4 月 19 日　根据第八届全国人大常委会第五次会议关于批准设立重庆直辖市的决定，中国人民银行批准中国人民银行重庆市分行升格为直辖市分行，行使省级分行职能和权限，管辖重庆市分行所辖5 个县（市、区）支行和万县市、涪陵市、黔江地区分行及其所辖17 个县（区）支行。

4 月 25 日　中国人民银行发布《关于对金融系统工作人员违反金融规章制度行为处理的暂行规定》。

4 月 25 日　中国人民银行发出《关于人民银行系统违规经营处理意见的通知》。该通知指出，对违规问题的处理意见为：（1）进一步理顺债权债务关系，加大清收力度，对能够出卖的房产及抵押物要通过拍卖、出售，收回资金，清偿债务；对投资参股的股权进行转让，收回投资；对通过金融机构转贷给企业的贷款，将其有关的债权予以转让，收回部分资金。（2）对部分违规资产、负债实行并账处理。（3）对有关人员要分清责任，区别对待，严肃查处。

4月28日 中国人民银行颁布实施《个人住房担保贷款管理试行办法》。

5月8日 中国人民银行印发《关于规范华夏、国泰、南方证券公司管理体制的通知》，明确三大证券公司不再挂靠中国人民银行总行，对三大证券公司的监管依照统一的政策法规执行，三大证券公司党的关系按照属地管理的原则办理。

5月16日 中国人民银行颁布《加强金融机构内部控制的指导原则》，要求各金融机构必须建立科学、完善的内部控制制度，确保自身发展战略和经营目标的全面实施，保证金融业务的稳健运行。

5月16日 中国人民银行印发《关于金融机构经营本外币业务统一发放许可证的通知》，决定自1997年7月1日起，对金融机构经营人民币业务和外币业务统一发放许可证。

5月20日 中国人民银行发出《关于清理整顿基金会的通知》，决定对现有基金会进行全面清理整顿。要求各分行重点对辖内基金会的基金来源及资金运用情况进行检查，并据基金会的不同情况提出保留、整改、合并、撤销意见。清理整顿采取基金会自查、业务主管部门检查、人民银行审查和民政部门重新登记相结合的方法。各分行要借此次清理整顿的机会对辖内所有社团基金会进行一次全面普查，摸清基金会总体情况，基金会总数及注册、捐赠、筹集基金的情况。

5月22日 中国人民银行发布《商业汇票承兑、贴现与再贴现管理暂行办法》。该办法规定：

（1）承兑、贴现、转贴现、再贴现等票据活动应当遵循平等、自愿、公平和诚实信用的原则，应以真实、合法的商品交易为基础。（2）商业银行、政策性银行对其分支机构核定可承兑汇票的总量或比例，实行承兑授权管理并承担承兑风险。（3）中国人民银行对各授权窗口的再贴现实行总量控制，并根据金融宏观调控的需要适时调增或调减各授权窗口的再贴现限额。该文件同时对承兑、贴现、再贴现业务具体操作程序作了详细规定。该办法自颁布之日起施行。

5月22日 中国人民银行发布《金融监管工作报告制度》。该文件对金融监管报告的分类、内容、上报时间作出了具体规定。

6月1日 中国现代化支付系统试点工程正式启动。

6月5日 中国人民银行发布《银行间债券回购业务暂行规定》。该规定明确：交易品种限于可用做回购的流通国债品种；交易对象限于全国银行间同业拆借市场的成员；交易成员的债券回购业务必须通过全国统一同业拆借市场进行，不得在场外进行；交易采用询价方式逐笔成交；回购的期限为分7天、14天、21天、1个月、2个月、3个月、4个月7个品种，最长不得超过4个月；回购利率由买卖双方确定；回购到期时必须按规定办理资金与债券的反向交割，不得展期。该文件发布同时，银行间债券交易在中国外汇交易中心正式启动，这标志着中国国债市场被分成交易所交易市场和同业拆借中心市场两个部分。

6月5日 中国人民银行、财政部下发《关于清理规范财政系统证券机构的通知》，对财政系统未经中国人民银行批准设立的证券机构，包括各地财政证券公司以及自营、代理股票交易的各类国债服务部等，一律在清理的基础上进行撤并。

6月5日 国务院办公厅转发《中国人民银行关于进一步做好农村信用社管理体制改革工作

意见》。该文件强调：坚定不移地把农村信用社办成合作金融组织。按合作制原则改革农村信用社管理体制，按中国人民银行制定、将很快颁布的《农村信用合作社管理规定》和《农村信用合作社示范章程》逐步规范农村信用社的股权设置、民主管理和服务方向。完善和加强农村信用社县（市）联社的建设。进一步加强中国人民银行对农村信用社的监督管理。防范和化解农村信用社的风险。进一步改进金融服务，坚持为农业、农民和农村经济服务的方向，其资金要取之于农，用之于农。为农村信用社的改革和发展创造良好的外部环境，有关部门要在资金、税收、利率、结算等方面给予必要的扶持。切实加强对农村信用社管理体制改革工作的领导。

6 月 5 日　中国人民银行发出《关于进一步做好四家商业银行和交通银行与所办经济实体脱钩工作的通知》。该通知要求，中国工商银行、中国农业银行、中国银行、中国建设银行和交通银行要进一步做好与所办经济实体脱钩及投资清理工作。全部工作在 1997 年 6 月底前完成。

6 月 6 日　中国人民银行发出《关于禁止银行资金违规流入股票市场的通知》。该通知规定：（1）严禁各商业银行及其分支机构从事信托投资和股票业务。对以机构名称或自然人名义开立的各种股票等权益类证券交易账户必须在文到之日 10 天内撤销；对所持有的股票等权益类证券，必须在文到之日 10 天之内全部变现。（2）从 1997 年 6 月 6 日起，所有商业银行停止在证券交易所和各地证券交易中心的证券回购及现券交易。（3）中国人民银行各分行要严格管理商业银行与信托投资公司、证券公司以及非银行金融机构之间的拆借业务。各证券公司的拆入资金期限不得超过 1 天，拆入资金总额不得超过该机构实收资本金的 80%，拆入资金只能用于头寸调剂，不得用于证券交易。任何商业银行与非银行金融机构之间的拆借行为必须通过全国统一同业拆借市场进行，禁止一切场外拆借行为。（4）严格禁止证

券交易透支行为。上海、深圳证券交易所及其下属的证券登记结算公司、所有商业银行和各地证券交易中心、证券登记公司在办理证券交易资金清算业务时不得向任何证券经营机构提供清算透支，任何证券经营机构不得对客户的证券交易提供透支。（5）严格客户保证金管理。证券经营机构吸收客户的各类证券交易资金，必须全额存入商业银行。（6）企业不得占用贷款买卖股票。（7）中国人民银行将定期或不定期地组织全面检查，加大对违反各种规定的机构和责任人员的查处力度。

6 月 6 日　中国人民银行发出《关于进一步做好其他商业银行与所办经济实体脱钩的通知》。该通知要求，中信实业银行、中国光大银行、华夏银行、中国投资银行、中国民生银行、招商银行、广东发展银行、福建兴业银行、深圳发展银行、上海浦东发展银行、海南发展银行按照国务院的指示，不折不扣地清理对非银行金融机构及企业的投资。

6 月 11 日　中国人民银行首次向社会公布生产资料价格指数。中国人民银行根据中央银行制定货币政策的需要，从 1987 年 1 月开始按月编制企业生产资料购进价格指数。生产资料价格指数按月编制，包括总指数、大类指数、小类指数和个体指数，月度环比指数、月度同期比指数和月度定基比指数。

6 月 20 日　中国人民银行发布《城市合作银行管理规定》。该规定明确：城市合作银行是独立的企业法人，采取股份有限公司形式，依法自主经营、自负盈亏；接受中国人民银行的管理、监督、稽核；权力机构是股东大会，同时设立董事会和监事会；最低注册资本金为 1 亿元人民币，股本由当地企业、个体工商户、城市居民和地方财政入股资金构成。

6 月 23 日　中国人民银行印发《关于进一步加强人民银行会计内部控制和管理的若干规定》。该规定指出：（1）建立会计内部控制和风险防范

责任制。（2）会计工作必须实行统一领导。（3）严格贯彻执行会计工作"约法三章"，严禁设置账外账，不准滥用会计科目，不得编制和报送虚假会计数据。（4）严格实行会计人员任职资格审查。（5）严格执行会计业务操作规程。（6）必须杜绝账务处理"一手清"。（7）实行重要岗位的定期轮换。（8）实行会计业务事后监督。（9）实行会计制度执行情况检查报告制度。（10）严格有价单证、重要空白凭证和其他会计凭证账表的管理。（11）加强会计人员培训。（12）切实实行会计工作奖惩制。

7月1日 中国人民银行发行中华人民共和国香港特别行政区成立纪念币。经国务院批准，此次发行的纪念币分为金银纪念币（第3组）和流通纪念币两种。金银纪念币共4枚，其中金币2枚，银币2枚；流通纪念币共2枚，面额10元，与10元人民币等值流通。

7月3日 中国人民银行发布《特种金融债券托管回购办法》。该办法规定，特种金融债券发行结束后，统一在中央国债登记结算有限责任公司托管结算。

7月4日 国务院办公厅发布《关于禁止非法买卖人民币的通知》。该通知规定，禁止非法买卖流通人民币（包括纪念币，下同）。经营已退出流通的人民币，必须经中国人民银行批准。未经批准，任何单位和个人不得装帧和经营装帧的流通人民币。违反以上规定的，视情节轻重，由工商行政管理部门没收实物及非法所得，并按有关规定予以处罚。各金融机构及其从业人员不得利用职务之便支持、参与人民币的非法买卖活动，对违反规定的要从严惩处。

7月18日 中国人民银行颁布《金融监管工作规程》。该规程第一次按照系统化管理和流程式运作的模式将人民银行的金融监管工作分为监管规划、监管运作和监管报告三个阶段，对包括市场准入监管、市场营运监管和市场退出监管在内的整个监管过程中的各个主要环节的工作目标、任务、程序、分工、协调等方面作出了明确的规定，对各项工作的决策、执行和报告程序提出了具体要求。

7月25日 国家外汇管理局发布《经常项目外汇结汇管理办法》。该办法规定：（1）凡未有规定或未经核准可以保留现汇的经常项目下的外汇收入必须办理结汇；凡未有规定或未经核准结汇的资本项目项下的外汇收入不得办理结汇。（2）境内机构必须对其外汇收入区分经常项目与资本项目；银行应按外汇收入的不同性质，按规定分别办理结汇或入账手续。凡无法证明属于经常项目的外汇收入，均按资本项目外汇结汇的有关规定办理。（3）银行按照不同的经常项目类别、企业信誉、款项结算方式、金额、贸易方式，以不同方式为企业办理结汇业务。（4）外币现钞结汇按照境内机构外币现钞收付管理办法办理。该文件于1997年9月1日开始施行，1996年8月1日国家外汇管理局发布的《出口收汇结汇核销管理暂行办法》同时废止。

7月30日 中国人民银行发出《进一步加强银行会计内部控制和管理的若干规定》。该文件要求：（1）银行要建立会计内部控制和风险防范责任制，层层抓落实。（2）银行的会计工作必须实行统一管理，会计核算业务部门必须接受和服从同级和上级会计部门的业务指导、监督和检查。（3）银行要严格贯彻执行会计工作的"约法三章"，严禁设置账外账，不准滥用会计科目，不得编制和报送虚假会计数据。（4）严格实行会计人员任职资格审查和离任交接管理制度。（5）严格执行会计业务操作规程。（6）严格实行岗位责任制，账务核算必须与业务经营相分离。（7）实行重要岗位的定期轮换制。（8）实行会计业务事后监督制度和会计制度执行情况检查报告制度。

7月31日 中国人民银行印发《货币政策委员会议事制度》，明确：（1）货币政策委员会委员通过提出货币政策问题议案、参加货币政策委员会例会履行咨询议事职责；货币政策委员会秘书处作为常设办事机构设在中国人民银行货币政策司；货币政策委员会实行例会制度，在每季度的第一个月份中旬召开例会；货币政策委员会主席或者三分之一以上委员联名，可以提议召开临时会议；货币政策委员会例会有三分之二以上委员出席，方可举行。（2）货币政策委员会委员议案及货币政策委员会例会的议题包括：在一定时期内货币政策的执行情况、货币政策的制定和调整、货币政策控制目标、货币政策工具的运用、有关货币政策的重要措施、货币政策与其他宏观经济政策的协调。（3）货币政策委员会例会的会议程序一般为：货币政策委员会主席主持会议，宣布委员出席情况和会议议题；会议议题报告；讨论议题；货币政策委员会主席总结发言；就有关事项进行投票表决；公布表决结果。货币政策委员会委员提出的议案经出席例会的三分之二以上委员表决通过后，形成货币政策委员会建议书。中国人民银行报送国务院批准的有关年度货币供应量、利率、汇率或者其他货币政策重要事项的决定方案时，应当将货币政策委员会建议书或者例会会议纪要作为附件，一并报上。

7月31日　中国人民银行货币政策委员会召开第一次会议。会议由中国人民银行行长戴相龙主持。会议通过了货币政策委员会议事制度。货币政策委员会委员尚福林向全体委员介绍了当时的金融形势，认为应当继续认真执行适度从紧的货币政策。此次会议是我国货币政策委员会第一届委员会的首次会议。货币政策委员会的成立及运行对于正确制定国家货币政策，提高金融宏观决策水平，促进国民经济持续、快速、健康发展具有重大意义。

8月15日　中国政府决定参加国际货币基金组织的"一揽子"援泰融资方案，向泰国提供10亿美元的贷款，以帮助泰国政府摆脱遇到的经济困难。此次向泰国提供的10亿美元贷款为3至5年期的中期贷款，贷款利率按市场利率计算。

8月19日　中国人民银行发出《关于资不抵债、不能支付到期债务的城市信用合作社处理意见的通知》。该通知规定：对已经出现资不抵债、面临支付风险的城市信用合作社，在解决领导班子时要加强内部控制。对查实的风险资产，采取相应的资产保全措施。对查实后的违规、违法行为及相应债务进行处罚和处理。对属于严重资不抵债、支付危机、拯救无望的城市信用社使其退出市场。

8月21日　中国人民银行发布《票据管理实施办法》，自1997年10月1日起施行。该办法规定：（1）中国人民银行是票据的管理部门。（2）票据当事人应当依法从事票据活动，行使票据权利，履行票据义务。（3）银行汇票的出票人和银行本票的出票人为经中国人民银行批准办理银行汇票和银行本票业务的银行。（4）商业汇票的出票人为银行以外的企业和其他组织。承兑商业汇票的银行必须与出票人具有真实的委托付款关系和支付汇票金额的可靠资金。（5）向银行申请办理票据贴现的商业汇票的持票人必须与出票人、前手之间具有真实的交易关系和债权债务关系。（6）支票的出票人为在经中国人民银行批准办理支票存款业务的银行、城市信用合作社和农村信用合作社开立支票存款账户的企业、其他组织和个人。（7）银行汇票上的出票人的签章、银行承兑商业汇票的签章为该银行的汇票专用章加其法定代表人或者授权的代理人的签名或者盖章。（8）申请人申请开立支票存款账户的银行、城市信用合作社和农村信用合作社可以与申请人约定在支票上使用支付密码，作为支付支票金额的条件。（9）依法背书转让的票据，任何单位和个人不得冻结票据款项。（10）签发空头支票或者签发与其预留的签章不符的支票，不以骗取财物为目的的，由中国人民银行处以票面金额5%但不低于1000元的罚款；持票人有权要求出票人赔偿支票金额2%的赔偿金。（11）票据的付款人对见票即付或者到期的票据故意压票、拖延支付的，由中国人民银行处以压票、拖延支付期间内每日票据金额0.7‰的罚款；对直接负责的业务主管和其他责任人给予警告、记过、撤职或者开除的处分。本办法自1997年10月1日起施行。

9月4日 中国人民银行发布《城市信用合作社管理办法》。该办法规定：城市信用社是在城市市区内由城市居民、个体工商户和中小企业法人出资设立的，主要为社员提供服务，具有独立企业法人资格的合作金融组织。城市信用社的设立必须经中国人民银行审查批准。城市信用合作社联合社根据中国人民银行的授权，对城市信用社实行行业归口管理。城市信用社的社员以其出资额为限对城市信用社承担责任。城市信用社以其全部资产对城市信用社的债务承担责任。设立城市信用社必须有50个以上的社员，其中企业法人社员不少于10个，社员缴纳的股金最低限额为人民币5 000元。城市信用社的注册资本最低限额为100万元人民币。申请筹建城市信用社的发起人不得少于20人，其中企业法人不得少于5人。发起人认购的股金金额不得低于城市信用社股金总额的40%，其余的股金应当由城市居民、个体工商户和企业法人认购。城市信用社的权力机构是社员大会，同时，设立理事会和监事会。城市信用社遵循自主经营、自负盈亏、互利互助、自我约束、自我积累的原则开展各项业务活动。城市信用社主要经营人民币业务，其中包括：吸收社员存款和非社员的公众存款、发放贷款、办理结算业务和票据贴现业务、代收代付款项及受托代办保险业务等内容。城市信用社吸收的非社员存款不超过存款余额的40%，吸收单个非社员储户的储蓄存款不超过15万元。城市信用社对同一贷款人发放的贷款余额不超过50万元，对非社员的贷款余额不超过信用社贷款余额的40%。当城市信用社已经或者可能发生信用危机、严重影响债权人利益时，中国人民银行可以对其实行接管。城市信用社实行资产负债比例管理和资产风险管理制度。严重资不抵债的城市

信用社，中国人民银行责令其关闭；已经发生严重的支付危机、不能清偿到期债务的城市信用社，经中国人民银行同意，由人民法院依法宣告其破产。1988年中国人民银行颁布的《城市信用社管理规定》同时废止。

9月8日 中国人民银行和国家工商行政管理局共同发布《关于严禁擅自批设金融机构，非法办理金融业务的紧急通知》。该通知规定，中国人民银行是审批金融机构的主管机关，任何地方政府、部门或个人均无权批准设立金融机构或金融机构筹备组织。凡未经中国人民银行批准设立的金融机构均属非法金融机构。工商行政管理部门在登记注册时，对没有中国人民银行批准文件的不予登记注册，不予核发营业执照。凡未经中国人民银行批准、已经设立的从事保险经纪、代理业务的保险等金融经纪人、代理人公司，各地工商行政管理部门应立即取消保险经纪、代理业务。个人不得从事金融经纪活动。

9月10日 国家外汇管理局决定提高境内居民个人因私兑换外汇由银行审核真实性的标准。

9月15日 中国人民银行发布《农村信用合作社管理规定》和《农村信用合作社县级联合社管理规定》。《农村信用合作社管理规定》明确，农村信用社是指经中国人民银行批准设立、由社员入股组成、实行社员民主管理、主要为社员提供金融服务的农村合作金融机构。农村信用社是独立的企业法人，以其全部资产对农村信用社的债务承担责任。农村信用社的社员包括向农村信用社入股的农户以及农村各类具有法人资格的经济组织。设立农村信用社，社员一般不少于500个；注册资本金一般不少于100万元人民币；农村信用社所有社员必须用货币资金入股，单个社员的最高持股比例不超过该农村信用社股本金总额的2%。社员代表大会是农村信用社的权力机构，理事会是社员代表大会的常设执行机构，监事会是农村信用社的监督机构。农村信用社对本社社员的贷款不得低于贷款总额的50%，其贷款

优先满足种养业和农户生产资金需要。农村信用社在已经或可能出现信用危机、严重影响存款人利益时，中国人民银行可以按有关规定对该信用社实行接管，对其进行整顿，改善资产负债状况，恢复正常经营能力。《农村信用合作社县级联合社管理规定》明确，县联社是指经中国人民银行批准设立、由所在县（市）农村信用合作社入股组成、实行民主管理、主要为农村信用社服务的联合经济组织，是企业法人。县联社以其全部资产对县联社的债务承担责任。县联社的社员包括向县联社入股的辖内农村信用社和县联社职工。申请设立联社，其所在县（市）内农村信用社必须达到 8 家以上；县联社注册资本金一般不低于 100 万元人民币；县联社吸纳所在地农村信用社的入股资金，每个社员入股金额不低于 5 万元，不高于县联社股金总额的 20%。县联社的权力机构是社员大会，同时，设立理事会和监事会。县联社实行理事会领导下的主任负责制。当县联社已经或可能出现信用危机、严重影响存款人利益时，中国人民银行可以按有关规定对该联社实行接管，对其进行整顿，改善资产负债状况，恢复正常经营能力。

9 月 19 日　中国人民银行印发《支付结算办法》。《支付结算办法》自 1997 年 12 月 1 日起施行，1988 年 12 月 19 日印发的《银行结算办法》同时废止。《支付结算办法》共有 6 章，分别是总则、票据、信用卡、结算方式、结算纪律与责任、附则等内容。

9 月 24 日　国家外汇管理局公布《境内机构借用国际商业贷款管理办法》《境内机构发行外币债券管理办法》《银行外汇业务管理规定》《外债统计监测实施细则》。《境内机构借用国际商业贷款管理办法》完善了国际商业贷款的管理口径，即在原有的买方信贷、国际融资租赁项下的外汇贷款、一般的外汇商业贷款等基础上，进一步明确了以外汇方式偿还的补偿贸易、境外机构和个人外汇存款、项目融资、90 天以上的贸易项

下融资等筹资方式也视同国际商业贷款进行管理，对上述国际商业贷款的审批、监督和管理进行了明确规范。《境内机构发行外币债券管理办法》对境内机构发行外币债券管理做出明确规范。《银行外汇业务管理规定》对境内中资银行及其分支机构经营业务的范围和经营外汇业务的审批、管理监督和检查作了具体规定。《外债统计监测实施细则》中规定：国家外汇管理局及其分支局履行外债统计监测的职能，定期公布全国外债情况。

10 月 6 日　中国人民银行发出《关于合理确定流动资金贷款期限的通知》。该通知明确，流动资金贷款按期限分为临时贷款、短期贷款和中期贷款三类。临时贷款期限是 3 个月以内的贷款；短期贷款期限是 3 个月以上 1 年以内的贷款；中期贷款期限是 1 ~ 3 年的贷款。

10 月 7 日　中国人民银行颁布《银团贷款暂行办法》。该办法规定：银团贷款是由获准经营贷款业务的多家银行或非银行金融机构采用同一贷款协议，按商定的期限和条件向同一借款人提供资金的贷款方式。银团贷款的主要对象是国有大中型企业、企业集团和列入国家计划的重点建设项目。银团贷款项目由牵头行评审，也可由银团各成员行自行评审。银团贷款成员共同与借款人、保证人签订银团贷款协议。银团贷款必须实行担保。银团贷款的发放和收回方式采用"认定总额、各成员分担"的方式办理，各成员行对银团贷款的分担金额按"自愿认贷，协商确定"的原则进行。本办法自公布之日起实行。

10 月 7 日　中国人民银行发布《境内外汇账户管理规定》。该规定明确：境内机构开立经常项目外汇账户必须经外汇局批准。本规定自 1997 年 10 月 15 日起施行。中国人民银行 1994 年 4 月 1 日发布的《外汇账户管理暂行办法》、国家外汇管理局 1994 年 5 月 30 日发布的《关于〈外汇账户管理暂行办法〉有关问题的通知》、1994 年 6 月 22 日发布的《外债、外汇（转）贷款还本

付息开立账户操作规程》、1996 年 6 月 28 日发布的《外商投资企业境内外汇账户管理暂行办法》同时废止。

10 月 8 日 中国人民银行颁布《关于清收融资中心逾期拆借资金有关问题的通知》。该通知规定，人民银行各分行成立清收工作小组，专门负责清收逾期拆借资金工作。清收的范围包括融资中心、办事处及原金融市场截至 1997 年 9 月末尚未归还和收回的逾期拆借资金。

10 月 14 日 中国人民银行发出《农村信用社改进和加强支农服务十条意见》。为了落实党中央、国务院关于大力发展农业以及把农村信用社真正办成合作金融组织的要求，中国人民银行提出改进加强支农服务的十条意见：（1）农村信用社要进一步明确办社宗旨，大力改进支农服务工作。（2）合理安排信贷资金，在信贷资金投向上实行农户贷款优先、社员贷款优先、农业贷款优先的政策。（3）改进贷款管理的方式，对信誉良好的农户可采取信用贷款的方式。（4）推行农户贷款公开制度，增强透明度，接受群众监督。（5）进一步拓宽服务领域，为广大农民提供多样化、综合性的服务。（6）严格执行国家利率政策，发挥利率杠杆作用。（7）继续发挥信用站贴近农民、服务农业的作用，适当增设代办点。（8）大力推行优质服务、文明办社的活动。（9）大力表彰先进典型，提高支农服务工作水平。（10）认真抓好农村信用社改进和加强支农服务的组织领导工作，使农村信用社支农服务工作真正收到实效。

10 月 23 日 中国人民银行发出《关于降低金融机构存、贷款利率的通知》，决定从 1997 年 10 月 23 日起，降低金融机构各项存、贷款利率：各项存款年利率在现行基础上平均下调 1.1 个百分点；各项贷款年利率在现行基础上平均下调 1.5 个百分点。要适当下调中国人民银行与金融机构的存、贷款利率、下调各项优惠贷款利率。下调政策性金融债券利率：5 年期债券利率由现

行的 8.8% 调整为 6.84%，8 年期债券利率由现行的 9.05% 调整为 7.38%。

10 月 23 日 中国人民银行发出《关于离岸银行业务管理办法》。该办法规定：离岸银行业务是指银行吸收非居民的资金、服务于非居民的金融活动。经营业务的币种限于可自由兑换货币。银行从事的离岸银行业务包括：外汇存、贷款，同业外汇拆借，国际结算，发行大额可转让存款证，外汇担保，咨询，见证等业务。离岸银行业务的外汇存款、外汇贷款利率可以参照国际金融市场利率制定。该文件对银行经营离岸金融业务的申请、经营范围和管理作了规定，自 1998 年 1 月 1 日起施行。

10 月 30 日 银行卡信息交换总中心在北京正式成立。

11 月 17 日 全国金融工作会议在北京召开。江泽民、李鹏、朱镕基到会并讲话。会议正确估量了当时的经济、金融形势，充分认识进一步深化金融改革和整顿金融秩序、防范和化解金融风险的重要性和紧迫性，明确做好这项工作的总体要求、指导原则、主要任务和重要措施。会议提出，要按照社会主义市场经济体制的要求，建立和完善现代金融体系和金融制度，把一切金融活动纳入规范化、法制化轨道，显著提高金融业经营和监管水平，有效防范和化解金融风险，引导金融业健康发展，使金融更好地为改革开放和现代化建设服务。会议要求，力争用 3 年左右的时间，大体建立与社会主义市场经济发展相适应的金融机构体系、金融市场体系和金融调控监管体系，显著提高金融业的经营和管理水平，基本实现全国金融秩序明显好转。会后，中共中央、国务院发出了《关于深化金融改革，整顿金融秩序，防范金融风险的通知》。

11 月 24 日 中国人民银行发布《农村信用合作社资产负债比例管理暂行办法》，自 1998 年 1 月 1 日起执行。

11 月 30 日 中国人民银行发布《保险代理

人管理规定（试行）》。本规定自发布之日起实施，1996年2月2日中国人民银行发布的《保险代理人管理暂行规定》同时废止。

12月2日　中国人民银行发布公告，鉴于永安财产保险股份有限公司存在严重违法、违规等问题，中国人民银行决定对其依法进行接管，并责成中国人民银行陕西省分行负责实施。永安财产保险股份有限公司是我国首家因违法、违规被接管的保险公司。

12月6日　中共中央、国务院发出《关于深化金融改革，整顿金融秩序，防范金融风险的通知》。该通知指出：在当前好的经济形势下，存在着不少矛盾和问题，特别是金融领域的风险因素加大。防范和化解金融风险，保证金融安全、高效、稳健运行，是我国经济工作面临的一项重要而紧迫的任务。中央要求，力争用3年左右时间大体建立与社会主义市场经济发展相适应的金融机构体系、金融市场体系和金融调控监管体系，显著提高金融业的经营和管理水平，基本实现全国金融秩序明显好转，化解金融风险，增强防范和抵御金融风险的能力。这项工作的指导原则是：深化改革、标本兼治；依法规范，强化监管；积极稳妥，分步实施。具体措施：（1）改革中国人民银行管理体制，强化金融监管职能。（2）成立中共中央金融工委和金融机构系统党委，完善金融系统党的领导体制。（3）加强国有商业银行和中国人民保险（集团）公司商业化改革步伐，完善政策性金融体制。（4）建立多层次、多类型金融机构体系，加快地方性金融机构建设。（5）积极稳步地发展资本市场，适当扩大直接融资。（6）彻底取缔一切非法金融机构，严禁任何非法金融活动。（7）全面清理农村合作基金会。（8）严格规范各类金融机构业务范围，坚决改变混业经营状况。（9）继续清理、查处金融机构账外活动和其他违法、违规经营。（10）健全现代金融监管体系，切实加强金融机构内控制度建设。（11）建立规范化的信贷资产质量风险

管理制度，努力降低不良资产比例。（12）理顺和完善证券监管体系，进一步整顿和规范证券市场秩序。（13）高度警惕和重视防范涉外金融风险。（14）加大金融执法力度，严厉惩治金融犯罪和违法违规活动。（15）在全社会开展防范金融风险教育，建设高素质的金融从业人员队伍。该文件指出：进一步深化金融改革，整顿金融秩序，防范金融风险是中央从全局和战略上考虑，保证我国改革开放和现代化建设顺利进行作出的重大决策。其中要求中国人民银行和中国证监会要切实依法履行监管职责。

12月11日　国家外汇管理局发出《境内机构对外担保管理办法实施细则》，以规范对外担保行为，完善对外担保管理。该实施细则自1998年1月1日起施行。

12月11日　国家外汇管理局发出《境外外汇账户管理规定》。该规定对境内机构的境外外汇账户的开立、使用及撤销作出了具体规定。本规定自1998年1月1日起施行。1989年1月7日国家外汇管理局发布的《关于外商投资企业境外外汇账户的管理规定》同时废止。

12月20日　经国务院批准，中国人民银行发行澳门回归祖国金银纪念币一套。纪念币共3组，连续发行3年。本次发行第一组，金币1枚，面额为500元。

12月24日　中国人民银行颁布《关于改进国有商业银行贷款规模管理的通知》，决定从1998年1月1日起，取消对国有商业银行贷款限额的控制，在推行资产负债比例管理和风险管理的基础上，实行"计划指导、自求平衡、比例管理、间接调控"的新的管理体制。具体规定为：对商业银行贷款增加量实行指导性计划管理；商业银行以法人为单位对资金来源与资金运用实行自求平衡；商业银行以法人为单位逐步实行资产负债比例管理；中国人民银行负责及时、有效地调控全国信贷总量与结构。商业银行既要加强信贷管理，又要不断改进金融服务，更好地支持经

济发展。这次取消对国有商业银行贷款限额控制是中央银行金融宏观调控方式的重大改革。取消对国有商业银行贷款限额控制后，中国人民银行从过去依靠贷款规模指令性计划控制转变为根据国家确定的经济增长、物价控制目标和影响货币流通的各种因素，综合运用利率、公开市场业务、存款准备金、再贷款、再贴现等货币政策工具，间接调控货币供应量，保持币值稳定，促进经济发展。

12 月 26 日　中国人民银行与各银行联合成立会员制的国家金融清算总中心，担负起维护支付清算系统正常运行的职能。

12 月 29 日　中国金融数据通信骨干网建成开通。该网络是面向金融部门、金融增值和应用服务，提供跨行跨地区的全国性专业通信网络。

一九九八年

1 月 1 日　中国人民银行印发《城市信用合作社联合社管理办法》，对 1996 年下发的《城市信用合作社联合社管理规定》进行了修订，以加强对城市信用合作社联合社（以下简称联社）的监督和管理，使联社发挥对城市信用合作社行业归口管理的职能，成为管理经营型的城市信用合作社的联合组织。

1 月 5 日　中国人民银行颁布《关于进一步完善和加强金融机构内部控制建设的若干意见》。该意见提出，各金融机构要用一到两年的时间，形成一套责权分明、平衡制约、规章健全、运作有序的内部控制机制，把经营风险降到最低限度，使违规经营和大案要案有明显下降。争取在本世纪末下世纪初，建立起与社会主义市场经济相适应的现代金融企业制度，使我国金融机构在经营管理和内部控制方面基本与国际接轨。

1 月 8 日　中国人民银行颁布《关于认真落实国务院领导关于立即切断银行资金流向期货市场的重要指示的紧急通知》。该通知明确规定：商业银行要对客户的贷款申请文件、贷款用途、

国际贸易远期信用证、资金保函等业务进行严格审查，不得为企业的期货交易提供任何形式的资金支持。

1 月 12 日　全国银行分行行长、保险公司分公司经理会议在北京召开。会议明确 1998 年全国金融工作的总体要求是：以邓小平理论和十五大精神为指针，认真贯彻全国金融工作会议精神，继续实行适度从紧的货币政策，在建立现代金融体系和金融制度方面要有新的突破，依法严格管理金融企业，有效防范、化解金融风险，切实使金融秩序有明显改观，促进国民经济持续、快速、健康发展。会议提出：取消对国有商业银行贷款限额控制后，要在逐步实行资产负债比例管理和风险管理的基础上，实行"计划指导，自求平衡，比例管理，间接调控"的新信贷管理体制；为适应取消贷款限额控制的变化，中国人民银行要加强对基础货币的调控，及时监测各层次货币供应量以及商业银行贷款的变化，综合运用各种货币政策工具，调控基础货币，保持贷款的适度增长，维护币值稳定。

1 月 15 日　国务院副总理朱镕基在全国银行、保险、证券系统行长（经理）会议上就当时国内外经济金融形势和 1998 年经济金融改革问题作了重要讲话。讲话中强调：1998 年的金融工作要以邓小平理论和党的十五大精神为指导，狠抓全国金融工作的落实，按照建立社会主义市场经济体制的要求，加快和深化金融改革，加强中央银行的监管，建立现代金融体系；各家银行和其他金融机构要进一步从严管理，树立银行"铁账本、铁算盘、铁规章"的良好形象。1998 年人民币将保持稳定，不会贬值；中国政府支持香港保持港元联系汇率制度。

2 月 24 日　经国务院批准，中国人民银行宣布中国农村发展信托投资公司解散。公司解散后，其法律主体已不存在，公司的股东权益全部冲销，或有负债和欠缴税费一律免除，或有资产由中国建设银行予以追索。

2 月 24 日 国家外汇管理局颁布《关于对各级银行外汇业务范围的规定》。

3 月 12 日 中国人民银行颁布《关于城市合作银行变更名称有关问题的通知》。鉴于城市合作银行是股份制商业银行，不具有"合作"性质，经国务院同意，将"××城市合作银行"名称变更为"××市商业银行股份有限公司"，银行在牌匾及广告宣传中可以使用简化名称"××市商业银行"。该文件要求此项工作于 1998 年 5 月底前结束。

3 月 18 日 中国人民银行颁布《关于坚决制止和严肃查处高息揽存的紧急通知》。该通知要求：各商业银行、城乡信用社、信托投资公司等金融机构和邮政储蓄部门对 1998 年 2 月以前吸收的存款，对照中国人民银行公布的各档次存款利率标准进行自查，坚决制止通过提高存款利率、贴水、支付手续费、协储代办费、吸储奖、有奖储蓄等形式进行高息揽存的行为，以巩固整顿金融秩序的成果，维护法定存款利率的严肃性。

3 月 23 日 中国人民银行批准外资银行加入全国同业拆借市场。

3 月 24 日 中国人民银行发布《关于改革存款准备金制度的通知》，决定从 1998 年 3 月 21 日起对现行存款准备金制度实施改革。改革的主要内容是：调整金融机构一般存款范围。将金融机构代理人民银行财政性存款中的机关团体存款、财政预算外存款划为金融机构的一般存款，金融机构按规定比例将一般存款的一部分作为法定存款准备金存入人民银行。将现行各金融机构在人民银行的"缴来一般存款"和"备付金存款"两个账户合并，称为"准备金存款"账户。法定存款准备金率从现行的 13% 下调到 8%。准备金存款账户超额部分的总量及分布由各金融机构自行确定。对各金融机构的法定存款准备金按法人统一按旬考核。同日，中国人民银行发布《关于降低存、贷款利率的通知》，规定：金融机构存款准备金年利率由 7.56% 和备付金存款年利率

7.02% 统一下调为 5.22%，同业存款利率不得高于准备金存款利率；中央银行对金融机构贷款年利率：20 天期由 8.55% 下调为 6.39%，3 个月期由 8.82% 下调为 6.84%，6 个月期由 9.09% 下调为 7.02%，1 年期由 9.36% 下调为 7.92%。

4 月 1 日 中国人民银行印发《企业债券发行与转让管理办法》。该办法共 9 章 78 条，其中规定：企业发行债券，由中国人民银行在经国务院批准的、国家计委会同中国人民银行、财政部、国务院证券委员会下达的企业债券发行计划内审批。中央企业发行企业债券，由中国人民银行会同国家计委审批；地方企业发行企业债券，由中国人民银行省、自治区、直辖市分行会同同级计委审批。

4 月 3 日 为便于商业银行加强内部资金管理，中国人民银行批准商业银行可以授权分行加入全国同业拆借市场。

4 月 5 日 国务院决定，任命吴晓灵同志为国家外汇管理局局长。

4 月 20 日 中国人民银行颁布《贷款风险分类指导原则（试行）》，在商业银行中试行"贷款风险分类办法"。《贷款风险分类指导原则（试行）》规定：按照风险程度将贷款划分为五个档次，即正常、关注、次级、可疑和损失五类。

4 月 20 日 中国人民银行印发《关于开展清理信贷资产、改进贷款分类工作的通知》，决定从 1998 年下半年开始，在政策性银行、国有独资商业银行、其他商业银行和城市商业银行中开展清理信贷资产、改进贷款分类工作，摸清各银行信贷资产的底数，分析不良资产形成的原因，建立健全银行信贷资产管理制度和中央银行对银行贷款质量监管制度，从根本上提高我国银行业信贷资产质量。

4 月 21 日 中国人民银行印发《农村信用合作社机构管理暂行办法》。该办法对农村信用合作机构的审批权限、程序、接管和终止等方面作出了规定。

4月22日 中国人民银行、中国农业银行、中国农业发展银行、财政部联合发出《关于把农业发展银行扶贫、开发等专项贷款业务划归农业银行的通知》。主要内容为：为了适应粮食流通体制改革，中国农业发展银行要集中精力管好粮棉油收购资金，决定将中国农业发展银行承担的扶贫和开发性贷款等专项贷款划归中国农业银行管理，粮棉油附营业务和粮食加工业务等划归有关商业银行管理。同年11月5日，中国人民银行、中国农业发展银行、中国农业银行、中国工商银行银传〔1998〕68号《关于粮棉油附营企业占用信贷资金划转及清算的通知》进一步明确了划转范围、原则、时间等。

5月5日 中国人民银行"清理信贷资产、改进贷款分类"工作在广东省开始试点。

5月9日 中国人民银行颁布《个人住房贷款管理办法》。

5月19日 中共中央发出《关于完善金融系统党的领导体制，加强和改进金融系统党的工作有关问题的通知》。为了加强党对金融工作的集中统一领导，中央决定成立中共中央金融工作委员会和金融机构系统党委，对金融机构党的组织实行垂直领导，对干部实行垂直管理。中共中央金融工作委员会的工作机构设在中国人民银行。

5月19日 中国人民银行下发《关于统一调整中国人民银行对农村信用社再贷款利率的通知》。中国人民银行对农村信用社的再贷款年利率从1998年6月20日起统一调整为：20天以内为5.40%；3个月以内为5.85%；6个月以内为6.03%；1年为6.93%。农村信用社再贷款利率低于其他金融机构再贷款利率0.99个百分点。

5月25日 第二套人民币（纸、硬分币除外）在市场上停止流通。中国人民银行印发《关于停止第二套人民币在市场上流通的通知》，决定自1999年1月1日起停止第二套人民币（纸、硬分币除外）在市场上流通。该套人民币持有者可限期到各商业银行的营业网点兑换。兑换时间为1998年6月1日至12月31日。

5月26日 中国人民银行下发《关于改进金融服务，支持国民经济发展的指导意见》。该指导意见包括十个方面：一是加大对农林水利的信贷投入。国家银行新增农业贷款力争达到全部新增贷款的10%左右。二是支持国有大中型企业在改革中发展。三是积极支持中小企业发展，促进再就业工作。四是积极支持基础设施建设。五是完善住房信贷体系，促进住房建设和消费。六是加大科技贷款的投入总量，积极支持科技进步和技术改造。七是积极支持开拓国内市场，扩大消费需求。八是努力支持对外贸易，积极合理利用外资。九是改进对企业的综合配套金融服务。十是坚持信贷原则，防范金融风险。

5月26日 中国人民银行发出《关于恢复人民银行债券回购业务的通知》，该通知规定：回购交易对象为25家公开市场业务一级交易商，操作工具为国债（含专项国债）、政策性金融债和中央银行融资券；公开市场业务操作室每周二开展回购交易。其他时间如一级交易商临时有大额头寸调剂需要，需提前向操作室报告情况，经批准后进行交易；人民银行视货币政策需要，采用正回购与逆回购两种类型，对商业银行的流动性进行双向、灵活调节。

5月29日 中国人民银行印发《关于对金融机构违法违规经营责任人的行政处分规定》。

6月2日 中国人民银行发出《关于调整邮政储蓄转存款利率的通知》。该通知规定：从1998年3月25日起，邮政储蓄部门在人民银行的转存款利率由现行的年利率7.452%下调到7.218%。邮政储蓄转存款实行分段计息，按季结息，每季末月20日为结息日。邮政储蓄资金清算中心及各联网省、市的二级清算中心，在同级人民银行"0287邮政储蓄转存款"科目下设立的"邮政储蓄清算户"资金利率，从1998年3月25日起，也按邮政储蓄转存款利率7.218%的水平执行。

6月2日 中国人民银行发出《关于加强商业汇票管理，促进商业汇票发展的通知》。该通知要求：严肃商业汇票结算纪律，保证商业汇票按期付款；完善承兑授权管理，推动票据承兑授信业务的发展；适度加快发展中心城市的商业汇票业务，大力推动票据流通转让；集中再贴现业务管理，合理引导信贷资金流向，加强商业汇票的管理。

6月5日 国务院发布《关于在国有中小型企业和集体企业改制过程中加强金融债权管理的通知》。该通知要求：各地区、各部门要从大局出发，认真贯彻落实国家关于企业改制的有关政策、措施，切实加强对国有中小企业和集体企业改制工作的指导和监督，规范企业改制行为，坚决制止各种逃废金融债务行为。6月9日，中国人民银行转发了该文件，要求各金融机构要切实加强对企业改制工作的指导与监督，努力提高改制的效果，要主动参与企业改制工作，依法维护金融债权的安全。

6月7日 中国人民银行颁布《关于调整国有独资商业银行1998年余额存贷比和全年人民币贷款指导性计划的通知》，明确1998年国有独资商业银行年末余额存贷比按1997年的实际数掌握，全年贷款指导性计划由年初的5 330亿元调整为6 030亿元。

6月16日 经中共中央批准，中共中央金融工作委员会（以下简称金融工委）成立。金融工委是中央的派出机关，主要职责是：领导金融系统党的建设工作；保证党的路线、方针、政策和党中央、国务院的有关指示、决定在金融系统贯彻落实；协助中央组织部负责做好金融系统中央管理干部的管理工作；监督金融系统的领导干部贯彻执行党的路线、方针、政策和遵纪守法、清正廉洁的情况；协调各金融机构党委之间和各金融机构党委与地方党委的关系；完成中央交办的其他工作。中共中央政治局委员、书记处书记、国务院副总理温家宝任金融工委书记，阎海旺任

副书记。

6月20日 中国人民银行颁布《关于进一步改善对中小企业金融服务的意见》，提出要在以下几个方面进一步改善对中小企业金融服务：（1）完善对中小企业的金融服务体系。（2）增加信贷投入，积极支持中小企业的合理资金需要。（3）调整信贷投向，突出支持重点。（4）积极支持再就业工程。（5）加强配套服务。（6）努力提高工作效率。（7）切实解决中小企业抵押担保难的问题。（8）注意防范和化解金融风险。

6月21日 中国人民银行发出《关于立即停办有奖储蓄的通知》，要求各金融机构从文到之日起，一律停办新的有奖储蓄。正在开办并已开奖的，按原有奖储蓄办法执行；未开奖的必须从1998年年底前停止执行有奖储蓄办法。

6月21日 中国人民银行发布公告，由于海南发展银行不能及时清偿到期债务，根据《中华人民共和国中国人民银行法》《中华人民共和国公司法》和中国人民银行《金融机构管理条例》，中国人民银行决定关闭海南发展银行，停止其一切业务经营活动，由中国人民银行依法组织成立清算组进行关闭清算。中国人民银行指定中国工商银行托管海南发展银行的债权债务，对境外债务和境内居民储蓄存款本金及合法利息保证支付，其余债务待组织清算后偿付。海南发展银行是我国改革开放后第一家因经营管理不善出现支付危机而被关闭的银行。

6月22日 中国人民银行发布公告，鉴于中国新技术创业投资公司严重违规经营，不能支付到期债务，中国人民银行决定关闭中国新技术创业投资公司，该公司所属办事处和代理处同时关闭。

6月25日 国务院办公厅印发《中国人民银行职能配置内设机构和人员编制的规定》，决定成立中共中国人民银行党委，戴相龙任书记、阎海旺任副书记；成立中共中国人民银行纪律检查委员会，王成铭任书记。

6月30日 经国务院批准，中国人民银行再次降低金融机构存、贷款利率，并同时降低中央银行准备金存款利率和再贷款利率。金融机构存款利率平均下调0.49个百分点，贷款利率平均下调1.12个百分点。中国人民银行对金融机构准备金存款利率下调1.71个百分点；对金融机构贷款平均利率下调1.82个百分点；再贴现利率下调1.71个百分点。

7月13日 国务院颁布《非法金融机构和非法金融业务活动取缔办法》（以下简称《办法》）。《办法》规定：未经中国人民银行依法批准，任何单位和个人不得擅自设立金融机构或者擅自从事金融业务活动。非法金融机构和非法金融业务活动由中国人民银行予以取缔，中国人民银行依法取缔非法金融机构和非法金融业务活动，任何单位和个人不得干涉，不得拒绝、阻挠。非法金融机构设立地或者非法金融业务活动发生地的地方人民政府，负责组织、协调、监督与取缔有关的工作。非法金融机构一经中国人民银行宣布取缔，有批准部门、主管单位或者组建单位的，由批准部门、主管单位或者组建单位负责组织清理清退债权债务；没有批准部门、主管单位或者组建单位的，由所在地的地方人民政府负责组织清理清退债权债务。因参与非法金融业务活动受到的损失，由参与者自行承担。债权债务清理清退后，有剩余非法财物的予以没收，就地上缴中央金库。设立非法金融机构或者从事非法金融业务活动，构成犯罪的，依法追究刑事责任；尚不构成犯罪的，由中国人民银行没收非法所得，并处非法所得1倍以上5倍以下的罚款；没有非法所得的，处10万元以上50万元以下的罚款。擅自批准设立非法金融机构或者擅自批准从事非法金融业务活动的，对直接负责的主管人员和其他直接责任人员依法给予行政处分；构成犯罪的，依法追究刑事责任。金融机构违反规定，为非法金融机构或者非法金融业务活动开立账户、办理结算或者提供贷款的，由中国人民银行责令改正，

没收违法所得，并处违法所得1倍以上5倍以下的罚款；没有违法所得的，处10万元以上50万元以下的罚款；对直接负责的主管人员和其他直接责任人员依法给予纪律处分；构成犯罪的，依法追究刑事责任。

当月26日，为了全面、准确地理解和执行《非法金融机构和非法金融业务活动取缔办法》，国务院发出《关于非法金融机构和非法金融业务活动取缔办法第二十九条有关问题的紧急通知》，其中指出，鉴于《办法》第二十九条所列各类基金会、互助会、储金会、资金服务部、股金服务部、结算中心、投资公司等机构，一般是在《办法》颁布前由当地人民政府或者有关部门批准设立的，其超越国家政策范围从事金融业务活动的情况比较复杂，需要按照国务院规定的政策和期限，有领导、有计划、有步骤地进行清理整顿，加以规范，在清理整顿期间，暂不按《办法》予以取缔。超过规定期限继续从事非法金融业务活动的，要严格按照《办法》规定予以取缔并给予处罚。上述机构中，有些因不能支付到期债务、发生挤兑而影响社会安定的，由该机构的主管机关会同人民银行、工商行政管理等有关部门研究，提出停业整顿方案，报经县级以上地方人民政府批准后组织实施。在宣布停业整顿的同时，要发安民告示，宣布清偿债务优先保护城乡居民债权人的合法利益，以维护社会安定。停业整顿期间，停止吸收存款，暂停支付债务，集中力量清理债权债务，制订债务清偿方案。

7月19日 中国人民银行发布《关于进一步支持对外经济贸易发展的意见》，提出金融机构进一步支持对外经济贸易发展的12条意见：（1）完善支持对外经贸发展的金融服务体系。（2）适当增加对外经贸企业的贷款。（3）对资信良好的企业适当发放信用贷款，增加授信额度。（4）支持企业多渠道筹集资本金。（5）运用利率手段支持外经贸发展。（6）积极为外经贸企业的发展提供保险服务。（7）继续加大对机电产品出

口的支持力度。（8）积极支持企业境外工程承包和到境外投资设厂。（9）积极支持外商和台、港、澳、侨商投资企业的发展。（10）支持合理的外贸进口。（11）运用"封闭贷款"支持外经贸企业。（12）防范外经贸贷款中的金融风险。

8月3日 中国人民银行印发《关于国家外汇管理局金融机构外汇业务监督职能划入中国人民银行的通知》。该通知规定，从即日起，由国家外汇管理局管检司承担的对金融机构外汇业务市场准入的审批、对金融机构外币资产质量和风险监管业务，按金融机构的类别分别移交中国人民银行的有关司局。对保险公司、证券公司的外汇业务市场准入审批及外币资产质量和风险监管业务仍由国家外汇管理局办理。

8月5日 国务院批转中国证监会《证券监管机构体制改革方案》，决定完善证券监管体系，实行垂直领导，加强对全国证券、期货业的集中统一监管。《证券监管机构体制改革方案》确定，证券市场监管体系由证监会和派出机构——证券监管办公室组成。中国证监会为国务院直属事业单位，是全国证券、期货市场的主管机关，按照国务院授权履行行政管理职能，依照法律、法规对全国证券、期货业进行集中、统一监管。同时将原国务院证券委员会的职能、中国人民银行履行的证券公司监管职能划入中国证监会。

8月10日 国务院办公厅转发《中国人民银行整顿银行账外账及违规经营工作实施方案》。该方案确定，本次整顿的对象是：中国人民银行、国有商业银行、其他商业银行（包括交通银行、中信实业银行、中国光大银行、华夏银行、中国民生银行、中国投资银行、招商银行、广东发展银行、上海浦东发展银行、福建兴业银行、深圳发展银行，下同）、住房储蓄银行（包括烟台住房储蓄银行、蚌埠住房储蓄银行，下同）、城市商业银行和邮政储蓄机构。对城市信用合作社、农村信用合作社和信托投资公司存在的账外账及违规经营问题也要进行整顿。本次整顿的内

容为银行账外账和违规经营活动，包括本币、外币业务。中国人民银行、国有商业银行、其他商业银行、住房储蓄银行、城市商业银行和邮政储汇局要按照本方案的要求，部署本系统、本单位的全面自查工作。首先由本系统、本单位各级机构自查，自查面要达到100%（包括机构数和业务量）；然后按照"下查一级"的原则进行复查，复查报告必须由复查单位负责人签字。抽查工作由中国人民银行负责，并请审计部门参加，抽查面要达到县级以上（含县）机构数的30%。自查抽查结束后，中国人民银行会同有关部门，对查清、核实的问题进行严肃处理，并于1999年3月底完成问题处理，6月底完成汇总报告。针对产生账外账及违规经营活动的体制、政策、制度等方面原因，中国人民银行、财政部、国有商业银行要研究防止发生新的账外账及违规经营问题的政策和措施，完善会计管理制度，加强稽核监察，实行防止账外账及违规经营责任制。这项工作要在1999年年底前完成。

8月11日 国务院转发中国人民银行《关于国有独资商业银行分支机构改革方案》，确定：合并商业银行省（自治区）分行与所在地城市分行，精简地（市）分行在同一地点重复设立机构。按照银行的工作人员数量和吸收存款额，人均存款额在50万元以下的营业网点全部撤销，50万到100万元的营业网点部分撤销，100万到150万元的营业网点合并。在裁减机构的比例上，除中国农业银行尽量保留其县级支行外，其他3家都要精简，裁减机构比例：中国工商银行为20%、中国建设银行为30%、中国银行为10%。

8月11日 国务院办公厅发出《关于转发中国人民银行〈整顿乱集资乱批设金融机构和乱办金融业务实施方案〉的通知》。该通知指出，近年来，一些地方、部门、企事业单位和个人乱集资、乱批设金融机构和乱办金融业务（以下简称金融"三乱"）的问题相当严重，严重违反了

《中华人民共和国中国人民银行法》《中华人民共和国商业银行法》和国务院有关规定，扰乱了金融秩序，损害群众利益，影响社会安定。为整顿金融秩序，防范金融风险，保持金融市场和社会稳定，党中央、国务院决定，彻底整顿金融"三乱"。该文件强调，整顿金融"三乱"工作敏感度高，涉及面广，政策性强，情况复杂，事关金融市场的健康发展和社会安定的大局，各地区、各部门要予以高度重视。要在摸清情况的基础上，按照党中央、国务院的统一部署，统一思想，加强领导，精心组织，审慎处理，内紧外松，分步实施。中国人民银行要切实履行监管职责，加强对整顿金融"三乱"工作的领导、组织和协调。各地区、各部门要坚决执行党中央、国务院的决定，按期完成本地区、本部门的任务，将清理整顿结果于1999年6月底前报国务院，同时抄送中国人民银行。

8月18日 中国人民银行下调黄金收售价格。自8月18日起，含金量不足99.9%的黄金收购价和配售价由原来的每克80.50元和82.10元分别调整为78.15元和79.70元；含金量达99.9%及以上的，收购价和配售价由原来的每克81.20元和82.80元分别调整为79.15元和80.70元。

8月28日 中国人民银行颁布《关于调整国家银行全年贷款指导性计划的通知》。该通知明确：1998年国家银行全年贷款指导性计划由9 000亿元调整到10 000亿元，其中固定资产贷款由2 700亿元调整到3 700亿元。该通知要求各行要在防范金融风险的同时加大固定资产贷款的投入，加快贷款评估进度，适当简化评估手续；按照"集中要有度，审批要及时"的原则，合理调整基层行的贷款审批权限，争取贷款早落实、早见效，努力实现全年贷款指导性计划。

9月1日 国家外汇管理局印发《境内居民个人外汇管理暂行办法》。该办法规定：境内居民个人因私兑换外汇业务授权中国银行负责办理，同一城市（地区）原则上只指定一家中国银行分支机构办理个人因私兑换业务。对于居民个人只有在汇出或在境内银行缴存一定比例的保证金后才能取得有效入境签证的特殊情况，外汇指定银行和外汇局可在售付汇行为发生时，要求居民个人向所在地外汇局缴存一定比例的人民币保证金，外汇局在查验已办妥前往国家和地区有效入境签证的护照后予以退还。对于居民个人出境旅游、探亲、会亲、自费朝觐的因私兑换外汇，属于个人出国零用费，不得超标准供汇。一次签证多次往返的及一个护照一年内多次签证的，也按年度、按标准只供汇一次。该文件自1998年9月15日施行。在此以前国家外汇管理局发布的境内居民个人外汇有关办法同时废止。

9月1日 中国人民银行发布公告，结束对永安财产保险股份有限公司的接管。永安财产保险股份有限公司经过资本金和领导班子的重组，开始正式运营。

9月11日 中国人民银行印发《汽车消费贷款管理办法（试点办法）》。该办法规定：汽车消费贷款的试点行仅限于四家国有商业银行，具体试点地区由各国有商业银行确定，并报中国人民银行审批。消费贷款购买的汽车仅限于国产汽车。

9月14日 国务院发出《关于加强外汇外债管理，开展外汇外债检查的通知》。国务院决定，进一步加强外汇外债管理，并开展全国外汇外债检查。

10月6日 经国务院批准，中国人民银行决定关闭广东国际信托投资公司，由中国银行托管广东国际信托投资公司的金融债权债务；由广发证券有限公司接管原广东国际信托投资公司所属的广信基金。

10月7日 国家外汇管理局发布公告，敦促有骗汇行为的企业主动交代问题，并决定对累计骗购外汇金额在500万美元以下、能主动交代问题、追回骗汇资金的企业，予以从轻处罚。

10 月 12 日　中国人民银行批准保险公司加入全国同业拆借市场。

10 月 17 日　国务院发出《关于批转人民银行省级机构改革实施方案的通知》，决定撤销中国人民银行省级分行，在 9 个中心城市设立跨省（自治区、直辖市）分行，作为中国人民银行的派出机构，从 1999 年 1 月 1 日起开始履行中央银行职责。该通知指出：改革人民银行省级机构，撤销人民银行省级分行，设立跨省、自治区、直辖市分行，强化人民银行监管职能，是党中央、国务院的重大决策，对深化金融改革，防范和化解金融风险，逐步建立与社会主义市场经济发展相适应的金融调控监管体系，促进国民经济持续、快速、健康发展，具有十分重要的意义。人民银行省级机构改革涉及面广，各省、自治区、直辖市人民政府和国务院有关部门要予以高度重视。要按照党中央、国务院的统一部署和方案的要求，统一思想，精心组织，认真落实，保持稳定。要从大局出发，积极配合人民银行实施省级机构改革方案。在改革过程中，人民银行各级机构要做到队伍不乱、监管不断，确保金融秩序的稳定。人民银行要按照国务院的统一部署，加强领导，本着积极稳妥、分步实施的原则，妥善解决改革过程中出现的问题，力争在 1998 年年底以前完成人民银行分行的组建和相应机构的调整工作。

《人民银行省级机构改革实施方案》包括撤销省级分行，在 9 个中心城市设立分行；设立金融监管办事处；充实省会城市中心支行的职能；组织实施四个部分。其中规定：（1）根据地域关联性、经济金融总量和金融监管的要求，在 9 个中心城市设立分行（正局级），作为人民银行的派出机构，并划定其所辖监管区域。人民银行省级分行撤销后，其原有职责分别由所在辖区分行和省会城市中心支行承担。人民银行北京市分行和重庆市分行撤销后，其相应职责由人民银行总行承担。分行所在地城市原市分行撤销，其职责

和原省级分行营业部的业务，均由分行营业管理部承担。（2）设立金融监管办事处。在不设分行的省、自治区、直辖市人民政府所在地城市（以下简称省会城市），设立金融监管办事处（副局级），是分行的派出机构（以城市地名命名为"中国人民银行××分行××金融监管办事处"），其人事、财务和业务受分行领导。（3）在分行所在地以外的省会城市以及深圳经济特区设立中心支行（副局级）。上述中心支行除继续履行原市分行承担的职责外，增加承担原省级分行在国库经理、支付清算、现金发行和金融统计等业务中的管理汇总工作。（4）组织实施。人民银行按照积极稳妥、分步实施的原则，统一组织实施。人民银行要尽快制定配套管理办法和具体实施步骤，必要时可先进行试点，待取得经验后再全面展开。1998 年年底以前，人民银行撤销所有省级分行，新设跨省（区、市）分行正式挂牌运行。

10 月 19 日　中国人民银行颁布《关于扩大对小企业贷款利率浮动幅度的通知》。该通知规定：自 1998 年 10 月 31 日起，各商业银行、城市信用社对小型企业贷款利率最高上浮幅度由现行的 10% 扩大为 20%，最低下浮幅度 10% 不变；农村信用社贷款利率最高上浮幅度由现行的 40% 扩大为 50%。贴现贷款利率可适当上浮，但不得超过同期同档次贷款利率（含浮动）；大中型企业贷款利率最高上浮幅度 10% 不变。个人住房贷款、优惠利率贷款、政策性银行贷款以及国务院另有规定的贷款利率不上浮。

10 月 19 日　中国人民银行和国家工商行政管理局联合印发《会员卡管理试行办法》。该办法规范了在中国境内从事的会员卡发行、转让及相关活动，中国人民银行负责审批会员卡的发行，会同工商行政管理部门依法对会员卡发行、转让及相关活动进行管理。

10 月 20 日　中国人民银行发出《关于对金融机构外汇业务监管职责划分的通知》。按照国务院关于机构改革的精神，国家外汇管理局将金

融机构外汇业务市场准入审批职能以及对金融机构外币资产质量和风险监管职能移交给中国人民银行。以上职能移交后，国家外汇管理局仍保留对金融机构外汇业务的监管职责。

10月25日　中国人民银行、国家外汇管理局颁布《关于停办外汇调剂业务的通知》。中国人民银行、国家外汇管理局决定从1998年12月1日起，在全国范围内取消外商投资企业外汇调剂业务，外商投资企业的外汇买卖均纳入银行结售汇体系；已同中国外汇交易中心联网的36家外汇调剂中心更名为中国外汇交易中心当地分中心，负责银行间外汇业务、外汇市场和金融机构人民币同业拆借市场运作，保证银行间外汇市场和人民币同业拆借市场的正常运转；其余各地外汇调剂中心一律关闭。

10月25日　国务院办公厅转发《中国人民银行整顿城市信用合作社工作方案》。该方案确定整顿城市信用社工作的总体要求是：认真贯彻落实党中央、国务院有关规定，通过清产核资，摸清城市信用社资产负债状况和风险程度，选择不同方式处置和化解金融风险，逐步建立有效的防范风险机制。按照"自愿入股、民主管理、主要为入股社员服务"的原则把城市信用社真正办成合作金融组织。整顿工作的主要内容包括：（1）清产核资，全面查清城市信用社资产、负债、所有者权益及财务的真实情况，核实各项资产损失，确定城市信用社总体风险状况。（2）化解风险，城市信用社出现支付风险，应本着"谁组建，谁负责组织清偿"的原则，由当地人民政府组织组建单位或股东单位采取有效的措施，化解风险，属地方政府违法、违规干预城市信用社经营管理而造成支付风险的，由当地政府负责组织清偿有关债务。（3）规范改造，逐步将仍然带有商业银行性质的城市信用社规范改造为真正的合作金融机构，使其成为社区内居民个人、企业单位入股，实行民主管理、社员监督，主要为社员提供金融服务，依法经营、自负盈亏、自我积累、自我约束、互助互利的合作金融组织，在城市信用社规范改造的基础上，完善城市信用社行业管理机制。（4）加强监管，督促促城市信用社建立健全社员代表大会、理事会、监事会"三会"制度，真正落实民主管理和民主监督机制。要严格审查城市信用社主要负责人的任职资格。该文件确定，城市信用社清产核资工作要在1998年年底前完成。规范改造工作要在1999年年底前完成。到1999年年底前，要建立健全城市信用社行业管理机制。已设立的城市信用社联合社要于1998年年底前完成规范改造工作。已经批准列入组建城市商业银行范围的城市应加快组建城市商业银行工作步伐，力争1998年年底前进入筹建或开业阶段。设在县（市）及县以下地区的城市信用社于1999年年底前，划归农村信用社县联社管理。整顿城市信用社全部工作于1999年年底前完成。

10月25日　国务院决定，任命李福祥为国家外汇管理局局长。

10月30日　国家外汇管理局发出《关于关闭外币清算业务的通知》。中国人民银行、国家外汇管理局决定关闭国家外汇管理局各分局开办的外币清算业务。

10月30日　中国人民银行下发《关于增加全国同业拆借市场债券回购交易品种的通知》，决定自1998年11月15日起，在全国同业拆借市场增加6个月、9个月和1年的债券回购交易品种。

11月3日　经中国人民银行批准，中央国债登记结算有限责任公司印发《银行间债券交易结算规则（试行）》《银行间债券交易规则（试行）》。这两个文件对银行间债券市场交易的营业日、交割日、运行时间、交易结算和违规处罚作出了规定，要求全国同业拆借市场结算成员执行。

11月4日　中国人民银行发布《关于进一步做好农村信用合作社改革整顿规范管理工作的意

见》。该意见指出，农村信用社改革整顿规范管理工作的总体要求是：坚持按合作制原则改革农村信用社管理体制，强化对农村信用社的监管，改善内部经营管理，建立防范和化解风险的机制。经过两至三年的努力，使农村信用社真正恢复合作制的性质，经营状况明显改善，金融风险得到基本控制和有效化解，进一步改进和加强支农服务，逐步建立起与社会主义市场经济相适应、符合农村经济发展需要的农村信用社管理新体制。该文件提出改革整顿规范管理工作六个方面的主要内容和措施：清产核资、规范改造、化解风险、加强监管、强化内部经营管理、组建行业自律组织。农村信用社改革整顿规范管理工作由中国人民银行统一负责。农村信用社改革整顿规范管理工作到2000年年末基本完成。1998年和1999年上半年主要抓好清产核资、化解风险以及规范改造工作。在工作中，要抓住重点，解决实际问题，为农村信用社的健康发展奠定坚实基础。

11月18日　中国保险监督管理委员会成立。马永伟担任中国保险监督管理委员会主席。中国保险监督管理委员会是全国商业保险的主管部门，为国务院直属事业单位，根据国务院授权履行行政管理职能，依照法律、法规统一监督管理保险市场。

11月18日　中国人民银行上海分行成立。新组建的人民银行上海分行在上海市、浙江省、福建省履行中央银行职责，原上海市分行、浙江省分行和福建省分行继续履行其职责至1998年12月31日。此后，天津、沈阳、南京、济南、武汉、广州、成都、西安8家分行于1998年年底前相继成立。

11月28日　中国人民银行印发《政策性银行金融债券市场发行管理暂行规定》，共7章40条，其中规定：中国人民银行是金融债券市场发行的管理机关；金融债券发行人是国家政策性银行；金融债券的发行对象是经中国人民银行批准

的金融机构和其他认购人；中央国债登记结算有限责任公司（以下简称中央结算公司）是金融债券的托管人，负责金融债券发行的登记、托管和结算。金融债券的交易必须通过全国银行间拆借市场进行；金融债券市场发行的利率或收益率由供求双方自行确定；发行人应在每年的首期发行前公布发债说明书，发债说明书应载明发行人基本情况、发行人最近三年的主要财务状况，其中应包含债券信用情况及偿债记录等与偿还本息有关的情况、金融债券市场发行的年度计划等内容；金融债券到期后，发行人必须按时、足额向持有人兑付金融债券本金，不得单方面提前或推迟兑付。

11月30日　中国人民银行下发《关于中国人民银行省级分行机构改革中外汇分支机构设置有关问题的通知》。

12月5日　中国人民银行降低金融机构存、贷款利率，并同时降低中央银行准备金存款利率和再贷款利率。存、贷款利率平均下调幅度均为0.5个百分点。在金融机构贷款中，1年期贷款利率由6.93%降为6.39%，其他各档次贷款利率作相应调整。人民银行对金融机构的准备金存款利率由现行的3.51%下调为3.24%；再贷款平均利率由现行的5.61%下调到5.06%；再贴现利率由现行的4.32%下调为3.96%。

12月8日　国务院办公厅发出《关于严禁违反规定，强令企事业单位在指定金融机构存款的通知》。该通知要求：各级人民政府和企业主管部门要积极支持金融机构依法经营，维护金融机构的经营自主权，不得以行政手段干预金融机构的经营活动。各金融机构要切实加强对企事业单位存款账户的管理，严格执行《银行账户管理办法》的有关规定。各金融机构要进一步加强内部管理，努力改善金融服务，严禁以不正当方式搞恶性竞争，破坏正常的金融秩序。对违规高息揽存的金融机构，一经发现，必须立即制止和严厉惩处，对到期存款应按法定利率支付利息。人民

银行要认真做好对金融机构的监管工作，确保金融体系的稳定。

12月14日 中国人民银行印发《银行卡异地跨行业务资金清算规则》，以适应银行卡异地跨行信息交换业务的需要，实现银行卡异地跨行业务资金清算的安全、快捷、方便。

12月16日 国务院批准监察部、人事部、中国人民银行、海关总署、国家外汇管理局《关于骗购外汇、非法套汇、逃汇、非法买卖外汇等违反外汇管理规定行为的行政处分或者纪律处分暂行规定》，对国家公务员以及经批准经营外汇业务的金融机构、国有外经贸企业的工作人员违反外汇管理规定的行为和处罚办法作出了详细规定。

12月26日 中国人民银行发布公告，根据国务院的决定，中国人民银行管理体制已实行了重大改革，新设立的派出机构将于1999年1月1日开始履行中央银行职责。公告的主要内容是：（1）撤销中国人民银行各省、自治区、直辖市分行，在全国设立9个跨省、自治区、直辖市分行，作为中国人民银行的派出机构。撤销中国人民银行北京市分行、中国人民银行重庆市分行，分别设立中国人民银行营业管理部、中国人民银行重庆营业管理部，承担原中国人民银行北京市分行、中国人民银行重庆市分行的管理职能。中国人民银行分行所在地城市原市分行撤销，其职责和原省级分行营业部的业务均由中国人民银行分行营业管理部承担。（2）在不设中国人民银行分行的省、自治区人民政府所在地城市共设立20个金融监管办事处，作为中国人民银行分行的派出机构。（3）在不设中国人民银行分行的省会城市共设立20个中心支行。（4）原中国人民银行深圳经济特区、大连市、宁波市、厦门市、青岛市分行更名为中国人民银行深圳市中心支行、中国人民银行大连市中心支行、中国人民银行宁波市中心支行、中国人民银行厦门市中心支行、中国人民银行青岛市中心支行，其职责不

变。（5）原中国人民银行地级市（州、盟、区）分行，更名为中国人民银行××市（州、盟、区）中心支行，其职责不变。（6）中国人民银行县（包括县级市、旗）支行保持现状，职责不变。

12月29日 第九届全国人大常委会第六次会议通过《关于惩治骗购外汇、逃汇和非法买卖外汇犯罪的决定》，江泽民主席签署1998年第14号主席令予以公布。自公布之日起施行。该文件对《中华人民共和国刑法》作出补充修改，增加了骗购外汇罪，扩大了逃汇罪主体，明确了超过一定数量的骗逃汇行为应受刑法处罚。

一九九九年

1月2日 中共中央办公厅、国务院办公厅印发《中央党政机关金融类企业脱钩的总体处理意见和具体实施方案》。该方案对金融类企业脱钩工作中关于管理关系的交接工作，投资股份的处理，金融类企业改组、撤销和关闭涉及的变更事项、时间安排作了具体部署。

1月3日 中国人民银行发布《通知存款管理办法》，共15条，主要规定：存款无须在存入款项时约定期限，支取时需提前约定支取日期和金额。通知存款分为1天和7天两个品种，个人起存、支取最低金额均为5万元，单位起存、支取最低金额分别为50万元、10万元。

1月5日 中国人民银行发布《银行卡业务管理办法》。《银行卡业务管理办法》共9章67条，包括总则、分类和定义、银行卡业务审批、计息和收费标准、账户及交易管理、银行卡风险管理、银行卡当事人之间的职责、罚则和附则，自1999年3月1日起施行，1996年颁布的《信用卡业务管理办法》同时废止。

1月19日 中国人民银行工作会议在北京召开。此次会议是中国人民银行管理体制改革后第一次研究、安排全年工作的会议。会议提出：中国人民银行1999年将突出加强金融监管，维护国

际收支平衡，防范和化解金融风险，促进国民经济持续、快速、健康发展和社会政治稳定，到2000年年底，全面建立金融风险管理预警系统和金融监管责任制，促使国有商业银行不良贷款明显下降，基本化解中小金融机构的支付风险，实现金融秩序明显好转，维护我国金融安全。

1月20日　中国人民银行发布《商业银行实施统一授信制度指引（试行）》。

1月25日　监察部、人事部、中国人民银行、海关总署、国家外汇管理局联合发布《关于骗购外汇、非法套汇、逃汇、非法买卖外汇等违反外汇管理规定行为的行政处分或者纪律处分暂行规定》。

1月27日　中国人民银行发布《关于取缔非法金融机构和非法金融业务活动中有关问题的通知》。该通知规定：对非法金融机构和非法金融业务活动，由当地人民银行认定和取缔，并及时报告当地政府。非法筹集的资金任何单位和个人都不得动用。因非法金融业务形成的债权债务，由从事非法金融业务活动的机构或批准、主管或组建部门负责清理清退；没有批准部门、主管单位或组建单位的，由所在地的地方人民政府负责组织清理清退债权债务。

2月7日　国务院办公厅转发《中国人民银行整顿信托投资公司方案》。该方案包括了整顿工作的基本原则和目标；重新规范业务范围，严格公司设立条件；整顿工作的主要内容和措施；整顿工作的组织领导四部分内容。整顿工作的主要内容和措施为：（1）分业经营，分业管理。（2）清理资产，核实损失。（3）分类处置，化解风险。在核实资产损失后，原有信托投资公司分别按关闭或破产、撤销与重组、合并、保留4种方式处置。（4）清偿债务，维护稳定。（5）查处案件，严格监管。中国人民银行负责全国信托投资公司整顿工作的组织、协调与监督工作，于1999年年底前完成。国务院办公厅在转发该文件的通知中要求各地人民政府和国务院有关部门要予以高

度重视，精心组织，认真落实，确保稳定。中国人民银行要会同有关地区和部门，分别不同情况，采取有效的措施，积极防范和化解金融风险。切实做好信托投资公司的清产核资和资产评估工作，防止国有资产流失。清理整顿工作结束后，中国人民银行要组织力量，对有关地区和部门整顿工作进行检查和验收，并将整顿结果报告国务院。

2月22日　国务院发布《金融违法行为处罚办法》。《金融违法行为处罚办法》规定的纪律处分包括警告、记过、记大过、降级、撤职、留用察看、开除，由所在金融机构或者上级金融机构决定。金融机构的工作人员受到开除的纪律处分的，终身不得在金融机构工作；金融机构的高级管理人员受到撤职的纪律处分的，由中国人民银行决定在一定期限内直至终身不得在任何金融机构担任高级管理职务或者与原职务相当的职务。未经中国人民银行批准，金融机构擅自设立、合并、撤销分支机构或者代表机构的，给予警告，并处5万元以上30万元以下的罚款；对该金融机构直接负责的高级管理人员，给予撤职直至开除的纪律处分。《金融违法行为处罚办法》对金融机构擅自变更注册资本金，变更股东、转让股权或者调整股权结构，虚假出资或者抽逃出资，超出中国人民银行批准的业务范围从事金融业务活动，从事账外经营，提供虚假的或者隐瞒重要事实的财务会计报告、统计报告，出具与事实不符的信用证、保函、票据、存单、资信证明等金融票证，办理存、贷款业务和拆借活动中的违规行为等作了具体的处罚规定，共32条。

2月23日　中国人民银行印发《关于开展个人消费信贷的指导意见》。该指导意见包括十个方面内容，强调要稳步推进和拓展消费信贷业务；建立健全消费信贷职能机构；加大消费信贷投入；逐步扩大消费信贷的服务领域，开发新的消费信贷品种等。

3月2日　中国人民银行发布《人民币利率

管理规定》，明确：（1）中国人民银行是经国务院授权的利率主管机关，代表国家依法行使利率管理权，其他任何单位和个人不得干预；中国人民银行制定的各种利率是法定利率，其他任何单位和个人均无权变动。（2）中国人民银行制定和调整对金融机构存、贷款利率和再贴现利率，金融机构存、贷款利率，优惠贷款利率，罚息利率，同业存款利率，利率浮动幅度；金融机构确定浮动利率、内部资金往来利率、同业拆借利率、贴现和转贴现利率。《人民币利率管理规定》对中国人民银行总行、分行以及金融机构各自履行的利率管理职责、存款的结息、贷款的结息、罚则等作了具体规定，共6章38条，自1999年4月1日起正式实施。

3月9日 中国人民银行发布《关于大力促进银行卡业务联合的通知》。

4月6日 中国人民银行发布《经济适用住房开发贷款管理暂行规定》，对借款人条件、贷款程序、贷款担保和保险、贷款管理和罚则作了具体规定。该规定共8章35条。

4月22日 中国人民银行印发《关于走私犯罪侦查机关查询、冻结走私犯罪嫌疑人存款适用〈关于查询、冻结、扣划企事业单位、机关、团体银行存款的通知〉的通知》。该通知明确，走私犯罪侦查机关可以按有关规定，到银行或其他金融机构查询、冻结与走私犯罪案件有关的存款；对海关走私犯罪侦查机关到银行或其他金融机关办理查询、冻结走私犯罪嫌疑人存款出具了有关法律手续的，各金融机构应予以协助配合。

4月24日 中国人民银行发布《金融监管责任制（试行）》。

4月27日 财政部、中国人民银行发布《信托投资公司清产核资、资产评估和损失冲销的规定》。该规定对清产核资中涉及的资产项目下的货币资金、信贷资产、拆借资金、应收账款、投资、委托贷款及委托投资、自营证券、固定资产和在建工程、无形资产、递延资产、租赁资产、

其他资产、呆坏账和投资风险准备金、表外科目等；负债项目下的各项存款、同业拆入资金、卖出回购证券款项、应付代理证券、保证金、应付账款6个科目；以及对所有者权益的清查工作提出了具体要求。对信托投资公司的清产核资和资产评估的基准日为1998年12月31日，1999年7月底之前完成该项工作。

5月18日 中国人民银行发布《对农村信用合作社贷款管理暂行办法》。该办法对再贷款管理和审批权限，再贷款的种类、期限和利率，再贷款的对象、条件和用途，再贷款的管理和操作程序等进行了规定。该办法共7章28条。

5月18日 中国人民银行、国家外汇管理局发布《关于国家外汇管理局分支局金融机构外汇业务监管职能划入人民银行分支行的通知》。按照国务院关于机构改革的精神，决定从1999年6月1日起，国家外汇管理局各分支局原承担的对金融机构外汇业务市场准入审批、外币资产质量和风险监管职责，按金融机构类别分别移交到中国人民银行分支行相应监管部门。

6月10日 中国人民银行降低金融机构存、贷款利率。中国人民银行于6月9日发布《关于降低存、贷款利率的通知》决定：金融机构各项存款利率平均下降1个百分点，各项贷款利率平均下降0.75个百分点。

6月17日 国务院办公厅转发中国人民银行、教育部、财政部《关于国家助学贷款的管理规定（试行）》。

6月28日 中国人民银行发布《关于组建农村信用合作社市（地）联合社试点工作方案》《农村信用合作社市（地）联合社管理规定（暂行）》《农村信用合作社市（地）联合社示范章程》三个文件。《农村信用合作社市（地）联合社管理规定（暂行）》对机构设立、变更及终止，股权设置，组织机构，基本职责等方面内容作了规定。《农村信用合作社市（地）联合社示范章程》规定了注册资本、股金、社员社、组织机

构、基本职责、财务会计、终止与清算等方面内容。

6 月 30 日　国务院发布第 268 号令，决定自 1999 年 10 月 1 日起陆续发行第五套人民币。第五套人民币有 100 元、50 元、20 元、10 元、5 元、1 元、5 角和 1 角八种面额，与现行人民币的比率为 1:1，发行以后与现行人民币混合流通，具有同等的货币职能。

7 月 21 日　中国人民银行发布《农村信用社农户小额信用贷款管理暂行办法》。该办法规定：农户小额信用贷款是信用社以农户的信誉为保证，在核定的额度和期限内发放的小额信用贷款。农户小额信用贷款采取"一次核定、随用随贷、余额控制、周转使用"的管理办法，并使用农户贷款证。贷款证以农户为单位，一户一证，不得出租、出借或转让。农户小额信用贷款期限根据生产经营活动的周期确定，原则上不超过 1 年，按中国人民银行公布的贷款基准利率和浮动幅度适当优惠，结息方式与一般贷款相同。该文件对借款人及借款用途、资信评定及信用额度、贷款的发放与管理等作了具体规定。

7 月 26 日　中国人民银行、国家经贸委、国家计委、财政部、国家税务总局联合发布《封闭贷款管理暂行办法》，包括总则、贷款条件、贷款程序、贷款的运行与管理、贷款的监督与检查、附则，共 6 章 26 条。

7 月 27 日　中国人民银行发布《关于全面推行贷款五级分类工作的通知》及《贷款风险分类指导原则（试行）》。《贷款风险分类指导原则（试行）》共 6 章 31 条，分别为贷款分类的目标、贷款分类的标准、贷款分类的基本要求、贷款分类的组织与实施、贷款分类的监督与管理、附则。

7 月 30 日　国家经贸委、中国人民银行联合发布《关于实施债权转股权若干问题的意见》。该文件包括目的和原则、选择企业的范围与条件、选择企业的操作程序、金融资产管理公司与企业的关系、职责分工五部分内容。

8 月 16 日　中国人民银行发布《银行信贷登记咨询管理办法（试行）》，分别对贷款卡的发放及管理、信贷登记管理、信贷咨询管理、系统安全管理以及罚则作了具体规定。

8 月 19 日　中国人民银行发布《基金管理公司进入银行间同业市场管理规定》。

8 月 19 日　中国人民银行发布《证券公司进入银行间同业市场管理规定》。

9 月 3 日　中国人民银行发布《单位定期存单质押贷款管理规定》，对单位定期存单的开立与确认、质押合同、质权的实现、罚则等内容作出明确规定。

9 月 6 日　中国人民银行发布《关于调整扶贫贴息贷款和再贷款利率的通知》。该通知规定：（1）中国人民银行不再对农业银行发放扶贫贴息再贷款，农业银行可根据办理扶贫业务后的本系统资金需求申请正常再贷款。（2）农业银行新发放的所有扶贫贷款，统一执行优惠利率 3%，中央财政按此优惠利率与同期同档次正常贷款利率的利差实行全额贴息。（3）扶贫贷款期限一般为 1 年，最长不超过 3 年。

9 月 17 日　中国人民银行、民政部联合发布《关于做好社团基金会监管职责交接工作的通知》。根据国务院有关社团基金会由民政部统一管理的决定，该通知规定：中国人民银行将基金会的审批和监管职责全部移交民政部。交接工作采取按监督责任分工、上下分别对口交接的方法，即中国人民银行总行向民政部移交，中国人民银行各分行、营业管理部及省会城市中心支行向各省、自治区、直辖市民政厅（局）移交，各地要在文到之日起 20 个工作日内完成移交工作。

9 月 21 日　经国务院批准，建设部、中国人民银行发布《关于调整个人住房公积金存贷款期限和利率等问题的通知》，决定延长个人住房公积金贷款期限，最长期限由现行 20 年延长到 30 年。个人住房公积金贷款利率由现行按在 3 个月整存整取存款利率基础上加点执行改为：5 年以下（含）按年利率 4.14% 执行；5 年以上按年利率 4.59% 执行；个人住房公积金贷款利率仍实行一年一定，于每年 1 月 1 日，按相应档次利率确定下一年度利率水平。

9 月 30 日 国务院发布《对储蓄存款利息所得征收个人所得税的实施办法》。该办法规定：（1）从国内储蓄机构取得人民币、外币储蓄存款利息所得的个人应缴纳存款利息 20% 的个人所得税。（2）教育储蓄存款利息以及其他专项储蓄存款或者储蓄性专项基金存款的利息免征个人所得税。（3）个人所得税由结付利息的储蓄机构代为扣缴。该文件自 1999 年 11 月 1 日起施行。

11 月 3 日 中国人民银行、国家外汇管理局发布《关于外汇指定银行县级和县级以下支行恢复办理资本项目外汇业务有关事项的通知》。

11 月 17 日 中国人民银行发布《关于加强和改进对小企业金融服务的指导意见》，主要内容为：（1）进一步强化和完善对小企业的金融服务体系。（2）改进小企业信贷工作方法。（3）完善信贷管理体制。（4）积极支持科技型小企业的发展。（5）支持再就业安置。（6）支持小企业为大中型企业提供配套服务及参与政府采购合同生产。（7）支持商业、外贸及新兴领域企业的发展，适当扩大贷款的范围。（8）支持建立小企业社会化中介服务体系。（9）密切关注贷款投向，加强贷款管理。（10）加强对金融机构改进小企业服务的引导和督促。

11 月 21 日 中国人民银行宣布，即日起下调金融机构法定存款准备金率 2 个百分点，即由 8% 下调到 6%。

11 月 25 日 中国人民银行发布《对国有独资商业银行一级分行本部监管职责分工的意见》。该意见明确了划分各级人民银行对一级分行本部监管职责分工的基本原则，并分别对人民银行分行职责和分行营业管理部、省会城市中心支行（含大连市、青岛市中心支行）职责作了具体规定。

12 月 1 日 中国人民银行发布《金融资产管理公司金融统计制度（试行）》，规定：金融资产管理公司向中国人民银行统计部门报送统计数据应包括金融资产管理公司的人民币业务数据和外汇业务数据，是公司全机构汇总数据，自 2001 年起，金融资产管理公司还要报送各办事处统计数据。该文件还规定了各种统计指标。该文件自 1999 年 12 月起正式执行。

12 月 3 日 中国人民银行发布《紧急贷款管理暂行办法》，包括总则，贷款条件、贷款用途，期限和利率，贷款管理，罚则和附则，共 6 章 23 条。

12 月 3 日 第三套人民币停止流通。中国人民银行发布公告，即日起停止第三套人民币在市场上流通。

12 月 23 日 中国人民银行、教育部、财政部联合发布《关于助学贷款管理的若干意见》，对进一步开办一般商业性助学贷款作了具体规定，包括信用助学贷款和担保助学贷款的申请与发放，助学贷款的金额、期限、贷款方式、还本付息方式，助学贷款利率和管理方式等内容。

12 月 23 日 财政部颁布《中国人民银行财务制度》，对所有者权益和负债、资产、财务收入与支出、预算管理与监督、财务的报告等内容作了规定，共 8 章 55 条，自 2000 年 1 月 1 日起施行。

12 月 23 日 中国人民银行、财政部联合发布《关于移交彩票监管工作的通知》。为贯彻落实国务院关于由财政部负责统一监管彩票的指示精神，该通知规定：对彩票发行机构的监管职责和对彩票市场的监管职责移交给财政部。交接工作采取上下分别对口交接的方法。各地要在通知下发之日起 30 个工作日内完成交接工作。

二〇〇〇年

1 月 4 日 中国人民银行发布《关于加强银行计算机安全，防范金融计算机犯罪若干问题的决定》，明确计算机安全工作的指导方针是：预防为主，安全第一，依法办事，综合治理。主要采取的措施是：建立健全银行计算机安全工作管理体系，加强银行计算机安全工作制度建设，充分利用高新技术提高技术防范水平，确保银行计算机安全的资金投入，严厉打击金融计算机犯罪。

1 月 15 日　银行信贷登记咨询系统在全国 301 个地市级以上城市正式运行。

1 月 21 日　中国人民银行货币政策委员会 2000 年第一季度例会在北京召开。会议对 1999 年货币政策给予积极评价，同时指出：2000 年要适当增加货币供应量，把扩大公开市场业务作为货币政策操作的重点，完善货币市场、债券市场运行机制；继续增加对中小金融机构再贷款，同时加强金融监管；继续发挥存款准备金和利率手段在调节货币供应总量中的作用，根据市场对货币的需求，灵活调整再贷款利率和存款准备金率；积极运用再贴现工具，鼓励商业银行在中心城市设立专营票据业务的窗口，扩大票据承兑、贴现业务，推动企业使用商业汇票，减少货款拖欠；继续运用再贷款手段，确保合法存款的正常支付，保持金融和社会稳定。要继续做好国债资金基础设施和技术改造建设项目的配套贷款工作；大力发展个人消费信贷特别是个人住房贷款；进一步改进农村信贷服务，加大对农村信用社再贷款支持；完善小额扶贫贷款体系，解决农民贷款难问题；积极支持国有企业改革和发展，配合有关部门做好债转股工作；研究制定适合西部地区特点的信贷政策，支持西部大开发战略的实施。

1 月 25 日　全国银行、证券、保险工作会议在北京召开。会议强调，必须清醒地看到当前金融改革、整顿、监管和防范风险的任务十分艰巨。必须继续大力推进金融改革和整顿，特别要"严"字当头，突出抓好金融管理和监督，健全内控机制，加快金融体制改革和制度建设。同时，要充分认识防范金融风险的极端重要性和长期性、艰巨性，继续推动金融改革和整顿，健全和强化金融法治，进一步做好防范和化解金融风险的各项工作。会议同时指出，金融系统要正确处理支持经济发展与防范金融风险的关系，使二者更好地结合起来，而不能对立起来。金融系统要在坚持稳健经营的原则下，从多方面加大对经济发展和改革的支持力度。要通过强化管理和监督，明显提高我国金融的整体素质和经营管理水平。要采取切实有效的措施，大力改进金融服务，为推进经济发展和国有企业改革提供有力的支持。

2 月 1 日　国务院办公厅转发中国人民银行、教育部、财政部《关于助学贷款管理的若干意见》，提出：中国工商银行要继续探索国家助学贷款的多种担保形式；要简化贷款审批程序，合理确定贷款期限；在利率水平上对借款人给予适当优惠；确实无法提供担保、家庭经济特别困难的学生以及其他学生均可申请信用方式的国家助学贷款。同时，各金融机构要在信贷原则的指导下，积极开办一般商业性助学贷款业务，其中，包括信用助学贷款和担保助学贷款。助学贷款实行一次申请、一次授信、分期发放的管理方式，其金额、期限、贷款方式、还本付息方式由贷款银行根据学校学制和学生就读情况等因素确定。经贷款银行同意，助学贷款可按有关规定展期。助学贷款利率在中国人民银行利率政策规定的范围内适当给予优惠。

2 月 3 日　国务院发布《中华人民共和国人民币管理条例》。《中华人民共和国人民币管理条例》共 6 章 48 条，包括总则、设计和印刷、发行和回收、流通和保护、罚则和附则。《中华人民共和国人民币管理条例》规定：中华人民共和国的法定货币是人民币。人民币的单位为元，人民币辅币单位为角、分。中国人民银行是国家管理人民币的主管机关，负责本条例的组织实施。新版人民币由中国人民银行组织设计，报国务院批准，由中国人民银行指定的专门企业印刷。人民币由中国人民银行统一发行并予以公告。停止流通的人民币和残缺、污损的人民币，由中国人民银行负责回收、销毁。禁止非法买卖流通人民币和故意毁损人民币，制作、仿制、买卖人民币，在宣传品、出版物或者其他商品上使用人民币图样等损害人民币的行为。任何单位和个人不得印制、发售代币票券，以代替人民币在市场上流通。中国公民出入境、外国人入出境携带人民币实行限额管理制度。《中华人民共和国人民币管理条例》自 2000 年 5 月 1 日起施行。

3 月 10 日 国务院办公厅转发国家计委、中国人民银行《关于进一步加强对外发债管理的意见》，指出：对外发债实行资格审核批准制。除财政部外，境内机构对外发债的资格由国家计委会同人民银行和有关主管部门借鉴国际惯例进行评审后报国务院批准。发债资格每两年评审一次。该文件规定，除财政部外，境内机构对外发债，经国家计委审核并会签国家外汇管理局后报国务院审批。国务院批准后，市场选择、入市时机等由国家外汇管理局审批。地方政府不得对外举债。境内机构对外发债后，要按规定到国家外汇管理局办理登记。发债资金要按照批准的用途专款专用。

3 月 15 日 国务院公布《国有重点金融机构监事会暂行条例》。该条例规定：国有重点金融机构监事会由国务院派出，对国务院负责，代表国家对国有金融机构的资产保值增值状况实施监督。监事会履行下列职责：（1）检查国有金融机构贯彻执行国家有关金融、经济的法律、行政法规和规章制度的情况；（2）检查国有金融机构的财务，查阅其财务会计资料及与其经营管理活动有关的其他资料，验证其财务报告、资金运营报告的真实性、合法性；（3）检查国有金融机构的经营效益、利润分配、国有资产保值、资金运营等情况；（4）检查国有金融机构的董事、行长（经理）等主要负责人的经营行为，并对其经营

管理业绩进行评价，提出奖惩、任免建议。监事会由主席一人、监事若干人组成，一般每年对国有金融机构定期检查两次，并可以根据实际需要不定期地对国有金融机构进行专项检查。监事会每次对国有金融机构进行检查后，应当及时做出检查报告。检查报告的内容包括：财务、资金分析以及经营管理评价；主要负责人的经营管理业绩评价以及奖惩、任免建议；存在问题的处理建议；国务院要求报告或者监事会认为需要报告的其他事项。

同年 8 月 21 日，由国务院派出的 15 个国有重点金融机构监事会正式进驻 16 家国有重点金融机构。

3 月 20 日 国务院发布《个人存款账户实名制规定》，明确个人在金融机构开立个人存款账户（指个人在金融机构开立的人民币存款账户、外币存款账户，包括活期存款账户、定期存款账户、定活两便存款账户、通知存款账户以及其他形式的个人存款账户）时，应当出示本人身份证件，使用实名。代理他人在金融机构开立个人存款账户的，代理人应当出示被代理人和代理人的身份证件。金融机构应当对证件进行核对，并登记证件上的姓名和号码，否则，由中国人民银行给予警告，可以处 1 000 元以上 5 000 元以下的罚款；情节严重的，可以并处责令停业整顿，对直接负责的主管人员和其他直接责任人员依法给予纪律处分；构成犯罪的，依法追究刑事责任。《个人存款账户实名制规定》自 2000 年 4 月 1 日起施行。

3 月 24 日 中国人民银行发布《金融机构高级管理人员任职资格管理办法》。该办法包括总则、任职资格、任职资格审核与管理、任职资格取消和附则，共 5 章 37 条。

3 月 28 日 中国人民银行发布《教育储蓄管理办法》，明确，除邮政储蓄机构以外的可办理储蓄存款业务的金融机构均可开办教育储蓄。教育储蓄的对象（储户）为在校小学 4 年级（含）

以上学生。教育储蓄采用实名制。教育储蓄为零存整取定期储蓄存款。存期分为 1 年、3 年和 6 年。最低起存金额为 50 元，本金合计最高限额为 2 万元。教育储蓄实行利率优惠。

3 月 28 日　中国人民银行发布《关于授权分行审批信托投资公司动用法定存款准备金的通知》。该通知规定：信托投资公司发生严重支付困难时，人民银行分行可批准其在一定期限内动用全部或部分法定存款准备金，用于兑付个人债务和合法外债。动用法定存款准备金最高限额不得超过其实际缴存的法定存款准备金余额。期限 12 个月，可展期一次。

4 月 12 日　《中国人民银行真实性检查实施方案》发布。中国人民银行决定：从 2000 年 4 月 11 日起至 5 月底，对被监管的金融机构 1999 年年末贷款质量、盈亏、内控制度、高级管理人员任职资格等四个方面进行检查。

4 月 21 日　中国人民银行货币政策委员会 2000 年第二季度例会在北京召开。会议充分肯定了当前经济和金融走势，认为 2000 年第二季度及今后一段时间货币政策的重点是：正确处理防范金融风险和支持经济增长的关系，在坚持稳健经营的原则下，加大对经济增长的支持力度。会议指出，要综合运用各种货币政策工具，适当扩大货币供应量；要下大力气疏通货币政策传导渠道，完善商业银行信贷机制，信贷政策，要继续做好国债基础设施建设项目配套贷款和技术改造贷款发放工作；进一步增加对农村信用社再贷款；进一步完善对中小企业和高新技术产业的金融服务，积极支持西部大开发。会议认为，我国广义货币与国内生产总值比率（M2/GDP）偏高，信用风险过分集中于银行，企业负债率过高。因此，要正确处理直接融资与间接融资的关系，大力发展资本市场，稳步提高直接融资的比重。此外，会议还强调，要积极推进利率市场化改革，充分发挥利率在优化资源配置中的重要作用；要稳步推进国有商业银行改革步伐，完善法人治理

结构，按市场原则多渠道筹措资本金；要努力提高金融监管水平。

4 月 30 日　中国人民银行发布《全国银行间债券市场债券交易管理办法》。该办法包括总则、参与者与中介服务机构、债券交易、托管与结算、罚则和附则，共 6 章 41 条。

5 月 11 日　建设部、中国人民银行联合发布《住房置业担保管理试行办法》。该办法共 6 章 37 条，包括总则、担保公司、担保的设立、担保的解除、风险防范和附则。

5 月 11 日　中国银行业协会在北京成立，并召开了第一次会员大会。会议审议通过了《中国银行业协会章程》和《中国银行业同业自律公约》。中国银行业协会是由中华人民共和国境内注册的各商业银行、政策性银行自愿结成的非营利性社会团体，经中国人民银行批准并在民政部门登记注册，是我国银行业的自律组织。

5 月 25 日　中国人民银行颁布《反假人民币奖励办法》，规定：反假币的奖励办法实行一案一报一兑现。对破案单位的奖励标准参照解缴的假币数量确定。

5 月 26 日　中国人民银行发布《残损人民币销毁管理办法》，共 8 章 41 条，包括总则、计划、复点、组织、监督与检查、账务、罚则和附则。

6 月 1 日　中国人民银行印发《支付结算业务代理办法》和《银行汇票业务准入、退出管理规定》。《支付结算业务代理办法》包括总则、银行汇票业务的代理、其他支付结算业务的代理、代理协议的解除、代理费用、纪律与责任和附则，共 7 章 49 条，自 2000 年 7 月 1 日起施行。《银行汇票业务准入、退出管理规定》明确：各银行、信用合作社等单位需要签发银行汇票的必须经中国人民银行批准。银行开展汇票业务的准入条件：有充足的准备金存款，能达到人民银行存款准备金比例要求；农村信用合作社在县联社存有充足的资金，能够保证其签发的银行汇票资

金的移存和清算；有一定的异地支付结算业务量；两呆贷款比例 15% 以下；近两年连续盈余；资本充足率达 4% 以上。《银行汇票业务准入、退出管理规定》自 2000 年 7 月 1 日起施行。

6 月 7 日 中国人民银行、国家经贸委联合发布《关于对淘汰的落后生产能力、工艺、产品和重复建设项目限制或禁止贷款的通知》。该通知规定：各商业银行应严格按照国家产业政策的要求，扶优限劣，对淘汰的落后生产能力、工艺、产品和重复建设项目限制或禁止贷款。

6 月 13 日 国务院决定，任命吴晓灵同志兼任国家外汇管理局局长。

6 月 19 日 中国人民银行发布《财务公司进入全国银行间同业拆借市场和债券市场管理规定》。

6 月 23 日 中国人民银行发布《全国银行 IC 卡密钥管理规则》，对全国消费密钥的管理、PSAM 卡管理、发卡母卡管理、支持与业务等作了具体规定，自 2000 年 7 月 1 日起实施。

6 月 29 日 中国金融认证中心（China Financial Certification Authority，CFCA）在北京运行。

6 月 30 日 中国人民银行发布《企业集团财务公司管理办法》。《企业集团财务公司管理办法》包括总则、机构设立及变更、业务范围与风险控制、监督管理与行业自律、整顿接管及终止、附则，共 6 章 48 条。主要规定：财务公司是为企业集团成员单位技术改造、新产品开发及产品销售提供金融服务，以中长期金融业务为主的非银行金融机构。财务公司的最低注册资本金为 3 亿元人民币，主要从成员单位（包括中外合资的成员单位）中募集，成员单位以外的股份不得高于 40%。财务公司的业务范围是：吸收成员单位 3 个月以上定期存款；发行财务公司债券；同业拆借；对成员单位办理贷款及融资租赁；办理集团成员单位产品的消费信贷、买方信贷及融资租赁；办理成员单位商业汇票的承兑及贴现；办

理成员单位的委托贷款及委托投资；有价证券、金融机构股权及成员单位股权投资；承销成员单位的企业债券；对成员单位办理财务顾问、信用鉴证及其他咨询代理业务；对成员单位提供担保；境外外汇借款。财务公司开办内部转账结算业务须另行报中国人民银行批准。财务公司业务经营遵循的资产负债比例为：资本总额与风险资产的比例不低于 10%；1 年期以上的长期负债与总负债的比例不低于 50%；拆入资金余额与注册资本的比例不高于 100%；对集团外的全部负债余额不高于对集团成员单位的全部负债余额；长期投资与资本总额的比例不高于 30%，且对单一企业的股权投资不得超过该企业注册资本的 50%；消费信贷、买方信贷及产品融资租赁金额均不得超过相应产品售价的 70%；自有固定资产与资本总额的比例不得高于 20%。中国人民银行可以向财务公司的法定代表人和其他高级管理人员提出质询，对发现的问题拒不改正或整顿的，中国人民银行可以取消该公司法定代表人或有关高级管理人员的任职资格。本办法自发布之日起生效。中国人民银行 1996 年发布的《企业集团财务公司管理暂行办法》《关于加强企业集团财务公司资金管理有关问题的通知》及《关于外资企业集团财务公司设立及经营有关问题的通知》同时废止。

6 月 30 日 中国人民银行发布《金融租赁公司管理办法》。《金融租赁公司管理办法》包括总则、机构设立及管理、业务范围、监督管理、整顿接管及终止和附则，共 6 章 52 条。主要规定：金融租赁公司是以经营融资租赁业务为主的非银行金融机构，其名称中须标明"金融租赁"字样。申请设立金融租赁公司最低注册资本金为人民币 5 亿元，经营外汇业务的金融租赁公司应另有不低于 5 000 万美元（或等值可兑换货币）的外汇资本金。本办法中所称融资租赁业务，是指出租人根据承租人对出卖人、租赁物的选择，向出卖人购买租赁物件，提供给承租人使用，向承

租人收取租金的交易，它以出租人保留租赁物的所有权和收取租金为条件，使承租人在租赁合同期内对租赁物取得占有、使用和受益的权利。金融租赁公司可经营下列本外币业务：直接租赁、回租、转租赁、委托租赁等融资性租赁业务；经营性租赁业务；接受法人或机构委托租赁资金；接受有关租赁当事人的租赁保证金；向承租人提供租赁项下的流动资金贷款；有价证券投资、金融机构股权投资；发行金融债券；向金融机构借款；外汇借款；同业拆借业务；租赁物品残值变卖及处理业务；经济咨询和担保。金融租赁公司经营租赁业务或提供其他服务收取租金或手续费。租金或手续费标准由金融租赁公司和承租人协商确定。融资租赁公司业务经营须遵循下列资产负债比例：资本总额不得低于风险资产总额的10%；对同一承租人的融资余额（租赁＋贷款）最高不得超过金融租赁公司资本总额的15%；对承租人提供的流动资金贷款不得超过租赁合同金额的60%；长期投资总额不得高于资本总额的30%；租赁资产（含委托租赁、转租赁资产）比重不得低于总资产的60%；拆入资金余额不得超过资本总额的100%；对外担保余额不得超过资本总额的200%。

7月21日　中国人民银行货币政策委员会2000年第三季度例会在北京召开。会议认为，当前我国经济工作克服了亚洲金融危机带来的困难和影响，经济发展出现了重要转机。稳健的货币政策在促进国民经济回升中发挥了重要作用。会议分析了目前我国的物价形势，对货币政策进行了深入讨论，认为当前要继续执行稳健的货币政策，重点是进一步落实已经出台的各项货币信贷措施。会议认为，根据国际国内经济金融形势，当前我国的存、贷款利率水平是适当的。要有计划、有步骤地加快利率市场化改革步伐，进一步扩大金融机构贷款利率的浮动幅度和范围，充分发挥利率杠杆的作用，保持币值稳定，保障金融体系的平稳运行与发展。当前我国的存、贷款利率水平是适当的。

7月31日　中国人民银行印发《关于将县及县以下邮政储蓄以再贷款方式返还农村信用社使用的通知》，决定从2000年下半年开始，人民银行将县及县以下新增的邮政储蓄存款以再贷款方式等额返还给当地农村信用社使用。该项再贷款集中用于支持农村信用社对农民、农村和农业的信贷投放，并重点用于农户贷款，及时满足农民从事种养业、农副产品加工、运输以及农村消费信贷等方面的合理资金需要。

8月3日　中国华阳金融租赁有限责任公司被撤销。中国人民银行发布公告：鉴于中国华阳金融租赁有限责任公司严重违规经营，不能支付到期债务，为了维护金融秩序稳定，保护债权人的合法权益，决定撤销中国华阳金融租赁有限责任公司。公司撤销后，人民银行指定交通银行成立清算组，对原公司进行清算，原公司自然人债务的合法本息将予以全额偿付。中国华阳金融租赁有限责任公司是《金融租赁公司管理办法》颁布实施后第一家被撤销的金融租赁公司。

8月7日　中国教育科技信托投资有限公司被撤销。中国人民银行发布公告：根据中国人民银行的有关规定和整顿信托投资公司的统一部署，决定撤销中国教育科技信托投资有限公司，停止其一切金融活动。公司撤销后，由教育部组织成立清算组对该公司进行清算。原公司自然人债务的本金及合法利息予以全额偿付。

8月22日　经国务院批准，中国人民银行和江苏省政府决定在江苏进行农村信用社改革试点工作。试点的主要内容是：在全面开展清产核资、摸清农村信用社家底的基础上，将农村信用社以县（市）为单位合并为一个法人；在常熟、江阴、张家港三个县级市组建农村商业银行；在县（市）联社入股基础上，组建江苏省联社。

同月28日，国家税务总局、中国人民银行发布《关于江苏省农村信用社改革试点中呆账贷款核销和税前扣除问题的通知》。

8月26日 中国人民银行发布《助学贷款管理办法》，明确助学贷款可采取无担保助学贷款和担保助学贷款方式。贷款人对高等学校的在读学生（包括专科、本科和研究生）发放无担保助学贷款；对其直系亲属、法定监护人发放无担保助学贷款和担保助学贷款。助学贷款的最高限额不超过学生在读期间所在学校的学费与生活费。助学贷款的期限一般不超过8年，是否展期由贷款人与借款人商定。助学贷款利率按中国人民银行规定的同期限贷款利率执行，不上浮。助学贷款采取灵活的还本付息方式。各级政府和社会各界为借款人提供担保或利息补贴的，其贴息比例、贴息时间由贷款人或借款人所在学校与贴息者共同商定。

9月4日 中国人民银行、中国证监会、中国保监会召开首次监管联席会议。这次会议讨论通过了三方监管联席会议制度有关规则。其中监管联席会议的主要职责是：研究银行、证券和保险监管中的有关重大问题；协调银行、证券、保险业务创新及其监管问题；协调银行、证券、保险对外开放及监管政策；交流有关监管信息等。会议确定，监管联席会议可根据某一监管方的提议不定期召开，三方联席会议成员轮流担任会议召集人。三方监管部门将按照会议议定的事项，协调有关监管政策。

9月4日 最高人民法院、中国人民银行发布《关于依法规范人民法院执行和金融机构协助执行的通知》。

9月11日 中国人民银行发布《关于坚持封闭贷款条件，从严控制封闭贷款发放的通知》。

9月21日 中国人民银行实施外币利率市场化改革。同年8月24日，中国人民银行发布《关于改革外币存贷款利率管理体制的通知》。经国务院批准，从即日起，我国外币利率管理体制实行改革：各种外币贷款利率及其计结息方式由金融机构根据国际金融市场利率的变动情况以及资金成本、风险差异等因素自行确定。300万美元（含）以上或等值其他外币的大额外币存款，其利率水平由金融机构与客户协商确定。对300万美元（或等值其他外币）以下的小额存款，其利率水平由中国银行业协会统一制定，经中国人民银行核准后对外公布。各金融机构统一按中国银行业协会公布的利率水平执行。此次利率调整范围包括美元、英镑、日元、欧元、港元、加拿大元、瑞士法郎7种主要货币。包括7个存款期限，共49个档次。

9月25日 中国人民银行发布《不良贷款认定暂行办法》。《不良贷款认定暂行办法》包括总则：不良贷款的划分标准、不良贷款的认定、不良贷款的统计与分析、商业银行的检查、中国人民银行的监管、罚则和附则，共8章36条。

9月30日 中国人民银行发布《关于调整撤并部分县级发行支库的通知》。该通知决定，调整撤并部分县级发行支库。调整撤并的原则是：在中心支库或邻近县支库有较大库容，有能力保证发行基金供应和安全的前提下，对行车里程1小时以内，发行业务量小，库房简陋，安全隐患较多，无保留价值的县支库进行适当调整、撤并。

10月8日 中国人民银行货币政策委员会2000年第四季度例会在北京召开。会议认为，当前我国国民经济继续保持稳定回升的良好态势，实行积极的财政政策和稳健的货币政策等宏观决策，是促进经济回升的重要原因。会议提出，要继续实行稳健的货币政策，进一步巩固国民经济健康发展的成果，货币政策既要促进经济进一步回升，促进国有企业改革和改组，加大对非国有经济的支持力度，彻底扭转通货紧缩的趋势，又要密切关注货币供应量与贷款增加较多对宏观经济的影响，超前预防今后可能出现的通货膨胀趋势。会议强调，要抓住当前经济全面回升的有利时机，加快金融体制更新，进一步发展金融市场。

10月12日 中国人民银行决定，要"调整定位、借鉴吸收、以我为主、自主研发",加快中国现代化支付系统建设。

11月9日　中国人民银行发布《商业银行表外业务风险管理指引》,明确表外业务包括担保类、承诺类和金融衍生交易类三种类型的业务。

11月10日　国务院颁布《金融资产管理公司条例》。《金融资产管理公司条例》包括总则,公司的设立和业务范围,收购不良贷款的范围、额度及资金来源,债权转股权,公司的经营和管理,公司的终止和清算和附则,共7章34条。

11月14日　最高人民法院发布《关于审理票据纠纷案件若干问题的规定》。该规定包括受理和管辖、票据保全、举证责任、票据权利及抗辩、失票救济、票据效力、票据背书、票据保证、法律适用、法律责任10个部分,共76条。

12月23日　中国银行业协会报经中国人民银行批准,从即日起,降低美元、英镑、港元的小额外币存款利率。其中1年期新的美元、英镑、港元小额存款利率分别为5.0000%、4.6875%、4.9375%,比原利率分别下降0.5000%、0.5625%、0.3750%。

二〇〇一年

1月9日　中国人民银行颁布《商业银行、信用社代理国库业务管理办法》。该办法自2001年2月1日起执行。1989年12月27日,中国人民银行与中国工商银行、中国农业银行、中国银行、中国建设银行联合发布的《专业银行办理国库业务管理办法》同时废止。

1月10日　中国人民银行颁布《信托投资公司管理办法》。《信托投资公司管理办法》共8章78条,其中规定:(1)信托投资公司的设立及经营应当具备如下条件:有符合《中华人民共和国公司法》和中国人民银行规定的公司章程;有具备中国人民银行规定的入股资格的股东;具有本办法规定的最低限额的注册资本;有具备中国人民银行规定任职资格的高级管理人员和与其业

务相适应的信托从业人员;具有健全的组织机构、信托业务操作规则和风险控制制度;有符合要求的营业场所、安全防范措施和与业务有关的其他设施;中国人民银行规定的其他条件。(2)设立信托投资公司应当采取有限责任公司或者股份有限公司的形式,注册资本不得低于人民币3亿元,经营外汇业务的信托投资公司,其注册资本中应包括不少于等值1 500万美元的外汇。(3)信托投资公司不得办理存款业务,不得发行债券,不得举借外债。(4)在该办法实施前设立的信托投资公司,应当依照国家有关规定进行清理整顿,整顿合格后确定保留的,中国人民银行对其予以重新登记;信托投资公司在该办法实施前已经办理的各项业务中符合本办法要求的,可以继续办理;凡不符合本办法要求的,应当在中国人民银行规定的期限内压缩、清理完毕,国务院另有规定的,按有关规定办理。(5)未经中国人民银行批准,擅自设立信托投资公司或者擅自经营信托业务的,按照《非法金融机构和非法金融业务活动取缔办法》,予以取缔,并予以处罚。中国人民银行1986年颁布的《金融信托投资机构管理暂行规定》同时废止。

1月11日　国际货币基金组织驻华代表处香港特别行政区分处成立。

1月14日　全国银行、证券、保险工作座谈会在北京召开。中共中央政治局常委、国务院总理朱镕基在座谈会上强调,金融系统要认真贯彻党的十五届五中全会和中央经济工作会议精神,真正把工作重点放在严格金融监管、加强内控机制上来,大力整顿金融秩序,进一步深化金融改革,努力建立现代金融管理制度。

1月19日　中国人民银行货币政策委员会2001年第一季度例会在北京召开。会议总结了2000年我国货币政策执行情况,分析了2001年金融运行面临的形势和对策。会议指出,2001年要按照中央经济工作会议精神,继续实行稳健的货币政策,保持货币供应量的适度增长,巩固和

发展国民经济运行的良好态势，在抑制通货紧缩趋势的同时，密切观察，切实防止重复建设，警惕通货膨胀。要认真落实已经出台的各项货币信贷措施，加强信贷监管，降低不良贷款率，防止金融风险。

2月1日　《中国人民银行行政处罚程序规定》发布施行。《中国人民银行行政处罚程序规定》明确：中国人民银行实施行政处罚，实行分级管理、分工负责。对违法行为给予行政处罚必须以法律、行政法规和金融规章为依据。

2月3日　《中国人民银行行政复议办法》发布施行。《中国人民银行行政复议办法》规定，金融机构、其他单位和个人认为中国人民银行及其依法授权的金融机构的具体行政行为侵犯其合法权益，有权向有管辖权的中国人民银行提出行政复议申请，中国人民银行应依照本办法，受理行政复议申请、作出行政复议决定。1992年3月1日发布施行的《中国人民银行行政复议办法（试行）》同时废止。

2月5日　国际货币基金组织理事会投票通过《关于中国特别增资的决议》。根据该决议，中国在国际货币基金组织的份额由原来的46.872亿特别提款权（约合61亿美元）提高到63.692亿特别提款权（约合83亿美元），占国际货币基金组织份额的3%，中国在国际货币基金组织的份额位次由原来的第11位提高到了第8位。

2月6日　经中国人民银行批准，各商业银行自2001年2月7日起下调境内美元、英镑、港元和加拿大元小额存款利率。

2月16日　中国人民银行在北京召开全国银行卡工作会议。会议提出了今后三年我国银行卡业务发展的基本目标。

3月16日　中国人民银行、国家外汇管理局发布《关于加强和完善国家外汇管理局系统管理工作的通知》，决定建立与外汇管理工作需要相适应的领导体制，加强对分支机构干部的管理，进一步规范分支机构职能部门设置。

3月28日　中小企业金融服务工作座谈会在北京召开。中国人民银行宣布，将采取八项措施加强对中小企业的金融服务，促进中小企业健康发展。这八项措施是：进一步完善《中小型企业金融服务指导意见》，促进商业银行提高对中小型企业的服务水平；进一步发挥国有独资商业银行分支机构支持中小企业的重要作用；规范和发展中小商业银行，引导和促进其重点做好对中小企业的金融服务；积极发挥再贷款、再贴现的作用，增强中小金融机构支持中小企业发展的资金能力；灵活运用利率手段，认真执行对中小企业贷款可以上浮30%的规定；加强和改进对中小企业金融服务的风险管理；要积极吸收国外行之有效的经验，稳步进行金融制度创新，加强对中小企业的金融服务；要建立中小企业金融服务联席会议制度。

3月29日　中国人民银行发布《银行卡联网联合业务规范》《银行卡联网联合技术规范》和《银行磁条卡销售点终端规范行业标准》。

3月30日　经国务院同意，中国证监会批准，中国证券登记结算有限责任公司在北京正式成立，这标志着全国集中统一的证券登记结算体系框架基本形成。

4月2日　中国人民银行下发《关于启用"银联"标识及其全息防伪标志的通知》。该通知要求我国境内各商业银行（含邮政储汇局、农村信用联社等）发行的具有人民币结算功能的银行卡统一采用"银联"标识；自2004年1月1日起，银行卡受理市场中的ATM、POS等银行卡终端机具上必须张贴"银联"标识，不得再张贴地方性银行卡联网通用标识；从2002年1月1日起，各类银行卡上均不得再印刷地方性联网通用标识。各地区自行设计制作的地区性银行卡联网通用标识应逐步废止。

4月11日　国务院决定，任命郭树清为国家外汇管理局局长。

4月20日　中国人民银行货币政策委员会

2001 年第二季度例会在北京召开。会议认为：2001 年外需对我国经济增长的贡献率会下降，近期内宏观调控应坚持扩大内需的方针，继续实行积极的财政政策和稳健的货币政策，巩固国民经济发展的良好势头；根据国内外经济金融形势，分析国民经济增长和物价走势，当前应保持人民币存、贷款利率稳定。

4 月 27 日　中国人民银行金融服务工作会议在北京召开。会议就完善金融服务提出七项任务：建立全国统一共享的金融信息系统；加快建设现代化支付清算系统；认真落实财政国库管理改革方案；加快实行中央会计的集中统一核算；做好现金发行和管理工作，保证人民币顺畅流通；改革黄金管理体制，建立黄金市场；贯彻落实全国社会治安工作会议精神，做好安全保卫工作。

5 月 15 日　中国人民银行发布《2001 年第一季度中国货币政策执行报告》。此后，人民银行按季度发布《中国货币政策执行报告》，作为宣传货币政策、引导公众预期的窗口。

5 月 15 日　国家经济贸易委员会、国家工商行政管理总局、公安部、财政部、中国人民银行等十部委联合发布《关于加强中小企业信用管理工作的若干意见》，内容包括中小企业信用管理工作的重要性、指导思想和基本原则，工作的实施等。

5 月 29 日　中国人民银行发布《关于实行黄金周报价制度有关问题的通知》，决定从 2001 年 6 月 11 日起，对企业收购、配售黄金原料的价格实行周报价制度。中国人民银行每周公布按照人民币兑美元汇率折算黄金收购、配售价格，实行挂牌收购、配售黄金，跟踪国际黄金市场价格波动，与国际金价接轨。

6 月 5 日　中国人民银行发布《金融监管指南（试行）》。该文件对监管的基本标准、程序和做法进行了统一规范。

6 月 11 日　中国人民银行、财政部、国务院扶贫开发领导小组办公室、中国农业银行发布《扶贫贴息贷款管理实施办法》。该办法规定：（1）扶贫贴息贷款主要用于国家扶贫开发工作重点县，支持能够带动低收入的贫困人口增加收入的种养业、劳动密集型企业、农产品加工企业和市场流通企业，以及基础设施建设项目；（2）扶贫贴息贷款的发放主体为中国农业银行，实行指导性计划管理，由中国农业银行按照放得出、收得回的原则自主发放；（3）扶贫贴息贷款的期限以一年为主，最长不超过三年；（4）扶贫贴息贷款统一执行年利率为 3% 的优惠利率，贷款超过贴息期和展期、逾期的不再享受贴息政策，并按中国人民银行的有关规定执行；（5）扶贫贴息贷款优惠利率与中国人民银行公布的同期同档次贷款利率之间的利差，由中央财政贴息。

6 月 19 日　中国人民银行发布《关于规范住房金融业务的通知》。该通知重申和明确了商业银行开展住房金融业务应共同遵循的有关规定。

6 月 19 日　中国人民银行印发《关于规范银行业协会管理的若干意见》，指出：按照民政部《社会团体登记管理条例》的规定，中国银行业协会不实行总分会制。各地凡经中国人民银行批准、民政部门登记注册的银行业协会具有独立的法人资格，和中国银行业协会无隶属关系，但可作为团体会员加入中国银行业协会。目前，不宜层层设立银行业协会。

6 月 21 日　中国人民银行颁布《商业银行中间业务暂行规定》，明确规定：中国人民银行根据商业银行开办中间业务的风险和复杂程度，分别实施审批制和备案制。该文件明确规定，对国家有统一收费或定价标准的中间业务，商业银行按国家统一标准收费；对国家没有制定统一收费或定价标准的中间业务，由中国人民银行授权中国银行业协会按商业与公平原则确定收费或定价标准，商业银行应按中国银行业协会确定的标准收费。

6 月 29 日　中国人民银行发布《网上银行业

务管理暂行办法》。

7月25日 中国人民银行货币政策委员会2001年第三季度例会在北京召开。会议认为：当前中国经济增长平稳，稳健的货币政策继续发挥重要作用；下半年货币政策要继续贯彻扩大内需为主的方针，保持连续性和稳定性，灵活运用多种货币政策工具，保持货币供应量的适度增长；当前人民币存、贷款利率应继续保持稳定；进一步规范和协调货币市场与资本市场的发展，完善有关管理办法，增强工商企业、商业银行和证券公司的自我约束能力。

7月31日 中国人民银行与财政部、教育部、国家税务总局联合下发《关于进一步推进国家助学贷款业务发展的通知》，对全面推进国家助学贷款业务提出了明确要求。

8月8日 国家外汇管理局发布《关于对外商投资项下外汇资本金结汇管理方式进行改革试点的通知》，决定在符合条件的地区对外商投资企业外汇资本金结汇的管理方式进行改革试点。

8月9日 中国人民银行发布《商业银行境外机构监管指引》。《商业银行境外机构监管指引》依据《中华人民共和国中国人民银行法》《中华人民共和国商业银行法》和《境外金融机构的管理办法》等法律、法规，参照巴塞尔银行监管委员会发布的有关跨境监管的基本原则及各国通行做法，对商业银行境外机构的经营行为进行了具体规范。

8月30日 中国人民银行发布公告，从2001年9月1日起在全国发行第五套人民币50元、10元券。

9月19日 中国人民银行、国家外汇管理局联合发布《关于调整资本项下部分购汇管理措施的通知》。该通知规定：（1）取消对购汇偿还逾期国内外汇贷款的限制。（2）放宽对购汇提前偿还国内外汇贷款、外债转贷款及外债的限制。（3）放宽对购汇进行境外投资的限制。

9月19日 江苏省农村信用社联合社成立。在江苏省农村信用社以县（市）为单位统一法人的基础上，由1家市联社和82家县（市）联社共同入股组成江苏省农村信用社联合社。

9月30日 中国人民银行下发《关于印发〈企业商品交易价格调查方案〉的通知》，批发物价指数更名为企业商品交易价格指数，布点调查的范围扩展到240个城市，调查企业发展到3 000多家，商品样本增至1 250多种。

10月12日 中国人民银行调整黄金制品零售市场管理政策。中国人民银行发布《关于规范黄金制品零售市场有关问题的通知》，主要内容是：取消黄金制品零售业务审批管理制度（许可证），实行核准制（登记证）；扩大投资主体范围；提高对开办黄金制品零售业务所需自有资金的最低标准；降低对开办黄金制品零售业务营业场所面积的要求；明确黄金制品零售业务的基本原则。

10月12日 中国人民银行按月向社会发布企业商品交易价格指数。

10月19日 中国人民银行货币政策委员会2001年第四季度例会在北京召开。会议认为：当前通货膨胀压力不大，第四季度货币政策要继续坚持稳健原则，贯彻扩大内需为主的方针，灵活运用多种货币政策工具，保持货币供应量的适度增长，继续支持实施积极的财政政策，防止经济出现进一步减缓趋势。要继续保持人民币存、贷款利率的基本稳定。会议提出，要进一步落实各项信贷政策，引导信贷投向，促进经济结构调整。

10月26日 外经贸部、财政部、中国人民银行联合发布《金融资产管理公司吸收外资参与资产重组与处置的暂行规定》。

11月5日 中国人民银行发出《关于严禁发放无指定用途个人消费贷款的通知》，明令禁止商业银行发放无指定用途的个人消费贷款。

11月5日 国家外汇管理局发布《关于调整境内居民自费出国（境）留学售付汇政策有关问

题的通知》，决定自 2001 年 12 月 1 日起，调整境内居民个人自费出国（境）留学供汇政策。

11 月 9 日　中国人民银行公布截至 2001 年 6 月底全国外债余额。这是我国首次按照新的国际标准口径公布外债数据。按照新口径统计，截至 2001 年 6 月底，中国外债余额为 1 704.1 亿美元。

11 月 11 日　中国人民银行新闻发言人就我国加入世界贸易组织银行业改革开放发表谈话。根据世界贸易组织有关协议，我国将逐步取消对外资银行的限制。正式加入世界贸易组织时，取消外资银行办理外汇业务的地域和客户限制，外资银行可以对中资企业和中国居民开办外汇业务。逐步取消外资银行经营人民币业务的地域限制：加入世界贸易组织时，开放深圳、上海、大连、天津；加入世界贸易组织后 1 年内，开放广州、珠海、青岛、南京、武汉；加入世界贸易组织后 2 年内，开放济南、福州、成都、重庆；加入世界贸易组织后 3 年内，开放昆明、北京、厦门；加入世界贸易组织后 4 年内，开放汕头、宁波、沈阳、西安；加入世界贸易组织后 5 年内，取消所有地域限制。逐步取消人民币业务客户对象限制。加入世界贸易组织后 2 年内，允许外资银行对中国企业办理人民币业务；加入世界贸易组织后 5 年内，允许外资银行对所有中国客户提供服务。允许外资银行设立同城营业网点，审批条件与中资银行相同。加入世界贸易组织后 5 年内，取消所有现存的对外资银行所有权、经营和设立形式，包括对分支机构和许可证发放进行限制的非审慎性措施。允许外资非银行金融机构提供汽车消费信贷业务，享受中资同类金融机构的同等待遇；外资银行可在我国加入世界贸易组织后 5 年内向中国居民个人提供汽车信贷业务。允许外资金融租赁公司与中国公司在相同的时间提供金融租赁服务。

12 月 1 日　中国人民银行调整银行美元挂牌汇价的定价方式，适当放宽境内居民个人外币账户资金划转的限制，增加个人外币结汇网点。

12 月 2 日　国务院颁布《金融机构撤销条例》。《金融机构撤销条例》所称撤销是指中国人民银行对经其批准设立的具有法人资格的金融机构依法采取行政强制措施，终止其经营活动，并予以解散。《金融机构撤销条例》规定：金融机构有违法、违规经营，经营管理不善等情形，不予撤销将严重危害金融秩序、损害社会公众利益的，应当依法撤销。商业银行依法被撤销的，由中国人民银行组织成立清算组；非银行金融机构依法被撤销的，由中国人民银行或者中国人民银行委托的有关地方人民政府组织成立清算组。清算组自撤销决定生效之日起开始，并向中国人民银行负责和报告工作。清算期间，清算组行使被撤销的金融机构的管理职权，清算组组长行使被撤销的金融机构法定代表人职权。被撤销的金融机构清算财产应当先支付个人储蓄存款的本金和合法利息，此后的剩余财产应当清偿法人和其他组织的债务。清偿债务后的剩余财产，经清算应当按照股东的出资比例或者持有的股份比例分配。清算结束后，清算组应当制作清算报告等，报中国人民银行确认，并向工商行政管理机关办理注销登记手续。《金融机构撤销条例》自 2001 年 12 月 15 日起施行。

12 月 6 日　中国人民银行与泰国银行在北京签署了规模为 20 亿美元的双边货币互换协议。中泰双边货币互换协议是中国在清迈倡议下签署的第一份双边货币互换协议。

12 月 7 日　中国人民银行发布《农村信用合作社农户小额信用贷款管理指导意见》，全面推广农村信用社发放农户小额信用贷款和信用社（镇）建设。该文件指出，农户小额信用贷款采取"一次核定、随用随贷、余额控制、周转使用"的管理办法。

12 月 10 日　中国人民银行发布《关于外资金融机构市场准入有关问题的公告》。主要内容是：中国 2001 年 12 月 11 日正式加入世界贸易组织后，将按照承诺逐步开放银行业。自 2001

12 月 11 日起，取消对外资金融机构外汇业务服务对象的限制；允许设在上海、深圳的外资金融机构正式经营人民币业务，设在天津、大连的外资金融机构可以申请经营人民币业务；外资非银行金融机构可以按照中国人民银行即将公布的有关管理办法的规定，申请设立独资或合资汽车金融服务公司，办理汽车消费信贷业务；外国投资者可以按照中国人民银行公布的《金融租赁公司管理办法》的规定，申请设立独资或合资金融租赁公司，提供金融租赁服务；中国人民银行将根据修订后的《中华人民共和国外资金融机构管理条例》和《中华人民共和国外资金融机构管理条例实施细则》等有关管理办法，受理外资金融机构的各项申请；外资金融机构已向中国人民银行递交的设立机构等申请仍然有效，但申请者须按修订后法规的规定补充申请材料。

12 月 18 日　中共中央政治局委员、国务院副总理温家宝视察中国人民银行，重点考察全国银行卡联网通用工作。温家宝副总理对 2002 年银行卡联网通用工作的目标和工作重点提出了明确要求：各商业银行系统内银行卡业务要在 300 个以上地市级城市实现本系统内银行卡的联网运行，跨地区使用，使网络运行质量和交易成功率明显提高；依靠现有的银行卡交换网络，进一步抓好联网通用工作，力争在 100 个以上城市实现各行各类银行卡的跨行通用；力争在 40 个以上城市推广普及全国统一的"银联"标识卡，全面实现跨地区、跨银行的联网通用。温家宝副总理还视察了银行信贷登记咨询系统，听取人民银行关于系统建设情况的汇报，并在现场观看了系统演示。为贯彻落实温家宝副总理的讲话精神，推进银行卡"联网通用、联合发展"的各项目标顺利实现，经银行信息化领导小组（扩大）会议审议通过，中国人民银行正式提出了 2002 年银行卡联网通用工作"314"计划，即 300 个城市银行卡联网通用、100 个城市银行卡跨行通用、40 个城市推行异地跨行的"银联"标识卡。

12 月 19 日　中国人民银行发出《关于全面推行贷款质量五级分类管理的通知》，决定从 2002 年 1 月 1 日起，在我国各类银行全面推行贷款风险分类管理。

12 月 20 日　国务院公布《中华人民共和国外资金融机构管理条例》。《中华人民共和国外资金融机构管理条例》包括总则、设立与登记、业务范围、监督管理、解散与清算、法律责任、附则，共 7 章 52 条，自 2002 年 2 月 1 日起施行。1994 年 2 月 25 日，国务院发布的《中华人民共和国外资金融机构管理条例》同时废止。《中华人民共和国外资金融机构管理条例》遵循开放与保护并重的原则，一方面落实了中国加入世界贸易组织在银行业方面的减让承诺，进一步对外资开放金融业，放松或取消了原《中华人民共和国外资金融机构管理条例》的限制性条件，使其与内资金融机构的管理政策趋于一致；另一方面充分考虑运用国际公认的审慎监管原则和其他有关国际惯例，对外资金机构的市场准入和经营进行严格审批和监管，利用适用于五年过渡期的非审慎性措施对国内金融业作出必要的保护。

12 月 24 日　中国人民银行颁布《贷款风险分类指导原则》，对中国人民银行 1998 年发布的《贷款风险分类指导原则（试行）》的个别条款进行了修订。

二〇〇二年

1 月 9 日　全国统一的"银联"标识卡率先在北京、上海、广州、杭州和深圳五个城市同时发行。即日起，"银联"标识卡在这五个城市的所有 ATM 或 POS 等终端机具上实现跨地区、跨银行联网通用。

1 月 14 日　中国人民银行发布《关于规范联名卡管理的通知》。

1 月 15 日　中国人民银行发布《金融机构协助查询、冻结、扣划工作管理规定》，规范金融机构协助有权机关查询、冻结、扣划单位和个人在金融机构存款的行为。该文件共 24 条，自 2002 年 2 月 1 日起施行。

1 月 18 日 中国人民银行货币政策委员会第一季度例会在北京召开。会议认为：2002 年是中国加入世界贸易组织的第一年，经济发展和货币政策调控面临一些新的不确定因素；要密切关注和正确分析形势的发展变化，继续实行稳健的货币政策，加大对经济发展的支持力度，防止经济增长速度进一步减缓，促进经济持续、快速、健康发展。

1 月 24 日 中国人民银行发布公告，决定于 2002 年 1 月 25 日撤销中国光大国际信托投资公司，收缴其金融机构法人许可证和金融机构营业许可证，并自公告之日起，停止该公司一切金融业务活动。公司撤销后，由中国人民银行组织成立清算组，对该公司进行清算。清算期间，清算组行使公司管理职权，清算组组长行使公司的法定代表人职权。在清算期间，该公司下属的独立法人实业公司的业务照常经营。

1 月 25 日 中国人民银行公布《中华人民共和国外资金融机构管理条例实施细则》，共 7 章 113 条，分别就外资金融机构在设立与登记、业务范围、任职资格管理、监督管理、解散与清算等方面管理工作的实施进行详细制定。

2 月 7 日 中国人民银行、教育部、财政部联合发出《关于切实推进国家助学贷款工作有关问题的通知》。同年 8 月 20 日，中国人民银行、教育部联合下发了《关于下达 2002 年度国家助学贷款指导性贷款计划的通知》，开始实施国家助学贷款指导性贷款计划，要求各级教育行政部门和高等学校积极配合经办银行，做好国家助学贷款工作。

2 月 21 日 中国人民银行决定，从即日起，降低金融机构人民币存、贷款利率，金融机构各项存款年利率在原基础上平均下调 0.25 个百分点。各项贷款年利率平均下调 0.5 个百分点。金融机构在中国人民银行的准备金存款利率由

2.07% 下调为 1.89%。中国人民银行的各档次再贷款利率分别下调 0.54 个百分点。

2 月 22 日 国家外汇管理局发布《关于同意中国外汇交易中心开办外币拆借中介业务的批复》，同意中国外汇交易中心于 2002 年 6 月 1 日起为金融机构开办外币拆借中介业务。中国外汇交易中心作为外币拆借中介机构，负责提供拆入、拆出报价等信息咨询和服务，自身不得从事自营性外币拆借业务。

3 月 1 日 中国人民银行决定降低个人住房公积金贷款利率。从 2002 年 2 月 21 日开始，个人住房公积金贷款利率水平，5 年以下（含 5 年）由现行的 4.14% 下调为 3.6%，5 年以上由现行的 4.59% 下调为 4.05%。个人住房公积金贷款利率的计结息规则不变。

3 月 1 日 中国人民银行金融研究所博士后科研流动站在北京成立，流动站首批博士后研究人员 3 人进站。这是中国金融业第一个博士后科研流动站。

3 月 4 日 中国人民银行发布公告，决定从 2002 年 3 月 1 日起，统一境内中外资金融机构的外币存、贷款利率管理政策。

3 月 4 日 中国人民银行发出《关于降低邮政储蓄转存款利率的通知》，决定从 2002 年 2 月 21 日开始，邮政储蓄转存款利率下调 0.2538 个百分点，由现行的 4.6008% 下调到 4.347%。

3 月 26 日 中国银联股份有限公司在上海成立。

3 月 27 日 中国人民银行与日本银行在东京签署人民币与日元之间的双边货币互换协议。根据协议，中国人民银行和日本银行在必要时可向对方提供总额相当于 30 亿美元的货币互换安排，以帮助其维护金融市场的稳定。

3 月 30 日 中共中央、国务院发布《关于进一步加强金融监管，深化金融企业改革，促进金融业健康发展的若干意见》，提出农村信用社改革的重点是明确产权关系和管理责任，强化内部

管理和自我约束机制，进一步增强为"三农"服务的功能，充分发挥农村信用社支持农业和农村经济发展的金融主力军和联系农民的金融纽带作用。农村信用社改革要因地制宜、分类指导。在人口稠密地区和部分粮棉主产区，具备条件的可在清产核资的基础上，建立县一级法人体制。在沿海发达地区和大中城市郊区、少数符合条件的农村信用社可进行股份制改造。全国农村信用社的监管由银行监管机构统一负责。各省政府要按照国家有关法规指导本地区的农村信用社加强自律性管理，并统一组织有关部门防范和处置农村信用社金融风险。

4月2日 中国人民银行发布《银行贷款损失准备计提指引》，规定：银行应当按照谨慎会计原则，合理估计贷款可能发生的损失，及时计提贷款损失准备。

4月3日 中国人民银行发布《金融机构加入全国银行间债券市场有关事宜的公告》，决定自4月15日起，金融机构加入全国银行间债券市场由目前的准入审批制改为准入备案制。

4月3日 中国人民银行和财政部发布《商业银行柜台记账式国债交易管理办法》，商业银行将正式开办记账式国债柜台交易业务。该办法共7章41条，对记账式国债交易的承办银行、交易和结算、债券托管与兑付、查询与监督等作出具体规定。

4月15日 中国正式加入国际货币基金组织"数据公布通用系统"（GDDS）。当月19日，中国人民银行行长戴相龙出席了在美国华盛顿举行的中国正式加入国际货币基金组织"数据公布通用系统"开通仪式。

4月26日 中国人民银行货币政策委员会2002年第二季度例会在北京召开。会议提出：要继续实行稳健的货币政策，抓住世界经济和国内需求回升的有利时机，灵活运用多种货币政策工具，增加货币供应量，进一步加大金融对经济发展的支持力度；当前中小企业和县域经济融资难的问题应当引起各方面高度重视；要建立中小企业征信系统和资本筹集体系；进一步疏通货币政策传导渠道；逐步扩大直接融资的比重，进一步改善企业融资结构，促进较多的储蓄资金转化为投资；近期应保持人民币存、贷款利率水平的基本稳定，同时稳步推进利率市场化改革。

5月9日 中国人民银行颁布重新修订的《信托投资公司管理办法》。新的《信托投资公司管理办法》将"原有业务的清理与规范"章节的内容删去，调整了信托公司自有资金运用中的有关内容以及对信托公司运用信托资金的有关管理规定。中国人民银行不再规定实行年检制度。按照修订后的办法，获准保留的信托投资公司进一步规范开办信托业务和其他有关业务，发挥"受人之托，代人理财"的功能。该文件自2002年7月18日起施行。

5月15日 中国人民银行发布《商业银行信息披露暂行办法》。该办法规定：商业银行包括中资商业银行、外商独资银行、中外合资银行、外国银行分行等必须披露财务会计报告、各类风险管理状况、公司治理、年度重大事项等信息。资产总额低于10亿元人民币或存款余额低于5亿元人民币的商业银行，可免予披露信息。该文件自公布之日起在除城市商业银行以外的商业银行范围内施行。城市商业银行自2003年1月1日起到2006年1月1日分步施行。

5月27日 中国人民银行公布《信托投资公司资金信托管理暂行办法》，共23条，对立法依据、资金信托业务的含义、信托资金与信托投资公司固有资金的区别、订立合同及合同所载明的主要内容、风险揭示、转让的手续、信息披露方式等有关内容进行了说明。该办法自2002年7月18日起施行。

6月1日 经国家外汇管理局批准，中国外汇交易中心正式为金融机构办理外币拆借中介业务，统一的国内外币拆借市场正式启动。

6月4日 中国人民银行发布《股份制商业

银行公司治理指引》和《股份制商业银行独立董事和外部监事制度指引》。《股份制商业银行公司治理指引》共7章84条，区分了股东大会、董事会、监事会的职能，规范了股东、董事、监事和行长的权利、义务和责任，对公司治理中的激励约束机制问题作了规定，通过确立股份制商业银行公司治理的基本框架，明晰权责，促进股份制商业银行完善公司治理。《股份制商业银行独立董事和外部监事制度指引》共5章34条，对股份制商业银行独立董事、外部监事的人数、产生、任职资格及其任职期间的权利、义务和责任予以较全面、具体的规定，使得股份制商业银行能够拥有具有高度独立性的董事、监事，有效地发挥其监督作用，促进银行稳健经营。

6月5日　中国人民银行发布公告，鉴于中国经济开发信托投资公司严重违规经营，为维护金融秩序稳定，根据《金融机构撤销条例》和中国人民银行有关规定，中国人民银行决定于2002年6月7日撤销该公司，收缴其金融机构法人许可证和金融机构营业许可证，并自公告之日起，停止该公司除证券经纪业务以外的其他一切金融业活动。公司撤销后，由中国人民银行组织成立清算组，对该公司进行清算。

6月7日　国家外汇管理局发布《关于调整中国公民出境旅游购汇政策的通知》，决定调整中国公民出境旅游个人零用费的购汇手续，由旅行社统一代购调整为由旅游者个人到办理个人因私售付汇业务的银行自行购买，自2002年7月1日起执行。

6月7日　中国银联股份有限公司正式成为VISA国际组织的主会员。

6月12日　中国人民银行颁布《外资金融机构驻华代表机构管理办法》。该办法共6章39条，适应对外开放和经济发展的需要，在代表机构的申请、设立、终止与监督等方面对外资金融机构驻华代表机构的管理作出明确规定。该办法自2002年7月18日起施行。中国人民银行1996年4月29日发布的《外国金融机构驻华代表机构管理办法》同时废止。

6月14日　中央金融系统党代表会议在北京召开。会议选举产生了由36名正式代表、1名特邀代表、1名列席代表组成的中央金融系统出席党的第十六次全国代表大会代表。这是中央金融系统第一次单独组团参加党的全国代表大会。

6月17日　中国和尼泊尔在尼泊尔首都加德满都签署《中国人民银行与尼泊尔银行双边结算与合作协议》。根据协议，从17日起两年内，中国公民到尼泊尔观光旅游无须用美元兑换当地货币，可到当地所有商业银行用人民币直接兑换当地货币。中尼双方之间的贸易往来也可用人民币结算。

6月17日　国家外汇管理局发布《关于改革外商投资项下资本金结汇管理方式的通知》，决定从2002年7月1日起，在全国范围内实施外商投资项下资本金结汇管理方式改革。国家外汇管理局对外商投资项下资本金结汇业务不再逐笔审批，而是通过授权符合条件的外汇指定银行直接审核办理，国家外汇管理局通过授权实施间接监管。外商投资项下资本金是指外汇局核定最高限额的外商投资企业资本金账户内的外汇资金，资本金账户以外的其他资本项下外汇资金结汇，仍须经外汇局核准。

6月24日　中国人民银行与韩国银行在北京人民大会堂举行人民币与韩元货币互换协议签字仪式。根据此项协议，中国人民银行及韩国银行可在必要时向对方提供相当于20亿美元的资金，作为对国际金融机构援助资金的补充，支持对方解决国际收支问题和维护金融稳定。

7月11日　国家外汇管理局发布《境内居民个人购汇管理实施细则》，自2002年8月1日起施行。该文件规范了银行经营居民个人售汇业务的准入和退出、居民个人购汇行为等内容。

7月16日　中国人民银行制定《银行间债券市场债券发行现场管理规则》，规定：发行人可使用中国人民银行管理的发行系统进行债券发行；债券发行时，中国人民银行将派出观察员进行现场监督，债券发行结果须经发行人授权代表和中国人民银行观察员签字确认后方能生效；债券发行现场只允许发行人的工作人员、中国人民银行观察员和中央结算公司的系统操作人员进入。

7月19日 中国人民银行货币政策委员会2002年第三季度例会在北京召开。会议认为：上半年国民经济快速增长，国内外需求不断改善。中国人民银行继续执行稳健的货币政策，在切实防范和化解金融风险的同时，加大了对经济发展的支持力度。下半年继续执行稳健的货币政策，适度调节货币供应量，优化贷款结构；近期应保持人民币存、贷款利率的稳定；商业银行要进一步增强贷款营销观念；逐步扩大直接融资的渠道和比例，改善企业融资结构，增强中小企业融资能力。

7月25日 国家外汇管理局发布新的《保税区外汇管理办法》。该办法共5章38条，规范了保税区内企业外汇登记及外汇年检、外汇账户、外汇收支和结售汇管理和外汇收支活动，调整了保税区外汇管理有关政策。该文件自2002年10月1日起施行。1996年1月1日实施的《保税区外汇管理办法》及有关规定同时废止。

8月1日 中国人民银行下发《关于进一步加强对有市场、有效益、有信用中小企业信贷支持的指导意见》，要求各大商业银行在坚持信贷原则的前提下，加大支持中小企业发展的力度，对有市场、有效益、有信用的中小企业，积极给予信贷支持，尽量满足这部分中小企业合理的流动资金需求。指导意见共10条：（1）各银行要按照国家的产业政策确定中小企业贷款投向；（2）建立健全中小企业信贷服务的组织体系；（3）进一步建立和完善适合中小企业特点的评级和授信制度；（4）适当下放中小企业流动资金贷款审批权限；（5）对符合条件的中小企业可以发放信用贷款；（6）健全贷款营销的约束和激励机制；（7）合理确定中小企业贷款期限和额度；（8）提高信贷工作效率；（9）努力开展信贷创新；（10）人民银行各分支行要加强对中小企业贷款的协调和监督。

8月5日 国家外汇管理局与中国证监会联合发布《关于进一步完善境外上市外汇管理有关问题的通知》，明确境外上市外汇管理的基本原则和具体政策。

8月22日 中国人民银行与俄罗斯联邦中央银行签署了《中国人民银行与俄罗斯联邦中央银行关于边境地区贸易的银行结算协定》，允许两国的商业银行在协定的框架下开展本币结算业务。

8月28日 中国证监会发布《关于撤销鞍山证券公司的公告》。《关于撤销鞍山证券公司的公告》宣布："鉴于鞍山证券公司严重违规经营，为了维护金融市场秩序，保护债权人的合法权益，根据国家有关法规，证监会决定自即日起撤销该公司。""鞍山证券公司撤销后，证监会委托中国人民银行组织成立清算组，对该公司进行清算。""清算期间，鞍山证券公司下属的证券交易营业部由中国民族证券有限责任公司实施托管，并继续经营。"鞍山证券公司是我国第一家退市的证券公司。

9月1日 中国人民银行会计核算管理"四集中"系统正式运行。

9月5日 中国金融认证中心通过国家权威机构测评认证。

9月7日 中国人民银行制定《商业银行内部控制指引》，共10章141条，分别对内部控制的基本要求以及授信的内部控制、资金业务的内部控制、存款及柜台业务的内部控制、中间业务的内部控制、会计的内部控制、计算机信息系统的内部控制、内部控制的监督与纠正作出了说明。

9月9日 国家外汇管理局发布《关于进一

步调整经常项目外汇账户管理政策有关问题的通知》及《境内机构经常项目外汇账户管理实施细则》。主要调整内容是：进一步放宽中资企业的开户标准，统一中外资企业经常项目外汇账户开户条件，凡经有权管理部门核准或备案、具有涉外经营权或有经常项目外汇收入的境内机构（含外商投资企业），均可以向所在地国家外汇管理局及其分支局申请开立经常项目外汇账户。将原有经常项目外汇结算账户和外汇专用账户合并为经常项目外汇账户，经常项目外汇账户的收入范围为经常项目外汇收入，支出范围为经常项目外汇支出和经国家外汇管理局核准的资本项目外汇支出。对经常项目外汇账户统一实行限额管理，境内机构经常项目外汇账户限额原则上为该境内机构上年度经常项目外汇收入的 20%；上年度没有经常项目外汇收入的境内机构新开立经常项目外汇账户时，初始限额原则上不超过等值 10 万美元。上述规定自 2002 年 10 月 15 日起施行。

9 月 11 日　中国人民银行在北京召开银行业反洗钱工作会议。会议强调：银行业要不断完善和严格执行金融交易制度，依法维护客户的权益，堵塞可能被洗钱等犯罪活动利用的漏洞，认真执行金融交易监测执行制度，配合司法部门打击洗钱等犯罪活动。会议部署当前要做好的重点工作：（1）各有关金融机构要进一步提高对反洗钱工作的认识，加强对反洗钱工作的领导；（2）切实加强反洗钱法规制度建设，中国人民银行将制定并颁布《金融机构反洗钱规定》《支付交易执行管理办法》和《金融机构大额和可疑外汇资金执行暂行规定》；（3）建立金融交易的分析监测报告制度和信息沟通机制；（4）认真落实各项规章制度，切实防范和打击洗钱等犯罪活动；（5）加强反洗钱教育培训工作；（6）继续加强反洗钱、反恐怖融资方面的国际合作。

9 月 15 日　银行信贷登记咨询系统实现在全国范围内的异地联网查询。

9 月 24 日　国家外汇管理局、中国保监会联合发布《保险业务外汇管理暂行规定》。该办法共 7 章 56 条，对保险领域的外汇收支活动进行了基本规范，明确了中外资保险经营机构外汇业务的市场准入和退出管理规定；规范了保险项下外汇收支有关真实性审核的手续和程序；规定境内收取外汇保险费的条件，同时对保险代理机构和经纪公司的外汇收支管理作出了规定。

10 月 8 日　大额实时支付系统在北京、武汉成功投产运行，标志着中国现代化支付系统建设取得突破性进展。

10 月 11 日　中国人民银行印发《对农村信用合作社贷款管理办法》。该办法共 7 章 29 条，对农村信用合作社贷款的期限、利率和方式、条件和用途、操作程序、监督管理作出明确规定。该办法自 8 月 5 日起施行。

10 月 21 日　中国人民银行货币政策委员会2002 年第四季度例会在北京召开。会议提出：继续保持人民币利率和汇率基本稳定；进一步优化贷款结构，防止重复建设，密切关注一些地区房地产投资及贷款增长过快问题；继续执行稳健的货币政策，运用多种货币政策工具调节货币供应量。

10 月 24 日　中国人民银行首次发行的中央银行票据在全国银行间债券市场上市交易。

10 月 30 日　上海黄金交易所正式开业。

10 月 30 日　经中国人民银行批准，全国"城市商业银行资金清算中心"在上海正式开业。

11 月 1 日　中国人民银行制定并发布《金融统计管理规定》，共 8 章 45 条，包括金融统计资料的管理与统计调查、金融统计资料的公布、金融统计部门的职责、统计监督与统计检查以及统计人员的配备与职责等内容。本文件自 2002 年12 月 15 日起施行。1995 年 12 月 3 日发布的《金融统计管理规定》同时废止。

11 月 1 日　中国人民银行发布《外汇指定银行办理结汇、售汇业务管理暂行办法》，自 2002年 12 月 1 日起施行。该文件适应中国加入世界贸易组织后金融业扩大开放的新形势，统一了中外资银行结售汇管理政策。

11月12日 国家外汇管理局发布《关于清理境外投资汇回利润保证金有关问题的通知》。该通知规定：在全国范围内取消境外投资外汇风险审查制度和汇回利润保证金制度，国家外汇管理局不再收取境外投资汇回利润保证金。本通知自2002年11月15日起施行。

12月2日 中国人民银行与俄罗斯联邦中央银行签署《关于在反洗钱、打击向恐怖主义融资、外汇监管方面开展信息交流和人员培训的协定》，进一步加强两国在反洗钱、打击向恐怖主义融资、外汇监管方面的交流与合作。

12月19日 中国人民银行驻德国法兰克福代表处开业。

12月20日 中国人民银行印发《关于2003年金融统计制度有关事项的通知》，增设贷款分行业统计制度。根据《国民经济行业分类》（GB/T 4757—2002）标准，增加20个新的行业分类明细指标，分别反映金融机构对国内各行业、企业、机构的贷款状况。此外，增加"对境外贷款"指标和"个人消费贷款"指标，用来反映金融机构对中华人民共和国（不含港、澳、台）境外的贷款和金融机构对个人发放的消费贷款。同时增加"贷款总计"指标，用来反映20个分行业贷款指标及"对境外贷款"和"个人消费贷款"之和。

12月24日 中国人民银行会同财政部、国家经贸委、劳动和社会保障部共同颁布《下岗失业人员小额担保贷款管理办法》，对贷款的对象和条件、贷款的程序和用途、贷款额度与期限、利率与贴息、贷款担保基金、担保机构、贷款的管理与考核、担保基金的风险管理、监督与审计等作出了具体规定。

12月24日 中国人民银行发布《关于执行〈国务院关于取消第一批行政审批项目的决定〉的通知》，决定停止执行25项行政审批项目（国务院决定取消的第一批行政审批项目目录中的第437项至第461项）。

12月28日 第九届全国人大常委会第三十一次会议决定，任命周小川同志为中国人民银行行长，免去戴相龙同志的中国人民银行行长职务。

二〇〇三年

1月2日 根据《国务院关于取消第一批行政审批项目的决定》，中国人民银行发出通知，停止执行25项行政审批项目。包括金融机构部分中间业务和适用审批制以外的网上银行业务。

1月3日 中国人民银行发布第1、第2、第3号令，分别公布《金融机构反洗钱规定》《人民币大额和可疑支付交易报告管理办法》《金融机构大额和可疑外汇资金交易报告管理办法》。上述法规自2003年3月1日起施行。《金融机构反洗钱规定》要求，在中国境内依法设立和经营金融业务的机构应建立客户身份登记制度，审查在本机构办理存款、结算等业务的客户的身份，不得为客户开立匿名账户或假名账户，不得为身份不明确的客户提供存款、结算等服务，并将大额、可疑资金交易情况报送人民银行或者国家外汇管理局。中国人民银行是金融机构反洗钱工作的监督管理机关。国家外汇管理局负责对大额、可疑外汇资金交易报告工作进行监督管理，并制定大额、可疑外汇资金交易报告制度。《人民币大额和可疑支付交易报告管理办法》要求金融机构的营业机构应设立专门的反洗钱岗位，建立岗位责任制，明确专人负责对大额支付交易和15种可疑支付交易进行记录、分析和报告。

1月3日 国务院总理朱镕基视察国家外汇管理局，对外汇管理部门提出了几点要求。

1月8日 国家计委、财政部、国家外汇管理局发布《外债管理暂行办法》。该办法规定，外债是指境内机构对非居民承担的以外币表示的债务。国家对各类外债和或有外债实行全口径管理，根据外债类型、偿还责任和债务人性质，对举借外债实行分类管理。国家计委会同有关部门制订国家借用外债计划，确定全口径外债的总量和结构调控目标。国际金融组织贷款和外国政府贷款由国家统一对外举借；财政部代表国家在境外发行债券，其他境内机构在境外发行债券均须经批准；国家对国有商业银行举借中长期国际商业贷款、对境内中资机构举借短期商业贷款实行余额管理；对境内外资金融机构举借外债实行总量控制；在规定的差额范围内，外商投资企业可自行举借外债。外债资金应当主要用于经济发展和存量外债的结构调整。在外债偿还上，主权外债由国家统一对外偿还，以国家信用作保证，最终债务人根据转贷协议对国家承担还款责任。非主权外债则由债务人自担风险，自行偿还。债务人可以保值避险为目的，委托具有相关资格的金融机构运用金融工具规避外债的汇率风险和利率风险。国家外汇管理局负责外债的统计监测，定期公布外债统计数据。这是我国首部从全口径角度规范各类外债管理的规章。该办法自 2003 年 3 月 1 日起实施。

1 月 13 日　中国人民银行首次在统计报表中公布本外币并表的信贷收支统计数字。此次公布的统计报表除原公布的"金融机构人民币信贷收支表""国家银行人民币信贷收支表""其他银行人民币信贷收支表""货币供应量表"和"汇率、黄金和外汇储备报表"外，新增加了"金融机构本外币信贷收支报表"和"金融机构外汇信贷收支报表"。从此期开始，人民银行将定期向社会公布本外币、人民币、外币的信贷收支统计数字。

1 月 23 日　中国人民银行工作会议在京召开。会议总结了 2002 年人民银行执行稳健的货币政策取得的明显成效，并从四个方面阐述了 2003 年人民银行的主要工作：继续实行稳健的货币政策，大力优化金融资源配置；继续把监管作为金融工作的重中之重，全面提高金融监管水平；加快现代支付体系建设，提高金融服务水平；加强和完善外汇管理，维护国际收支平衡；切实加强队伍建设，进一步提高人民银行职工素质。

1 月 24 日　全国银行、证券、保险工作会议在京召开。中共中央政治局常委、国务院副总理温家宝在会上提出：当前国际经济、金融形势出现的新变化，国内改革开放和经济建设新的任务，都要求我们进一步做好金融工作，提高我国金融竞争力和抗风险能力，维护国家经济、金融稳定和安全。2003 年金融工作的主要任务是：第一，继续降低银行不良贷款比例。第二，稳步推进金融改革。第三，继续推进证券、保险业改革和发展。第四，改进和加强金融监管。第五，逐步扩大金融对外开放。第六，切实提高金融服务水平。

1 月 29 日　中国人民银行货币政策委员会 2003 年第一季度例会在京召开。会议认为，2002 年我国国民经济发展形势良好。2003 年应继续执行稳健的货币政策，保持政策的连续性和稳定性，疏通货币政策传导机制，适度增加货币供应量，合理引导贷款投向。会议强调，在经济景气趋好的形势下，要继续处理好防范金融风险和支持经济增长的关系，进一步加强信贷管理，提高贷款质量，把降低不良贷款率的工作扎扎实实地持续抓好。要密切关注一些地区房地产投资与贷款增长过快的问题，严格执行房地产信贷业务的有关规定，防范房地产信贷的潜在风险。

2 月 23 日　国务院办公厅转发国家经贸委、财政部、中国人民银行《关于进一步做好国有企业债权转股权工作的意见》。

3 月 3 日　国家外汇管理局发布《关于完善外商直接投资外汇管理工作有关问题的通知》。该通知主要对外国投资者账户和出资管理、外商投资企业验资询证及外资外汇登记，外资投资企业减资管理以及部分业务的调整等有关问题作了详细规定，于 2003 年 4 月 1 日起实施。

3月3日 国家外汇管理局发布《关于境内机构对外贸易中以人民币作为计价货币有关问题的通知》。该通知明确：境内机构签订进出口合同时，可以采用人民币作为计价货币。以人民币签订出口合同或进口合同的，应当按照结算当日银行挂牌汇价折算成外币办理收汇或付汇。

3月5日 中国人民银行建立公开市场业务一级交易商流动性日报制度。

3月10日 第十届全国人大常委会第一次会议通过《关于国务院机构改革方案的决定》，国务院机构改革重点之一是：健全金融监管体制，设立中国银行业监督管理委员会。同年4月25日，国务院办公厅印发《关于中国银行业监督管理委员会主要职责、内设机构和人员编制规定的通知》。4月26日，第十届全国人大常委会第二次会议通过《关于中国银行业监督管理委员会履行原由中国人民银行履行的监督管理职责的决定》。上述文件明确规定：中国银监会根据授权，统一监督管理银行、金融资产管理公司、信托投资公司及其他存款类金融机构，维护银行业的合法、稳健运行。中国人民银行对银行业金融机构的监管职责、原中共中央金融工作委员会的相关职责划入中国银监会。中国银监会与中国人民银行在金融监管方面的职责分工，遵循宏观调控与金融监管互相补充、互相促进和信息实时共享的原则，通过制定分工合作的工作制度，建立互相配合的机制。中国银监会在省一级设监管局，地（市）一级设监管分局，县（市）一级视监管对象和任务设置必要的办事机构。

3月24日 中共中央决定成立中国银监会党委和纪委，调整中国证监会、中国保监会党委职责；撤销中共中央金融工作委员会；已经实行的银行、证券和保险机构垂直领导本系统党组织的体制不变。

3月25日 中国人民银行发布《关于全国银行间债券市场债券上市交易的通知》。该通知明确，对在全国银行间债券市场发行的国债、政策性银行债券，中国人民银行不再逐期审批其在全国银行间债券市场上市交易；在全国银行间债券市场发行的债券，发行后可上市交易，并授权中央国债登记公司和全国银行间同业拆借中心公布每期债券的上市日期。

3月31日 根据《国务院关于取消第二批行政审批项目和改变一批行政审批项目管理方式的决定》，中国人民银行取消第二批26项行政审批项目。

4月8日 中国人民银行发布《关于进一步做好农村信用社支农服务工作的通知》。该通知要求：（1）加大资金组织与投放力度，增加农贷资金供应。（2）继续推广和完善农户小额信用贷款和农户联保贷款。（3）合理确定贷款投向，支持农村产业结构调整。（4）改善服务作风，拓宽服务范围。（5）加强贷款管理，严格控制和防范风险。人民银行各分支行要做好对贷款投向、贷款合法、合规性及贷款风险的监管，严格防范新增贷款风险；要进一步加强支农再贷款的管理，管好、用好支农再贷款；坚决禁止一切挤占、挪用支农再贷款的违规行为。

4月9日 中国人民银行公布《假币收缴、鉴定管理办法》，该办法规定，商业银行、城乡信用社和邮政储蓄的业务机构在办理货币存取款和外币兑换业务时，发现伪造、变造的假币，由两名以上业务人员当面予以收缴，并向持有人出具中国人民银行统一印制的假币收缴凭证。收缴的假币不得再交与持有人。持有人对被收缴货币的真伪有异议可以持假币收缴凭证向中国人民银行当地分支机构或中国人民银行授权的当地鉴定机构提出书面鉴定申请。金融机构收缴的假币，每季末解缴中国人民银行当地分支行，由中国人民银行统一销毁，任何部门不得自行处理。对违反规定的金融机构分别给予处罚。该文件于2003年7月1日起施行。为配合这一办法的出台，人民银行同时部署自6月29日至7月5日在全国开展为期一周的反假货币宣传活动。

4月10日　中国人民银行颁布《人民币银行结算账户管理办法》，该办法包括总则、银行结算账户的开立、银行结算账户的使用、银行结算账户的变更与撤销、银行结算账户的管理、罚则和附则，共7章71条，对单位和个人银行结算账户的种类、开立方法、使用方式、变更撤销程序等作出明确规定。《人民币银行结算账户管理办法》自2003年9月1日起实施。1994年10月9日中国人民银行发布的《银行账户管理办法》同时废止。

4月21日　中国人民银行成立以行长周小川为组长的防治非典型肺炎工作领导小组，并召开领导小组会议，部署人民银行非典型肺炎防治工作措施。领导小组提出近期要认真履行中央银行职责，突出抓好四项工作。一是要做好中央银行发行基金的调拨工作，指导商业银行做好系统内现金调运和向社会的现金供应工作。二是指导和督促商业银行切实加强围绕"非典"的金融服务，提高贷款审批效率。三是中央银行回笼的现金至少在发行库内存放24小时以上，方可调出使用；增加原封新券的投放；指导和督促商业银行做好现金回收和支付环节的卫生管理工作。同时要加大宣传力度，鼓励居民使用银行卡。四是采取得力措施，做好相应预案准备，确保支付、清算系统的正常运行。

4月28日　中国银监会发布2003年第1号公告，宣布中国银监会正式履行职责。中国银监会是国务院直属事业单位，负责制定有关银行业金融机构监管的规章制度和办法；草拟有关的法律和行政法规，提出制定和修改的建议；审批银行业金融机构及分支机构的设立、变更、终止及其业务范围；对银行业金融机构实行现场和非现场监管，依法对违法、违规行为进行查处；审查银行业金融机构高级管理人员任职资格；负责统一编制全国银行数据、报表，并按照国家有关规定予以公布；会同有关部门提出存款类金融机构紧急风险处置的意见和建议；负责国有重点银行

业金融机构监事会的日常管理工作；承办国务院交办的其他事项。

4月28日　中国人民银行发出《关于加强非典型肺炎防治工作中金融服务的紧急通知》。

5月12日　国家外汇管理局发布《关于银行外币卡管理有关问题的通知》，该通知规范了境内金融机构发行的外币卡（境内卡）的各项业务及境外金融机构发行的银行卡（境外卡）的收单业务的管理。该项规定自2003年6月1日起施行。

5月19日　中国人民银行制定《关于应对非典型肺炎影响，全力做好当前货币信贷工作的意见》。

5月27日　中国人民银行首次发行1年期票据。

6月5日　中国人民银行制定并发布《关于进一步加强房地产信贷业务管理的通知》（通称"121号文件"）。该通知的主要内容是：（1）加强房地产开发贷款管理，引导、规范贷款投向。（2）严格控制土地储备贷款的发放。（3）规范建筑施工企业流动资金贷款用途。（4）加强个人住房贷款管理，重点支持中低收入家庭购买住房的需要。（5）强化个人商业用房贷款管理。（6）充分发挥利率杠杆对个人住房贷款需求的调节作用。（7）加强个人住房公积金委托贷款业务的管理。（8）切实加强房地产信贷业务的管理。

6月6日　国务院任命中国人民银行货币政策委员会新一届组成人员。中国人民银行行长周小川任货币政策委员会主席。新一届货币政策委员会组成人员有三个特点，一是增加国务院分管金融业务工作的副秘书长为货币政策委员会委员；二是增加中国银行业监督管理委员会为货币政策委员会组成单位；三是为更全面、充分地反映银行业对货币政策制定和实施的意见，由中国银行业协会代替原来的国有独资商业银行作为货币政策委员会组成单位。

6月11日　财政部、中国人民银行、劳动和

社会保障部联合下发《下岗失业人员从事微利项目小额担保贷款财政贴息资金管理办法》。微利项目小额担保贷款财政贴息是指国家对下岗失业人员用于从事微利项目的小额担保贷款给予的财政据实全额贴息。该文件规定，微利项目贷款财政贴息的对象是具有当地城镇居民户口，持有再就业优惠证，从事微利项目的下岗失业人员。微利项目贷款展期和逾期不贴息。微利项目贷款贴息，在规定的借款额度和贴息期限内，按实际借款额度和计息期限计算。该文件自 2003 年 1 月 1 日起施行。

6 月 19 日 中国人民银行货币政策委员会召开 2003 年第二季度例会。会议深入分析了当前国际国内经济、金融形势，讨论了下一阶段货币政策应采取的措施。会议强调，要注意防范货币信贷较快增长时在房地产和低水平重复建设中潜在的金融风险，加强贷款风险预警和监测，进一步优化贷款结构，切实防范出现新的贷款风险，加快国有商业银行改革。会议认为，根据当前国内外经济形势，应继续保持人民币存、贷款利率及人民币汇率的稳定，稳步推进利率市场化改革。

7 月 2 日 经国务院批准，中国人民银行下调美元等外币小额存款利率。中国人民银行于 6 月 30 日发布《关于调整美元等外币小额存款利率的通知》，规定：调整美元、欧元、港元、英镑和瑞士法郎等外币小额存款利率，今后，人民银行将只公布美元、欧元、港元和日元小额存款利率，英镑、瑞士法郎、加拿大元等外币小额存款利率改由各商业银行确定并公布。

7 月 2 日 中国人民银行发布《关于进一步做好银行卡联网通用工作的通知》。该通知要求，各商业银行和邮政储汇局要切实采取措施，力争 2003 年内使银行卡异地跨行交易成功率平均达到 80% 以上，并实现全国地市级以上城市各类非专用银行卡的联网运行和跨地区使用，在全国范围内普及推广"银联"标识卡。

7 月 16 日 中国人民银行与财政部、国家发展和改革委员会、劳动和社会保障部联合下发《关于〈下岗失业人员小额担保贷款管理办法〉有关问题的补充通知》。该通知规定，开办下岗失业人员小额担保贷款的金融机构由国有独资商业银行、股份制商业银行扩大到城市商业银行、城乡信用社。中央财政用于微利项目的小额担保贷款贴息时间，由按年贴息改为按季贴息。

7 月 18 日 中国人民银行召开第一次"窗口指导"会议，要求金融机构注意防止资本充足率下降，防范各类信贷风险及流动性风险，改进和健全内部考核制度，适度控制贷款总量。

8 月 1 日 经国务院批准，从即日起，邮政储蓄新增存款转存人民银行的部分按照金融机构准备金存款利率（目前年利率为 1.89%）计息。2003 年 8 月 1 日以前的邮政储蓄老转存款暂按现行转存款利率计息（目前年利率为 4.131%）。从 2003 年 8 月 1 日起，邮政储蓄新增存款由邮政储蓄机构自主运用。

8 月 6 日 台湾当局宣布，为了协助台商规避汇率风险，自即日起开放岛内国际金融业务分行（OBU）办理以美元交割人民币 NDF（无本金交割远期外汇交易）和 NDO（无本金交割远期外汇选择权）业务。这是台湾当局首次开放人民币相关业务。

8 月 18 日 国务院在京召开 8 个省（市）农村信用社改革座谈会，黄菊副总理发表了重要讲话。黄菊副总理高度评价了农村信用社在促进农业和农村经济发展，帮助农民发展生产、增加收入等方面作出的重要贡献，要求各有关方面要从支持农村经济发展和全面建设小康社会的战略高度充分认识深化农村信用社改革的重要性；要从完善农村金融服务体系、改进农村金融服务的现实需要出发，充分认识深化农村信用社改革的必要性；要从加快农村信用社改革、改善经营管理、增强自我发展能力的角度，充分认识深化农村信用社改革的紧迫性。黄菊副总理在会上提出改革试点工作的基本原则，一是要坚持按照市场经济规则进行改革；二是必须坚持为"三农"服务的方向；三是要坚持因地制宜、分类指导的原则；四是坚持责、权、利相结合的原则。

8月27日　全国人大常委会正式批准中国加入《联合国打击跨国有组织犯罪公约》。

8月28日　国家外汇管理局、国家海关总署联合发布《携带外币现钞出入境管理暂行办法》。该办法自2003年9月1日起施行，在此之前发布的有关携带外汇进出境管理的规定同时废止。

8月30日　国家外汇管理局下发《关于跨国公司非贸易售付汇管理的通知》。该通知对跨国公司及其境内关联公司向境外支付由境外总公司或境外关联公司代垫的或本公司分摊的各类非贸易费用的售付汇分别作了具体规定，并决定在北京、上海、深圳先予试行。

9月1日　中国人民银行发布《关于外资银行开立结售汇人民币现金专用账户有关问题的通知》。该通知允许已具有办理结售汇业务资格尚未获准开办人民币业务的外资银行，可选择所在地的商业银行开立一个结售汇人民币现金专户。该办法还限定了对外资银行的结售汇人民币现金专户的收支范围。

9月3日　中国人民银行发布并实施《农村信用社改革试点专项中央银行票据操作办法》和《农村信用社改革试点专项借款管理办法》。《农村信用社改革试点专项中央银行票据操作办法》对专项票据发行条件、专项票据发行考核程序、专项票据兑付考核程序等分别作了具体规定。《农村信用社改革试点专项借款管理办法》对专项借款分批发放考核程序、对专项再贷款和专项借款实行专户管理等分别作了具体规定。

9月9日　国家外汇管理局发布《关于银行间外汇市场开展双向交易的通知》。该通知决定：中国外汇交易中心自2003年10月1日起，在银行间外汇市场实行双向交易，即允许各会员单位通过银行间外汇市场交易系统在同场交易中进行买卖双向交易，中国外汇交易中心对会员交易按同币种买卖轧差净额收取手续费。各外汇指定银行可在规定的头寸限额内自行调整结售汇周转头寸。

9月21日　经国务院批准，中国人民银行决定提高法定存款准备金率1个百分点，即存款准备金率由现行的6%调高至7%。

9月22日　国家外汇管理局发布《边境贸易外汇管理办法》，明确了三个方面的政策：第一，边贸企业与境外贸易机构进行边境贸易时，可以采用可自由兑换货币，毗邻国家货币或者人民币，并增加了易货贸易结算和境内转账结算等方式。第二，允许以可自由兑换货币、毗邻国家货币、人民币以及境内转账支付等结算方式办理核销手续。第三，边境地区的商业银行应按照有关规定，与毗邻国家边境地区的商业银行建立代理行关系，开通银行直接结算渠道。边境地区商业银行还可以根据相关法律、法规，增加结售汇网点，设立外币代兑点，并加挂人民币兑毗邻国家货币的汇价。《边境贸易外汇管理办法》对边境贸易的外汇账户、外汇收支、进出口核销、外币兑换与结算作了具体规定，自2003年10月1日起正式实施。1997年《边境贸易外汇管理暂行办法》及2002年《关于我国与俄罗斯等独联体国家边境小额贸易外汇管理有关问题的通知》同时废止。

9月30日　中央编制委员会办公室印发《关于中国人民银行主要职责、内设机构和人员编制调整意见的通知》。该通知明确，中国人民银行为国务院组成部门，是中华人民共和国的中央银行，是在国务院领导下制定和执行货币政策、维护金融稳定、提供金融服务的宏观调控部门。原由公安部承担的组织协调国家反洗钱工作的职责转由中国人民银行承担。

10月8日　中国人民银行发布《外币代兑机构管理暂行办法》。该办法规定，外币兑换业务的品种限于可自由兑换货币的现钞及旅行支票。

国家外汇管理局依法对银行授权的外币代兑机构的外币兑换业务进行监督、管理。该办法自2003年11月1日起施行。

10月16日 中国人民银行印发《关于分行及其金融监管办事处、营业管理部、省会（首府）城市中心支行、副省级城市中心支行有关机构撤销等问题的通知》。根据改革方案，中国人民银行将金融监管办事处和其分行（含分行营业管理部）、营业管理部、省会（首府）城市中心支行、副省级城市中心支行内设的监管处室、纪委内设的其他金融机构纪检监察处、农村信用合作管理机构（简称"人民银行分支行的整体划转处室"）的所有职能和全部人员划转中国银监会省级派出机构。

10月18日 中国人民银行货币政策委员会召开2003年第三季度例会。会议认为，1~3季度，我国国民经济克服了多种困难，保持了快速发展的良好势头。中国人民银行认真执行稳健的货币政策，加大公开市场操作力度，上调存款准备金率一个百分点，综合运用多种货币政策工具，努力保持货币信贷的稳定增长。会议分析了当前国际国内经济金融形势，一致认为货币信贷增长明显偏快。下一步应继续执行稳健的货币政策，灵活运用多种货币政策工具，保持前一阶段货币政策的调控力度，促进货币信贷总量稳定增长。

10月18日 中国人民银行发布《大额支付系统业务处理办法》《大额支付系统业务处理手续》及《大额支付系统运行管理办法》。

11月16日 中国人民银行发布《关于外币利率管理问题的通知》。该通知决定：从2003年11月20日起，金融机构外币小额存款（300万美元以下）的利率，以人民银行公布的外币小额存款利率为上限，根据国际金融市场利率变化情况由中资商业银行（含开办外汇业务的城市信用社、农村信用社）法人、外资银行分行（有主报告行的，由其主报告行）自主确定。各金融机构要完善外币存、贷款定价，风险管理和利率浮动的管理办法和操作规程。各金融机构要在外币利率备案表中增加外币小额存款利率的内容，即本系统外币小额存款各币种、各期限的最高利率、最低利率和加权平均利率及金额等，并于月后10日上报人民银行。

11月18日 中国人民银行发布《关于为香港银行办理个人人民币业务提供清算安排的公告》。根据公告，人民银行将商香港金融管理局选择一家香港持牌行作为香港人民币业务清算行，授权其集中办理香港人民币头寸的存取、人民币现钞运送及符合规定的个人人民币业务的清算（即清算行）。同时，人民银行将授权清算行，与自愿接受清算条件和安排的香港持牌银行（即参加行）签订人民币业务清算协议，按协议为参加行办理清算业务。同年12月24日，中国人民银行发布2003年第20号公告，授权中国银行（香港）有限公司作为香港银行个人人民币业务清算行。

11月19日 中国人民银行决定，从即日起，放开金融机构外币小额存款（300万美元以下）利率下限。

11月26日 中国外汇交易中心暨全国银行间同业拆借中心与国际信息供应商——路透集团签订信息合作协议，由外汇交易中心向路透集团提供银行间外汇市场、拆借市场和债券市场的实时行情信息，路透集团向外汇交易中心提供国际外汇、债券及相关市场的行情信息、新闻和市场报告。

12月8日 中国人民银行和国家统计局决定联合建立银行家问卷调查制度。该项调查由中国人民银行负责组织和实施，实行二级管理的模式。该项调查制度与统计局《全国企业景气调查制度》相互连接，互为补充，构成全面反映国民经济各个行业景气状况的问卷调查制度。

12月8日 中国人民银行批复《中国银联入网机构银行卡跨行交易收益分配办法》。该办法自 2004 年 3 月 1 日起施行。2001 年 5 月 17 日《中国人民银行关于调整银行卡跨行交易收费及分配办法的通知》中的有关规定同时废止。

12 月 10 日 中国人民银行发布《关于人民币贷款利率有关问题的通知》。该通知规定：（1）人民币各项贷款（不含个人住房贷款）的计息和结息方式，由借贷双方协商确定。（2）人民币中长期贷款利率由原来的一年一定，改为由借贷双方按商业原则确定，可在合同期间按月、按季、按年调整，也可采用固定利率的确定方式。5 年期以上档次贷款利率由金融机构参照人民银行公布的 5 年期以上贷款利率自主确定。（3）逾期贷款（借款人未按合同约定日期还款的借款）罚息利率由现行按日万分之二点一计收利息，改为在借款合同载明的贷款利率水平上加收 30% ～ 50%；借款人未按合同约定用途使用借款的罚息利率，由现行按日万分之五计收利息，改为在借款合同载明的贷款利率水平上加收 50% ～ 100%。对逾期或未按合同约定用途使用借款的贷款，从逾期或未按合同约定用途使用贷款之日起，按罚息利率计收利息，直至清偿本息为止。对不能按时支付的利息，按罚息利率计收复利。（4）对 2004 年 1 月 1 日（含）以后新发放的贷款按本文件执行。对 2004 年 1 月 1 日以前发放的未到期贷款仍按原借款合同执行，经借贷双方当事人协商一致的，也可执行本文件。该通知自 2004 年 1 月 1 日起执行。

12 月 10 日 中国人民银行发布《关于扩大金融机构贷款利率浮动区间有关问题的通知》。经国务院批准，中国人民银行决定：（1）扩大金融机构贷款利率浮动区间。自 2004 年 1 月 1 日起，扩大金融机构贷款利率浮动区间。贷款利率浮动区间不再根据企业所有制性质、规模大小分别制定。商业银行、城市信用社贷款利率浮动区间扩大到［0.9，1.7］；农村信用社贷款利率浮动区间扩大到［0.9，2］。（2）下调超额准备金存款利率。自 2003 年 12 月 21 日起，金融机构在

人民银行的超额准备金存款利率由 1.89% 下调到 1.62%，法定准备金存款利率维持 1.89% 不变。

12 月 14 日 中国人民银行完成大额实时支付系统在全国 29 个省会（首府）城市和深圳市的推广工作。

12 月 16 日 中央汇金投资有限公司成立。中央汇金投资有限公司是国务院批准设立的国有独资投资控股公司，注册资本金 3 724.65 亿元人民币。主要职能是代表国家行使对中国银行、中国建设银行等重点金融企业的出资人的权利和义务，支持国有商业银行落实各项改革措施，完善公司治理结构，保证国家注资的安全并获得合理的投资回报。公司董事长为国家外汇管理局局长郭树清。

12 月 19 日 中国人民银行货币政策委员会召开 2003 年第四季度例会。会议认为，2003 年以来，我国国民经济克服了多种困难，保持了持续、快速增长的良好势头。中国人民银行认真执行稳健的货币政策，主要依靠经济手段对货币信贷过快增长进行调控。会议深入分析了国际、国内经济金融形势和物价变动情况，研究了下一步货币政策取向和措施，认为应继续执行稳健的货币政策，要着力调整信贷结构，控制信贷资金流向盲目投资、低水平重复建设的行业，鼓励和引导商业银行加大对农业、中小企业、扩大消费、增加就业方面的贷款支持。要积极推进货币市场、资本市场和保险市场的协调发展。

12 月 22 日 中国人民银行、海关总署发布第 19 号公告。自 2004 年 1 月 1 日起，对黄金及其制品的加工贸易进出口，人民银行不再审批，海关不再凭人民银行的批件验放。但进口后不能再出口的黄金及其制品经批准内销的，仍按一般贸易进口管理，仍由人民银行审批，海关凭人民银行的批件并按内销有关规定办理核销手续。

12 月 23 日 中国人民银行印发《关于 2004 年金融统计制度有关事项的通知》，在 2003 年统计制度基础上，增加了部分统计内容，并对部分

统计指标、报表项目及报表项目的归属关系进行了修订。其中明确了建立助学贷款专项统计制度、下岗失业人员小额贷款专项统计制度等。

12月24日 中国人民银行发布《残缺污损人民币兑换办法》。《残缺污损人民币兑换办法》对残缺人民币兑换标准作了重要调整。同时将兑换机构由"中国人民银行"变为"办理人民币存取款业务的金融机构"。自2004年2月1日起施行。

12月27日 第十届全国人大常委会第六次会议通过了《中华人民共和国银行业监督管理法》、全国人大常委会《关于修改〈中华人民共和国中国人民银行法〉的决定》《关于修改〈中华人民共和国商业银行法〉的决定》。国家主席胡锦涛分别签署第11、第12、第13号主席令，予以公布。新的《中华人民共和国中国人民银行法》对25处进行了修改，共8章53条，包括总则、组织机构、人民币、业务、金融监督管理、财务会计、法律责任和附则。修改后的《中华人民共和国中国人民银行法》将中国人民银行的职责调整为制定和执行货币政策、维护金融稳定和提供金融服务三个方面，集中体现为"一个强化、一个转换和两个增加"：强化了中国人民银行与制定和执行货币政策有关的职责；由过去主要是直接监管的职能转换为维护金融稳定职能；增加反洗钱和管理信贷征信业两项职能。

12月30日 中央汇金投资有限公司代表国家向中国银行、中国建设银行注资450亿美元。

12月30日 中国人民银行与印度尼西亚银行（印度尼西亚的中央银行）在北京签署双边货币互换协议。根据此项协议，人民银行可在必要时向印度尼西亚银行提供最多达10亿美元的信贷资金，作为其接受国际金融机构援助资金的补充，以支持印度尼西亚解决国际收支困难和维护金融稳定。

二〇〇四年

1月5日 中国人民银行发布《农村信用社改革试点资金支持方案实施与考核指引》。该指引要求：人民银行按属地原则组织信用社改革试点资金支持方案的实施与考核工作。试点省（市）所在地人民银行各分支行要成立考核工作组，全面负责本辖区内资金支持方案的实施与考核工作。该文件对专项票据发行、兑付考核，专项借款发放考核以及有关考核指标的解释及其计算方法作了具体规定。

1月18日 中国人民银行批准，中国银联开办中国内地"银联"人民币卡在香港地区使用的业务。

2月10日 全国银行、证券、保险工作会议在北京召开。中共中央政治局常委、国务院总理温家宝在讲话中指出，在经济加快发展中出现了一些新问题，特别是投资规模偏大，部分行业和地区盲目投资、低水平重复建设严重，一些城市建设规模过大、标准过高，能源、交通和部分原材料供求关系紧张。货币信贷增长过快，贷款结构不合理，金融系统存在不少问题和风险隐患。全面提高我国金融业素质和竞争力，必须加快金融改革，建立现代金融企业制度。一是要深化国有银行改革，重点做好中国银行和中国建设银行的股份制改造试点工作，其他商业银行和政策性银行也要深化改革；二是要推进农村信用社改革，逐步健全农村金融体系；三是要继续办好金融资产管理公司，加快有效处置不良资产；四是要推进资本市场改革开放和稳定发展；五是要深化保险体制改革，大力发展保险市场；六是要认真履行加入世界贸易组织的承诺，扩大银行、证券、保险业的对外开放，努力提高金融对外开放水平。

2月10日 2004年中国人民银行工作会议在京召开。会议指出，2004年是实现"十五"计划的关键一年，也是全面落实党的十六大和十六届三中全会精神，深化改革、扩大开放、促进发展的重要一年。人民银行必须进一步切实加强和改善金融调控，既要防止通货膨胀和金融风险，又要支持经济增长，防止经济出现大起大落。2004年人民银行主要工作任务是：继续执行稳健的货币政策，保持货币信贷总量的适度增长；加强和改进外汇管理，完善人民币汇率形成机制，维护国际收支平衡；加快发展金融市场，建立健全各类市场有机结合、协调发展的机制；高度重视金融安全问题，维护金融体系稳定；全面促进金融企业微观机制改造，提高竞争力；统筹研究制定中国支付体系的改革发展规划，加快支付系统建设，确保支付体系安全、稳定、高效运行；建立和完善反洗钱工作机制，加快推进中国信贷征信体系建设；继续做好其他金融服务工作，提高服务质量和水平；提高金融对外交流合作的层次和水平，做好金融对外开放的协调工作，提高中国在国际经济金融合作中的地位；加强内部管理，提高依法行政水平。

2月16日 国家外汇管理局发布《关于规范非居民个人外汇管理有关问题的通知》，对非居民个人在境内办理外汇收支、外汇划转、结汇、购汇、开立外汇账户作了具体规定。

2月21日 中国人民银行发布《关于内地银行与香港银行办理个人人民币业务有关问题的通知》。

2月25日 香港人民币清算行成功接入大额实时支付系统，为香港地区的银行办理个人人民币业务提供清算通道。

2月25日 中国人民银行决定扩大公开市场业务一级交易商机构范围。同时建立公开市场业务一级交易商考评调整机制。

3月2日 国务院第42次常务会议召开，研究部署中国银行、中国建设银行股份制改造试点的有关工作。会议提出，国有独资商业银行股份制改造的核心是建立法人治理结构。试点银行重点抓好以下工作：一要建立规范的股东大会、董事会、监事会，建立对高级管理层授权经营的目标和问责制度；二要建立科学的决策体系、内部控制机制和风险管理体制，加强管理，实现自主

经营，自负盈亏，自担风险，自我发展；三要稳步推进资本重组，公开、公平、公正地选择境内外战略投资者；四要建立市场化人力资源管理体制和有效的激励约束机制，引进人才，提高队伍素质；五要认真做好不良资产处置工作，严肃查处违法、违规案件，依法追究有关人员的责任；六要确保国家注资的安全，实现保值增值。

3月2日 中国人民银行发布《关于城市信用合作社和农村信用合作社开办银行承兑汇票业务有关事项的通知》。该通知规定，城乡信用社开办银行承兑汇票业务，不再报经人民银行审批，但须使用人民银行统一规定的票据凭证和汇票专用章。承兑申请人开户行如不办理全国或省辖联行业务，应通过代理转汇行办理票款的划款。

3月16日 中国人民银行、财政部、劳动和社会保障部联合下发《关于进一步推进下岗失业人员小额担保贷款工作的通知》。

3月18日 国家外汇管理局发布《关于规范居民个人外汇结汇管理有关问题的通知》。

3月22日 中国人民银行货币政策委员会召开2004年第一季度例会。会议认为，当前经济运行中的一些矛盾还没有得到有效缓解。固定资产投资增势不减，全社会需求依然十分旺盛，去年下半年以来，居民消费价格保持上涨的趋势。会议认为，下一步应继续执行稳健的货币政策，进一步增强货币政策的前瞻性、科学性和有效性，适当控制货币信贷规模，优化信贷结构，稳步推进直接融资的发展，既要支持经济增长，又要防止通货膨胀和金融风险。

3月25日 再贷款浮息制度开始实行。中国人民银行于2004年3月24日发布《关于实行再贷款浮息制度的通知》，规定：即日起，对期限在1年以内、用于金融机构头寸调节和短期流动性支持的各档次再贷款利率，在现行再贷款基准利率基础上加0.63个百分点。再贴现利率在现行再贴现基准利率2.97%的基础上加0.27个百分

点，加点浮息后利率为 3.24%。农村信用社再贷款浮息分 3 年逐步到位：2004 年保持现行农村信用社再贷款利率政策不变，即在再贷款基准利率基础上下浮动 0.99 个百分点；2005 年 1 月 1 日起，农村信用社再贷款利率执行再贷款基准利率；从 2006 年 1 月 1 日起，农村信用社再贷款利率在再贷款基准利率基础上加点，加点幅度按同期人民银行确定的流动性再贷款利率加点幅度减半执行。农村信用社再贷款按合同利率执行到期，合同期内不分段计息。专项政策性再贷款以 2003 年 12 月 31 日为界，实行新老划断、区别对待。金融稳定再贷款利率在原定期限内按照国务院批准的水平执行；申请延期的，在延期期间按照专项政策性再贷款浮息办法执行。再贷款浮息制度是指中国人民银行在国务院授权的范围内，根据宏观经济金融形势，在再贷款（再贴现）基准利率基础上，适时确定并公布中央银行对金融机构贷款利率加点幅度的制度。

3 月 25 日 差别存款准备金率制度开始实行。2004 年 3 月 24 日，中国人民银行发布《关于实行差别存款准备金率制度的通知》，该通知决定：将资本充足率低于 4% 的金融机构存款准备金率提高 0.5 个百分点，执行 7.5% 的存款准备金率，不低于 4% 的金融机构仍执行现行存款准备金率。尚未进行股份制改革的国有独资商业银行和城市信用社、农村信用社暂缓执行差别存款准备金率制度，仍执行现行存款准备金率。

差别存款准备金率制度是针对中国金融体制现状专门设计的一项制度，其主要内容是：金融机构适用的存款准备金率与其资本充足率、资产质量状况等指标挂钩。金融机构资本充足率越低、不良贷款比率越高，适用的存款准备金率就越高；反之，金融机构资本充足率越高、不良贷款比率越低，适用的存款准备金率就越低。确定差别存款准备金率的主要依据是金融机构资本充足率、不良贷款比率、金融机构内控机制状况、发生重大违规及风险的情况，以及金融机构支付能力。

3 月 30 日 国家外汇管理局发布《关于调整经常项目外汇账户限额核定标准有关问题的通知》，明确分档次核定经常项目外汇账户限额，将经常项目外汇账户可保留外汇的比例由上年度的 20% 提高到 30% 或 50%。

4 月 7 日 中国人民银行建立中国反洗钱监测分析中心。中国反洗钱监测分析中心（Chinese Anti-Money Laundering Monitoring and Analysis Center，CAMLMAC）是中国人民银行总行直属的、不以营利为目的的独立的事业法人单位，是为人民银行履行组织协调国家反洗钱工作职责而设立的收集、分析、监测和提供反洗钱情报的专门机构。

4 月 7 日 公安部、中国人民银行、国家外汇管理局发布《关于联合开展打击地下钱庄违法犯罪活动的通知》。三部门决定，于 2004 年 4—12 月在全国范围内联合开展打击地下钱庄违法犯罪活动，打击重点是从事非法买卖外汇等违法犯罪活动及协助进行洗钱和跨境资金转移的地下钱庄。

4 月 12 日 中国人民银行发布《全国银行间债券市场债券买断式回购业务管理规定》。该通知明确，买断式回购的债券券种范围与用于现券买卖的相同。市场参与者从事该项业务应在买断式回购主协议中写明履约保证条款。买断式回购期间，交易双方不得换券、现金交割和提前赎回，到期交割时应具有足额的债券和资金，以净价交易，全价结算。回购期限由交易双方确定，但最长不得超过 91 天。任何一家市场参与者单只券种的待返售债券余额应小于该只债券流通量的 20%，待返售债券总余额应小于自营债券总量的 200%。该通知自 2004 年 5 月 20 日起施行。

4 月 12 日 经国务院批准，中国人民银行决定从 2004 年 4 月 25 日起提高存款类金融机构存款准备金率 0.5 个百分点。

4 月 15 日 中国人民银行发布《关于中国人

民银行停止代理商业银行兑付跨系统银行汇票的通知》。该通知明确：从 2004 年 4 月 1 日起，人民银行停止办理股份制商业银行签发的跨系统银行汇票的代理兑付业务。汇票的代理兑付业务由商业银行按照 2000 年 6 月 17 日中国人民银行发布《支付结算业务代理办法》的有关规定相互代理。

4 月 19 日　金融监管部门反洗钱工作协调机制正式建立。金融监管部门反洗钱工作协调机制由中国人民银行牵头，中国银监会、中国证监会、中国保监会和国家外汇管理局参加，以规划、统筹、协调金融业的反洗钱工作，统一协调银行、证券、保险、外汇等金融监管部门的反洗钱职责，减少重复监管，避免监管盲区。

4 月 27 日　中国人民银行会同财政部等部门发布《军队单位银行账户管理规定》，规范军队单位银行账户的开立和使用，加强军队单位账户管理。本规定共 7 章 44 条。自发布之日起施行。1997 年 1 月 31 日中国人民银行、总后勤部发布的《银行军队账户和存款管理规定》即行废止。

4 月 30 日　国家发展和改革委员会、中国人民银行、中国银监会联合下发《关于进一步加强产业政策和信贷政策协调配合，控制信贷风险有关问题的通知》和《当前部分行业制止低水平重复建设目录》。《当前部分行业制止低水平重复建设目录》分为禁止类和限制类，主要涉及钢铁、有色金属、机械、建材、石化、轻工纺织、医药、印刷等行业。

5 月 18 日　中国人民银行印发《全国银行间债券市场债券买断式回购主协议》，授权全国银行间同业拆借中心会同中央国债登记结算有限责任公司向银行间债券市场参与者公布并组织签署。

6 月 5 日　国务院办公厅转发中国银监会、中国人民银行《关于明确对农村信用社监督管理职责分工指导意见》，规定：省级人民政府全面承担对当地信用社的管理和风险处置责任，省级联社对指导、督促信用社完善内控制度和经营机制负主要责任。中国银监会及其派出机构依法行使对信用社的金融监管职能，承担监管责任。人民银行则对信用社执行有关存款准备金管理规定、人民银行特种贷款管理规定、人民币管理规定、银行间同业拆借市场和银行间债券市场管理规定、外汇管理规定、清算管理规定以及反洗钱规定的情况等进行监督检查，督促其依法经营。

6 月 8 日　教育部、财政部、中国人民银行、中国银监会联合发布《关于进一步完善国家助学贷款工作的若干意见》，主要内容是：（1）对学生贷款利息给予 50% 财政补贴改为全部由财政补贴，毕业后全部自付，并开始计付利息。学生自毕业之日起 4 年内还清贷款本金，改为毕业后视就业情况在 1~2 年后开始还贷，6 年内还清。对毕业后自愿到国家需要的艰苦地区、艰苦行业工作的学生可以奖学金方式代偿其贷款本息。（2）办理国家助学贷款业务的商业银行，由国家指定改为招投标确定。普通高校每年的借款总额原则上按在校生总数 20% 的比例、每人每年 6 000 元的标准计算确定。（3）建立和完善贷款偿还的风险防范与补偿机制，包括由国家金融管理部门建立的全国个人资信系统和由经办银行建立的还贷监测系统，以及高校建立的借款学生信息查询管理系统。

6 月 17 日　为进一步规范商业银行发行次级债券行为，维护投资者合法权益，促进商业银行资产负债结构的改善和自我发展能力的提高，中国人民银行、中国银监会联合发布《商业银行次级债券发行管理办法》，对商业银行次级债券的发行、登记、托管、兑付、信息披露等方面进行了规定。

6 月 18 日　中国人民银行货币政策委员会 2004 年第二季度例会在京召开。会议认为，我国经济形势总体是好的，宏观调控取得明显成效。会议强调，要研究运用货币政策工具组合进行预调和微调的最优策略，进一步提高金融调控的前瞻性、科学性和有效性。综合运用货币政策工具，适时适度调控金融体系流动性，要防止急刹车，避免大起大落。

6月29日 国家外汇管理局发布《关于规范银行外币卡管理的通知》。该通知对境内金融机构发行的外币卡（境内卡）和境外金融机构发行的银行卡（境外卡）在境内外提现作了规定。

7月6日 中国人民银行、财政部、劳动和社会保障部、中国银监会联合召开推进小额担保贷款政策落实工作电视电话会议。

7月15日 中国人民银行、中国银监会发布《关于进一步做好城市信用社市场退出工作有关问题的通知》。该通知规定：（1）对于停业整顿期满但仍无法恢复正常营业的城市信用社，中国银监会应尽快依法予以撤销。（2）中国银监会和人民银行各派出机构应继续在当地人民政府的统一组织领导下，分工协作，密切配合，加快城市信用社市场退出工作进度。（3）人民银行相关分支机构要依法维护再贷款债权，做好被撤销城市信用社占用的再贷款债权登记工作，确保再贷款资金安全。由人民银行有关分支机构直接发放再贷款给被救助城市信用社的，可直接登记债权；通过其他金融机构转贷的，应要求其他金融机构将对被救助城市信用社的债权让渡给人民银行，由人民银行进行债权登记。人民银行的债权应与其他法人债权人在同一顺序，按照比例受偿。（4）被撤销城市信用社清算组制订的清算方案，在与债权人协商并经撤销工作领导小组同意后，由所在地银监局和人民银行有关分支行共同确认。

7月27日 中国人民银行公布26个行政许可项目。其中以国务院决定方式公布保留的行政许可项目包括国债承销团成员资格审批、银行间债券市场债券上市审批等16项。依据法律、行政法规设定的行政许可项目包括全国银行间同业拆借市场进入审批、金融资产管理公司债权转股权方案审批等10项。

7月29日 中国人民银行发布《关于变更中央银行票据上市时间的通知》。中国人民银行决定自2004年8月4日起，中央银行票据在银行间债券市场上市流通和作为公开市场业务操作工具的时间变更为"T+1"。

7月29日 中国人民银行会同财政部等部门发布《武警部队单位银行账户管理规定》，加强武警部队单位银行账户管理。

7月30日 中国人民银行在全国发行第五套人民币1元纸币。

8月3日 经国务院批准，中国人民银行决定为在澳门办理个人人民币存款、兑换、银行卡和汇款业务的有关银行提供清算安排，便利内地与澳门特别行政区之间的经贸和人员往来，引导在澳门的人民币的有序回流。

8月4日 国家外汇管理局取消8项行政审批项目，同时保留39项行政许可项目。

8月10日 国家外汇管理局发布《关于个人对外贸易经营有关外汇管理问题的通知》。该通知比照境内机构贸易外汇管理的框架和原则，规范了个人从事货物贸易的外汇收付行为和个人外贸经营者申领出口收汇核销单、办理国际收支申报等事项。

8月16日 中国反洗钱监测分析中心正式接收、分析大额和可疑交易报告。

8月17日 国务院办公厅下发《关于进一步深化农村信用社改革试点的意见》。为加快推进农村信用社改革，深化8省（市）改革试点，进一步扩大试点范围，《关于进一步深化农村信用社改革试点的意见》提出：（1）进一步深化农村信用社改革试点的指导原则是：以邓小平理论和"三个代表"重要思想为指导，认真贯彻党的十六大和十六届三中全会精神，坚持市场化的改革取向，以服务农业、农村和农民为宗旨，按照"明晰产权关系、强化约束机制、增强服务功能、国家适当支持、地方政府负责"的总体要求，围绕不断改善农村金融服务，加大金融支农力度这一首要目标，逐步推进和完善管理体制和产权制度改革，促进农村信用社加强内部控制，转换经营机制，使农村信用社真正成为自主经营、自我约束、自我发展和自担风险的市场主体，真正成为服务农民、农业和农村经济的社区性地方金融企业。（2）进一步做好 8 个试点省（市）深化改革试点工作。一是明确职责分工，落实监督管理责任。二是深化产权制度改革，完善农村信用社法人治理结构。三是转换经营机制，提高经营管理水平。四是改善农村金融服务，加大金融支农力度。五是认真落实扶持政策，形成政策合力。（3）进一步扩大农村信用社改革试点范围。国务院决定，再将北京、天津、河北、山西、内蒙古、辽宁、黑龙江、上海、安徽、福建、河南、湖北、湖南、广东、广西、四川、云南、甘肃、宁夏、青海、新疆 21 个省（自治区、直辖市），作为进一步深化农村信用社改革试点地区，并要重点抓好几项工作：一是有条件地区的农村信用社可以改制组建农村商业银行、农村合作银行等银行类机构或实行以县（市）为单位统一法人，其他地区也可以继续实行乡镇信用社、县（市）联社各为法人的体制。对少数严重资不抵债、机构设置在城区或城郊、支农服务需求较少的信用社可予以撤销。二是将农村信用社的管理交由省级人民政府负责。三是改善支农服务。

8 月 18 日　国务院第 61 次常务会议召开，研究部署进一步做好当前金融工作。会议强调当前要着力做好以下几项工作：（1）进一步做好货币信贷工作。（2）高度重视防范和化解金融风险。（3）不失时机地推进金融改革。（4）进一步做好金融对外开放工作。（5）继续加强和改进金融监管。（6）切实做好防范和打击金融犯罪活动工作。

8 月 19 日　财政部、中国人民银行、中国银监会联合发布《关于加强国有商业银行不良贷款剥离过程中责任追究工作的通知》。该通知要求：（1）国有商业银行应加强内部责任追究工作，建立问责制，加强内部审计和稽核，对贷款发放、管理、处置、剥离过程中的违规违纪行为，按处理事与处理人结合的原则，严肃查处，特别要注意查办因决策失误、内控机制不健全等形成损失的案件。（2）国有商业银行和金融资产管理公司应严格按交接程序，相互配合，做好不良资产剥离和接收工作，防止一剥了之，防止少数企业借改革之机逃废债务，切实防范道德风险。（3）国有商业银行应及时向各监管部门报告责任追究工作，并通过媒体向社会公布责任处理情况。该通知对责任人的处理情况也作了规定。

8 月 20 日　中国城市商业银行汇票资金清算业务正式开通。首批 69 家城市商业银行开始办理银行汇票签发和互为代理兑付业务。

8 月 25 日　中国人民银行发出《关于 2004 年 10 年期中国铁路建设债券在全国银行间债券市场交易流通的批复》。该期铁路债券的上市流通，被认为是真正意义上的企业债进入银行间债券市场。

8 月 27 日　反洗钱工作部际联席会议第一次工作会议在北京召开。中国人民银行行长周小川作了"中国反洗钱现状与未来"的主题发言，公安部副部长赵永吉就我国洗钱犯罪基本情况及公安机关打击洗钱犯罪的工作情况作了专题发言。

8 月 28 日　第十届全国人民代表大会常务委员会第十一次会议通过《中华人民共和国电子签名法》和《中华人民共和国票据法（修正）》并公布施行。

9 月 17 日　《中国人民银行行政许可实施办法》颁布。《中国人民银行行政许可实施办法》包括总则、行政许可的实施机关、行政许可的实施程序、行政许可的费用、监督检查和附则，共 6 章 53 条。《中国人民银行行政许可实施办法》自 2004 年 11 月 1 日起实施。

9 月 24 日　中俄扩大银行合作范围。双方宣布扩大银行合作规模，将 2002 年 8 月 22 日中国人民银行与俄罗斯中央银行签署的《中俄边境地区贸易的银行结算协定》适用范围（黑龙江省黑河市和俄罗斯阿穆尔州布拉格维申斯克市）扩大至中俄所有边境地区，并确保全面、准确地执行该协定的所有条款；继续在反洗钱和打击恐怖主义融资领域开展合作。

9月27日　中国人民银行货币政策委员会2004年第三季度例会在北京召开。会议认为，当前我国国民经济运行平稳，所采取的货币信贷政策措施已见成效，货币信贷运行态势总体上符合货币信贷平稳增长的取向。下一阶段要按照加强和改善宏观调控的要求，灵活运用多种货币政策工具，掌握好调控力度，进一步发挥市场机制对资源配置的基础性作用，继续合理调控货币信贷总量，努力改进金融服务，着力优化信贷结构。

10月6日　欧亚反洗钱与反恐融资小组（the Eurasian Group on Combating Money and Financing of Terrorism，EAG）在莫斯科宣布成立。中国与俄罗斯、哈萨克斯坦、塔吉克斯坦、吉尔吉斯斯坦、白俄罗斯共同成为该组织创始成员国。中国人民银行副行长李若谷率中国代表团出席，并代表中国政府签署成立宣言。

10月13日　中国人民银行颁布《关于调整票据、结算凭证种类和格式的通知》，决定对现行票据和结算凭证的种类和格式进行调整。调整后由中国人民银行统一规范、管理的票证共有15种。

10月18日　城市商业银行银行汇票处理系统成功接入大额支付系统，进一步畅通了中小金融机构汇路，优化了金融市场竞争环境。同月12日，中国人民银行办公厅印发《城市商业银行银行汇票业务依托大额支付系统处理办法（试行）》和《城市商业银行银行汇票处理系统接入支付系统流程和应急方案》。

10月18日　为进一步发展货币市场，拓宽证券公司融资渠道，经商中国证监会、中国银监会，中国人民银行发布《证券公司短期融资券管理办法》。该办法包括总则、发行、交易、托管、结算与兑付、信息披露、监督管理、附则等6章。

10月28日　中国人民银行发布《关于内地银行与香港、澳门银行办理个人人民币业务有关问题的通知》。该通知规定：内地居民持内地商业银行发行的个人人民币银行卡（包括借记卡和贷记卡），可在香港或澳门用于购物、餐饮、住宿、交通、医疗等旅游、消费支付，但不得用于旅游、消费以外的经营性交易、证券投资和房地产等资本和金融项目交易，以及博彩等内地法律法规禁止交易的支付；在自动取款机（ATM）上提取港元或澳门元现钞限额为每日累计不超过等值5 000元人民币，但不得在香港或澳门银行柜台转账、提现或通过客户受理终端（POS）提现。香港持牌银行及其附属机构发行个人人民币银行卡不超过10万元人民币信用额度。内地银行接受的香港或澳门人民币汇款分别限于：持香港居民身份证件的个人经由清算行汇入内地银行且以汇款人为收款人的汇款，每一汇款人每天汇入的最高限额50 000元人民币。如同一汇款人同一天从香港汇入的人民币金额超过50 000元的，内地银行应将相应的人民币款项原路退回香港汇出行，不得为收款人办理解付。该通知自发布之日起施行。《中国人民银行关于内地银行与香港银行办理个人人民币业务有关问题的通知》同时废止。

10月29日　中国人民银行上调金融机构存、贷款基准利率，并放宽人民币贷款利率浮动区间和允许人民币存款利率下浮。中国人民银行于10月28日发布《关于调整金融机构存、贷款利率的通知》决定：金融机构1年期存款利率上调0.27个百分点，1年期贷款利率上调0.27个百分点。同时，不再设定金融机构（不含城乡信用社）人民币贷款利率上限。对金融竞争环境尚不完善的城乡信用社贷款利率仍实行上限管理，最高上浮系数为贷款基准利率的2.3倍。所有金融机构的贷款利率下浮幅度不变。所有存款类金融机构对其吸收的人民币存款的利率可在不超过各档次存款基准利率的范围内浮动。但存款利率不能上浮。

10月29日　中国人民银行发布《金融机构外汇存款准备金管理规定》。从2005年1月15日起，金融机构外汇存款准备金率统一调整为3%。该规定自2005年1月1日起实施。中国人民银行1996年4月30日发布的《外资金融机构存款准备金缴存管理办法》和1996年12月1日发布的《外汇存款准备金管理规定》同时废止。

10月29日　国家发展改革委发布《关于金融资产管理公司对外转让不良债权有关外债管理问题的通知》。该通知规定，外资收购金融资产管理公司不良债权的，形成中国境内企业对外负债，应纳入外债管理。

11月4日　中国人民银行、财政部、中国银监会、中国证监会联合发布《个人债权及客户证券交易结算资金收购意见》，对债权计算标准、收购资金的筹集以及各方责任作了具体规定。

11月8日　中国人民银行发布《个人财产对外转移售付汇管理暂行办法》，自2004年12月1日起施行。

11月8日　中央债券综合业务系统成功接入大额实时支付系统，使债券市场实现高效率、低风险的"券款对付"结算。

11月8日　中国银联信息处理系统成功接入大额实时支付系统，实现了银联卡跨行支付业务的即时转账结算。

11月9日　公开市场操作首次采用"券款对付"的方式进行结算，标志着中国银行间债券市场成功实现了"券款对付"。

11月18日　中国人民银行上调境内商业银行美元小额外币存款利率。1年期美元存款利率上限提高0.3125个百分点，调整后利率上限为0.875%。从即日起，人民银行不再公布美元、欧元、日元、港元2年期小额外币存款利率上限，改由商业银行自行确定并公布2年期小额外币存款利率。

11月29日　中国正式入股西非开发银行（West African Development Bank，WADB）。中国人民银行与西非开发银行在北京签署《谅解备忘录》《中国人民银行代表中华人民共和国与西非开发银行关于中华人民共和国入股西非开发银行的协议》和《认缴书》。《谅解备忘录》写明"西非行遵循西非经货联盟首脑会议决议，不以台湾为合作伙伴"。我国认购西非开发银行股本160股，成为该行B类（区外）最大股东。

12月7日　中国人民银行发布《全国银行间债券市场交易流通审核规则》，对债券发行人申请其发行的债券在银行间市场交易流通的条件、持续信息披露等方面进行了规定。该审核规则自2004年12月15日起施行。

12月9日　中国人民银行首次发行3年期远期中央银行票据。

12月15日　个人信用信息基础数据库试运行。由中国人民银行组织商业银行建设的个人信用信息基础数据库，首先实现15家全国性商业银行和8家城市商业银行在北京、重庆、深圳、西安、南宁、绵阳、湖州7个城市试运行，成为各商业银行信用数据信息共享的平台。该数据库主要采集和保存个人在商业银行的借还款、信用卡、担保等信用信息，以及相关身份识别信息，并向商业银行提供个人信用信息联网查询服务。个人信用信息基础数据库于2005年8月底完成与全国所有商业银行和部分有条件的农村信用社的联网运行，于2006年1月正式运行。

12月22日　中国人民银行和中国银监会对原由中国人民银行发布的部分金融规章和规范性文件进行清理。原由人民银行发布的11件规章和文件，由中国人民银行和中国银监会按照各自的法定职责对其中的有关事项负责监督实施、解释，双方共同修改、废止；原由人民银行发布、现由中国银监会负责监督实施、解释、修改的有61件；被废止的38件。

12月24日 中国人民银行党委印发《中国人民银行党委巡察工作办法（试行）》，在人民银行系统建立巡察工作制度，加强对分支机构和直属企事业单位领导班子及其成员特别是主要负责同志的监督。

12月27日 中国人民银行货币政策委员会2004年第四季度例会在京召开。会议认为，2004年以来，中国人民银行继续执行稳健的货币政策，加强和改进金融调控，合理控制货币信贷总量，着力优化信贷结构，货币信贷政策措施已初见成效，货币信贷增长总体合理，金融运行平稳。会议认为，下一阶段中央银行应继续执行稳健的货币政策，进一步提高金融调控的前瞻性、科学性和有效性；综合运用多种货币政策工具，适时、适度调控金融体系流动性；稳步推进利率市场化改革，进一步完善人民币汇率形成机制，保持人民币汇率在合理、均衡水平上的基本稳定，促进国际收支平衡；积极推动金融企业改革，鼓励金融创新，改进金融服务，大力发展金融市场，促进直接融资和间接融资的协调发展，提高货币政策传导效率。

12月29日 国务院第75次常务会议召开，研究推进国有商业银行股份制改革。会议要求，继续完善公司治理结构，确保新机制有效运行；加快完善内控机制和风险防范机制，强化资本约束，防止不良资产反弹；建立健全问责制，加大对不良资产责任人的追究，有效防止新的违规经营；引进战略投资者，引进先进的经营管理机制和各类人才；加强队伍建设。

12月30日 中国人民银行批准在新疆阿拉山口口岸设立阿拉山口支行。阿拉山口支行作为人民银行基层派出机构，将重点履行好支付清算、经理国库、货币发行以及外汇管理等金融服务工作，并针对当地经济金融发展开展调研工作。

12月31日 国务院批准《反洗钱工作部际联席会议制度》。人民银行为反洗钱工作部际联席会议牵头单位。反洗钱工作部际联席会议下设办公室，组织开展反洗钱工作部际联席会议日常工作。办公室设在人民银行反洗钱局，反洗钱工作部际联席会议在党中央、国务院领导下，指导全国反洗钱工作，制定国家反洗钱的重要方针、政策，制定国家反洗钱国际合作的政策措施，协调各部门、动员全社会开展反洗钱工作。各成员单位在国务院确定的反洗钱工作机制框架内开展工作。反洗钱工作部际联席会议原则上每年召开1~2次全体会议。

二〇〇五年

1月1日 中国人民银行调整国家货币出入境限额。中国人民银行于2004年11月29日发布《国家货币出入境限额调整的公告》，决定从2005年1月1日起调整国家货币出入境限额，中国公民出入境、外国人入出境每人每次携带的人民币限额由原来的6 000元调整为20 000元。

1月4日 2005年中国人民银行工作会议在南宁召开。会议回顾了2004年人民银行的各项工作，同时强调，2005年的工作要突出两个方面：一是继续加强和改善金融调控，在进一步搞好总量调控的同时，引导金融机构加大信贷结构调整力度，继续防止经济出现大的波动和物价过快上涨；二是坚持以改革为动力，推动各项金融工作，注重用改革的办法解决阻碍金融业发展和影响金融稳定的体制机制问题，不失时机地推进改革。会议部署了2005年10项主要任务。中央政治局常委、国务院副总理黄菊到会并作了重要讲话。

1月19日 中国人民银行发布《人民币银行结算账户管理办法实施细则》，进一步加强银行结算账户管理，维护经济金融秩序稳定。本实施细则共6章50条，自2005年1月31日起施行。

1月21日 中国人民银行公布《银行业金融机构进入全国银行间同业拆借市场审核规则》，要求：商业银行、城市信用合作社、农村信用合作社等吸收公众存款的金融机构以及政策性银行申请加入同业拆借市场应当具备的条件是：有健全的组织结构和管理制度；近两年未因违法、违规经营受到处罚；近两年未出现资不抵债情况；中国人民银行规定的其他条件。外资商业银行申请加入同业拆借市场还应经国务院银行业监督管理机构批准获得经营人民币业务资格；城市信用合作社申请加入同业拆借市场应完成改制；农村信用合作社申请加入同业拆借市场应以县联社为单位；政策性银行申请加入同业拆借市场应已按市场化方式在银行间债券市场发债；国有商业银行和股份制商业银行授权其一级分支机构加入同业拆借市场时，其总行应当是同业拆借市场成员。国有商业银行、股份制商业银行、政策性商业银行申请加入同业拆借市场应报人民银行总行批准。

1 月 27 日　中国人民银行发行第 14 期中央银行票据 50 亿元。该期中央银行票据以价格招标方式发行，期限 3 个月（91 天）。这是自 2004 年 12 月 28 日中央银行在公开市场业务操作中引入远期票据发行机制以来，首次在短期中央银行票据品种中引入远期发行机制。

1 月 31 日　中国人民银行发布《稳步推进利率市场化报告》，提出：我国利率市场化改革的总体思路为：先放开货币市场利率和债券市场利率，再逐步推进存、贷款利率的市场化。存、贷款利率市场化按照"先外币、后本币；先贷款、后存款；先长期、大额，后短期、小额"的顺序进行。

2 月 9 日　中国政府代表团参加在巴黎召开的反洗钱金融行动特别工作组（Financial Action Task Force on Money Laundering，FATF）全会。2005 年 1 月底，中国成为金融行动特别工作组观察员。此次 FATF 全会是中国首次派代表团参加。

2 月 18 日　中国人民银行、财政部、国家发展改革委和中国证监会联合发布《国际开发机构人民币债券发行管理暂行办法》，允许符合条件的国际开发机构在国内发行人民币债券，引进国际债券发行的先进经验和管理技术，推进国内债券市场的开放与发展。

2 月 20 日　中国人民银行、中国银监会、中国证监会联合发布《商业银行设立基金管理公司试点管理办法》。该办法规定：商业银行设立的基金管理公司所募集的基金种类，由中国证监会核准，并依法对商业银行设立的基金管理公司及其募集和管理的基金实施监督管理，保证基金财产的合法运用和基金份额持有人的合法权益不受侵犯。中国银监会对设立基金管理公司的商业银行制定相关风险监管指标计算标准，并实施并表监管。中国人民银行对商业银行设立的基金管理公司进入全国银行间债券市场依法进行备案和监管。中国人民银行、中国银监会和中国证监会对商业银行设立的基金管理公司在依法实施监管过程中，要及时相互通报有关信息，建立监管信息共享制度。

2 月 23 日　中国人民银行与中国银监会联合发出《关于加快落实国家助学贷款新政策有关事宜的通知》，要求各地抓紧落实国家助学贷款新政策，加快完成所有省属高校的国家助学贷款经办行招投标工作，保证中标银行与高校签订协议的国家助学贷款及时发放到位。

2 月 28 日　《中华人民共和国刑法》增加规定"妨害信用卡管理罪"。第十届全国人民代表大会常务委员会第十四次会议通过《中华人民共和国刑法修正案（五）》，其中对常见的持有、运输伪造的信用卡；非法持有他人信用卡，数量较大；使用虚假的身份证明骗领信用卡；出售、购买、为他人提供伪造的信用卡或者以虚假的身份证明冒领信用卡的；窃取、收买或者非法提供他人信用卡磁条信息这五种行为直接定为"妨害信用卡管理罪"，并将使用以虚假的身份证明骗领信用卡的行为也补充认定为"信用卡诈骗罪"。

3 月 17 日　中国人民银行调整商业银行住房信贷政策和超额准备金存款利率。中国人民银行于2月16日发布的《关于调整商业银行住房信贷政策和超额准备金存款利率的通知》规定：经国务院批准，金融机构在人民银行的超额准备金存款利率由现行年利率1.62%下调到0.99%，法定准备金存款利率维持1.89%不变。同时调整商业银行自营性个人住房贷款政策：一是将现行的住房贷款优惠利率回归到同期贷款利率水平，实行下限管理，下限利率水平为相应期限档次贷款基准利率的0.9倍，商业银行法人可根据具体情况自主确定利率水平和内部定价规则；二是对房地产价格上涨过快的城市或地区，个人住房贷款最低首付款比例可由现行的20%提高到30%；具体调整的城市或地区，可由商业银行法人根据国家有关部门公布的各地房地产价格涨幅自行确定，不搞"一刀切"。

3月18日 公安部、中国人民银行联合发布《关于可疑交易线索核查工作的合作规定》，明确：公安机关与中国人民银行将建立联合督办制度，跨地区和重大、复杂的可疑交易案件，由公安部经济犯罪侦查局、中国人民银行反洗钱局联合督办；各省、自治区、直辖市公安厅、局经济犯罪侦查部门和中国人民银行反洗钱部门对本辖区内重大、复杂的可疑交易案件联合督办。

3月21日 信贷资产证券化试点工作正式启动。由中国人民银行牵头，国家发展和改革委员会、财政部、劳动和社会保障部、建设部、国家税务总局、国务院法制办、中国银监会、中国证监会、中国保监会参加的信贷资产证券化试点工作协调小组在京召开第一次工作会议。会议决定，国家开发银行和中国建设银行作为试点单位，分别进行信贷资产证券化和住房抵押贷款证券化的试点。

3月24日 中国人民银行货币政策委员会2005年第一季度例会在京召开。会议认为，加强和改善宏观调控已取得明显成效，但经济运行中固定资产投资反弹的基础依然存在，通货膨胀压力尚未根本缓解，货币政策传导机制有待进一步完善。下一阶段应继续执行稳健的货币政策，进一步提高金融调控的前瞻性、科学性和有效性。灵活运用多种货币政策工具，适时、适度调控金融体系流动性，引导金融企业优化信贷结构，合理控制中长期贷款比重，逐步实现投资与消费比例关系合理化。稳步推进利率市场化改革，进一步完善人民币汇率形成机制，保持人民币汇率在合理、均衡水平上的基本稳定，促进国际收支平衡。大力培育和发展金融市场，加快推进金融改革，推动直接融资和间接融资的协调发展，提高货币政策传导效率。

3月27日 国务院决定，任命胡晓炼同志为国家外汇管理局局长。

4月6日 商业银行投资设立基金管理公司试点工作正式启动。中国人民银行、中国银监会和中国证监会共同确定中国工商银行、中国建设银行和交通银行为首批直接投资设立基金管理公司的试点银行。

4月12日 欧亚反洗钱与反恐融资小组（the Eurasian Group on Combating Money and Financing of Terrorism，EAG）第二次全体会议在上海召开。来自EAG成员和观察员的120余名代表、官员、专家和学者，围绕EAG内部沟通和工作机制、工作支持机制、相互评估、反洗钱立法和设立金融情报中心建议、欧亚地区洗钱和恐怖融资趋势、技术援助、捐助者会议等诸多议题进行讨论。

4月18日 国务院批准中国工商银行股份制改革方案。国务院要求，中国工商银行要全面推进各项改革，以建立现代产权制度和现代公司治理结构为核心，转换经营机制，建立现代金融企业制度，成为一个资本充足、内控严密、运营安全、服务与效益良好、主要经营管理指标达到国际水准、具有较强国际竞争力的现代化大型商业银行。

4月20日 中国人民银行和中国银监会联合颁布《信贷资产证券化试点管理办法》，规范信贷资产证券化试点工作，保护投资人及相关当事人的合法权益，提高信贷资产流动性，丰富证券品种。

4月24日　中国人民银行、国家发展改革委、财政部、商务部、公安部、信息产业部、国家税务总局、中国银监会和国家外汇管理局联合发布《关于促进银行卡产业发展的若干意见》。九部委联合提出银行卡发展目标，通过健全法律制度等政策措施，最大限度地降低风险，促使银行卡产业步入良性发展轨道。该文件要求各级政府部门及所属预算单位积极带头使用银行卡，在行政经费、差旅费等公务支出中使用银行卡支付。

4月27日　中国人民银行发布《全国银行间债券市场金融债券发行管理办法》。该办法包括总则、申请与核准、发行、登记托管与兑付、信息披露、法律责任、附则，共7章44条。该办法规定：中国人民银行依法对金融债券的发行进行监督管理。未经中国人民银行核准，任何金融机构不得擅自发行金融债券。金融债券的发行应遵循公平、公正、诚信、自律的原则，金融债券发行人及相关中介机构应充分披露有关信息，并提示投资风险。金融债券的投资风险由投资者自行承担。政策性银行发行金融债券，应按年向中国人民银行报送金融债券发行申请，经中国人民银行核准后方可发行；商业银行、企业集团财务公司发行金融债券，须分别满足核心资本充足率不低于4%和10%的条件。金融债券可在全国银行间债券市场公开发行或定向发行。发行金融债券的承销可采用协议承销、招标承销等方式。承销人应为注册资本不低于2亿元人民币的金融机构；金融债券的招投标发行通过中国人民银行债券发行系统进行。发行人不得认购或变相认购自己发行的金融债券。该办法自2005年6月1日起施行。中国人民银行1998年11月28日发布的《政策性银行金融债券市场发行管理暂行规定》同时废止。

4月30日　中央银行会计集中核算系统在全国推广成功，为跨行支付交易提供最终转账结算。

4月30日　中国人民银行发布《关于对签发空头支票行为实施行政处罚有关问题的通知》，加大空头支票处罚力度，维护持票人合法利益和经济金融秩序。该通知对实施处罚的主体资格、处罚依据和标准、处罚程序、罚款缴纳和手续费的支付作了明确规定。该通知自2005年6月1日起执行。

5月8日　中国人民银行与中国银监会联合下发《关于进一步加强农村信用社改革试点专项中央银行票据发行兑付考核工作的通知》，加强对农村信用社改革进程、效果及其经营财务状况的动态监测与考核，督促农村信用社从加强内部管理入手，完善法人治理结构，强化约束机制，在申请兑付票据时取得实质性进展。

5月8日　中央银行会计集中核算系统正式运行。

5月9日　国务院办公厅转发建设部、国家发展改革委、财政部、国土资源部、中国人民银行、国家税务总局和中国银监会等部门《关于做好稳定住房价格工作意见》，提出：要强化规划调控，改善住房供应结构；加大土地供应调控力度，严格土地管理；调整住房转让环节营业税政策，严格税收征管；加强房地产信贷管理，防范金融风险；明确享受优惠政策普通住房标准，合理引导住房建设与消费；加强经济适用住房建设，完善廉租住房制度；切实整顿和规范市场秩序，严肃查处违法违规销售行为；加强市场监测，完善市场信息披露制度。

5月11日　中国人民银行发布《全国银行间债券市场债券远期交易管理规定》，明确：债券远期交易是指交易双方约定在未来某一日期，以约定价格和数量买卖标的债券的行为，债券券种包括已在全国银行间债券市场进行现券交易的中央政府债券、中央银行债券、金融债券和经中国人民银行批准的其他债券券种。远期交易的市场参与者应为进入全国银行间债券市场的机构投资者。远期交易从成交日至结算日的期限（含成交日不含结算日）由交易双方确定，但最长不得超过365天，实行净价交易，全价结算，到期实际交割资金和债券。任何一家市场参与者单只债券的远期交易卖出总余额与买入总余额分别不得超过该只债券流通量的20%，远期交易卖出总余额不得超过其可用自有债券总余额的200%。市场参与者中，任何一只基金的远期交易净买入总余额不得超过其基金资产净值的100%，任何一家外资金融机构在中国境内的分支机构的远期交易净买入总余额不得超过其人民币营运资金的100%，其他机构的远期交易净买入总余额不得超过其实收资本金或者净资产的100%。该文件自2005年6月15日起施行。6月3日，中国人民银行又发布了两个重要的配套性文件：一是《中国人民银行关于印发〈全国银行间债券市场债券远期交易主协议〉的通知》；二是《中国人民银行关于全国银行间债券市场债券远期交易信息披露风险监测有关事项的通知》。

5月12日 中国人民银行批准泛亚债券指数基金（Pan - Asian Bond Index Fund，PAIF）进入银行间债券市场。这是银行间债券市场引入的第一家境外机构投资者。

5月16日 国务院总理温家宝阐明中国政府关于人民币汇率的基本立场。温家宝在京会见美国商会代表团时强调：第一，实行人民币汇率制度改革，是建立社会主义市场经济体制的必然要求，是金融改革的重要内容，是我们一贯的方针，我们将坚定不移地推进这项改革。第二，推进人民币汇率制度改革，要从中国的实际出发，考虑宏观经济环境，考虑企业承受能力，考虑金融改革的进度，考虑对国际贸易的影响。近两年来，我们从多方面为汇率改革积极创造条件，并进行改革方案的研究，做了大量准备工作。同时，中国是负责任的国家，汇率改革也要考虑对周边国家、地区以至世界经济金融的影响。第三，人民币汇率改革是中国的主权，每个国家完全有权选择适合本国国情的汇率制度和合理的汇率水平。我们遵循市场经济规律，但不屈从外界的压力，任何压力和炒作，把经济问题政治化，都无助于问题的解决。我们的态度很明确，只要条件具备，没有外界压力我们也会主动推进汇率改革；如果条件不具备，即使外界施加巨大压力，我们也不会贸然行事。

5月18日 中国人民银行批准银行间外汇市场开办外币买卖业务。同日，中国外汇交易中心推出八对外币买卖业务。这八对交易货币分别是美元兑欧元、美元兑日元、美元兑港元、美元兑英镑、美元兑瑞士法郎、美元兑澳大利亚元、美元兑加拿大元、欧元兑日元。

5月19日 国家外汇管理局印发《关于扩大境外投资外汇管理改革试点有关问题的通知》，决定将境外投资外汇管理改革试点从24个省（区、市）扩展到全国；境外投资用汇总额度从目前的33亿美元增至50亿美元；试点地区外汇局的审查权限从300万美元提高至1 000万美元。

5月20日 经国务院批准，上调境内商业银行美元、港元小额外币存款利率上限。其中，1年期美元存款利率上限提高0.25个百分点，1年期港元存款利率上限提高0.1875个百分点，调整后利率上限分别为1.125%和1%。

5月23日 中国人民银行发布《短期融资券管理办法》，进一步发展了货币市场，拓宽了企业直接融资渠道，规范了短期融资券的发行和交易。同时下发的还有《短期融资券承销规程》《短期融资券信息披露规程》《短期融资券交易规程》，均自公布之日起施行。

5月25日 中国人民银行发布《2004年中国区域金融运行报告》。此后，作为《中国货币政策执行报告》增刊按年发布。

5月27日 中、日、韩三国中央银行签署货币互换协议。根据协议，中韩之间的互换规模由20亿美元增加到40亿美元，韩日则达成了30亿美元的互换协议，允许双方在缺少日元或韩圆时互相借贷，此前两国协议的规模为 20 亿美元。

5 月 30 日　中国人民银行调整人民币存、贷款计结息规定。《中国人民银行关于人民币存、贷款计结息问题的通知》规定：从 9 月 21 日起，活期存款由按年计结息改为按季度计结息（部分农村信用社和邮政储蓄基层机构执行个人活期存款按季结息的时间最迟是 2006 年 1 月 21 日）；除活期存款和定期整存整取存款外，通知存款、协定存款，定活两便、存本取息、零存整取和整存零取等六种存款的计结息方式由银行自主选择。

6 月 9 日　中国人民银行发布《关于债券结算代理业务有关事项的公告》，允许非金融机构投资者与银行间债券市场上所有具备做市商资格或债券结算代理业务资格的金融机构进行债券交易。

6 月 10 日　京、津、冀跨区域票据自动清分系统正式运行。这一系统是人民银行推动票据跨同城区域交换的一个重大探索，在"三方联网"后，河北省廊坊票据清算中心作为独立清算机构，具有与北京、天津票据清算中心同等的清算功能，廊坊支票可以在北京、天津流通使用。

6 月 13 日　中国人民银行发布《资产支持证券信息披露规则》，以规范资产支持证券信息披露行为，维护投资者合法权益，保证资产支持证券试点的顺利进行，促进银行间债券市场的健康发展。

6 月 15 日　中国首个利率衍生产品——人民币债券远期交易业务在全国银行间同业拆借中心交易系统正式开盘。第一笔远期交易在中国工商银行和兴业银行之间完成。

6 月 15 日　中国人民银行发布《关于就资产支持证券在银行间债券市场的登记、托管、交易和结算等有关事项的公告》，明确受托机构在中央结算公司办理资产支持证券登记托管，同期各档次的资产支持证券应作为独立券种分别注册。

6 月 16 日　中国人民银行发布《关于规范和促进银行卡受理市场发展的指导意见》，以扩大银行卡使用，促进银行卡业务发展。

6 月 26 日　首批企业短期融资券发行。华能国际、振华港机、国航股份、五矿集团、国家开发投资公司 5 家企业，按照《短期融资券管理办法》规定的条件和程序提交备案材料后，在银行间债券市场向合格机构投资人成功发行了 7 只短期融资券，总面额共 109 亿元。

6 月 27 日　大额实时支付系统完成在全国的推广应用，实现了我国异地跨行支付清算从手工联行到电子联行，再到现代化支付系统的跨越式发展和历史性飞跃。大额实时支付系统是中国现代化支付系统的重要组成部分，处理跨行同城和异地的金额在规定起点以上的大额贷记支付业务和紧急的小额贷记支付业务。采取逐笔发送支付指令，全额实时清算资金。

6 月 28 日　国务院扶贫开发领导小组办公室、财政部、中国人民银行、中国银监会联合下发《关于开展建立"奖补资金"，推进小额贷款到户试点工作的通知》，在江西、重庆、贵州和陕西 4 省（直辖市），各选择两个县，开展建立"奖补资金"、推进小额贷款到户的试点，将部分中央财政扶贫资金作为"奖补资金"，用于贫困户贷款的利息补贴、亏损补贴或奖励；继续探索扶贫贷款到户的有效机制，进一步扩大扶贫贷款到户的规模。

6 月 29 日　中国人民银行货币政策委员会召开 2005 年第二季度例会。会议认为，当前我国国民经济继续保持平稳、较快增长。按照党中央、国务院的统一部署，中国人民银行综合运用多种货币政策工具，适时、适度调控货币信贷总量，引导商业银行优化信贷结构。总体看，当前金融运行平稳。会议深入分析了当前宏观经济金融形势，会议认为，要全面贯彻中央经济工作会议精神，牢固树立科学发展观，继续加强和改善金融宏观调控，促进经济平稳发展和物价基本稳定。

会议研究了下一阶段货币政策取向和措施，认为，应继续执行稳健的货币政策，进一步增强金融宏观调控的前瞻性、科学性和有效性。在控制固定资产投资的同时，扩大国内消费需求，逐步实现投资与消费比例关系合理化。稳步推进利率市场化改革，进一步完善人民币汇率形成机制，保持人民币汇率在合理、均衡水平上的基本稳定，促进国际收支平衡。大力培育和发展金融市场，积极推进金融改革，推动直接融资和间接融资的协调发展，提高货币政策传导效率。

6月30日 中国人民银行与四家资产管理公司、中国工商银行分别签订专项再贷款和专项中央银行票据协议书。中国人民银行向四家资产管理公司共发放专项再贷款 4 587.9 亿元，用于认购中国工商银行的可疑类贷款，中国工商银行以其出售可疑类贷款所得，归还 283.25 亿元再贷款，余额 4 304.65 亿元认购专项中央银行票据。

7月11日 中国人民银行通过《财经》杂志公布《中国反洗钱报告 2004》。《中国反洗钱报告 2004》是中国人民银行成立中国反洗钱监测分析中心后公布的首份反洗钱报告。

7月21日 中国人民银行发布《关于完善人民币汇率形成机制改革的公告》，决定：（1）自 2005 年 7 月 21 日起，我国开始实行以市场供求为基础、参考一篮子货币进行调节、有管理的浮动汇率制度。人民币汇率不再盯住单一美元，形成更富弹性的人民币汇率机制。（2）人民银行于每个工作日闭市后公布当日银行间外汇市场美元等交易货币对人民币汇率的收盘价，作为下一个工作日该货币对人民币交易的中间价格。（3）2005 年 7 月 21 日 19:00，美元对人民币交易价格调整为 1 美元兑 8.11 元人民币，作为次日银行间外汇市场上外汇指定银行之间交易的中间价，外汇指定银行可自此时起调整对客户的挂牌汇价。（4）现阶段，每日银行间外汇市场美元对人民币的交易价仍在人民银行公布的美元交易中间价上下 3‰ 的幅度内浮动，非美元货币对人民币的交易价在人民银行公布的该货币交易中间价上下一定幅度内浮动。中国人民银行将根据市场发育状况和经济金融形势，适时调整汇率浮动区间。

7月21日 中国人民银行印发《关于银行间外汇市场交易汇价和外汇指定银行挂牌汇价管理有关事项的通知》。

7月22日 经国务院批准，上调境内商业银行美元、港元小额外币存款利率上限。其中，一年期美元、港元存款利率上限均提高 0.5 个百分点，调整后利率上限分别为 1.625% 和 1.5%。

7月26日 中国人民银行对人民币汇率改革有关问题发表声明。中国人民银行郑重发表声明：一是人民币汇率初始调整水平升值 2%，是指在人民币汇率形成机制改革的初始时刻就作一调整，调整水平为 2%。并不是指人民币汇率第一步调整 2%，事后还会有进一步的调整。二是人民币汇率水平升值 2% 是根据汇率合理均衡水平测算出来的。这一调整幅度主要是从我国贸易顺差程度和结构调整的需要来确定的，同时也考虑了国内企业的承受能力和结构调整的适应能力。这个幅度基本上趋近于实现商品和服务项目大体平衡。三是渐进性是人民币汇率形成机制改革的一个重要原则。渐进性是指人民币汇率形成机制改革的渐进性，而不是指人民币汇率水平调整的渐进性。人民币汇率制度改革重在人民币汇率形成机制的改革，而非人民币汇率水平在数量上的增减。

7月26日 中国人民银行、财政部、中国银监会、中国证监会联合发布《个人债权及客户证券交易结算资金收购实施办法》。

8月2日 中国人民银行发布《关于扩大外汇指定银行对客户远期结售汇业务和开办人民币与外币掉期业务有关问题的通知》。该通知规定：（1）只要银行具有即期结售汇业务和衍生产品交易业务资格，备案后均可从事远期结售汇业务。（2）实行备案制的市场准入方式，加强银行的内控和自律管理。（3）银行可根据自身业务能力和风险管理能力对客户报价，增强市场价格发现功能，促进交易，为客户提供更好的服务。（4）放开交易期限限制，由银行自行确定交易期限和展期次数。（5）扩大交易范围。在现有的贸易、服务、收益三大类经常项目交易基础上，放开包括经常转移在内的全部经常项目交易，另外增加部分资本与金融项目交易。该文件还允许银行对客户办理不涉及利率互换的人民币与外币掉期业务。凡获准办理远期结售汇业务6个月以上的银行，向国家外汇管理局备案后即可办理掉期业务。掉期业务的定价方式、交易期限结构等管理规定与远期结售汇业务一致。在交易范围方面，除远期结售汇业务规定的各项交易外，还根据掉期业务的特殊性，适当增加了部分交易范围。该文件还明确了银行对客户办理远期结售汇业务和人民币与外币掉期业务的相关交易应遵守外汇管理规定，保证外汇收支的真实性和合规性。管理部门将通过对市场非现场监管，提升防范市场风险的能力。

8月2日　国家外汇管理局发布《关于放宽境内机构经常项目外汇收入有关问题的通知》。根据境内机构经常项目外汇收支实际情况，将境内机构经常项目外汇账户保留现汇的比例，由原来的30%和50%调高至50%和80%。

8月3日　国家外汇管理局发布实施《关于调整境内居民个人经常项目下因私购汇限额及简化相关手续的通知》，进一步调整居民个人经常项目购汇政策，提高了境内居民个人经常项目下因私购汇指导性限额，简化相关购汇手续。对持因私护照的境内居民个人出境旅游、探亲、考察等有实际出境行为的购汇指导性限额，由原来的等值3 000美元和5 000美元提高至5 000美元和8 000美元。

8月4日　《中国人民银行突发事件应急预案管理办法》发布实施。该办法对应急预案的制订、应急预案的内容标准、应急预案的管理等作了具体规定。

8月8日　中国人民银行发布《关于加快发展外汇市场有关问题的通知》。该通知扩大了市场参与主体，增加了市场交易模式，丰富了市场交易品种，进一步推进了银行间外汇市场发展，为完善人民币汇率形成机制提供基础支持。

8月8日　国家民委、国家发展改革委、财政部、中国人民银行、国务院扶贫办联合编制《扶持人口较少民族发展规划（2005—2010年)》（民委发〔2005〕150号），决定对人口在10万人以下的22个少数民族，通过采取扶贫贴息贷款、优惠利率等特殊政策措施，集中力量帮助这些民族加快发展。

8月10日　周小川阐述人民币汇率参考原则。中国人民银行行长周小川在中国人民银行上海总部成立揭牌仪式上表示：一篮子货币的确定是以对外贸易权重为主的，目前，美国、欧元区、日本、韩国等是中国最主要的贸易伙伴，美元、欧元、日元、韩元等也自然会成为主要的篮子货币。此外，新加坡、马来西亚、俄罗斯、澳大利亚、加拿大、泰国等国家与我国的贸易比重也较大，这些国家的货币对中国的人民币汇率也是很重要的。作为人民币汇率调节的一个参考，篮子货币的选取以及权重的确定主要是考虑中国国际收支经常项目的主要交易国家、地区及其货币。周小川具体谈到了四项原则：着重考虑商品和服务贸易的权重作为篮子货币选取及权重确定的基础；适当考虑外债来源的币种结构；适当考虑外商直接投资的因素；经常项目中一些无偿转移类项目的收支，也在权重的考虑之中。周小川强调，与单一盯住美元的汇率制度相比，参考一篮子货币调节可以更全面地反映人民币对主要货币的变化，有利于较好地应对美元不稳定所带来的影响。

8月10日　中国人民银行上海总部成立。上海总部主要以人民银行上海分行为基础进行组建，作为人民银行总行的有机组成部分，在总行的领导和授权下开展工作，将主要承担部分中央银行业务的具体操作职责，同时履行一定的管理职能。

8月15日 中国外汇交易中心推出银行间远期外汇交易品种，同时升级外汇交易系统。当日，中国工商银行和中国建设银行共成交两笔美元对人民币远期交易，期限分别为1个月和1年。

8月16日 国家外汇管理局发布《关于调整境内银行为境外投资企业提供融资性对外担保管理方式的通知》。将境内外汇指定银行为中国境外投资企业融资提供对外担保的管理方式，由逐笔审批调整为年度余额管理。同时将实施对外担保余额管理的银行范围由个别银行扩大到所有符合条件的境内外汇指定银行，将可接受境内担保的政策受益范围由境外中资企业扩大到所有境内机构的境外投资企业。该文件自2005年9月1日起施行。

8月18日 中国人民银行公布《个人信用信息基础数据库管理暂行办法》。该办法规定了个人信用数据库采集个人信用信息的范围和方式、数据库的使用用途、个人获取本人信用报告的途径和异议处理方式；规定了个人信用信息的客观性原则，共7章45条，自10月1日起开始实施。

8月23日 经国务院批准，上调境内商业银行美元、港元小额外币存款利率上限。其中，1年期美元存款利率上限提高0.375个百分点至2%，1年期港元存款利率上限提高0.375个百分点至1.875%。

8月30日 国务院批复《中国人民银行、银监会、保监会关于商业银行和保险机构投资者投资资产支持证券问题的请示》，允许商业银行、保险机构投资者投资资产支持证券。

8月31日 经国务院批准，中国人民银行发行2005年版第五套人民币。该套人民币共为100元、50元、20元、10元、5元纸币和1角硬币6个券别，保持1999年版第五套人民币主图案、主色调、规格不变。

9月2日 反洗钱工作部际联席会议第二次工作会议在北京召开。会议总结了联席会议运作一年来的工作情况，讨论部署今后一段时期的工作任务，重点研究部署我国接受金融行动特别工作组（FATF）评估的准备工作。

9月5日 中国人民银行发布《人民币图样使用管理办法》，规定：人民币图样的使用实行一事一批的审批制度。中国人民银行是使用人民币图样的审批机关，中国人民银行各分支机构是使用人民币图样申请的受理机构。《人民币图样使用管理办法》自2005年10月10日起施行。

9月5日 中国人民银行发布《经营、装帧流通人民币管理办法》，规定：经营流通人民币实行许可证管理制度；装帧流通人民币实行一事一批的审批制度。中国人民银行是经营、装帧流通人民币申请的受理机构和审批机关。《经营、装帧流通人民币管理办法》自2005年10月10日起施行。

9月5日 中国人民银行发布《关于完善票据业务制度有关问题的通知》，进一步完善了票据业务制度，以规范和促进票据业务的健康发展。

9月19日 中国人民银行货币政策委员会2005年第三季度例会在北京召开。会议研究了下一阶段货币政策取向和措施，认为应继续执行稳健的货币政策，进一步提高金融宏观调控的前瞻性、科学性和有效性。在总量上保持连续性和稳定性的同时，加强预调和微调，注重发挥市场本身的调节作用。要继续贯彻落实利率市场化的政策，研究并完善利率的形成和传导机制。进一步完善有管理的浮动汇率制度，保持人民币汇率在合理、均衡水平上的基本稳定。大力推动金融市场建设和金融工具创新，加快外汇市场发展，不断改进外汇管理，引导企业、居民提高汇率风险管理能力。加快推进金融改革，推动直接融资和间接融资的协调发展，提高货币政策传导效率。

9月22日 国家外汇管理局发布《关于调整

银行结售汇头寸管理办法的通知》，将现行结售汇周转头寸涵盖范围扩展为外汇指定银行持有的因人民币与外币间交易而形成的外汇头寸，并实行结售汇综合头寸管理。

9月23日 中国人民银行发布《关于进一步改善银行间外汇市场交易汇价和外汇指定银行挂牌汇价管理的通知》。该通知扩大了银行间即期外汇市场非美元货币对人民币交易价的浮动幅度，从原来的上下1.5%扩大到上下3%；调整了银行对客户美元挂牌汇价的管理方式，实行价差幅度管理，美元现汇卖出价与买入价之差不得超过交易中间价的1%；现钞卖出价与买入价之差不得超过交易中间价的4%，银行可在规定价差幅度内自行调整当日美元挂牌价格。另外，该文件还取消了银行对客户挂牌的非美元货币的价差幅度限制，银行可自行制定非美元对人民币价格，可与客户议定所有挂牌货币的现汇和现钞买卖价格。

9月29日 中国证券投资者保护基金有限责任公司开业。中国证券投资者保护基金有限责任公司注册资本为63亿元。其经营范围包括监测证券公司风险，参与证券公司风险处置工作，并在证券公司被撤销、被关闭和破产或被中国证监会采取行政接管、托管经营等强制性监管措施时，按照国家有关政策规定对债权人予以偿付；组织、参与被撤销、被关闭或破产证券公司的清算工作等。

10月9日 批准国际金融公司和亚洲开发银行在全国银行间债券市场分别发行人民币债券11.3亿元和10亿元，这是中国债券市场首次引入外资机构发行主体。

10月15日 经国务院批准，上调境内商业银行美元、港元小额外币存款利率上限。其中，1年期美元、港元存款利率上限均提高0.5个百分点，调整后利率上限分别为2.5%和2.375%。

10月21日 国家外汇管理局发布《关于境内居民通过境外特殊目的公司境外融资及返程投资外汇管理有关问题的通知》。该通知自2005年11月1日起实施，1月24日发布的《关于完善外汇并购外汇管理有关问题的通知》和4月8日发布的《关于境内居民个人境外投资登记和外资并购外汇登记有关问题的通知》同时停止执行。

10月21日 国家外汇管理局发布《关于完善外债管理有关问题的通知》。

10月22日 跨国公司外汇资金管理方式改革在上海浦东试行。根据6月21日国务院常务会议批准上海浦东进行综合配套改革试点有关批复精神，国家外汇管理局、国家外汇管理局上海市分局和上海浦东新区人民政府联合宣布跨国公司外汇资金管理方式改革9项措施。

10月26日 中国人民银行发布《电子支付指引（第一号）》。《电子支付指引（第一号）》包括总则、电子支付业务的申请、电子支付指令的发起和接收、安全控制、差错处理和附则共6章49条。

10月28日 中国人民银行发布《金融机构突发事件应急预案（试行）》。预案所称金融机构突发事件是指因突发自然灾害、事故灾难、公共卫生事件、社会安全事件等公共事件或者因金融机构市场退出而导致的金融机构存款挤提、客户交易结算资金挤提、集体退保或者其他债务挤兑等金融突发事件。人民银行建立金融机构突发事件应急领导小组，下设构突发事件应急领导小组办公室。金融机构突发事件分为Ⅰ级响应、Ⅱ级响应和Ⅲ级响应。该预案对响应程序、决策及紧急措施、落实措施等作了具体规定。突发事件的后期处置包括善后工作、评估与总结、审计、奖励与处罚等事项。

10月31日 中国人民银行印发《中国人民银行会计基本制度》。

11月1日 经国务院批准，中国人民银行决定扩大为香港银行办理人民币业务提供平盘及清算安排的范围。

11月3日 中国人民银行发布《中国人民银

行自动质押融资业务管理暂行办法》，以规范自动质押融资业务，加强银行体系流动性管理，提高清算效率，防范和化解支付风险。该办法自2005年12月8日起施行。

11月5日 中国人民银行印发《小额支付系统业务处理办法（试行）》《小额支付系统业务处理手续（试行）》和《中国现代化支付系统运行管理办法（试行）》，自小额支付系统上线之日起试行，同时废止《大额支付系统运行管理办法（试行）》。

11月7日 中国人民银行发布《中国金融稳定报告》。这是中国人民银行首次发布《中国金融稳定报告》，今后将按年度编写和发布。这一报告将与《中国人民银行年报》《中国货币政策执行报告》共同成为中国人民银行对外发布的三大重要报告。

11月15日 中国反洗钱监测分析中心与韩国金融情报分析院在北京签署《反洗钱和反恐融资金融情报交流合作谅解备忘录》。根据达成的协议，中韩两国金融情报机构将在所掌握的情报范围内，就涉嫌洗钱和恐怖主义融资及其他相关犯罪的金融交易情报的收集、利用和分析方面进行合作。

11月24日 国家外汇管理局发布《银行间外汇市场做市商指引（暂行）》和《关于在银行间外汇市场推出即期询价交易有关问题的通知》，在银行间外汇市场引入做市商制度，并决定于2006年第一个交易日（1月4日）在银行间即期外汇市场引入询价交易方式，同时把交易时间从每日15:30延长至17:30。

11月25日 中国人民银行进行首批外汇掉期操作。当日，中国人民银行将60亿美元（约470亿元人民币）以1:8.0805的价格向向包括四家国有商业银行、交通银行、中信银行、上海浦东发展银行、招商银行、国家开发银行和中国进出口银行在内的国内10家主要商业银行招标买入人民币，卖出美元，同时约定1年后再以1:7.85的价格用人民币购回60亿美元。

11月25日 中国人民银行发布《关于积极做好防控禽流感疫情相关金融服务工作的通知》。

12月3日 中国人民银行召开直属企业改革动员大会，正式启动中国印钞造币总公司、中国金币总公司、中国金融电子化公司三家直属企业建立现代企业制度的改革。此前，经行长办公会议讨论通过，中国人民银行办公厅于11月2日印发《中国印钞造币总公司、中国金币总公司、中国金融电子化公司建立现代企业制度总体方案》，决定对三家企业进行现代企业制度改革。总行成立了直属企业事务管理委员会，代表人民银行履行出资人职责，统一对直属企业进行管理。在三家企业分别组建公司董事会。

12月9日 由中国人民银行主办的大型公益金融知识展览在国家博物馆开幕，这是中央银行首次以展览形式向广大社会公众普及金融基础知识。展览划分为"打开金融之门""现代金融架构与中央银行职能""钱币的历史与文化"等三大展区。2006年4月14日，全国范围的金融知识巡回展览首站在上海开幕。

12月13日 中国人民银行发布《公司债券进入银行间债券市场交易流通的有关事项公告》，决定简化市场审核程序，扩展投资主体范围，提升市场透明度和定价能力。

12月15日 首批资产证券化产品在北京成功发行。其中一项是国家开发银行作为发起人，委托中诚信托获准发行不超过43亿元的信贷资产支持证券（Asset-backed Securities，ABS）；另一项是中国建设银行作为发起人，委托中信信托发行不超过31亿元的个人住房抵押贷款支持证券（Mortgage-backed Securities，MBS）。

12月21日 中国人民银行货币政策委员会2005年第四季度例会在北京召开。会议指出，新的人民币汇率形成机制运行平稳，人民币汇率弹性逐渐增强。会议还提出，将继续贯彻落实利率市场化的政策，引导商业银行和农村信用社提高风险定价和负债管理的能力。会议认为，应继续执行稳健的货币政策，在总量上保持连续性和稳定性的同时，注意加强预调和微调。发挥市场供求在汇率形成中的基础性作用，保持人民币汇率在合理、均衡水平上的基本稳定。会议提出，固定资产投资增长反弹的压力较大、国际收支不平衡等问题依然存在。应加强各项宏观政策的协调配合，积极扩大国内消费需求，促进产业结构和国际贸易结构调整，加快经济增长方式的转变，实现经济可持续增长和价格基本稳定。

12月22日　中国人民银行印发《对中国证券投资者保护基金有限责任公司再贷款操作规程》，规范了中国人民银行对中国证券投资者保护基金有限责任公司再贷款的管理与操作，明确了监督管理和偿还责任。

12月27日　山西省平遥县晋源泰、日升隆两家小额贷款公司正式挂牌成立并发放首批贷款。小额贷款组织一般是指专门针对中低收入群体提供小额信贷服务的商业机构或民间团体。中国人民银行自2005年先后在山西、四川、贵州、陕西、内蒙古五省（区）开展小额贷款公司试点。截至2007年年末，五个省（区）已成立7家小额贷款公司。

12月28日　经国务院批准，中国人民银行决定上调境内商业银行美元、港元小额外币存款利率上限。其中，1年期美元、港元存款利率上限分别提高0.5个和0.25个百分点，调整后利率上限分别为3%和2.625%。

12月29日　中国外汇交易中心发布《银行间外汇市场人民币外汇即期交易规则》《银行间外汇市场人民币外汇即期竞价交易清算规则》《银行间外汇市场人民币外汇即期竞价交易起息日计算规则》和《银行间人民币外汇交易系统应急操作流程》。

12月29日　中国人民银行在贵州开展农民工银行卡特色服务业务试点工作，为方便农民工存取款，解决农民工回乡携带大量现金问题探索新路。

12月31日　中国人民银行印发《关于2006年金融统计制度有关事项的通知》，增设房地产贷款专项统计制度。该制度统一了金融机构对房地产统计口径，主要包括房地产贷款的总量、投向、期限、利率、资产质量等七方面内容，全面反映金融机构房地产业务的情况，为货币政策尤其是房地产信贷政策及金融稳定提供决策支持。

二〇〇六年

1月1日　全国统一的个人信用信息基础数据库进入正式运行。

1月3日　为完善以市场供求为基础、参考一篮子货币进行调节、有管理的浮动汇率制度，促进外汇市场发展，丰富外汇交易方式，提高金融机构自主定价能力，中国人民银行发布《关于进一步完善银行间即期外汇市场的公告》，决定进一步完善银行间即期外汇市场，改进人民币汇率中间价形成方式。自2006年1月4日起，在银行间即期外汇市场上引入询价交易方式（简称OTC方式），同时保留撮合方式。银行间外汇市场交易主体既可选择以集中授信、集中竞价的方式交易，也可选择以双边授信、双边清算的方式进行询价交易。同时在银行间外汇市场引入做市商制度，为市场提供流动性。自2006年1月4日起，中国人民银行授权中国外汇交易中心于每个工作日上午9时15分对外公布当日人民币对美元、欧元、日元和港元汇率中间价，作为当日银行间即期外汇市场（含OTC方式和撮合方式）以及银行柜台交易汇率的中间价。

1月12日　经国务院批准，中国人民银行、财政部、劳动和社会保障部联合发布《关于改进和完善小额担保贷款政策的通知》，明确：进一步完善小额担保贷款的管理办法，加快信用社区建设，推动建立小额担保贷款、创业培训与信用社区建设的有机联动协调机制。

1月24日　中国人民银行印发《关于开展人

民币利率互换交易试点有关事宜的通知》，该通知明确了开展人民币利率互换交易试点的有关事项。

2月7日 中国人民银行印发《中国人民银行工作规则》。《中国人民银行工作规则》包括总则、工作职责、领导成员职责、民主决策与依法行政、工作安排布局、会议制度、公文审批、作风纪律，共8章57条。

2月12日 国际清算银行在上海举办亚太特别行长会议、亚洲顾问委员会会议及务虚会。中国人民银行行长周小川作为亚洲顾问委员会主席主持了会议。国际清算银行、亚太、美洲、非洲、欧洲成员中央银行和货币当局的负责人出席了会议。

2月20日 根据中国人民银行公告〔2005〕第26号以及其他相关规定，中国人民银行印发《香港人民币支票业务管理办法》，明确香港人民币支票不得转让，并对票据交换、资金清算等作出规定。

2月21日 全国政协副主席李贵鲜考察人民银行企业和个人征信系统建设。李贵鲜指出，推进征信体系建设对完善社会信用体系，夯实社会主义市场经济体系的基础具有重要的意义，当前要继续积极推进征信体系立法工作。

2月22日 中国人民银行授权全国银行间同业拆借中心公开发布银行间债券市场回购定盘利率。

3月8日 中国人民银行发布《关于规范人民币银行结算账户管理有关问题的通知》，对银行结算账户的开立、银行结算账户的变更及撤销、银行结算账户的管理、对伪造变造开户证明文件的处理作了明确的规定。同日，中国人民银行办公厅印发《关于规范银行汇票专用章事项的通知》，进一步明确了要加强汇票专用章的使用和管理。

3月10日 经中国人民银行批准，中国外汇交易中心与芝加哥商业交易所（CME）正式签署国际货币产品交易合作协议。

3月17日 中国人民银行货币政策委员会召开2006年第一季度例会。会议分析了当前宏观经济、金融形势，研究了下一步货币政策取向和措施。认为应继续执行稳健的货币政策，在总量上保持连续性和稳定性的同时，加强预调和微调，提高货币政策的前瞻性。加强本外币政策的协调，增强货币政策的主动性和有效性。大力推动金融市场制度性建设，扩大直接融资渠道，推进金融市场的整体协调发展。进一步完善人民币汇率形成机制，扩大外汇市场，增加人民币汇率的浮动弹性，保持人民币汇率在合理、均衡水平上的基本稳定。深化外汇管理体制改革，促进国际收支基本平衡。

4月5日 中国外汇交易中心和芝加哥商品交易所（CME）在上海举行了国际货币产品交易合作协议文本互换仪式。根据协议，中国外汇交易中心会员单位将可以通过中国外汇交易中心交易芝加哥商品交易所全球电子交易平台交易的国际货币市场（IMM）的汇率和利率产品；中国外汇交易中心将作为芝加哥商品交易所的超级清算会员，为交易这些货币产品的市场参与者提供交易便利和清算服务；芝加哥商品交易所将为中国外汇交易中心系统建设提供必要的技术支持和咨询服务；中国外汇交易中心和芝加哥商品交易所将共同向中国外汇交易中心会员单位提供业务培训和技术咨询服务。

4月7日 中国人民银行副行长吴晓灵出席亚洲金融合作特别工作组第一次会议。会议成立了货币与金融稳定工作委员会等四个工作委员会，中国人民银行与泰国中央银行被推选为货币与金融稳定工作委员会共同主席。

4月10日 中国人民银行印发《中国人民银行分支机构内部控制指引》。该文件明确分支机构内部控制的目标、原则，并对内部控制环境、风险评估、内部控制活动、内部控制的信息及其沟通、对内部控制的监控等方面提出了要求。

4月13日　为深化外汇管理体制改革，支持贸易投资便利化，进一步培育外汇市场，促进国际收支基本平衡，经国务院批准，中国人民银行就调整部分外汇管理政策事宜发布〔2006〕第5号公告。根据中国人民银行公告〔2006〕第5号，国家外汇管理局发布《关于调整经常项目外汇管理政策的通知》，对经常项目外汇账户、服务贸易售付汇及境内居民个人购汇等三项管理政策进行了调整。

4月17日　中国人民银行、中国银行业监督管理委员会和国家外汇管理局联合印发《商业银行开办代客境外理财业务管理暂行办法》，自发布之日起实施。该文件对商业银行开办代客境外理财业务准入管理、投资购汇额度与汇兑管理、资金流出入管理、信息披露与监督管理等作出了规定。

4月27日　中国人民银行决定，从2006年4月28日起上调金融机构贷款基准利率。其中一年期贷款利率由现行的5.58%提高到5.85%，上调0.27个百分点。其他各档贷款利率也相应调整。贷款利率的浮动方法保持不变。

4月29日　中国人民银行印发《中国人民银行政务公开实施办法》。本办法共5章29条，自2006年7月1日起施行。《中国人民银行政务公开实施办法》规定：政务公开采取主动公开和依申请公开的方式；政务公开以公开为原则，不公开为例外；政务公开应当依据公开的内容来确定公开的方式和范围；政务公开应当遵循合法、及时、准确和便捷的原则。

5月8日　支付系统自动质押融资业务正式开办。

5月24日　国务院办公厅转发建设部、国家发展改革委、监察部、财政部、国土资源部、中国人民银行、国家税务总局、国家统计局、中国银监会《关于调整住房供应结构，稳定住房价格的意见》。强调当前要针对房地产业发展中存在的问题，进一步加强市场引导和调控。要按照科学发展观的要求，坚持落实和完善政策，调整住房结构，引导合理消费；坚持深化改革，标本兼治，加强法治，规范秩序；坚持突出重点，分类指导，区别对待。把调整住房供应结构、控制住房价格过快上涨纳入经济社会发展工作的目标责任制，促进房地产业健康发展。

6月8日　国家外汇管理局发布《关于调整部分境外投资外汇管理政策的通知》。该通知表示，自2006年7月1日开始，国家外汇管理局不再核定并下达境外投资购汇额度。

6月16日　中国人民银行货币政策委员会召开2006年第二季度例会。会议总结和评价了上半年我国货币政策执行情况，分析了当前宏观经济、金融形势，研究了下半年货币政策取向和措施。此外，还讨论了调整国际收支失衡的政策选择、货币政策是否应当针对资产价格的波动进行调整等问题。

6月25日　中国人民银行行长周小川出席国际清算银行股东大会，会上，周小川当选为国际清算银行董事，这是国际清算银行第一次从发展中国家中央银行选举新董事，也是该行自1994年以来首次扩充董事会。

6月26日　小额批量支付系统完成在全国的推广运行。同日，中央银行会计集中核算系统小额支付业务在全国推广工作完成，存续了几十年的传统联行方式退出历史舞台。

6月30日　经国务院批准，中国人民银行正式向非洲开发基金落实多边减债动议捐资。中国向非洲开发银行递交了2006—2007年的认捐书，捐资金额为194万非行记账单位（UA），约合284万美元。

7月4日　中国人民银行印发《中国人民银行对外签订法律文件操作规程》，本规程共15条，自印发之日起施行。

7月6日　中国人民银行发布《关于货币经纪公司进入银行间债券市场有关事项的通知》，进一步规范货币经纪公司的业务行为，以提高银行间市场的流动性，促进银行间市场的健康发展。

7月24日 中国人民银行党建工作会议暨分支行行长座谈会在哈尔滨市召开。会议回顾总结了党的十六大以来人民银行党建工作，以"三个代表"重要思想和科学发展观为指导，研究部署进一步加强人民银行系统党建工作的任务和措施，为更好地履行中央银行职责提供可靠的保障。

7月27日 中国人民银行发布《关于做好农村地区支付结算工作的指导意见》，指出：（1）要深入研究农村支付结算工作的新情况、新问题。（2）充分发挥农村信用社在农村支付结算服务中的主导作用和其他金融机构的积极作用。（3）加快推进农村地区支付服务基础设施建设，逐步扩展和延伸支付清算网络在农村地区的辐射范围。（4）大力推广非现金支付工具，减少农村地区现金使用。（5）继续加强和完善支付结算业务的代理制，促进城乡支付结算服务的互补。（6）加强对农村地区结算工作的组织领导，防范农村支付结算风险。

8月14日 中国人民银行决定，从2006年9月15日起，提高外汇存款准备金率1个百分点，即外汇存款准备金率由现行的3%提高到4%。

8月14日 中国人民银行发布《关于改进和加强对农民工金融服务工作的指导意见》，指出：（1）认真学习领会国发5号文件精神，高度重视做好对农民工的金融服务工作。（2）加强银行账户管理，探索建立和完善农民工工资支付保障制度。（3）积极探索支持农民工参加职业技能培训的有效措施，支持发展面向农村的职业教育。（4）完善支付结算服务，为农民工工资支付和及时汇兑提供技术保障。（5）发挥信贷政策的积极作用，扩大农民工就业市场的容量。

8月18日 中国人民银行决定，从2006年8月19日起上调金融机构人民币1年期存、贷款基准利率0.27个百分点。

8月18日 中国人民银行、财政部联合印发了《储蓄国债（电子式）质押管理暂行办法》。该办法共21条，自发布之日起执行。该办法规定：储蓄国债质押贷款期限不得超过储蓄国债的最后到期日；储蓄国债质押贷款利率水平及计息方式按照中国人民银行利率管理规定执行；储蓄国债质押贷款应按期归还。逾期贷款罚息利率、罚息方式按中国人民银行的有关利率管理规定执行；储蓄国债在质押期间所产生的利息随本金一起质押。

8月28日 中国人民银行行长周小川与来访的贝宁新任总统、原西非开发银行行长博尼·亚伊，就加强双边合作问题举行了会谈。

8月28日 中国人民银行副行长胡晓炼出席亚洲金融合作特别工作组第二次会议。会议讨论了拟提交行长会的中期报告，决定成立两个监督问题特别小组，其中中国人民银行与泰国中央银行牵头第二小组。

8月31日 经国务院批准，中国人民银行决定从2007年4月1日起停止第二套人民币纸分币在市场上流通。

9月4日 中国人民银行副行长胡晓炼和俄罗斯中央银行副行长梅尔尼科夫共同主持两国中央银行在大连召开的中俄银行合作分委会第七次会议，与俄罗斯中央银行商签了关于边贸本币结算的信息交换纪要，并就我国将提供银行结算服务的银行所在地的地域范围扩大至中俄边境省、自治区、州全境达成一致。

9月4日 中国人民银行印发《国库业务系统突发事件处置预案（试行）》。

9月5日 中国人民银行发布公告，对商业银行发行混合资本债券的债券特征、信用评级和信息披露要求等相关事宜进行了明确。

9月14日 根据《中央纪委、中央组织部、中央编办、监察部关于对中央纪委监察部派驻机构实行统一管理的实施意见》（中办发〔2004〕12号）和《关于中共中央纪委监察部单派驻纪检、监察机构实行统一管理的实施意见》（中纪发〔2005〕11号）精神，按照"改革领导体制、强化监督机制、强化监督职能、确保工作成效"的总体要求，结合人民银行实际，中国人民银行印发了《监察部驻中国人民银行监察局实行统一管理改革的实施方案》。

9月17日　中国人民银行行长周小川接受了英国广播公司、路透社、彭博、道琼斯社以及中国中央电视台、新华社、北京青年报、财经杂志等十余家中外媒体采访，回应了媒体对汇率改革、外汇储备管理、基金份额改革、对冲基金以及中国储蓄等问题的关注，收效良好。

9月18日　国际货币基金组织理事会通过了份额和发言权改革决议，同意为中国、韩国、土耳其和墨西哥四国特别增资。中国在国际货币基金组织的份额占比将由2.98%上升至3.72%，排名从原来第八位上升至第六位。

9月18日　中国人民银行行长周小川在新加坡主持了中日韩中央银行行长例会。

9月18日　中国人民银行行长周小川连续第二年荣获《新兴市场经济》杂志授予的"亚洲最佳中央银行行长"称号。

9月21日　中国人民银行行长周小川与法国中央银行行长诺瓦耶在京共同主持"中法金融论坛"。来自中法金融界的500多位与会人员就促进中欧金融市场合作进行了深入探讨。

9月28日　中国人民银行货币政策委员会召开2006年第三季度例会。会议总结了今年以来我国货币政策执行情况，分析了当前宏观经济、金融形势，研究下一步货币政策取向和措施。此外，还讨论了加快经济的结构性调整步伐、促进国际收支趋于基本平衡等问题。

10月12日　中国人民银行印发《中国人民银行人民币样币管理办法》，就人民币样币的印制、分发、保管、使用、收回与销毁作出规定，以保证样币完整、安全及有效使用。

11月2日　中国人民银行发布《全国银行间债券市场债券借贷业务管理暂行规定》，进一步规范了全国银行间债券市场参与者之间直接进行的债券借贷业务，以维护市场参与者合法权益，提高市场流动性，促进债券市场进一步发展。

11月3日　中国人民银行行长周小川参加中非合作论坛北京峰会，与贝宁总统博尼·亚伊就双边合作举行会谈，并与非洲开发银行行长卡伯鲁卡，就2007年非洲开发银行年会筹备工作及非洲开发银行业务政策交换了意见。

11月6日　中国人民银行发布《关于促进商业承兑汇票业务发展的指导意见》，按照政府推动和市场激励相结合、重点发展和全面推进相结合、促进发展和风险防控相结合的基本原则，提出了促进商业承兑汇票发展的五项政策措施：（1）调动各方积极性，建立有效的推广商业承兑汇票的良性机制。（2）充分发挥企业信用信息基础数据库的作用，增强企业受理商业承兑汇票的信心。（3）建立有效的违约支付惩戒机制，促使商业承兑汇票承兑人付款履约。（4）做好商业承兑汇票业务风险防控工作，保证商业承兑汇票业务健康发展。（5）加强商业承兑汇票业务宣传和培训，普及商业承兑汇票业务知识。

11月9日　中国人民银行副行长胡晓炼与俄罗斯中央银行副行长梅尔尼科夫在中俄两国总理会晤期间签署了"关于我国扩大提供银行本币结算服务的银行所在地地域范围的纪要"，在为边贸提供异地结算服务、促进与邻国的经贸往来方面迈出了重要一步。

11月14日　中国人民银行发布《金融机构反洗钱规定》，规范了反洗钱监督管理行为和金融机构反洗钱工作，自2007年1月1日起施行。同日，中国人民银行发布《金融机构大额交易和可疑交易报告管理办法》，规范了金融机构大额交易和可疑交易报告行为，自2007年3月1日起施行。

11月21日　中国人民银行发布《征信数据元、数据元设计与管理》等五项行业标准的通知，本标准适用于与征信业务有关的机构进行数据元设计与管理，并为建立征信数据元的注册与维护管理机制提供指导。

11月22日 中国人民银行南太平洋代表处在澳大利亚悉尼成立。

12月18日 全国支票影像交换系统在北京、天津、上海、广东、河北、深圳6省（市）成功试运行。

12月21日 中国人民银行货币政策委员会召开了2006年第四季度例会。会议由中国人民银行行长兼货币政策委员会主席周小川主持。会议总结和评价了2006年我国货币政策执行情况，分析了当前宏观经济、金融形势，研究了2007年货币政策取向和措施。此外，还讨论了流动性过剩与资产泡沫的关系、促进国际收支平衡等问题。

12月25日 中国人民银行发布《个人外汇管理办法》，对个人外汇管理政策进行了调整和改进。《个人外汇管理办法》对个人外汇收支活动按交易主体区分境内个人和境外个人、按交易性质区分经常项目和资本项目进行管理。对个人经常项下外汇收支贯彻可兑换原则，对资本项下外汇收支进行必要的管理。同时，《个人外汇管理办法》对现行个人外汇管理相关规定进行了梳理，废止了原来有关个人外汇的16个管理规定。《个人外汇管理办法》自2007年2月1日起施行。

12月25日 反洗钱工作部际联席会议第三次工作会议在京召开。会议总结了全国反洗钱工作的进展情况，讨论部署了今后一段时期的工作任务，重点研究部署了贯彻落实《中华人民共和国反洗钱法》和做好金融行动特别工作组（FATF）评估的后续工作。部际联席会议23个成员单位的负责同志参加会议。部际联席会议召集人、中国人民银行行长周小川作主题发言，国务院副秘书长尤权作书面发言。

12月26日 农民工银行卡特色服务在山东等12个省（自治区、直辖市）开通。

二○○七年

1月4日 上海银行间同业拆放利率（Shanghai Interbank Offered Rate，Shibor）正式运行。对社会公布的Shibor品种包括隔夜、1周、2周、1个月、3个月、6个月、9个月及1年。

1月4日 经国务院批准，中国人民银行决定，从2007年1月15日起，提高人民币存款准备金率0.5个百分点。

1月5日 国家外汇管理局发布《个人外汇管理办法实施细则》，进一步规范和便利银行及个人的外汇业务操作。本细则共6章41条，自2007年2月1日起施行。

1月9日 为规范全国银行间债券市场做市商做市业务，提高市场流动性，完善价格发现机制，推动我国债券市场快速发展，根据《中华人民共和国中国人民银行法》，中国人民银行印发《全国银行间债券市场做市商管理规定》。该文件自2007年2月1日起施行。该文件指出：做市商不得操纵市场。做市商操纵市场给投资者造成损失的，应当依法承担赔偿责任。中国人民银行有权对做市商的做市业务进行检查监督。做市商等机构违反本规定的，由中国人民银行按照《中华人民共和国中国人民银行法》第四十六条的规定予以处罚。

1月11日 中国人民银行与中国银监会联合发布《关于认真落实专项中央银行票据资金支持政策，切实转换农村信用社经营机制的指导意见》，提出：进一步切实发挥农村信用社改革试点资金支持政策的正向激励作用，推动农村信用社不断深化改革，促进农村信用社稳定、健康发展，更好地为社会主义新农村建设提供有效的金融服务。转换经营机制，促进其稳定、健康发展的政策措施包括：（1）正确认识、落实专项票据资金支持政策与转换农村信用社经营机制的关系；（2）准确把握专项票据兑付考核标准；（3）

认真组织、实施专项票据兑付考核工作。

1 月 14 日　中国人民银行发布〔2007〕第 3 号公告，经国务院批准，决定扩大为香港银行办理人民币业务提供平盘及清算安排的范围。内地金融机构经批准可在香港发行人民币金融债券。

1 月 19 日至 20 日　全国金融工作会议在北京召开。会议总结了近几年的金融工作，分析当前金融形势，统一思想认识，全面部署今后一个时期的金融工作。国务院总理温家宝在会上作了重要讲话，温家宝指出，当前和今后一个时期金融改革发展任务十分繁重，要统筹兼顾，突出重点，着力抓好以下几项工作：一是继续深化国有银行改革，加快建设现代银行制度。二是加快农村金融改革发展，完善农村金融体系。三是大力发展资本市场和保险市场，构建多层次金融市场体系。四是全面发挥金融的服务和调控职能，促进经济社会协调发展。五是积极、稳妥地推进金融业对外开放。六是提高金融监管能力，强化金融企业内部管理，保障金融稳定和安全。

1 月 20 日　中国人民银行工作会议在北京召开，会议的主要任务是：认真学习中央经济工作会议和全国金融工作会议精神，进一步贯彻落实党中央、国务院关于加强宏观调控、深化金融改革和促进金融发展的方针政策，分析当前经济金融形势，全面总结人民银行 2006 年各项工作，安排部署了 2007 年主要工作。

1 月 26 日　中国人民银行行长周小川陪同国务院总理温家宝会见国际货币基金组织总裁罗德里戈·拉托。

1 月 31 日　中国人民银行、劳动和社会保障部发布《关于企业年金基金进入全国银行间债券市场有关事项的通知》，将企业年金基金引入银行间债券市场，拓宽企业年金基金投资渠道，促进企业年金基金财产保值增值，丰富全国银行间债券市场投资者类型，推动债券市场健康发展。

2 月 6 日　为做好证券期货业、保险业大额交易和可疑交易报告工作，中国人民银行依据《金融机构大额交易和可疑交易报告管理办法》（中国人民银行令〔2006〕第 2 号）印发了《证券期货业大额交易和可疑交易报告要素释义》和《证券期货业大额交易和可疑交易报告数据报送接口规范（试行）》《保险业大额交易和可疑交易报告要素释义》和《保险业大额交易和可疑交易报告数据报送接口规范（试行）》。

2 月 15 日　经国务院批准，中国人民银行决定，从 2007 年 2 月 25 日起，提高人民币存款准备金率 0.5 个百分点。

2 月 27 日　中国人民银行和国家质量监督检验检疫总局联合举办"关于查询组织机构代码信息合作备忘录签字仪式暨新闻发布会"。质检总局组织机构代码中心向人民银行实时开放组织机构代码共享平台查询功能。

3 月 17 日　中国人民银行决定，从 2007 年 3 月 18 日起，上调金融机构人民币存、贷款基准利率。金融机构 1 年期存款基准利率上调 0.27 个百分点，由现行的 2.52% 提高到 2.79%；1 年期贷款基准利率上调 0.27 个百分点，由现行的 6.12% 提高到 6.39%；其他各档次存、贷款基准利率也相应调整。

3 月 19 日至 20 日　中国人民银行行长周小川率中国代表团以观察员身份出席了在危地马拉首都危地马拉城举行的泛美开发银行年会，并于 3 月 18 日代表中国政府与泛美开发银行行长莫雷诺签署了《关于中国加入泛美开发银行的谅解备忘录》。

3 月 29 日　中国人民银行货币政策委员会召开 2007 年第一季度例会。会议研究了下一阶段货币政策取向和措施，认为，应继续实施稳健的货币政策，加强本外币的协调和银行体系流动性管理，进一步提高货币政策的预见性、科学性和有效性，保持价格稳定。

4 月 5 日　经国务院批准，中国人民银行决定，从 2007 年 4 月 16 日起，提高人民币存款准备金率 0.5 个百分点，执行 10.5% 存款准备金率。

4月12日 中国人民银行会同商务部等十部委成立了奥运支付环境建设工作领导小组，并发布《奥运支付环境建设工作领导小组关于加强奥运支付环境建设的指导意见》，明确奥运支付环境建设工作的指导思想、主要目标、工作重点和实施安排。

4月17日 国家外汇管理局印发《国家外汇管理局关于调整银行即期结售汇业务市场准入和退出管理方式的通知》，规范银行业金融机构开办即期结售汇业务的市场准入和退出程序。

4月19日 中国人民银行首次发布《中国支付体系发展报告2006》，全面、系统地向社会公众介绍中国支付体系发展情况、相关数据和未来政策取向。

4月25日 中国人民银行决定，从2007年5月15日起，提高外汇存款准备金率1个百分点，即外汇存款准备金率由现行的4%提高到5%。

4月26日至28日 G30第57次全会在中国杭州召开。会议讨论了亚洲金融和货币、中印经济增长比较、对外投资和资本流动、金融业监管改革、金融市场震荡和风险管理等议题。G30理事会主席保罗·沃尔克（前美联储主席）、G30主席雅格布·弗兰克尔（美国国际集团副主席）等26位G30成员及11位特邀嘉宾参加了会议，中国人民银行行长周小川作为G30成员出席了会议。G30成立于1978年，由中央银行行长和部分国际金融领域的知名人士组成，正式成员共30人。G30会议在中国举行尚属首次。

4月29日 经国务院批准，中国人民银行决定，从2007年5月15日起，提高人民币存款准备金率0.5个百分点，执行11%存款准备金率。

4月30日 中国人民银行完成人民币银行结算账户管理系统（二期）建设，进一步完善了系统功能，加强和改进了银行结算账户管理，提高银行结算账户管理水平。

5月11日 中国人民银行印发《关于改进个人支付结算服务的通知》，本着简化手续、便利操作、规范管理的原则，就改进个人支付结算服务、提升个人支付结算服务水平和加强支付结算业务管理等对人民银行分支机构和商业银行提出了明确要求。

5月14日 财政部、中国人民银行在武汉联合召开全国公务卡应用推广会议，共同推动公务卡在中央和各级地方预算单位的广泛使用。同年7月12日，中国人民银行与财政部联合印发《预算单位公务卡管理暂行办法》。

5月16日 2007年非洲开发银行集团理事会在上海召开，会议由本届非行集团理事会主席、中国人民银行行长周小川主持。本届年会的主题是"非洲和亚洲：发展伙伴"。本届年会是非中合作论坛北京峰会后的一次重要涉非国际会议。国务院总理温家宝出席年会开幕式并致辞。

5月18日 经国务院批准，中国人民银行决定，从2007年6月5日起，提高人民币存款准备金率0.5个百分点，执行11.5%存款准备金率。

5月18日 中国人民银行决定，从2007年5月19日起，上调金融机构人民币存、贷款基准利率。金融机构1年期存款基准利率上调0.27个百分点，由现行的2.79%提高到3.06%；1年期贷款基准利率上调0.18个百分点，由现行的6.39%提高到6.57%；其他各档次存贷款基准利率也相应调整。个人住房公积金贷款利率相应上调0.09个百分点。

5月18日 中国人民银行发布《关于扩大银行间即期外汇市场人民币兑美元交易价浮动幅度的公告》，决定扩大银行间即期外汇市场人民币兑美元交易价浮动幅度。自2007年5月21日起，银行间即期外汇市场人民币兑美元交易价浮动幅度由千分之三扩大至千分之五，即每日银行间即期外汇市场人民币兑美元的交易价可在中国外汇交易中心对外公布的当日人民币兑美元中间价上下千分之五的幅度内浮动。

5月21日 中国人民银行印发《中国人民银行反洗钱调查实施细则（试行）》，进一步规范反洗钱调查程序,依法履行反洗钱调查职责,以维护公民、法人和其他组织的合法权益。

5月21日　为进一步规范银行业金融机构联网核查公民身份信息业务处理,落实银行账户实名制,促进征信体系建设和反洗钱工作开展,维护正常的经济金融秩序,中国人民银行办公厅印发《银行业金融机构联网核查公民身份信息业务处理规定(试行)》和《联网核查公民身份信息系统操作规程(试行)》。

5月28日　中国人民银行党代表会议在北京召开,来自全行系统的190名代表带着各级党组织和广大党员的重托,充分行使民主权利,以无记名投票的方式选举产生了人民银行出席党的十七大代表5名。

6月1日　中央书记处书记、中央纪委副书记何勇同志到人民银行视察反洗钱工作,听取人民银行工作汇报。

6月4日　中国人民银行印发《反洗钱现场检查管理办法(试行)》。该办法共6章37条,自发布之日起实施。反洗钱现场检查包括:现场检查准备、现场检查实施和现场检查处理等。

6月8日　为进一步促进香港人民币业务的发展,规范境内金融机构赴香港特别行政区发行人民币债券行为,中国人民银行、国家发展和改革委员会联合发布《境内金融机构赴香港特别行政区发行人民币债券管理暂行办法》。该办法自公布之日起施行。

6月11日　为进一步监测恐怖融资行为,防止利用金融机构进行恐怖融资,规范金融机构报告涉嫌恐怖融资可疑交易的行为,中国人民银行印发《金融机构报告涉嫌恐怖融资的可疑交易管理办法》。

6月21日　为进一步预防洗钱和恐怖融资活动,规范金融机构客户身份识别、客户身份资料和交易记录保存行为,维护金融秩序,中国人民银行、中国银监会、中国证监会、中国保监会联合发布《金融机构客户身份识别和客户身份资料

及交易记录保存管理办法》,自2007年8月1日起施行。

6月22日　中国人民银行印发《小额支付系统通存通兑业务处理办法(试行)》,进一步规范小额支付系统通存通兑业务处理,以防范支付风险,改进个人支付结算服务。

6月25日　中国人民银行建成全国支票影像交换系统,实现了支票在全国范围的互通使用,企事业单位和个人持任何一家银行的支票均可在境内所有地区办理支付。

6月28日　中国人民银行货币政策委员会召开2007年第二季度例会。会议研究了下一阶段货币政策取向和措施,认为应继续实施稳健的货币政策,稳中适度从紧,进一步提高货币政策的预见性、科学性和有效性,加强本外币政策的协调和银行体系流动性管理,协调运用多种货币政策工具,保持价格总水平基本稳定。

6月28日　在法国巴黎召开的金融行动特别工作组(FATF)第十八届第三次全体会议以协商一致方式同意中国成为该组织正式成员。由中国人民银行、公安部、最高人民法院、外交部、中国银监会、中国证监会和中国保监会代表组成的中国代表团参加了此次会议。

6月30日　中国人民银行会同公安部组织完成联网核查公民身份信息系统建设并在全国推广应用。联网核查系统的建成运行,为银行业金融机构识别客户身份提供了高效、权威的手段,我国在落实银行账户实名制特别是个人账户实名制方面取得突破性进展。

7月3日　中国人民银行发布《同业拆借管理办法》,全面调整了同业拆借市场的准入管理、期限管理、限额管理、备案管理、透明度管理、监督管理权限等规定。

7月18日　为进一步加强中国人民银行人民币发行库管理,规范发行库业务操作,保障发行库安全,提高发行库管理水平,中国人民银行印发《中国人民银行人民币发行库管理办法》。

7月20日　中国人民银行决定，从7月21日起，上调金融机构人民币存、贷款基准利率。金融机构1年期存款基准利率上调0.27个百分点，由3.06%提高到3.33%；1年期贷款基准利率上调0.27个百分点，由6.57%提高到6.84%；其他各档次存、贷款基准利率也相应调整。个人住房公积金贷款利率相应上调0.09个百分点。

7月25日　中国人民银行印发《关于做好家庭经济困难学生助学贷款工作的通知》，就进一步完善和落实国家助学贷款政策，加强和改进金融服务，推动国家生源地信用助学贷款业务开展的有关事项提出了要求：（1）进一步统一思想，提高认识，高度重视加强和完善家庭经济困难学生的助学贷款工作。（2）进一步完善和落实现行国家助学贷款政策，确保符合条件的国家助学贷款按时、足额发放。（3）积极推动，加强引导，全面推进辖区国家生源地信用助学贷款顺利开展。（4）加快信贷产品创新，推动商业性助学贷款业务开展，满足高校学生的助学贷款需求。（5）加大政策宣传，加强诚信教育，营造有利于助学贷款业务可持续发展的舆论环境和社会作用体系。

7月25日　中国人民银行、中国银监会联合印发《关于建立〈涉农贷款专项统计制度〉的通知》。主要统计内容包括：（1）农林牧渔业贷款情况统计，反映金融机构发放给各承贷主体从事农、林、牧、渔业所属活动的贷款规模和产业类型、期限、风险状况等。（2）农户贷款情况统计，反映金融机构发放给农户的贷款规模、用途、信用形式、期限、风险状况等。（3）农村企业及各类组织贷款情况统计，反映金融机构发放给农村企业各类组织的贷款规模、用途、期限、风险状况等。（4）城市企业涉农贷款情况统计，反映金融机构发放给城市企业的涉农贷款规模、用途、期限、风险状况等。（5）涉农贷款情况统计，在上述填报数据的基础上汇总得到全社会涉农贷款规模、风险等，也可以汇总得到

农村贷款、农户贷款等相关数据。该项全面反映金融机构涉农贷款发放的情况，为国家经济和货币政策决策及"社会主义新农村"建设提供信息支持。

7月27日　为进一步规范反洗钱非现场监管工作，督促金融机构认真履行反洗钱义务，根据《中华人民共和国反洗钱法》《中华人民共和国中国人民银行法》《金融机构反洗钱规定》《金融机构大额交易和可疑交易报告管理办法》等有关法律和规章的规定，中国人民银行印发《反洗钱非现场监管办法（试行）》。

7月30日　经国务院批准，中国人民银行决定，从2007年8月15日起，提高人民币存款准备金率0.5个百分点，执行12%的存款准备金率。

8月2日　中国人民银行行长周小川会见美国联邦存款保险公司主席Sheila C. Bair一行，双方就加强金融服务、存款保险、促进银行业稳健经营、开展人员交流与培训以及信息经验交流等方面的合作签署了《谅解备忘录》。

8月6日　为更加有效地贯彻落实《中华人民共和国反洗钱法》和相关规章，做好银行业大额交易和可疑交易报告的报送工作，保证报告的准确和完整，中国人民银行印发《银行业反洗钱数据报送检查校验规则（试行）》。

8月12日　国家外汇管理局印发《国家外汇管理局关于境内机构自行保留经常项目外汇收入的通知》，取消对境内机构外汇账户的限额管理，境内机构可根据经营需要自行保留其经常项目外汇收入。

8月17日　为进一步完善我国金融市场体系，发展外汇市场，满足国内经济主体规避汇率风险的需要，中国人民银行印发《关于在银行间外汇市场开办人民币外汇货币掉期业务有关问题的通知》，决定在银行间外汇市场推出人民币外汇货币掉期交易。

8月21日　中国人民银行决定，从2007年8

月 22 日起，上调金融机构人民币存、贷款基准利率。金融机构 1 年期存款基准利率上调 0.27 个百分点，由现行的 3.33% 提高到 3.60%；1 年期贷款基准利率上调 0.18 个百分点，由现行的 6.84% 提高到 7.02%；其他各档次存贷款基准利率也相应调整。个人住房公积金贷款利率相应上调 0.09 个百分点。

9 月 3 日　银行间债券市场、同业拆借市场、票据市场、外汇市场和黄金市场参与者共同的自律组织——中国银行间市场交易商协会成立。

9 月 6 日　经国务院批准，中国人民银行决定，从 2007 年 9 月 25 日起，提高人民币存款准备金率 0.5 个百分点，执行 12.5% 存款准备金率。

9 月 14 日　中国人民银行决定，从 2007 年 9 月 15 日起，上调金融机构人民币存、贷款基准利率。金融机构 1 年期存款基准利率上调 0.27 个百分点，由现行的 3.60% 提高到 3.87%；1 年期贷款基准利率上调 0.27 个百分点，由现行的 7.02% 提高到 7.29%；其他各档次存、贷款基准利率也相应调整。个人住房公积金贷款利率相应上调 0.18 个百分点。

9 月 26 日至 27 日　共青团中国人民银行代表大会在北京举行。会议回顾和总结了人民银行团委三年来的工作和经验，明确提出了今后一段时期内，人民银行共青团工作的指导思想、奋斗目标和主要任务，选举产生了人民银行新一届团委会。

9 月 27 日　中国人民银行货币政策委员会召开 2007 年第三季度例会。会议研究了下一阶段货币政策取向和措施。会议认为，应继续实行稳中适度从紧的货币政策，进一步提高货币政策的预见性、科学性和有效性，加强利率、汇率等本外币政策的协调配合和银行体系流动性管理，完善和创新政策工具，适当加大政策调控力度，保持货币信贷合理增长。

9 月 27 日　中国人民银行发布公告，支持符合条件的公司债券在银行间债券市场发行、交易、

流通和登记托管，并对有关事宜进行明确。

9 月 27 日　中国人民银行、中国银监会印发《关于加强商业性房地产信贷管理的通知》，该通知重点调整和细化了房地产开发贷款和住房消费贷款管理政策。

9 月 29 日　为规范远期利率协议业务，完善市场避险功能，促进利率市场化进程，中国人民银行公布《远期利率协议业务管理规定》，自 2007 年 11 月 1 日起施行。

9 月 30 日　中国人民银行发布《应收账款质押登记办法》。由中国人民银行征信中心建设的应收账款质押登记公示系统于 2007 年 10 月 8 日开始办理应收账款质押登记业务。

9 月 30 日　根据《全国银行间债券市场债券交易管理办法》等有关规定，中国人民银行就资产支持证券在全国银行间债券市场进行质押式回购交易的有关事项发布公告。

10 月 13 日　经国务院批准，中国人民银行决定，从 2007 年 10 月 25 日起，提高人民币存款准备金率 0.5 个百分点。

10 月 24 日　中国人民银行印发《联网核查公民身份信息系统突发事件应急预案（试行）》，进一步提高应对联网核查公民身份信息系统突发事件的能力，规范联网核查系统突发事件的处置程序。

11 月 3 日　国务委员华建敏视察人民银行上海总部，听取人民银行关于企业和个人征信体系建设情况汇报。

11 月 9 日　反洗钱工作部际联席会议第四次工作会议在京召开。会议总结了全国反洗钱工作进展情况，讨论部署了今后一段时期工作任务，重点研究部署落实《我国完善反洗钱/反恐融资工作行动计划》。

11 月 12 日　经国务院批准，中国人民银行决定，从 2007 年 11 月 26 日起，提高人民币存款准备金率 0.5 个百分点。

11 月 19 日　国土资源部、财政部、中国人

民银行联合印发《土地储备管理办法》。该办法进一步加强了土地管理，规范了土地储备管理行为。

11 月 27 日 中国人民银行行长周小川、副行长胡晓炼会见欧元集团主席、卢森堡首相兼财政大臣容克、欧洲中央银行行长特里谢和欧委会经济与货币委员阿尔穆尼亚，就人民币汇率、加强双边金融服务贸易、两国的金融稳定等议题进行了探讨。

11 月 30 日 中央汇金投资有限责任公司向光大银行注入等值于人民币 200 亿元的美元作为资本金，光大银行改革重组取得重大进展。

12 月 5 日 中国人民银行、中国银监会联合印发《关于加强商业性房地产信贷管理的补充通知》，为维护政策的严肃性和有效性，进一步明确了《关于加强商业性房地产信贷管理的通知》中有关"严格住房消费贷款管理"的规定。

12 月 12 日 经国务院批准，中国人民银行决定，从 2007 年 12 月 25 日起，提高人民币存款准备金率 0.5 个百分点。

12 月 20 日 中国人民银行决定，从 2007 年 12 月 21 日起，调整金融机构人民币存、贷款基准利率，1 年期存款基准利率由现行的 3.87% 提高到 4.14%，上调 0.27 个百分点；1 年期贷款基准利率由现行的 7.29% 提高到 7.47%，上调 0.18 个百分点；其他各档次存、贷款基准利率相应调整。从 2008 年 1 月 1 日起上调人民银行对金融机构再贷款（再贴现）浮息水平。

12 月 20 日 中国人民银行货币政策委员会召开 2007 年第四季度例会。会议深入分析了实行从紧货币政策所面临的形势和挑战，对我国在全球经济失衡调整过程中面临的风险进行了评估，对当前价格上涨的结构特点及影响价格走势的因素进行了综合分析。会议研究了下一阶段货币政策取向和措施，认为要坚决贯彻中央经济工作会议精神，采取多种手段落实从紧的货币政策。

12 月 31 日 国家开发银行获中央汇金投资有限责任公司注资 200 亿美元，并按照自主经营、自担风险的要求全面推行商业化运作。

二〇〇八年

1 月 3 日至 4 日 中国人民银行工作会议在北京召开。会议认真学习了党的十七大和中央经济工作会议精神，深入贯彻落实科学发展观，全面总结了 2003 年以来中国人民银行各项工作，分析了当前经济、金融形势，安排部署了 2008 年主要工作。

1 月 14 日 中国人民银行办公厅印发《中国人民银行公职律师试点工作方案》。经司法部批准，中国人民银行建立公职律师制度，开展公职律师试点工作。

1 月 16 日 经国务院批准，中国人民银行决定从 2008 年 1 月 25 日起上调人民币存款准备金率 0.5 个百分点。

2 月 14 日 国务院总理温家宝在北京会见国际货币基金组织（IMF）总裁卡恩，双方就中国经济形势、人民币汇率形成机制改革、世界经济展望等共同关心的问题交换意见。中国人民银行行长周小川、副行长易纲陪同会见。

2 月 20 日 中国人民银行公布了由中国人民银行、中国银行业监督管理委员会、中国证券监督管理委员会、中国保险监督管理委员会共同制定的《金融业发展和改革"十一五"规划》，阐明了"十一五"时期中国金融业发展和改革的指引原则和主要目标，明确了金融工作的重点。

3 月 18 日 经国务院批准，中国人民银行决定从 2008 年 3 月 25 日起上调人民币存款准备金率 0.5 个百分点。

3 月 24 日 中国人民银行行长周小川在北京出席中国发展高层论坛 2008 年会。会议主题为"中国 2020：发展目标和政策取向"。周小川行长就"通货膨胀目标制所面临的挑战"作了主题发言，并于会议期间会见了亚洲开发银行行长黑田东彦，双方就控制通货膨胀、加快开放资本账户、美国次贷危机的影响、存款保险制度以及如何防止金融市场动荡等问题交换了意见。

3月27日　中国人民银行货币政策委员会召开2008年第一季度例会。

4月9日　中国人民银行发布《银行间债券市场非金融企业债券融资工具管理办法》，进一步完善银行间债券市场管理，促进非金融企业直接债务融资发展，该办法自2008年4月15日起施行。

4月12日　中国人民银行行长周小川率中国代表团出席在美国华盛顿举行的国际货币与金融委员会（IMFC）第十七届部长级会议。会议主要讨论了全球经济和金融形势、基金组织份额和发言权改革、基金组织的战略方向等问题。

4月16日　经国务院批准，中国人民银行决定从2008年4月25日起上调人民币存款准备金率0.5个百分点。

5月9日　中国人民银行征信中心揭牌仪式在上海举行。

5月26日至27日　中国人民银行行长周小川率领中国人民银行抗震救灾工作组前往重庆、四川慰问并指导抗震救灾工作。中国人民银行灵活运用多种货币政策工具，在论证灾区需求信息的基础上及时下达支持政策，并将中国人民银行系统干部职工550万元捐款分别交给重庆营业管理部和成都分行用于抗震救灾。

5月28日　中国人民银行制定并印发《中国人民银行支持受灾群众补助金发放实施方案》，进一步贯彻落实国务院关于向地震灾区困难群众发放补助金的决定，确保补助金快速、准确、直接发到受灾群众手中。

5月31日　"全国征信知识宣传月活动"启动仪式在北京举办。至此，中国人民银行组织商业银行建成的企业和个人征信系统，已经为全国1300万户企业和近6亿自然人建立了信用档案。

6月3日　为进一步做好陕西、甘肃地震灾区抗震救灾和灾后重建的金融服务工作，根据中国人民银行党委决定，中国人民银行副行长马德伦率领总行相关司局负责人组成的抗震救灾工作组，深入陕西、甘肃地震灾区，慰问干部职工，并代表中国人民银行分别向陕西省和甘肃省人民政府捐款500万元。

6月3日　中国人民银行印发《银行重要信息系统奥运应急协调预案》，进一步保障奥运会金融服务安全，维护银行业金融机构网络和信息系统安全稳定运行。

6月7日　经国务院批准，中国人民银行决定上调存款类金融机构人民币存款准备金率1个百分点，此次调整后普通存款类金融机构的人民币存款准备金率达到17.5%。

6月15日至21日　中国人民银行行长周小川出席由美国弗吉尼亚海军学院举行的第四次中美战略经济对话。此轮对话的主题为"经济可持续增长"，包括"宏观经济和金融周期管理""对公众的投资""能源和环境领域的共同机遇""贸易和竞争力""强化投资"五个议题。双方就以上五个领域发布了《第四次中美战略经济对话成果文件》。

7月1日　中国人民银行第一个全国集中的核算类实时交易系统——国库会计数据集中系统（TCBS）在中国人民银行重庆营业管理部上线试点取得成功。

7月8日　中国人民银行办公厅印发《国库业务发展规划（2008—2010）》，进一步推动国库的改革与发展，充分发挥国库在经济社会发展中的作用。

7月14日　中国人民银行货币政策委员会召开2008年第二季度例会。

8月1日　中国人民银行印发《中国人民银行因公出国（境）管理规定》，进一步贯彻中共中央办公厅、国务院办公厅《关于进一步加强因公出国（境）管理的若干规定》、中共中央纪委《关于开展贯彻落实"两办规定"制止党政干部公款出国（境）旅游专项工作的通知》精神，进一步加强中国人民银行因公出国（境）管理工作。

9月5日 中国人民银行行长周小川出席在德国法兰克福欧美中央银行举行的中欧央行工作组第一次行长会议。会议总结了2008年年初工作组成立以来的活动情况，就人民币汇率形成机制改革、通货膨胀和金融体系发展等问题交换意见，并续签中欧央行合作谅解备忘录。

9月16日 经国务院批准，中国人民银行决定下调一年期金融机构人民币贷款基准利率0.27个百分点，其他期限档次贷款基准利率按照短期多调、长期少调的原则作相应调整；存款基准利率保持不变。

9月27日 中国人民银行货币政策委员会召开2008年第三季度例会。

10月9日 经国务院批准，中国人民银行决定从2008年10月15日起下调存款类金融机构人民币存款准备金率0.5个百分点；从2008年10月9日起下调一年期人民币存贷款基准利率各0.27个百分点，其他期限档次存贷款基准利率作相应调整。

10月22日 中国人民银行决定，自2008年10月27日起扩大商业性个人住房贷款利率下浮幅度，调整最低首付款比例。商业性个人住房贷款利率的下限扩大为贷款基准利率的0.7倍；最低首付款比例调整为20%。

10月29日 经国务院批准，中国人民银行决定自2008年10月30日起下调金融机构人民币存贷款基准利率。一年期存款基准利率由现行的3.87%下调至3.60%；一年期贷款基准利率由现行的6.93%下调至6.66%；其他各档次存、贷款基准利率相应调整。个人住房公积金贷款利率保持不变。

11月8日至9日 中国人民银行行长周小川出席在巴西圣保罗召开的G20财长和央行行长会议，会议主要讨论金融稳定与全球经济最近进展和应对政策、针对此次危机的财政应对政策、全球市场与通货膨胀最新进展和应对政策、改善全球治理结构和提高G20的效率、金融市场和全球经济领导人峰会的准备工作等议题。

11月15日 国家主席胡锦涛赴美国参加G20金融市场和世界经济峰会，中国人民银行行长周小川陪同。会议探讨了此次金融危机爆发的原因，评估了各国在应对危机方面所取得的进展，并就金融监管和国际金融体系改革问题达成了一系列原则性意见。峰会发表了《二十国集团领导人金融市场和世界经济峰会宣言》及《关于落实改革原则的行动计划》。

11月17日 中国人民银行行长周小川访问泛美开发银行并会见莫雷诺行长。双方就中国加入泛美开发银行问题签署了谅解函。

11月26日 经国务院批准，中国人民银行决定从2008年11月27日起下调金融机构人民币存贷款基准利率、人民银行对金融机构的准备金存款利率以及再贷款（再贴现）利率。一年期存款基准利率由现行的3.60%下调至2.52%，活期存款利率由0.72%下调至0.36%，其他各档次存款利率相应调整；一年期贷款基准利率由现行的6.66%下调至5.58%，其他各档次贷款利率相应调整。

11月27日 中国人民银行决定从2008年12月5日起下调中国工商银行、中国农业银行、中国银行、中国建设银行、交通银行、中国邮政储蓄银行等大型存款类金融机构人民币存款准备金率1个百分点，下调中小型存款类金融机构人民币存款准备金率2个百分点。

12月4日至5日 中国人民银行行长周小川、副行长胡晓炼出席在北京召开的第五次中美战略经济对话。周小川行长作了题为"管理宏观经济风险、促进经济平衡增长"的发言。中美双方围绕"奠定长久的经济伙伴关系的基石"的对话主题，就中美经济关系的发展前景、管理宏观经济风险和促进经济平衡增长的战略、加强能源和环境合作、应对贸易挑战、促进开放的投资环境、国际经济合作等六项议题进行了讨论。会后，中美双方对外公布了《第五次中美战略经济对话成果情况说明》。

12月4日至7日　中国人民银行行长周小川赴纽约出席 G30 秋季全会，会议就金融危机、全球衰退与银行业、监管当局的应对措施、银行业危机的历史教训、新一届美国政府面临的政策挑战、基础设施与场外交易市场、新兴市场如何应对经济下行以及国际金融机构在重建金融稳定中的角色等议题进行了讨论。

12月10日　中日韩三国央行对外发布联合声明，宣布建立中日韩央行行长会议机制，三方将每年轮流召开行长会议，讨论宏观经济金融形势、货币政策、金融稳定、区域央行合作以及其他共同关心的议题。三国央行行长在原有的对话基础上将三方会议机制化具有重要意义，提升了三国央行合作层次，表明中日韩三国金融合作进入新的发展阶段。这将对东亚乃至整个亚洲地区的经济金融稳定产生积极的影响。

12月12日　中国人民银行和韩国银行宣布签署双向货币互换框架协议，规模为 1 800 亿元人民币/38 万亿韩元，双方可在此规模内，以本国货币为抵押换取等额对方货币。协议的有效期为 3 年，经双方同意可以延期。

12月17日　国务院副总理王岐山在北京会见意大利央行行长马里奥·德拉吉，中国人民银行行长周小川陪同会见。双方就当前国际金融危机爆发的原因、影响以及中国加入金融稳定论坛等问题进行交流。

12月22日　中国人民银行决定从 2008 年 12月 23 日起下调金融机构人民币存贷款基准利率、中国人民银行对金融机构再贷款（再贴现）利率。一年期存款基准利率由现行的 2.52% 下调至 2.25%，其他各档次存款利率相应调整；一年期贷款基准利率由现行的 5.58% 下调至 5.31%，其他各档次贷款利率相应调整。

12月23日　经国务院批准，中国人民银行决定从 2008 年 12 月 25 日起下调金融机构人民币存款准备金率 0.5 个百分点。

12月30日　中国人民银行货币政策委员会召开 2008 年第四季度例会。

二〇〇九年

1月5日　中国人民银行工作会议在北京召开。会议按照深入贯彻落实科学发展观的要求，全面总结了 2008 年中国人民银行主要工作，分析了当前国内外经济金融形势，研究部署了 2009 年的主要工作。

1月16日　国务院反假货币工作联席会议第四次会议召开。会议分析了当前反假货币工作的形势和特点，研究当前和今后一个时期的反假货币工作。

是日　在国有独资商业银行股份制改革试点领导小组办公室（中国人民银行）牵头的中国农业银行改革小组推动下，中国农业银行股份有限公司挂牌成立，股份制改革取得阶段性进展。

1月19日至20日　中国人民银行纪检监察工作会议在北京召开。会议认真贯彻十七届中央纪委第三次全会和胡锦涛总书记重要讲话精神，总结了中国人民银行 2008 年党风廉政建设和反腐败工作，对 2009 年工作作出部署。中国人民银行党委书记、行长周小川在会上强调，中国人民银行各级领导干部要加强党性修养，树立和弘扬良好作风，带领广大干部职工，全面落实金融促进经济发展的各项政策措施，保持经济平稳较快发展。

1月20日　中国人民银行与香港金融管理局签署货币互换协议，互换规模为 2 000 亿元人民币/2 270 亿港元，协议有效期 3 年。

2月8日　中国人民银行和马来西亚国民银行签署双边货币互换协议，互换规模为 800

亿元人民币/400 亿林吉特，协议有效期 3 年。

3 月 5 日 财政部、中国人民银行联合下发《关于进一步做好专项借款管理工作的通知》（财金〔2009〕19 号）。自 2009 年起，对按照专项借款协议规定主动全额归还当年到期借款本金的地方，免收相应借款利息。专项借款协议期满后，对以前年度缓扣的专项借款本金，分 5 年等额偿还。

3 月 11 日 中国人民银行和白俄罗斯共和国国家银行签署双边货币互换协议，互换规模为 200 亿元人民币/8 万亿白俄罗斯卢布，协议有效期 3 年。

3 月 12 日 为提高内地和香港跨境支付清算效率，密切两地经济金融联系，中国人民银行发布公告《利用境内外币支付系统建立内地和香港多种货币支付系统互通安排》，决定利用境内外币支付系统建立两地多种货币支付系统互通安排。自 2009 年 3 月 16 日起，两地支付互通安排开通美元、欧元、港元和英镑 4 个币种的支付业务。

3 月 18 日 中国人民银行、中国银行业监督管理委员会联合印发《关于进一步加强信贷结构调整 促进国民经济平稳较快发展的指导意见》，要求各金融机构深入贯彻落实党中央、国务院关于进一步扩大内需、促进经济增长的十项措施和《国务院办公厅关于当前金融促进经济发展的若干意见》精神，认真执行适度宽松的货币政策，促进国民经济平稳较快发展。

3 月 23 日 中国人民银行和印度尼西亚银行签署双边货币互换协议，互换规模为 1 000 亿元人民币/175 万亿印尼卢比，协议有效期 3 年。

3 月 24 日 中国人民银行牵头发展改革委、财政部、商务部等有关部门和单位成立了中国进出口银行和中国出口信用保险公司改革工作小组，研究两家机构改革问题。

3 月 29 日至 30 日 中国人民银行行长周小川率团出席泛美开发银行集团 50 周年年会，并以中国理事身份作大会发言。这是中国在 2009 年 1 月 12 日加入泛美开发银行集团之后，首次以正式成员国身份参加该行年会。年会期间，周小川行长还出席了以拉美及加勒比地区应对金融危机为主题的高级别研讨会，并作了主旨发言。

4 月 2 日 中国人民银行和阿根廷中央银行签署双边货币互换协议，互换规模为 700 亿元人民币/380 亿阿根廷比索，协议有效期 3 年。

4 月 8 日 国务院第 56 次常务会议决定在上海市和广东省广州市、深圳市、珠海市、东莞市开展跨境贸易人民币结算试点。

4 月 10 日 中国人民银行货币政策委员会召开 2009 年第一季度例会。会议分析了当前国内外经济金融形势。会议认为，国际金融危机继续蔓延和深化，国际金融市场仍处于动荡之中。为应对国际金融危机的严重冲击，促进经济平稳较快发展，我国及时调整宏观经济政策取向，采取了一系列扩大内需、促进经济增长的政策措施。当前，所采取的政策措施取得初步成效，出现了一些积极迹象，银行体系流动性充裕，货币信贷快速增长，金融体系平稳运行。会议研究了下一阶段货币政策取向和措施。会议认为，要认真贯彻党中央、国务院关于宏观调控的决策部署，落实适度宽松的货币政策，保持政策的连续性和稳定性。进一步理顺货币政策传导机制，保持银行体系流动性充裕，保证货币信贷总量满足经济发展需要。继续优化信贷结构，加大对"三农"、中小企业等薄弱环节的金融支持，切实解决一些企业融资难问题，严格控制对高耗能、高污染和产能过剩行业企业的贷款。继续推进金融改革和创新，加强风险管理，增强金融企业抵御风险能力。

4月26日　上海市、江苏省、浙江省人民政府与中国人民银行在杭州共同召开"推进长江三角洲地区金融协调发展工作第二次联席会议"，研究讨论进一步推进"长三角"金融协调发展各项工作。

5月26日　中国人民银行、财政部、银监会、保监会、国家林业局联合发布了《关于做好集体林权制度改革与林业发展金融服务工作的指导意见》，要求金融部门深入学习实践科学发展观，认真贯彻执行党中央、国务院强农惠农战略和扩内需、保增长、调结构、惠民生战略部署，全面改进和加强对集体林权制度改革和林业发展的金融服务，切实加大对林业发展的有效信贷投入，探索和发展支持集体林权制度改革和林业发展的多元化融资渠道。

6月15日　西非开发银行第73届董事会在上海举行。这是西非开发银行董事会第一次在亚洲国家举行。

6月24日　中国人民银行货币政策委员会召开2009年第二季度例会。会议分析了当前国内外经济金融形势。会议认为，我国经济运行正处在企稳回升的关键时期。在一系列扩大内需、促进经济增长的政策措施作用下，当前经济运行出现积极变化，有利条件和积极因素增多，总体形势企稳向好。但是，经济回升的基础还不够稳固，特别是国际经济走势还不明朗，外部需求下降，我国经济发展的外部环境仍然十分严峻。中国人民银行按照党中央、国务院的统一部署，实行适度宽松的货币政策，加大金融对经济增长的支持力度，银行体系流动性充裕，货币信贷快速增长，金融体系平稳运行。会议认为，要全面贯彻落实好应对国际金融危机的一揽子计划，并根据形势变化不断丰富和完善。要深入贯彻落实科学发展观，全面增强国内需求对经济增长的拉动作用，着力

转变发展方式，加快经济结构战略性调整。进一步加强货币政策与财政、产业、贸易、金融监管等政策的协调配合，提高政策的前瞻性，保持经济平稳较快发展。会议研究了下一阶段货币政策取向和措施。会议认为，要认真贯彻党中央、国务院关于宏观调控的决策部署，落实适度宽松的货币政策，保持政策的连续性和稳定性，引导货币信贷合理增长。进一步理顺货币政策传导机制，优化信贷结构，加大对"三农"、中小企业等薄弱环节的金融支持，努力发展消费信贷，支持自主创新、兼并重组、产业转移和区域经济协调发展。严格控制对高耗能、高污染和产能过剩行业企业的贷款。继续推进金融改革和创新，大力加强风险管理，增强金融企业防范风险能力。

6月26日至27日　中国人民银行行长周小川出席在瑞士巴塞尔召开的金融稳定理事会首次全体会议。全会讨论了理事会章程和内部架构，全球金融体系最新情况和早期预警机制，理事会正在开展的修改国际会计准则、开发宏观审慎监管方法和工具、扩大监管范围等工作，以及跨境危机管理原则执行情况和有效存款保险原则。会议决定设立指导委员会指导理事会日常事务，同时设立脆弱性评估、监管合作和标准执行三个专门委员会。

6月29日　中国人民银行行长周小川和香港金融管理局总裁任志刚签署补充合作备忘录。双方同意在各自的职责范围内对香港银行办理人民币贸易结算业务进行监管并相互配合。双方同意继续推动香港人民币业务的不断发展，进一步发展内地与香港两个金融体系的互助、互补和互动关系，巩固并发挥香港国际金融中心的地位和作用。

7月1日　经国务院批准，中国人民银行、财政部、商务部、海关总署、国家税务总局和银监会联合发布《跨境贸易人民币结算试点管

理办法》，促进贸易便利化，保障跨境贸易人民币结算试点工作顺利进行，规范试点企业和商业银行的行为，防范相关业务风险。

7月3日 中国人民银行发布《跨境贸易人民币结算试点管理办法实施细则》。

7月6日 上海市办理第一笔跨境贸易人民币结算业务，人民币跨境收付信息管理系统正式上线运行。

7月7日 广东省4城市启动跨境贸易人民币结算试点工作。

7月23日 第一次中日韩央行行长会议在中国深圳举行。中国人民银行行长周小川、日本银行行长白川方明和韩国银行行长李成太出席会议。此次会议是三国央行行长会议机制化后举行的第一次正式会议。三国行长讨论了三国近期经济金融形势，并主要就宏观审慎、金融稳定及区域货币合作等共同感兴趣的问题交换了意见和看法。

7月24日 中国人民银行分支行行长座谈会在长春召开。会议总结检查了年初工作部署的落实情况，分析研究了当前经济金融形势，部署了下半年工作重点。会议要求按照党中央、国务院的决策和部署，继续实施适度宽松的货币政策，全面落实和充实完善刺激经济的一揽子计划和相关政策措施。

8月6日至8日 中国人民银行与国际清算银行在上海联合举办国际清算银行亚洲研究大会，主题为"国际金融危机及亚太地区面临的政策挑战"。会议重点讨论了国际金融危机对亚太地区的影响及本地区央行面临的政策挑战，并分别就货币政策与汇率、市场发展及金融稳定三个专题进行了深入探讨。中国人民银行行长周小川出席会议并介绍了我国在维护金融稳定方面采取的措施。

8月17日 中国金融部门评估规划（FSAP）正式启动。中国人民银行约请外交部、

发展改革委、财政部、人力资源和社会保障部、商务部、统计局、国务院法制办、银监会、证监会、保监会、外汇局召开协调会，会议由中国人民银行行长周小川主持。会议决定成立FSAP部际领导小组和FSAP部际工作小组。

9月7日 中国人民银行、商务部、银监会、证监会、保监会、外汇局联合发布《关于金融支持服务外包产业发展的若干意见》，要求金融系统深入贯彻落实《国务院办公厅关于当前金融促进经济发展的若干意见》和《国务院办公厅关于促进服务外包产业发展问题的复函》精神，加大金融对产业转移和产业升级的支持力度，重点做好20个示范城市服务外包产业发展的金融服务工作，全方位提升金融支持服务外包产业发展的水平。

9月8日 中国人民银行下发《中国人民银行关于开展存款类金融机构存款账户结构情况调查的通知》，启动对全国存款类金融机构存款账户金额与结构的分布情况进行抽样调查，了解我国存款账户的最新分布，为做好我国存款保险制度设计工作提供依据。

9月14日至19日 国际货币基金组织/世界银行FSAP先遣团来华会谈。双方就中国FSAP评估范围、评估工作进程等进行了充分交流，并基本达成一致。

9月28日 中国人民银行货币政策委员会召开2009年第三季度例会。会议分析了当前国内外经济金融形势。会议认为，我国应对国际金融危机所采取的各项政策措施取得明显成效，投资增速持续加快，消费稳定较快增长，国内需求对经济的拉动作用不断增强。当前，银行体系流动性充裕，货币信贷快速增长，金融体系平稳运行。但是，我国经济企稳回升的态势还不巩固，外需不足的压力依然很大，进一步扩大内需还需克服多方面的制约，一些行业、企业经营仍很困难，结构调整的任务十分

艰巨。会议认为，要深入贯彻落实科学发展观，继续把促进经济平稳较快发展作为经济工作的首要任务，全面落实和充实完善一揽子计划和相关政策措施，进一步巩固经济企稳回升势头。要继续增强国内需求特别是居民消费对经济增长的拉动作用，着力转变发展方式，加快经济结构战略性调整。进一步加强货币政策与财政、产业、贸易、金融监管等政策的协调配合，保持经济平稳较快发展。下一季度，要认真贯彻党中央、国务院关于宏观调控的决策部署，继续落实适度宽松的货币政策，保持政策的连续性和稳定性。进一步理顺货币政策传导机制，保持银行体系流动性充裕，引导货币信贷合理适度增长。继续优化信贷结构，加大对"三农"、中小企业等薄弱环节的金融支持，大力发展消费信贷，支持重点产业调整振兴和战略性新兴产业发展，促进自主创新、兼并重组、产业转移和区域经济协调发展。严格控制对高耗能、高污染和产能过剩行业企业的贷款。继续推进金融改革和创新，加强风险管理，增强金融企业抵御风险能力。

11 月 2 日　中国人民银行电子商业汇票系统建成运行，是继大额实时支付系统、小额批量支付系统、全国支票影像交换系统、境内外币支付系统之后，中国人民银行组织建设运行的又一重要跨行支付清算系统，是我国金融信息化、电子化进程中的又一个重要里程碑，标志着我国商业票据业务进入电子化时代，对我国票据业务的发展产生了深远影响。

11 月 3 日　中国人民银行、中国人民解放军总后勤部联合发布《中国人民银行　中国人民解放军总后勤部关于军人保障卡银行业务应用的指导意见》，这标志着中国人民银行进一步加大金融行业在国防和军队建设方面的政策支持力度，为支持军队全面建设我军现代后勤探索出一种新的金融服务模式。

11 月 4 日　中国人民银行成立货币政策二司。

11 月 28 日　银行间市场清算所股份有限公司在上海正式成立。中国人民银行行长周小川和上海市委副书记、市长韩正出席开业仪式，并共同为公司揭牌。银行间市场清算所股份有限公司作为专业化的、独立的清算机构，主要为金融市场提供直接和间接的本外币清算服务。

11 月 29 日　中国人民银行行长周小川会见欧元集团主席、卢森堡首相容克、欧洲中央银行行长特里谢和欧盟委员会经济与货币事务委员阿尔穆尼亚一行。双方就中欧经济形势、货币政策以及金融稳定等议题交换了意见，并表达了进一步加强沟通、增进合作的意愿。

12 月 22 日　中国人民银行货币政策委员会召开 2009 年第四季度例会。会议全面总结了 2009 年的货币政策。会议认为，在过去的一年中，面对国际金融危机带来的严峻挑战和复杂形势，我国实施适度宽松的货币政策，引导金融机构在控制风险的前提下，加大对经济发展的支持力度，银行体系流动性合理充裕，货币信贷快速增长，金融体系平稳运行。货币政策为落实应对国际金融危机的一揽子计划、快速扭转经济增速下滑态势发挥了重要作用。会议讨论了当前国内外经济金融形势。会议认为，世界经济正在缓慢复苏，但基础仍不稳固，国际金融危机的影响也依然存在，各国宏观经济政策面临新的挑战。我国经济形势总体向好，但经济回升的内在动力仍然不足，结构性矛盾仍很突出，转变经济发展方式更加迫切。会议提出，2010 年要认真贯彻落实中央经济工作会议精神，处理好保持经济平稳较快发展、调整经济结构和管理通胀预期的关系。继续实施适度宽松的货币政策，保持政策的连续性和稳定性，根据新形势新情况，着力提高政策的针对性和灵活性，把握好政策实施的力度、节奏和重点。把握好货币信贷增长速度，引导金融机构均衡放款，避免过大波动。会议强调，要加大金融支持经济发展方式转变和经济结构调整的力度。继续落实"有保有控"的信贷政策，调整优化信贷结构，加大信贷政策对经济社会薄弱环节、就业、战略性新兴产业、产业转移等方面的支持，有效缓解农业和小企业融资难的问题。严格控制对"两高"行业、产能过剩行业以及新开工项目的贷款。大力发展金融市场，积极扩大直接融资。要研究建立宏观审慎管理制度，有效防范和化解各类潜在金融风险，保障金融体系安全稳健运行。

是日 中国人民银行、银监会、证监会、保监会联合发布《关于进一步做好金融服务 支持重点产业调整振兴和抑制部分行业产能过剩的指导意见》，要求金融业深入学习和实践科学发展观，按照中央经济工作会议的决策部署，继续贯彻实施适度宽松货币政策，保证重点产业调整振兴合理的资金需求，着力扩大内需、优化信贷结构，推动经济发展方式转变和经济结构调整，淘汰落后产能和抑制部分行业产能过剩，提高经济发展质量和效益，保持国民经济平稳可持续发展。

二〇一〇年

1月12日 经国务院批准，中国人民银行决定从2010年1月18日起上调存款类金融机构人民币存款准备金率0.5个百分点。

1月14日 为进一步加强宏观调控，客观评估金融机构、金融市场的发展与稳定状况，中国人民银行印发《金融工具编造分类及编码标准（试行）》，统一了对金融工具的认识与界定，推进了中国金融业综合统计体系的构建，为编制各类金融性公司资产负债表、概览，正确计量各经济部门的金融总资产、总负债与货币总量，科学监测货币政策传导过程与效果，准确反映各类金融资产的风险，支持宏观审慎监管体系的建立奠定了基础。

1月18日 为加强网上银行管理，促进网上银行业务健康发展，有效增强网上银行系统的安全防范能力，中国人民银行印发《网上银行系统信息安全通用规范（试行）》。

1月22日 为规范中国人民银行系统的集中采购行为，提高采购资金使用效益，促进廉政建设，根据《中华人民共和国政府采购法》《中华人民共和国招标投标法》和财政部《中央单位政府集中采购管理实施办法》等法律法规和有关制度规定，中国人民银行印发《中国人民银行集中采购管理办法》。

2月12日 为加强银行体系流动性管理，经国务院批准，中国人民银行决定从2010年2月25日起上调存款类金融机构人民币存款准备金率0.5个百分点。

2月24日 为加强中国人民银行信息安全检查管理，实现检查工作的规范化、常态化，根据《政府信息系统安全检查办法》和《中国人民银行信息安全管理规定》，结合中国人民银行实际情况，中国人民银行办公厅印发《中国人民银行信息安全检查管理办法（试行）》。

3月8日 为保障人民币跨境收付信息管理系统的平稳、有效运行，规范银行业金融机构的操作和使用，根据《跨境贸易人民币结算试点管理办法》及其实施细则等相关规定，中国人民银行印发《人民币跨境收付信息管理系统管理暂行办法》。

3月12日 为减少对签发空头支票或者与预留银行签章不符支票行为实施行政处罚引发的行政争议，化解社会矛盾，维护金融秩序，根据《中华人民共和国行政处罚法》确定的"处罚与教育相结合"的原则及有关规定，中国人民银行印发《关于对违法签发支票行为行政处罚若干问题的实施意见（试行）》。

3 月 19 日至 23 日　中国人民银行行长周小川出席了在墨西哥坎昆举行的泛美开发银行第 51 届年会暨泛美投资公司第 25 届年会。此次年会最大的成果是通过了"坎昆宣言"，完成了第九次普遍增资磋商。周小川行长此行还访问了哥斯达黎加央行。

3 月 30 日　中国人民银行货币政策委员会召开 2010 年第一季度例会。会议分析了当前国内外经济金融形势。会议认为，当前经济金融发展面临的形势极为复杂。全球经济运行中的积极变化逐渐增多，我国经济回升向好的势头进一步巩固，但经济社会发展中仍然存在一些突出矛盾和问题，转变经济发展方式、调整经济结构更加迫切，调控货币信贷总量、优化信贷结构以及防范金融风险的任务依然艰巨。会议提出，要按照党中央、国务院的统一部署，继续实施适度宽松的货币政策，处理好保持经济平稳较快发展、调整经济结构和管理通胀预期的关系。要把握好货币政策实施的力度、节奏和重点，保持政策的连续性和稳定性，根据新形势新情况着力提高政策的针对性和灵活性，提高金融支持经济发展的可持续性，维护金融体系健康稳定运行。会议强调，要灵活运用多种货币政策工具，保持银行体系流动性合理充裕，引导货币信贷总量适度增长。要继续完善商业银行内部治理结构，建立科学有效的业绩考核制度和风险管理制度，把短期目标和中长期发展目标有机结合起来，努力做到信贷资金的相对均衡投放，促进全年货币信贷调控目标的实现。会议强调，要加大金融支持经济发展方式转变和经济结构调整的力度。继续落实"有保有控"的信贷政策，调整优化信贷结构，加大信贷政策对经济社会薄弱环节、就业、战略性新兴产业、产业转移等方面的支持，努力缓解农业和小企业融资难的问题。严格控制对"两高"行业、产能过剩行业以及新开工项目的贷款。大力发展金融市场，积极扩大直接融资。研究建立宏观审慎管理制度，有效防范和化解各类潜在系统性风险。

4 月 14 日　为促进中国人民银行及其分支机构依法履行职责，规范执法检查行为，保护金融机构以及其他单位和个人的合法权益，根据《中华人民共和国中国人民银行法》等法律、行政法规，中国人民银行印发《中国人民银行执法检查程序规定》，自公布之日起施行。

4 月 30 日　经国务院批准，中国人民银行决定从 2010 年 5 月 10 日起上调存款类金融机构人民币存款准备金率 0.5 个百分点。

5 月 27 日　为统一金融宏观管理部门、金融监管部门与金融机构对贷款的认定和分类，强化贷款统计数据的同质性、协调性和可比性，促进信息共享，推动金融统计标准体系的建立，中国人民银行印发《贷款统计分类及编码标准（试行）》。

6 月 4 日　为贯彻落实党中央、国务院关于促进中小企业发展的政策要求，支持有市场、有效益、有信用的中小企业发展，发挥信用信息服务在缓解中小企业融资难中的重要作用，探索有地方特色的中小企业信用体系建设长效机制，中国人民银行决定开展中小企业信用体系试验区建设，并印发《中小企业信用体系试验区建设指导意见》。

6 月 11 日　中国人民银行发布《金融业机构信息管理规定》，并开发金融业机构信息管理系统，构建中国首个金融机构名录库。该名录库现已囊括 23 万家金融机构信息。通过推广使用新的金融机构编码，统一各应用系统中系统参与者身份标识。

6 月 13 日　为进一步提高中国人民银行应急管理工作的前瞻性、主动性和针对性，增强突发事件应急处置工作能力，规范应急预案评估工作流程，完善应急预案评估工作机制，中国人民银行办公厅印发《中国人民银行应急预案评估工作暂行办法》。

6月14日 为促进支付服务市场健康发展，规范非金融机构支付服务行为，防范支付风险，保护当事人的合法权益，根据《中华人民共和国中国人民银行法》等法律法规，中国人民银行印发《非金融机构支付服务管理办法》，自公布之日起施行。

7月7日 中国人民银行货币政策委员会召开2010年第二季度例会。会议认为，世界经济正在逐步复苏，但仍存在较大不确定性。我国经济保持回升向好的态势，消费、投资、出口拉动经济增长的协调性增强，经济正朝着宏观调控预期方向发展，但管理通胀预期、保持经济平稳较快发展、调整经济结构和转变经济发展方式的任务依然艰巨。会议认为，上半年我国货币信贷合理增长，银行体系流动性基本适度，人民币汇率形成机制改革稳步推进，金融运行总体平稳。会议强调，下半年，要按照党中央、国务院的统一部署，继续实施适度宽松的货币政策，保持政策的连续性和稳定性，增强调控的针对性和灵活性，把握好政策实施的力度、节奏和重点。要密切关注经济金融形势的发展，灵活运用多种货币政策工具，保持货币信贷适度增长；继续落实"有保有控"的信贷政策，调整优化信贷结构；进一步完善人民币汇率形成机制，坚持以市场供求为基础，参考一篮子货币进行调节；加强系统性风险防范，保持金融体系健康稳定发展。

8月27日 为统一金融宏观管理部门、金融监管部门与金融机构对存款的认定和分类，强化存款统计数据的同质性、协调性和可比性，促进信息共享，推动金融统计标准体系的建立，中国人民银行印发《存款统计分类及编码标准（试行）》。

8月31日 为规范境外机构人民币银行结算账户的开立和使用，加强银行结算账户管理，维护经济金融秩序，根据《人民币银行结算账户管理办法》等规定，中国人民银行印发《境外机构人民币银行结算账户管理办法》。

9月2日 金融信息化研究所、中国人民银行同城灾备中心和中小金融机构灾备外包服务中心在中国金融电子化公司揭牌成立。

9月7日 为进一步做好中国人民银行网络和信息系统信息安全应急管理工作，提高中国人民银行应急处理能力，中国人民银行办公厅印发《中国人民银行网络和信息系统应急预案编制指引》。

9月10日 为鼓励县域法人金融机构将新增存款主要用于当地发放贷款，促进县域信贷资金投入，进一步改善农村金融服务，中国人民银行、银监会联合印发《关于鼓励县域法人金融机构将新增存款一定比例用于当地贷款的考核办法（试行）》。

9月21日 为全面、准确监测金融机构理财业务、资金信托业务的发展情况，综合评估其对货币供应量、信贷总规模及货币政策传导机制的影响，中国人民银行印发《理财、资金信托相关统计制度与标准》。

9月24日 为加强中国人民银行互联网站（www. pbc. gov. cn）的管理，全面推动政府网站建设，中国人民银行印发《中国人民银行互联网站管理办法（试行）》。

9月28日 中国人民银行货币政策委员会召开2010年第三季度例会。会议认为，世界经济正在逐步复苏，但结构性问题和风险仍然比较突出。我国经济运行态势总体良好，继续朝着宏观调控的预期方向发展，但管理通胀预期、保持经济平稳较快发展、调整经济结构和转变经济发展方式的任务依然艰巨。2010年以来我国货币信贷合理增长，银行体系流动性基本适度，人民币汇率双向浮动，弹性增强，金融体系继续平稳运行。会议强调，下一阶段，要按照党中央、国务院的统一部署，继续实施适度宽松的货币政策，保持政策的连续性和稳定性，增强调控的针对性和灵活性。要密切关注国内外经济金融形势的新变化，灵活运用多种货币政策工具，保持货币信贷适度增长；认真落实"有扶有控"的信贷政策，继续调整优化信贷结构；进一步完善人民币汇率形成机制，重在坚持以市场供求为基础，参考一篮子货币进行调节，增强汇率弹性。

10月2日至6日　中国人民银行行长周小川陪同温家宝总理出访希腊和比利时，参加了中欧领导人会晤、中欧文化高峰论坛、中欧工商峰会等系列活动，并会见了欧元集团"三驾马车"领导人。

10月19日　中国人民银行决定从2010年10月20日起上调金融机构人民币存贷款基准利率，并启动存贷款基准利率确定方式改革，存贷款基准利率将逐步向0.05%的整数倍归整。

10月22日至23日　中国人民银行行长周小川、副行长易纲出席在韩国庆州举行的二十国集团财长/央行行长会及副手会。会议发表联合公报，就国际货币基金组织份额改革方案达成一致，中国的份额将升至第三位。

11月2日　中国人民银行和解放军总后勤部召开金融系统军人保障卡全军推广动员部署电视电话会议，全面部署军人保障卡银行推广工作。

11月4日　为加强会计核算管理，规范会计核算监督行为，提高会计核算监督水平，中国人民银行印发《中国人民银行会计核算监督办法》。

11月10日　为加强银行体系流动性管理，经国务院批准，中国人民银行决定从2010年

11月16日起上调存款类金融机构人民币存款准备金率0.5个百分点。

11月11日　为贯彻落实《国务院关于印发农村信用社改革试点方案的通知》精神，加强农村信用社改革试点专项中央银行票据兑付后监测考核工作，推动农村信用社巩固前期改革成果，继续深化改革，增强可持续发展能力，提高农村金融服务水平，中国人民银行印发《农村信用社改革试点专项中央银行票据兑付后续监测考核办法》。

11月19日　为加强银行体系流动性管理，引导货币信贷合理增长，经国务院批准，中国人民银行决定从2010年11月29日起上调存款类金融机构人民币存款准备金率0.5个百分点。

12月2日　为加强金融统计的规范化和制度化，切实提高金融统计管理效率和数据质量，为宏观经济金融决策提供及时准确的信息支持，中国人民银行印发《金融统计事项报备制度》。

12月4日　中国人民银行成功完成历史上规模最大的全辖网络切换，确保信息业务系统平稳迁移。中国人民银行全国357个机构网点的所有信息系统同时从原有网络向办公网和业务网切换，网络结构因此调整为物理隔离的专网、办公网，以及逻辑隔离的业务网、互联网，并在办公网和业务网分别部署了相应的技术支撑系统，确保两网分离后的安全防护水平和网络使用性能。

12月7日　中国人民银行首次发布《中国金融标准化报告2009》，全面回顾了中国金融标准化发展历程，介绍了金融标准化工作机制，分享了金融业在研究制定标准、宣传贯彻标准、采用国际标准和参与国家标准化活动等方面的成果，分析了中国金融标准化面临的形势和挑战，提出未来一段时期的发展思路。

12月10日　经国务院批准，中国人民银

行决定从 2010 年 12 月 20 日起上调存款类金融机构人民币存款准备金率 0.5 个百分点。

12 月 23 日 为贯彻落实《融资性担保公司管理暂行办法》，规范融资性担保公司接入征信系统的管理，中国人民银行、银监会联合印发《融资性担保公司接入征信系统管理暂行规定》。

12 月 24 日 经国务院批准，中国人民银行决定从 2010 年 12 月 26 日起上调金融机构人民币存贷款基准利率以及中国人民银行对金融机构再贷款（再贴现）利率。（1）上调金融机构人民币存款基准利率。其中，一年期存款利率由现行的 2.50% 上调至 2.75%，上调 0.25 个百分点；其他各档次存款利率相应调整。（2）上调金融机构人民币贷款基准利率。其中，一年期贷款利率由现行的 5.56% 上调至 5.81%，上调 0.25 个百分点；其他各档次贷款利率相应调整。（3）上调个人住房公积金贷款利率。其中，五年期以下由现行的 3.50% 上调至 3.75%，上调 0.25 个百分点；五年期以上由现行的 4.05% 上调至 4.30%，上调 0.25 个百分点。（4）上调中国人民银行对金融机构再贷款利率。其中，一年期流动性再贷款利率由现行的 3.33% 上调至 3.85%，上调 0.52 个百分点；对农村信用社再贷款（不含紧急贷款）一年期利率由 2.88% 上调至 3.35%，上调 0.47 个百分点。汶川地震灾区、玉树地震灾区、甘肃和四川遭受特大山洪泥石流灾区的支农再贷款利率暂不上调。（5）上调中国人民银行对金融机构再贴现利率。再贴现利率由现行的 1.80% 上调至 2.25%，上调 0.45 个百分点。

是日 中国人民银行货币政策委员会召开 2010 年第四季度例会。会议认为，2011 年世界经济有望继续恢复增长，但不稳定不确定因素仍然较多；我国经济向好势头进一步巩固，金融体系继续平稳运行，但货币信贷和流动性管理及防范金融风险的任务仍然艰巨。会议强调，2011 年要认真实施稳健的货币政策，增强金融调控的针对性、灵活性、有效性，把稳定价格总水平放在更加突出的位置。要按照总体稳健、调节有度、结构优化的要求，综合运用多种货币政策工具，把好流动性这个总闸门，引导货币信贷向常态回归，实现合理适度增长。要把信贷资金更多投向实体经济特别是"三农"和中小企业，促进经济结构战略性调整。要健全多层次资本市场体系，提高直接融资比重，保持社会融资总量的合理规模。要进一步完善人民币汇率形成机制，保持人民币汇率在合理均衡水平上的基本稳定。

12 月 29 日 为深化中国农业银行股份制改革，推进三农金融事业部改革试点工作，中国人民银行印发《2010 年中国农业银行三农金融事业部改革试点差别化存款准备金率暂行办法》。

二○一一年

1 月 6 日 为配合跨境贸易人民币结算试点，便利银行业金融机构和境内机构开展境外直接投资人民币结算业务，中国人民银行印发《境外直接投资人民币结算试点管理办法》。

1 月 14 日 为加强银行体系流动性管理，引导货币信贷合理增长，中国人民银行决定从 2011 年 1 月 20 日起上调金融机构人民币存款准备金率 0.5 个百分点。

2 月 8 日 中国人民银行决定从 2011 年 2 月 9 日起上调金融机构人民币存贷款基准利率 0.25 个百分点。

2 月 18 日 为加强银行体系流动性管理，引导货币信贷合理增长，中国人民银行决定从 2011 年 2 月 24 日起上调金融机构人民币存款准备金率 0.5 个百分点。

2 月 24 日 为提高银行票据凭证的防伪性

能，保证票据的流通和安全使用，中国人民银行决定启用 2010 版银行票据凭证。

3 月 15 日　中国人民银行发布《中国人民银行关于推进金融 IC 卡应用工作的意见》（以下简称《意见》），决定在全国范围内正式启动银行卡芯片迁移工作，"十二五"期间将全面推进金融 IC 卡应用，促进中国银行卡的产业升级和可持续发展。《意见》明确提出了金融 IC 卡应用的总体目标、工作原则和推进时间表。

3 月 18 日　为加强银行体系流动性管理，引导货币信贷合理增长，中国人民银行决定从 2011 年 3 月 25 日起上调金融机构人民币存款准备金率 0.5 个百分点。

3 月 25 日　中国人民银行货币政策委员会召开 2011 年第一季度例会。会议分析了当前国内外经济金融形势。会议认为，当前我国货币信贷形势正向宏观调控的方向发展，但经济金融面临的环境依然复杂，世界经济继续缓慢复苏，但复苏的基础仍不够牢固，我国经济继续保持平稳较快发展，但发展中的问题依然突出。会议强调，要密切关注国际国内经济金融最新动向及其影响，强调稳定价格总水平的宏观调控任务，认真贯彻实施稳健货币政策，提高货币政策的针对性、灵活性和有效性。要综合运用多种货币政策工具，逐步健全宏观审慎政策框架，有效管理流动性，保持合理的社会融资规模和货币总量。要着力优化信贷结构，引导商业银行加大对重点领域和薄弱环节的信贷支持，严格控制对"两高"行业和产能过剩行业贷款。要发挥直接融资的作用，更好地满足多样化投融资需求。进一步完善人民币汇率形成机制，保持人民币汇率在合理均衡水平上的基本稳定。

3 月 31 日　由中国人民银行协助 G20 主席国法国主办的 G20 "国际货币体系高层研讨会"在南京举行。中国人民银行行长周小川、副行长易纲出席会议并发言。研讨会推动了国际社会对国际货币体系改革必要性和国际货币基金组织特别提款权（SDR）改革等议题的讨论。

4 月 5 日　中国人民银行决定从 2011 年 4 月 6 日起上调金融机构人民币存贷款基准利率 0.25 个百分点。

4 月 9 日　经国务院批准，中国人民银行正式加入中亚、黑海及巴尔干半岛地区央行行长会议组织。中国人民银行行长助理李东荣出席签字仪式，并参加在土耳其伊斯坦布尔举行的第 25 届行长会议。

4 月 15 日　为加强银行体系流动性管理，引导货币信贷合理增长，中国人民银行决定从 2011 年 4 月 21 日起上调金融机构人民币存款准备金率 0.5 个百分点。

5 月 6 日　中国人民银行与蒙古国中央银行在乌兰巴托签署双边本币互换协议。互换规模为 50 亿元人民币，有效期 3 年，经双方同意可以展期。

5 月 13 日　为加强银行体系流动性管理，引导货币信贷合理增长，中国人民银行决定从 2011 年 5 月 18 日起上调金融机构人民币存款准备金率 0.5 个百分点。

5 月 27 日　为规范发行人使用中国人民银行债券发行系统在银行间债券市场公开招标发行债券的行为，维护债券发行各方面的权益，中国人民银行办公厅印发《银行间债券市场债券招标发行管理细则》。

6 月 13 日　中国人民银行与哈萨克斯坦国民银行在阿斯塔纳签署双边本币互换协议。互换规模为 70 亿元人民币，有效期 3 年，经双方同意可以展期。

6 月 14 日　为加强银行体系流动性管理，引导货币信贷合理增长，中国人民银行决定从 2011 年 6 月 20 日起上调金融机构人民币存款准备金率 0.5 个百分点。

6月16日　为做好《非金融机构支付服务管理办法》实施工作，保障非金融机构支付服务业务系统检测认证工作规范有序开展，中国人民银行印发《非金融机构支付服务业务系统检测认证管理规定》。

6月22日至23日　中俄总理定期会晤委员会金融合作分委会第十二次会议在俄罗斯下诺夫哥罗德市举行。双方签署了《中国人民银行与俄罗斯联邦中央银行关于结算和支付的协定》，将双边本币结算从边境贸易扩大到两国全境的一般贸易。

7月1日　中国人民银行货币政策委员会召开2011年第二季度例会。会议分析了当前国内外经济金融形势。会议认为，当前我国经济金融运行正向宏观调控预定的方向发展，但经济金融发展面临的形势依然复杂，世界经济继续缓慢复苏，但面临的风险因素仍然较多；我国经济继续平稳较快发展，但通胀压力仍然处在高位。会议强调，要密切关注国际国内经济金融最新动向及其影响，贯彻实施稳健货币政策，注意把握政策的稳定性、针对性和灵活性，把握好政策节奏和力度。要综合运用多种货币政策工具，健全宏观审慎政策框架，有效管理流动性，保持合理的社会融资规模和货币总量。要着力优化信贷结构，引导商业银行加大对重点领域和薄弱环节的信贷支持，特别是对"三农"、中小企业的信贷支持。要继续发挥直接融资的作用，更好地满足多样化投融资需求。进一步完善人民币汇率形成机制，保持人民币汇率在合理均衡水平的基本稳定。

7月6日　中国人民银行决定从2011年7月7日起上调金融机构人民币存贷款基准利率0.25个百分点。

7月13日　为促进金融机构更好地服务"三农"，着力提高涉农信贷政策导向效果，中国人民银行印发《中国人民银行关于开展涉农信贷政策导向效果评估的通知》，明确从2011年起，中国人民银行分支机构对县域金融机构开展涉农信贷政策导向效果评估。

7月20日　为促进金融机构更好地服务中小企业，提高中小企业信贷政策导向效果，中国人民银行印发《中国人民银行关于开展中小企业信贷政策导向效果评估的通知》，明确从2011年开始，中国人民银行分支机构对省级及省级以下金融机构开展中小企业信贷政策导向效果评估。

8月3日　为规范外部机构与中国人民银行网络互联，保障网络安全和数据传输，确保相关业务正常开展，中国人民银行办公厅印发《中国人民银行金融城域网入网管理办法（试行）》。

8月9日　人力资源和社会保障部、中国人民银行联合发布《关于社会保障卡加载金融功能的通知》，在推行社会保障一卡通、促进金融服务民生方面迈出关键性步伐。

9月5日　根据《中华人民共和国国民经济和社会发展第十二个五年规划纲要》，结合"十二五"期间我国金融业信息化发展需要，中国人民银行印发《中国金融业信息化"十二五"发展规划》。

9月7日至9日　中国人民银行行长周小川赴伦敦出席第四次中英经济财金对话。对话共取得46项成果，涉及中国人民银行的有13项成果，涵盖了在金融改革和市场发展、国际货币与金融体系等领域的合作。

9月28日　中国人民银行货币政策委员会召开2011年第三季度例会。会议分析了当前国内外经济金融形势。会议认为，当前我国经济金融运行正向宏观调控的预期方向发展，但经济金融发展面临的形势依然复杂，世界经济继续缓慢复苏，但面临的风险因素仍然较多；我国经济继续平稳较快发展，通胀压力有所缓解但仍处在高位。会议强调，要密切关注国际国内经济金融最新动向及其影响，继续实施好稳健的货币政策，把稳定物价总水平作为宏观调控的首要任务，增强调控的针对性、有效性和前瞻性，注意把握好政策的节奏和力度。要综合运用多种货币政策工具，健全宏观审慎政策框架，有效管理流动性，保持合理的社会融资规模和货币总量。要着力优化信贷结构，推动产业结构进一步调整，引导金融机构提高金融服务水平，加大对结构调整的信贷支持。要继续发挥直接融资的作用，更好地满足多样化投融资需求。进一步完善人民币汇率形成机制，保持人民币汇率在合理均衡水平的基本稳定。

10 月 13 日　为进一步扩大人民币在跨境贸易和投资中的使用，规范银行和境外投资者办理外商直接投资人民币结算业务，中国人民银行印发《外商直接投资人民币结算业务管理办法》。

10 月 26 日　中国人民银行与韩国银行在首尔续签中韩双边本币互换协议。互换规模由原来的 1 800 亿元人民币/38 万亿韩元扩大至 3 600 亿元人民币/64 万亿韩元，有效期 3 年，经双方同意可以展期。

11 月 1 日　为科学引导和有效推动"十二五"时期国库业务持续、健康发展，中国人民银行办公厅印发了《"十二五"时期国库业务发展规划》。

11 月 9 日至 11 日　国际货币基金组织总裁拉加德当选后首次访华。访华期间，拉加德拜会了温家宝总理、习近平副主席和王岐山副总理，并与中国人民银行行长周小川举行会谈，就全球经济形势和欧洲主权债危机、国际货币基金组织作用等问题交换意见。

11 月 30 日　中国人民银行决定从 2011 年 12 月 5 日起下调金融机构人民币存款准备金率 0.5 个百分点。

12 月 7 日　中国人民银行金融信息中心正式成立。金融信息中心是中国人民银行直属事业单位，主要承担管理、运行和维护中国人民银行业务应用系统，采集、汇总和分析相关信息数据，管理网络和维护信息系统安全等职责。

12 月 22 日　中国人民银行与泰国银行在曼谷签署中泰双边本币互换协议。互换规模为 700 亿元人民币/3 200 亿泰铢，有效期 3 年，经双方同意可以展期。

12 月 23 日　中国人民银行与巴基斯坦国家银行在伊斯兰堡签署中巴双边本币互换协议。互换规模为 100 亿元人民币/1 400 亿卢比，有效期 3 年，经双方同意可以展期。

12 月 28 日　中国人民银行货币政策委员会召开 2011 年第四季度例会。会议分析了当前国内外经济金融形势。会议认为，当前我国经济金融运行继续朝着宏观调控预期方向发展，经济增长和物价总体趋稳，国际收支趋向平衡；受欧债危机等影响，世界经济增长乏力，不稳定性不确定性上升，宏观经济面临的国内外形势较为复杂。会议强调，要密切关注国际国内经济金融最新动向及其影响，继续实施稳健的货币政策，保持政策的连续性和稳定性，进一步增强政策的针对性、灵活性和前瞻性，把握好调控的力度、节奏和重点，根据形势变化适时适度进行预调微调，处理好保持经济平稳较快发展、调整经济结构和管理通胀预期之间的关系，加强系统性风险防范。综合运用多种货币政策工具，继续发挥宏观审慎政策措施的逆周期调节功能，保持合理的货币信贷总量和社会融资总规模。按照"有扶有控"的原则，着力引导和促进信贷结构优化，加大对社会经济重点领域和薄弱环节的支持力度，引导金融机构提高金融服务水平，更好地支持实体经济发展。要继续发挥直接融资的作用，更好地满足多样化投融资需求，推动金融市场规范发展。稳步推进利率市场化改革，进一步完善人民币汇率形成机制，保持人民币汇率在合理均衡水平上的基本稳定。

二〇一二年

1月5日 根据《中华人民共和国国民经济和社会发展第十二个五年规划纲要》，结合"十二五"期间中国支付体系发展需要，中国人民银行组织相关部门制定了《关于中国支付体系发展（2011—2015年）的指导意见》。

1月6日至7日 全国金融工作会议在北京召开。中共中央政治局常委、国务院总理温家宝出席会议并讲话。他在讲话中系统总结近几年来的金融工作，分析当前金融改革开放发展面临的新形势，对今后一个时期的金融工作作出部署。中国人民银行89名正式代表、58名列席代表参加会议。

1月7日至8日 2012年中国人民银行工作会议在北京召开。会议认真学习传达了中央经济工作会议、全国金融工作会议和国务院领导同志重要指示精神，全面总结了2011年中国人民银行工作，深入分析了经济金融形势，明确今后一个时期的重点任务，安排部署了2012年主要工作。

1月15日至20日 中国人民银行副行长易纲陪同温家宝总理访问阿联酋和卡塔尔，与卡塔尔中央银行签署了谅解备忘录，进一步推进双边交流与合作。

1月17日 中国人民银行与阿联酋中央银行签署中阿双边本币互换协议，互换规模为350亿元人民币/200亿迪拉姆，有效期3年，经双方同意可以展期。

1月21日 为进一步规范国库监督管理行为，防范国库资金风险，促进国家预算收支任务顺利完成，中国人民银行印发《国库监督管理基本规定》。

2月3日 为进一步促进贸易和投资便利化，提高监管针对性和有效性，中国人民银行印发《中国人民银行 财政部 商务部 海关总署 国家税务总局 银监会关于出口货物贸易人民币结算企业管理有关问题的通知》。

2月7日 为贯彻落实《国务院关于加快发展旅游业的意见》精神和中央关于把旅游业培育成国民经济战略性支柱产业的重要战略部署，进一步加大金融支持实体经济力度，改进和提升金融对旅游业的服务水平，支持和促进旅游业加快发展，中国人民银行印发《中国人民银行 发展改革委 旅游局 银监会 证监会 保监会 外汇局关于金融支持旅游业加快发展的若干意见》。

2月8日 中国人民银行与马来西亚国家银行续签中马双边本币互换协议，互换规模由原来的800亿元人民币/400亿林吉特扩大至1 800亿元人民币/900亿林吉特，有效期3年，经双方同意可以展期。

2月19日 中国人民银行决定从2012年2月24日起下调人民币存款准备金率0.5个百分点。

2月21日 中国人民银行与土耳其中央银行签署中土双边本币互换协议，互换规模为100亿元人民币/30亿土耳其里拉，有效期3年，经双方同意可以展期。

2月29日 为深入贯彻落实《中共中央 国务院关于加快水利改革发展的决定》和中央水利工作会议精神，进一步做好水利改革发展金融服务工作，中国人民银行印发《中国人民银行 发展改革委 财政部 水利部 银监会 证监会 保监会关于进一步做好水利改革发展金融服务的意见》。

3月20日 中国人民银行与蒙古银行签署中蒙双边本币互换补充协议，互换规模由原来的50亿元人民币/1万亿图格里克扩大至100

亿元人民币/2 万亿图格里克。

3 月 22 日　中国人民银行与澳大利亚储备银行签署中澳双边本币互换协议，互换规模为 2 000 亿元人民币/300 亿澳大利亚元，有效期 3 年，经双方同意可以展期。

3 月 29 日　中国人民银行货币政策委员会召开 2012 年第一季度例会。会议分析了当前国内外经济金融形势。会议认为，当前我国经济金融运行总体符合宏观调控预期，经济增长平稳，物价有所回落；欧债危机有所缓解，全球经济温和复苏，但不确定性依然存在。会议强调，要密切关注国际国内经济金融最新动向及其影响，继续实施稳健的货币政策，进一步增强政策的针对性、灵活性和前瞻性，按照总量适度、审慎灵活的要求，兼顾促进经济平稳较快发展、保持物价稳定和防范金融风险。综合运用多种货币政策工具，引导货币信贷平稳适度增长，保持合理的社会融资规模。着力引导和促进信贷结构优化，加大对社会经济重点领域和薄弱环节的支持力度。引导金融机构提高金融服务水平，更好地支持实体经济发展。要继续发挥直接融资的作用，更好地满足多样化投融资需求，推动金融市场规范发展。稳步推进利率市场化改革，积极探索进一步推进利率市场化的有效途径。进一步完善人民币汇率形成机制，增强人民币汇率双向浮动弹性，保持人民币汇率在合理均衡水平上的基本稳定。

4 月 12 日　中国人民银行决定自 2012 年 4 月 16 日起，银行间即期外汇市场人民币兑美元交易价浮动幅度由千分之五扩大至百分之一，即每日银行间即期外汇市场人民币兑美元的交易价可在中国外汇交易中心对外公布的当日人民币兑美元中间价上下百分之一的幅度内浮动。

5 月 12 日　中国人民银行决定从 2012 年 5 月 18 日起下调人民币存款准备金率 0.5 个百分点。

5 月 14 日　根据《非金融机构支付服务管理办法》以及《非金融机构支付服务业务系统检测认证管理规定》，经综合评定：北京中金国盛认证有限公司、中国信息安全认证中心 2 家认证机构可以开展非金融机构支付业务设施技术认证工作。

5 月 17 日　为进一步完善信贷资产证券化管理制度，防范风险，扎实推进信贷资产证券化业务健康可持续发展，中国人民银行会同银监会、财政部印发《关于进一步扩大信贷资产证券化试点有关事项的通知》。

6 月 7 日　中国人民银行决定，从 2012 年 6 月 8 日起下调金融机构人民币存贷款基准利率，同时调整存贷款利率浮动区间。一是调整金融机构存、贷款基准利率。（1）下调金融机构人民币存款基准利率。其中，一年期存款利率下调 0.25 个百分点；其他各档次存款利率相应调整。（2）下调金融机构人民币贷款基准利率。其中，一年期贷款利率下调 0.25 个百分点；其他各档次贷款利率相应调整。（3）下调个人住房公积金贷款利率。其中，五年期以下下调 0.25 个百分点；五年期以上下调 0.20 个百分点。（4）下调民族贸易和民族用品生产贷款利率 0.25 个百分点。二是调整金融机构存贷款利率浮动区间。（1）允许金融机构存款利率上浮，存款利率浮动区间由基准利率的（0，1）倍调整为（0，1.1）倍。（2）放宽金融机构贷款利率浮动区间，贷款利率下限由基准利率的 0.9 倍调整为 0.8 倍；个人住房贷款利率浮动区间的下限仍为基准利率的 0.7 倍。

6 月 14 日　为贯彻落实《外商直接投资人民币结算业务管理办法》，便利境外投资者以人民币来华投资，规范银行业金融机构办理外商直接投资人民币结算业务，中国人民银行印发《关于明确外商直接投资人民币结算业务操作细则的通知》。

6月18日至19日 二十国集团在墨西哥洛斯卡沃斯举行第七次领导人峰会,会议重点讨论了全球经济形势、"强劲、可持续和平衡增长"框架、加强国际金融体系改革等问题。国家主席胡锦涛应邀出席峰会,中国人民银行行长周小川陪同参会。其间,胡锦涛主席宣布中国参与国际货币基金组织新增资源,参与额为430亿美元。

6月26日 中国人民银行与乌克兰国家银行签署中乌双边本币互换协议,互换规模为150亿元人民币/190亿格里夫纳,有效期3年,经双方同意可以展期。

6月27日 中国人民银行货币政策委员会召开2012年第二季度例会。会议分析了当前国内外经济金融形势。会议认为,当前我国经济金融运行总体平稳,经济增长处于目标区间,物价涨幅继续回落;全球经济复苏艰难曲折,欧债危机反复震荡,不确定性较大。会议强调,要密切关注国际国内经济金融最新动向及其影响,继续实施稳健的货币政策,进一步增强政策的针对性、灵活性和前瞻性,根据形势变化适时适度进行预调微调,正确处理保持经济平稳较快发展、调整经济结构和管理通胀预期三者的关系。综合运用多种货币政策工具,引导货币信贷平稳适度增长,保持合理的社会融资规模。引导金融机构进一步优化信贷结构,防范金融风险,提高金融服务水平,更好地支持实体经济,促进国民经济平稳较快发展。继续发挥直接融资的作用,更好地满足多样化投融资需求,推动金融市场规范发展。稳步推进利率市场化改革,完善人民币汇率形成机制,增强人民币汇率双向浮动弹性,保持人民币汇率在合理均衡水平上的基本稳定。

是日 为深入贯彻实施《珠江三角洲地区改革发展规划纲要(2008—2020年)》,推进金融改革创新综合试验区建设,在金融改革与创新方面先行先试,推动广东省经济金融良性互动和科学发展,中国人民银行印发《中国人民银行 发展改革委 财政部 国务院港澳办 银监会 证监会 保监会 外汇局关于广东省建设珠江三角洲金融改革创新综合试验区总体方案的通知》。

7月4日 为进一步规范中央财政国库集中收付代理银行资格认定行政许可行为,中国人民银行、财政部联合印发《中央财政国库集中收付代理银行资格认定管理暂行办法》。

7月5日 中国人民银行决定,从2012年7月6日起下调金融机构人民币存贷款基准利率并调整金融机构贷款利率浮动区间。一是调整金融机构存贷款基准利率。(1)下调金融机构人民币存款基准利率。其中,一年期存款利率下调0.25个百分点;其他各档次存款利率相应调整。(2)下调金融机构人民币贷款基准利率。其中,一年期贷款利率下调0.31个百分点,其他各档次贷款利率相应调整。(3)下调个人住房公积金存贷款利率。其中,当年归集的个人住房公积金存款利率下调0.05个百分点;上年结转的下调0.25个百分点。五年期以下贷款利率下调0.20个百分点;五年期以上下调0.20个百分点。(4)下调民族贸易和民族用品生产贷款利率0.31个百分点。二是调整金融机构贷款利率浮动区间,贷款利率下限由基准利率的0.8倍调整为0.7倍。

7月6日 中新两国签署换文,中方将在持有新加坡特许全面银行业务牌照的中资银行中选择一家作为新加坡人民币业务清算行。

7月9日 中国人民银行组建成立金融消费权益保护局。

7月18日 在中国人民银行的积极推动下,国际货币基金组织执董会通过新的《双边和多边监督决定》,取代了2007年出台的《对成员国政策双边监督的决定》。

7月27日　为发挥温州市民营经济发达、民间资金充裕、民间金融活跃的优势，探索与经济发展相适应的金融体制机制创新，引导民间融资规范发展，维护正常金融秩序，促进经济转型升级，中国人民银行印发《中国人民银行　发展改革委　财政部　人力资源和社会保障部　商务部　银监会　证监会　保监会　外汇局印发关于浙江省温州市金融综合改革试验区总体方案的通知》。

8月3日至4日　中国人民银行分支行行长座谈会在北京召开。会议认真贯彻落实党中央、国务院关于经济金融工作的决策部署，总结了中国人民银行年初工作安排的落实情况，分析研究了经济金融形势，明确了下半年工作重点，部署了防范和化解金融风险的有关工作。周小川行长在会上作工作报告，胡晓炼副行长主持会议并作会议总结，易纲、王华庆、潘功胜、李东荣、郭庆平、金琦出席会议。

8月31日　中国人民银行行长周小川以大陆方面货币管理机构代表名义与台湾方面货币管理机构代表彭淮南签署《海峡两岸货币清算合作备忘录》，双方同意以该备忘录确定的原则和合作架构建立两岸货币清算机制。

9月17日　经国务院批准，中国人民银行、银监会、证监会、保监会、外汇局共同编制的《金融业发展和改革"十二五"规划》公开发布。

9月24日　中国人民银行货币政策委员会召开2012年第三季度例会。会议分析了当前国内外经济金融形势。会议认为，当前我国经济金融运行呈现缓中趋稳态势，物价形势基本稳定，全球经济仍较为疲弱，近期欧美新的救助和刺激措施的影响需密切关注。会议强调，要密切关注国际国内经济金融最新动向及其影响，继续实施稳健的货币政策，着力提高政策的针对性、灵活性和前瞻性，根据形势变化适时适度进行预调微调，正确处理保持经济平稳较快发展、调整经济结构和管理通胀预期三者的关系。综合运用多种货币政策工具，引导货币信贷平稳适度增长，保持合理的社会融资规模。优化金融资源配置，有效解决信贷资金供求结构性矛盾，防范金融风险，提高金融服务水平，更好地支持实体经济，促进国民经济平稳较快发展。继续发挥直接融资的作用，更好地满足多样化投融资需求，推动金融市场规范发展。稳步推进利率市场化改革，完善人民币汇率形成机制，增强人民币汇率双向浮动弹性，保持人民币汇率在合理均衡水平上的基本稳定。

9月27日　为进一步规范支付机构从事预付卡业务行为，维护预付卡市场秩序，防范支付风险，中国人民银行印发《支付机构预付卡业务管理办法》。

10月16日　中国人民银行行长周小川与来访的泛美开发银行行长莫雷诺签署了《联合融资合作谅解备忘录》，支持拉美和加勒比地区经济和社会发展。

12月3日　为维护市场参与者合法权益，促进中国债券回购市场的规范、健康发展，中国人民银行同意中国银行间市场交易商协会发布《中国银行间市场债券回购交易主协议》。

12月11日　根据《海峡两岸货币清算合作备忘录》相关内容，经过评审，中国人民银行决定授权中国银行台北分行担任台湾人民币业务清算行。

12月19日　为落实《海峡西岸经济区发展规划》，进一步提升金融服务实体经济的能力，探索金融服务实体经济的新途径，建立健全与社会主义市场经济发展相适应的金融体制机制，促进实体经济又好又快发展，中国人民银行印发《中国人民银行　发展改革委　科技

部 财政部 商务部 国务院侨办 国务院港
澳办 国务院台办 银监会 证监会 保监会
外汇局关于福建省泉州市金融服务实体经济
综合改革试验区总体方案的通知》。

12月26日 中国人民银行货币政策委员
会召开2012年第四季度例会。会议分析了当前
国内外经济金融形势。会议认为，当前我国经
济金融运行总体平稳，积极因素进一步增多，
物价形势基本稳定，全球经济仍较为疲弱，不
确定性依然存在。会议强调，要认真贯彻落实
党的十八大和中央经济工作会议精神，密切关
注国际国内经济金融最新动向和国际资本流动
的变化，继续实施稳健的货币政策，处理好稳
增长、调结构、控通胀、防风险的关系。综合
运用多种货币政策工具，引导货币信贷和社会
融资规模平稳适度增长。优化金融资源配置，
有效解决信贷资金供求结构性矛盾，防范金融
风险，着力改进对实体经济的金融服务，继续
发挥直接融资的作用，更好地满足多样化投融
资需求，推动金融市场规范发展。稳步推进利
率市场化和人民币汇率形成机制等改革，保持
人民币汇率在合理均衡水平上的基本稳定。

二○一三年

1月5日 中国人民银行印发《金融机构
洗钱和恐怖融资风险评估及客户分类管理指
引》，指导金融机构评估洗钱和恐怖融资风险，
合理确定客户洗钱风险等级，提升反洗钱和反
恐怖融资工作有效性。

1月8日 中国人民银行创设常备借贷便
利（SLF），对金融机构开展操作，提供流动性
支持。

1月10日至11日 2013年中国人民银行
工作会议在北京召开。会议深入贯彻落实党的
十八大、中央经济工作会议和国务院领导同志
重要讲话精神，全面总结2012年中国人民银

行工作，安排部署2013年工作。

1月18日 中国人民银行宣布启用公开市
场短期流动性调节工具（SLO），作为公开市场
常规操作的必要补充，在银行体系流动性出现
波动时相机使用。

1月21日 国务院令第631号颁布《征信
业管理条例》，于2013年3月15日起正式
实施。

1月22日 中国人民银行印发《关于加强
地方法人金融机构流动性管理 有效发挥短期
再贷款流动性供给功能的通知》，要求各分支
机构充分认识再贷款对地方法人金融机构临时
性流动性供给的积极作用，引导金融机构将短
期再贷款作为解决短期流动性不足的正常资金
来源渠道，有效运用短期再贷款工具满足金融
机构合理的流动性需求。

1月25日 中国人民银行与中国银行台北
分行签订《关于人民币业务的清算协议》。

2月7日 中国人民银行办公厅发布《关
于做好2013年信贷政策工作的意见》，要求各
分支机构和各银行业金融机构重点加强对"三
农"、中小企业、城镇化建设、经济结构调整
和产业升级、保障性安居工程、就业等民生工
程和地方政府融资平台清理规范等方面的金融
服务工作。

2月8日 中国人民银行授权中国工商银
行新加坡分行担任新加坡人民币业务清算行，
并于4月与其签订《关于人民币业务的清算协
议》。

3月1日 中国证监会、中国人民银行、
国家外汇管理局联合发布《人民币合格境外机
构投资者境内证券投资试点办法》。

3月4日 中国人民银行印发《关于拓宽
支农再贷款适用范围 做好春耕备耕金融服务
工作的通知》，在全国范围内推广拓宽支农再
贷款适用范围政策，进一步发挥支农再贷款引

导农村金融机构扩大"三农"信贷投放的功能，同时做好春耕备耕金融服务工作。

3月7日　中国人民银行与新加坡金融管理局续签了规模为3 000亿元人民币/600亿新加坡元的中新双边本币互换协议，有效期3年，经双方同意可以展期。

3月11日　中国人民银行办公厅印发《中小企业信用体系建设基本数据项指引》和《农村信用体系建设基本数据项指引》，规范小微企业、农户等经济主体的信用档案建设。

3月13日　中国人民银行印发《关于合格境外机构投资者投资银行间债券市场有关事项的通知》，允许符合条件的合格境外机构投资者（QFII）向中国人民银行申请投资银行间债券市场。

3月24日至30日　中国人民银行行长周小川赴南非德班出席金砖国家财长和央行行长会议，会议讨论了金砖应急储备安排等务实合作进展。

3月25日　为深入贯彻落实中央一号文件关于加快发展现代农业的总体部署，中国人民银行发布《关于加大金融创新力度　支持现代农业加快发展的指导意见》，要求各银行业金融机构加大金融创新力度，有效满足现代农业发展尤其是专业大户、家庭农场、农民合作社等新型生产经营主体的合理金融需求，改进和提升"三农"金融服务水平。

是日　上海黄金交易所推出银行间黄金询价远期交易品种。

3月26日　中国人民银行与南非储备银行签署《中国人民银行代理南非储备银行投资中国银行间债券市场的代理投资协议》。

是日　中国人民银行与巴西中央银行签署了规模为1 900亿元人民币/600亿巴西雷亚尔的中巴双边本币互换协议，有效期3年，经双方同意可以展期。

4月1日　中国人民银行货币政策委员会召开2013年第一季度例会。会议分析了当前国内外经济金融形势。会议认为，当前我国经济金融运行总体保持了稳定增长态势，物价形势基本稳定，但未来走势仍存在一定不确定性；全球经济有所好转，但形势依然错综复杂。会议强调，要认真贯彻落实党的十八大和中央经济工作会议精神，密切关注国际国内经济金融最新动向和国际资本流动的变化，继续实施稳健的货币政策，保持政策连续性和稳定性，增强前瞻性、针对性和灵活性，处理好稳增长、调结构、控通胀、防风险的关系，维持货币环境的稳定。健全宏观审慎政策框架，综合运用多种货币政策工具，加强和改善流动性管理，引导货币信贷和社会融资规模平稳适度增长。优化金融资源配置，有效缓解信贷资金供求结构性矛盾，防范金融风险，着力改进对实体经济的金融服务，继续发挥直接融资的作用，更好地满足多样化投融资需求，推动金融市场规范发展。进一步推进利率市场化和人民币汇率形成机制改革，保持人民币汇率在合理均衡水平上的基本稳定。

4月9日　经中国人民银行授权，中国外汇交易中心宣布完善银行间外汇市场人民币对澳大利亚元交易方式，开展人民币对澳大利亚元直接交易。

4月10日　中国人民银行印发《银行票据凭证印制管理办法》，加强银行票据凭证的印制管理，保障银行票据凭证印制安全。

4月20日　四川雅安芦山县发生7.0级强烈地震，中国人民银行及时启动应急预案，做好金融支持抗震救灾工作，确保业务系统安全运行，切实维护灾区金融和社会稳定。

4月25日　中国人民银行发布《中国人民银行关于实施〈人民币合格境外机构投资者境内证券投资试点办法〉有关事项的通知》。

5月2日　中央银行会计核算数据集中系统（ACS）在北京业务处理中心、中国人民银行济南分行营业管理部和济宁市中心支行首批试点运行取得成功。

5月5日　为支持守法合规企业开展正常经营活动，防范外汇收支风险，国家外汇管理局发布《关于加强外汇资金流入管理有关问题的通知》，加强银行结售汇综合头寸管理、进出口企业货物贸易外汇收支分类管理以及外汇检查等。

5月24日至26日　中国人民银行行长周小川与瑞士财政部国务秘书阿姆布尔签署《中瑞金融对话合作谅解备忘录》。

6月21日　中国人民银行货币政策委员会召开2013年第二季度例会。会议分析了当前国内外经济金融形势。会议认为，当前我国经济金融运行总体平稳，物价形势基本稳定，但也面临不少困难和挑战；全球经济有所好转，但形势依然错综复杂。会议强调，要认真贯彻落实党的十八大、中央经济工作会议和国务院常务会议精神，密切关注国际国内经济金融最新动向和国际资本流动的变化，继续实施稳健的货币政策，并着力增强政策的前瞻性、针对性和灵活性，适时适度进行预调微调。健全宏观审慎政策框架，综合运用多种货币政策工具，加强和改善流动性管理，引导货币信贷和社会融资规模平稳适度增长。在保持宏观经济政策稳定性、连续性的同时，优化金融资源配置，用好增量、盘活存量，更有力地支持经济结构调整和转型升级，更好地服务实体经济发展，更扎实地做好金融风险防范。进一步推进利率市场化改革，更大程度发挥市场机制在资源配置中的基础性作用。继续推进人民币汇率形成机制改革，保持人民币汇率在合理均衡水平上的基本稳定。

是日　两岸签署《海峡两岸服务贸易协议》，允许台资金融机构以RQFII方式投资大陆资本市场，投资额度考虑按1 000亿元掌握。

6月22日　中国人民银行与英格兰银行签署了规模为2 000亿元人民币/200亿英镑的中英双边本币互换协议，有效期3年，经双方同意可以展期。

6月26日　中国人民银行办公厅印发《关于做好高校毕业生就业创业金融服务工作的指导意见》，要求银行系统采取切实有效的措施，本着尽可能方便高校毕业生享受政策的原则，积极探索和创新符合高校毕业生就业创业实际需求特点的金融产品和服务方式，合理调配金融资源，优化信贷结构，不断改进和完善对高校毕业生就业创业的各项金融服务工作。

7月2日　中国人民银行发布〔2013〕第8号公告《完善银行间债券市场交易结算管理》，要求银行间市场全部债券交易通过全国银行间同业拆借中心系统达成，交易一旦达成不可撤销和变更，进一步规范银行间债券市场交易结算行为，维护市场参与者合法权益，促进市场健康规范发展。

7月9日　中国人民银行发布《关于简化跨境人民币业务流程和完善有关政策的通知》，简化了经常项下跨境人民币业务，放宽了账户融资的期限和额度，规范了境内非金融机构人民币境外放款业务和对外提供人民币担保等业务。

7月20日　经国务院批准，中国人民银行决定自2013年7月20日起全面放开金融机构贷款利率管制。取消金融机构贷款利率0.7倍的下限，由金融机构根据商业原则自主确定贷款利率水平；取消票据贴现利率管制，改变贴现利率在再贴现利率基础上加点确定的方式，由金融机构自主确定；对农村信用社贷款利率不再设立上限；为继续严格执行差别化的住房信贷政策，促进房地产市场健康发展，个人住房贷款利率浮动区间暂不作调整。

7 月 25 日 商业银行开始在银行间市场试点发行二级资本债券，用于满足商业银行补充资本的需求。天津滨海农商行首家在银行间市场试点发行 15 亿元二级资本债券。

8 月 15 日 为进一步加强金融监管协调，保障金融业稳健运行，经国务院同意，中国人民银行会同中国银监会、中国证监会、中国保监会和国家外汇管理局建立金融监管协调部际联席会议制度。

8 月 26 日 为切实做好连片特困地区扶贫开发金融服务工作，中国人民银行办公厅印发《关于建立连片特困地区扶贫开发金融服务联动协调机制的通知》，要求各分支机构按 14 个片区分别建立金融服务联动协调机制，因地制宜，积极开展金融服务创新、信息共享、政策宣传和统计分析等工作。

9 月 2 日 国库会计数据集中系统（TCBS）完成在全国的推广建设，标志着以"3T"系统为核心的现代化国库信息系统总体框架基本形成。

9 月 4 日 中国人民银行印发《支付结算执法检查规定》，规范支付结算执法检查行为，推动执法检查工作制度化、规范化和科学化。

9 月 5 日至 6 日 二十国集团在俄罗斯圣彼得堡举行第八次领导人峰会，会议重点讨论了全球经济形势与挑战、促进长期投融资、改革国际金融架构、推进金融部门改革、促进金融包容等议题。国家主席习近平应邀出席峰会，中国人民银行行长周小川陪同参会。

9 月 9 日 中国人民银行与匈牙利中央银行签署了规模为 100 亿元人民币/ 3 750 亿匈牙利福林的中匈双边本币互换协议，有效期 3 年，经双方同意可以展期。

9 月 11 日 中国人民银行与冰岛中央银行续签了规模为 35 亿元人民币/ 660 亿冰岛克朗

的中冰双边本币互换协议，有效期 3 年，经双方同意可以展期。

9 月 12 日 中国人民银行与阿尔巴尼亚银行签署了规模为 20 亿元人民币/ 358 亿阿尔巴尼亚列克的中阿双边本币互换协议，有效期 3 年，经双方同意可以展期。

9 月 23 日 中国人民银行发布《关于境外投资者投资境内金融机构人民币结算有关事项的通知》，对境外投资者在境内新设、并购和参股金融机构等业务使用人民币结算进行了规范。

9 月 24 日 市场利率定价自律机制成立暨第一次工作会议在北京召开。市场利率定价自律机制是由金融机构组成的市场定价自律和协调机制，旨在符合国家有关利率管理规定的前提下，对金融机构自主确定的货币市场、信贷市场等金融市场利率进行自律管理，维护市场正当竞争秩序，促进市场规范健康发展。会议审议通过了《市场利率定价自律机制工作指引》和《贷款基础利率集中报价和发布规则》，选举了首任市场利率定价自律机制主任委员。

9 月 27 日 中国人民银行货币政策委员会召开 2013 年第三季度例会。会议分析了当前国内外经济金融形势。会议认为，当前我国经济金融运行总体平稳，物价形势基本稳定，但也面临不少困难和挑战；全球经济有所好转，但形势依然错综复杂。会议强调，要认真贯彻落实党的十八大、中央经济工作会议和国务院常务会议精神，密切关注国际国内经济金融最新动向和国际资本流动的变化，按照保持宏观经济政策稳定性、连续性的总体要求，在继续实施稳健的货币政策的同时，着力增强政策的针对性、协调性，适时适度进行预调微调，把握好稳增长、调结构、促改革、防风险的平衡点，优化金融资源配置，用好增量、盘活存量，为经济结构调整与转型升级创造稳定的金融环境和货币条件，更好地服务实体经济发展。进一步推进利率市场化改革，更大程度发挥市场机制在资源配置中的基础性作用。继续推进人民币汇率形成机制改革，保持人民币汇率在合理均衡水平上的基本稳定。

10月1日　中国人民银行与印度尼西亚银行续签了规模为1 000亿元人民币/175万亿印尼卢比的中印双边本币互换协议，有效期3年，经双方同意可以展期。

10月8日　中国人民银行与欧洲中央银行签署了规模为3 500亿元人民币/450亿欧元的中欧双边本币互换协议，有效期3年，经双方同意可以展期。

是日　中国人民银行第二代支付系统成功上线。

10月9日　中国人民银行印发《关于推进信贷市场信用评级管理方式改革的通知》，启动信贷市场信用评级管理方式的改革，由偏重于事前资质认可转变为着重进行事中、事后监测和信息披露。

10月22日　中新双边合作联合委员会第十次会议宣布给予新加坡500亿元RQFII额度。

10月24日　中国人民银行行长周小川与来访的美国联邦存款保险公司（FDIC）主席马丁·克鲁恩博格签署了《中国人民银行与美国联邦存款保险公司关于合作、技援和跨境处置的谅解备忘录》。

10月25日　贷款基础利率集中报价和发布机制正式运行。贷款基础利率是商业银行对其最优质客户执行的贷款利率，其他贷款利率可在此基础上加点生成。在报价行自主报出本行贷款基础利率的基础上，指定发布人对报价进行加权平均计算，形成报价行的贷款基础利率报价平均利率并对外公布。贷款基础利率是市场基准利率报价从货币市场向信贷市场的进一步拓展，为金融机构信贷产品定价提供重要参考。

10月30日　为落实国务院关于促进信息消费、扩大内需的若干意见，中国人民银行移动金融可信公共服务平台（TSM）正式上线运行，为促进移动金融服务健康快速发展奠定了基础。

11月1日　经国务院同意，中国人民银行印发《关于扩大深化中国农业银行"三农金融事业部"改革试点范围等有关事项的通知》，将中国农业银行江苏、浙江、湖南、云南、江西、陕西、广东7个省538个县的县域支行纳入深化"三农金融事业部"改革试点范围，并延续差别化存款准备金率、监管费减免和营业税减免等扶持政策。

11月6日　中国人民银行青年联合会成立大会暨中国人民银行青年联合会第一届委员会第一次全体会议在北京召开。会议审议通过了《中国人民银行青年联合会组织和工作细则（草案）》，选举产生了中国人民银行青年联合会第一届委员会常务委员、副主席、主席，听取了《中国人民银行青年联合会第一届委员会工作报告》。

11月15日　中国人民银行令第1号发布《征信机构管理办法》，于2013年12月20日起施行。

11月26日　首届中法高级别经济财金对话在京举行。会议由马凯副总理和法国财长莫斯科维奇主持，中国人民银行行长周小川出席会议。会后中法双方共同发布《联合声明》，在经济金融、财经合作、贸易投资等领域达成35项成果。

是日　中法央行在京共同主办第三届中法金融论坛，两国央行、金融监管机构、自律组织和市场机构约300名代表出席论坛，深入讨论了中法两国经济金融发展趋势、欧洲和中国资本市场发展及其他金融领域面临的机遇与挑战等问题，中国人民银行行长周小川与法国央行行长诺瓦耶出席论坛开幕式并致辞。

12月1日　中国人民银行官方微博（央行微播）在新浪、腾讯网站开通。

12月3日至4日　首次中瑞金融对话在上海举行。双方主要就金融市场开放、人民币跨境使用、国际金融监管改革和国际组织等共同关心的议题进行了深入交流。

12月8日　中国人民银行发布《同业存单管理暂行办法》，规范同业存单业务，拓展银行业存款类金融机构的融资渠道，促进货币市场发展。12—13日，中国银行、中国建设银行等10家金融机构分别发行了首批同业存单产品，发行总量为340亿元，期限涵盖1个月、3个月和6个月。

12月12日　中国人民银行发布《中国征信业发展报告（2003—2013）》，全面总结了中国人民银行履行征信管理职能十年来的工作历程和取得的成就，深入分析了当前征信业面临的发展机遇和挑战，并对未来五年征信管理工作进行了展望。

12月25日　中国人民银行货币政策委员会召开2013年第四季度例会。会议分析了当前国内外经济金融形势。会议认为，当前我国经济金融运行总体平稳，物价形势基本稳定，但也面临不少困难和挑战；全球经济仍将延续缓慢复苏态势，但也存在不稳定不确定因素。会议强调，要认真贯彻落实党的十八大、十八届三中全会和中央经济工作会议精神。密切关注国际国内经济金融最新动向和国际资本流动的变化，坚持稳中求进、改革创新，继续实施稳健的货币政策，保持适度流动性，实现货币信贷及社会融资规模合理增长，改善和优化融资结构和信贷结构。同时寓改革于调控之中，增强金融运行效率和服务实体经济能力。进一步推进利率市场化和人民币汇率形成机制改革，保持人民币汇率在合理均衡水平上的基本稳定。

12月26日　中国人民银行与世界银行集团成员组织国际金融公司签署《中国人民银行代理国际金融公司投资中国银行间债券市场的代理投资协议》。

12月27日　中国人民银行上海异地灾备中心项目建设正式启动。

12月31日　中国人民银行、中国银监会发布2013年第21号公告，进一步规范信贷资产证券化发起机构风险自留行为，明确发起机构可以灵活方式保留基础资产信用风险，特别是发起机构可以采用垂直型风险自留。

是日　中国人民银行发布《关于金融债券专项用于小微企业贷款后续监督管理有关事宜的通知》，明确了发行前和存续期间对发行人、主承销商等机构在内控制度、报告报送等方面的要求，并提出了中国人民银行及其分支机构对商业银行发行金融债券专项用于小微企业贷款进行后续监督的内容，确保商业银行发行金融债券所募集资金用于小微企业贷款。

二○一四年

1月3日　中国人民银行发布《关于规范单位结算卡业务管理的通知》，规范单位结算卡业务，维护当事人合法权益，防范单位结算卡业务风险。

1月7日　中国人民银行会同科技部、银监会、证监会、保监会和知识产权局联合发布《关于大力推进体制机制创新　扎实做好科技金融服务的意见》，从鼓励和引导金融机构大力培育和发展服务科技创新的金融组织体系、加快推进科技信贷产品和服务模式创新、拓宽适合科技创新发展规律的多元化融资渠道等方面进行工作部署，要求金融机构推进体制机制创新，做好科技金融服务各项具体工作。

1月8日 中国人民银行发布《关于加强银行卡业务管理的通知》，进一步规范银行卡业务管理，维护银行卡市场秩序。

1月9日至10日 中国人民银行工作会议在北京召开。会议深入贯彻落实党的十八大和十八届二中、三中全会以及中央经济工作会议精神，总结2013年工作，部署2014年工作任务。

1月10日 中国人民银行、公安部、安全部联合发布《涉及恐怖活动资产冻结管理办法》，规范涉及恐怖活动资产冻结的程序和行为，维护国家安全和社会公共利益。

1月10日至14日 中国人民银行行长周小川赴瑞士巴塞尔出席国际清算银行央行行长例会以及金融稳定理事会指导委员会等系列会议。会议主要讨论了新兴市场国家货币政策框架、生产率增速放缓与货币政策应对以及金融监管规则与货币政策互动的问题，审议通过了杠杆率和流动性指标的修订方案，并讨论了2014年全球金融监管改革重点工作。

1月17日 中国人民银行发布《关于开展常备借贷便利操作试点的通知》，在北京、江苏、山东、广东、河北、山西、浙江、吉林、河南、深圳开展分支机构常备借贷便利操作试点，主要解决符合宏观审慎要求的地方法人金融机构流动性需求，稳定市场预期，促进货币市场平稳运行。试点工作于1月20日启动。

1月28日 中国人民银行发布《关于建立场外金融衍生产品集中清算机制及开展人民币利率互换集中清算业务有关事宜的通知》，促进场外金融衍生产品市场健康规范发展。

1月30日 为进一步改善宏观调控，规范再贷款的功能定位，充分发挥中央银行流动性管理和引导金融机构优化信贷结构的功能，更好地服务于中央银行履职，中国人民银行发布

《关于调整再贷款分类的通知》，将再贷款由三类调整为四类，即将原流动性再贷款进一步细分为流动性再贷款和信贷政策支持再贷款，金融稳定再贷款和专项政策性再贷款分类不变。

2月7日 为贯彻落实国务院关于金融支持小微企业和农村经济发展的工作要求，加快小微企业和农村信用体系建设，做好对小微企业、农户等经济主体的信息服务，着力改善小微企业和"三农"金融服务，促进普惠金融发展，中国人民银行发布《关于加快小微企业和农村信用体系建设的意见》。

是日 中国人民银行、发展改革委、财政部、民政部、人力资源和社会保障部、商务部、税务总局、银监会、证监会、保监会、外汇局联合发布《青岛市财富管理金融综合改革试验区总体方案》。

2月13日 中国人民银行发布《关于做好家庭农场等新型农业经营主体金融服务的指导意见》，鼓励和引导银行业金融机构积极推动金融产品、利率、期限、额度、流程、风险控制等方面创新，合理调配信贷资源，扎实做好家庭农场、专业大户、农民合作社、农业产业化龙头企业等新型农业经营主体各项金融服务工作。

2月20日 中国人民银行授权上海总部发布《关于支持中国（上海）自由贸易试验区扩大人民币跨境使用的通知》，支持在上海自贸区内开展各项跨境人民币业务创新试点，鼓励和扩大人民币跨境使用。

3月1日 中国人民银行放开中国（上海）自由贸易试验区小额外币存款利率上限。上海自贸区的先试先行，将为在全国推进小额外币存款利率市场化积累和复制可推广的经验，并为下一步深入推进利率市场化改革打好坚实基础。

3月4日 中国人民银行发布《关于开展

银行卡收单业务专项检查的通知》以及《中国人民银行办公厅关于开展银行卡收单业务专项检查的通知》，以维护银行卡收单市场秩序，促进银行卡产业健康发展。

3月5日　为发挥信贷政策支持再贷款促进优化信贷结构的作用，运用支农再贷款支持金融机构做好春耕备耕金融服务工作，中国人民银行对部分省（自治区、直辖市）增加支农再贷款额度共200亿元。中国人民银行就增加商业银行柜台债券业务品种有关事项发布2014年第3号公告，进一步丰富居民投资选择，发展并规范债券市场。

3月6日　中国人民银行、财政部、银监会、证监会、保监会、扶贫办、共青团中央联合发布《关于全面做好扶贫开发金融服务工作的指导意见》，进一步完善金融服务机制，促进贫困地区经济社会持续健康发展。

3月10日　中国人民银行发布《关于切实做好家禽业金融服务工作的通知》，针对H7N9流感疫情和家禽企业、养殖户的困难和资金需求，从保证正常生产经营的资金供应、灵活确定贷款期限和还款方式、合理确定贷款利率水平、建立金融服务应急机制、加大金融政策支持、加强政策协调配合等方面，提出有针对性的解决措施。

3月14日　中国人民银行决定扩大外汇市场人民币兑美元汇率浮动幅度。自2014年3月17日起，银行间即期外汇市场人民币兑美元交易价浮动幅度由1%扩大至2%；外汇指定银行为客户提供当日美元最高现汇卖出价与最低现汇买入价之差不得超过当日汇率中间价的幅度由2%扩大至3%；其他规定仍遵照《中国人民银行关于银行间外汇市场交易汇价和外汇指定银行挂牌汇价管理有关问题的通知》执行。

3月18日　经中国人民银行授权，中国外汇交易中心宣布在银行间外汇市场开展人民币对新西兰元直接交易。

3月20日　中国人民银行印发《关于开办支小再贷款 支持扩大小微企业信贷投放的通知》，正式在信贷政策支持再贷款类别下创设支小再贷款，专门用于支持金融机构扩大小微企业信贷投放，同时下达全国支小再贷款额度共500亿元。

3月26日　中方宣布给予法国800亿元人民币合格境外机构投资者（RQFII）额度。

3月27日　中国人民银行行长周小川与亚美尼亚共和国中央银行行长阿·贾瓦德扬签署《中国人民银行与亚美尼亚共和国中央银行合作协议》。

3月28日　中国人民银行与德意志联邦银行签署在法兰克福建立人民币清算安排的合作备忘录。

3月31日　中国人民银行与英格兰银行签署在伦敦建立人民币清算安排的合作备忘录。

4月2日　中国人民银行货币政策委员会召开2014年第一季度例会。会议分析了当前国内外经济金融形势。会议认为，当前我国经济运行仍处在合理区间，金融运行总体平稳，物价基本稳定，但所面临的形势依然错综复杂，有利条件和不利因素并存。国际经济形势出现分化，美欧等发达经济体积极迹象增多，部分新兴市场经济体增速持续放缓。会议强调，要认真贯彻落实党的十八大、十八届三中全会和中央经济工作会议精神。密切关注国际国内经济金融最新动向和国际资本流动的变化，坚持稳中求进、改革创新，继续实施稳健的货币政策，保持适度流动性，实现货币信贷及社会融资规模合理增长。改善和优化融资结构和信贷结构。继续深化金融体制改革，增强金融运行效率和服务实体经济能力。进一步推进利率市场化和人民币汇率形成机制改革，保持人民币汇率在合理均衡水平上的基本稳定。

4月18日 中国人民银行行长周小川与卡塔尔央行行长阿勒萨尼签署《中国人民银行代理卡塔尔央行投资中国银行间债券市场的代理投资协议》。

4月22日 为加强金融对"三农"发展的支持，拓展资金来源，引导加大涉农资金投放，进一步提升农村金融服务的能力和水平，中国人民银行决定从2014年4月25日起下调县域农村商业银行人民币存款准备金率2个百分点，下调县域农村合作银行人民币存款准备金率0.5个百分点。

4月23日 中国人民银行决定在分支行开展信贷资产质押试点。将信贷资产纳入央行合格抵押品范围，有利于解决中小金融机构合格抵押品相对不足问题，进一步完善央行抵押品管理框架。

4月24日 中国人民银行、银监会、证监会、保监会、外汇局联合发布《关于规范金融机构同业业务的通知》，就规范同业业务种类和会计核算、加强和改进同业业务内外部管理、推动开展规范的资产负债业务创新等方面提出了18条规范性意见，以有效防范和控制风险，引导资金更多流向实体经济，降低企业融资成本，促进多层次资本市场发展，更好地支持经济结构调整和转型升级。

4月25日 中国人民银行与新西兰中央银行续签规模为250亿元人民币/50亿新西兰元的中新双边本币互换协议。

是日 为贯彻落实国务院第43次常务会议精神，中国人民银行创设抵押补充贷款（PSL），为开发性金融支持棚改提供长期稳定、成本适当的资金来源。

4月30日 中国人民银行、银监会就金融租赁公司、汽车金融公司和消费金融公司发行金融债券的有关事宜发布2014年第8号公告，拓宽消费金融公司等非银行金融机构的融资渠道，合理调整金融租赁公司、汽车金融公司发行金融债券的条件，加大金融对消费的支持力度。

5月5日 中国人民银行行长周小川与阿根廷中央银行行长胡安·卡洛斯·法布雷加签署《中国人民银行和阿根廷中央银行关于预防洗钱和恐怖融资活动谅解备忘录》，内容涉及双边反洗钱监管信息交流机制、反洗钱现场检查中的互助与合作安排、加强双方人员交流与培训等方面。这是中国人民银行与其他国家央行在反洗钱双边监管合作方面签署的首份备忘录。

5月6日 为全面深化农村金融改革，加快农村金融制度创新，根据国务院对黑龙江省"两大平原"现代农业综合配套改革试验总体方案的批复意见，中国人民银行、发展改革委、银监会、证监会、保监会、黑龙江省人民政府会同中央农办、财政部、农业部制定并印发《黑龙江省"两大平原"现代农业综合配套改革试验金融改革方案》。

是日 为加强金融市场基础设施建设，促进金融市场安全高效运行和整体稳定，中国人民银行和证监会联合发布《关于成立金融市场基础设施领导小组及办公室的通知》。

5月13日 为落实国务院关于实施信息惠民工程、加强金融信息安全有关工作要求，进一步发挥金融集成电路（IC）卡安全优势，提升银行卡安全交易水平，避免由于金融IC卡降级交易可能产生新的伪卡欺诈风险，中国人民银行办公厅发布《关于逐步关闭金融IC卡降级交易有关事项的通知》。

5月19日 为落实国务院关于促进信息消费、扩大内需有关工作要求，中国人民银行与发展改革委共同启动了移动电子商务金融科技服务创新试点，组织成都、合肥、贵阳等5个城市基于移动金融安全可信公共服务平台

（MTPS）开展应用创新工作，在电子商务、公共交通、医疗卫生、文化旅游、智慧社区等领域实现突破。

5月29日至30日　中国人民银行行长周小川率团出席在卢旺达首都基加利举行的非洲开发银行集团理事会年会，并访问乌干达和布隆迪央行。年会期间，周小川行长与非洲开发银行行长卡贝鲁卡签署了20亿美元的"非洲共同增长基金"联合融资合作协议。

5月30日　中国人民银行使用中韩本币互换协议下4亿韩元（约合240万元人民币）资金支持企业贸易融资，这是中国人民银行首次在双边本币互换协议下动用对方货币。

6月9日　为进一步有针对性地加强对"三农"和小微企业的支持，增强金融服务实体经济能力，中国人民银行决定从2014年6月16日起，对符合审慎经营要求且"三农"和小微企业贷款达到一定比例的商业银行（不含2014年4月25日已下调过准备金率的机构）下调人民币存款准备金率0.5个百分点。此外，为鼓励财务公司、金融租赁公司和汽车金融公司发挥好提高企业资金运用效率及扩大消费等作用，下调其人民币存款准备金率0.5个百分点。

6月11日　中国人民银行发布《关于贯彻落实〈国务院办公厅关于支持外贸稳定增长的若干意见〉的指导意见》，支持外贸稳定增长。

6月14日　发展改革委、中国人民银行联合牵头，会同社会信用体系建设联席会议各成员单位编制了《社会信用体系建设规划纲要（2014—2020年）》。

6月17日　根据《中国人民银行与英格兰银行合作备忘录》相关内容，中国人民银行决定授权中国建设银行（伦敦）有限公司担任伦敦人民币业务清算行。

6月18日　经中国人民银行授权，中国外汇交易中心宣布在银行间外汇市场开展人民币对英镑直接交易。

是日　根据《中国人民银行与德意志联邦银行合作备忘录》相关内容，中国人民银行决定授权中国银行法兰克福分行担任法兰克福人民币业务清算行。

6月19日至20日　欧亚反洗钱与反恐融资组织（EAG）第二十二次全会在俄罗斯莫斯科召开，中国人民银行副行长李东荣率中方代表团参会。

6月22日　为完善银行结售汇业务监管制度，保障外汇市场平稳运行，中国人民银行发布《银行办理结售汇业务管理办法》，自2014年8月1日起施行。《外汇指定银行办理结汇、售汇业务管理暂行办法》（中国人民银行令〔2002〕第4号）同时废止。

6月28日　中国人民银行与法兰西银行签署在巴黎建立人民币清算安排的合作备忘录。

是日　中国人民银行与卢森堡中央银行签署在卢森堡建立人民币清算安排的合作备忘录。

7月1日　中国人民银行发布《关于银行间外汇市场交易汇价和银行挂牌汇价管理有关事项的通知》，进一步完善人民币汇率市场化形成机制。

7月2日　中国人民银行货币政策委员会召开2014年第二季度例会。会议分析了当前国内外经济金融形势。会议认为，当前我国经济运行仍处在合理区间，金融运行总体平稳，物价基本稳定。经济金融结构开始出现积极变化，但所面临的形势依然错综复杂，有利条件和不利因素并存。国际经济形势和主要经济体货币政策出现分化，发达经济体积极迹象增多，部分新兴市场经济体增速持续放缓。会议强调，要认真贯彻落实党的十八大、十八届三中全会和中央经济工作会议精神。密切关注国际国内经济金融最新动向和国际资本流动的变化，坚持稳中求进、改革创新，继续实施稳健的货币政策，灵活运用多种货币政策工具，保持适度流动性，实现货币信贷及社会融资规模合理增长。改善和优化融资结构和信贷结构。继续深化金融体制改革，增强金融运行效率和服务实体经济能力。进一步推进利率市场化和人民币汇率形成机制改革，保持人民币汇率在合理均衡水平上的基本稳定。

7月3日　中方宣布给予韩国 800 亿元人民币合格境外机构投资者（RQFII）额度。中国人民银行与韩国银行签署在首尔建立人民币清算安排的合作备忘录。

7月4日　根据《中国人民银行与韩国银行合作备忘录》相关内容，中国人民银行决定授权交通银行首尔分行担任首尔人民币业务清算行。

7月7日　中方宣布给予德国 800 亿元人民币合格境外机构投资者（RQFII）额度。

7月15日　中国人民银行行长周小川代表中国政府与其他金砖国家代表在五国领导人见证下，在巴西福塔莱萨签署《关于建立金砖国家应急储备安排的条约》。应急储备安排将补充和强化由国际货币基金组织、区域金融安排、中央银行间双边货币互换协议及各国自有的国际储备构成的全球金融安全网。

7月17日　清迈倡议多边化协议修订稿正式生效。清迈倡议多边化资金规模从 1 200 亿美元翻倍至 2 400 亿美元，新建了防御性贷款工具，将与 IMF 贷款规模的脱钩比例从 20% 提高到 30%。

7月18日　中国人民银行与阿根廷中央银行续签互换规模为 700 亿元人民币/900 亿阿根廷比索的双边本币互换协议。

7月19日至20日　中国人民银行行长周小川访问委内瑞拉，与委内瑞拉央行签署了旨在加强两国间央行合作的谅解备忘录。

7月21日　中国人民银行与瑞士国家银行签署规模为 1 500 亿元人民币/210 亿瑞士法郎的双边本币互换协议。

7月29日　为巩固近年来打击整治假币违法犯罪工作成果，有效遏制假币违法犯罪反弹势头，公安部、中国人民银行联合发布《关于印发〈打击整治假币违法犯罪集中行动工作方案〉的通知》，决定从即日起至年底，在全国范围内开展打击整治假币违法犯罪集中行动。

8月5日至6日　中国人民银行召开 2014 年分支行行长座谈会。中国人民银行行长周小川作工作报告，深入分析了经济金融形势和运行中的一些重大问题，并进行工作部署。中国人民银行副行长胡晓炼主持会议并作总结讲话，易纲、王华庆、潘功胜、李东荣、郭庆平、金琦出席会议。

8月8日　中国人民银行对部分分支行增加再贴现额度 120 亿元，要求全部用于支持金融机构扩大"三农"、小微企业信贷投放，同时采取有效措施，进一步完善再贴现管理，引导金融机构扩大对"三农"、小微企业信贷投放，促进降低社会融资成本。

是日　中国人民银行发布《关于全面推进深化农村支付服务环境建设的指导意见》，充分发挥农村支付服务环境建设对于发展普惠金融、健全城乡发展一体化体制机制的基础性作用。

8月18日　为适应全球法人机构识别编码（LEI）体系发展，中国人民银行推动全国金融标准化技术委员会建成 LEI 中国本地系统，自即日起正式提供全球法人机构识别编码注册服务。2014 年 10 月 20 日，LEI 中国本地系统通过国际互认，标志着中国发放的 LEI 编码获得国际认可。

8月20日　中国人民银行办公厅发布《中

央行会计核算数据集中系统资金归集业务管理办法》，指导和规范银行业金融机构依托中央银行会计核算数据集中系统办理资金归集管理业务。

8月21日　中国人民银行与蒙古中央银行续签规模为150亿元人民币/4.5万亿蒙古图格里克的双边本币互换协议。

8月25日　中国人民银行行长周小川与斯里兰卡央行行长卡布拉尔在北京签署《中国人民银行代理斯里兰卡央行投资中国银行间债券市场的代理投资协议》。

8月26日　为全方位做好鲁甸地震灾后恢复重建的金融服务工作，中国人民银行、银监会、证监会、保监会联合发布《关于鲁甸地震灾后恢复重建金融服务工作的指导意见》。

8月27日　中国人民银行对部分分支行增加支农再贷款额度200亿元，引导农村金融机构扩大涉农信贷投放，同时采取有效措施，进一步加强支农再贷款管理，促进降低"三农"融资成本。

8月31日　全国人大常委会审议并通过新的《预算法》，新法继续坚持并进一步完善了中国人民银行经理国库制度。

9月5日　根据《中国人民银行与法兰西银行合作备忘录》相关内容，中国人民银行决定授权中国银行巴黎分行担任巴黎人民币业务清算行。

是日　根据《中国人民银行与卢森堡中央银行合作备忘录》相关内容，中国人民银行决定授权中国工商银行卢森堡分行担任卢森堡人民币业务清算行。

是日　人民银行决定在全国启动《金融机构代码证》发放工作，首期先在银行业范围内全面推广。

9月16日　中国人民银行行长周小川与斯里兰卡中央银行行长阿基塔·卡布拉尔签署

《中国人民银行与斯里兰卡中央银行金融合作谅解备忘录》，旨在加强两国央行在货币与金融领域的合作与交流。

是日　中国人民银行与斯里兰卡中央银行签署规模为100亿元人民币/2250亿斯里兰卡卢比的双边本币互换协议。

9月17日　中国人民银行创设中期借贷便利（Medium－term Lending Facility，MLF），对符合宏观审慎管理要求的金融机构提供中期基础货币，中期借贷便利利率发挥中期政策利率的作用，促进降低社会融资成本。

9月18日　上海黄金交易所国际板正式启动，中国人民银行行长周小川出席启动仪式并作重要讲话。

9月26日　中国人民银行办公厅发布《关于境外机构在境内发行人民币债务融资工具跨境人民币结算有关事宜的通知》，进一步促进贸易投资便利化。

9月29日　经中国人民银行授权，中国外汇交易中心宣布在银行间外汇市场开展人民币对欧元直接交易。

是日　中国人民银行、银监会联合发布《关于进一步做好住房金融服务工作的通知》，旨在进一步改进对保障性安居工程建设的金融服务，继续支持居民家庭合理的住房消费，促进房地产市场持续健康发展。

9月30日　中国人民银行货币政策委员会召开2014年第三季度例会。会议分析了当前国内外经济金融形势。会议认为，当前我国经济运行仍处在合理区间，金融运行总体平稳，物价基本稳定，但形势的错综复杂不可低估。国际经济形势和主要经济体货币政策出现分化，美国经济的积极迹象较多，欧元区再次加大货币政策宽松力度，部分新兴市场经济体实体经济仍面临较多困难。会议强调，要认真贯彻落实党的十八大、十八届三中全会和中央经济工作会议精神。密切关注国际国内经济金融最新动向和国际资本流动的变化，坚持稳中求进、改革创新，继续实施稳健的货币政策，灵活运用多种货币政策工具，保持适度流动性，实现货币信贷及社会融资规模合理增长。改善和优化融资结构和信贷结构。继续深化金融体制改革，增强金融运行效率和服务实体经济能力。进一步推进利率市场化和人民币汇率形成机制改革，保持人民币汇率在合理均衡水平上的基本稳定。

10月9日至10日 中国人民银行行长周小川随李克强总理代表团赴德国柏林参加第三轮中德政府磋商。

10月11日 中国人民银行与韩国银行续签规模为3 600亿元人民币/64万亿韩元的双边本币互换协议。

10月13日 中国人民银行与俄罗斯联邦中央银行签署规模为1 500亿元人民币/8 150亿卢布的双边本币互换协议。

10月28日 经中国人民银行授权，中国外汇交易中心宣布在银行间外汇市场开展人民币对新加坡元直接交易。

是日 中国人民银行和证监会联合发布《债券统计制度》，旨在全面、准确地反映债券市场发展，综合监测评估债券市场对货币政策及金融稳定的影响。

11月1日 中国人民银行发布《关于跨国企业集团开展跨境人民币资金集中运营业务有关事宜的通知》，明确跨国企业集团可以根据中国人民银行有关规定开展跨境人民币资金集中运营业务。

11月2日 根据《中国人民银行与卡塔尔中央银行合作备忘录》相关内容，中国人民银行决定授权中国工商银行多哈分行担任多哈人民币业务清算行。

11月3日 中国人民银行与卡塔尔中央银行签署规模为350亿元人民币/208亿里亚尔的双边本币互换协议和在多哈建立人民币清算安排的合作备忘录。同日，中方宣布给予卡塔尔300亿元人民币合格境外机构投资者（RQFII）额度。

是日 中国人民银行发布《关于进一步做好金融IC卡应用工作的通知》，切实提升金融IC卡的普惠性、便捷性和使用质量。

是日 根据《中国人民银行与加拿大银行合作备忘录》相关内容，中国人民银行决定授权中国工商银行（加拿大）有限公司担任多伦多人民币业务清算行。

11月4日 中国人民银行、证监会联合发布《关于沪港股票市场交易互联互通机制试点有关问题的通知》，规范相关资金流动，保障沪港股票市场交易互联互通机制试点的顺利实施。

11月5日 中国人民银行发布《关于人民币合格境内机构投资者境外证券投资有关事项的通知》，以拓宽境内外人民币资金双向流动渠道，便利人民币合格境内机构投资者境外证券投资活动。

11月8日 中国人民银行与加拿大中央银行签署规模为2 000亿元人民币/300亿加拿大元的双边本币互换协议和在加拿大建立人民币清算安排的合作备忘录。同日，中方宣布给予加拿大500亿元人民币合格境外机构投资者（RQFII）额度。

11月10日 中国人民银行与马来西亚国家银行签署在吉隆坡建立人民币清算安排的合作备忘录。

11月13日 中国人民银行行长周小川在北京会见莫桑比克央行行长戈夫，并签署旨在加强两国央行间合作的谅解备忘录。

是日 中国人民银行会同发展改革委、财政部、商务部、国务院港澳办、国务院台办、银监会、证监会、保监会和外汇局联合发布《关于支持广州南沙新区深化粤港澳台金融合作和探索金融改革创新的意见》。

11 月 14 日　根据《中国人民银行与澳大利亚储备银行合作备忘录》相关内容，中国人民银行决定授权中国银行悉尼分行担任悉尼人民币业务清算行。

11 月 15 日　中国人民银行发布《金融机构反洗钱监督管理办法（试行）》，以加强反洗钱监督管理，督促金融机构有效履行反洗钱义务。

11 月 15 日至 16 日　习近平主席应邀出席二十国集团在澳大利亚布里斯班举行的第九次领导人峰会。峰会重点讨论了全球经济形势与挑战、落实全面增长战略、促进基础设施投资、推进金融部门改革、改革国际金融架构等议题。中国人民银行行长周小川、副行长易纲陪同参会。

11 月 17 日　中国人民银行与澳大利亚储备银行签署了在澳大利亚建立人民币清算安排的合作备忘录。同日，中方宣布给予澳大利亚 500 亿元人民币合格境外机构投资者（RQFII）额度。

11 月 21 日　中国人民银行决定，自 2014 年 11 月 22 日起下调金融机构人民币贷款和存款基准利率。金融机构一年期贷款基准利率下调 0.4 个百分点至 5.6%；一年期存款基准利率下调 0.25 个百分点至 2.75%，同时结合推进利率市场化改革，将金融机构存款利率浮动区间的上限由存款基准利率的 1.1 倍调整为 1.2 倍；其他各档次贷款和存款基准利率相应调整，并对基准利率期限档次作适当简并。

11 月 22 日　中国人民银行与香港金融管理局续签规模为 4 000 亿元人民币/5 050 亿港元的双边本币互换协议。

11 月 23 日　中国人民银行与巴基斯坦国

家银行续签规模为 100 亿元人民币/1 650 亿巴基斯坦卢比的双边本币互换协议。

11 月 25 日　中国人民银行行长周小川会见来访的联合国秘书长普惠金融特别代表、荷兰王后马克茜玛女士，双方就普惠金融等共同关心的话题交换了意见。

11 月 28 日　中国人民银行发布《关于贯彻落实〈国务院关于取消和调整一批行政审批项目等事项的决定〉的通知》。

11 月 30 日　中国人民银行、国务院法制办起草的《存款保险条例（征求意见稿）》在中国政府法制信息网全文公布，向社会公开征求意见。

12 月 10 日　中国人民银行与财政部联合发布《关于印发〈地方国库现金管理试点办法〉的通知》，正式启动地方国库现金管理试点工作。

12 月 13 日　中国人民银行发布《全国银行间债券市场债券预发行业务管理办法》，以规范债券预发行业务，维护市场参与者合法权益，完善市场价格发现机制，促进债券市场发展。

12 月 14 日　中国人民银行与哈萨克斯坦国家银行续签规模为 70 亿元人民币/2 000 亿哈萨克斯坦坚戈的双边本币互换协议。

12 月 17 日　中国人民银行发布《关于开展全国存量个人人民币银行存款账户相关身份信息真实性核实验收工作的通知》，以检验各银行存量个人人民币银行存款账户相关身份信息真实性核实工作情况，巩固核实工作成果，切实落实银行账户实名制。

12 月 18 日　中国人民银行、海关总署联合发布〔2014〕第 31 号公告，加强黄金及黄金制品进出口管理，公告自 2015 年 1 月 1 日起实施。

12 月 22 日　中国人民银行与泰国银行签

署在泰国建立人民币清算安排的合作备忘录。同日，中国人民银行与泰国银行续签了规模为700亿元人民币/3 700亿泰铢的中泰双边本币互换协议。

12月23日 中国人民银行行长周小川与尼泊尔央行行长卡蒂瓦达签署《中国人民银行和尼泊尔国家银行双边结算与合作协议补充协议》，并见证签署《中国反洗钱监测分析中心与尼泊尔金融信息中心关于反洗钱和反恐怖融资金融情报交流合作谅解备忘录》。

是日 中国人民银行发布《关于存款口径调整后存款准备金政策和利率管理政策有关事项的通知》，明确新纳入各项存款口径的存款应计入存款准备金缴存范围，使用的存款准备金率暂定为零，同时相关存款的利率政策保持不变，利率由双方按照市场化原则协商确定。

12月24日 为贯彻落实《国务院关于印发船舶工业加快结构调整促进转型升级实施方案（2013—2015年）的通知》，经国务院同意，中国人民银行、发展改革委、工业和信息化部、财政部、交通运输部、银监会、证监会、保监会、外汇局联合发布《关于金融支持船舶工业加快结构调整促进转型升级的指导意见》，做好船舶工业结构调整、转型升级的金融服务工作。

12月26日 中国人民银行货币政策委员会召开2014年第四季度例会。会议分析了当前国内外经济金融形势。会议认为，当前我国经济运行仍处在合理区间，金融运行总体平稳，经济结构调整出现积极变化，但形势的错综复杂不可低估。世界经济仍处于国际金融危机后的深度调整期，美国积极迹象较多，欧元区面临通缩风险，部分新兴市场经济体实体经济仍面临较多困难。国际大宗商品价格波动等因素对全球经济和国际金融市场的影响加大。会议强调，要认真贯彻落实党的十八大、十八届三中全会和中央经济工作会议精神。密切关注国际国内经济金融最新动向和国际资本流动的变化，坚持稳中求进、改革创新，继续实施稳健的货币政策，更加注重松紧适度，灵活运用多种货币政策工具，保持适度流动性，实现货币信贷及社会融资规模合理增长。改善和优化融资结构和信贷结构。继续深化金融体制改革，增强金融运行效率和服务实体经济能力。进一步推进利率市场化和人民币汇率形成机制改革，保持人民币汇率在合理均衡水平上的基本稳定。

12月29日 中国人民银行发布《关于完善信贷政策支持再贷款管理 支持扩大"三农"、小微企业信贷投放的通知》，调整信贷政策支持再贷款发放条件，下调支农、支小再贷款利率，明确量化标准，对信贷政策支持再贷款业务管理进行全面规范完善。

12月30日 中国人民银行营业管理部"12363金融消费权益保护咨询投诉电话"开通。至此，中国人民银行"12363金融消费权益保护咨询投诉电话"在全国范围内实现全覆盖。

二〇一五年

1月6日 中国人民银行和保监会联合就保险公司发行资本补充债券有关事宜发布公告，规范保险公司发行资本补充债券行为，促进保险公司提高偿还能力，维护投资者合法权益。

1月8日至9日 2015年中国人民银行工作会议在北京召开。会议深入贯彻落实党的十八大和十八届三中、四中全会以及中央经济工作会议精神，分析当前经济金融形势，总结2014年工作，部署2015年工作。

1月21日 在陪同李克强总理出席2015世界经济论坛年会并对瑞士进行工作访问期

间，周小川行长出席了论坛方主办的"全球市场波动是否已成为新常态"专题研讨会并发言。

是日　中国人民银行与瑞士国家银行签署合作备忘录，就在瑞士建立人民币清算安排有关事宜达成一致，并同意将人民币合格境外机构投资者（RQFII）试点地区扩大到瑞士，投资额度为 500 亿元人民币。

2 月 5 日　中国人民银行下调金融机构人民币存款准备金率 0.5 个百分点。同时，对小微企业贷款占比达到定向降准标准的城市商业银行、非县域农村商业银行额外降低人民币存款准备金率 0.5 个百分点，对中国农业发展银行额外降低人民币存款准备金率 4 个百分点。

是日　中国人民银行印发《中国人民银行支付系统参与者监督管理办法》，加强对中国人民银行支付系统参与者的监督管理，保障支付系统安全稳定运行。

2 月 6 日　中国人民银行发布《关于在全国开展分支机构常备借贷便利操作的通知》和《关于印发〈中国人民银行再贷款与常备借贷便利抵押品指引（试行）〉的通知》，在前期 10 省（市）分支机构试行常备借贷便利操作的基础上，在全国推广分支机构常备借贷便利，完善中央银行对中小金融机构提供流动性支持的渠道。

2 月 17 日　国务院总理李克强签署第 660 号国务院令，于 3 月 31 日公布《存款保险条例》，自 2015 年 5 月 1 日起施行，标志着中国存款保险制度正式建立。

3 月 1 日　中国人民银行下调金融机构人民币存贷款基准利率，其中：一年期贷款基准利率下调 0.25 个百分点至 5.35%；一年期存款基准利率下调 0.25 个百分点至 2.5%。同时，将金融机构存款利率浮动区间的上限由存款基准利率的 1.2 倍调整为 1.3 倍。

3 月 4 日　中国人民银行印发《黄金及黄金制品进出口管理办法》，规范黄金及黄金制品进出口行为，加强黄金及黄金制品进出口管理。

3 月 18 日　中国人民银行与苏里南中央银行签署规模为 10 亿元人民币/5.2 亿苏里南元的双边本币互换协议。

3 月 20 日　国务院批复同意《国家开发银行深化改革方案》和《中国进出口银行改革实施总体方案》，要求中国人民银行会同有关单位按照方案要求和职责分工认真组织实施。

3 月 25 日　中国人民银行与亚美尼亚中央银行签署规模为 10 亿元人民币/770 亿亚美尼亚德拉姆的双边本币互换协议。

3 月 26 日　中国人民银行就信贷资产支持证券发行管理有关事宜发布公告，简化信贷资产支持证券发行管理流程，提高发行管理效率和透明度，促进受托机构与发起机构提高信息披露质量，切实保护投资人合法权益，推动信贷资产证券化业务健康发展。

3 月 30 日　中国人民银行与澳大利亚储备银行续签规模为 2 000 亿元人民币/400 亿澳大利亚元的双边本币互换协议。

是日　中国人民银行、住房和城乡建设部、银监会联合发布《关于个人住房贷款政策有关问题的通知》，完善个人住房信贷政策，支持居民自住和改善性住房需求。

3 月 31 日　中国人民银行货币政策委员会召开 2015 年第一季度例会。会议分析了当前国内外经济金融形势。会议认为，当前我国经济金融运行总体平稳，但形势的错综复杂不可低估。世界经济仍处于国际金融危机后的深度调整期。主要经济体经济走势进一步分化，美国积极迹象继续增多，欧元区仍面临通缩风险，部分新兴市场经济体实体经济面临较多困难。国际大宗商品价格波动、地缘政治博弈等非经济因素对全球经济和国际金融市场的影响加大。会议强调，要认真贯彻落实党的十八大和十八届三中、四中全会以及中央经济工作会议精神。密切关注国际国内经济金融最新动向和国际资本流动的变化，坚持稳中求进、改革创新，继续实施稳健的货币政策，更加注重松紧适度，灵活运用多种货币政策工具，保持适度流动性，实现货币信贷及社会融资规模合理增长。改善和优化融资结构和信贷结构。提高直接融资比重，降低社会融资成本。继续深化金融体制改革，增强金融运行效率和服务实体经济能力。进一步推进利率市场化和人民币汇率形成机制改革，保持人民币汇率在合理均衡水平上的基本稳定。

4月10日 中国人民银行与南非储备银行签署规模为 300 亿元人民币/540 亿南非兰特的双边本币互换协议。

4月17日 中国人民银行与马来西亚国家银行续签规模为 1 800 亿元人民币/900 亿马来西亚林吉特的双边本币互换协议。

4月20日 中国人民银行下调各类存款类金融机构人民币存款准备金率 1 个百分点。同时，有针对性地实施定向降准，对农信社、村镇银行等农村金融机构额外降低人民币存款准备金率 1 个百分点，统一下调农村合作银行存款准备金率至农信社水平，对中国农业发展银行额外降低人民币存款准备金率 2 个百分点。

4月29日 中国人民银行发布《关于全面推开中国农业银行"三农金融事业部"改革的通知》，将中国农业银行全部县域支行纳入深化"三农金融事业部"改革范围，进一步提升"三农"和县域的金融服务水平。

是日 人民币合格境外机构投资者（RQFII）试点地区扩大到卢森堡，初始投资额度为 500 亿元人民币。

5月9日 中国人民银行发布公告，取消银行间债券市场交易流通审批，明确依法发行的各类债券发行完成后即可直接在银行间债券市场交易流通，并强化信息披露、加强投资者保护等要求，进一步促进债券市场规范发展。

5月10日 中国人民银行与白俄罗斯共和国国家银行续签规模为 70 亿元人民币/16 万亿白俄罗斯卢布的双边本币互换协议。

5月11日 中国人民银行下调金融机构人民币贷款和存款基准利率，其中：一年期贷款基准利率下调 0.25 个百分点至 5.1%；一年期存款基准利率下调 0.25 个百分点至 2.25%。同时，将金融机构存款利率浮动区间的上限由存款基准利率的 1.3 倍调整为 1.5 倍。

5月14日至16日 中国人民银行在上海承办中亚、黑海及巴尔干地区央行行长会议组织第 33 届行长会。马凯副总理出席会议并致开幕词，中国人民银行行长周小川、副行长易纲参会。会议主要讨论了绿色金融、全球及区域经济金融形势等议题。

5月15日 中国人民银行与乌克兰国家银行续签规模为 150 亿元人民币/540 亿乌克兰格里夫纳的双边本币互换协议。

5月25日 中国人民银行与智利中央银行签署规模为 220 亿元人民币/22 000 亿智利比索的双边本币互换协议。同日，双方签署在智利建立人民币清算安排的合作备忘录，并同意将 RQFII 试点地区扩大到智利，投资额度为 500 亿元人民币。

6月2日 中国人民银行发布《大额存单管理暂行办法》并正式实施。大额存单是由银行业存款类金融机构面向非金融机构投资人发行的记账式大额存款凭证。大额存单的推出有利于有序扩大负债产品市场化定价范围，健全市场化利率形成机制；也有利于进一步锻炼金融机构的自主定价能力，培育企业、个人等市场参与者的市场化定价理念，为继续推进存款利率市场化进行有益探索并积累宝贵经验。

6月3日 中国人民银行发布《关于境外人民币业务清算行、境外参加银行开展银行间债券市场债券回购交易的通知》，允许境外人民币业务清算行、境外参加银行在银行间债券市场开展债券回购交易，并为其提供新的人民币资产流动性管理工具。

6月4日 《交通银行深化改革方案》获得国务院批准同意，改革方案从优化股权结构、完善公司治理、深化内部改革等方面提出若干改革举措。

6月16日 中拉产能合作投资基金有限责任公司在北京注册成立。该基金是面向拉美地区的中长期开发投资基金，由外汇储备、国家开发银行共同出资，首期规模100亿美元。

6月22日至24日 第七轮中美战略与经济对话在美国华盛顿举行，汪洋副总理与美国财长雅各布·卢共同主持对话。中国人民银行行长周小川陪同参会并就中美在国际金融架构中的合作等战略性议题与美方进行交流。此次对话共达成77项成果。

6月27日 中国人民银行与匈牙利中央银行签署在匈牙利建立人民币清算安排的合作备忘录和《中国人民银行代理匈牙利央行投资中国银行间债券市场的代理投资协议》，并同意将人民币合格境外机构投资者（RQFII）试点地区扩大到匈牙利，投资额度为500亿元人民币。

6月28日 中国人民银行有针对性地对金融机构实施定向降准，对"三农"贷款占比达到定向降准标准的城市商业银行、非县域农村商业银行降低存款准备金率0.5个百分点，对"三农"或小微企业贷款达到定向降准标准的国有大型商业银行、股份制商业银行、外资银行降低存款准备金率0.5个百分点，降低财务公司存款准备金率3个百分点。

是日 中国人民银行下调金融机构人民币贷款和存款基准利率。其中：一年期贷款基准利率下调0.25个百分点至4.85%；一年期存款基准利率下调0.25个百分点至2%。

6月29日 中国人民银行行长周小川陪同李克强总理出席在比利时布鲁塞尔举行的第17届中欧领导人会晤。

7月7日 中国人民银行行长周小川出席在莫斯科召开的金砖国家财长和央行行长会议。会议主要讨论了当前全球及金砖国家经济金融形势、共同关心的G20议题、金砖国家应急储备安排等问题。会议期间，周小川行长签署了《金砖国家应急储备安排中央银行间协议》，为应急储备安排的操作规定了技术细节。

是日 中国人民银行与南非储备银行签署在南非建立人民币清算安排的合作备忘录。

7月9日 金砖国家领导人第七次会晤在俄罗斯乌法召开，习近平主席应邀出席。参会各方全面规划了金砖国家伙伴关系发展的目标和方向，并于会后发表了《乌法宣言》。中国人民银行行长周小川陪同出席。

7月13日 中国人民银行货币政策委员会召开2015年第二季度例会。会议分析了当前国内外经济金融形势。会议认为，当前我国经济金融运行总体平稳，但形势的错综复杂不可低估。世界经济仍处于国际金融危机后的深度调整期。主要经济体经济走势进一步分化，美国积极迹象继续增多，欧元区、日本经济温和复苏但仍面临通缩风险，部分新兴市场经济体实体经济面临较多困难。会议强调，要认真贯彻落实党的十八大和十八届三中、四中全会以及中央经济工作会议精神。密切关注国际国内经济金融最新动向和国际资本流动的变化，坚持稳中求进、改革创新，继续实施稳健的货币政策，更加注重松紧适度，灵活运用多种货币政策工具，保持适度流动性，实现货币信贷及社会融资规模合理增长。改善和优化融资结构和信贷结构。提高直接融资比重，降低社会融资成本。继续深化金融体制改革，增强金融运行效率和服务实体经济能力。进一步推进利率市场化和人民币汇率形成机制改革，保持人民币汇率在合理均衡水平上的基本稳定。

7月14日 中国人民银行发布《关于境外央行、国际金融组织、主权财富基金运用人民币投资银行间市场有关事宜的通知》，对境外央行类机构简化入市流程，取消额度限制，允许其自主选择中国人民银行或银行间市场结算代理人为其代理交易结算，并拓宽其可投资品种。

是日 中国人民银行等十部委联合发布《关于促进互联网金融健康发展的指导意见》，鼓励金融创新，促进金融健康发展，明确监管责任，规范市场秩序。

7月15日 国家外汇储备向国家开发银行注资480亿美元，顺利完成改革方案要求的资本金补充工作。

是日 中越金融与货币合作工作组首次会议在越南河内召开。中国人民银行副行长易纲参会并主持会议。双方就中越宏观经济形势和货币政策、金融稳定和金融市场发展、双边贸易与投资中的本币结算以及工作组下一步工作计划等议题交换了意见。

7月20日 国家外汇储备向中国进出口银行注资450亿美元，顺利完成改革方案要求的资本金补充工作。

是日 中国人民银行发布公告，明确境内原油期货以人民币为计价货币，引入境外交易者和境外经纪机构参与交易。

8月10日 国务院印发《关于开展农村承包土地经营权和农民住房财产权抵押贷款试点的指导意见》，明确由中国人民银行会同中央农办等11个部门，按职责分工成立试点工作指导小组，慎重稳妥推进农村承包土地经营权抵押贷款试点和农民住房财产权抵押、担保、转让试点工作。

8月11日 中国人民银行发布关于完善人民币兑美元汇率中间价报价的声明。自2015年8月11日起，做市商在每日银行间外汇市场开盘前向中国外汇交易中心提供的报价应主要参考上日银行间外汇市场的收盘汇率，并结合上日国际主要货币汇率变化以及外汇供求情况进行微调。

是日 中国人民银行下调金融机构人民币贷款和存款基准利率，以进一步降低企业融资成本。其中，一年期贷款基准利率下调0.25个百分点至4.6%；一年期存款基准利率下调0.25个百分点至1.75%。同时，放开一年期以上（不含一年期）定期存款的利率浮动上限。

8月26日 中国人民银行发布《关于加强远期售汇宏观审慎管理的通知》，将远期售汇纳入宏观审慎管理框架，对开展代客远期售汇业务的金融机构收取外汇风险准备金。

9月3日 中国人民银行与塔吉克斯坦中央银行签署规模为30亿元人民币/30亿索莫尼的双边本币互换协议。

9月5日 中国人民银行发布《关于进一步便利跨国企业集团开展跨境双向人民币资金池业务的通知》，降低跨国企业集团开展跨境双向人民币资金池业务的门槛，放宽对资金净流入的限制。

9月6日 中国人民银行下调金融机构人民币存款准备金率0.5个百分点。同时，有针对性地实施定向降准，额外降低县域农村商业银行、农村合作银行、农村信用社和村镇银行等农村金融机构人民币存款准备金率0.5个百分点，额外下调金融租赁公司和汽车金融公司人民币存款准备金率3个百分点。

9月8日 中国人民银行、国家发展和改革委员会、教育部、共青团中央联合印发《关于进一步做好诚信文化教育工作的通知》。四部委合力积极推动诚信文化教育，并将征信知识纳入国民教育体系。

9月11日　中国人民银行办公厅印发《人民币跨境支付系统业务暂行规则》，规范人民币跨境支付系统业务行为，防范支付风险，明确参与者管理要求，保障系统运营机构和参与者合法权益。

9月14日　中国人民银行印发《人民币跨境支付系统运营机构监督管理暂行办法》，维护跨境银行间支付清算秩序，规范和引导人民币跨境支付系统运营机构稳健经营和可持续发展，防范和化解风险。

9月15日　为进一步完善存款准备金制度，优化货币政策传导机制，增强金融机构流动性管理的灵活性，中国人民银行改革存款准备金考核制度，由现行的时点法改为平均法考核。即维持期内，金融机构按法人存入的存款准备金日终余额算术平均值与准备金考核基数之比，不得低于法定存款准备金率。同时，存款准备金考核设每日下限。即维持期内每日营业终了时，金融机构按法人存入的存款准备金日终余额与准备金考核基数之比，可以低于法定存款准备金率，但幅度应在1个（含）百分点以内。

9月17日　中国人民银行与阿根廷中央银行签署在阿根廷建立人民币清算安排的合作备忘录。

9月18日　第三次中法高级别经济财金对话在北京举行。马凯副总理和法国财长萨班共同主持会议，中国人民银行副行长易纲作为代表团成员出席会议并讲话。此次对话共达成41项成果。

9月21日　中国人民银行批复同意香港上海汇丰银行有限公司和中国银行（香港）有限公司在银行间债券市场发行金融债券，这是国际性商业银行首次获准在银行间债券市场发行人民币债券。

9月23日　中国人民银行货币政策委员会召开2015年第三季度例会。会议分析了当前国内外经济金融形势。会议认为，当前我国经济金融运行总体平稳，但形势的错综复杂不可低估。世界经济仍处于国际金融危机后的深度调整期。主要经济体经济走势进一步分化，美国积极迹象继续增多，欧元区复苏基础尚待巩固，日本经济温和复苏但仍面临通缩风险，部分新兴市场经济体实体经济面临较多困难。国际金融市场和大宗商品价格波动性上升，跨市场、跨地区相互影响，风险隐患增多。会议强调，要认真贯彻落实党的十八大和十八届三中、四中全会以及中央经济工作会议精神。密切关注国际国内经济金融最新动向和国际资本流动的变化，坚持稳中求进、改革创新，继续实施稳健的货币政策，更加注重松紧适度，灵活运用多种货币政策工具，保持适度流动性，实现货币信贷及社会融资规模合理增长。改善和优化融资结构和信贷结构。提高直接融资比重，降低社会融资成本。继续深化金融体制改革，增强金融运行效率和服务实体经济能力，加强和完善风险管理。进一步推进利率市场化和人民币汇率形成机制改革，保持人民币汇率在合理均衡水平上的基本稳定。

9月24日　中国人民银行和银监会联合发布《关于进一步完善差别化住房信贷政策有关问题的通知》，进一步改善住房金融服务，支持合理住房消费。

9月25日　中国人民银行印发《关于推广信贷资产质押再贷款试点的通知》，决定在上海、天津、辽宁、江苏、湖北、四川、陕西、北京、重庆9省（市）推广信贷资产质押再贷款试点。

9月26日 中国人民银行与土耳其中央银行续签规模为120亿元人民币/50亿土耳其里拉的双边本币互换协议。

9月26日至27日 中国人民银行行长周小川出席在格鲁吉亚第比利斯举行的第34届中亚、黑海和巴尔干半岛央行行长会。会议就全球和地区经济形势以及美元化对发展中国家的影响等问题进行深入讨论。会议期间，周小川行长还与格鲁吉亚国家银行行长卡达基泽签署双边本币互换框架协议。

9月28日 中国人民银行会同银监会、证监会、保监会和国家统计局联合发布《金融业企业划型标准规定》，推动中小金融机构健康发展，加大金融对实体经济的支持。

9月28日至29日 中国人民银行行长周小川应邀访问吉尔吉斯斯坦央行，并与其行长阿布迪古洛夫签署加强合作的意向协议，以推动两国央行在本币结算、货币互换等相关领域的合作。

9月29日 中国人民银行与赞比亚中央银行签署在赞比亚建立人民币清算安排的合作备忘录。

9月30日 中国人民银行发布公告，开放境外央行（货币当局）和其他官方储备管理机构、国际金融组织、主权财富基金依法合规参与中国银行间外汇市场。

10月6日 中国人民银行行长周小川以IMF中国理事身份致函IMF总裁拉加德，正式通报中国采纳IMF数据公布特殊标准（SDDS）的决定，标志着中国已完成采纳SDDS的全部程序，将按照SDDS标准公布相关统计数据。

10月8日 人民币跨境支付系统（一期）成功上线运行。人民币跨境支付系统（CIPS）为境内外金融机构人民币跨境和离岸业务提供资金清算、结算服务，是重要的金融基础设施。

10月20日 为落实中英第七次经济财金对话成果，中国人民银行在伦敦采用簿记建档方式发行50亿元人民币央行票据，期限1年，票面利率3.1%。这是中国人民银行首次在中国以外地区发行以人民币计价的央行票据，对于促进离岸人民币市场发展、加快人民币国际化进程、推动人民币加入SDR等都具有重要意义。

是日 中国人民银行与英格兰银行续签规模为3 500亿元人民币/350亿英镑的双边本币互换协议。

10月23日 为配合推进"三证合一"登记制度改革，中国人民银行发布2015年第35号公告，在货币政策、金融市场、金融稳定、金融统计、支付结算、金融科技、国库、征信管理、反洗钱等业务领域使用、推广"三证合一、一照一码"营业执照，已领取加载有统一社会信用代码的"三证合一、一照一码"营业执照的企业和农民专业合作社在办理相关业务时，不再提供组织机构代码证和税务登记证。

10月24日 中国人民银行下调金融机构人民币贷款和存款基准利率，其中，一年期贷款基准利率下调0.25个百分点至4.35%；一年期存款基准利率下调0.25个百分点至1.5%。同时，对商业银行和农村合作金融机构等不再设置存款利率上限，标志着中国利率管制的基本放开。

是日 中国人民银行下调金融机构人民币存款准备金率0.5个百分点。同时，为加大金融支持"三农"和小微企业的正向激励，对符合标准的金融机构额外降低存款准备金率0.5个百分点。

10月26日 中国人民银行印发《征信机构监管指引》，规范对征信机构的监督管理，保护信息主体合法权益，促进征信业健康发展。

10月29日 中国人民银行、商务部、银监会、证监会、保监会、国家外汇管理局、上海市人民政府联合印发《进一步推进中国（上海）自由贸易试验区金融开放创新试点加快上海国际金融中心建设方案》。

10 月 31 日至 11 月 2 日　中国人民银行行长周小川陪同李克强总理访问韩国并出席第六次中日韩领导人会议，推动中韩金融合作取得新进展。

11 月 6 日　中国人民银行、国家外汇管理局联合发布《内地与香港证券投资基金跨境发行销售资金管理操作指引》，支持和规范内地与香港两地基金互认。

11 月 9 日　为促进中国与瑞士之间的双边贸易和投资，便利人民币和瑞士法郎在贸易投资结算中的使用，满足经济主体降低汇兑成本的需要，经中国人民银行授权，中国外汇交易中心宣布在银行间外汇市场开展人民币对瑞士法郎直接交易。

11 月 15 日至 16 日　习近平主席应邀出席G20 在土耳其安塔利亚举行的第十次领导人峰会和金砖国家领导人非正式会晤。峰会重点讨论了全球经济形势、推动金融部门改革、加强国际税收合作等议题。中国人民银行行长周小川、副行长易纲陪同出席。

11 月 20 日至 23 日　中国人民银行行长周小川陪同李克强总理赴马来西亚吉隆坡出席第十八次中国—东盟（10＋1）领导人会议、第十八次东盟与中日韩（10＋3）领导人会议以及第十届东亚峰会，并对马来西亚进行正式访问，推动 10＋3 金融合作和中马金融合作取得新进展。

11 月 23 日　人民币合格境外机构投资者（RQFII）试点地区扩大至马来西亚，投资额度为 500 亿元人民币。

11 月 25 日　首批境外央行类机构在中国外汇交易中心完成备案，正式进入中国银行间外汇市场。

11 月 30 日　IMF 执董会决定将人民币纳入特别提款权（SDR）货币篮子，SDR 货币篮子相应扩大至美元、欧元、人民币、日元、英镑 5 种货币。人民币在 SDR 货币篮子中的权重为 10.92%，美元、欧元、日元和英镑的权重分别为 41.73%、30.93%、8.33% 和 8.09%。新的 SDR 货币篮子将于 2016 年 10 月 1 日生效。

12 月 4 日　习近平主席宣布设立中非产能合作基金。该基金由国家外汇储备与中国进出口银行联合设立，是面向非洲的中长期开发基金，通过以股权为主的多种市场化方式，服务中非"三网一化"建设，主要投资于撒哈拉以南非洲地区，首批资金规模 100 亿美元。

是日　上海市公积金管理中心在银行间债券市场发行首单 70 亿元住房公积金个人住房贷款资产支持证券。

12 月 9 日　为贯彻落实党中央、国务院关于建设天津、福建、广东自由贸易试验区的战略部署，中国人民银行印发《关于金融支持中国（天津）自由贸易试验区建设的指导意见》《关于金融支持中国（福建）自由贸易试验区建设的指导意见》和《关于金融支持中国（广东）自由贸易试验区建设的指导意见》，促进自贸试验区实体经济发展，加大对跨境贸易和投融资的金融支持。

12 月 14 日　欧洲复兴开发银行理事会通过接受中国加入该行的决议。中国履行完国内相关法律程序后，即可正式成为该行成员。欧洲复兴开发银行成立于 1991 年，总部设在英国伦敦，是全球最重要的区域性开发金融机构之一。

是日　中国人民银行与阿联酋中央银行续签规模为 350 亿元人民币/200 亿阿联酋迪拉姆的双边本币互换协议。同日，双方签署在阿联酋建立人民币清算安排的合作备忘录，并同意将人民币合格境外机构投资者（RQFII）试点地区扩大至阿联酋，投资额度为 500 亿元人民币。

12 月 15 日　为贯彻落实《生态文明体制改革总体方案》和党的十八届五中全会精神，中国人民银行发布公告，在银行间债券市场推出绿色金融债券。

12 月 17 日　中国人民银行行长周小川与俄罗斯联邦中央银行行长纳比乌琳娜签署《中国人民银行与俄罗斯联邦中央银行合作谅解备忘录》，积极落实两国元首关于深化双边金融合作达成的重要共识。备忘录旨在发展两国央行在共同关心的领域合作，推动双边本币结算发展；继续开展支付及银行卡领域的合作；为对方在另一方发行以本币计价的债券提供便利；加强在信用评级领域的合作。

是 日　人民币合格境外机构投资者（RQFII）试点地区扩大到泰国，投资额度为 500 亿元人民币。

12 月 18 日　美国国会通过 IMF 2010 年改革方案。中国在 IMF 份额占比将从 3.996% 增至 6.39%，排名从第六位上升至第三位，中国在 IMF 的发言权和代表性得到提升。

12 月 23 日　中国人民银行货币政策委员会召开 2015 年第四季度例会。会议分析了当前国内外经济金融形势。会议认为，当前我国经济金融运行总体平稳，但形势的错综复杂不可低估。世界经济仍处于国际金融危机后的深度调整期。主要经济体经济走势进一步分化，美国积极迹象继续增多，欧元区复苏基础尚待巩固，日本经济温和复苏但仍面临通缩风险，部分新兴市场经济体实体经济面临较多困难。国际金融市场风险隐患增多。会议强调，要认真贯彻落实党的十八大和十八届三中、四中、五中全会以及中央经济工作会议精神。密切关注国际国内经济金融最新动向和国际资本流动的变化，坚持稳中求进、改革创新，继续实施稳健的货币政策，更加注重松紧适度，灵活运用多种货币政策工具，保持适度流动性，实现货币信贷及社会融资规模合理增长。改善和优化融资结构和信贷结构。提高直接融资比重，降低社会融资成本。继续深化金融体制改革，增强金融运行效率和服务实体经济能力，切实加强和完善风险管理。进一步推进利率市场化和人民币汇率形成机制改革，保持人民币汇率在合理均衡水平上的基本稳定。

12 月 27 日　十二届全国人大常委会第十八次会议通过了《关于授权国务院在北京市大兴区等 232 个试点县（市、区）、天津市蓟县等 59 个试点县（市、区）行政区域分别暂时调整实施有关法律规定的决定》，中国人民银行牵头推动的农村承包土地经营权和农民住房财产权抵押贷款试点获得法律授权，至 2017 年 12 月 31 日前试行。

12 月 28 日　中国人民银行印发《非银行支付机构网络支付业务管理办法》，规范非银行支付机构网络支付业务，防范支付风险，保护当事人合法权益。

12 月 31 日　中国人民银行印发《支农再贷款管理办法》，规范支农再贷款管理，明确了支农再贷款发放对象、申请、发放与收回、管理、监督等事项，引导地方法人银行业金融机构扩大涉农信贷投放，降低"三农"融资成本。

二〇一六年

1 月 4 日　银行间外汇市场交易系统每日运行时间延长至北京时间 23：30。同时，符合一定条件的人民币购售业务境外参加行经向中国外汇交易中心申请成为银行间外汇市场会员后，可以进入银行间外汇市场，通过中国外汇交易中心交易系统参与全部挂牌的交易品种。此举进一步丰富了银行间外汇市场参与主体、拓宽了境内外市场主体的交易渠道，有助于促进形成境内外一致的人民币汇率。

1月7日　2016年中国人民银行工作会议在北京召开。会议深入贯彻落实党的十八届五中全会和中央经济工作会议精神，总结2015年工作，分析当前经济金融形势，部署2016年工作。

1月12日　第二批境外央行类机构在中国外汇交易中心完成备案，正式进入中国银行间外汇市场。

1月22日　中国人民银行印发《关于扩大全口径跨境融资宏观审慎管理试点的通知》，决定自2016年1月25日起，面向27家金融机构和注册在上海、天津、广东、福建四个自贸区的企业扩大本外币一体化的全口径跨境融资宏观审慎管理试点。

1月25日　中国人民银行对境外人民币业务参加行存放境内代理行人民币存款执行正常存款准备金率，即境内代理行现行法定存款准备金率，以防范宏观金融风险，促进金融机构稳健经营。

1月26日　国际货币基金组织（IMF）宣布2010年份额和治理改革方案正式生效，第14次份额总检查下的份额增资得以实现。中国的份额占比从3.996%上升至6.394%，投票权从3.81%提高至超过6.07%，排名均从第六位跃升至第三位，位列美国、日本之后。

2月2日　为进一步完善个人住房信贷政策，支持居民合理住房消费，中国人民银行和银监会联合印发《关于调整个人住房贷款政策有关问题的通知》。

2月4日　中国人民银行印发《银行业金融机构反假货币工作指引》，明确银行业金融机构反假货币工作职责，规范银行业金融机构反假货币工作，加强对银行业金融机构反假货币工作的指导，促进银行业金融机构反假货币

工作有序开展。

2月6日　中国人民银行印发《全国银行间债券市场柜台业务管理办法》，进一步丰富银行间债券市场柜台业务品种，扩大柜台承办银行业务范围，并对柜台债券交易、托管、结算等进行规范。

2月15日　经国务院同意，中国人民银行联合有关部门印发《关于金融支持工业稳增长调结构增效益的若干意见》，加大金融对工业供给侧结构性改革和工业稳增长、调结构、增效益的支持力度，推动工业转型升级。

2月17日　中国人民银行联合有关部门印发《关于完善职工住房公积金账户存款利率形成机制的通知》，决定自2月21日起，将职工住房公积金账户存款利率，由现行按照归集时间执行活期和三个月存款基准利率，调整为统一按一年期定期存款基准利率执行。

2月18日　中国人民银行决定从即日起正式建立公开市场每日操作常态化机制，根据货币政策调控需要，原则上每个工作日均开展公开市场操作。

2月24日　中国人民银行发布公告，引入更多符合条件的境外机构投资者投资银行间债券市场，取消投资额度限制，简化管理流程。

2月25日　中国人民银行对参与定向降准金融机构2015年度支持"三农"和小微企业情况进行考核，并根据考核结果动态调整其存款准备金率。

3月1日　中国人民银行普遍下调金融机构人民币存款准备金率0.5个百分点，以保持金融体系流动性合理充裕。

3月4日　中国人民银行印发《金融业机构信息管理规定》，规范和加强金融业机构信息管理工作，确保金融业机构信息的真实、准确和完善，促进金融业机构信息管理系统互联互通，提升共享效率。

是日　中国人民银行联合有关部门印发《关于金融支持养老服务业加快发展的指导意见》，大力推动金融组织、产品和服务创新，改进完善养老领域金融服务，支持养老服务业加快发展。

3月7日　中国人民银行与新加坡金融管理局续签规模为3 000亿元人民币/640亿新加坡元的双边本币互换协议。

3月14日　国家发展改革委、中国人民银行联合印发《关于完善银行卡刷卡手续费定价机制的通知》，完善银行卡刷卡手续费定价机制，从总体上较大幅度降低收费水平，促进中国银行卡产业持续健康发展。

3月16日　中国人民银行会同相关部门联合印发《农村承包土地的经营权抵押贷款试点暂行办法》和《农民住房财产权抵押贷款试点暂行办法》，从贷款对象、贷款管理、风险补偿、配套支持措施、试点监测评估等多方面，对金融机构、试点地区和相关部门推进落实"两权"抵押贷款试点明确政策要求。

3月21日　中国人民银行联合有关部门印发《关于金融助推脱贫攻坚的实施意见》，紧紧围绕"精准扶贫、精准脱贫"基本方略，提出金融助推脱贫攻坚六个方面共22条细化落实措施，明确新形势下金融助推脱贫攻坚的总体要求、目标任务和重点工作。

3月24日　中国人民银行印发《易地扶贫搬迁信贷资金筹措方案》，明确易地扶贫搬迁信贷资金筹措的目标任务、指导思想、工作原则及具体筹措方案等。

3月25日　经国务院同意，中国人民银行和银监会联合印发《关于加大对新消费领域金融支持的指导意见》，明确创新金融支持和服务方式，大力发展消费金融，以更好地满足新消费重点领域的金融需求，发挥新消费引领作用。

是日　中国人民银行印发《简化优化公共服务方便基层群众办事创业的工作方案》，就行政审批和相关证照办理服务，以及其他与群众日常生产生活、创业创新密切相关的公共服务事项，明确原则、任务和要求。

3月28日　中国人民银行印发《关于开办扶贫再贷款业务的通知》，创设扶贫再贷款，专门用于支持贫困地区地方法人金融机构扩大贫困地区涉农信贷投放，降低贫困地区融资成本，为打赢脱贫攻坚战提供有力金融支持。

是日　中国人民银行货币政策委员会2016年第一季度例会在北京召开。会议分析了当前国内外经济金融形势。会议认为，当前我国经济金融运行总体平稳，但形势的错综复杂不可低估。世界经济仍处于国际金融危机后的深度调整期。主要经济体经济走势进一步分化，美国积极迹象继续增多，欧元区复苏基础尚待巩固，日本经济低迷，部分新兴市场经济体实体经济面临较多困难。国际金融市场风险隐患增多。会议强调，要认真贯彻落实党的十八大，党的十八届三中、四中、五中全会，中央经济工作会议和全国"两会"精神。密切关注国际国内经济金融最新动向和国际资本流动的变化，坚持稳中求进工作总基调，适应经济发展新常态，继续实施稳健的货币政策，更加注重松紧适度，灵活运用多种货币政策工具，保持适度流动性，实现货币信贷及社会融资规模合理增长。改善和优化融资结构和信贷结构。提高直接融资比重，降低社会融资成本。继续深化金融体制改革，加强供给侧结构性改革，增强金融运行效率和服务实体经济能力，加强和完善风险管理。进一步推进利率市场化和人民币汇率形成机制改革，保持人民币汇率在合理均衡水平上的基本稳定。

3月31日　中国人民银行、法国财政部和法国央行在法国巴黎联合举办G20"国际金融架构高级别研讨会"，中国人民银行行长周小川出席会议。会议就资本流动、主权债务重组和债务可持续性、全球金融安全网和 SDR 的作用等议题进行了深入交流，强调了增强国际货币体系对于促进全球经济增长和金融稳定的重要作用。

4 月 6 日　中国人民银行与财政部联合印发《关于确定 2016 年地方国库现金管理试点地区的通知》，确定天津等 15 个省（自治区、直辖市）为 2016 年试点地区，进一步扩大试点范围。

4 月 9 日至 10 日　中国人民银行行长周小川赴巴哈马拿骚出席泛美开发银行第五十七届理事会年会。会议期间，周小川行长会见了泛美开发银行行长莫雷诺。在双方见证下，中拉产能合作投资基金与泛美开发银行、泛美投资公司签署了《合作备忘录》。

4 月 12 日　中国人民银行印发《关于做好 2016 年信贷政策工作的意见》，围绕去产能、去库存、去杠杆、降成本、补短板五大任务，指导中国人民银行各分支机构和银行业金融机构充分发挥信贷政策在供给侧结构性改革中的能动作用，做好 2016 年信贷政策工作。

4 月 13 日　中国人民银行联合有关部门印发《非银行支付机构风险专项整治工作实施方案》，切实防范支付风险，促进支付服务市场健康发展。

4 月 14 日　中国人民银行联合有关部门印发《通过互联网开展资产管理及跨界从事金融业务风险专项整治工作实施方案》，以切实保护投资者合法权益。

是日　中国人民银行印发《关于做好 2016 年易地扶贫搬迁信贷资金筹措及信贷管理服务工作的通知》，对 2016 年易地扶贫搬迁信贷资金筹措和信贷管理服务进行明确，保证扶贫专项金融债券规范顺利发行，资金专款专用，全

力支持易地扶贫搬迁工作。

4 月 17 日　中国人民银行联合有关部门印发《关于支持钢铁煤炭行业化解过剩产能实现脱困发展的意见》，引导金融机构坚持区别对待、有扶有控原则，满足钢铁、煤炭企业合理资金需求，严格控制对违规新增产能的信贷投入。支持企业债务重组和兼并重组，推动钢铁、煤炭行业结构调整优化，支持银行加快不良资产处置，依法处置企业信用违约事件。

4 月 27 日　中国人民银行就进一步做好合格机构投资者进入银行间债券市场有关事项发布公告及配套实施细则，明确机构投资者的合格性标准，拓宽投资者范围，优化备案、开户、联网流程，明确依法对相关业务开展进行检查，强调中介机构和自律组织监测和自律管理职责。

4 月 29 日　中国人民银行印发《关于在全国范围内实施全口径跨境融资宏观审慎管理的通知》，决定自 2016 年 5 月 3 日起，在全国范围内实施本外币一体化的全口径跨境融资宏观审慎管理。对金融机构和企业，中国人民银行和国家外汇管理局不实行外债事前审批，而是由金融机构和企业在与其资本或净资产挂钩的跨境融资上限内，自主开展本外币跨境融资。

5 月 7 日　为落实国务院《关于实施银行卡清算机构准入管理的决定》，中国人民银行、银监会联合印发《银行卡清算机构管理办法》，依法有序推进银行卡清算市场开放，规范银行卡清算机构管理，促进银行卡清算市场健康发展。

5 月 11 日　中国人民银行与摩洛哥中央银行签署规模为 100 亿元人民币 /150 亿迪拉姆的双边本币互换协议。

5 月 27 日　中国人民银行联合有关部门印发《关于加强金融精准扶贫信息对接共享工作的指导意见》，推动建立金融扶贫信息与扶贫

基础信息对接共享机制，夯实金融精准扶贫工作基础。

6月3日 为推进大额存单业务发展，拓宽个人金融资产投资渠道，增强商业银行主动负债能力，中国人民银行将个人投资人认购大额存单起点金额由不低于 30 万元调整为不低于 20 万元。

6月6日至7日 第八轮中美战略与经济对话在北京举行，汪洋副总理与美国财政部长雅各布·卢共同主持对话。中国人民银行行长周小川陪同参会并就中美在国际金融架构中的合作等战略性议题与美方进行了交流。此次对话共达成 73 项成果。

6月7日 中国人民银行与美国联邦储备委员会签署在美国建立人民币清算安排的合作备忘录，并给予美国 2 500 亿元人民币合格境外机构投资者（RQFII）额度。

6月12日 中国人民银行印发《中国人民银行扶贫再贷款管理细则》，规范扶贫再贷款管理，提高支持精准扶贫政策效果。

6月17日 经中国人民银行授权，中国外汇交易中心宣布在银行间外汇市场开展人民币对南非兰特直接交易。

是日 中国人民银行与塞尔维亚国家银行签署双边本币互换协议，互换规模为 15 亿元人民币/270 亿塞尔维亚第纳尔，有效期 3 年。

6月20日 中共中央政治局常委、国务院总理李克强到中国人民银行考察并主持召开座谈会。

6月24日 经中国人民银行授权，中国外汇交易中心宣布在银行间外汇市场开展人民币对韩元直接交易。

是日 中国人民银行与俄罗斯央行（俄罗斯银行）在北京签署《中国人民银行和俄罗斯央行（俄罗斯银行）关于预防洗钱和恐怖融资谅解备忘录》。备忘录内容包括反洗钱监管合作、信息交流、现场检查安排、人员交流与培训等方面。该备忘录的签署对双方落实反洗钱和反恐怖融资国际标准、加强反洗钱监管交流与合作具有重要意义。

是日 全国外汇市场自律机制正式建立，有助于维护外汇市场有序运作和健康发展，促进外汇市场由"他律"转向"他律"和"自律"并重。

是日 中国人民银行行长周小川赴美国华盛顿参加 IMF 举办的中央银行政策研讨，就"把握好多目标货币政策：转型的中国经济的视角"作主题发言，并与 IMF 总裁拉加德进行政策对话。

6月25日 中国人民银行与俄罗斯央行（俄罗斯银行）签署在俄罗斯建立人民币清算安排的合作备忘录。

6月29日 中国人民银行印发《关于推广试用金融精准扶贫信息系统有关事宜的通知》，在全国推广金融精准扶贫信息系统，精准采集和动态监测金融精准扶贫信息，推动金融精准扶贫工作开展。

7月1日 中国人民银行货币政策委员会 2016 年第二季度例会在北京召开。会议分析了当前国内外经济金融形势。会议认为，当前我国经济金融运行总体平稳，但形势的错综复杂不可低估。世界经济仍处于国际金融危机后的深度调整期。主要经济体经济走势进一步分化，美国经济温和复苏，欧元区复苏基础尚待巩固，英国公投决定退欧引发市场波动，日本经济低迷，部分新兴市场经济体实体经济面临较多困难。国际金融市场风险隐患增多。会议强调，要认真贯彻落实党的十八大，党的十八届三中、四中、五中全会，中央经济工作会议和全国"两会"精神。密切关注国际国内经济金融最新动向和国际资本流动的变化，坚持稳中求进工作总基调，适应经济发展新常态，继续实施稳健的货币政策，更加注重松紧适度，灵活运用多种货币政策工具，保持适度流动性，实现货币信贷及社会融资规模合理增长。改善和优化融资结构和信贷结构。提高直接融资比重，降低社会融资成本。按照加强供给侧结构性改革的要求，继续深化金融体制改革，增强金融运行效率和服务实体经济能力，加强和完善风险管理。进一步推进利率市场化和人民币汇率形成机制改革，保持人民币汇率在合理均衡水平上的基本稳定。

7月11日　中国银行（香港）有限公司以直接参与者身份接入人民币跨境支付系统（CIPS），这是 CIPS 的首家境外直接参与者；同日，中信银行、上海银行、广发银行、江苏银行、三菱东京日联银行（中国）有限公司、瑞穗银行（中国）有限公司、恒生银行（中国）有限公司等以直接参与者身份接入 CIPS。

7月15日　中国人民银行决定进一步改革存款准备金考核制度，将人民币存款准备金的缴存基数由旬末一般存款余额时点数调整为旬内一般存款余额的算术平均值。同时，按季缴纳存款准备金的境外人民币业务参加行存放境内代理行人民币存款，其缴存基数也调整为上季度境外参加行人民币存放日终余额的算术平均值。

7月22日　中国人民银行、财政部、人力资源和社会保障部联合印发《关于实施创业担保贷款支持创业就业工作的通知》，将小额担保贷款政策调整为创业担保贷款政策，扩大贷款对象范围，统一贷款额度，调整贷款期限，支持大众创业、万众创新。

7月29日　为贯彻落实党的十八届三中全会和国家"十三五"规划关于发展普惠金融的重要部署，中国人民银行印发《青海省普惠金融综合示范区试点方案》，提出深化金融支持精准扶贫、推动绿色金融发展、推广金融科技运用、完善基础金融服务、加强宣传教育和科学组织推进等七个方面23项任务，提升青海省普惠金融服务水平。

8月25日　波兰共和国在中国银行间债券市场成功发行 3 年期人民币主权债券 30 亿元。

8月30日　中国人民银行、国家外汇管理局印发《关于人民币合格境外机构投资者境内证券投资管理有关问题的通知》，规范人民币合格境外机构投资者境内证券投资管理。

8月31日　世界银行（国际复兴开发银行）首期特别提款权（SDR）计价债券在中国银行间债券市场成功发行。

是日　经中央全面深化改革领导小组第二十七次会议审议通过，中国人民银行联合有关部门印发《关于构建绿色金融体系的指导意见》，通过创新性金融制度安排发展绿色金融，利用绿色信贷、绿色债券等金融工具和相关政策为绿色发展服务，推进供给侧结构性改革。

9月4日至5日　G20 领导人第十一次峰会在杭州举行。习近平主席主持峰会并发表系列重要讲话，中国人民银行行长周小川和副行长易纲陪同出席。会议讨论了宏观经济政策协调、创新增长方式、全球经济金融治理、贸易和投资、包容和联动式发展等重要议题，并通过了 G20 杭州领导人公报和杭州行动计划等重要文件。

9月6日　中国人民银行联合有关部门印发《关于开展联合整治非法买卖银行卡信息专项行动的通知》，决定于 2016 年 9 月至 2017 年 4 月在全国范围内开展联合整治非法买卖银行卡信息专项行动。

9月7日至8日　中国人民银行行长周小川陪同国务院总理李克强赴老挝万象出席第十九次中国—东盟（10＋1）领导人会议暨中国—东盟建立对话关系 25 周年纪念峰会、第十九次东盟与中日韩（10＋3）领导人会议和第十一届东亚峰会，并对老挝进行正式访问。

9 月 12 日 中国人民银行与匈牙利央行续签双边本币互换协议，协议规模为 100 亿元人民币 /4 160 亿匈牙利福林，有效期 3 年。

9 月 19 日 中国人民银行印发《法治央行建设实施方案（2016—2020 年)》，明确全面加快法治央行建设的指导思想、目标、任务、措施和工作分工。

9 月 20 日 中国人民银行授权中国银行纽约分行担任美国人民币业务清算行。

9 月 23 日 经中国人民银行授权，中国外汇交易中心宣布在银行间外汇市场开展人民币对阿联酋迪拉姆和人民币对沙特里亚尔直接交易。

是日 中国人民银行授权中国工商银行（莫斯科）股份公司担任俄罗斯人民币业务清算行。

是日 加拿大国民银行获准在中国银行间债券市场发行规模不超过 50 亿元的人民币债券。

9 月 27 日 中国人民银行与欧洲中央银行签署补充协议，决定将双边本币互换协议有效期延长三年至 2019 年 10 月 8 日。互换规模仍为 3 500 亿元人民币 /450 亿欧元。

9 月 28 日 中国人民银行货币政策委员会 2016 年第三季度例会在北京召开。会议分析了当前国内外经济金融形势。会议认为，当前我国经济金融运行总体平稳，但形势的错综复杂不可低估。世界经济仍处于国际金融危机后的深度调整期。主要经济体经济走势分化，美国经济温和复苏，欧元区复苏基础尚待巩固，日本经济低迷，部分新兴市场经济体实体经济有所改善。国际金融市场风险隐患增多。会议强调，要认真贯彻落实党的十八大，党的十八届三中、四中、五中全会，中央经济工作会议和党中央、国务院关于下半年经济工作的部署。

密切关注国际国内经济金融最新动向和国际资本流动的变化，坚持稳中求进工作总基调，适应经济发展新常态，继续实施稳健的货币政策，更加注重松紧适度，灵活运用多种货币政策工具，保持适度流动性，实现货币信贷及社会融资规模合理增长。改善和优化融资结构和信贷结构。提高直接融资比重，降低社会融资成本。按照加强供给侧结构性改革的要求，继续深化金融体制改革，增强金融运行效率和服务实体经济能力，加强和完善风险管理。进一步推进利率市场化和人民币汇率形成机制改革，保持人民币汇率在合理均衡水平上的基本稳定。

是日 中国人民银行联合有关部门印发《关于加快 2016 年易地扶贫搬迁信贷资金衔接投放有关事宜的通知》，督促指导金融机构加快全年易地扶贫搬迁信贷资金衔接投放工作，促进全年易地扶贫搬迁建设顺利开展。

9 月 30 日 中国人民银行印发《关于加强支付结算管理防范电信网络新型违法犯罪有关事项的通知》，防范电信网络新型违法犯罪，切实保护人民群众财产安全和合法权益。

是日 财政部会同中国人民银行联合印发《建立国债做市支持机制有关事宜的公告》和《关于印发〈国债做市支持操作规则〉的通知》，建立国债做市支持机制。该机制明确财政部在银行间债券市场运用随买、随卖等工具，支持银行间债券市场做市商对新发关键期限国债做市，以提高国债二级市场流动性，进一步完善国债收益率曲线。

10 月 1 日 人民币正式成为 IMF 特别提款权（SDR）篮子货币，SDR 货币篮子正式扩大至美元、欧元、人民币、日元、英镑五种货币，人民币在 SDR 货币篮子中的权重为 10.92%，美元、欧元、日元和英镑的权重分别为 41.73%、30.93%、8.33% 和 8.09%。SDR 汇率和利率也相应调整，人民币汇率和 3 个月国债利率分别进入 SDR 汇率和利率的计算。

10 月 10 日　中国人民银行印发《关于做好金融扶贫信息系统推广适用有关事项的通知》，指导各银行业金融机构改进信贷管理系统，及时采集报送信息，并确保信息安全。

10 月 15 日至 16 日　金砖国家领导人第八次会晤在印度果阿举行。国家主席习近平、印度总理莫迪、南非总统祖马、巴西总统特梅尔、俄罗斯总统普京出席会晤，中国人民银行行长周小川陪同出席。五国领导人围绕"打造有效、包容、共同的解决方案"的主题，就金砖国家合作及其他共同关心的国际和地区问题深入交换了意见，并达成广泛共识。会议发表了《果阿宣言》。

11 月 1 日　中国反洗钱监测分析中心与澳大利亚交易报告和分析中心在北京签署《关于反洗钱和反恐怖融资信息交流合作谅解备忘录》。

11 月 2 日至 3 日　中国人民银行行长周小川陪同国务院总理李克强访问吉尔吉斯斯坦并出席上海合作组织成员国政府首脑（总理）理事会第十五次会议。

11 月 3 日至 4 日　中国人民银行行长周小川陪同国务院总理李克强访问哈萨克斯坦并出席中哈总理第三次定期会晤。

11 月 4 日　中国人民银行、证监会联合印发《关于内地与香港股票市场交易互联互通机制有关问题的通知》。12 月 5 日正式启动"深港通"。

11 月 4 日至 6 日　中国人民银行行长周小川陪同国务院总理李克强访问拉脱维亚并出席第五次中国—中东欧国家领导人会晤。

11 月 14 日　经中国人民银行授权，中国外汇交易中心宣布在银行间外汇市场开展人民币对加拿大元直接交易。

11 月 21 日　国库管理信息系统（TMIS）、国库监管子系统在全国正式上线运行；国库管理信息系统国库现金管理子系统在全国上线试运行。

11 月 24 日　国务院批准同意《国家开发银行章程》和《中国农业发展银行章程》。

11 月 30 日　国务院批准同意《中国进出口银行章程》。

12 月 2 日　经国务院同意，中国人民银行联合有关部门印发《江苏省泰州市建设金融支持产业转型升级改革创新试验区总体方案》。

12 月 6 日　中国人民银行与埃及中央银行签署双边本币互换协议，规模为 180 亿元人民币 /470 亿埃及镑，有效期 3 年。

是日　中国人民银行印发《票据交易管理办法》，对市场参与者票据交易、登记托管、清算结算等行为进行规范。

是日　中国人民银行办公厅印发《"十三五"时期国库业务发展规划》，明确"十三五"时期国库工作的主要目标、总体思路和重点工作任务。

12 月 8 日　上海票据交易所成立，全国统一票据交易平台上线运行。

12 月 9 日　经国务院同意，中国人民银行联合有关部门和河南省人民政府印发《河南省兰考县普惠金融改革试验区总体方案》。

是日　中国人民银行联合有关部门印发《关于促进银行卡清算市场健康发展的意见》，进一步完善银行卡清算服务市场化机制，提升中国银行卡清算机构的国际竞争力，促进银行卡清算市场健康、持续发展，保障国家金融安全。

是日　中国人民银行授权中国农业银行迪拜分行担任阿联酋人民币业务清算行。

12 月 12 日　中国人民银行行长周小川会见来访的突尼斯央行行长切德利·埃亚里，并签署《中国人民银行与突尼斯央行合作谅解备忘录》，旨在加强双方信息交流和经验共享，增进两国央行在货币和金融领域的合作。

是日 中国人民银行在银行间外汇市场推出人民币对匈牙利福林、波兰兹罗提、丹麦克朗、瑞典克朗、挪威克朗、土耳其里拉和墨西哥比索直接交易。

12月14日 中国人民银行印发《中国人民银行金融消费者权益保护实施办法》，规范金融机构提供金融产品和服务的行为，维护公平、公正的市场环境，保护金融消费者合法权益，促进金融市场健康稳定运行。

12月21日 经国务院批准，人民币合格境外机构投资者（RQFII）试点地区扩大到爱尔兰，投资额度为500亿元人民币。

是日 中国人民银行与冰岛中央银行续签双边本币互换协议，互换规模保持为35亿元人民币/660亿冰岛克朗，有效期3年。

12月23日 国际首单扶贫社会效应债券在银行间债券市场成功发行，募集资金专项用于山东省沂南县扶贫工程。

12月28日 中国人民银行货币政策委员会2016年第四季度例会在北京召开。会议分析了当前国内外经济金融形势。会议认为，当前我国经济金融运行总体平稳，但形势的错综复杂不可低估。世界经济仍处于国际金融危机后的深度调整期。主要经济体经济走势分化，美国经济复苏有所加快，欧元区复苏基础尚待巩固，日本经济低迷，部分新兴市场经济体实体经济面临更多挑战。国际金融市场风险隐患增多。会议强调，要认真贯彻落实党的十八大，党的十八届三中、四中、五中、六中全会，中央经济工作会议和党中央、国务院关于2017年经济工作的部署。密切关注国际国内经济金融最新动向和国际资本流动的变化，坚持稳中求进工作总基调，适应经济发展新常态，继续实施稳健的货币政策，更加注重松紧适度保持中性，灵活运用多种货币政策工具，维护流动性基本稳定，实现货币信贷及社会融资规模合理增长。改善和优化融资结构和信贷结构，提高直接融资比重。按照加强供给侧结构性改革的要求，继续深化金融体制改革，增强金融运行效率和服务实体经济能力，加强和完善风险管理。进一步推进利率市场化和人民币汇率形成机制改革，保持人民币汇率在合理均衡水平上的基本稳定。

12月29日 中国人民银行印发《金融机构大额交易和可疑交易报告管理办法》，自2017年7月1日起实施。

二〇一七年

1月5日至6日 中国人民银行工作会议在北京召开，会议深入贯彻落实党的十八届六中全会和中央经济工作会议精神，总结2016年工作，分析当前经济金融形势，部署2017年工作。

1月13日 中国人民银行印发《关于全口径跨境融资宏观审慎管理有关事宜的通知》，进一步完善全口径跨境融资宏观审慎管理政策。

是日 中国人民银行办公厅印发《关于实施支付机构客户备付金集中存管有关事项的通知》，明确支付机构客户备付金集中存管工作要求，支付机构应将部分客户备付金交存至指定机构专用存款账户，首次交存的平均比例为20%左右，最终将实现全部客户备付金集中存管。各支付机构首次交存的具体比例根据业务类型和分类评级结果综合确定，交存金额根据上一季度客户备付金日均余额计算，每季度调整一次。

1月16日至17日 二十国集团（G20）绿色金融研究小组在德国法兰克福举行会议，会议由中国人民银行和英格兰银行共同主持,研究如何推进金融业环境风险分析和改善环境数据的可获得性等议题。

1月22日 中国人民银行与财政部联合发布《关于全面开展省级地方国库现金管理的通知》,将试点范围推广至全国省级地方国库,并明确相关工作要求。

1月23日 中国人民银行、银监会、证监会、保监会、国务院扶贫办五部门联合印发《关于开展金融精准扶贫政策效果评估的通知》,切实发挥评估工作对进一步改进精准扶贫金融服务的积极作用。

2月27日 中国人民银行按照定向降准相关制度,对参与定向降准金融机构2016年度支持"三农"和小微企业情况进行考核,并根据考核结果动态调整其存款准备金率。

3月7日 中国人民银行联合工业和信息化部、银监会、证监会、保监会印发《关于金融支持制造强国建设的指导意见》,进一步建立健全多元化金融服务体系,大力推动金融产品和服务创新,加强和改进对制造强国建设的金融支持和服务。

3月13日 中国人民银行办公厅印发《关于做好2017年信贷政策工作的意见》,坚持稳中求进工作总基调,着力提高信贷政策定向结构性调整功能,着力推动供给侧结构性改革取得实质性进展,着力振兴实体经济和促进经济结构转型升级。

3月29日 中国人民银行货币政策委员会2017年第一季度例会在北京召开。会议分析了当前国内外经济金融形势。会议认为,当前我国经济金融运行总体平稳,但形势的错综复杂不可低估。世界经济仍处于国际金融危机后的深度调整期。全球经济逐步复苏,主要发达国家复苏步伐有所加快,部分新兴市场经济体仍面临挑战,国际金融市场存在较多风险隐患。

会议强调,要认真贯彻落实党的十八大,党的十八届三中、四中、五中、六中全会,中央经济工作会议和政府工作报告精神。密切关注国际国内经济金融运行最新动向和国际资本流动的变化,坚持稳中求进工作总基调,适应经济发展新常态,实施好稳健中性的货币政策,综合运用多种货币政策工具,维护流动性基本稳定,引导货币信贷及社会融资规模合理增长。按照深化供给侧结构性改革的要求,改善和优化融资结构和信贷结构,提高直接融资比重。继续深化金融体制改革,增强金融运行效率和服务实体经济能力,加强和完善风险管理。进一步推进利率市场化和人民币汇率形成机制改革,保持人民币汇率在合理均衡水平上的基本稳定。

5月2日 中国人民银行、工业和信息化部会同财政部、商务部、国资委、银监会、外汇局联合印发《小微企业应收账款融资专项行动工作方案(2017—2019年)》,积极推进应收账款融资,有效盘活小微企业存量资产,多渠道打通小微企业融资瓶颈。

5月9日 中国人民银行、银监会、证监会、保监会、国家标准委联合印发《金融业标准化体系建设发展规划(2016—2020年)》,明确提出"十三五"金融业标准化工作的指导思想、基本原则、发展目标、主要任务、重点工程和保障措施。

5月11日 国家发展改革委、中国人民银行组织召开2017年社会信用体系建设部际联席会议,交流相关领域信用联合奖惩措施落实情况,研究部署下一阶段守信联合激励和失信联合惩戒以及城市信用状况监测工作。

5月14日至15日 中国在北京主办"一带一路"国际合作高峰论坛,习近平主席主持并发表系列重要讲话,中国人民银行行长周小川和副行长易纲、潘功胜出席。高峰论坛形成向丝路基金新增资金、鼓励金融机构开展人民币海外基金业务、与 IMF 合作建立中国—国际货币基金组织能力建设中心等一系列成果。中国人民银行与财政部联合举办促进"资金融通"平行主题论坛，就如何加强"一带一路"投融资合作展开讨论。

5 月 15 日　中国人民银行成立金融科技（FinTech）委员会，旨在加强金融科技工作的研究规划和统筹协调。

5 月 16 日　为促进香港与内地债券市场共同发展，中国人民银行、香港金融管理局决定，同意中国外汇交易中心暨全国银行间同业拆借中心、中央国债登记结算有限责任公司、银行间市场清算所股份有限公司和香港交易及结算有限公司、香港债务工具中央结算系统开展香港与内地债券市场互联互通合作。

5 月 19 日　中国人民银行与新西兰储备银行续签中新双边本币互换协议，规模保持为 250 亿元人民币 /50 亿新西兰元，有效期 3 年。

5 月 20 日至 27 日　在全国科技活动周期间，中国人民银行举办了以"科技创新驱动金融普惠民生"为主题的 2017 年金融科技活动周，全方位展示金融科技创新和普惠金融成果，促进金融机构不断增强科技创新意识，为社会公众提供安全、高效、丰富的金融服务。

5 月 23 日　中国人民银行印发《人民币跨境收付信息管理系统管理办法》，加强人民币跨境收付信息管理系统管理，保障人民币跨境收付信息管理系统安全、稳定、有效运行。

5 月 30 日　中国人民银行行长周小川陪同李克强总理出席在德国柏林举行的中德总理年度会晤。

是日　中巴扩大产能合作基金启动仪式在巴西圣保罗举行，中拉产能合作投资基金有限责任公司与巴西计划、预算和管理部签署基金设立文件，中巴基金指导委员会召开第一次会议并审议通过《中巴基金运作规程》，中巴基金正式启动。

6 月 1 日至 2 日　中国人民银行行长周小川陪同李克强总理出席在比利时布鲁塞尔举行的第 19 届中欧领导人会晤。

6 月 8 日　中国人民银行印发《中国金融业信息技术"十三五"发展规划》，明确提出"十三五"金融业信息技术工作的指导思想、基本原则、发展目标、重点任务和保障措施。

是日　为方便企业和群众办事，中国人民银行行政审批事项网上办理平台（http：//xzxk. pbc. gov. cn）正式上线运行。

6 月 20 日　中国人民银行配合财政部开展国债做市支持操作，正式启动国债做市支持机制，推动完善国债收益率曲线。

6 月 21 日　为规范开展内地与香港债券市场互联互通合作相关业务，保护境内外投资者合法权益，维护债券市场秩序，中国人民银行印发《内地与香港债券市场互联互通合作管理暂行办法》。

6 月 30 日　中国人民银行货币政策委员会 2017 年第二季度例会在北京召开。会议分析了当前国内外经济金融形势。会议认为，当前我国经济金融运行总体平稳，但面临的形势错综复杂。世界经济仍处于国际金融危机后的深度调整期。全球经济逐步复苏，主要发达国家复苏总体延续，部分新兴市场经济体仍面临挑战，国际金融市场依然存在风险隐患。会议强调，要认真贯彻落实党的十八大，党的十八届三中、四中、五中、六中全会，中央经济工作会议和政府工作报告精神。密切关注国际国内经济金融运行最新动向和国际资本流动的变化，坚持稳中求进工作总基调，适应经济发展新常态，实施好稳健中性的货币政策，综合运用多种货币政策工具，维护流动性基本稳定，引导货币信贷及社会融资规模合理增长。按照深化供给侧结构性改革的要求，优化融资结构和信贷结构，提高直接融资比重。继续深化金融体制改革，提升金融运行效率和服务实体经济能力，加强和完善风险管理。进一步推进利率市场化和人民币汇率形成机制改革，保持人民币汇率在合理均衡水平上的基本稳定。

7 月 3 日　中国人民银行发布公告，推动符合条件的境内外信用评级机构在银行间债券市场开展信用评级业务，促进信用评级行业健康发展。

是日　内地与香港债券市场互联互通合作（"债券通"）正式上线试运行。

7 月 4 日　经国务院批准，香港人民币合格境外机构投资者（RQFII）额度扩大至 5 000 亿元人民币。

7 月 6 日　中国人民银行与蒙古银行续签中蒙双边本币互换协议，规模保持为 150 亿元人民币 /5.4 万亿蒙古图格里克，有效期 3 年。

7 月 7 日至 8 日　G20 领导人第十二次峰会在德国汉堡举行，习近平主席出席峰会并发表系列重要讲话，中国人民银行行长周小川陪同出席。会议讨论了全球经济形势、增长框架、国际金融架构、加强与非洲合作、金融部门改革等财金渠道重要议题，并通过了 G20 汉堡峰会公报和汉堡行动计划等重要文件。

7 月 14 日至 15 日　第五次全国金融工作会议在北京召开。习近平主席、李克强总理出席会议并讲话。会议围绕服务实体经济、防控金融风险、深化金融改革三项任务，明确了做好金融工作需要把握的重大原则、基本方针和重点工作。

7 月 18 日　中国人民银行与阿根廷央行续签中阿（阿根廷）双边本币互换协议，协议规模为 700 亿元人民币 /1 750 亿阿根廷比索，有效期 3 年。

7 月 21 日　中国人民银行与瑞士央行续签中瑞（士）双边本币互换协议，规模保持为 1 500 亿元人民币 /210 亿瑞士法郎，有效期 3 年。

8 月 11 日　在内蒙古自治区推出人民币对蒙古图格里克银行间市场区域交易。

8 月 25 日　中国人民银行举行首次宪法宣誓。

8 月 31 日　为引导同业存单市场规范有序发展，中国人民银行发布公告，规定自 2017 年 9 月 1 日起，金融机构不得新发行期限超过 1 年（不含）的同业存单。

9 月 3 日至 5 日　金砖国家领导人第九次会晤在厦门举行，习近平主席主持并发表系列重要讲话，中国人民银行行长周小川陪同出席。会晤围绕"深化金砖国家伙伴关系，开创更加光明未来"主题进行了讨论，通过了金砖国家厦门宣言等重要文件，在推动建立金砖本币债券基金（BBF）、发展和完善金砖应急储备安排（CRA）机制等务实财金合作上取得了一系列重要成果。

9 月 4 日　中国人民银行等七部门联合发布《关于防范代币发行融资风险的公告》，明确代币发行融资活动本质上是一种未经批准的非法公开融资的行为，任何组织和个人不得非法从事代币发行融资交易活动，提醒社会公众警惕代币发行融资与交易的风险隐患。

9 月 8 日　中国人民银行印发《关于调整外汇风险准备金政策的通知》，宣布自 2017 年 9 月 11 日起，将外汇风险准备金征收比例下调至零。

是日　中国人民银行取消对境外人民币业务参加行存放境内代理行人民币存款缴存准备金实施穿透式管理。

9 月 13 日　在广西壮族自治区推出人民币对柬埔寨瑞尔银行间市场区域交易。

9 月 27 日　中国人民银行货币政策委员会

2017 年第三季度例会在北京召开。会议分析了当前国内外经济金融形势。会议认为，当前我国经济金融运行稳中向好，但面临的形势错综复杂。世界经济仍处于国际金融危机后的深度调整期。全球经济逐步复苏，主要发达国家复苏总体延续，部分新兴市场经济体仍面临挑战，国际金融市场依然存在风险隐患。会议强调，要认真贯彻落实党的十八大、党的十八届三中、四中、五中、六中全会，中央经济工作会议、全国金融工作会议和政府工作报告精神。密切关注国际国内经济金融运行最新动向和国际资本流动的变化，坚持稳中求进工作总基调，适应经济发展新常态，实施好稳健中性的货币政策，综合运用多种货币政策工具，维护流动性基本稳定，引导货币信贷及社会融资规模合理增长。按照深化供给侧结构性改革的要求，优化融资结构和信贷结构，提高直接融资比重。继续深化金融体制改革，提升金融运行效率和服务实体经济能力，加强和完善风险管理。进一步推进利率市场化和人民币汇率形成机制改革，保持人民币汇率在合理均衡水平上的基本稳定。

9 月 30 日　中国人民银行宣布自 2018 年起，将当前小微企业和"三农"领域实施的定向降准政策拓展和优化为统一对符合宏观审慎经营要求且普惠金融领域贷款达到一定比例的商业银行实施。

是日　住房和城乡建设部、中国人民银行、银监会联合印发《关于规范购房融资和加强反洗钱工作的通知》，严禁违规购房融资行为，加强房地产交易反洗钱监督管理，维护住房金融市场秩序，促进房地产市场平稳健康发展。

10 月 11 日　中国人民银行与韩国央行续签双边本币互换协议，协议规模为 3 600 亿元人民币 /64 万亿韩元，有效期 3 年。

10 月 27 日　中国人民银行印发修订后的《应收账款质押登记办法》。

11 月 3 日　中国人民银行与卡塔尔央行续签双边本币互换协议，协议规模为 350 亿元人民币 /208 亿里亚尔，有效期 3 年。

11 月 8 日　中国人民银行、银监会联合印发修订后的《汽车贷款管理办法》，进一步规范汽车贷款行为。同时联合印发《关于调整汽车贷款有关政策的通知》，将自用和商用新能源新车贷款最高发放比例从 80% 和 70% 分别提高至 85% 和 75%，二手车贷款最高发放比例由 50% 提高至 70%，加强对汽车消费的金融支持。

是日　中国人民银行与加拿大央行续签双边本币互换协议，协议规模为 2 000 亿元人民币 /300 亿加拿大元，有效期 3 年。

11 月 8 日至 10 日　中国人民银行行长周小川陪同李克强总理在北京会见来访的美国总统特朗普。

11 月 12 日至 16 日　中国人民银行行长周小川陪同李克强总理访问菲律宾，并出席第 20 次中国—东盟（10＋1）领导人会议、第 20 次东盟与中日韩（10＋3）领导人会议和第 12 届东亚峰会。

11 月 17 日　中国人民银行发布《关于规范金融机构资产管理业务的指导意见（征求意见稿）》，向社会公开征求意见。

11 月 22 日　中国人民银行与香港金融管理局续签双边本币互换协议，协议规模为 4 000 亿元人民币 /4 700 亿港元，有效期 3 年。

是日　中国人民银行与俄罗斯央行续签双边本币互换协议，协议规模为 1 500 亿元人民币 /13 250 亿卢布，有效期三年。

11 月 27 日至 30 日　中国人民银行行长周小川陪同李克强总理访问匈牙利，并出席中国—中东欧国家领导人第六次会晤。

12 月 13 日　中国人民银行与证监会联合印发《绿色债券评估认证行为指引（暂行）》，完善绿色债券评估认证制度，推动绿色债券市场持续健康发展。

12 月 14 日　中国人民银行发布公告，宣布自 2018 年 1 月 29 日起实施新的《自动质押融资业务管理办法》，旨在优化自动质押融资业务，进一步发挥其在提高支付清算效率、保障支付清算安全方面的作用。

12 月 15 日至 16 日　第九次中英经济财金对话在北京举行。马凯副总理和英国财政大臣哈蒙德共同主持会议，中国人民银行行长周小川、副行长易纲出席会议。此次对话共达成 72 项成果。

12 月 19 日　中国人民银行印发《关于推广信贷资产质押和央行内部（企业）评级工作的通知》，自 2018 年起信贷资产质押和央行内部（企业）评级工作推广至全国。

12 月 20 日　中国人民银行、银监会、证监会和保监会联合印发《关于金融支持深度贫困地区脱贫攻坚的意见》，坚持新增金融资金优先满足深度贫困地区、新增金融服务优先布设深度贫困地区，为深度贫困地区打赢脱贫攻坚战提供重要支撑。

12 月 22 日　中国人民银行与泰国央行续签双边本币互换协议，协议规模为 700 亿元人民币 /3 700 亿泰铢，有效期 3 年。

12 月 27 日　中国人民银行货币政策委员会 2017 年第四季度例会在北京召开。会议分析了当前国内外经济金融形势。会议认为，当前我国经济金融运行稳中向好，但面临的形势依然错综复杂。全球经济逐步复苏，主要发达国家复苏总体延续，部分新兴市场经济体仍面临挑战，国际金融市场存在风险隐患。会议强调，要坚持以习近平新时代中国特色社会主义经济思想为指导，认真贯彻落实党的十九大、中央经济工作会议、全国金融工作会议和政府工作报告精神。密切关注国际国内经济金融运行最新动向和国际资本流动的变化，坚持稳中求进工作总基调，适应经济发展新常态，实施好稳健中性的货币政策，切实管住货币供给总闸门，综合运用多种货币政策工具，保持货币信贷及社会融资规模合理增长，维护流动性合理稳定，提升金融运行效率和服务实体经济能力，有效控制宏观杠杆率。按照深化供给侧结构性改革的要求，优化融资结构和信贷结构，提高直接融资比重。继续深化金融体制改革，健全货币政策和宏观审慎政策双支柱调控框架，深化利率和汇率市场化改革，加强和完善风险管理，守住不发生系统性金融风险的底线。

是日　中国人民银行办公厅批复同意中国外汇交易中心引入境外银行参与银行间外汇市场区域交易。

12 月 29 日　中国人民银行决定建立"临时准备金动用安排（CRA）"，2018 年春节前后，凡符合宏观审慎经营要求、在现金投放中占比较高的全国性商业银行若存在临时流动性缺口，可使用不超过 2 个百分点的法定存款准备金，使用期限为 30 天。

是日　中国人民银行、银监会、证监会和保监会联合印发《关于规范债券市场参与者债券交易业务的通知》，督促各类市场参与者加强内部控制与风险管理，规范债券交易行为。

是日　中国人民银行印发《条码支付业务规范（试行）》。

二〇一八年

1 月 4 日　中国人民银行与中国银行台北分行续签《关于人民币业务的清算协议》。

1 月 5 日　中国人民银行行长周小川与印度尼西亚银行行长阿古斯·玛多瓦多约共同签署了《中国人民银行和印度尼西亚银行关于印

度尼西亚银行在华设立代表处的协定》。

是日 为贯彻落实《国务院关于促进外贸增长若干措施的通知》(国发〔2017〕39号),完善和优化人民币跨境业务政策,营造优良营商环境,服务"一带一路"建设,推动形成全面开放新格局,中国人民银行印发《关于进一步完善人民币跨境业务政策促进贸易投资便利化的通知》,明确凡依法可使用外汇结算的跨境交易,企业都可以使用人民币结算。

1月11日 全国性商业银行开始陆续使用期限为30天的临时准备金动用安排(CRA)。

1月12日 为深入贯彻落实党的十九大精神、中央经济工作会议和全国金融工作会议工作部署及"放管服"改革要求,更好地服务实体经济发展,中国人民银行先后印发《关于优化企业开户服务的指导意见》和《关于开展优化企业开户服务督导工作的通知》,要求中国人民银行分支机构和银行业金融机构遵循提高效率与防范风险并重的思路,优化企业开户服务,强化企业开户管理,助力营造良好的营商环境,推动企业高质量发展。

是日 为深入贯彻落实党的十九大精神、中央经济工作会议和全国金融工作会议工作部署,深化个人银行账户制度改革,有效实施个人银行账户分类管理,优化个人银行账户服务,中国人民银行印发《关于改进个人银行账户分类管理有关事项的通知》。

1月19日 中国人民银行、海洋局、国家发展改革委、工业和信息化部、财政部、银监会、证监会、保监会联合印发《关于改进和加强海洋经济发展金融服务的指导意见》,统筹优化金融资产,改进和加强海洋经济发展金融服务,推动海洋经济向质量效益型转变。

1月25日 普惠金融定向降准全面实施。

1月30日 中国人民银行、银监会针对欧盟拟出台的中间母公司监管新规向欧洲议会、欧盟理事会及欧盟委员会递交了联合意见书。

2月5日 中国人民银行印发《关于开展金融扶贫领域作风问题专项治理的通知》,计划用一年左右时间,集中解决金融扶贫领域存在的各项问题,强化金融扶贫工作合力,确保金融助推脱贫攻坚取得实效。

是日 中国人民银行印发《关于加强绿色金融债券存续期监督管理有关事宜的通知》,进一步完善绿色金融债券存续期监督管理,提升信息披露透明度。

2月5日至6日 2018年中国人民银行工作会议在北京召开。会议深入学习贯彻习近平新时代中国特色社会主义思想和党的十九大、中央经济工作会议、全国金融工作会议精神,总结2017年工作,分析当前经济金融形势,部署2018年工作。

2月9日 为落实第八轮中美战略与经济对话成果,根据《中国人民银行与美国联邦储备委员会合作备忘录》,中国人民银行决定授权美国摩根大通银行担任美国人民币业务清算行。

2月11日 中国人民银行和世界银行集团联合发布中国普惠金融报告:《全球视野下的中国普惠金融:实践、经验与挑战》。

2月27日 中国人民银行印发〔2018〕第3号公告,规范银行业金融机构发行资本补充债券的行为,切实提高银行业金融机构资本的损失吸收能力。

3月14日 中国人民银行印发《关于核查失效居民身份证信息和非居民身份证件信息试点工作的通知》。自2018年4月9日起,中国人民银行将在公安部支持配合下,在天津市、山西省、福建省的中国工商银行、中国银行、中国建设银行开展失效居民身份证信息核查试点工作;在上海市、福建省、深圳市、珠海市的中国工商银行、中国银行、招商银行开展港澳居民来往内地通行证、台湾居民来往大陆通行证和外国人永久居留身份证信息核查试点工作，为银行业金融机构识别客户出示的居民身份证有效性、非居民身份证件信息真实性提供有效技术手段。

3月21日　中国人民银行印发〔2018〕第7号公告，放开外商投资支付机构准入限制，明确准入规则和监管要求。

3月23日　经国务院批准，中国人民银行决定自2018年5月1日起停止第四套人民币100元、50元、10元、5元、2元、1元、2角纸币和1角硬币在市场上流通。

3月26日　以人民币计价结算的原油期货在上海国际能源交易中心挂牌交易。

3月30日　中国人民银行发布《公开市场业务公告》（〔2018〕第2号），调整完善公开市场业务一级交易商考评指标体系。

是日　中国人民银行与澳大利亚储备银行续签规模为2 000亿元人民币/400亿澳大利亚元的双边本币互换协议。

4月3日　中国人民银行与阿尔巴尼亚中央银行续签规模为20亿元人民币/342亿阿尔巴尼亚列克的双边本币互换协议。

4月11日　中国人民银行行长易纲在博鳌亚洲论坛宣布进一步扩大金融业对外开放的具体措施和时间表。

是日　中国人民银行与南非中央银行续签规模为300亿元人民币/540亿南非兰特的双边本币互换协议。

4月12日　中国—国际货币基金组织联合能力建设中心启动仪式在北京举行。中国人民银行行长易纲、国际货币基金组织总裁拉加德出席启动仪式并共同宣布中国—国际货币基金组织联合能力建设中心正式启动。

4月18日　中国人民银行印发《关于加强宏观信贷政策指导　推动金融更好服务实体经济的意见》，着力加强宏观信贷政策指导，充分发挥宏观信贷政策的结构性调控功能，引导银行业金融机构回归本源、防范风险，增强服务实体经济的能力和水平。

4月20日　为进一步规范人民币合格境内机构投资者境外证券投资活动，印发《中国人民银行办公厅关于进一步明确人民币合格境内机构投资者境外证券投资管理有关事项的通知》。

4月25日　中国人民银行下调大型商业银行、股份制商业银行、城市商业银行、非县域农村商业银行和外资银行人民币存款准备金率1个百分点以置换中期借贷便利并支持小微企业融资。

4月27日　为规范金融机构资产管理业务，统一同类资产管理产品监管标准，中国人民银行、中国银行保险监督管理委员会、中国证券监督管理委员会、国家外汇管理局联合发布《关于规范金融机构资产管理业务的指导意见》。

是日　为规范非金融企业投资金融机构行为，强化对非金融企业投资金融机构的监管，中国人民银行、中国银行保险监督管理委员会、中国证券监督管理委员会联合发布《关于加强非金融企业投资金融机构监管的指导意见》。

4月27日　中国人民银行与尼日利亚中央银行签署规模为150亿元人民币/7 200亿奈拉的双边本币互换协议。

5月2日　人民币跨境支付系统（二期）全面投产，符合要求的直接参与者同步上线。

5月4日　以人民币计价的大连商品交易所铁矿石期货正式引入境外投资者。

5月6日至7日　国际清算银行（BIS）在瑞士巴塞尔召开行长例会。经BIS董事会投票决定，选举中国人民银行行长易纲为BIS董事。

同时，任命易纲行长担任 BIS 董事会下属的银行业务与风险管理委员会成员。

5 月 9 日 人民币合格境外机构投资者（RQFII）试点地区扩大至日本，投资额度为 2 000 亿元。

5 月 10 日 中国人民银行与白俄罗斯中央银行续签规模为 70 亿元人民币/22.2 亿白俄罗斯卢布的双边本币互换协议。

5 月 16 日 印发《中国人民银行办公厅关于进一步完善跨境资金流动管理 支持金融市场开放有关事宜的通知》，进一步完善跨境资金流动管理，推进金融市场开放。

5 月 23 日 中国人民银行与巴基斯坦中央银行续签规模为 200 亿元人民币/3 510 亿巴基斯坦卢比的双边本币互换协议。

5 月 25 日 中国人民银行与智利中央银行续签规模为 220 亿元人民币/22 000 亿智利比索的双边本币互换协议。

5 月 28 日 中国人民银行与哈萨克斯坦中央银行续签规模为 70 亿元人民币/3 500 亿哈萨克斯坦坚戈的双边本币互换协议。

6 月 1 日 中国人民银行决定适当扩大中期借贷便利（MLF）担保品范围，将不低于 AA 级的小微、绿色和"三农"金融债，AA＋级、AA 级公司信用类债券，优质的小微企业贷款和绿色贷款纳入 MLF 担保品范围。

6 月 6 日 中国人民银行党委审议通过了《关于人民银行工作人员在履职中严格实行公私分开的指导意见》《中国人民银行工作人员履职回避规定（试行）》《中国人民银行履职问责规定》，扎实推进中国人民银行系统全面从严治党向纵深发展，不断加强对权力运行的监督制约，促进廉洁高效履行央行职责。

6 月 12 日 为规范人民币合格境外机构投资者境内证券投资管理，发布《中国人民银行 国家外汇管理局关于人民币合格境外机构投资者境内证券投资管理有关问题的通知》。

6 月 25 日 中国人民银行、中国银行保险监督管理委员会、中国证券监督管理委员会、国家发展改革委、财政部联合印发《关于进一步深化小微企业金融服务的意见》，提出 8 个方面 23 条改进优化小微金融服务、提升小微企业融资可得性和精准度的政策措施，推动实现小微企业金融服务扩投入降成本目标。

6 月 27 日 中国人民银行货币政策委员会召开 2018 年第二季度例会。会议分析了国内外经济金融形势。会议认为，当前我国经济基本面良好，经济增长保持韧性，总供求总体平衡，增长动力加快转换。内需对经济的拉动不断上升，外贸依存度显著下降，应对外部冲击的能力增强。稳健中性的货币政策取得了较好成效，结构性去杠杆稳步推进，金融风险防控成效初显，金融对实体经济的支持力度较为稳固。国内经济金融领域的结构调整出现积极变化，但仍存在一些深层次问题和突出矛盾，国际经济金融形势更加错综复杂，面临一些严峻挑战和不确定性。会议指出，要继续密切关注国际国内经济金融走势，加强形势预判和前瞻性预调微调。稳健的货币政策保持中性，要松紧适度，管好货币供给总闸门，保持流动性合理充裕，引导货币信贷及社会融资规模合理增长。继续深化金融体制改革，健全货币政策和宏观审慎政策双支柱调控框架，疏通货币政策传导渠道。按照深化供给侧结构性改革的要求，优化融资结构和信贷结构，提升金融服务实体经济能力。主动有序扩大金融对外开放，增强金融业发展活力和韧性。会议强调，要以习近平新时代中国特色社会主义经济思想为指导，认真贯彻落实党的十九大和政府工作报告精神，继续按照党中央、国务院的决策部署，坚持稳中求进工作总基调，综合运用多种货币政策工具，把握好结构性去杠杆的力度和节奏，促进经济平稳健康发展，稳定市场预期，打好防范化解金融风险攻坚战，守住不发生系统性金融风险的底线。

6月28日　发布《中国人民银行办公厅关于加大再贷款再贴现支持力度　引导金融机构增加小微企业信贷投放的通知》，进一步完善信贷政策支持再贷款、再贴现管理，将不低于AA级的小微、绿色和"三农"金融债，AA+级、AA级公司信用类债券纳入信贷政策支持再贷款和常备借贷便利（SLF）担保品范围。

6月29日　中国人民银行等五部门联合召开全国深化小微企业金融服务电视电话会议，提出把做好小微企业金融服务作为服务实体经济、防范化解金融风险的重要抓手，加大政策贯彻落实力度，切实改进小微企业金融服务。

7月5日　中国人民银行下调国有大型商业银行、股份制商业银行、邮政储蓄银行、城市商业银行、非县域农村商业银行、外资银行人民币存款准备金率0.5个百分点。鼓励5家国有大型商业银行和12家股份制商业银行运用定向降准和从市场上募集的资金，按照市场化定价原则实施"债转股"项目。支持"债转股"实施主体真正行使股东权利，参与公司治理，并推动混合所有制改革。定向降准资金不支持"名股实债"和"僵尸企业"的项目。同时，邮政储蓄银行和城市商业银行、非县域农商行等中小银行应将降准资金主要用于小微企业贷款，着力缓解小微企业融资难融资贵问题。

7月12日　中国人民银行出台整治拒收现金的公告，进一步规范社会经济主体对支付方式的选择和应用。

8月1日　中国人民银行召开2018年下半年工作电视会议，深入学习贯彻党中央、国务院关于经济金融工作的重要部署，总结上半年工作，分析当前国内外经济金融形势，研究部署下半年重点工作。

8月3日　中国人民银行印发《关于调整外汇风险准备金政策的通知》，进一步完善宏观审慎政策，防范宏观金融风险。

8月6日　中国人民银行将远期售汇业务的外汇风险准备金率从0调整为20%。

8月20日　中国人民银行与马来西亚国家银行续签了中马（马来西亚）双边本币互换协议，规模保持为1 800亿元人民币/1 100亿马来西亚林吉特，协议有效期3年。

8月27日　中国人民银行、中国银行保险监督管理委员会、国家网信办启动"金融知识普及月　金融知识进万家"暨"提升金融素养　争做金融好网民"活动。

9月4日　中国人民银行、中国证监会联合发布2018年第14号公告，进一步推动债券市场互联互通，促进信用评级行业规范发展。

是日　中国人民银行印发《关于优化扶贫再贷款管理有关事项的通知》，选择河南、云南等12个省（自治区、直辖市）开展优化运用扶贫再贷款发放贷款定价机制试点。

是日　中国人民银行和全国工商联联合召开民营企业和小微企业金融服务座谈会，深入了解民营企业、小微企业金融服务情况，搭建银企之间的沟通对接平台，推动各部门间形成工作合力，加大民营、小微企业支持力度。

9月11日　中国人民银行、财政部联合发布《全国银行间债券市场境外机构债券发行管理暂行办法》，促进全国银行间债券市场对外开放，规范境外机构债券发行。

9月12日　中国熊猫金币在上海黄金交易所正式挂牌。

9月20日　中国人民银行和香港特别行政区金融管理局签署《关于使用债务工具中央结算系统发行中国人民银行票据的合作备忘录》，旨在便利中国人民银行在香港发行央行票据，丰富香港高信用等级人民币金融产品，完善香港人民币债券收益率曲线。

9月26日 中国人民银行货币政策委员会召开2018年第三季度（总第82次）例会。会议分析了国内外经济金融形势。会议认为，当前我国经济保持平稳发展，经济增长保持韧性，总供求基本平衡，增长动力加快转换，国内经济金融领域的结构调整出现积极变化，但仍存在一些深层次问题和突出矛盾，国际经济金融形势更加错综复杂，面临更加严峻的挑战。会议指出，要继续密切关注国际国内经济金融走势和环境的新变化，高度重视逆周期调节，加强形势预判和前瞻性预调微调。稳健的货币政策保持中性，要松紧适度，管好货币供给总闸门，保持流动性合理充裕，引导货币信贷及社会融资规模合理增长。继续深化金融体制改革，健全货币政策和宏观审慎政策双支柱调控框架，进一步疏通货币政策传导渠道。按照深化供给侧结构性改革的要求，优化融资结构和信贷结构，努力做到金融对民营企业的支持与民营企业对经济社会发展的贡献相适应，提升金融服务实体经济能力，推动形成经济金融良性循环。主动有序扩大金融对外开放，增强金融业发展活力和韧性。坚持稳就业、稳金融、稳外贸、稳投资、稳预期，综合运用多种货币政策工具，把握好结构性去杠杆的力度和节奏，在利率、汇率和国际收支等之间保持平衡，促进经济平稳健康发展，稳定市场预期，打好防范化解金融风险攻坚战，守住不发生系统性金融风险的底线。

9月29日 中国人民银行、中国银行保险监督管理委员会、中国证券监督管理委员会联合发布《互联网金融从业机构反洗钱和反恐怖融资管理办法（试行）》。

10月7日 中国人民银行决定从2018年10月15日起，下调大型商业银行、股份制商业银行、城市商业银行、非县域农村商业银行、外资银行人民币存款准备金率1个百分点，当日到期的中期借贷便利不再叙做。

10月11日 中国人民银行发布公告，在银行间债券市场正式推出三方回购交易。

10月11日至12日 中国人民银行行长易纲出席了在印度尼西亚巴厘岛举行的二十国集团（G20）财长和央行行长会议。

10月24日 根据《中国人民银行与日本银行合作备忘录》相关内容，中国人民银行决定授权中国银行东京分行担任日本人民币业务清算行。

10月26日 经国务院批准，中国人民银行与日本银行签署了中日双边本币互换协议，协议规模为2 000亿元人民币/34 000亿日元，协议有效期三年。

11月7日 中国人民银行通过香港金融管理局债务工具中央结算系统债券投标平台，招标发行200亿元人民币中央银行票据，其中3个月和1年期品种各100亿元，中标率分别为3.79%和4.20%。

11月15日 中国人民银行、财政部、银保监会联合发布《关于在全国银行间债券市场开展地方政府债券柜台业务的通知》，拓宽地方政府债券发售渠道，丰富全国银行间债券市场柜台业务品种，促进多层次债券市场建设。

11月16日 中国人民银行与印度尼西亚中央银行续签规模为2 000亿元人民币/440万亿印尼卢比的双边本币互换协议。

11月20日 中国人民银行与菲律宾中央银行签署在菲律宾建立人民币清算安排的合作备忘录。

11月23日至24日 第十届中日韩央行行长会在中国天津召开，中国人民银行行长易纲出席会议。

11月26日 中国人民银行、证监会、发展改革委联合印发《关于进一步加强债券市场执法工作有关问题的意见》，强化监管执法，加强协同配合，建立统一的债券市场执法机制。

是日　财税关库银横向联网实现地域、征收机关、业务种类全覆盖。

11月27日　中国人民银行、银保监会、证监会联合印发《关于完善系统重要性金融机构监管的指导意见》。

11月30日　以人民币计价的精对苯二甲酸期货正式引入境外投资者。

12月4日　中国人民银行办公厅印发《关于黄金资产管理业务有关事项的通知》，规定只有金融机构才可以开展黄金资产管理业务并向中国人民银行备案，明确只有金融机构和经国务院、金融监管部门批准的黄金交易场所，才可以提供登记托管服务。

12月10日　中国人民银行与乌克兰国家银行续签规模为150亿元人民币/620亿乌克兰格里夫纳的双边本币互换协议。

12月11日　中国人民银行办公厅印发《金融机构互联网黄金业务管理暂行办法》和《黄金积存业务管理暂行办法》，明确互联网黄金业务、黄金积存业务的内涵和开办主体，规定了黄金积存的最小单位，限定销售黄金产品的互联网机构应具备的条件及禁止性事项。

12月21日　中国人民银行印发《关于设立定向中期借贷便利　支持小微企业和民营企业融资的通知》，决定从2019年1月起增设定向中期借贷便利工具（TMLF），鼓励商业银行等金融机构将资金更多地配置到实体经济，尤其是小微企业、民营企业等重点领域。

12月26日　中国人民银行货币政策委员会召开2018年第四季度例会。

第四部分

附 录

一、中国人民银行机关及分支机构设置变化情况

（一）1948—1952 年：创建时期的中国人民银行

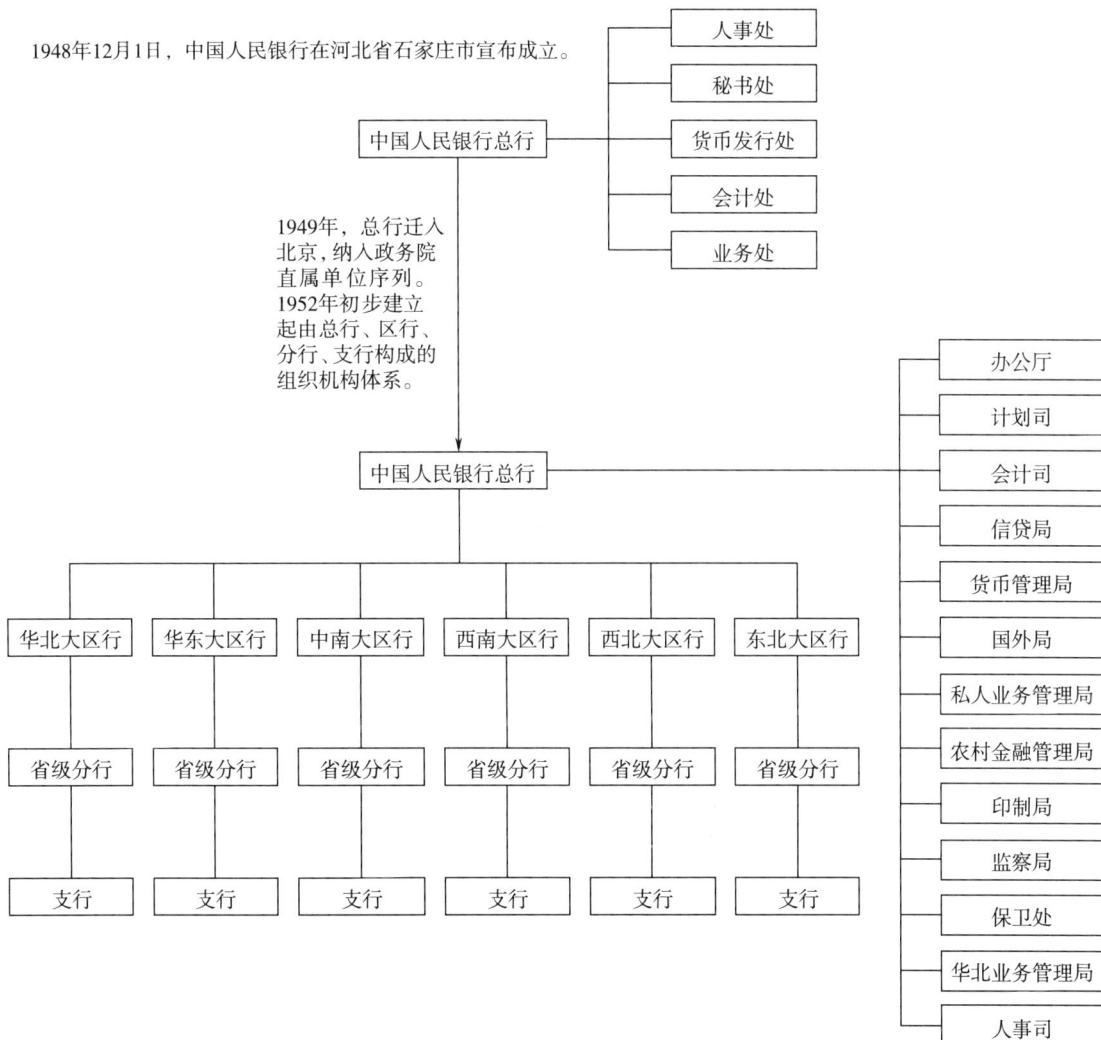

1948年12月1日，中国人民银行在河北省石家庄市宣布成立。

中国人民银行总行
- 人事处
- 秘书处
- 货币发行处
- 会计处
- 业务处

1949年，总行迁入北京，纳入政务院直属单位序列。1952年初步建立起由总行、区行、分行、支行构成的组织机构体系。

中国人民银行总行
- 办公厅
- 计划司
- 会计司
- 信贷局
- 货币管理局
- 国外局
- 私人业务管理局
- 农村金融管理局
- 印制局
- 监察局
- 保卫处
- 华北业务管理局
- 人事司

华北大区行 — 省级分行 — 支行
华东大区行 — 省级分行 — 支行
中南大区行 — 省级分行 — 支行
西南大区行 — 省级分行 — 支行
西北大区行 — 省级分行 — 支行
东北大区行 — 省级分行 — 支行

（二）1953—1978 年：计划经济体制时期的中国人民银行

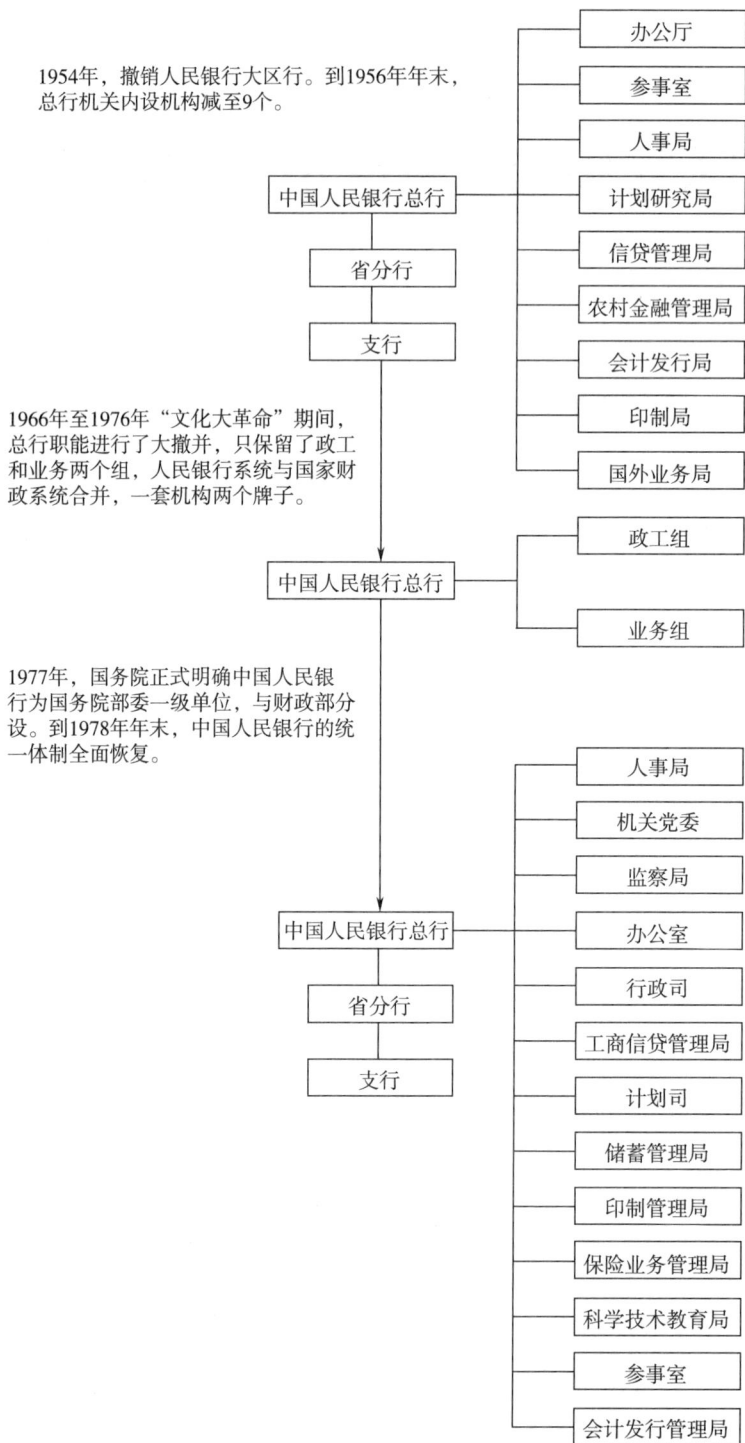

1954年，撤销人民银行大区行。到1956年年末，总行机关内设机构减至9个。

中国人民银行总行 ——
- 办公厅
- 参事室
- 人事局
- 计划研究局
- 信贷管理局
- 农村金融管理局
- 会计发行局
- 印制局
- 国外业务局

省分行

支行

1966年至1976年"文化大革命"期间，总行职能进行了大撤并，只保留了政工和业务两个组，人民银行系统与国家财政系统合并，一套机构两个牌子。

中国人民银行总行 ——
- 政工组
- 业务组

1977年，国务院正式明确中国人民银行为国务院部委一级单位，与财政部分设。到1978年年末，中国人民银行的统一体制全面恢复。

中国人民银行总行 ——
- 人事局
- 机关党委
- 监察局
- 办公室
- 行政司
- 工商信贷管理局
- 计划司
- 储蓄管理局
- 印制管理局
- 保险业务管理局
- 科学技术教育局
- 参事室
- 会计发行管理局

省分行

支行

（三）1979—1993 年：中央银行体制正式形成时期的中国人民银行

1984 年人民银行专门行使中央银行职能，在各省、自治区、直辖市设立一级分行；地（市）设立二级分行；县一级设立支行；内设机构按中央银行的基本职能进行了重组。随后，根据党中央、国务院的要求以及中央银行履职的需要，人民银行总行内设机构进行了多次变动和调整。

1993 年，国务院以完善宏观调控、强化金融监管为重点，对人民银行的组织机构体系进行了改革和调整。至此，中央银行体制正式形成。

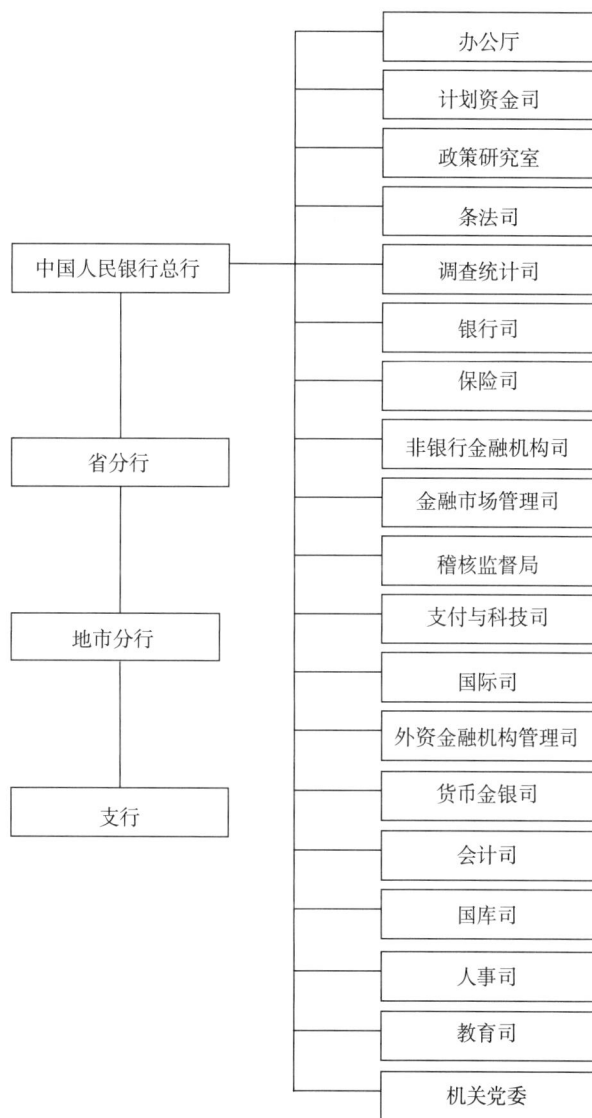

1993 年中国人民银行组织机构体系

（四）1994 年至今：不断强化和完善现代中央银行制度的中国人民银行

1998 年，按照国务院关于机构改革的决定，人民银行进行了组织机构体系的改革：总行内设机构设置为 18 个司局和机关党委；撤销人民银行省级分行，根据地域关联性、经济金融总量和金融监管要求，在 9 个中心城市设立分行，在北京和重庆两个直辖市设立总行营业部；在不设分行的省、自治区、直辖市人民政府所在地城市设立金融监管办事处；在分行所在地以外的省会城市设立中心支行；对地市分行，保留并更名为地市中心支行。

2003 年，国务院决定成立中国银行业监督管理委员会，人民银行划出了对银行业金融机构的监管职能，由此，总行内设机构及分支机构设置相应地进行了较大调整。2005 年，人民银行上海总部成立，与上海分行合署办公，作为人民银行总行货币政策操作平台、金融市场监测管理平台、对外交往的重要窗口，承担人民银行总行公开市场操作、金融市场监测、金融信息分析研究、金融产品研发和交易、区域金融合作等职责。

至此，人民银行形成了总行、分行（营业管理部）、省会城市中心支行、副省级城市中心支行①、地市中心支行、县支行为一体的自上而下的组织机构体系，较好地满足了履行职能的需要，并朝着不断强化和完善的方向前进。

2008 年，按照党中央、国务院《关于深化行政管理体制改革的意见》和《国务院机构改革方案》的要求，对人民银行的职能进行了调整，总行内设机构增设汇率司（2009 年改为货币政策二司），在党委宣传部加挂党委群工部牌子，并将人民银行纪委列入"三定"中。

2017 年，全国金融工作会议就金融服务实体经济、防控金融风险、深化金融改革三项重点任务作出重要部署，明确人民银行牵头负责宏观审慎管理和系统性金融风险防范和处置，拟定金融业重大法律法规草案，牵头负责金融控股公司、系统重要性金融机构、重要金融基础设施统筹监管，统筹金融业综合统计，同时承担国务院金融稳定发展委员会办公室职责。

2018 年，党中央、国务院《深化党和国家机构改革的方案》和《国务院机构改革方案》将原中国银行业监督管理委员会和原中国保险监督管理委员会拟订银行业、保险业重要法律法规草案和审慎监管基本制度的职责划入中国人民银行。2019 年"三定"明确，新设置国务院金融稳定发展委员会办公室秘书局，负责国务院金融稳定发展委员会办公室日常工作；设立宏观审慎管理局，牵头负责系统重要性金融机构和金融控股公司监管。条法司增加了"拟定银行业、保险业重要法律法规草案和审慎监管基本制度"职责，明确支付结算司对非银行支付机构和各类清算机构、支付服务组织具有监管职能，消费权益保护局牵头建立金融消费者保护协调机制等。

---

① 人民银行在大连、青岛、宁波、厦门、深圳 5 个计划单列市设立副省级城市中心支行。

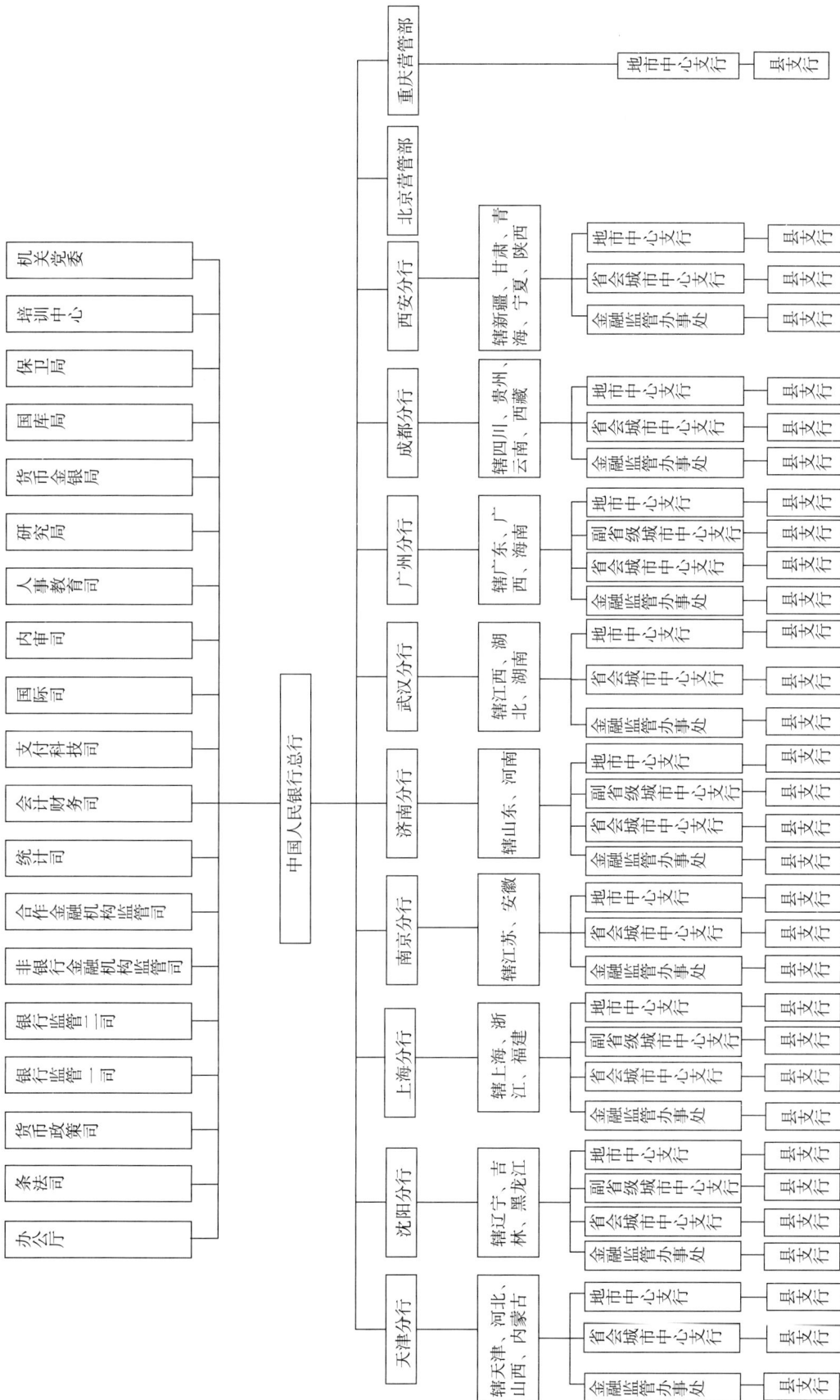

1998年中国人民银行组织机构体系

中国人民银行总行

总行部门：
- 机关党委
- 培训中心
- 保卫局
- 国库局
- 货币金银局
- 研究局
- 人事教育司
- 内审司
- 国际司
- 支付科技司
- 会计财务司
- 统计司
- 合作金融机构监管司
- 非银行金融机构监管司
- 银行监管二司
- 银行监管一司
- 货币政策司
- 条法司
- 办公厅

分支机构：

重庆营管部
- 地市中心支行 — 县支行

北京营管部

西安分行（辖新疆、甘肃、陕西、青海、宁夏）
- 地市中心支行 — 县支行
- 省会城市中心支行 — 县支行
- 金融监管办事处 — 县支行

成都分行（辖四川、贵州、云南、西藏）
- 地市中心支行 — 县支行
- 省会城市中心支行 — 县支行
- 金融监管办事处 — 县支行

广州分行（辖广东、广西、海南）
- 地市中心支行 — 县支行
- 副省级城市中心支行 — 县支行
- 省会城市中心支行 — 县支行
- 金融监管办事处 — 县支行

武汉分行（辖江西、湖北、湖南）
- 地市中心支行 — 县支行
- 省会城市中心支行 — 县支行
- 金融监管办事处 — 县支行

济南分行（辖山东、河南）
- 地市中心支行 — 县支行
- 副省级城市中心支行 — 县支行
- 省会城市中心支行 — 县支行
- 金融监管办事处 — 县支行

南京分行（辖江苏、安徽）
- 地市中心支行 — 县支行
- 省会城市中心支行 — 县支行
- 金融监管办事处 — 县支行

上海分行（辖上海、浙江、福建）
- 地市中心支行 — 县支行
- 副省级城市中心支行 — 县支行
- 省会城市中心支行 — 县支行
- 金融监管办事处 — 县支行

沈阳分行（辖辽宁、吉林、黑龙江）
- 地市中心支行 — 县支行
- 副省级城市中心支行 — 县支行
- 省会城市中心支行 — 县支行
- 金融监管办事处 — 县支行

天津分行（辖天津、河北、山西、内蒙古）
- 地市中心支行 — 县支行
- 省会城市中心支行 — 县支行
- 金融监管办事处 — 县支行

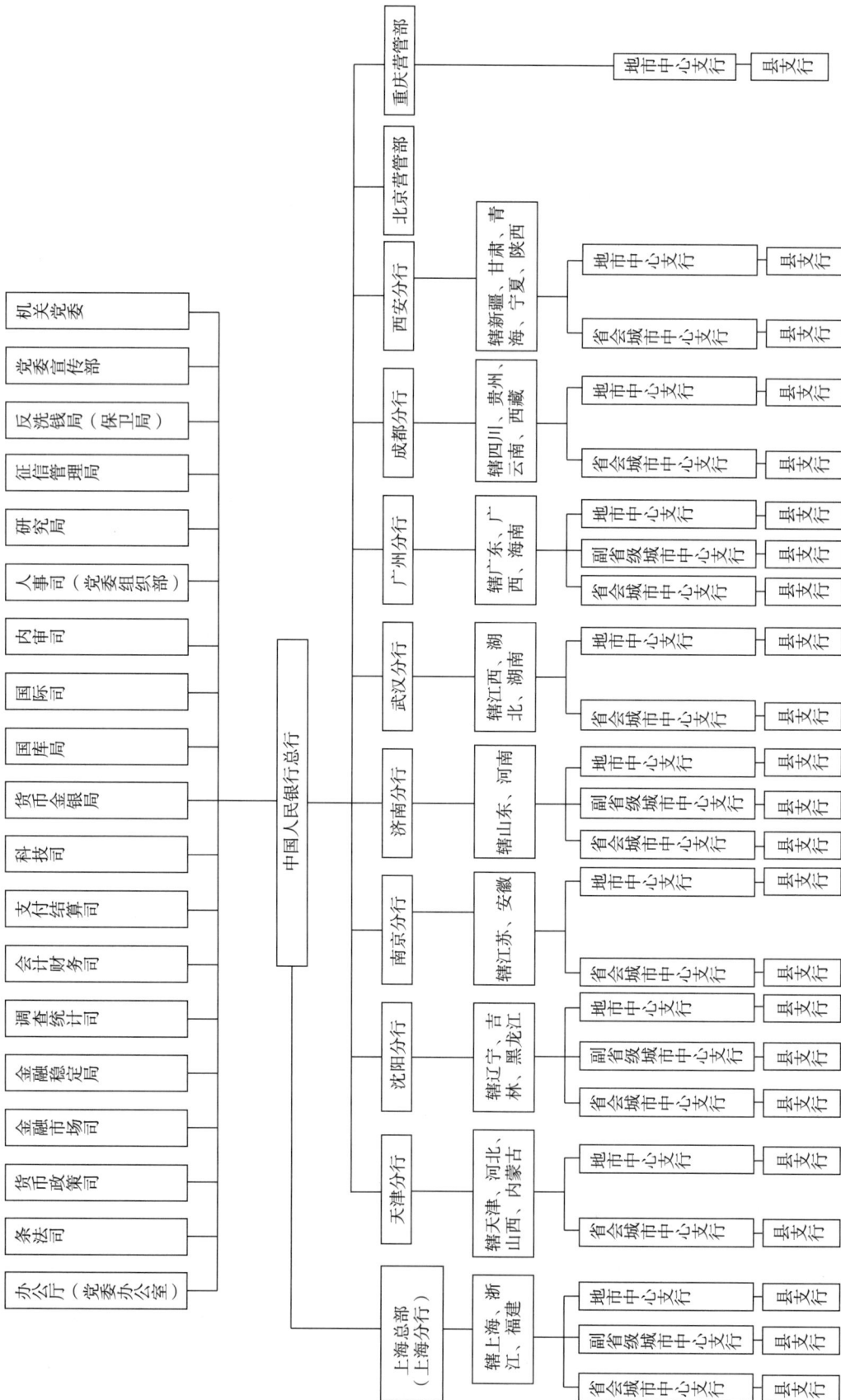

2005年中国人民银行组织机构体系

中国人民银行总行

机关党委
党委宣传部
反洗钱局（保卫局）
征信管理局
研究局
人事司（党委组织部）
内审司
国际司
国库局
货币金银局
科技司
支付结算司
会计财务司
调查统计司
金融稳定局
金融市场司
货币政策司
条法司
办公厅（党委办公室）

重庆营管部 — 地市中心支行 — 县支行

北京营管部

西安分行 — 辖新疆、甘肃、青海、宁夏、陕西 — 地市中心支行 / 省会城市中心支行 — 县支行

成都分行 — 辖四川、贵州、云南、西藏 — 地市中心支行 / 省会城市中心支行 — 县支行

广州分行 — 辖广东、广西、海南 — 地市中心支行 / 副省级城市中心支行 / 省会城市中心支行 — 县支行

武汉分行 — 辖江西、湖北、湖南 — 地市中心支行 / 省会城市中心支行 — 县支行

济南分行 — 辖山东、河南 — 地市中心支行 / 副省级城市中心支行 / 省会城市中心支行 — 县支行

南京分行 — 辖江苏、安徽 — 地市中心支行 / 省会城市中心支行 — 县支行

沈阳分行 — 辖辽宁、吉林、黑龙江 — 地市中心支行 / 副省级城市中心支行 / 省会城市中心支行 — 县支行

天津分行 — 辖天津、河北、山西、内蒙古 — 地市中心支行 / 省会城市中心支行 — 县支行

上海总部（上海分行）— 辖上海、浙江、福建 — 地市中心支行 / 副省级城市中心支行 / 省会城市中心支行 — 县支行

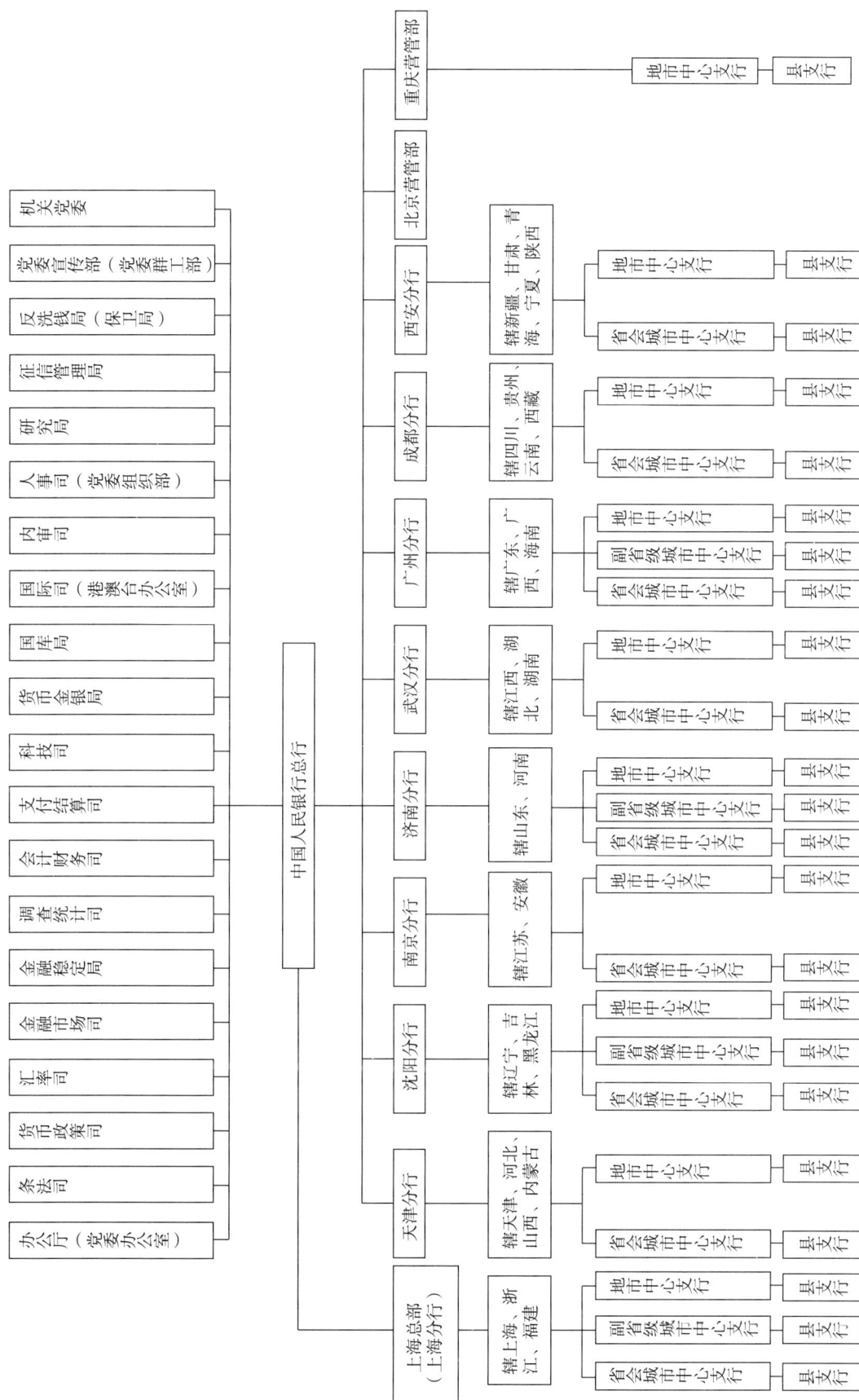

2008年中国人民银行组织机构体系

中国人民银行总行

总行内设机构：
- 办公厅（党委办公室）
- 条法司
- 货币政策司
- 汇率司
- 金融市场司
- 金融稳定局
- 调查统计司
- 会计财务司
- 支付结算司
- 科技司
- 货币金银局
- 国库局
- 国际司（港澳台办公室）
- 内审司
- 人事司（党委组织部）
- 研究局
- 征信管理局
- 反洗钱局（保卫局）
- 党委宣传部（党委群工部）
- 机关党委

分支机构：
- 上海总部（上海分行）辖上海、浙江、福建 —— 省会城市中心支行、副省级城市中心支行、地市中心支行 —— 县支行
- 天津分行 辖天津、河北、山西、内蒙古 —— 省会城市中心支行、地市中心支行 —— 县支行
- 沈阳分行 辖辽宁、吉林、黑龙江 —— 省会城市中心支行、副省级城市中心支行、地市中心支行 —— 县支行
- 南京分行 辖江苏、安徽 —— 省会城市中心支行、副省级城市中心支行、地市中心支行 —— 县支行
- 济南分行 辖山东、河南 —— 省会城市中心支行、副省级城市中心支行、地市中心支行 —— 县支行
- 武汉分行 辖江西、湖北、湖南 —— 省会城市中心支行、地市中心支行 —— 县支行
- 广州分行 辖广东、广西、海南 —— 省会城市中心支行、副省级城市中心支行、地市中心支行 —— 县支行
- 成都分行 辖四川、贵州、云南、西藏 —— 省会城市中心支行、地市中心支行 —— 县支行
- 西安分行 辖新疆、甘肃、青海、宁夏、陕西 —— 省会城市中心支行、地市中心支行 —— 县支行
- 北京营管部
- 重庆营管部 —— 地市中心支行 —— 县支行

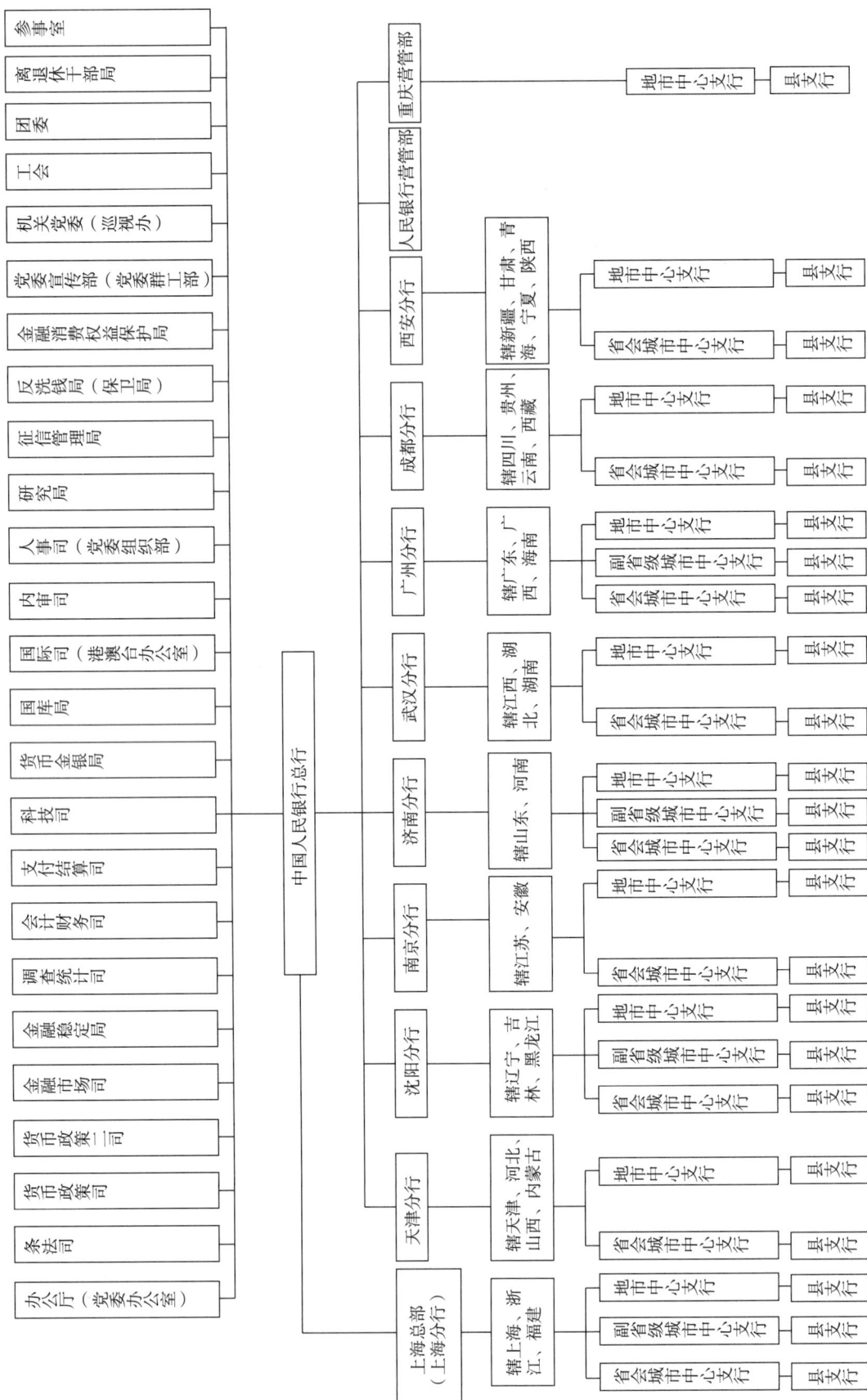

截至2018年底中国人民银行组织机构体系

中国人民银行总行

左侧部门：

- 参事室
- 离退休干部局
- 团委
- 工会
- 机关党委（巡视办）
- 党委宣传部（党委群工部）
- 金融消费权益保护局
- 反洗钱局（保卫局）
- 征信管理局
- 研究局
- 人事司（党委组织部）
- 内审司
- 国际司（港澳台办公室）
- 国库局
- 货币金银局
- 科技司
- 支付结算司
- 会计财务司
- 调查统计司
- 金融稳定局
- 金融市场司
- 货币政策二司
- 货币政策司
- 条法司
- 办公厅（党委办公室）

分支机构：

- 重庆营管部 → 地市中心支行 → 县支行
- 人民银行营管部
- 西安分行（辖新疆、甘肃、青海、宁夏、陕西）→ 地市中心支行 / 省会城市中心支行 → 县支行
- 成都分行（辖四川、贵州、西藏、云南）→ 地市中心支行 / 省会城市中心支行 → 县支行
- 广州分行（辖广东、广西、海南）→ 地市中心支行 / 副省级城市中心支行 / 省会城市中心支行 → 县支行
- 武汉分行（辖江西、湖北、湖南）→ 地市中心支行 / 省会城市中心支行 → 县支行
- 济南分行（辖山东、河南）→ 地市中心支行 / 副省级城市中心支行 / 省会城市中心支行 → 县支行
- 南京分行（辖江苏、安徽）→ 地市中心支行 / 省会城市中心支行 → 县支行
- 沈阳分行（辖辽宁、吉林、黑龙江）→ 地市中心支行 / 副省级城市中心支行 / 省会城市中心支行 → 县支行
- 天津分行（辖天津、河北、山西、内蒙古）→ 地市中心支行 / 省会城市中心支行 → 县支行
- 上海总部（上海分行）（辖上海、浙江、福建）→ 地市中心支行 / 副省级城市中心支行 / 省会城市中心支行 → 县支行

二、中国人民银行历任班子成员

第一任行长：南汉宸（1949 年 10 月—1954 年 10 月）

姓　名	职　务	任职时间	免职时间
南汉宸	行长	1949 年 10 月	1954 年 10 月
胡景沄	副行长	1949 年 10 月	1963 年 10 月
陈希愈	副行长	1953 年 6 月	1965 年 10 月
黄亚光	副行长	1953 年 6 月	1961 年 11 月
曹菊如	副行长	1953 年 9 月	1954 年 10 月

第二任行长：曹菊如（1954 年 10 月—1964 年 10 月）

姓　名	职　务	任职时间	免职时间
曹菊如	行长	1954 年 10 月	1964 年 10 月
陈希愈	副行长	1953 年 6 月	1965 年 10 月
胡景沄	副行长	1949 年 10 月	1963 年 10 月
黄亚光	副行长	1953 年 6 月	1961 年 11 月
崔　光	副行长	1955 年 9 月	1959 年 6 月
乔培新	副行长	1955 年 9 月	1981 年 12 月
吴　波	副行长	1960 年 9 月	1961 年 10 月
江东平	副行长	1960 年 11 月	1964 年 9 月
丁冬放	副行长	1960 年 12 月	1973 年 5 月
李绍禹	副行长	1960 年 12 月	1973 年 5 月
胡立教	副行长	1961 年 10 月	1964 年 10 月
方　皋	副行长	1963 年 8 月	1982 年 4 月

第三任行长：胡立教（代理行长，1964 年 10 月—1973 年 5 月）

姓　名	职　务	任职时间	免职时间
胡立教	代理行长	1964 年 10 月	1973 年 5 月
陈希愈	副行长	1953 年 6 月	1965 年 10 月
乔培新	副行长	1955 年 9 月	1981 年 12 月
丁冬放	副行长	1960 年 12 月	1973 年 5 月
李绍禹	副行长	1960 年 12 月	1973 年 5 月
方　皋	副行长	1963 年 8 月	1982 年 4 月
胡景沄	副行长	1965 年 11 月	1973 年 5 月
袁子扬	副行长	1965 年 11 月	1973 年 5 月

第四任行长：陈希愈（1973 年 5 月—1978 年 1 月）

姓　名	职　务	任职时间	免职时间
陈希愈	行长	1973 年 5 月	1978 年 1 月
乔培新	副行长	1955 年 9 月	1981 年 12 月
方　皋	副行长	1963 年 8 月	1982 年 4 月
卜　明	副行长	1975 年 10 月	1982 年 4 月
耿道明	副行长	1975 年 10 月	1982 年 4 月
杨普文	副行长	1976 年 2 月	1978 年 2 月

第五任行长：李葆华（1978 年 1 月—1982 年 4 月）

姓　名	职　务	任职时间	免职时间
李葆华	行长	1978 年 1 月	1982 年 4 月
陈希愈	副行长	1978 年 1 月	1980 年 12 月
乔培新	副行长	1955 年 9 月	1981 年 12 月
方　皋	副行长	1963 年 8 月	1982 年 4 月
卜　明	副行长	1975 年 10 月	1982 年 4 月
耿道明	副行长	1975 年 10 月	1982 年 4 月
杨普文	副行长	1976 年 2 月	1978 年 2 月
李　飞	副行长	1978 年 2 月	1985 年 6 月
胡景沄	副行长	1979 年 1 月	1982 年 4 月
丁冬放	副行长	1979 年 1 月	1982 年 4 月
袁子扬	副行长	1979 年 1 月	1980 年 9 月
李绍禹	副行长	1979 年 1 月	1982 年 4 月
朱田顺	副行长	1979 年 11 月	1985 年 6 月
刘鸿儒	副行长	1980 年 7 月	1989 年 8 月
邱　晴	副行长	1980 年 7 月	1990 年 3 月
尚　明	副行长	1980 年 12 月	1982 年 4 月
陈　立	副行长	1980 年 12 月	1983 年 12 月
韩　雷	副行长	1980 年 12 月	1982 年 4 月

第六任行长：吕培俭（1982 年 4 月—1985 年 3 月）

姓　名	职　务	任职时间	免职时间
吕培俭	行长	1982 年 4 月	1985 年 3 月
刘鸿儒	副行长	1980 年 7 月	1989 年 8 月
李　飞	副行长	1978 年 2 月	1985 年 6 月
朱田顺	副行长	1979 年 11 月	1985 年 6 月
邱　晴	副行长	1980 年 7 月	1990 年 3 月
陈　立	副行长	1980 年 12 月	1983 年 12 月

第七任行长：陈慕华（1985 年 3 月—1988 年 4 月）

姓　名	职　务	任职时间	免职时间
陈慕华	行长	1985 年 3 月	1988 年 4 月
刘鸿儒	副行长	1980 年 7 月	1989 年 8 月
李　飞	副行长	1978 年 2 月	1985 年 6 月
朱田顺	副行长	1979 年 11 月	1985 年 6 月
邱　晴	副行长	1980 年 7 月	1990 年 3 月
童赠银	副行长	1985 年 6 月	1993 年 7 月
周正庆	副行长	1986 年 10 月	1995 年 6 月
侯　颖	纪检组长	1985 年 8 月	1994 年 7 月
唐赓尧	党组成员	1986 年 1 月	1989 年 7 月
洪允成	党组成员	1986 年 1 月	1989 年 7 月
金建栋	党组成员	1986 年 1 月	1989 年 7 月
宫著铭	党组成员	1986 年 12 月	1989 年 7 月

第八任行长：李贵鲜（1988 年 4 月—1993 年 7 月）

姓　名	职　务	任职时间	免职时间
李贵鲜	行长	1988 年 4 月	1993 年 7 月
刘鸿儒	副行长	1980 年 7 月	1989 年 8 月
邱　晴	副行长	1980 年 7 月	1990 年 3 月
童赠银	副行长	1985 年 6 月	1993 年 7 月
周正庆	副行长	1986 年 10 月	1995 年 6 月
陈　元	副行长	1988 年 5 月	1998 年 4 月
白文庆	副行长	1989 年 9 月	1995 年 8 月
郭振乾	副行长	1990 年 2 月	1993 年 7 月
侯　颖	纪检组长	1985 年 8 月	1994 年 7 月
殷介炎	党组成员	1991 年 3 月	1998 年 6 月

第九任行长：朱镕基（1993 年 7 月—1995 年 6 月）

姓 名	职 务	任职时间	免职时间
朱镕基	行长	1993 年 7 月	1995 年 6 月
周正庆	副行长	1986 年 10 月	1995 年 6 月
	党组书记	1993 年 6 月	1995 年 6 月
戴相龙	副行长	1993 年 7 月	1995 年 6 月
陈 元	副行长	1988 年 5 月	1998 年 4 月
白文庆	副行长	1989 年 9 月	1995 年 8 月
王岐山	副行长	1993 年 7 月	1994 年 3 月
朱小华	副行长	1993 年 7 月	1996 年 11 月
殷介炎	副行长	1994 年 1 月	1998 年 7 月
侯 颖	纪检组长	1985 年 8 月	1994 年 7 月
王成铭	纪检组长	1994 年 7 月	1998 年 6 月

第十任行长：戴相龙（1995年6月—2002年12月）

姓 名	职 务	任职时间	免职时间
戴相龙	行长	1995年6月	2002年12月
陈 元	副行长	1988年5月	1998年4月
白文庆	副行长	1989年9月	1995年8月
朱小华	副行长	1993年7月	1996年11月
殷介炎	副行长	1994年1月	1998年7月
尚福林	副行长	1996年4月	2000年2月
陈耀先	副行长	1996年4月	1997年5月
周小川	副行长	1996年11月	1998年2月
阎海旺	副行长	1998年3月	2003年3月
刘明康	副行长	1998年3月	1999年8月
刘廷焕	副行长	2000年2月	2004年7月
王成铭	纪检组长（纪委书记）	1994年7月	2003年11月
史纪良	副行长	1997年9月	2003年3月
吴晓灵	副行长	2000年2月	2007年12月
肖 钢	副行长	1998年10月	2003年3月
	行长助理	1996年11月	1998年10月
郭树清	副行长	2001年4月	2005年3月
唐运祥	行长助理	1997年10月	1998年11月
蔡鄂生	行长助理	1998年10月	2001年6月
蒋超良	行长助理	2000年7月	2002年8月
李若谷	行长助理	2000年7月	2003年5月

第十一任行长：周小川（2002 年 12 月—2018 年 3 月）

姓　名	职　务	任职时间	免职时间
周小川	行长	2002 年 12 月	2018 年 3 月
史纪良	副行长	1997 年 9 月	2003 年 3 月
阎海旺	副行长	1998 年 3 月	2003 年 3 月
王成铭	纪委书记	1998 年 6 月	2003 年 11 月
肖　钢	副行长	1998 年 10 月	2003 年 3 月
刘廷焕	副行长	2000 年 2 月	2004 年 7 月
吴晓灵	副行长	2000 年 2 月	2007 年 12 月
郭树清	副行长	2001 年 4 月	2005 年 3 月
李若谷	副行长	2003 年 5 月	2005 年 6 月
苏　宁	副行长	2003 年 11 月	2010 年 5 月
王洪章	纪委书记	2003 年 11 月	2011 年 11 月
项俊波	副行长	2004 年 7 月	2007 年 6 月
胡晓炼	副行长	2005 年 8 月	2015 年 2 月
	行长助理	2004 年 7 月	2005 年 3 月
刘士余	副行长	2006 年 6 月	2014 年 10 月
	行长助理	2004 年 7 月	2006 年 6 月
马德伦	副行长	2007 年 12 月	2011 年 10 月
	行长助理	2005 年 3 月	2007 年 12 月
易　纲	副行长	2007 年 12 月	2018 年 3 月
	行长助理	2004 年 7 月	2007 年 12 月
王华庆	纪委书记	2012 年 5 月	2016 年 1 月
	派驻纪检组组长	2016 年 1 月	2016 年 9 月
朱　民	副行长	2009 年 10 月	2010 年 6 月

续表

姓　名	职　务	任职时间	免职时间
杜金富	副行长	2010 年 5 月	2012 年 5 月
	行长助理	2006 年 6 月	2010 年 5 月
陈雨露	副行长	2015 年 10 月	
潘功胜	副行长	2012 年 6 月	
李东荣	副行长	2012 年 7 月	2015 年 1 月
	行长助理	2008 年 12 月	2012 年 7 月
范一飞	副行长	2015 年 2 月	
郭庆平	副行长	2015 年 2 月	2016 年 12 月
	行长助理	2008 年 12 月	2015 年 2 月
张　涛	副行长	2016 年 5 月	2016 年 9 月
王鸿津	派驻纪检组组长	2016 年 9 月	2017 年 9 月
徐加爱	派驻纪检组组长	2017 年 9 月	
殷　勇	副行长	2016 年 12 月	2018 年 1 月
	行长助理	2015 年 7 月	2016 年 12 月
刘国强	副行长	2018 年 6 月	
	行长助理	2016 年 12 月	2018 年 6 月
金　琦	行长助理	2010 年 10 月	2015 年 3 月
张晓慧	行长助理	2015 年 3 月	2017 年 12 月
杨子强	行长助理	2015 年 3 月	2016 年 12 月

第十二任行长：易纲（2018 年 3 月—）

姓　名	职　务	任职时间	免职时间
易　纲	行长	2018 年 3 月	
郭树清	党委书记、副行长	2018 年 3 月	
陈雨露	副行长	2015 年 10 月	
潘功胜	副行长	2012 年 6 月	
范一飞	副行长	2015 年 2 月	
朱鹤新	副行长	2018 年 7 月	2020 年 4 月
徐加爱	派驻纪检监察组组长	2017 年 9 月	
刘国强	副行长	2018 年 6 月	